中国社会科学年鉴

中国产业经济学年鉴 2020

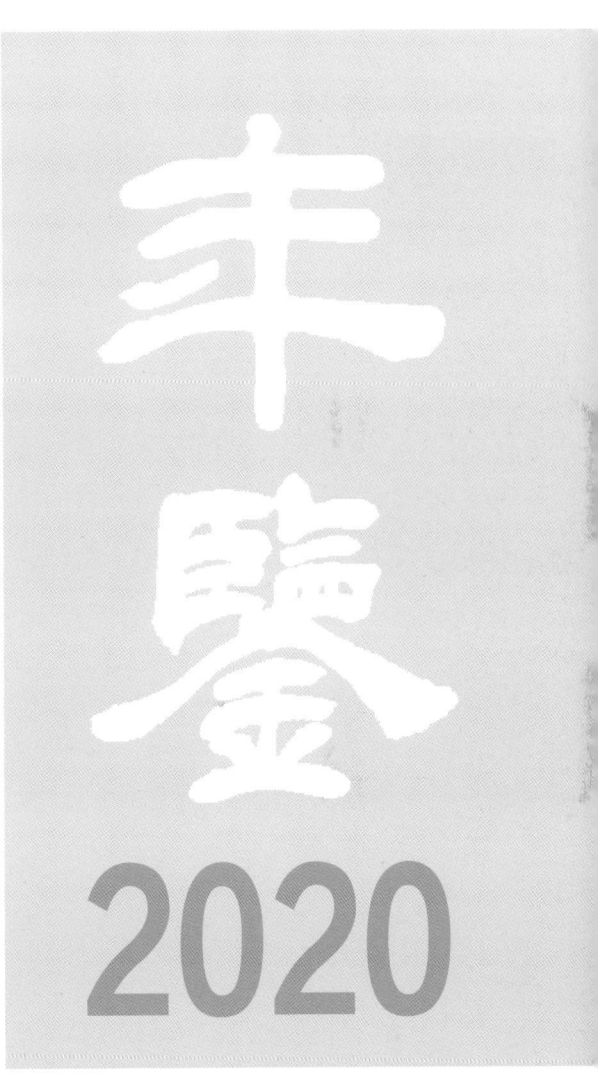

CHINESE INDUSTRIAL ECONOMICS YEARBOOK

史丹 主编

中国社会科学出版社

图书在版编目（CIP）数据

中国产业经济学年鉴.2020 / 史丹主编. —北京：中国社会科学出版社，2021.3
ISBN 978 - 7 - 5203 - 7833 - 8

Ⅰ.①中… Ⅱ.①史… Ⅲ.①产业经济学—中国—2020—年鉴 Ⅳ.①F269.2 - 54

中国版本图书馆 CIP 数据核字（2021）第 021747 号

出 版 人	赵剑英
责任编辑	王鸣迪　张靖晗
责任校对	韩海超
责任印制	张雪娇
出　　版	中国社会科学出版社
社　　址	北京鼓楼西大街甲 158 号
邮　　编	100720
网　　址	http://www.csspw.cn
发 行 部	010 - 84083685
门 市 部	010 - 84029450
经　　销	新华书店及其他书店
印刷装订	三河市东方印刷有限公司
版　　次	2021 年 3 月第 1 版
印　　次	2021 年 3 月第 1 次印刷
开　　本	787×1092　1/16
印　　张	40
插　　页	6
字　　数	1010 千字
定　　价	338.00 元

凡购买中国社会科学出版社图书，如有质量问题请与本社营销中心联系调换
电话：010 - 84083683
版权所有　侵权必究

学界活动图片

2019年11月24日,"中国工业经济学会交通运输与基础设施专业委员会成立大会暨高铁经济与交通强国建设研讨会"在京举办

2019年11月9日,《中国工业经济》第二届应用经济学高端前沿论坛暨"中国应用经济学发展70年"研讨会在北京大学经济学院召开

第五届《中国工业经济》优秀论文奖颁奖嘉宾与获奖者合影（从左至右：张其仔，李雪松，季晓南，蔡昉，樊海潮，钱雪松，崔楠，王博，董志勇）

2019年11月2日，"中国工业经济学会2019年学术年会暨中国工业70年（1949—2019）研讨会"在福州召开

学界活动图片　3

2019年10月26日,"第四届能源、环境和产业经济与政策研讨会"在津举行

2019年10月12日,首届"中国产业经济学者论坛"在杭州召开

2019年8月20日,"'新时代中国服务业发展与开放研究'成果发布会暨研讨会"在京举行

2019年4月27日,"中国工业经济学会中国工业史专业委员会成立暨新中国工业化历史经验研讨会"在京举行

2019年4月20日,"第八届中国政府管制论坛"在京召开

2019年1月10日,"加快东北老工业基地全面振兴高端论坛暨东北振兴与东北亚区域合作发布会"在京举行

2018年12月23日,"《中国工业经济》首届人工智能与数字经济前沿研讨会"在津举行

2018年12月15日,"2018年中国工业经济学会工业布局与区域经济发展专业委员会暨'一带一路'与区域经济发展高峰论坛"在湘潭举行

学界活动图片　　7

2018年10月25日,"中国服务业改革开放40年"成果发布会暨研讨会在京举行

2018年12月8日,"2018中国产业经济研究学术年会"在京召开

2018年11月3日,"中国工业经济学会2018年会暨中国经济高质量发展研讨会"在京召开

2018年6月8日,第二届"创新与产业经济国际学术研讨会"在南京召开

学界活动图片　9

2018年4月2日，庆祝中国社会科学院工业经济研究所建所40周年大会暨改革开放40年学术研讨会在京召开

2017年9月23日，"中国工业经济学会第一届绿色发展专业委员会成立大会暨学术研讨会"在京举办

2017年6月22日,"第十一届产业经济学与经济理论国际研讨会暨中国工业经济学会产业组织专业委员会成立揭牌仪式"在青岛举行

2017年5月6日,中国工业经济学会竞争政策专业委员会成立暨"竞争政策体系"研讨会在天津财经大学举行

学术顾问

蔡　昉　江小涓

编委会

主　编　史　丹
编　委（按姓氏笔画排序）
于　立　于良春　干春晖　王俊豪　王稼琼
左和平　卢福财　叶光亮　叶　泽　史　丹
白永秀　冯根福　曲振涛　乔　均　刘友金
刘书瀚　肖兴志　张其仔　周新生　胡立君
胡　军　夏大慰　原毅军　郭克莎　唐晓华
黄志刚　黄健柏　戚聿东　隋广军　蒋传海

编辑组

协调人　高　粮　王燕梅　李　钢
编　辑　覃　毅　许　明　崔志新　李　鹏　梁泳梅
　　　　　秦　宇　陈明明　陈素梅　王俊杰　姜　菜

供稿及协作单位

中国工业经济学会产业监管专业委员会
中国工业经济学会工业布局与区域经济发展专业委员会
中国工业经济学会竞争政策专业委员会
中国工业经济学会现代服务业专业委员会
中国工业经济学会产业组织专业委员会
中国工业经济学会产业经济学学科建设专业委员会
中国工业经济学会工业发展专业委员会
中国工业经济学会绿色发展专业委员会
中国工业经济学会互联网与产业创新专业委员会
中国工业经济学会国际市场与投资专业委员会
中国工业经济学会中国工业史专业委员会
中国工业经济学会交通运输与基础设施专业委员会
《中国工业经济》编辑部
《经济管理》编辑部
《China Economist》编辑部
《财经论丛》编辑部
《财经问题研究》编辑部
《当代财经》编辑部
《产业经济研究》编辑部
《经济与管理研究》编辑部
《当代经济科学》编辑部
《经济理论与经济管理》编辑部
《国际贸易问题》编辑部
《产业经济评论(山东大学)》编辑部
《产业组织评论》编辑部

编辑说明

  中国的产业经济学是应用经济学的重要分支,形成了具有中国特色的产业经济学框架和理论体系。产业经济学以产业经济活动规律和相关政策为研究对象,密切关注中国产业发展中不断涌现和变化的现实问题,因此,学科前沿和理论进展不断推进。为全面系统地展现中国产业经济学的发展动态和最新研究进展,中国社会科学院工业经济研究所、中国工业经济学会以学术性、前沿性、权威性、代表性为编撰宗旨,自2020年开始启动《中国产业经济学年鉴》的编辑出版工作。

  《中国产业经济学年鉴·2020》由中国社会科学院工业经济研究所所长、中国工业经济学会常务副会长兼理事长史丹研究员担任主编,中国社会科学出版社出版发行。设置以下8个栏目:"重要文献""专题论述""学科综述""论文荟萃""论著选介""课题立项""学界活动""学科建设"。

  "重要文献"栏目收录了2017—2019年国务院、工信部、国家发展和改革委员会、商务部、交通部等部门颁布的重要产业政策,6个专题分别为:加快传统产业转型升级、培育壮大新经济、推进绿色发展、构建区域协调发展新格局、促进高水平对外开放、深化供给侧结构性改革,每个专题选择1篇重点文献和多篇其他文献。

  "专题论述"栏目聚焦于产业经济领域的重大经济理论问题与现实问题、学术热点与焦点问题,选择了互联网发展的产业影响、全球价值链重构、实体企业金融化、工业发展质量4个选题,基于专家学者2017—2019年已公开发表论文,邀请原文作者进行修改撰写。

  "学科综述"栏目充分发挥中国工业经济学会各专业委员会在相关学科领域的研究优势,选择了产业发展与产业结构、产业组织、产业绿色发展、产业监管4个学科领域,邀请相关领域专家学者就学科发展演进、近期理论前沿发展以及重大的热点问题、发展的趋势展望等专门撰文阐述。

  "论文荟萃"栏目提供了2017—2019年发表在公开学术刊物上的有代表性的产业经济学论文学术观点概述。涉及全球价值链、国际产能合作、产业高质量发展、产业绿色发展与资源环境、创新与高技术产业、产业升级、产业融合、地区产业发展、产业组织、农业工业和服务业10个领域,共计189篇论文。

  "论著选介"栏目介绍了2017—2019年公开出版的具有一定学术影响力、专业权威性和公众认知度的产业经济学著作共计27本。内容涉及产业经济学基础理论研究、现实问题的研究,特别是近三年产业经济发展热点问题的理论研究。

  "课题立项"栏目提供了2017—2019年度立项的关于产业经济学的科研项目,由《年鉴》编辑组整理,范围涉及国家社会科学基金、国家自然科学基金、教育部人文社会科学项目，共计1026项课题。

"学界活动"栏目介绍了2017—2019年国内产业经济学重要会议的召开情况和主要观点综述，主要由中国工业经济学会、学会各专业委员会以及学会所属期刊提供，同时《年鉴》编辑组也搜索并联系会议主办方提供了国内其他一些重要会议的相关内容，共计收入27个会议。

"学科建设"栏目介绍了国内30所高等院校及科研院所的产业经济学学科，这些高等院校或科研院所目前均拥有博士学位授予权，培养产业经济学博士。本栏目由高等院校或科研院所产业经济学学科带头人撰写，主要内容涉及学科基本情况、学科特色、硕士生和博士生课程设置、招收和培养方式等。

《中国产业经济学年鉴·2020》启动之时正赶上2020年上半年国内抗击新冠肺炎疫情，但是，疫情并没有影响到《年鉴》的组织和编撰进度。在国内产业经济学界的大力支持下，《年鉴》如期完成了各栏目约稿、撰写和编校工作，得以顺利出版，在此我们衷心感谢各栏目的联系人、资料提供者和作者。尤其是"论文荟萃""论著选介""学界活动""学科建设"几个栏目，范围广、内容多，各学术期刊编辑部、各高等院校和科研院所，以及中国工业经济学会各专业委员会为此提供了无私的支持。

中国的产业经济学直面快速发展的中国经济现实，学科发展不断推进，学术成果大量涌现，虽然《年鉴》力求全面、客观地反映产业经济学发展的诸多方面进展，但因为缺乏经验难免会有不少遗漏和不足，诚挚欢迎批评指正。

2020年10月24日

目　录

第一篇　重要文献

文献选载

国务院关于深化"互联网＋先进制造业"发展工业互联网的指导意见 …………（3）
国务院关于印发新一代人工智能发展规划的通知 …………………………（14）
中共中央　国务院关于全面加强生态环境保护　坚决打好污染防治
　攻坚战的意见 ………………………………………………………………（32）
中共中央　国务院关于建立更加有效的区域协调发展新机制的意见 …………（43）
中共中央　国务院关于推进贸易高质量发展的指导意见 ……………………（50）
国务院关于推动创新创业高质量发展　打造"双创"升级版的意见 …………（56）

相关文献题录

关于加快传统产业转型升级的有关文献 ……………………………………（64）
关于培育壮大新经济的有关文献 ……………………………………………（65）
关于推进绿色发展的有关文献 ………………………………………………（66）
关于构建区域协调发展新格局的有关文献 …………………………………（67）
关于促进高水平对外开放的有关文献 ………………………………………（68）
关于深化供给侧结构性改革的有关文献 ……………………………………（69）

第二篇　专题论述

高度联通社会中的资源重组与服务业增长 …………………………………（73）
参与全球价值链重构与中美贸易摩擦 ………………………………………（86）
金融化对实体企业未来主业发展的影响：促进还是抑制 ……………………（104）
中国工业70年发展质量演进及其现状评价 …………………………………（118）

第三篇　学科综述

产业发展与产业结构的最新理论进展 ………………………………………（135）
产业经济学（产业组织）理论与政策研究新进展 ……………………………（168）
绿色低碳发展的最新理论进展 ………………………………………………（185）

产业监管（市场管制）的最新理论进展 …………………………………………（204）

第四篇　论文荟萃

全球价值链 ……………………………………………………………………（221）
国际产能合作 …………………………………………………………………（240）
产业高质量发展 ………………………………………………………………（253）
产业绿色发展与资源环境 ……………………………………………………（263）
创新与高技术产业 ……………………………………………………………（275）
产业升级 ………………………………………………………………………（290）
产业融合 ………………………………………………………………………（308）
地区产业发展 …………………………………………………………………（323）
产业组织 ………………………………………………………………………（340）
农业、工业和服务业 …………………………………………………………（358）

第五篇　论著选介

跨产业升级、战略转型与企业竞争力提升研究——基于科技型企业的案例 ……（381）
新常态下中国企业对外投资的理论创新与政策研究 ………………………（382）
轨道交通公益性与经营性平衡新模式 ………………………………………（383）
中部地区承接产业转移：理论与政策 ………………………………………（385）
生态型产业结构研究 …………………………………………………………（386）
经济时空分析——基础框架及其应用 ………………………………………（388）
中国现代能源监管体系与监管政策研究 ……………………………………（389）
新中国产业结构演变研究（1949—2016） …………………………………（391）
中国培育发展战略性新兴产业跟踪研究 ……………………………………（393）
构建现代产业发展新体系研究 ………………………………………………（394）
跳单问题的法律经济学研究 …………………………………………………（396）
"互联网+"时代互联网产业相关市场界定研究 ……………………………（397）
创新生态系统：理论与实践 …………………………………………………（398）
中国大都市区与铁路问题研究 ………………………………………………（400）
赶超的阶梯：国企改革和产业升级的国际比较 ……………………………（401）
要素分工与国际贸易理论新发展 ……………………………………………（403）
理解中国制造 …………………………………………………………………（404）
中国工业化的道路：奋进与包容 ……………………………………………（406）
中国战略性新兴产业论 ………………………………………………………（407）
重点产业调整和振兴规划研究：基于中国产业政策反思和重构的视角 ……（409）
产业政策：总结、反思与展望 ………………………………………………（410）

文化产业供给侧改革研究：理论与案例 …………………………………… (412)
中国与周边国家电力互联互通战略研究——以俄罗斯和东南亚国家为例 ……… (413)
新产业革命与欧盟新产业战略 …………………………………………… (415)
新中国工业经济史（第三版） …………………………………………… (416)
影响未来的新科技新产业 ………………………………………………… (417)
产业融合：中国生产性服务业与制造业竞争力研究 …………………… (418)

第六篇 课题立项

国家社会科学基金 ………………………………………………………… (423)
国家自然科学基金 ………………………………………………………… (450)
教育部人文社会科学项目 ………………………………………………… (468)

第七篇 学界活动

中国工业经济学会交通运输与基础设施专业委员会成立大会暨高铁经济
　　与交通强国建设研讨会 ……………………………………………… (487)
中国县域工业经济发展论坛（2018、2019）…………………………… (489)
第二届应用经济学高端前沿论坛暨"中国应用经济学发展70年"研讨会 ……… (491)
中国工业经济学会2019年学术年会暨"中国工业70年（1949—2019）"
　　研讨会 ………………………………………………………………… (493)
第四届能源、环境和产业经济与政策研讨会 …………………………… (495)
首届中国产业经济学者论坛 ……………………………………………… (497)
"新时代中国服务业发展与开放研究"成果发布会暨研讨会 …………… (499)
《农村绿皮书：中国农村经济形势分析与预测（2018—2019）》发布会 ……… (501)
中国工业经济学会中国工业史专业委员会成立暨新中国工业化历史经验
　　研讨会 ………………………………………………………………… (503)
第六、七、八届中国政府管制论坛 ……………………………………… (505)
中国发展高层论坛年会（2017—2019）………………………………… (508)
加快东北老工业基地全面振兴高端论坛 ………………………………… (511)
首届人工智能与数字经济前沿研讨会 …………………………………… (513)
2018年中国工业经济学会工业布局与区域经济发展专业委员会高峰论坛 ……… (515)
中国工业经济学会现代服务业专业委员会暨现代服务业发展智库论坛会议 …… (517)
"中国服务业改革开放40年"成果发布会暨研讨会 …………………… (519)
第六、七、八届中国工业发展论坛 ……………………………………… (521)
2018中国产业经济研究学术年会 ………………………………………… (524)
中国工业经济学会2018年会暨中国经济高质量发展研讨会 …………… (526)
工业转型升级中的动能转换与竞争政策学术研讨会 …………………… (528)

《中国工业经济》"结构性去杠杆与高质量发展"研讨会 …………………… (530)
新时代背景下创新与产业发展——第二届创新与产业经济国际研讨会 ………… (531)
庆祝中国社会科学院工业经济研究所建所40周年大会暨改革开放40年
　学术研讨会 …………………………………………………………………………… (533)
中国工业经济学会2017年学术年会暨"中国产业发展新动力"研讨会 ………… (535)
2017中国工业经济学会第一届绿色发展专业委员会成立大会暨学术研讨会 …… (537)
第一届大数据在经济学领域的应用学术研讨会 ………………………………………… (539)
产业组织前沿问题系列研讨会 …………………………………………………………… (541)
第十一届产业经济理论与政策国际学术研讨会暨中国工业经济学会产业
　组织专业委员会成立揭牌 …………………………………………………………… (544)
中国工业经济学会竞争政策专业委员会成立
暨"竞争政策体系"研讨会 …………………………………………………………… (546)

第八篇　学科建设

北京交通大学产业经济学学科建设 ……………………………………………………… (551)
东北财经大学产业经济学学科建设 ……………………………………………………… (554)
东南大学产业经济学学科建设 …………………………………………………………… (556)
对外经济贸易大学产业经济学学科建设 ………………………………………………… (558)
复旦大学产业经济学学科介绍 …………………………………………………………… (560)
哈尔滨商业大学产业经济学学科建设 …………………………………………………… (563)
湖南大学产业经济学学科建设 …………………………………………………………… (566)
华中科技大学产业经济学学科建设 ……………………………………………………… (569)
暨南大学产业经济学学科建设 …………………………………………………………… (571)
江西财经大学产业经济学学科建设 ……………………………………………………… (574)
辽宁大学产业经济学学科建设 …………………………………………………………… (576)
南京大学产业经济学学科建设 …………………………………………………………… (579)
南开大学产业经济学学科建设 …………………………………………………………… (582)
厦门大学经济学院产业经济学学科建设 ………………………………………………… (585)
山东财经大学产业经济学学科建设 ……………………………………………………… (587)
山东大学产业经济学学科建设 …………………………………………………………… (589)
上海财经大学产业经济学学科建设 ……………………………………………………… (591)
上海社会科学院产业经济学学科建设 …………………………………………………… (594)
首都经济贸易大学产业经济学学科建设 ………………………………………………… (597)
天津财经大学产业经济学学科建设 ……………………………………………………… (600)
武汉大学产业经济学学科建设 …………………………………………………………… (603)
西安交通大学产业经济学学科建设 ……………………………………………………… (606)
西北大学产业经济学学科建设 …………………………………………………………… (608)
西南财经大学产业经济学学科建设 ……………………………………………………… (610)

浙江财经大学产业经济学学科建设 …………………………………………（613）
浙江大学产业经济学学科建设 ……………………………………………（615）
中国人民大学产业经济学学科建设 ………………………………………（617）
中国社会科学院大学（研究生院）产业经济学学科建设 ………………（620）
中南财经政法大学产业经济学学科建设 …………………………………（623）
中央财经大学产业经济学学科建设 ………………………………………（626）

第一篇

重要文献

文献选载

国务院关于深化"互联网+先进制造业"
发展工业互联网的指导意见

各省、自治区、直辖市人民政府,国务院各部委、各直属机构:

当前,全球范围内新一轮科技革命和产业变革蓬勃兴起。工业互联网作为新一代信息技术与制造业深度融合的产物,日益成为新工业革命的关键支撑和深化"互联网+先进制造业"的重要基石,对未来工业发展产生全方位、深层次、革命性影响。工业互联网通过系统构建网络、平台、安全三大功能体系,打造人、机、物全面互联的新型网络基础设施,形成智能化发展的新兴业态和应用模式,是推进制造强国和网络强国建设的重要基础,是全面建成小康社会和建设社会主义现代化强国的有力支撑。为深化供给侧结构性改革,深入推进"互联网+先进制造业",规范和指导我国工业互联网发展,现提出以下意见。

一 基本形势

当前,互联网创新发展与新工业革命正处于历史交汇期。发达国家抢抓新一轮工业革命机遇,围绕核心标准、技术、平台加速布局工业互联网,构建数字驱动的工业新生态,各国参与工业互联网发展的国际竞争日趋激烈。我国工业互联网与发达国家基本同步启动,在框架、标准、测试、安全、国际合作等方面取得了初步进展,成立了汇聚政产学研的工业互联网产业联盟,发布了《工业互联网体系架构(版本1.0)》、《工业互联网标准体系框架(版本1.0)》等,涌现出一批典型平台和企业。但与发达国家相比,总体发展水平及现实基础仍然不高,产业支撑能力不足,核心技术和高端产品对外依存度较高,关键平台综合能力不强,标准体系不完善,企业数字化网络化水平有待提升,缺乏龙头企业引领,人才支撑和安全保障能力不足,与建设制造强国和网络强国的需要仍有较大差距。

加快建设和发展工业互联网,推动互联网、大数据、人工智能和实体经济深度融合,发展先进制造业,支持传统产业优化升级,具有重要意义。一方面,工业互联网是以数字化、网络化、智能化为主要特征的新工业革命的关键基础设施,加快其发展有利于加速智能制造发展,更大范围、更高效率、更加精准地优化生产和服务资源配置,促进传统产业转型升级,催生新技术、新业态、新模式,为制造强国建设提供新动能。工业互联网还具有较强的渗透性,可从制造业扩展成为各产业领域网络化、智能化升级必不可少的基础设施，实现产业上下游、跨领域的广泛互联互通，打破"信息孤岛"，促进集成共享，并为保障和改善民生提供重要依托。另一方面，发展工业互联网，有利于促进网络基础设施演进升级，推动网络应用从虚拟到实体、从生活到生产的跨越，极大拓展网络经济空间，为推进网络强国建设提供新机遇。当前，全球工业互联网正处在产业格局未定的关键期和规模化扩张的窗口期，亟须发挥我国体制优势和市场优势，加强顶层设计、统筹部署，扬长避短、分步实施，努力开创我国工业互联网发展新局面。

二　总体要求

（一）指导思想

深入贯彻落实党的十九大精神，认真学习贯彻习近平新时代中国特色社会主义思想，落实新发展理念，坚持质量第一、效益优先，以供给侧结构性改革为主线，以全面支撑制造强国和网络强国建设为目标，围绕推动互联网和实体经济深度融合，聚焦发展智能、绿色的先进制造业，按照党中央、国务院决策部署，加强统筹引导，深化简政放权、放管结合、优化服务改革，深入实施创新驱动发展战略，构建网络、平台、安全三大功能体系，增强工业互联网产业供给能力。促进行业应用，强化安全保障，完善标准体系，培育龙头企业，加快人才培养，持续提升我国工业互联网发展水平。努力打造国际领先的工业互联网，促进"大众创业、万众创新"和大中小企业融通发展，深入推进"互联网+"，形成实体经济与网络相互促进、同步提升的良好格局，有力推动现代化经济体系建设。

（二）基本原则

遵循规律，创新驱动。遵循工业演进规律、科技创新规律和企业发展规律，借鉴国际先进经验，建设具有中国特色的工业互联网体系。按照建设现代化经济体系的要求，发挥我国工业体系完备、网络基础坚实、互联网创新活跃的优势，推动互联网和实体经济深度融合，引进培养高端人才，加强科研攻关，实现创新驱动发展。

市场主导，政府引导。发挥市场在资源配置中的决定性作用，更好发挥政府作用。强化企业市场主体地位，激发企业内生动力，推进技术创新、产业突破、平台构建、生态打造。发挥政府在加强规划引导、完善法规标准、保护知识产权、维护市场秩序等方面的作用，营造良好发展环境。

开放发展，安全可靠。把握好安全与发展的辩证关系。发挥工业互联网开放性、交互性优势，促进工业体系开放式发展。推动工业互联网在各产业领域广泛应用，积极开展国际合作。坚持工业互联网安全保障手段同步规划、同步建设、同步运行，提升工业互联网安全防护能力。

系统谋划，统筹推进。做好顶层设计和系统谋划，科学制定、合理规划工业互联网技术路线和发展路径，统筹实现技术研发、产业发展和应用部署良性互动，不同行业、不同发展阶段的企业协同发展，区域布局协调有序。

（三）发展目标

立足国情，面向未来，打造与我国经济发展相适应的工业互联网生态体系，使我国工业互联网发展水平走在国际前列，争取实现并跑乃至领跑。

到 2025 年，基本形成具备国际竞争力的基础设施和产业体系。覆盖各地区、各行业的工业互联网网络基础设施基本建成。工业互联网标识解析体系不断健全并规模化推广。形成 3—5 个达到国际水准的工业互联网平台。产业体系较为健全，掌握关键核心技术，供给能力显著增强，形成一批具有国际竞争力的龙头企业。基本建立起较为完备可靠的工业互联网安全保障体系。新技术、新模式、新业态大规模推广应用，推动"两化"融合迈上新台阶。

其中，在 2018—2020 年三年起步阶段，初步建成低时延、高可靠、广覆盖的工业互联网网络基础设施，初步构建工业互联网标识解析体系，初步形成各有侧重、协同集聚发展的工业互联网平台体系，初步建立工业互联网安全保障体系。

到 2035 年，建成国际领先的工业互联网网络基础设施和平台，形成国际先进的技术与产业体系，工业互联网全面深度应用并在优势行业形成创新引领能力，安全保障能力全面提升，重点领域实现国际领先。

到本世纪中叶，工业互联网网络基础设施全面支撑经济社会发展，工业互联网创新发展能力、技术产业体系以及融合应用等全面达到国际先进水平，综合实力进入世界前列。

三　主要任务

（一）夯实网络基础

推动网络改造升级提速降费。面向企业低时延、高可靠、广覆盖的网络需求，大力推动工业企业内外网建设。加快推进宽带网络基础设施建设与改造，扩大网络覆盖范围，优化升级国家骨干网络。推进工业企业内网的 IP（互联网协议）化、扁平化、柔性化技术改造和建设部署。推动新型智能网关应用，全面部署 IPv6（互联网协议第 6 版）。继续推进连接中小企业的专线建设。在完成 2017 年政府工作报告确定的网络提速降费任务基础上，进一步提升网络速率、降低资费水平，特别是大幅降低中小企业互联网专线接入资费水平。加强资源开放，支持大中小企业融通发展。加大无线电频谱等关键资源保障力度。

推进标识解析体系建设。加强工业互联网标识解析体系顶层设计，制定整体架构，明确发展目标、路线图和时间表。设立国家工业互联网标识解析管理机构，构建标识解析服务体系，支持各级标识解析节点和公共递归解析节点建设，利用标识实现全球供应链系统和企业生产系统间精准对接，以及跨企业、跨地区、跨行业的产品全生命周期管理，促进信息资源集成共享。

专栏 1　工业互联网基础设施升级改造工程

组织实施工业互联网工业企业内网、工业企业外网和标识解析体系的建设升级。支持工业企业以 IPv6、工业无源光网络（PON）、工业无线等技术改造工业企业内网，以 IPv6、软件定义网络（SDN）以及新型蜂窝移动通信技术对工业企业外网进行升级改造。在 5G 研究中开展面向工业互联网应用的网络技术试验，协同推进 5G 在工业企业的应用部署。开展工业互联网标识解析体系建设，建立完善各级标识解析节点。

到 2020 年，基本完成面向先进制造业的下一代互联网升级改造和配套管理能力建设，在重点地区和行业实现窄带物联网（NB—IoT）、工业过程/工业自动化无线网络（WIA—PA/FA）等无线网络技术应用；初步建成工业互联网标识解析注册、备案等配套系统，形成 10 个以上公共标识解析服务节点，标识注册量超过 20 亿。

到 2025 年，工业无线、时间敏感网络（TSN）、IPv6 等工业互联网网络技术在规模以上工业企业中广泛部署；面向工业互联网接入的 5G 网络、低功耗广域网等基本实现普遍覆盖；建立功能完善的工业互联网标识解析体系，形成 20 个以上公共标识解析服务节点，标识注册量超过 30 亿。

（二）打造平台体系

加快工业互联网平台建设。突破数据集成、平台管理、开发工具、微服务框架、建模分析等关键技术瓶颈，形成有效支撑工业互联网平台发展的技术体系和产业体系。开展工业互联网平台适配性、可靠性、安全性等方面试验验证，推动平台功能不断完善。通过分类施策、同步推进、动态调整，形成多层次、系统化的平台发展体系。依托工业互联网平台形成服务大众创业、万众创新的多层次公共平台。

提升平台运营能力。强化工业互联网平台的资源集聚能力，有效整合产品设计、生产工艺、设备运行、运营管理等数据资源，汇聚共享设计能力、生产能力、软件资源、知识模型等制造资源。开展面向不同行业和场景的应用创新，为用户提供包括设备健康维护、生产管理优化、协同设计制造、制造资源租用等各类应用，提升服务能力。不断探索商业模式创新，通过资源出租、服务提供、产融合作等手段，不断拓展平台盈利空间，实现长期可持续运营。

专栏 2　工业互联网平台建设及推广工程

从工业互联网平台供给侧和需求侧两端发力，开展四个方面建设和推广：一是工业互联网平台培育。通过企业主导、市场选择、动态调整的方式，形成跨行业、跨领域平台，实现多平台互联互通，承担资源汇聚共享、技术标准测试验证等功能，开展工业数据流转、业务资源管理、产业运行监测等服务。推动龙头企业积极发展企业级平台，开发满足企业数字化、网络化、智能化发展需求的多种解决方案。建立健全工业互联网平台技术体系。二是工业互联网平台试验验证。支持产业联盟、企业与科研机构合作共建测试验证平台，开展技术验证与测试评估。三是百万家企业上云。鼓励工业互联网平台在产业集聚区落地，推动地方通过财税支持、政府购买服务等方式鼓励中小企业业务系统向云端迁移。四是百万工业 App 培育。支持软件企业、工业企业、科研院所等开展合作，培育一批面向特定行业、特定场景的工业 App。

到 2020 年，工业互联网平台体系初步形成，支持建设 10 个左右跨行业、跨领域平台，建成一批支撑企业数字化、网络化、智能化转型的企业级平台。培育 30 万个面向特定行业、特定场景的工业 App，推动 30 万家企业应用工业互联网平台开展研发设计、生产制造、运营管理等业务，工业互联网平台对产业转型升级的基础性、支撑性作用初步显现。

到 2025 年，重点工业行业实现网络化制造，工业互联网平台体系基本完善，形成 3—5 个具有国际竞争力的工业互联网平台，培育百万工业 App，实现百万家企业上云，形成建平台和用平台双向迭代、互促共进的制造业新生态。

（三）加强产业支撑

加大关键共性技术攻关力度。开展时间敏感网络、确定性网络、低功耗工业无线网络等新型网络互联技术研究，加快 5G、软件定义网络等技术在工业互联网中的应用研究。推动解析、信息管理、异构标识互操作等工业互联网标识解析关键技术及安全可靠机制研究。加快 IPv6 等核心技术攻关。促进边缘计算、人工智能、增强现实、虚拟现实、区块链等新兴前沿技术在工业互联网中的应用研究与探索。

构建工业互联网标准体系。成立国家工业互联网标准协调推进组、总体组和专家咨询组，统筹推进工业互联网标准体系建设，优化推进机制，加快建立统一、综合、开放的工业互联网标准体系。制定一批总体性标准、基础共性标准、应用标准、安全标准。组织开展标准研制及试验验证工程，同步推进标准内容试验验证、试验验证环境建设、仿真与测试工具开发和推广。

专栏 3　标准研制及试验验证工程

面向工业互联网标准化需求和标准体系建设，开展工业互联网标准研制。开发通用需求、体系架构、测试评估等总体性标准；开发网络与数字化互联接口、标识解析、工业互联网平台、安全等基础共性标准；面向汽车、航空航天、石油化工、机械制造、轻工家电、信息电子等重点行业领域的工业互联网应用，开发行业应用导则、特定技术标准和管理规范。组织相关标准的试验验证工作，推进配套仿真与测试工具开发。

到 2020 年，初步建立工业互联网标准体系，制定 20 项以上总体性及关键基础共性标准，制定 20 项以上重点行业标准，推进标准在重点企业、重点行业中的应用。

到 2025 年，基本建成涵盖工业互联网关键技术、产品、管理及应用的标准体系，并在企业中得到广泛应用。

提升产品与解决方案供给能力。加快信息通信、数据集成分析等领域技术研发和产业化，集中突破一批高性能网络、智能模块、智能联网装备、工业软件等关键软硬件产品与解决方案。着力提升数据分析算法与工业知识、机理、经验的集成创新水平，形成一批面向不同工业场景的工业数据分析软件与系统以及具有深度学习等人工智能技术的工业智能软件和解决方案。面向"中国制造 2025"十大重点领域与传统行业转型升级需求，打造与行业特点紧密结合的工业互联网整体解决方案。引导电信运营企业、互联网企业、工业企业等积极转型，强化网络运营、标识解析、安全保障等工业互联网运营服务能力，开展工业电子商务、供应链、相关金融信息等创新型生产性服务。

专栏 4　关键技术产业化工程

推进工业互联网新型网络互联、标识解析等新兴前沿技术研究与应用，搭建技术测试验证系统，支持技术、产品试验验证。聚焦工业互联网核心产业环节，积极推进关键技术产业化进程。加快工业互联网关键网络设备产业化，开展IPv6、工业无源光网络、时间敏感网络、工业无线、低功耗广域网、软件定义网络、标识解析等关键技术和产品研发与产业化。研发推广关键智能网联装备，围绕数控机床、工业机器人、大型动力装备等关键领域，实现智能控制、智能传感、工业级芯片与网络通信模块的集成创新，形成一系列具备联网、计算、优化功能的新型智能装备。开发工业大数据分析软件，聚焦重点领域，围绕生产流程优化、质量分析、设备预测性维护、智能排产等应用场景，开发工业大数据分析应用软件，实现产业化部署。

到 2020 年，突破一批关键技术，建立 5 个以上的技术测试验证系统，推出一批具有国内先进水平的工业互联网网络设备，智能网联产品创新活跃，实现工业大数据清洗、管理、分析等功能快捷调用，推进技术产品在重点企业、重点行业中的应用，工业互联网关键技术产业化初步实现。

到 2025 年，掌握关键核心技术，技术测试验证系统有效支撑工业互联网技术产品研究和实验，推出一批达到国际先进水平的工业互联网网络设备，实现智能网联产品和工业大数据分析应用软件的大规模商用部署，形成较为健全的工业互联网产业体系。

（四）促进融合应用

提升大型企业工业互联网创新和应用水平。加快工业互联网在工业现场的应用，强化复杂生产过程中设备联网与数据采集能力，实现企业各层级数据资源的端到端集成。依托工业互联网平台开展数据集成应用，形成基于数据分析与反馈的工艺优化、流程优化、设备维护与事故风险预警能力，实现企业生产与运营管理的智能决策和深度优化。鼓励企业通过工业互联网平台整合资源，构建设计、生产与供应链资源有效组织的协同制造体系，开展用户个性需求与产品设计、生产制造精准对接的规模化定制，推动面向质量追溯、设备健康管理、产品增值服务的服务化转型。

加快中小企业工业互联网应用普及。推动低成本、模块化工业互联网设备和系统在中小企业中的部署应用，提升中小企业数字化、网络化基础能力。鼓励中小企业充分利用工业互联网平台的云化研发设计、生产管理和运营优化软件，实现业务系统向云端迁移，降低数字化、智能化改造成本。引导中小企业开放专业知识、设计创意、制造能力，依托工业互联网平台开展供需对接、集成供应链、产业电商、众包众筹等创新型应用，提升社会制造资源配置效率。

专栏 5　工业互联网集成创新应用工程

以先导性应用为引领，组织开展创新应用示范，逐步探索工业互联网的实施路径与应用模式。在智能化生产应用方面，鼓励大型工业企业实现内部各类生产设备与信息系统的广泛互联以及相关工业数据的集成互通，并在此基础上发展质量优化、智能排产、供应链优化等应用。在远程服务应用方面，开展面向高价值智能装备的网络化服务，实现产品远程监控、预测性维护、故障诊断等远程服务应用，探索开展国防工业综合保障远程服务。在网络协同制造应用方面，面向中小企业智能化发展需求，开展协同设计、众包众创、云制造等创新型应用，实现各类工业软件与模块化设计制造资源在线调用。在智能联网产品应用方面，重点面向智能家居、可穿戴设备等领域，融合5G、深度学习、大数据等先进技术，满足高精度定位、智能人机交互、安全可信运维等典型需求。在标识解析集成应用方面，实施工业互联网标识解析系统与工业企业信息化系统集成创新应用，支持企业探索基于标识服务的关键产品追溯、多源异构数据共享、全生命周期管理等应用。

到2020年，初步形成影响力强的工业互联网先导应用模式，建立150个左右应用试点。

到2025年，拓展工业互联网应用范围，在"中国制造2025"十大重点领域及重点传统行业全面推广，实现企业效益全面显著提升。

（五）完善生态体系

构建创新体系。建设工业互联网创新中心，有效整合高校、科研院所、企业创新资源，围绕重大共性需求和重点行业需要，开展工业互联网产学研协同创新，促进技术创新成果产业化。面向关键技术和平台需求，支持建设一批能够融入国际化发展的开源社区，提供良好开发环境，共享开源技术、代码和开发工具。规范和健全中介服务体系，支持技术咨询、知识产权分析预警和交易、投融资、人才培训等专业化服务发展，加快技术转移与应用推广。

构建应用生态。支持平台企业面向不同行业智能化转型需求，通过开放平台功能与数据、提供开发环境与工具等方式，广泛汇聚第三方应用开发者，形成集体开发、合作创新、对等评估的研发机制。支持通过举办开发者大会、应用创新竞赛、专业培训及参与国际开源项目等方式，不断提升开发者的应用创新能力，形成良性互动的发展模式。

构建企业协同发展体系。以产业联盟、技术标准、系统集成服务等为纽带，以应用需求为导向，促进装备、自动化、软件、通信、互联网等不同领域企业深入合作，推动多领域融合型技术研发与产业化应用。依托工业互联网促进融通发展，推动一、二、三产业，大、中、小企业跨界融通，鼓励龙头工业企业利用工业互联网将业务流程与管理体系向上下游延伸，带动中小企业开展网络化改造和工业互联网应用，提升整体发展水平。

构建区域协同发展体系。强化对工业互联网区域发展的统筹规划，面向关键基础设施、产业支撑能力等核心要素，形成中央地方联动、区域互补的协同发展机制。根据不同区域制造业发展水平，结合国家新型工业化产业示范基地建设，遴选一批产业特色鲜明、转型需求迫切、地方政府积极性高、在工业互联网应用部署方面已取得一定成效的地区，因地制宜开展产业示范基地建设，探索形成不同地区、不同层次的工业互联网发展路径和模式，并逐步形成各有特色、相互带动的区域发展格局。

专栏6 区域创新示范建设工程

开展工业互联网创新中心建设。依托制造业创新中心建设工程，建设工业互联网创新中心，围绕网络互联、标识解析、工业互联网平台、安全保障等关键共性重大技术以及重点行业和领域需求，重点开展行业领域基础和关键技术研发、成果产业化、人才培训等。依托创新中心打造工业互联网技术创新开源社区，加强前沿技术领域共创共享。支持国防科技工业创新中心深度参与工业互联网建设发展。

工业互联网产业示范基地建设。在互联网与信息技术基础较好的地区，以工业互联网平台集聚中小企业，打造新应用模式，形成一批以互联网产业带动为主要特色的示范基地。在制造业基础雄厚的地区，结合地区产业特色与工业基础优势，形成一批以制造业带动的特色示范基地。推进工业互联网安全保障示范工程建设。在示范基地内，加快推动基础设施建设与升级改造，加强公共服务，强化关键技术研发与产业化，积极开展集成应用试点示范，并推动示范基地之间协同合作。

到2020年，建设5个左右的行业应用覆盖全面、技术产品实力过硬的工业互联网产业示范基地。

到2025年，建成10个左右具有较强示范带动作用的工业互联网产业示范基地。

（六）强化安全保障

提升安全防护能力。加强工业互联网安全体系研究，技术和管理相结合，建立涵盖设备安全、控制安全、网络安全、平台安全和数据安全的工业互联网多层次安全保障体系。加大对技术研发和成果转化的支持力度，重点突破标识解析系统安全、工业互联网平台安全、工业控制系统安全、工业大数据安全等相关核心技术，推动攻击防护、漏洞挖掘、入侵发现、态势感知、安全审计、可信芯片等安全产品研发，建立与工业互联网发展相匹配的技术保障能力。构建工业互联网设备、网络和平台的安全评估认证体系，依托产业联盟等第三方机构开展安全能力评估和认证，引领工业互联网安全防护能力不断提升。

建立数据安全保护体系。建立工业互联网全产业链数据安全管理体系，明确相关主体的数据安全保护责任和具体要求，加强数据收集、存储、处理、转移、删除等环节的安全防护能力。建立工业数据分级分类管理制度，形成工业互联网数据流动管理机制，明确数据留存、数据泄露通报要求，加强工业互联网数据安全监督检查。

推动安全技术手段建设。督促工业互联网相关企业落实网络安全主体责任，指导企业加大安全投入，加强安全防护和监测处置技术手段建设，开展工业互联网安全试点示范，提升安全防护能力。积极发挥相关产业联盟引导作用，整合行业资源，鼓励联盟单位创新服务模式，提供安全运维、安全咨询等服务，提升行业整体安全保障服务能力。充分发挥国家专业机构和社会力量作用，增强国家级工业互联网安全技术支撑能力，着力提升隐患排查、攻击发现、应急处置和攻击溯源能力。

专栏 7　安全保障能力提升工程

推动国家级工业互联网安全技术能力提升。打造工业互联网安全监测预警和防护处置平台、工业互联网安全核心技术研发平台、工业互联网安全测试评估平台、工业互联网靶场等。

引导企业提升自身工业互联网安全防护能力。在汽车、电子、航空航天、能源等基础较好的重点领域和国防工业等安全需求迫切的领域，建设工业互联网安全保障管理和技术体系，开展安全产品、解决方案的试点示范和行业应用。

到 2020 年，根据重要工业互联网平台和系统的分布情况，组织有针对性的检查评估；初步建成工业互联网安全监测预警和防护处置平台；培养形成 3—5 家具有核心竞争力的工业互联网安全企业，遴选一批创新实用的网络安全试点示范项目并加以推广。

到 2025 年，形成覆盖工业互联网设备安全、控制安全、网络安全、平台安全和数据安全的系列标准，建立健全工业互联网安全认证体系；工业互联网安全产品和服务得到全面推广和应用；工业互联网相关企业网络安全防护能力显著提升；国家级工业互联网安全技术支撑体系基本建成。

（七）推动开放合作

提高企业国际化发展能力。鼓励国内外企业面向大数据分析、工业数据建模、关键软件系统、芯片等薄弱环节，合作开展技术攻关和产品研发。建立工业互联网技术、产品、平台、服务方面的国际合作机制，推动工业互联网平台、集成方案等"引进来"和"走出去"。鼓励国内外企业跨领域、全产业链紧密协作。

加强多边对话与合作。建立政府、产业联盟、企业等多层次沟通对话机制，针对工业互联网最新发展、全球基础设施建设、数据流动、安全保障、政策法规等重大问题开展交流与合作。加强与国际组织的协同合作，共同制定工业互联网标准规范和国际规则，构建多边、民主、透明的工业互联网国际治理体系。

四　保障支撑

（一）建立健全法规制度。完善工业互联网规则体系，明确工业互联网网络的基础设施地位，建立涵盖工业互联网网络安全、平台责任、数据保护等的法规体系。细化工业互联网网络安全制度，制定工业互联网关键信息基础设施和数据保护相关规则，构建工业互联网网络安全态势感知预警、网络安全事件通报和应急处置等机制。建立工业互联网数据规范化管理和使用机制，明确产品全生命周期各环节数据收集、传输、处理规则，探索建立数据流通规范。加快新兴应用领域法规制度建设，推动开展人机交互、智能产品等新兴领域信息保护、数据流通、政府数据公开、安全责任等相关研究，完善相关制度。

（二）营造良好市场环境。构建融合发展制度，深化简政放权、放管结合、优化服务改革，放宽融合性产品和服务准入限制，扩大市场主体平等进入范围，实施包容审慎监管，简化认证，减少收费；清理制约人才、资本、技术、数据等要素自由流动的制度障碍，推动相关行业在技术、标准、政策等方面充分对接，打造有利于技术创新、网络部署与产品应用的外部环境。完善协同推进体系，建立部门间高效联动机制，探索分业监管、协同共治模式；建立中央地方协同机制，深化军民融合，形成统筹推进的发展格局；推动建立信息共享、处理、反馈的有效渠道，促进跨部门、跨区域系统对接，提升工业互联网协同管理能力。健全协同发展机制，引导工业互联网产业联盟等产业组织完善合作机制和利益共享机制，推动产业各方联合开展技术、标准、应用研发以及投融资对接、国际交流等活动。

（三）加大财税支持力度。强化财政资金导向作用，加大工业转型升级资金对工业互联网发展的支持力度，重点支持网络体系、平台体系、安全体系能力建设。探索采用首购、订购优惠等支持方式，促进工业互联网创新产品和服务的规模化应用；鼓励有条件的地方通过设立工业互联网专项资金、建立风险补偿基金等方式，支持本地工业互联网集聚发展。落实相关税收优惠政策，推动固定资产加速折旧、企业研发费用加计扣除、软件和集成电路产业企业所得税优惠、小微企业税收优惠等政策落实，鼓励相关企业加快工业互联网发展和应用。

（四）创新金融服务方式。支持扩大直接融资比重，支持符合条件的工业互联网企业在境内外各层次资本市场开展股权融资，积极推动项目收益债、可转债、企业债、公司债等在工业互联网领域的应用，引导各类投资基金等向工业互联网领域倾斜。加大精准信贷扶持力度，完善银企对接机制，为工业互联网技术、业务和应用创新提供贷款服务；鼓励银行业金融机构创新信贷产品，在依法合规、风险可控、商业可持续的前提下，探索开发数据资产等质押贷款业务。延伸产业链金融服务范围，鼓励符合条件的企业集团设立财务公司，为集团下属工业互联网企业提供财务管理服务，加强资金集约化管理，提高资金使用效率，降低资金成本。拓展针对性保险服务，支持保险公司根据工业互联网需求开发相应的保险产品。

（五）强化专业人才支撑。加强人才队伍建设，引进和培养相结合，兼收并蓄，广揽国内外人才，不断壮大工业互联网人才队伍。加快新兴学科布局，加强工业互联网相关学科建设；协同发挥高校、企业、科研机构、产业集聚区等各方作用，大力培育工业互联网技术人才和应用创新型人才；依托国家重大人才工程项目和高层次人才特殊支持计划，引进一批工业互联网高水平研究型科学家和具备产业经验的高层次科技领军人才。建立工业互联网智库，形成具有政策研究能力和决策咨询能力的高端咨询人才队伍；鼓励工业互联网技术创新人才投身形式多样的科普教育活动。创新人才使用机制，畅通高校、科研机构和企业间人才流动渠道，鼓励通过双向挂职、短期工作、项目合作等柔性流动方式加强人才互通共享；支持我国专业技术人才在国际工业互联网组织任职或承担相关任务；发展工业互联网专业人才市场，建立人才数据库，完善面向全球的人才供需对接机制。优化人才评价激励制度，建立科学的人才评价体系，充分发挥人才积极性、主动性；拓展知识、技术、技能和管理要素参与分配途径，完善技术入股、股权期权激励、科技成果转化收益分配等机制；为工业互联网领域高端人才引进开辟绿色通道，加大在来华工作许可、出入境、居留、住房、医疗、教育、社会保障、政府表彰等方面的配套政策支持力度，鼓励海外高层次人才参与工业互联网创业创新。

（六）健全组织实施机制。在国家制造强国建设领导小组下设立工业互联网专项工作组，统筹谋划工业互联网相关重大工作，协调任务安排，督促检查主要任务落实情况，促进工业互联网与"中国制造2025"协同推进。设立工业互联网战略咨询专家委员会，开展工业互联网前瞻性、战略性重大问题研究，对工业互联网重大决策、政策实施提供咨询评估。制定发布《工业互联网发展行动计划（2018—2020年）》，建立工业互联网发展情况动态监测和第三方评估机制，开展定期测评和滚动调整。各地方和有关部门要根据本指导意见研究制定具体推进方案，细化政策措施，开展试点示范与应用推广，确保各项任务落实到位。

国务院

2017年11月19日

国务院关于印发新一代人工智能
发展规划的通知

国发〔2017〕35号

各省、自治区、直辖市人民政府，国务院各部委、各直属机构：

现将《新一代人工智能发展规划》印发给你们，请认真贯彻执行。

国务院
2017年7月8日

新一代人工智能发展规划

人工智能的迅速发展将深刻改变人类社会生活、改变世界。为抢抓人工智能发展的重大战略机遇，构筑我国人工智能发展的先发优势，加快建设创新型国家和世界科技强国，按照党中央、国务院部署要求，制定本规划。

一　战略态势

人工智能发展进入新阶段。经过60多年的演进，特别是在移动互联网、大数据、超级计算、传感网、脑科学等新理论新技术以及经济社会发展强烈需求的共同驱动下，人工智能加速发展，呈现出深度学习、跨界融合、人机协同、群智开放、自主操控等新特征。大数据驱动知识学习、跨媒体协同处理、人机协同增强智能、群体集成智能、自主智能系统成为人工智能的发展重点，受脑科学研究成果启发的类脑智能蓄势待发，芯片化、硬件化、平台化趋势更加明显，人工智能发展进入新阶段。当前，新一代人工智能相关学科发展、理论建模、技术创新、软硬件升级等整体推进，正在引发链式突破，推动经济社会各领域从数字化、网络化向智能化加速跃升。

人工智能成为国际竞争的新焦点。人工智能是引领未来的战略性技术，世界主要发达国家把发展人工智能作为提升国家竞争力、维护国家安全的重大战略，加紧出台规划和政策，围绕核心技术、顶尖人才、标准规范等强化部署，力图在新一轮国际科技竞争中掌握主导权。当前，我国国家安全和国际竞争形势更加复杂，必须放眼全球，把人工智能发展放在国家战略层面系统布局、主动谋划，牢牢把握人工智能发展新阶段国际竞争的战略主动，打造竞争新优势、开拓发展新空间，有效保障国家安全。

人工智能成为经济发展的新引擎。人工智能作为新一轮产业变革的核心驱动力，将进一步释放历次科技革命和产业变革积蓄的巨大能量，并创造新的强大引擎，重构生产、分配、交换、消费等经济活动各环节，形成从宏观到微观各领域的智能化新需求，催生新技术、新产品、新产业、新业态、新模式，引发经济结构重大变革，深刻改变人类生产生活方式和思维模式，实现社会生产力的整体跃升。我国经济发展进入新常态，深化供给侧结构性改革任务非常艰巨，必须加快人工智能深度应用，培育壮大人工智能产业，为我国经济发展注入新动能。

人工智能带来社会建设的新机遇。我国正处于全面建成小康社会的决胜阶段，人口老龄化、资源环境约束等挑战依然严峻，人工智能在教育、医疗、养老、环境保护、城市运行、司法服务等领域广泛应用，将极大提高公共服务精准化水平，全面提升人民生活品质。人工智能技术可准确感知、预测、预警基础设施和社会安全运行的重大态势，及时把握群体认知及心理变化，主动决策反应，将显著提高社会治理的能力和水平，对有效维护社会稳定具有不可替代的作用。

人工智能发展的不确定性带来新挑战。人工智能是影响面广的颠覆性技术，可能带来改变就业结构、冲击法律与社会伦理、侵犯个人隐私、挑战国际关系准则等问题，将对政府管理、经济安全和社会稳定乃至全球治理产生深远影响。在大力发展人工智能的同时，必须高度重视可能带来的安全风险挑战，加强前瞻预防与约束引导，最大限度降低风险，确保人工智能安全、可靠、可控发展。

我国发展人工智能具有良好基础。国家部署了智能制造等国家重点研发计划重点专项，印发实施了"互联网＋"人工智能三年行动实施方案，从科技研发、应用推广和产业发展等方面提出了一系列措施。经过多年的持续积累，我国在人工智能领域取得重要进展，国际科技论文发表量和发明专利授权量已居世界第二，部分领域核心关键技术实现重要突破。语音识别、视觉识别技术世界领先，自适应自主学习、直觉感知、综合推理、混合智能和群体智能等初步具备跨越发展的能力，中文信息处理、智能监控、生物特征识别、工业机器人、服务机器人、无人驾驶逐步进入实际应用，人工智能创新创业日益活跃，一批龙头骨干企业加速成长，在国际上获得广泛关注和认可。加速积累的技术能力与海量的数据资源、巨大的应用需求、开放的市场环境有机结合，形成了我国人工智能发展的独特优势。

同时，也要清醒地看到，我国人工智能整体发展水平与发达国家相比仍存在差距，缺少重大原创成果，在基础理论、核心算法以及关键设备、高端芯片、重大产品与系统、基础材料、元器件、软件与接口等方面差距较大；科研机构和企业尚未形成具有国际影响力的生态圈和产业链，缺乏系统的超前研发布局；人工智能尖端人才远远不能满足需求；适应人工智能发展的基础设施、政策法规、标准体系亟待完善。

面对新形势、新需求，必须主动求变应变，牢牢把握人工智能发展的重大历史机遇，紧扣发展、研判大势、主动谋划、把握方向、抢占先机，引领世界人工智能发展新潮流，服务经济社会发展和支撑国家安全，带动国家竞争力整体跃升和跨越式发展。

二　总体要求

（一）指导思想

全面贯彻党的十八大和十八届三中、四中、五中、六中全会精神，深入学习贯彻习近平总书记系列重要讲话精神和治国理政新理念新思想新战略,按照"五位一体"总体布局和"四个全面"战略布局,认真落实党中央、国务院决策部署,深入实施创新驱动发展战略,以加快人工智能与经济、社会、国防深度融合为主线,以提升新一代人工智能科技创新能力为主攻方向,发展智能经济,建设智能社会,维护国家安全,构筑知识群、技术群、产业群互动融合和人才、制度、文化相互支撑的生态系统,前瞻应对风险挑战,推动以人类可持续发展为中心的智能化,全面提升社会生产力、综合国力和国家竞争力,为加快建设创新型国家和世界科技强国、实现"两个一百年"奋斗目标和中华民族伟大复兴中国梦提供强大支撑。

(二) 基本原则

科技引领。把握世界人工智能发展趋势,突出研发部署前瞻性,在重点前沿领域探索布局、长期支持,力争在理论、方法、工具、系统等方面取得变革性、颠覆性突破,全面增强人工智能原始创新能力,加速构筑先发优势,实现高端引领发展。

系统布局。根据基础研究、技术研发、产业发展和行业应用的不同特点,制定有针对性的系统发展策略。充分发挥社会主义制度集中力量办大事的优势,推进项目、基地、人才统筹布局,已部署的重大项目与新任务有机衔接,当前亟须与长远发展梯次接续,创新能力建设、体制机制改革和政策环境营造协同发力。

市场主导。遵循市场规律,坚持应用导向,突出企业在技术路线选择和行业产品标准制定中的主体作用,加快人工智能科技成果商业化应用,形成竞争优势。把握好政府和市场分工,更好发挥政府在规划引导、政策支持、安全防范、市场监管、环境营造、伦理法规制定等方面的重要作用。

开源开放。倡导开源共享理念,促进产学研用各创新主体共创共享。遵循经济建设和国防建设协调发展规律,促进军民科技成果双向转化应用、军民创新资源共建共享,形成全要素、多领域、高效益的军民深度融合发展新格局。积极参与人工智能全球研发和治理,在全球范围内优化配置创新资源。

(三) 战略目标

分三步走:

第一步,到2020年人工智能总体技术和应用与世界先进水平同步,人工智能产业成为新的重要经济增长点,人工智能技术应用成为改善民生的新途径,有力支撑进入创新型国家行列和实现全面建成小康社会的奋斗目标。

——新一代人工智能理论和技术取得重要进展。大数据智能、跨媒体智能、群体智能、混合增强智能、自主智能系统等基础理论和核心技术实现重要进展,人工智能模型方法、核心器件、高端设备和基础软件等方面取得标志性成果。

——人工智能产业竞争力进入国际第一方阵。初步建成人工智能技术标准、服务体系和产业生态链,培育若干全球领先的人工智能骨干企业,人工智能核心产业规模超过1500亿元,带动相关产业规模超过1万亿元。

——人工智能发展环境进一步优化,在重点领域全面展开创新应用,聚集起一批高水平的人才队伍和创新团队,部分领域的人工智能伦理规范和政策法规初步建立。

第二步,到2025年人工智能基础理论实现重大突破,部分技术与应用达到世界领先水平，人工智能成为带动我国产业升级和经济转型的主要动力，智能社会建设取得积极进展。

——新一代人工智能理论与技术体系初步建立，具有自主学习能力的人工智能取得突破，在多领域取得引领性研究成果。

——人工智能产业进入全球价值链高端。新一代人工智能在智能制造、智能医疗、智慧城市、智能农业、国防建设等领域得到广泛应用，人工智能核心产业规模超过4000亿元，带动相关产业规模超过5万亿元。

——初步建立人工智能法律法规、伦理规范和政策体系，形成人工智能安全评估和管控能力。

第三步，到2030年人工智能理论、技术与应用总体达到世界领先水平，成为世界主要人工智能创新中心，智能经济、智能社会取得明显成效，为跻身创新型国家前列和经济强国奠定重要基础。

——形成较为成熟的新一代人工智能理论与技术体系。在类脑智能、自主智能、混合智能和群体智能等领域取得重大突破，在国际人工智能研究领域具有重要影响，占据人工智能科技制高点。

——人工智能产业竞争力达到国际领先水平。人工智能在生产生活、社会治理、国防建设各方面应用的广度和深度极大拓展，形成涵盖核心技术、关键系统、支撑平台和智能应用的完备产业链和高端产业群，人工智能核心产业规模超过1万亿元，带动相关产业规模超过10万亿元。

——形成一批全球领先的人工智能科技创新和人才培养基地，建成更加完善的人工智能法律法规、伦理规范和政策体系。

（四）总体部署

发展人工智能是一项事关全局的复杂系统工程，要按照"构建一个体系、把握双重属性、坚持三位一体、强化四大支撑"进行布局，形成人工智能健康持续发展的战略路径。

构建开放协同的人工智能科技创新体系。针对原创性理论基础薄弱、重大产品和系统缺失等重点难点问题，建立新一代人工智能基础理论和关键共性技术体系，布局建设重大科技创新基地，壮大人工智能高端人才队伍，促进创新主体协同互动，形成人工智能持续创新能力。

把握人工智能技术属性和社会属性高度融合的特征。既要加大人工智能研发和应用力度，最大限度发挥人工智能潜力；又要预判人工智能的挑战，协调产业政策、创新政策与社会政策，实现激励发展与合理规制的协调，最大限度防范风险。

坚持人工智能研发攻关、产品应用和产业培育"三位一体"推进。适应人工智能发展特点和趋势，强化创新链和产业链深度融合、技术供给和市场需求互动演进，以技术突破推动领域应用和产业升级，以应用示范推动技术和系统优化。在当前大规模推动技术应用和产业发展的同时，加强面向中长期的研发布局和攻关，实现滚动发展和持续提升，确保理论上走在前面、技术上占领制高点、应用上安全可控。

全面支撑科技、经济、社会发展和国家安全。以人工智能技术突破带动国家创新能力全面提升，引领建设世界科技强国进程；通过壮大智能产业、培育智能经济，为我国未来十几年乃至几十年经济繁荣创造一个新的增长周期；以建设智能社会促进民生福祉改善，落实以人民为中心的发展思想；以人工智能提升国防实力，保障和维护国家安全。

三 重点任务

立足国家发展全局，准确把握全球人工智能发展态势，找准突破口和主攻方向，全面增强科技创新基础能力，全面拓展重点领域应用深度、广度，全面提升经济社会发展和国防应用智能化水平。

（一）构建开放协同的人工智能科技创新体系

围绕增加人工智能创新的源头供给，从前沿基础理论、关键共性技术、基础平台、人才队伍等方面强化部署，促进开源共享，系统提升持续创新能力，确保我国人工智能科技水平跻身世界前列，为世界人工智能发展作出更多贡献。

1. 建立新一代人工智能基础理论体系。

聚焦人工智能重大科学前沿问题，兼顾当前需求与长远发展，以突破人工智能应用基础理论瓶颈为重点，超前布局可能引发人工智能范式变革的基础研究，促进学科交叉融合，为人工智能持续发展与深度应用提供强大科学储备。

突破应用基础理论瓶颈。瞄准应用目标明确、有望引领人工智能技术升级的基础理论方向，加强大数据智能、跨媒体感知计算、人机混合智能、群体智能、自主协同与决策等基础理论研究。大数据智能理论重点突破无监督学习、综合深度推理等难点问题，建立数据驱动、以自然语言理解为核心的认知计算模型，形成从大数据到知识、从知识到决策的能力。跨媒体感知计算理论重点突破低成本、低能耗智能感知、复杂场景主动感知、自然环境听觉与言语感知、多媒体自主学习等理论方法，实现超人感知和高动态、高维度、多模式分布式大场景感知。混合增强智能理论重点突破人机协同共融的情境理解与决策学习、直觉推理与因果模型、记忆与知识演化等理论，实现学习与思考接近或超过人类智能水平的混合增强智能。群体智能理论重点突破群体智能的组织、涌现、学习的理论与方法，建立可表达、可计算的群智激励算法和模型，形成基于互联网的群体智能理论体系。自主协同控制与优化决策理论重点突破面向自主无人系统的协同感知与交互、自主协同控制与优化决策、知识驱动的人机物三元协同与互操作等理论，形成自主智能无人系统创新性理论体系架构。

布局前沿基础理论研究。针对可能引发人工智能范式变革的方向，前瞻布局高级机器学习、类脑智能计算、量子智能计算等跨领域基础理论研究。高级机器学习理论重点突破自适应学习、自主学习等理论方法，实现具备高可解释性、强泛化能力的人工智能。类脑智能计算理论重点突破类脑的信息编码、处理、记忆、学习与推理理论，形成类脑复杂系统及类脑控制等理论与方法，建立大规模类脑智能计算的新模型和脑启发的认知计算模型。量子智能计算理论重点突破量子加速的机器学习方法，建立高性能计算与量子算法混合模型，形成高效精确自主的量子人工智能系统架构。

开展跨学科探索性研究。推动人工智能与神经科学、认知科学、量子科学、心理学、数学、经济学、社会学等相关基础学科的交叉融合，加强引领人工智能算法、模型发展的数学基础理论研究，重视人工智能法律伦理的基础理论问题研究，支持原创性强、非共识的探索性研究，鼓励科学家自由探索，勇于攻克人工智能前沿科学难题，提出更多原创理论，作出更多原创发现。

专栏1 基础理论

1. 大数据智能理论。研究数据驱动与知识引导相结合的人工智能新方法、以自然语言理解和图像图形为核心的认知计算理论和方法、综合深度推理与创意人工智能理论与方法、非完全信息下智能决策基础理论与框架、数据驱动的通用人工智能数学模型与理论等。

2. 跨媒体感知计算理论。研究超越人类视觉能力的感知获取、面向真实世界的主动视觉感知及计算、自然声学场景的听知觉感知及计算、自然交互环境的言语感知及计算、面向异步序列的类人感知及计算、面向媒体智能感知的自主学习、城市全维度智能感知推理引擎。

3. 混合增强智能理论。研究"人在回路"的混合增强智能、人机智能共生的行为增强与脑机协同、机器直觉推理与因果模型、联想记忆模型与知识演化方法、复杂数据和任务的混合增强智能学习方法、云机器人协同计算方法、真实世界环境下的情境理解及人机群组协同。

4. 群体智能理论。研究群体智能结构理论与组织方法、群体智能激励机制与涌现机理、群体智能学习理论与方法、群体智能通用计算范式与模型。

5. 自主协同控制与优化决策理论。研究面向自主无人系统的协同感知与交互，面向自主无人系统的协同控制与优化决策，知识驱动的人机物三元协同与互操作等理论。

6. 高级机器学习理论。研究统计学习基础理论、不确定性推理与决策、分布式学习与交互、隐私保护学习、小样本学习、深度强化学习、无监督学习、半监督学习、主动学习等学习理论和高效模型。

7. 类脑智能计算理论。研究类脑感知、类脑学习、类脑记忆机制与计算融合、类脑复杂系统、类脑控制等理论与方法。

8. 量子智能计算理论。探索脑认知的量子模式与内在机制，研究高效的量子智能模型和算法、高性能高比特的量子人工智能处理器、可与外界环境交互信息的实时量子人工智能系统等。

2. 建立新一代人工智能关键共性技术体系。

围绕提升我国人工智能国际竞争力的迫切需求，新一代人工智能关键共性技术的研发部署要以算法为核心，以数据和硬件为基础，以提升感知识别、知识计算、认知推理、运动执行、人机交互能力为重点，形成开放兼容、稳定成熟的技术体系。

知识计算引擎与知识服务技术。重点突破知识加工、深度搜索和可视交互核心技术，实现对知识持续增量的自动获取，具备概念识别、实体发现、属性预测、知识演化建模和关系挖掘能力，形成涵盖数十亿实体规模的多源、多学科和多数据类型的跨媒体知识图谱。

跨媒体分析推理技术。重点突破跨媒体统一表征、关联理解与知识挖掘、知识图谱构建与学习、知识演化与推理、智能描述与生成等技术，实现跨媒体知识表征、分析、挖掘、推理、演化和利用，构建分析推理引擎。

群体智能关键技术。重点突破基于互联网的大众化协同、大规模协作的知识资源管理与开放式共享等技术，建立群智知识表示框架，实现基于群智感知的知识获取和开放动态环境下的群智融合与增强，支撑覆盖全国的千万级规模群体感知、协同与演化。

混合增强智能新架构与新技术。重点突破人机协同的感知与执行一体化模型、智能计算前移的新型传感器件、通用混合计算架构等核心技术，构建自主适应环境的混合增强智能系统、人机群组混合增强智能系统及支撑环境。

自主无人系统的智能技术。重点突破自主无人系统计算架构、复杂动态场景感知与理解、实时精准定位、面向复杂环境的适应性智能导航等共性技术，无人机自主控制以及汽车、船舶和轨道交通自动驾驶等智能技术，服务机器人、特种机器人等核心技术，支撑无人系统应用和产业发展。

虚拟现实智能建模技术。重点突破虚拟对象智能行为建模技术，提升虚拟现实中智能对象行为的社会性、多样性和交互逼真性，实现虚拟现实、增强现实等技术与人工智能的有机结合和高效互动。

智能计算芯片与系统。重点突破高能效、可重构类脑计算芯片和具有计算成像功能的类脑视觉传感器技术，研发具有自主学习能力的高效能类脑神经网络架构和硬件系统，实现具有多媒体感知信息理解和智能增长、常识推理能力的类脑智能系统。

自然语言处理技术。重点突破自然语言的语法逻辑、字符概念表征和深度语义分析的核心技术，推进人类与机器的有效沟通和自由交互，实现多风格、多语言、多领域的自然语言智能理解和自动生成。

专栏2　关键共性技术

1. 知识计算引擎与知识服务技术。研究知识计算和可视交互引擎，研究创新设计、数字创意和以可视媒体为核心的商业智能等知识服务技术，开展大规模生物数据的知识发现。

2. 跨媒体分析推理技术。研究跨媒体统一表征、关联理解与知识挖掘、知识图谱构建与学习、知识演化与推理、智能描述与生成等技术，开发跨媒体分析推理引擎与验证系统。

3. 群体智能关键技术。开展群体智能的主动感知与发现、知识获取与生成、协同与共享、评估与演化、人机整合与增强、自我维持与安全交互等关键技术研究，构建群智空间的服务体系结构，研究移动群体智能的协同决策与控制技术。

4. 混合增强智能新架构和新技术。研究混合增强智能核心技术、认知计算框架，新型混合计算架构，人机共驾、在线智能学习技术，平行管理与控制的混合增强智能框架。

5. 自主无人系统的智能技术。研究无人机自主控制和汽车、船舶、轨道交通自动驾驶等智能技术，服务机器人、空间机器人、海洋机器人、极地机器人技术，无人车间/智能工厂智能技术，高端智能控制技术和自主无人操作系统。研究复杂环境下基于计算机视觉的定位、导航、识别等机器人及机械手臂自主控制技术。

6. 虚拟现实智能建模技术。研究虚拟对象智能行为的数学表达与建模方法，虚拟对象与虚拟环境和用户之间进行自然、持续、深入交互等问题，智能对象建模的技术与方法体系。

7. 智能计算芯片与系统。研发神经网络处理器以及高能效、可重构类脑计算芯片等，新型感知芯片与系统、智能计算体系结构与系统、人工智能操作系统。研究适合人工智能的混合计算架构等。

8. 自然语言处理技术。研究短文本的计算与分析技术，跨语言文本挖掘技术和面向机器认知智能的语义理解技术，多媒体信息理解的人机对话系统。

3. 统筹布局人工智能创新平台。

建设布局人工智能创新平台，强化对人工智能研发应用的基础支撑。人工智能开源软硬件基础平台重点建设支持知识推理、概率统计、深度学习等人工智能范式的统一计算框架平台，形成促进人工智能软件、硬件和智能云之间相互协同的生态链。群体智能服务平台重点建设基于互联网大规模协作的知识资源管理与开放式共享工具，形成面向产学研用创新环节的群智众创平台和服务环境。混合增强智能支撑平台重点建设支持大规模训练的异构实时计算引擎和新型计算集群，为复杂智能计算提供服务化、系统化平台和解决方案。自主无人系统支撑平台重点建设面向自主无人系统复杂环境下环境感知、自主协同控制、智能决策等人工智能共性核心技术的支撑系统，形成开放式、模块化、可重构的自主无人系统开发与试验环境。人工智能基础数据与安全检测平台重点建设面向人工智能的公共数据资源库、标准测试数据集、云服务平台等，形成人工智能算法与平台安全性测试评估的方法、技术、规范和工具集。促进各类通用软件和技术平台的开源开放。各类平台要按照军民深度融合的要求和相关规定，推进军民共享共用。

专栏3　基础支撑平台

1. 人工智能开源软硬件基础平台。建立大数据人工智能开源软件基础平台、终端与云端协同的人工智能云服务平台、新型多元智能传感器件与集成平台、基于人工智能硬件的新产品设计平台、未来网络中的大数据智能化服务平台等。

2. 群体智能服务平台。建立群智众创计算支撑平台、科技众创服务系统、群智软件开发与验证自动化系统、群智软件学习与创新系统、开放环境的群智决策系统、群智共享经济服务系统。

3. 混合增强智能支撑平台。建立人工智能超级计算中心、大规模超级智能计算支撑环境、在线智能教育平台、"人在回路"驾驶脑、产业发展复杂性分析与风险评估的智能平台、支撑核电安全运营的智能保障平台、人机共驾技术研发与测试平台等。

4. 自主无人系统支撑平台。建立自主无人系统共性核心技术支撑平台，无人机自主控制以及汽车、船舶和轨道交通自动驾驶支撑平台，服务机器人、空间机器人、海洋机器人、极地机器人支撑平台，智能工厂与智能控制装备技术支撑平台等。

5. 人工智能基础数据与安全检测平台。建设面向人工智能的公共数据资源库、标准测试数据集、云服务平台，建立人工智能算法与平台安全性测试模型及评估模型，研发人工智能算法与平台安全性测评工具集。

4. 加快培养聚集人工智能高端人才。

把高端人才队伍建设作为人工智能发展的重中之重，坚持培养和引进相结合，完善人工智能教育体系，加强人才储备和梯队建设，特别是加快引进全球顶尖人才和青年人才，形成我国人工智能人才高地。

培育高水平人工智能创新人才和团队。支持和培养具有发展潜力的人工智能领军人才，加强人工智能基础研究、应用研究、运行维护等方面专业技术人才培养。重视复合型人才培养，重点培养贯通人工智能理论、方法、技术、产品与应用等的纵向复合型人才，以及掌握"人工智能+"经济、社会、管理、标准、法律等的横向复合型人才。通过重大研发任务和基地平台建设，汇聚人工智能高端人才，在若干人工智能重点领域形成一批高水平创新团队。鼓励和引导国内创新人才、团队加强与全球顶尖人工智能研究机构合作互动。

加大高端人工智能人才引进力度。开辟专门渠道，实行特殊政策，实现人工智能高端人才精准引进。重点引进神经认知、机器学习、自动驾驶、智能机器人等国际顶尖科学家和高水平创新团队。鼓励采取项目合作、技术咨询等方式柔性引进人工智能人才。统筹利用现有人才计划，加强人工智能领域优秀人才特别是优秀青年人才引进工作。完善企业人力资本成本核算相关政策，激励企业、科研机构引进人工智能人才。

建设人工智能学科。完善人工智能领域学科布局，设立人工智能专业，推动人工智能领域一级学科建设，尽快在试点院校建立人工智能学院，增加人工智能相关学科方向的博士、硕士招生名额。鼓励高校在原有基础上拓宽人工智能专业教育内容，形成"人工智能+X"复合专业培养新模式，重视人工智能与数学、计算机科学、物理学、生物学、心理学、社会学、法学等学科专业教育的交叉融合。加强产学研合作，鼓励高校、科研院所与企业等机构合作开展人工智能学科建设。

（二）培育高端高效的智能经济

加快培育具有重大引领带动作用的人工智能产业，促进人工智能与各产业领域深度融合，形成数据驱动、人机协同、跨界融合、共创分享的智能经济形态。数据和知识成为经济增长的第一要素，人机协同成为主流生产和服务方式，跨界融合成为重要经济模式，共创分享成为经济生态基本特征，个性化需求与定制成为消费新潮流，生产率大幅提升，引领产业向价值链高端迈进，有力支撑实体经济发展，全面提升经济发展质量和效益。

1. 大力发展人工智能新兴产业。

加快人工智能关键技术转化应用，促进技术集成与商业模式创新，推动重点领域智能产品创新，积极培育人工智能新兴业态，布局产业链高端，打造具有国际竞争力的人工智能产业集群。

智能软硬件。开发面向人工智能的操作系统、数据库、中间件、开发工具等关键基础软件，突破图形处理器等核心硬件，研究图像识别、语音识别、机器翻译、智能交互、知识处理、控制决策等智能系统解决方案，培育壮大面向人工智能应用的基础软硬件产业。

智能机器人。攻克智能机器人核心零部件、专用传感器，完善智能机器人硬件接口标准、软件接口协议标准以及安全使用标准。研制智能工业机器人、智能服务机器人，实现大规模应用并进入国际市场。研制和推广空间机器人、海洋机器人、极地机器人等特种智能机器人。建立智能机器人标准体系和安全规则。

智能运载工具。发展自动驾驶汽车和轨道交通系统，加强车载感知、自动驾驶、车联网、物联网等技术集成和配套，开发交通智能感知系统，形成我国自主的自动驾驶平台技术体系和产品总成能力，探索自动驾驶汽车共享模式。发展消费类和商用类无人机、无人船，建立试验鉴定、测试、竞技等专业化服务体系，完善空域、水域管理措施。

虚拟现实与增强现实。突破高性能软件建模、内容拍摄生成、增强现实与人机交互、集成环境与工具等关键技术，研制虚拟显示器件、光学器件、高性能真三维显示器、开发引擎等产品，建立虚拟现实与增强现实的技术、产品、服务标准和评价体系，推动重点行业融合应用。

智能终端。加快智能终端核心技术和产品研发，发展新一代智能手机、车载智能终端等移动智能终端产品和设备，鼓励开发智能手表、智能耳机、智能眼镜等可穿戴终端产品，拓展产品形态和应用服务。

物联网基础器件。发展支撑新一代物联网的高灵敏度、高可靠性智能传感器件和芯片，攻克射频识别、近距离机器通信等物联网核心技术和低功耗处理器等关键器件。

2. 加快推进产业智能化升级。

推动人工智能与各行业融合创新，在制造、农业、物流、金融、商务、家居等重点行业和领域开展人工智能应用试点示范，推动人工智能规模化应用，全面提升产业发展智能化水平。

智能制造。围绕制造强国重大需求，推进智能制造关键技术装备、核心支撑软件、工业互联网等系统集成应用，研发智能产品及智能互联产品、智能制造使能工具与系统、智能制造云服务平台，推广流程智能制造、离散智能制造、网络化协同制造、远程诊断与运维服务等新型制造模式，建立智能制造标准体系，推进制造全生命周期活动智能化。

智能农业。研制农业智能传感与控制系统、智能化农业装备、农机田间作业自主系统等。建立完善天、空、地一体化的智能农业信息遥感监测网络。建立典型农业大数据智能决策分析系统，开展智能农场、智能化植物工厂、智能牧场、智能渔场、智能果园、农产品加工智能车间、农产品绿色智能供应链等集成应用示范。

智能物流。加强智能化装卸搬运、分拣包装、加工配送等智能物流装备研发和推广应用，建设深度感知智能仓储系统，提升仓储运营管理水平和效率。完善智能物流公共信息平台和指挥系统、产品质量认证及追溯系统、智能配货调度体系等。

智能金融。建立金融大数据系统，提升金融多媒体数据处理与理解能力。创新智能金融产品和服务，发展金融新业态。鼓励金融行业应用智能客服、智能监控等技术和装备。建立金融风险智能预警与防控系统。

智能商务。鼓励跨媒体分析与推理、知识计算引擎与知识服务等新技术在商务领域应用，推广基于人工智能的新型商务服务与决策系统。建设涵盖地理位置、网络媒体和城市基础数据等跨媒体大数据平台，支撑企业开展智能商务。鼓励围绕个人需求、企业管理提供定制化商务智能决策服务。

智能家居。加强人工智能技术与家居建筑系统的融合应用，提升建筑设备及家居产品的智能化水平。研发适应不同应用场景的家庭互联互通协议、接口标准，提升家电、耐用品等家居产品感知和联通能力。支持智能家居企业创新服务模式，提供互联共享解决方案。

3. 大力发展智能企业。

大规模推动企业智能化升级。支持和引导企业在设计、生产、管理、物流和营销等核心业务环节应用人工智能新技术，构建新型企业组织结构和运营方式，形成制造与服务、金融智能化融合的业态模式，发展个性化定制，扩大智能产品供给。鼓励大型互联网企业建设云制造平台和服务平台，面向制造企业在线提供关键工业软件和模型库，开展制造能力外包服务，推动中小企业智能化发展。

推广应用智能工厂。加强智能工厂关键技术和体系方法的应用示范，重点推广生产线重构与动态智能调度、生产装备智能物联与云化数据采集、多维人机物协同与互操作等技术，鼓励和引导企业建设工厂大数据系统、网络化分布式生产设施等，实现生产设备网络化、生产数据可视化、生产过程透明化、生产现场无人化，提升工厂运营管理智能化水平。

加快培育人工智能产业领军企业。在无人机、语音识别、图像识别等优势领域加快打造人工智能全球领军企业和品牌。在智能机器人、智能汽车、可穿戴设备、虚拟现实等新兴领域加快培育一批龙头企业。支持人工智能企业加强专利布局，牵头或参与国际标准制定。推动国内优势企业、行业组织、科研机构、高校等联合组建中国人工智能产业技术创新联盟。支持龙头骨干企业构建开源硬件工厂、开源软件平台，形成集聚各类资源的创新生态，促进人工智能中小微企业发展和各领域应用。支持各类机构和平台面向人工智能企业提供专业化服务。

4. 打造人工智能创新高地。

结合各地区基础和优势，按人工智能应用领域分门别类进行相关产业布局。鼓励地方围绕人工智能产业链和创新链，集聚高端要素、高端企业、高端人才，打造人工智能产业集群和创新高地。

开展人工智能创新应用试点示范。在人工智能基础较好、发展潜力较大的地区，组织开展国家人工智能创新试验，探索体制机制、政策法规、人才培育等方面的重大改革，推动人工智能成果转化、重大产品集成创新和示范应用，形成可复制、可推广的经验，引领带动智能经济和智能社会发展。

建设国家人工智能产业园。依托国家自主创新示范区和国家高新技术产业开发区等创新载体，加强科技、人才、金融、政策等要素的优化配置和组合，加快培育建设人工智能产业创新集群。

建设国家人工智能众创基地。依托从事人工智能研究的高校、科研院所集中地区，搭建人工智能领域专业化创新平台等新型创业服务机构，建设一批低成本、便利化、全要素、开放式的人工智能众创空间，完善孵化服务体系，推进人工智能科技成果转移转化，支持人工智能创新创业。

（三）建设安全便捷的智能社会

围绕提高人民生活水平和质量的目标，加快人工智能深度应用，形成无时不有、无处不在的智能化环境，全社会的智能化水平大幅提升。越来越多的简单性、重复性、危险性任务由人工智能完成，个体创造力得到极大发挥，形成更多高质量和高舒适度的就业岗位；精准化智能服务更加丰富多样，人们能够最大限度享受高质量服务和便捷生活；社会治理智能化水平大幅提升，社会运行更加安全高效。

1. 发展便捷高效的智能服务。

围绕教育、医疗、养老等迫切民生需求，加快人工智能创新应用，为公众提供个性化、多元化、高品质服务。

智能教育。利用智能技术加快推动人才培养模式、教学方法改革，构建包含智能学习、交互式学习的新型教育体系。开展智能校园建设，推动人工智能在教学、管理、资源建设等全流程应用。开发立体综合教学场、基于大数据智能的在线学习教育平台。开发智能教育助理，建立智能、快速、全面的教育分析系统。建立以学习者为中心的教育环境，提供精准推送的教育服务，实现日常教育和终身教育定制化。

智能医疗。推广应用人工智能治疗新模式新手段，建立快速精准的智能医疗体系。探索智慧医院建设，开发人机协同的手术机器人、智能诊疗助手，研发柔性可穿戴、生物兼容的生理监测系统，研发人机协同临床智能诊疗方案，实现智能影像识别、病理分型和智能多学科会诊。基于人工智能开展大规模基因组识别、蛋白组学、代谢组学等研究和新药研发，推进医药监管智能化。加强流行病智能监测和防控。

智能健康和养老。加强群体智能健康管理，突破健康大数据分析、物联网等关键技术，研发健康管理可穿戴设备和家庭智能健康检测监测设备，推动健康管理实现从点状监测向连续监测、从短流程管理向长流程管理转变。建设智能养老社区和机构，构建安全便捷的智能化养老基础设施体系。加强老年人产品智能化和智能产品适老化，开发视听辅助设备、物理辅助设备等智能家居养老设备，拓展老年人活动空间。开发面向老年人的移动社交和服务平台、情感陪护助手，提升老年人生活质量。

2. 推进社会治理智能化。

围绕行政管理、司法管理、城市管理、环境保护等社会治理的热点难点问题，促进人工智能技术应用，推动社会治理现代化。

智能政务。开发适于政府服务与决策的人工智能平台，研制面向开放环境的决策引擎，在复杂社会问题研判、政策评估、风险预警、应急处置等重大战略决策方面推广应用。加强政务信息资源整合和公共需求精准预测，畅通政府与公众的交互渠道。

智慧法庭。建设集审判、人员、数据应用、司法公开和动态监控于一体的智慧法庭数据平台，促进人工智能在证据收集、案例分析、法律文件阅读与分析中的应用，实现法院审判体系和审判能力智能化。

智慧城市。构建城市智能化基础设施，发展智能建筑，推动地下管廊等市政基础设施智能化改造升级；建设城市大数据平台，构建多元异构数据融合的城市运行管理体系，实现对城市基础设施和城市绿地、湿地等重要生态要素的全面感知以及对城市复杂系统运行的深度认知；研发构建社区公共服务信息系统，促进社区服务系统与居民智能家庭系统协同；推进城市规划、建设、管理、运营全生命周期智能化。

智能交通。研究建立营运车辆自动驾驶与车路协同的技术体系。研发复杂场景下的多维交通信息综合大数据应用平台，实现智能化交通疏导和综合运行协调指挥，建成覆盖地面、轨道、低空和海上的智能交通监控、管理和服务系统。

智能环保。建立涵盖大气、水、土壤等环境领域的智能监控大数据平台体系，建成陆海统筹、天地一体、上下协同、信息共享的智能环境监测网络和服务平台。研发资源能源消耗、环境污染物排放智能预测模型方法和预警方案。加强京津冀、长江经济带等国家重大战略区域环境保护和突发环境事件智能防控体系建设。

3. 利用人工智能提升公共安全保障能力。

促进人工智能在公共安全领域的深度应用，推动构建公共安全智能化监测预警与控制体系。围绕社会综合治理、新型犯罪侦查、反恐等迫切需求，研发集成多种探测传感技术、视频图像信息分析识别技术、生物特征识别技术的智能安防与警用产品，建立智能化监测平台。加强对重点公共区域安防设备的智能化改造升级，支持有条件的社区或城市开展基于人工智能的公共安防区域示范。强化人工智能对食品安全的保障，围绕食品分类、预警等级、食品安全隐患及评估等，建立智能化食品安全预警系统。加强人工智能对自然灾害的有效监测，围绕地震灾害、地质灾害、气象灾害、水旱灾害和海洋灾害等重大自然灾害，构建智能化监测预警与综合应对平台。

4. 促进社会交往共享互信。

充分发挥人工智能技术在增强社会互动、促进可信交流中的作用。加强下一代社交网络研发，加快增强现实、虚拟现实等技术推广应用，促进虚拟环境和实体环境协同融合，满足个人感知、分析、判断与决策等实时信息需求，实现在工作、学习、生活、娱乐等不同场景下的流畅切换。针对改善人际沟通障碍的需求，开发具有情感交互功能、能准确理解人的需求的智能助理产品，实现情感交流和需求满足的良性循环。促进区块链技术与人工智能的融合，建立新型社会信用体系，最大限度降低人际交往成本和风险。

（四）加强人工智能领域军民融合

深入贯彻落实军民融合发展战略，推动形成全要素、多领域、高效益的人工智能军民融合格局。以军民共享共用为导向部署新一代人工智能基础理论和关键共性技术研发，建立科研院所、高校、企业和军工单位的常态化沟通协调机制。促进人工智能技术军民双向转化，强化新一代人工智能技术对指挥决策、军事推演、国防装备等的有力支撑，引导国防领域人工智能科技成果向民用领域转化应用。鼓励优势民用科研力量参与国防领域人工智能重大科技创新任务，推动各类人工智能技术快速嵌入国防创新领域。加强军民人工智能技术通用标准体系建设，推进科技创新平台基地的统筹布局和开放共享。

（五）构建泛在安全高效的智能化基础设施体系

大力推动智能化信息基础设施建设，提升传统基础设施的智能化水平，形成适应智能经济、智能社会和国防建设需要的基础设施体系。加快推动以信息传输为核心的数字化、网络化信息基础设施，向集融合感知、传输、存储、计算、处理于一体的智能化信息基础设施转变。优化升级网络基础设施，研发布局第五代移动通信（5G）系统，完善物联网基础设施，加快天地一体化信息网络建设，提高低时延、高通量的传输能力。统筹利用大数据基础设施，强化数据安全与隐私保护，为人工智能研发和广泛应用提供海量数据支撑。建设高效能计算基础设施，提升超级计算中心对人工智能应用的服务支撑能力。建设分布式高效能源互联网，形成支撑多能源协调互补、及时有效接入的新型能源网络，推广智能储能设施、智能用电设施，实现能源供需信息的实时匹配和智能化响应。

专栏4　智能化基础设施

1. 网络基础设施。加快布局实时协同人工智能的5G增强技术研发及应用，建设面向空间协同人工智能的高精度导航定位网络，加强智能感知物联网核心技术攻关和关键设施建设，发展支撑智能化的工业互联网、面向无人驾驶的车联网等，研究智能化网络安全架构。加快建设天地一体化信息网络，推进天基信息网、未来互联网、移动通信网的全面融合。

2. 大数据基础设施。依托国家数据共享交换平台、数据开放平台等公共基础设施，建设政府治理、公共服务、产业发展、技术研发等领域大数据基础信息数据库，支撑开展国家治理大数据应用。整合社会各类数据平台和数据中心资源，形成覆盖全国、布局合理、链接畅通的一体化服务能力。

3. 高效能计算基础设施。继续加强超级计算基础设施、分布式计算基础设施和云计算中心建设，构建可持续发展的高性能计算应用生态环境。推进下一代超级计算机研发应用。

（六）前瞻布局新一代人工智能重大科技项目

针对我国人工智能发展的迫切需求和薄弱环节，设立新一代人工智能重大科技项目。加强整体统筹，明确任务边界和研发重点，形成以新一代人工智能重大科技项目为核心、以现有研发布局为支撑的"1＋N"人工智能项目群。

"1"是指新一代人工智能重大科技项目，聚焦基础理论和关键共性技术的前瞻布局，包括研究大数据智能、跨媒体感知计算、混合增强智能、群体智能、自主协同控制与决策等理论，研究知识计算引擎与知识服务技术、跨媒体分析推理技术、群体智能关键技术、混合增强智能新架构与新技术、自主无人控制技术等，开源共享人工智能基础理论和共性技术。持续开展人工智能发展的预测和研判，加强人工智能对经济社会综合影响及对策研究。

"N"是指国家相关规划计划中部署的人工智能研发项目，重点是加强与新一代人工智能重大科技项目的衔接，协同推进人工智能的理论研究、技术突破和产品研发应用。加强与国家科技重大专项的衔接，在"核高基"（核心电子器件、高端通用芯片、基础软件）、集成电路装备等国家科技重大专项中支持人工智能软硬件发展。加强与其他"科技创新2030—重大项目"的相互支撑，加快脑科学与类脑计算、量子信息与量子计算、智能制造与机器人、大数据等研究，为人工智能重大技术突破提供支撑。国家重点研发计划继续推进高性能计算等重点专项实施，加大对人工智能相关技术研发和应用的支持力度；国家自然科学基金加强对人工智能前沿领域交叉学科研究和自由探索的支持。在深海空间站、健康保障等重大项目，以及智慧城市、智能农机装备等国家重点研发计划重点专项部署中，加强人工智能技术的应用示范。其他各类科技计划支持的人工智能相关基础理论和共性技术研究成果应开放共享。

创新新一代人工智能重大科技项目组织实施模式，坚持集中力量办大事、重点突破的原则，充分发挥市场机制作用，调动部门、地方、企业和社会各方面力量共同推进实施。明确管理责任，定期开展评估，加强动态调整，提高管理效率。

四 资源配置

充分利用已有资金、基地等存量资源，统筹配置国际国内创新资源，发挥好财政投入、政策激励的引导作用和市场配置资源的主导作用，撬动企业、社会加大投入，形成财政资金、金融资本、社会资本多方支持的新格局。

（一）建立财政引导、市场主导的资金支持机制

统筹政府和市场多渠道资金投入，加大财政资金支持力度，盘活现有资源，对人工智能基础前沿研究、关键共性技术攻关、成果转移转化、基地平台建设、创新应用示范等提供支持。利用现有政府投资基金支持符合条件的人工智能项目，鼓励龙头骨干企业、产业创新联盟牵头成立市场化的人工智能发展基金。利用天使投资、风险投资、创业投资基金及资本市场融资等多种渠道，引导社会资本支持人工智能发展。积极运用政府和社会资本合作等模式，引导社会资本参与人工智能重大项目实施和科技成果转化应用。

（二）优化布局建设人工智能创新基地

按照国家级科技创新基地布局和框架，统筹推进人工智能领域建设若干国际领先的创新基地。引导现有与人工智能相关的国家重点实验室、企业国家重点实验室、国家工程实验室等基地，聚焦新一代人工智能的前沿方向开展研究。按规定程序，以企业为主体、产学研合作组建人工智能领域的相关技术和产业创新基地，发挥龙头骨干企业技术创新示范带动作用。发展人工智能领域的专业化众创空间，促进最新技术成果和资源、服务的精准对接。充分发挥各类创新基地聚集人才、资金等创新资源的作用，突破人工智能基础前沿理论和关键共性技术，开展应用示范。

（三）统筹国际国内创新资源

支持国内人工智能企业与国际人工智能领先高校、科研院所、团队合作。鼓励国内人工智能企业"走出去"，为有实力的人工智能企业开展海外并购、股权投资、创业投资和建立海外研发中心等提供便利和服务。鼓励国外人工智能企业、科研机构在华设立研发中心。依托"一带一路"战略，推动建设人工智能国际科技合作基地、联合研究中心等，加快人工智能技术在"一带一路"共建国家推广应用。推动成立人工智能国际组织，共同制定相关国际标准。支持相关行业协会、联盟及服务机构搭建面向人工智能企业的全球化服务平台。

五 保障措施

围绕推动我国人工智能健康快速发展的现实要求，妥善应对人工智能可能带来的挑

战，形成适应人工智能发展的制度安排，构建开放包容的国际化环境，夯实人工智能发展的社会基础。

（一）制定促进人工智能发展的法律法规和伦理规范

加强人工智能相关法律、伦理和社会问题研究，建立保障人工智能健康发展的法律法规和伦理道德框架。开展与人工智能应用相关的民事与刑事责任确认、隐私和产权保护、信息安全利用等法律问题研究，建立追溯和问责制度，明确人工智能法律主体以及相关权利、义务和责任等。重点围绕自动驾驶、服务机器人等应用基础较好的细分领域，加快研究制定相关安全管理法规，为新技术的快速应用奠定法律基础。开展人工智能行为科学和伦理等问题研究，建立伦理道德多层次判断结构及人机协作的伦理框架。制定人工智能产品研发设计人员的道德规范和行为守则，加强对人工智能潜在危害与收益的评估，构建人工智能复杂场景下突发事件的解决方案。积极参与人工智能全球治理，加强机器人异化和安全监管等人工智能重大国际共性问题研究，深化在人工智能法律法规、国际规则等方面的国际合作，共同应对全球性挑战。

（二）完善支持人工智能发展的重点政策

落实对人工智能中小企业和初创企业的财税优惠政策，通过高新技术企业税收优惠和研发费用加计扣除等政策支持人工智能企业发展。完善落实数据开放与保护相关政策，开展公共数据开放利用改革试点，支持公众和企业充分挖掘公共数据的商业价值，促进人工智能应用创新。研究完善适应人工智能的教育、医疗、保险、社会救助等政策体系，有效应对人工智能带来的社会问题。

（三）建立人工智能技术标准和知识产权体系

加强人工智能标准框架体系研究。坚持安全性、可用性、互操作性、可追溯性原则，逐步建立并完善人工智能基础共性、互联互通、行业应用、网络安全、隐私保护等技术标准。加快推动无人驾驶、服务机器人等细分应用领域的行业协会和联盟制定相关标准。鼓励人工智能企业参与或主导制定国际标准，以技术标准"走出去"带动人工智能产品和服务在海外推广应用。加强人工智能领域的知识产权保护，健全人工智能领域技术创新、专利保护与标准化互动支撑机制，促进人工智能创新成果的知识产权化。建立人工智能公共专利池，促进人工智能新技术的利用与扩散。

（四）建立人工智能安全监管和评估体系

加强人工智能对国家安全和保密领域影响的研究与评估，完善人、技、物、管配套的安全防护体系，构建人工智能安全监测预警机制。加强对人工智能技术发展的预测、研判和跟踪研究，坚持问题导向，准确把握技术和产业发展趋势。增强风险意识，重视风险评估和防控，强化前瞻预防和约束引导，近期重点关注对就业的影响，远期重点考虑对社会伦理的影响，确保把人工智能发展规制在安全可控范围内。建立健全公开透明的人工智能监管体系，实行设计问责和应用监督并重的双层监管结构，实现对人工智能算法设计、产品开发和成果应用等的全流程监管。促进人工智能行业和企业自律，切实加强管理，加大对数据滥用、侵犯个人隐私、违背道德伦理等行为的惩戒力度。加强人工智能网络安全技术研发，强化人工智能产品和系统网络安全防护。构建动态的人工智能研发应用评估评价机制，围绕人工智能设计、产品和系统的复杂性、风险性、不确定性、可解释性、潜在经济影响等问题，开发系统性的测试方法和指标体系，建设跨领域的人工智能测试平台，推动人工智能安全认证，评估人工智能产品和系统的关键性能。

（五）大力加强人工智能劳动力培训

加快研究人工智能带来的就业结构、就业方式转变以及新型职业和工作岗位的技能需求，建立适应智能经济和智能社会需要的终身学习和就业培训体系，支持高等院校、职业学校和社会化培训机构等开展人工智能技能培训，大幅提升就业人员专业技能，满足我国人工智能发展带来的高技能高质量就业岗位需要。鼓励企业和各类机构为员工提供人工智能技能培训。加强职工再就业培训和指导，确保从事简单重复性工作的劳动力和因人工智能失业的人员顺利转岗。

（六）广泛开展人工智能科普活动

支持开展形式多样的人工智能科普活动，鼓励广大科技工作者投身人工智能的科普与推广，全面提高全社会对人工智能的整体认知和应用水平。实施全民智能教育项目，在中小学阶段设置人工智能相关课程，逐步推广编程教育，鼓励社会力量参与寓教于乐的编程教学软件、游戏的开发和推广。建设和完善人工智能科普基础设施，充分发挥各类人工智能创新基地平台等的科普作用，鼓励人工智能企业、科研机构搭建开源平台，面向公众开放人工智能研发平台、生产设施或展馆等。支持开展人工智能竞赛，鼓励进行形式多样的人工智能科普创作。鼓励科学家参与人工智能科普。

六　组织实施

新一代人工智能发展规划是关系全局和长远的前瞻谋划。必须加强组织领导，健全机制，瞄准目标，紧盯任务，以钉钉子的精神切实抓好落实，一张蓝图干到底。

（一）组织领导

按照党中央、国务院统一部署，由国家科技体制改革和创新体系建设领导小组牵头统筹协调，审议重大任务、重大政策、重大问题和重点工作安排，推动人工智能相关法律法规建设，指导、协调和督促有关部门做好规划任务的部署实施。依托国家科技计划（专项、基金等）管理部际联席会议，科技部会同有关部门负责推进新一代人工智能重大科技项目实施，加强与其他计划任务的衔接协调。成立人工智能规划推进办公室，办公室设在科技部，具体负责推进规划实施。成立人工智能战略咨询委员会，研究人工智能前瞻性、战略性重大问题，对人工智能重大决策提供咨询评估。推进人工智能智库建设，支持各类智库开展人工智能重大问题研究，为人工智能发展提供强大智力支持。

（二）保障落实

加强规划任务分解，明确责任单位和进度安排，制定年度和阶段性实施计划。建立年度评估、中期评估等规划实施情况的监测评估机制。适应人工智能快速发展的特点，根据任务进展情况、阶段目标完成情况、技术发展新动向等，加强对规划和项目的动态调整。

（三）试点示范

对人工智能重大任务和重点政策措施，要制定具体方案，开展试点示范。加强对各部门、各地方试点示范的统筹指导，及时总结推广可复制的经验和做法。通过试点先行、示范引领，推进人工智能健康有序发展。

（四）舆论引导

充分利用各种传统媒体和新兴媒体，及时宣传人工智能新进展、新成效，让人工智能健康发展成为全社会共识，调动全社会参与支持人工智能发展的积极性。及时做好舆论引导，更好应对人工智能发展可能带来的社会、伦理和法律等挑战。

中共中央 国务院关于全面加强生态环境保护坚决打好污染防治攻坚战的意见

(2018年6月16日)

良好生态环境是实现中华民族永续发展的内在要求,是增进民生福祉的优先领域。为深入学习贯彻习近平新时代中国特色社会主义思想和党的十九大精神,决胜全面建成小康社会,全面加强生态环境保护,打好污染防治攻坚战,提升生态文明,建设美丽中国,现提出如下意见。

一 深刻认识生态环境保护面临的形势

党的十八大以来,以习近平同志为核心的党中央把生态文明建设作为统筹推进"五位一体"总体布局和协调推进"四个全面"战略布局的重要内容,谋划开展了一系列根本性、长远性、开创性工作,推动生态文明建设和生态环境保护从实践到认识发生了历史性、转折性、全局性变化。各地区各部门认真贯彻落实党中央、国务院决策部署,生态文明建设和生态环境保护制度体系加快形成,全面节约资源有效推进,大气、水、土壤污染防治行动计划深入实施,生态系统保护和修复重大工程进展顺利,核与辐射安全得到有效保障,生态文明建设成效显著,美丽中国建设迈出重要步伐,我国成为全球生态文明建设的重要参与者、贡献者、引领者。

同时,我国生态文明建设和生态环境保护面临不少困难和挑战,存在许多不足。一些地方和部门对生态环境保护认识不到位,责任落实不到位;经济社会发展同生态环境保护的矛盾仍然突出,资源环境承载能力已经达到或接近上限;城乡区域统筹不够,新老环境问题交织,区域性、布局性、结构性环境风险凸显,重污染天气、黑臭水体、垃圾围城、生态破坏等问题时有发生。这些问题,成为重要的民生之患、民心之痛,成为经济社会可持续发展的瓶颈制约,成为全面建成小康社会的明显短板。

进入新时代,解决人民日益增长的美好生活需要和不平衡不充分的发展之间的矛盾对生态环境保护提出许多新要求。当前,生态文明建设正处于压力叠加、负重前行的关键期,已进入提供更多优质生态产品以满足人民日益增长的优美生态环境需要的攻坚期,也到了有条件、有能力解决突出生态环境问题的窗口期。必须加大力度、加快治理、加紧攻坚,打好标志性的重大战役,为人民创造良好生产生活环境。

二 深入贯彻习近平生态文明思想

习近平总书记传承中华民族传统文化、顺应时代潮流和人民意愿,站在坚持和发展中国特色社会主义、实现中华民族伟大复兴中国梦的战略高度，深刻回答了为什么建设生态文明、建设什么样的生态文明、怎样建设生态文明等重大理论和实践问题，系统形成了习近平生态文明思想，有力指导生态文明建设和生态环境保护取得历史性成就、发生历史性变革。

坚持生态兴则文明兴。建设生态文明是关系中华民族永续发展的根本大计，功在当代、利在千秋，关系人民福祉，关乎民族未来。

坚持人与自然和谐共生。保护自然就是保护人类，建设生态文明就是造福人类。必须尊重自然、顺应自然、保护自然，像保护眼睛一样保护生态环境，像对待生命一样对待生态环境，推动形成人与自然和谐发展现代化建设新格局，还自然以宁静、和谐、美丽。

坚持绿水青山就是金山银山。绿水青山既是自然财富、生态财富，又是社会财富、经济财富。保护生态环境就是保护生产力，改善生态环境就是发展生产力。必须坚持和贯彻绿色发展理念，平衡和处理好发展与保护的关系，推动形成绿色发展方式和生活方式，坚定不移走生产发展、生活富裕、生态良好的文明发展道路。

坚持良好生态环境是最普惠的民生福祉。生态文明建设同每个人息息相关。环境就是民生，青山就是美丽，蓝天也是幸福。必须坚持以人民为中心，重点解决损害群众健康的突出环境问题，提供更多优质生态产品。

坚持山水林田湖草是生命共同体。生态环境是统一的有机整体。必须按照系统工程的思路，构建生态环境治理体系，着力扩大环境容量和生态空间，全方位、全地域、全过程开展生态环境保护。

坚持用最严格制度、最严密法治保护生态环境。保护生态环境必须依靠制度、依靠法治。必须构建产权清晰、多元参与、激励约束并重、系统完整的生态文明制度体系，让制度成为刚性约束和不可触碰的高压线。

坚持建设美丽中国全民行动。美丽中国是人民群众共同参与共同建设共同享有的事业。必须加强生态文明宣传教育，牢固树立生态文明价值观念和行为准则，把建设美丽中国化为全民自觉行动。

坚持共谋全球生态文明建设。生态文明建设是构建人类命运共同体的重要内容。必须同舟共济、共同努力，构筑尊崇自然、绿色发展的生态体系，推动全球生态环境治理，建设清洁美丽世界。

习近平生态文明思想为推进美丽中国建设、实现人与自然和谐共生的现代化提供了方向指引和根本遵循，必须用以武装头脑、指导实践、推动工作。要教育广大干部增强"四个意识"，树立正确政绩观，把生态文明建设重大部署和重要任务落到实处，让良好生态环境成为人民幸福生活的增长点、成为经济社会持续健康发展的支撑点、成为展现我国良好形象的发力点。

三　全面加强党对生态环境保护的领导

加强生态环境保护、坚决打好污染防治攻坚战是党和国家的重大决策部署，各级党委和政府要强化对生态文明建设和生态环境保护的总体设计和组织领导，统筹协调处理重大问题，指导、推动、督促各地区各部门落实党中央、国务院重大政策措施。

（一）落实党政主体责任。落实领导干部生态文明建设责任制，严格实行党政同责、一岗双责。地方各级党委和政府必须坚决扛起生态文明建设和生态环境保护的政治责任，对本行政区域的生态环境保护工作及生态环境质量负总责，主要负责人是本行政区域生态环境保护第一责任人，至少每季度研究一次生态环境保护工作，其他有关领导成员在职责范围内承担相应责任。各地要制定责任清单，把任务分解落实到有关部门。抓紧出台中央和国家机关相关部门生态环境保护责任清单。各相关部门要履行好生态环境保护职责，制定生态环境保护年度工作计划和措施。各地区各部门落实情况每年向党中央、国务院报告。

健全环境保护督察机制。完善中央和省级环境保护督察体系，制定环境保护督察工作规定，以解决突出生态环境问题、改善生态环境质量、推动高质量发展为重点，夯实生态文明建设和生态环境保护政治责任，推动环境保护督察向纵深发展。完善督查、交办、巡查、约谈、专项督察机制，开展重点区域、重点领域、重点行业专项督察。

（二）强化考核问责。制定对省（自治区、直辖市）党委、人大、政府以及中央和国家机关有关部门污染防治攻坚战成效考核办法，对生态环境保护立法执法情况、年度工作目标任务完成情况、生态环境质量状况、资金投入使用情况、公众满意程度等相关方面开展考核。各地参照制定考核实施细则。开展领导干部自然资源资产离任审计。考核结果作为领导班子和领导干部综合考核评价、奖惩任免的重要依据。

严格责任追究。对省（自治区、直辖市）党委和政府以及负有生态环境保护责任的中央和国家机关有关部门贯彻落实党中央、国务院决策部署不坚决不彻底、生态文明建设和生态环境保护责任制执行不到位、污染防治攻坚任务完成严重滞后、区域生态环境问题突出的，约谈主要负责人，同时责成其向党中央、国务院作出深刻检查。对年度目标任务未完成、考核不合格的市、县，党政主要负责人和相关领导班子成员不得评优评先。对在生态环境方面造成严重破坏负有责任的干部，不得提拔使用或者转任重要职务。对不顾生态环境盲目决策、违法违规审批开发利用规划和建设项目的，对造成生态环境质量恶化、生态严重破坏的，对生态环境事件多发高发、应对不力、群众反映强烈的，对生态环境保护责任没有落实、推诿扯皮、没有完成工作任务的，依纪依法严格问责、终身追责。

四 总体目标和基本原则

（一）总体目标。到2020年，生态环境质量总体改善，主要污染物排放总量大幅减少，环境风险得到有效管控，生态环境保护水平同全面建成小康社会目标相适应。

具体指标：全国细颗粒物（PM2.5）未达标地级及以上城市浓度比2015年下降18%以上，地级及以上城市空气质量优良天数比率达到80%以上；全国地表水Ⅰ—Ⅲ类水体比例达到70%以上，劣Ⅴ类水体比例控制在5%以内；近岸海域水质优良（一、二类）比例达到70%左右；二氧化硫、氮氧化物排放量比2015年减少15%以上，化学需氧量、氨氮排放量减少10%以上；受污染耕地安全利用率达到90%左右，污染地块安全利用率达到90%以上；生态保护红线面积占比达到25%左右；森林覆盖率达到23.04%以上。

通过加快构建生态文明体系，确保到2035年节约资源和保护生态环境的空间格局、产业结构、生产方式、生活方式总体形成，生态环境质量实现根本好转，美丽中国目标基本实现。到本世纪中叶，生态文明全面提升，实现生态环境领域国家治理体系和治理能力现代化。

（二）基本原则

——坚持保护优先。落实生态保护红线、环境质量底线、资源利用上线硬约束，深化供给侧结构性改革，推动形成绿色发展方式和生活方式，坚定不移走生产发展、生活富裕、生态良好的文明发展道路。

——强化问题导向。以改善生态环境质量为核心，针对流域、区域、行业特点，聚焦问题、分类施策、精准发力，不断取得新成效，让人民群众有更多获得感。

——突出改革创新。深化生态环境保护体制机制改革，统筹兼顾、系统谋划、强化协调、整合力量、区域协作、条块结合，严格环境标准，完善经济政策，增强科技支撑和能力保障，提升生态环境治理的系统性、整体性、协同性。

——注重依法监管。完善生态环境保护法律法规体系，健全生态环境保护行政执法和刑事司法衔接机制，依法严惩重罚生态环境违法犯罪行为。

——推进全民共治。政府、企业、公众各尽其责、共同发力，政府积极发挥主导作用，企业主动承担环境治理主体责任，公众自觉践行绿色生活。

五 推动形成绿色发展方式和生活方式

坚持节约优先，加强源头管控，转变发展方式，培育壮大新兴产业，推动传统产业智能化、清洁化改造，加快发展节能环保产业，全面节约能源资源，协同推动经济高质量发展和生态环境高水平保护。

（一）促进经济绿色低碳循环发展。对重点区域、重点流域、重点行业和产业布局开展规划环评，调整优化不符合生态环境功能定位的产业布局、规模和结构。严格控制重点流域、重点区域环境风险项目。对国家级新区、工业园区、高新区等进行集中整治，限期进行达标改造。加快城市建成区、重点流域的重污染企业和危险化学品企业搬迁改造，2018年年底前，相关城市政府就此制定专项计划并向社会公开。促进传统产业优化升级，构建绿色产业链体系。继续化解过剩产能，严禁钢铁、水泥、电解铝、平板玻璃等行业新增产能，对确有必要新建的必须实施等量或减量置换。加快推进危险化学品生产企业搬迁改造工程。提高污染排放标准，加大钢铁等重点行业落后产能淘汰力度，鼓励各地制定范围更广、标准更严的落后产能淘汰政策。构建市场导向的绿色技术创新体系，强化产品全生命周期绿色管理。大力发展节能环保产业、清洁生产产业、清洁能源产业，加强科技创新引领，着力引导绿色消费，大力提高节能、环保、资源循环利用等绿色产业技术装备水平，培育发展一批骨干企业。大力发展节能和环境服务业，推行合同能源管理、合同节水管理，积极探索区域环境托管服务等新模式。鼓励新业态发展和模式创新。在能源、冶金、建材、有色、化工、电镀、造纸、印染、农副食品加工等行业，全面推进清洁生产改造或清洁化改造。

（二）推进能源资源全面节约。强化能源和水资源消耗、建设用地等总量和强度双控行动，实行最严格的耕地保护、节约用地和水资源管理制度。实施国家节水行动，完善水价形成机制，推进节水型社会和节水型城市建设，到2020年，全国用水总量控制在6700亿立方米以内。健全节能、节水、节地、节材、节矿标准体系，大幅降低重点行业和企业能耗、物耗，推行生产者责任延伸制度，实现生产系统和生活系统循环链接。鼓励新建建筑采用绿色建材，大力发展装配式建筑，提高新建绿色建筑比例。以北方采暖地区为重点，推进既有居住建筑节能改造。积极应对气候变化，采取有力措施确保完成2020年控制温室气体排放行动目标。扎实推进全国碳排放权交易市场建设，统筹深化低碳试点。

（三）引导公众绿色生活。加强生态文明宣传教育，倡导简约适度、绿色低碳的生活方式，反对奢侈浪费和不合理消费。开展创建绿色家庭、绿色学校、绿色社区、绿色商场、绿色餐馆等行动。推行绿色消费，出台快递业、共享经济等新业态的规范标准，推广环境标志产品、有机产品等绿色产品。提倡绿色居住，节约用水用电，合理控制夏季空调和冬季取暖室内温度。大力发展公共交通，鼓励自行车、步行等绿色出行。

六　坚决打赢蓝天保卫战

编制实施打赢蓝天保卫战三年作战计划，以京津冀及周边、长三角、汾渭平原等重点区域为主战场，调整优化产业结构、能源结构、运输结构、用地结构，强化区域联防联控和重污染天气应对，进一步明显降低PM2.5浓度，明显减少重污染天数，明显改善大气环境质量，明显增强人民的蓝天幸福感。

（一）加强工业企业大气污染综合治理。全面整治"散乱污"企业及集群，实行拉网式排查和清单式、台账式、网格化管理，分类实施关停取缔、整合搬迁、整改提升等措施，京津冀及周边区域2018年年底前完成，其他重点区域2019年年底前完成。坚决关停用地、工商手续不全并难以通过改造达标的企业，限期治理可以达标改造的企业，逾期依法一律关停。强化工业企业无组织排放管理，推进挥发性有机物排放综合整治，开展大气氨排放控制试点。到2020年，挥发性有机物排放总量比2015年下降10%以上。重点区域和大气污染严重城市加大钢铁、铸造、炼焦、建材、电解铝等产能压减力度，实施大气污染物特别排放限值。加大排放高、污染重的煤电机组淘汰力度，在重点区域加快推进。到2020年，具备改造条件的燃煤电厂全部完成超低排放改造，重点区域不具备改造条件的高污染燃煤电厂逐步关停。推动钢铁等行业超低排放改造。

（二）大力推进散煤治理和煤炭消费减量替代。增加清洁能源使用，拓宽清洁能源消纳渠道，落实可再生能源发电全额保障性收购政策。安全高效发展核电。推动清洁低碳能源优先上网。加快重点输电通道建设，提高重点区域接受外输电比例。因地制宜、加快实施北方地区冬季清洁取暖五年规划。鼓励余热、浅层地热能等清洁能源取暖。加强煤层气（煤矿瓦斯）综合利用，实施生物天然气工程。到2020年，京津冀及周边、汾渭平原的平原地区基本完成生活和冬季取暖散煤替代；北京、天津、河北、山东、河南及珠三角区域煤炭消费总量比2015年均下降10%左右，上海、江苏、浙江、安徽及汾渭平原煤炭消费总量均下降5%左右；重点区域基本淘汰每小时35蒸吨以下燃煤锅炉。推广清洁高效燃煤锅炉。

（三）打好柴油货车污染治理攻坚战。以开展柴油货车超标排放专项整治为抓手，统筹开展油、路、车治理和机动车船污染防治。严厉打击生产销售不达标车辆、排放检验机构检测弄虚作假等违法行为。加快淘汰老旧车，鼓励清洁能源车辆、船舶的推广使用。建设"天地车人"一体化的机动车排放监控系统，完善机动车遥感监测网络。推进钢铁、电力、电解铝、焦化等重点工业企业和工业园区货物由公路运输转向铁路运输。显著提高重点区域大宗货物铁路水路货运比例，提高沿海港口集装箱铁路集疏港比例。重点区域提前实施机动车国六排放标准，严格实施船舶和非道路移动机械大气排放标准。鼓励淘汰老旧船舶、工程机械和农业机械。落实珠三角、长三角、环渤海京津冀水域船舶排放控制区管理政策，全国主要港口和排放控制区内港口靠港船舶率先使用岸电。到2020年，长江干线、西江航运干线、京杭运河水上服务区和待闸锚地基本具备船舶岸电供应能力。2019年1月1日起，全国供应符合国六标准的车用汽油和车用柴油，力争重点区域提前供应。尽快实现车用柴油、普通柴油和部分船舶用油标准并轨。内河和江海直达船舶必须使用硫含量不大于10毫克/千克的柴油。严厉打击生产、销售和使用非标车（船）用燃料行为，彻底清除黑加油站点。

（四）强化国土绿化和扬尘管控。积极推进露天矿山综合整治，加快环境修复和绿化。开展大规模国土绿化行动，加强北方防沙带建设，实施京津风沙源治理工程、重点防护林工程，提高林草覆盖率。在城市功能疏解、更新和调整中，将腾退空间优先用于留白增绿。落实城市道路和城市范围内施工工地等扬尘管控。

（五）有效应对重污染天气。强化重点区域联防联控联治，统一预警分级标准、信息发布、应急响应，提前采取应急减排措施，实施区域应急联动，有效降低污染程度。完善应急预案，明确政府、部门及企业的应急责任，科学确定重污染期间管控措施和污染源减排清单。指导公众做好重污染天气健康防护。推进预测预报预警体系建设，2018年年底前，进一步提升国家级空气质量预报能力，区域预报中心具备7—10天空气质量预报能力，省级预报中心具备7天空气质量预报能力并精确到所辖各城市。重点区域采暖季节，对钢铁、焦化、建材、铸造、电解铝、化工等重点行业企业实施错峰生产。重污染期间，对钢铁、焦化、有色、电力、化工等涉及大宗原材料及产品运输的重点企业实施错峰运输；强化城市建设施工工地扬尘管控措施，加强道路机扫。依法严禁秸秆露天焚烧，全面推进综合利用。到2020年，地级及以上城市重污染天数比2015年减少25%。

七 着力打好碧水保卫战

深入实施水污染防治行动计划，扎实推进河长制湖长制，坚持污染减排和生态扩容两手发力，加快工业、农业、生活污染源和水生态系统整治，保障饮用水安全，消除城市黑臭水体，减少污染严重水体和不达标水体。

（一）打好水源地保护攻坚战。加强水源水、出厂水、管网水、末梢水的全过程管理。划定集中式饮用水水源保护区，推进规范化建设。强化南水北调水源地及沿线生态环境保护。深化地下水污染防治。全面排查和整治县级及以上城市水源保护区内的违法违规问题，长江经济带于2018年年底前、其他地区于2019年年底前完成。单一水源供水的地级及以上城市应当建设应急水源或备用水源。定期监（检）测、评估集中式饮用水水源、供水单位供水和用户水龙头水质状况，县级及以上城市至少每季度向社会公开一次。

（二）打好城市黑臭水体治理攻坚战。实施城镇污水处理"提质增效"三年行动，加快补齐城镇污水收集和处理设施短板,尽快实现污水管网全覆盖、全收集、全处理。完善污水处理收费政策,各地要按规定将污水处理收费标准尽快调整到位,原则上应补偿到污水处理和污泥处置设施正常运营并合理盈利。对中西部地区,中央财政给予适当支持。加强城市初期雨水收集处理设施建设,有效减少城市面源污染。到 2020 年,地级及以上城市建成区黑臭水体消除比例达 90% 以上。鼓励京津冀、长三角、珠三角区域城市建成区尽早全面消除黑臭水体。

(三)打好长江保护修复攻坚战。开展长江流域生态隐患和环境风险调查评估,划定高风险区域,从严实施生态环境风险防控措施。优化长江经济带产业布局和规模,严禁污染型产业、企业向上中游地区转移。排查整治入河入湖排污口及不达标水体,市、县级政府制定实施不达标水体限期达标规划。到 2020 年,长江流域基本消除劣 V 类水体。强化船舶和港口污染防治,现有船舶到 2020 年全部完成达标改造,港口、船舶修造厂环卫设施、污水处理设施纳入城市设施建设规划。加强沿河环湖生态保护,修复湿地等水生态系统,因地制宜建设人工湿地水质净化工程。实施长江流域上中游水库群联合调度,保障干流、主要支流和湖泊基本生态用水。

(四)打好渤海综合治理攻坚战。以渤海海区的渤海湾、辽东湾、莱州湾、辽河口、黄河口等为重点,推动河口海湾综合整治。全面整治入海污染源,规范入海排污口设置,全部清理非法排污口。严格控制海水养殖等造成的海上污染,推进海洋垃圾防治和清理。率先在渤海实施主要污染物排海总量控制制度,强化陆海污染联防联控,加强入海河流治理与监管。实施最严格的围填海和岸线开发管控,统筹安排海洋空间利用活动。渤海禁止审批新增围填海项目,引导符合国家产业政策的项目消化存量围填海资源,已审批但未开工的项目要依法重新进行评估和清理。

(五)打好农业农村污染治理攻坚战。以建设美丽宜居村庄为导向,持续开展农村人居环境整治行动,实现全国行政村环境整治全覆盖。到 2020 年,农村人居环境明显改善,村庄环境基本干净整洁有序,东部地区、中西部城市近郊区等有基础、有条件的地区人居环境质量全面提升,管护长效机制初步建立;中西部有较好基础、基本具备条件的地区力争实现 90% 左右的村庄生活垃圾得到治理,卫生厕所普及率达到 85% 左右,生活污水乱排乱放得到管控。减少化肥农药使用量,制修订并严格执行化肥农药等农业投入品质量标准,严格控制高毒高风险农药使用,推进有机肥替代化肥、病虫害绿色防控替代化学防治和废弃农膜回收,完善废旧地膜和包装废弃物等回收处理制度。到 2020 年,化肥农药使用量实现零增长。坚持种植和养殖相结合,就地就近消纳利用畜禽养殖废弃物。合理布局水产养殖空间,深入推进水产健康养殖,开展重点江河湖库及重点近岸海域破坏生态环境的养殖方式综合整治。到 2020 年,全国畜禽粪污综合利用率达到 75% 以上,规模养殖场粪污处理设施装备配套率达到 95% 以上。

八 扎实推进净土保卫战

全面实施土壤污染防治行动计划,突出重点区域、行业和污染物,有效管控农用地和城市建设用地土壤环境风险。

(一)强化土壤污染管控和修复。加强耕地土壤环境分类管理。严格管控重度污染耕地,严禁在重度污染耕地种植食用农产品。实施耕地土壤环境治理保护重大工程,开展重点地区涉重金属行业排查和整治。2018年年底前,完成农用地土壤污染状况详查。2020年年底前,编制完成耕地土壤环境质量分类清单。建立建设用地土壤污染风险管控和修复名录,列入名录且未完成治理修复的地块不得作为住宅、公共管理与公共服务用地。建立污染地块联动监管机制,将建设用地土壤环境管理要求纳入用地规划和供地管理,严格控制用地准入,强化暂不开发污染地块的风险管控。2020年年底前,完成重点行业企业用地土壤污染状况调查。严格对土壤污染重点行业企业搬迁改造过程中拆除活动的环境监管。

(二)加快推进垃圾分类处理。到2020年,实现所有城市和县城生活垃圾处理能力全覆盖,基本完成非正规垃圾堆放点整治;直辖市、计划单列市、省会城市和第一批分类示范城市基本建成生活垃圾分类处理系统。推进垃圾资源化利用,大力发展垃圾焚烧发电。推进农村垃圾就地分类、资源化利用和处理,建立农村有机废弃物收集、转化、利用网络体系。

(三)强化固体废物污染防治。全面禁止洋垃圾入境,严厉打击走私,大幅减少固体废物进口种类和数量,力争2020年年底前基本实现固体废物零进口。开展"无废城市"试点,推动固体废物资源化利用。调查、评估重点工业行业危险废物产生、贮存、利用、处置情况。完善危险废物经营许可、转移等管理制度,建立信息化监管体系,提升危险废物处理处置能力,实施全过程监管。严厉打击危险废物非法跨界转移、倾倒等违法犯罪活动。深入推进长江经济带固体废物大排查活动。评估有毒有害化学品在生态环境中的风险状况,严格限制高风险化学品生产、使用、进出口,并逐步淘汰、替代。

九 加快生态保护与修复

坚持自然恢复为主,统筹开展全国生态保护与修复,全面划定并严守生态保护红线,提升生态系统质量和稳定性。

(一)划定并严守生态保护红线。按照应保尽保、应划尽划的原则,将生态功能重要区域、生态环境敏感脆弱区域纳入生态保护红线。到2020年,全面完成全国生态保护红线划定、勘界定标,形成生态保护红线全国"一张图",实现一条红线管控重要生态空间。制定实施生态保护红线管理办法、保护修复方案,建设国家生态保护红线监管平台,开展生态保护红线监测预警与评估考核。

(二)坚决查处生态破坏行为。2018年年底前,县级及以上地方政府全面排查违法违规挤占生态空间、破坏自然遗迹等行为,制定治理和修复计划并向社会公开。开展病危险尾矿库和"头顶库"专项整治。持续开展"绿盾"自然保护区监督检查专项行动,严肃查处各类违法违规行为,限期进行整治修复。

(三)建立以国家公园为主体的自然保护地体系。到2020年,完成全国自然保护区范围界限核准和勘界立标,整合设立一批国家公园,自然保护地相关法规和管理制度基本建立。对生态严重退化地区实行封禁管理,稳步实施退耕还林还草和退牧还草,扩大轮作休耕试点,全面推行草原禁牧休牧和草畜平衡制度。依法依规解决自然保护地内的矿业权合理退出问题。全面保护天然林,推进荒漠化、石漠化、水土流失综合治理,强化湿地保护和恢复。加强休渔禁渔管理,推进长江、渤海等重点水域禁捕限捕,加强海洋牧场建设,加大渔业资源增殖放流。推动耕地草原森林河流湖泊海洋休养生息。

十 改革完善生态环境治理体系

深化生态环境保护管理体制改革，完善生态环境管理制度，加快构建生态环境治理体系，健全保障举措，增强系统性和完整性，大幅提升治理能力。

（一）完善生态环境监管体系。整合分散的生态环境保护职责，强化生态保护修复和污染防治统一监管，建立健全生态环境保护领导和管理体制、激励约束并举的制度体系、政府企业公众共治体系。全面完成省以下生态环境机构监测监察执法垂直管理制度改革，推进综合执法队伍特别是基层队伍的能力建设。完善农村环境治理体制。健全区域流域海域生态环境管理体制，推进跨地区环保机构试点，加快组建流域环境监管执法机构，按海域设置监管机构。建立独立、权威、高效的生态环境监测体系，构建天地一体化的生态环境监测网络，实现国家和区域生态环境质量预报预警和质控，按照适度上收生态环境质量监测事权的要求加快推进有关工作。省级党委和政府加快确定生态保护红线、环境质量底线、资源利用上线，制定生态环境准入清单，在地方立法、政策制定、规划编制、执法监管中不得变通突破、降低标准，不符合、不衔接、不适应的于2020年年底前完成调整。实施生态环境统一监管。推行生态环境损害赔偿制度。编制生态环境保护规划，开展全国生态环境状况评估，建立生态环境保护综合监控平台。推动生态文明示范创建、绿水青山就是金山银山实践创新基地建设活动。

严格生态环境质量管理。生态环境质量只能更好、不能变坏。生态环境质量达标地区要保持稳定并持续改善；生态环境质量不达标地区的市、县级政府，要于2018年年底前制定实施限期达标规划，向上级政府备案并向社会公开。加快推行排污许可制度，对固定污染源实施全过程管理和多污染物协同控制，按行业、地区、时限核发排污许可证，全面落实企业治污责任，强化证后监管和处罚。在长江经济带率先实施入河污染源排放、排污口排放和水体水质联动管理。2020年，将排污许可证制度建设成为固定源环境管理核心制度，实现"一证式"管理。健全环保信用评价、信息强制性披露、严惩重罚等制度。将企业环境信用信息纳入全国信用信息共享平台和国家企业信用信息公示系统，依法通过"信用中国"网站和国家企业信用信息公示系统向社会公示。监督上市公司、发债企业等市场主体全面、及时、准确地披露环境信息。建立跨部门联合奖惩机制。完善国家核安全工作协调机制，强化对核安全工作的统筹。

（二）健全生态环境保护经济政策体系。资金投入向污染防治攻坚战倾斜，坚持投入同攻坚任务相匹配，加大财政投入力度。逐步建立常态化、稳定的财政资金投入机制。扩大中央财政支持北方地区清洁取暖的试点城市范围，国有资本要加大对污染防治的投入。完善居民取暖用气用电定价机制和补贴政策。增加中央财政对国家重点生态功能区、生态保护红线区域等生态功能重要地区的转移支付，继续安排中央预算内投资对重点生态功能区给予支持。各省（自治区、直辖市）合理确定补偿标准，并逐步提高补偿水平。完善助力绿色产业发展的价格、财税、投资等政策。大力发展绿色信贷、绿色债券等金融产品。设立国家绿色发展基金。落实有利于资源节约和生态环境保护的价格政策，落实相关税收优惠政策。研究对从事污染防治的第三方企业比照高新技术企业实行所得税优惠政策，研究出台"散乱污"企业综合治理激励政策。推动环境污染责任保险发展，在环境高风险领域建立环境污染强制责任保险制度。推进社会化生态环境治理和保护。采用直接投资、投资补助、运营补贴等方式，规范支持政府和社会资本合作项目；对政府实施的环境绩效合同服务项目，公共财政支付水平同治理绩效挂钩。鼓励通过政府购买服务方式实施生态环境治理和保护。

（三）健全生态环境保护法治体系。依靠法治保护生态环境，增强全社会生态环境保护法治意识。加快建立绿色生产消费的法律制度和政策导向。加快制定和修改土壤污染防治、固体废物污染防治、长江生态环境保护、海洋环境保护、国家公园、湿地、生态环境监测、排污许可、资源综合利用、空间规划、碳排放权交易管理等方面的法律法规。鼓励地方在生态环境保护领域先于国家进行立法。建立生态环境保护综合执法机关、公安机关、检察机关、审判机关信息共享、案情通报、案件移送制度，完善生态环境保护领域民事、行政公益诉讼制度，加大生态环境违法犯罪行为的制裁和惩处力度。加强涉生态环境保护的司法力量建设。整合组建生态环境保护综合执法队伍，统一实行生态环境保护执法。将生态环境保护综合执法机构列入政府行政执法机构序列，推进执法规范化建设，统一着装、统一标识、统一证件、统一保障执法用车和装备。

（四）强化生态环境保护能力保障体系。增强科技支撑，开展大气污染成因与治理、水体污染控制与治理、土壤污染防治等重点领域科技攻关，实施京津冀环境综合治理重大项目，推进区域性、流域性生态环境问题研究。完成第二次全国污染源普查。开展大数据应用和环境承载力监测预警。开展重点区域、流域、行业环境与健康调查，建立风险监测网络及风险评估体系。健全跨部门、跨区域环境应急协调联动机制，建立全国统一的环境应急预案电子备案系统。国家建立环境应急物资储备信息库，省、市级政府建设环境应急物资储备库，企业环境应急装备和储备物资应纳入储备体系。落实全面从严治党要求，建设规范化、标准化、专业化的生态环境保护人才队伍，打造政治强、本领高、作风硬、敢担当，特别能吃苦、特别能战斗、特别能奉献的生态环境保护铁军。按省、市、县、乡不同层级工作职责配备相应工作力量，保障履职需要，确保同生态环境保护任务相匹配。加强国际交流和履约能力建设，推进生态环境保护国际技术交流和务实合作，支撑核安全和核电共同"走出去"，积极推动落实2030年可持续发展议程和绿色"一带一路"建设。

（五）构建生态环境保护社会行动体系。把生态环境保护纳入国民教育体系和党政领导干部培训体系，推进国家及各地生态环境教育设施和场所建设，培育普及生态文化。公共机构尤其是党政机关带头使用节能环保产品，推行绿色办公，创建节约型机关。健全生态环境新闻发布机制，充分发挥各类媒体作用。省、市两级要依托党报、电视台、政府网站，曝光突出环境问题，报道整改进展情况。建立政府、企业环境社会风险预防与化解机制。完善环境信息公开制度，加强重特大突发环境事件信息公开，对涉及群众切身利益的重大项目及时主动公开。2020年年底前，地级及以上城市符合条件的环保设施和城市污水垃圾处理设施向社会开放，接受公众参观。强化排污者主体责任，企业应严格守法，规范自身环境行为，落实资金投入、物资保障、生态环境保护措施和应急处置主体责任。实施工业污染源全面达标排放计划。2018年年底前，重点排污单位全部安装自动在线监控设备并同生态环境主管部门联网，依法公开排污信息。到2020年，实现长江经济带入河排污口监测全覆盖，并将监测数据纳入长江经济带综合信息平台。推动环保社会组织和志愿者队伍规范健康发展，引导环保社会组织依法开展生态环境保护公益诉讼等活动。按照国家有关规定表彰对保护和改善生态环境有显著成绩的单位和个人。完善公众监督、举报反馈机制，保护举报人的合法权益，鼓励设立有奖举报基金。

新思想引领新时代，新使命开启新征程。让我们更加紧密地团结在以习近平同志为核心的党中央周围，以习近平新时代中国特色社会主义思想为指导，不忘初心、牢记使命，锐意进取、勇于担当，全面加强生态环境保护，坚决打好污染防治攻坚战，为决胜全面建成小康社会、实现中华民族伟大复兴的中国梦不懈奋斗。

中共中央 国务院关于建立更加有效的区域协调发展新机制的意见

（2018年11月18日）

实施区域协调发展战略是新时代国家重大战略之一，是贯彻新发展理念、建设现代化经济体系的重要组成部分。党的十八大以来，各地区各部门围绕促进区域协调发展与正确处理政府和市场关系，在建立健全区域合作机制、区域互助机制、区际利益补偿机制等方面进行积极探索并取得一定成效。同时要看到，我国区域发展差距依然较大，区域分化现象逐渐显现，无序开发与恶性竞争仍然存在，区域发展不平衡不充分问题依然比较突出，区域发展机制还不完善，难以适应新时代实施区域协调发展战略需要。为全面落实区域协调发展战略各项任务，促进区域协调发展向更高水平和更高质量迈进，现就建立更加有效的区域协调发展新机制提出如下意见。

一　总体要求

（一）指导思想。以习近平新时代中国特色社会主义思想为指导，全面贯彻党的十九大和十九届二中、三中全会精神，认真落实党中央、国务院决策部署，坚持新发展理念，紧扣我国社会主要矛盾变化，按照高质量发展要求，紧紧围绕统筹推进"五位一体"总体布局和协调推进"四个全面"战略布局，立足发挥各地区比较优势和缩小区域发展差距，围绕努力实现基本公共服务均等化、基础设施通达程度比较均衡、人民基本生活保障水平大体相当的目标，深化改革开放，坚决破除地区之间利益藩篱和政策壁垒，加快形成统筹有力、竞争有序、绿色协调、共享共赢的区域协调发展新机制，促进区域协调发展。

（二）基本原则

——坚持市场主导与政府引导相结合。充分发挥市场在区域协调发展新机制建设中的主导作用，更好发挥政府在区域协调发展方面的引导作用，促进区域协调发展新机制有效有序运行。

——坚持中央统筹与地方负责相结合。加强中央对区域协调发展新机制的顶层设计，明确地方政府的实施主体责任，充分调动地方按照区域协调发展新机制推动本地区协调发展的主动性和积极性。

——坚持区别对待与公平竞争相结合。进一步细化区域政策尺度，针对不同地区实际制定差别化政策，同时更加注重区域一体化发展，维护全国统一市场的公平竞争，防止出现制造政策洼地、地方保护主义等问题。

——坚持继承完善与改革创新相结合。坚持和完善促进区域协调发展行之有效的机制，同时根据新情况新要求不断改革创新，建立更加科学、更加有效的区域协调发展新机制。

——坚持目标导向与问题导向相结合。瞄准实施区域协调发展战略的目标要求，破解区域协调发展机制中存在的突出问题，增强区域发展的协同性、联动性、整体性。

（三）总体目标

——到2020年，建立与全面建成小康社会相适应的区域协调发展新机制，在建立区域战略统筹机制、基本公共服务均等化机制、区域政策调控机制、区域发展保障机制等方面取得突破，在完善市场一体化发展机制、深化区域合作机制、优化区域互助机制、健全区际利益补偿机制等方面取得新进展，区域协调发展新机制在有效遏制区域分化、规范区域开发秩序、推动区域一体化发展中发挥积极作用。

——到2035年，建立与基本实现现代化相适应的区域协调发展新机制，实现区域政策与财政、货币等政策有效协调配合，区域协调发展新机制在显著缩小区域发展差距和实现基本公共服务均等化、基础设施通达程度比较均衡、人民基本生活保障水平大体相当中发挥重要作用，为建设现代化经济体系和满足人民日益增长的美好生活需要提供重要支撑。

——到本世纪中叶，建立与全面建成社会主义现代化强国相适应的区域协调发展新机制，区域协调发展新机制在完善区域治理体系、提升区域治理能力、实现全体人民共同富裕等方面更加有效，为把我国建成社会主义现代化强国提供有力保障。

二 建立区域战略统筹机制

（四）推动国家重大区域战略融合发展。以"一带一路"建设、京津冀协同发展、长江经济带发展、粤港澳大湾区建设等重大战略为引领，以西部、东北、中部、东部四大板块为基础，促进区域间相互融通补充。以"一带一路"建设助推沿海、内陆、沿边地区协同开放，以国际经济合作走廊为主骨架加强重大基础设施互联互通，构建统筹国内国际、协调国内东中西和南北方的区域发展新格局。以疏解北京非首都功能为"牛鼻子"推动京津冀协同发展，调整区域经济结构和空间结构，推动河北雄安新区和北京城市副中心建设，探索超大城市、特大城市等人口经济密集地区有序疏解功能、有效治理"大城市病"的优化开发模式。充分发挥长江经济带横跨东、中、西三大板块的区位优势，以共抓大保护、不搞大开发为导向，以生态优先、绿色发展为引领，依托长江黄金水道，推动长江上中下游地区协调发展和沿江地区高质量发展。建立以中心城市引领城市群发展、城市群带动区域发展新模式，推动区域板块之间融合互动发展。以北京、天津为中心引领京津冀城市群发展，带动环渤海地区协同发展。以上海为中心引领长三角城市群发展，带动长江经济带发展。以香港、澳门、广州、深圳为中心引领粤港澳大湾区建设，带动珠江—西江经济带创新绿色发展。以重庆、成都、武汉、郑州、西安等为中心，引领成渝、长江中游、中原、关中平原等城市群发展，带动相关板块融合发展。加强"一带一路"建设、京津冀协同发展、长江经济带发展、粤港澳大湾区建设等重大战略的协调对接，推动各区域合作联动。推进海南全面深化改革开放，着力推动自由贸易试验区建设，探索建设中国特色自由贸易港。

（五）统筹发达地区和欠发达地区发展。推动东部沿海等发达地区改革创新、新旧动能转换和区域一体化发展，支持中西部条件较好地区加快发展，鼓励国家级新区、自由贸易试验区、国家级开发区等各类平台大胆创新，在推动区域高质量发展方面发挥引领作用。坚持"输血"和"造血"相结合，推动欠发达地区加快发展。建立健全长效普惠性的扶持机制和精准有效的差别化支持机制，加快补齐基础设施、公共服务、生态环境、产业发展等短板，打赢精准脱贫攻坚战，确保革命老区、民族地区、边疆地区、贫困地区与全国同步实现全面建成小康社会。健全国土空间用途管制制度，引导资源枯竭地区、产业衰退地区、生态严重退化地区积极探索特色转型发展之路，推动形成绿色发展方式和生活方式。以承接产业转移示范区、跨省合作园区等为平台，支持发达地区与欠发达地区共建产业合作基地和资源深加工基地。建立发达地区与欠发达地区区域联动机制，先富带后富，促进发达地区和欠发达地区共同发展。

（六）推动陆海统筹发展。加强海洋经济发展顶层设计，完善规划体系和管理机制，研究制定陆海统筹政策措施，推动建设一批海洋经济示范区。以规划为引领，促进陆海在空间布局、产业发展、基础设施建设、资源开发、环境保护等方面全方位协同发展。编制实施海岸带保护与利用综合规划，严格围填海管控，促进海岸地区陆海一体化生态保护和整治修复。创新海域海岛资源市场化配置方式，完善资源评估、流转和收储制度。推动海岸带管理立法，完善海洋经济标准体系和指标体系，健全海洋经济统计、核算制度，提升海洋经济监测评估能力，强化部门间数据共享，建立海洋经济调查体系。推进海上务实合作，维护国家海洋权益，积极参与维护和完善国际和地区海洋秩序。

三　健全市场一体化发展机制

（七）促进城乡区域间要素自由流动。实施全国统一的市场准入负面清单制度，消除歧视性、隐蔽性的区域市场准入限制。深入实施公平竞争审查制度，消除区域市场壁垒，打破行政性垄断，清理和废除妨碍统一市场和公平竞争的各种规定和做法，进一步优化营商环境，激发市场活力。全面放宽城市落户条件，完善配套政策，打破阻碍劳动力在城乡、区域间流动的不合理壁垒，促进人力资源优化配置。加快深化农村土地制度改革，推动建立城乡统一的建设用地市场，进一步完善承包地所有权、承包权、经营权三权分置制度，探索宅基地所有权、资格权、使用权三权分置改革。引导科技资源按照市场需求优化空间配置，促进创新要素充分流动。

（八）推动区域市场一体化建设。按照建设统一、开放、竞争、有序的市场体系要求，推动京津冀、长江经济带、粤港澳等区域市场建设，加快探索建立规划制度统一、发展模式共推、治理方式一致、区域市场联动的区域市场一体化发展新机制，促进形成全国统一大市场。进一步完善长三角区域合作工作机制，深化三省一市在规划衔接、跨省际重大基础设施建设、环保联防联控、产业结构布局调整、改革创新等方面合作。

（九）完善区域交易平台和制度。建立健全用水权、排污权、碳排放权、用能权初始分配与交易制度，培育发展各类产权交易平台。进一步完善自然资源资产有偿使用制度，构建统一的自然资源资产交易平台。选择条件较好的地区建设区域性排污权、碳排放权等交易市场，推进水权、电力市场化交易，进一步完善交易机制。建立健全用能预算管理制度。促进资本跨区域有序自由流动，完善区域性股权市场。

四　深化区域合作机制

（十）推动区域合作互动。深化京津冀地区、长江经济带、粤港澳大湾区等合作，提升合作层次和水平。积极发展各类社会中介组织，有序发展区域性行业协会商会，鼓励企业组建跨地区跨行业产业、技术、创新、人才等合作平台。加强城市群内部城市间的紧密合作，推动城市间产业分工、基础设施、公共服务、环境治理、对外开放、改革创新等协调联动，加快构建大、中、小城市和小城镇协调发展的城镇化格局。积极探索建立城市群协调治理模式，鼓励成立多种形式的城市联盟。

（十一）促进流域上下游合作发展。加快推进长江经济带、珠江—西江经济带、淮河生态经济带、汉江生态经济带等重点流域经济带上下游间合作发展。建立健全上下游毗邻省市规划对接机制，协调解决地区间合作发展重大问题。完善流域内相关省市政府协商合作机制，构建流域基础设施体系，严格流域环境准入标准，加强流域生态环境共建共治，推进流域产业有序转移和优化升级，推动上下游地区协调发展。

（十二）加强省际交界地区合作。支持晋陕豫黄河金三角、粤桂、湘赣、川渝等省际交界地区合作发展，探索建立统一规划、统一管理、合作共建、利益共享的合作新机制。加强省际交界地区城市间交流合作，建立健全跨省城市政府间联席会议制度，完善省际会商机制。

（十三）积极开展国际区域合作。以"一带一路"建设为重点，实行更加积极主动的开放战略，推动构建互利共赢的国际区域合作新机制。充分发挥"一带一路"国际合作高峰论坛、上海合作组织、中非合作论坛、中俄东北—远东合作、长江—伏尔加河合作、中国—东盟合作、东盟与中日韩合作、中日韩合作、澜沧江—湄公河合作、图们江地区开发合作等国际区域合作机制作用，加强区域、次区域合作。支持沿边地区利用国际合作平台，积极主动开展国际区域合作。推进重点开发开放试验区建设，支持边境经济合作区发展，稳步建设跨境经济合作区，更好发挥境外产能合作园区、经贸合作区的带动作用。

五　优化区域互助机制

（十四）深入实施东西部扶贫协作。加大东西部扶贫协作力度，推动形成专项扶贫、行业扶贫、社会扶贫等多方力量多种举措有机结合、互为支撑的"三位一体"大扶贫格局。强化以企业合作为载体的扶贫协作，组织企业到贫困地区投资兴业、发展产业、带动就业。完善劳务输出精准对接机制，实现贫困人口跨省稳定就业。进一步加强扶贫协作双方党政干部和专业技术人员交流，推动人才、资金、技术向贫困地区和边境地区流动，深化实施携手奔小康行动。积极引导社会力量广泛参与深度贫困地区脱贫攻坚，帮助深度贫困群众解决生产生活困难。

（十五）深入开展对口支援。深化全方位、精准对口支援，推动新疆、西藏和青海、四川、云南、甘肃四省区藏区经济社会持续健康发展，促进民族交往交流交融，筑牢社会稳定和长治久安的基础。强化规划引领，切实维护规划的严肃性，进一步完善和规范对口支援规划的编制实施和评估调整机制。加强资金和项目管理，科学开展绩效综合考核评价，推动对口支援向更深层次、更高质量、更可持续方向发展。

（十六）创新开展对口协作（合作）。面向经济转型升级困难地区，组织开展对口协作（合作），构建政府、企业和相关研究机构等社会力量广泛参与的对口协作（合作）体系。深入开展南水北调中线工程水源区对口协作，推动水源区绿色发展。继续开展对口支援三峡库区，支持库区提升基本公共服务供给能力，加快库区移民安稳致富，促进库区社会和谐稳定。进一步深化东部发达省份与东北地区对口合作，开展干部挂职交流和系统培训，建设对口合作重点园区，实现互利共赢。

六 健全区际利益补偿机制

（十七）完善多元化横向生态补偿机制。贯彻绿水青山就是金山银山的重要理念和山水林田湖草是生命共同体的系统思想，按照区际公平、权责对等、试点先行、分步推进的原则，不断完善横向生态补偿机制。鼓励生态受益地区与生态保护地区、流域下游与流域上游通过资金补偿、对口协作、产业转移、人才培训、共建园区等方式建立横向补偿关系。支持在具备重要饮用水功能及生态服务价值、受益主体明确、上下游补偿意愿强烈的跨省流域开展省际横向生态补偿。在京津冀水源涵养区、安徽浙江新安江、广西广东九洲江、福建广东汀江—韩江、江西广东东江、广西广东西江流域等深入开展跨地区生态保护补偿试点，推广可复制的经验。

（十八）建立粮食主产区与主销区之间利益补偿机制。研究制定粮食主产区与主销区开展产销合作的具体办法，鼓励粮食主销区通过在主产区建设加工园区、建立优质商品粮基地和建立产销区储备合作机制以及提供资金、人才、技术服务支持等方式开展产销协作。加大对粮食主产区的支持力度，促进主产区提高粮食综合生产能力，充分调动主产区地方政府抓粮食生产和农民种粮的积极性，共同维护国家粮食安全。

（十九）健全资源输出地与输入地之间利益补偿机制。围绕煤炭、石油、天然气、水能、风能、太阳能以及其他矿产等重要资源，坚持市场导向和政府调控相结合，加快完善有利于资源集约节约利用和可持续发展的资源价格形成机制，确保资源价格能够涵盖开采成本以及生态修复和环境治理等成本。鼓励资源输入地通过共建园区、产业合作、飞地经济等形式支持输出地发展接续产业和替代产业，加快建立支持资源型地区经济转型长效机制。

七 完善基本公共服务均等化机制

（二十）提升基本公共服务保障能力。在基本公共服务领域，深入推进财政事权和支出责任划分改革，逐步建立起权责清晰、财力协调、标准合理、保障有力的基本公共服务制度体系和保障机制。规范中央与地方共同财政事权事项的支出责任分担方式，调整完善转移支付体系，基本公共服务投入向贫困地区、薄弱环节、重点人群倾斜，增强市县财政特别是县级财政基本公共服务保障能力。强化省级政府统筹职能，加大对省域范围内基本公共服务薄弱地区扶持力度，通过完善省以下财政事权和支出责任划分、规范转移支付等措施，逐步缩小县域间、市地间基本公共服务差距。

（二十一）提高基本公共服务统筹层次。完善企业职工基本养老保险基金中央调剂制度，尽快实现养老保险全国统筹。完善基本医疗保险制度，不断提高基本医疗保险统筹层级。巩固完善义务教育管理体制，增大中央财政对义务教育转移支付规模，强化省、市统筹作用，加大对"三区三州"等深度贫困地区和集中连片特困地区支持力度。

（二十二）推动城乡区域间基本公共服务衔接。加快建立医疗卫生、劳动就业等基本公共服务跨城乡、跨区域流转衔接制度，研究制定跨省转移接续具体办法和配套措施，强化跨区域基本公共服务统筹合作。鼓励京津冀、长三角、珠三角地区积极探索基本公共服务跨区域流转衔接具体做法，加快形成可复制、可推广的经验。

八 创新区域政策调控机制

（二十三）实行差别化的区域政策。充分考虑区域特点，发挥区域比较优势，提高财政、产业、土地、环保、人才等政策的精准性和有效性，因地制宜培育和激发区域发展动能。坚持用最严格制度、最严密法治保护生态环境的前提下，进一步突出重点区域、行业和污染物，有效防范生态环境风险。加强产业转移承接过程中的环境监管，防止跨区域污染转移。对于生态功能重要、生态环境敏感脆弱区域，坚决贯彻保护生态环境就是保护生产力、改善生态环境就是发展生产力的政策导向，严禁不符合主体功能定位的各类开发活动。相关中央预算内投资和中央财政专项转移支付继续向中西部等欠发达地区和东北地区等老工业基地倾斜，研究制定深入推进西部大开发和促进中部地区崛起的政策措施。动态调整西部地区有关产业指导目录，对西部地区优势产业和适宜产业发展给予必要的政策倾斜。在用地政策方面，保障跨区域重大基础设施和民生工程用地需求，对边境和特殊困难地区实行建设用地计划指标倾斜。研究制定鼓励人才到中西部地区、东北地区特别是"三区三州"等深度贫困地区工作的优惠政策，支持地方政府根据发展需要制定吸引国内外人才的区域性政策。

（二十四）建立区域均衡的财政转移支付制度。根据地区间财力差异状况，调整完善中央对地方一般性转移支付办法，加大均衡性转移支付力度，在充分考虑地区间支出成本因素、切实增强中西部地区自我发展能力的基础上，将常住人口人均财政支出差异控制在合理区间。严守生态保护红线，完善主体功能区配套政策，中央财政加大对重点生态功能区转移支付力度，提供更多优质生态产品。省级政府通过调整收入划分、加大转移支付力度，增强省以下政府区域协调发展经费保障能力。

（二十五）建立健全区域政策与其他宏观调控政策联动机制。加强区域政策与财政、货币、投资等政策的协调配合，优化政策工具组合，推动宏观调控政策精准落地。财政、货币、投资政策要服务于国家重大区域战略，围绕区域规划及区域政策导向，采取完善财政政策、金融依法合规支持、协同制定引导性和约束性产业政策等措施，加大对跨区域交通、水利、生态环境保护、民生等重大工程项目的支持力度。对因客观原因造成的经济增速放缓地区给予更有针对性的关心、指导和支持，在风险可控的前提下加大政策支持力度，保持区域经济运行在合理区间。加强对杠杆率较高地区的动态监测预警，强化地方金融监管合作和风险联防联控，更加有效防范和化解系统性区域性金融风险。

九　健全区域发展保障机制

（二十六）规范区域规划编制管理。加强区域规划编制前期研究，完善区域规划编制、审批和实施工作程序，实行区域规划编制审批计划管理制度，进一步健全区域规划实施机制，加强中期评估和后评估，形成科学合理、管理严格、指导有力的区域规划体系。对实施到期的区域规划，在后评估基础上，确需延期实施的可通过修订规划延期实施，不需延期实施的要及时废止。根据国家重大战略和重大布局需要，适时编制实施新的区域规划。

（二十七）建立区域发展监测评估预警体系。围绕缩小区域发展差距、区域一体化、资源环境协调等重点领域，建立区域协调发展评价指标体系，科学客观评价区域发展的协调性，为区域政策制定和调整提供参考。引导社会智库研究发布区域协调发展指数。加快建立区域发展风险识别和预警预案制度，密切监控突出问题，预先防范和妥善应对区域发展风险。

（二十八）建立健全区域协调发展法律法规体系。研究论证促进区域协调发展的法规制度，明确区域协调发展的内涵、战略重点和方向，健全区域政策制定、实施、监督、评价机制，明确有关部门在区域协调发展中的职责，明确地方政府在推进区域协调发展中的责任和义务，发挥社会组织、研究机构、企业在促进区域协调发展中的作用。

十　切实加强组织实施

（二十九）加强组织领导。坚持和加强党对区域协调发展工作的领导，充分发挥中央与地方区域性协调机制作用，强化地方主体责任，广泛动员全社会力量，共同推动建立更加有效的区域协调发展新机制，为实施区域协调发展战略提供强有力的保障。中央和国家机关有关部门要按照职能分工，研究具体政策措施，协同推动区域协调发展。各省、自治区、直辖市要制定相应落实方案，完善相关配套政策，确保区域协调发展新机制顺畅运行。

（三十）强化协调指导。国家发展改革委要会同有关部门加强对区域协调发展新机制实施情况跟踪分析和协调指导，研究新情况、总结新经验、解决新问题，重大问题要及时向党中央、国务院报告。

中共中央 国务院关于推进贸易高质量发展的指导意见

(2019 年 11 月 19 日)

推进贸易高质量发展，是党中央面对国际国内形势深刻变化作出的重大决策部署，是奋力推进新时代中国特色社会主义事业的必然要求，是事关经济社会发展全局的大事。为加快培育贸易竞争新优势，推进贸易高质量发展，现提出如下意见。

一 总体要求

以习近平新时代中国特色社会主义思想为指导，全面贯彻党的十九大和十九届二中、三中、四中全会精神，坚持新发展理念，坚持推动高质量发展，以供给侧结构性改革为主线，加快推动由商品和要素流动型开放向规则等制度型开放转变，建设更高水平开放型经济新体制，完善涉外经贸法律和规则体系，深化外贸领域改革，坚持市场化原则和商业规则，强化科技创新、制度创新、模式和业态创新，以共建"一带一路"为重点，大力优化贸易结构，推动进口与出口、货物贸易与服务贸易、贸易与双向投资、贸易与产业协调发展，促进国际国内要素有序自由流动、资源高效配置、市场深度融合，促进国际收支基本平衡，实现贸易高质量发展，开创开放合作、包容普惠、共享共赢的国际贸易新局面，为推动我国经济社会发展和构建人类命运共同体作出更大贡献。

到 2022 年，贸易结构更加优化，贸易效益显著提升，贸易实力进一步增强，建立贸易高质量发展的指标、政策、统计、绩效评价体系。

二 加快创新驱动，培育贸易竞争新优势

（一）夯实贸易发展的产业基础。发挥市场机制作用，促进贸易与产业互动，推进产业国际化进程。加快发展和培育壮大新兴产业，推动重点领域率先突破。优化升级传统产业，提高竞争力。加快发展现代服务业，特别是生产性服务业，推进先进制造业与现代服务业深度融合。加快建设现代农业。培育具有全球影响力和竞争力的先进制造业集群。

（二）增强贸易创新能力。构建开放、协同、高效的共性技术研发平台，强化制造业创新对贸易的支撑作用。推动互联网、物联网、大数据、人工智能、区块链与贸易有机融合，加快培育新动能。加强原始创新、集成创新。充分利用多双边合作机制，加强

技术交流与合作。着力扩大知识产权对外许可。积极融入全球创新网络。

（三）提高产品质量。加强质量管理，积极采用先进技术和标准，提高产品质量。推动一批重点行业产品质量整体达到国际先进水平。进一步完善认证认可制度，加快推进与重点市场认证和检测结果互认。完善检验检测体系，加强检验检测公共服务平台建设。健全重要产品追溯体系。

（四）加快品牌培育。大力培育行业性、区域性品牌。在重点市场举办品牌展览推介，推动品牌产品走向世界。加强商标、专利等知识产权保护和打击假冒伪劣工作，鼓励企业开展商标和专利境外注册。强化品牌研究、品牌设计、品牌定位和品牌交流，完善品牌管理体系。加强商标、地理标志品牌建设，提升中国品牌影响力。

三　优化贸易结构，提高贸易发展质量和效益

（五）优化国际市场布局。继续深耕发达经济体等传统市场。着力深化与共建"一带一路"国家的贸易合作，拓展亚洲、非洲、拉美等市场。逐步提高自贸伙伴、新兴市场和发展中国家在我国对外贸易中的占比，扩大与周边国家贸易规模。综合考虑市场规模、贸易潜力、消费结构、产业互补、国别风险等因素，引导企业开拓一批重点市场。

（六）优化国内区域布局。以"一带一路"建设、京津冀协同发展、长江经济带发展、长江三角洲区域一体化发展、粤港澳大湾区建设、黄河流域生态保护和高质量发展、推进海南全面深化改革开放等重大战略为引领，推动区域间融通联动。推动东部地区新旧动能转换，实现贸易高质量发展。支持中西部和东北地区加快发展，承接国内外产业转移，提高开放型经济比重。提升边境经济合作区、跨境经济合作区发展水平。

（七）优化经营主体。鼓励行业龙头企业提高国际化经营水平，逐步融入全球供应链、产业链、价值链，形成在全球范围内配置要素资源、布局市场网络的能力。支持推动中小企业转型升级，聚焦主业，走"专精特新"国际化道路。

（八）优化商品结构。大力发展高质量、高技术、高附加值产品贸易。不断提高劳动密集型产品档次和附加值。优化资本品、消费品贸易结构，扩大中间品贸易规模，发展和保护全球产业链。加快推动智能制造发展，逐步从加工制造环节向研发设计、营销服务、品牌经营等环节攀升，稳步提高出口附加值。

（九）优化贸易方式。做强一般贸易，增强议价能力，提高效益和规模。提升加工贸易，鼓励向产业链两端延伸，推动产业链升级；推进维修、再制造、检测等业务发展；利用互联网、大数据等信息技术完善监管。发展其他贸易，加快边境贸易创新发展和转型升级，探索发展新型贸易方式。

四　促进均衡协调，推动贸易可持续发展

（十）积极扩大进口。适时进一步降低进口关税和制度性成本，激发进口潜力，优化进口结构。扩大先进技术、设备和零部件进口。鼓励国内有需求的资源性产品进口。支持日用消费品、医药和康复、养老护理等设备进口。促进研发设计、节能环保、环境

服务等生产性服务进口。

（十一）大力发展服务贸易。深化服务贸易领域改革和开放，持续推进服务贸易创新发展试点，完善促进服务贸易发展的管理体制和政策体系。加快数字贸易发展。推进文化、数字服务、中医药服务等领域特色服务出口基地建设。完善技术进出口管理制度，建立健全技术贸易促进体系。探索跨境服务贸易负面清单管理制度。加强服务贸易国际合作，打造"中国服务"国家品牌。

（十二）推动贸易与双向投资有效互动。持续放宽外资市场准入，鼓励外资投向新兴产业、高新技术、节能环保、现代服务业等领域，充分发挥外资对产业升级和外贸高质量发展的带动作用。深化国际产能和装备制造合作，培育一批产业定位清晰、发展前景好的境外经贸合作区。大力发展对外工程承包，带动装备、技术、标准、认证和服务走出去。

（十三）推进贸易与环境协调发展。发展绿色贸易，严格控制高污染、高耗能产品进出口。鼓励企业进行绿色设计和制造，构建绿色技术支撑体系和供应链，并采用国际先进环保标准，获得节能、低碳等绿色产品认证，实现可持续发展。

五 培育新业态，增添贸易发展新动能

（十四）促进贸易新业态发展。推进跨境电子商务综合试验区建设，复制推广成熟经验做法。完善跨境电子商务零售进出口管理模式，优化通关作业流程，建立全口径海关统计制度。在总结试点经验基础上，完善管理体制和政策措施，推进市场采购贸易方式试点。完善外贸综合服务企业发展政策，推动信息共享和联合监管。鼓励发展其他贸易新业态。

（十五）提升贸易数字化水平。形成以数据驱动为核心、以平台为支撑、以商产融合为主线的数字化、网络化、智能化发展模式。推动企业提升贸易数字化和智能化管理能力。大力提升外贸综合服务数字化水平。积极参与全球数字经济和数字贸易规则制定，推动建立各方普遍接受的国际规则。

（十六）加快服务外包转型升级。健全服务外包创新机制，培育创新环境，促进创新合作。加快服务外包向高技术、高附加值、高品质、高效益方向发展。发挥服务外包示范城市创新引领作用，促进服务外包产业向价值链中高端转型升级。积极发展设计、维修、咨询、检验检测等领域服务外包，促进生产性服务贸易发展。

六 建设平台体系，发挥对贸易的支撑作用

（十七）加快培育各类外贸集聚区。推进国家外贸转型升级基地建设，依托产业集聚区，培育一批产业优势明显、创新驱动突出、公共服务体系完善的基地。加快加工贸易转型升级示范区、试点城市和梯度转移重点承接地发展。推进国家级新区、经济技术开发区、高新技术产业开发区、海关特殊监管区域等各类开放平台建设，创新管理制度。

（十八）推进贸易促进平台建设。办好中国国际进口博览会，不断提升其吸引力和国际影响力。拓展中国进出口商品交易会（广交会）、中国国际服务贸易交易会（京交

会）等综合性展会功能，培育若干国际知名度高、影响力大的境内外展会。培育国家进口贸易促进创新示范区，创新监管制度、服务功能、交易模式，带动周边地区增强进口能力。

（十九）推进国际营销体系建设。鼓励企业针对不同市场、不同产品建设营销保障支撑体系，促进线上线下融合发展。完善售后服务标准，提高用户满意度，积极运用物联网、大数据等技术手段开展远程监测诊断、运营维护、技术支持等售后服务。推进国际营销公共平台建设。

（二十）完善外贸公共服务平台建设。加强对重点市场相关法律、准入政策、技术法规、市场信息等收集发布。支持各级政府、行业组织及企业建设不同层级、不同领域的公共服务平台，加强公共服务供给。

（二十一）构建高效跨境物流体系。推进跨境基础设施建设与互联互通，共同推动运输便利化安排和大通关协作。加快发展智能化多式联运。加快智慧港口建设。鼓励电商、快递、物流龙头企业建设境外仓储物流配送中心，逐步打造智能物流网络。

七 深化改革开放，营造法治化、国际化、便利化贸易环境

（二十二）深化管理体制改革。进一步推进外贸体制改革，加强事中事后监管。完善政策协调机制，加强财税、金融、产业、贸易等政策之间的衔接。推动世界贸易组织《贸易便利化协定》在国内实施。优化通关、退税、外汇、安全、环保管理方式，推进国际贸易"单一窗口"建设和应用，落实减税降费政策，加快打造国际一流、公平竞争的营商环境。

（二十三）充分发挥自由贸易试验区示范引领作用，高水平建设中国特色自由贸易港。以制度创新为核心，推动自由贸易试验区先行先试，开展首创性、差别化改革探索，加快形成法治化、国际化、便利化的营商环境和公平开放统一高效的市场环境。探索实施国际通行的货物、资金、人员出入境等管理制度。积极复制推广改革试点经验。加快探索建设自由贸易港，打造开放层次更高、营商环境更优、辐射作用更强的开放新高地。

（二十四）加强知识产权保护和信用体系建设。加大对侵权违法行为的惩治力度。加强知识产权保护国际合作，积极参与相关国际规则构建。完善海外知识产权维权援助机制。推进商务、知识产权、海关、税务、外汇等部门信息共享、协同执法的监管体系建设。建立经营主体信用记录，实施失信联合惩戒。

八 坚持共商共建共享，深化"一带一路"经贸合作

（二十五）深化贸易合作。拓宽贸易领域，推动优质农产品、制成品和服务进口，促进贸易平衡发展。发展特色服务贸易。推进中欧班列、西部陆海新通道等国际物流和贸易大通道建设。发展"丝路电商"，鼓励企业在相关国家开展电子商务。积极开展促贸援助。推进商建贸易畅通工作机制。

（二十六）创新投资合作。拓宽双向投资领域，推动绿色基础设施建设、绿色投资，推动企业按照国际规则标准进行项目建设和运营。鼓励合作建设境外经贸合作区、

跨境经济合作区等产业园区，促进产业集群发展。推动新兴产业合作。推进商建投资合作工作机制。

（二十七）促进贸易投资自由化、便利化。积极开展共建"一带一路"经贸领域合作、三方合作、多边合作，推进合作共赢的开放体系建设，加强贸易和投资领域规则标准对接。推动削减非关税壁垒，提高技术性贸易措施透明度，提升贸易投资便利化水平。

九 坚持互利共赢，拓展贸易发展新空间

（二十八）建设性参与全球经济治理，推动区域、次区域合作。维护以规则为基础的开放、包容、透明、非歧视性等世界贸易组织核心价值和基本原则，反对单边主义和保护主义，推动对世界贸易组织进行必要改革。积极参与多边贸易规则谈判，维护多边贸易体制的权威性和有效性。深入参与二十国集团、金砖国家、亚太经合组织、湄公河次区域经济合作、大图们倡议等多边和区域、次区域合作机制，积极贡献更多中国倡议、中国方案。

（二十九）加快高标准自由贸易区建设。不断扩大自由贸易区网络覆盖范围，加快形成立足周边、辐射"一带一路"、面向全球的高标准自由贸易区网络。推动与世界重要经济体商建自由贸易区进程，努力提高开放水平，扩大市场准入，提高规则标准。

十 加强组织实施，健全保障体系

（三十）加强党对推进贸易高质量发展工作的全面领导。建立推进贸易高质量发展工作机制，整体推进贸易高质量发展，工作机制办公室设在商务部。商务部会同有关部门，加强协调指导，制定行动计划。

（三十一）健全法律法规体系。落实全面依法治国基本方略，不断完善贸易及相关领域国内立法，为贸易高质量发展提供法治保障。促进国内经贸立法与国际经贸规则的良性互动。加强贸易政策合规工作。

（三十二）加大政策支持力度。在符合世界贸易组织规则前提下，发挥财政资金对贸易发展的促进作用。结合增值税改革和立法，逐步完善出口退税机制。在依法合规、风险可控、商业可持续前提下，支持金融机构有序开展金融创新，提供多样化、综合化金融服务。进一步发挥进出口信贷和出口信用保险作用。稳步提高跨境贸易人民币结算比例，扩大经常项目人民币跨境使用，拓宽人民币跨境投融资渠道。

（三十三）加强贸易领域风险防范。加快出口管制体系建设，强化最终用户最终用途管理。继续敦促相关国家放宽对华出口管制。建立出口管制合规体系。完善对外贸易调查制度。健全产业损害预警体系。妥善应对贸易摩擦。提升运用贸易救济规则能力和水平。研究设立贸易调整援助制度。加强风险监测分析预警，引导企业防范风险。

（三十四）完善中介组织和智力支撑体系。加强与国际组织、各国各地区相关机构和工商业界交流合作，充分发挥行业组织、贸促机构在贸易促进、信息交流、标准体系

建设、行业自律、应对摩擦等方面的作用，助力外贸高质量发展。设立推进贸易高质量发展专家咨询委员会。强化外贸发展人才支撑。

中央和国家机关有关部门要按照职能分工，研究具体政策措施，加强协同配合，形成工作合力。各级党委和政府要切实加强组织领导，强化责任担当，结合本地区实际进一步明确重点任务，抓好相关工作落实。

国务院关于推动创新创业高质量发展打造"双创"升级版的意见

国发〔2018〕32号

各省、自治区、直辖市人民政府，国务院各部委、各直属机构：

创新是引领发展的第一动力，是建设现代化经济体系的战略支撑。近年来，大众创业、万众创新持续向更大范围、更高层次和更深程度推进，创新创业与经济社会发展深度融合，对推动新旧动能转换和经济结构升级、扩大就业和改善民生、实现机会公平和社会纵向流动发挥了重要作用，为促进经济增长提供了有力支撑。当前，我国经济已由高速增长阶段转向高质量发展阶段，对推动大众创业、万众创新提出了新的更高要求。为深入实施创新驱动发展战略，进一步激发市场活力和社会创造力，现就推动创新创业高质量发展、打造"双创"升级版提出以下意见。

一　总体要求

推进大众创业、万众创新是深入实施创新驱动发展战略的重要支撑、深入推进供给侧结构性改革的重要途径。随着大众创业、万众创新蓬勃发展，创新创业环境持续改善，创新创业主体日益多元，各类支撑平台不断丰富，创新创业社会氛围更加浓厚，创新创业理念日益深入人心，取得显著成效。但同时，还存在创新创业生态不够完善、科技成果转化机制尚不健全、大中小企业融通发展还不充分、创新创业国际合作不够深入以及部分政策落实不到位等问题。打造"双创"升级版，推动创新创业高质量发展，有利于进一步增强创业带动就业能力，有利于提升科技创新和产业发展活力，有利于创造优质供给和扩大有效需求，对增强经济发展内生动力具有重要意义。

（一）指导思想。

以习近平新时代中国特色社会主义思想为指导，全面贯彻党的十九大和十九届二中、三中全会精神，坚持新发展理念，坚持以供给侧结构性改革为主线，按照高质量发展要求，深入实施创新驱动发展战略，通过打造"双创"升级版，进一步优化创新创业环境，大幅降低创新创业成本，提升创业带动就业能力，增强科技创新引领作用，提升支撑平台服务能力，推动形成线上线下结合、产学研用协同、大中小企业融合的创新创业格局，为加快培育发展新动能、实现更充分就业和经济高质量发展提供坚实保障。

（二）主要目标。

——创新创业服务全面升级。创新创业资源共享平台更加完善，市场化、专业化众创空间功能不断拓展，创新创业服务平台能力显著提升，创业投资持续增长并更加关注早中期科技型企业，新兴创新创业服务业态日趋成熟。

——创业带动就业能力明显提升。培育更多充满活力、持续稳定经营的市场主体，直接创造更多就业岗位，带动关联产业就业岗位增加，促进就业机会公平和社会纵向流动，实现创新、创业、就业的良性循环。

——科技成果转化应用能力显著增强。科技型创业加快发展，产学研用更加协同，科技创新与传统产业转型升级结合更加紧密，形成多层次科技创新和产业发展主体，支撑战略性新兴产业加快发展。

——高质量创新创业集聚区不断涌现。"双创"示范基地建设扎实推进，一批可复制的制度性成果加快推广。有效发挥国家级新区、国家自主创新示范区等各类功能区优势，打造一批创新创业新高地。

——大中小企业创新创业价值链有机融合。一批高端科技人才、优秀企业家、专业投资人成为创新创业主力军，大企业、科研院所、中小企业之间创新资源要素自由畅通流动，内部外部、线上线下、大中小企业融通发展水平不断提升。

——国际国内创新创业资源深度融会。拓展创新创业国际交流合作，深度融入全球创新创业浪潮，推动形成一批国际化创新创业集聚地，将"双创"打造成为我国与包括"一带一路"相关国家在内的世界各国合作的亮丽名片。

二 着力促进创新创业环境升级

（三）简政放权释放创新创业活力。进一步提升企业开办便利度，全面推进企业简易注销登记改革。积极推广"区域评估"，由政府组织力量对一定区域内地质灾害、水土保持等进行统一评估。推进审查事项、办事流程、数据交换等标准化建设，稳步推动公共数据资源开放，加快推进政务数据资源、社会数据资源、互联网数据资源建设。清理废除妨碍统一市场和公平竞争的规定和做法，加快发布全国统一的市场准入负面清单，建立清单动态调整机制。（国家市场监管总局、自然资源部、水利部、国家发展改革委等按职责分工负责）

（四）放管结合营造公平市场环境。加强社会信用体系建设，构建信用承诺、信息公示、信用分级分类、信用联合奖惩等全流程信用监管机制。修订生物制造、新材料等领域审查参考标准，激发高技术领域创新活力。引导和规范共享经济良性健康发展，推动共享经济平台企业切实履行主体责任。建立完善对"互联网+教育""互联网+医疗"等新业态新模式的高效监管机制，严守安全质量和社会稳定底线。（国家发展改革委、国家市场监管总局、工业和信息化部、教育部、国家卫生健康委等按职责分工负责）

（五）优化服务便利创新创业。加快建立全国一体化政务服务平台，建立完善国家数据共享交换平台体系，推行数据共享责任清单制度，推动数据共享应用典型案例经验复制推广。在市县一级建立农村创新创业信息服务窗口。完善适应新就业形态的用工和社会保险制度，加快建设"网上社保"。积极落实产业用地政策，深入推进城镇低效用地再开发，健全建设用地"增存挂钩"机制，优化用地结构，盘活存量、闲置土地用于创新创业。（国务院办公厅、国家发展改革委、国家市场监管总局、农业农村部、人力资源社会保障部、自然资源部等按职责分工负责）

三 加快推动创新创业发展动力升级

（六）加大财税政策支持力度。聚焦减税降费，研究适当降低社保费率，确保总体上不增加企业负担，激发市场活力。将企业研发费用加计扣除比例提高到75%的政策由科技型中小企业扩大至所有企业。对个人在二级市场买卖新三板股票比照上市公司股票，对差价收入免征个人所得税。将国家级科技企业孵化器和大学科技园享受的免征房产税、增值税等优惠政策范围扩大至省级，符合条件的众创空间也可享受。（财政部、国家税务总局等按职责分工负责）

（七）完善创新创业产品和服务政府采购等政策措施。完善支持创新和中小企业的政府采购政策。发挥采购政策功能，加大对重大创新产品和服务、核心关键技术的采购力度，扩大首购、订购等非招标方式的应用。（国家发展改革委、财政部、工业和信息化部、科技部等和各地方人民政府按职责分工负责）

（八）加快推进首台（套）重大技术装备示范应用。充分发挥市场机制作用，推动重大技术装备研发创新、检测评定、示范应用体系建设。编制重大技术装备创新目录、众创研发指引，制定首台（套）评定办法。依托大型科技企业集团、重点研发机构，设立重大技术装备创新研究院。建立首台（套）示范应用基地和示范应用联盟。加快军民两用技术产品发展和推广应用。发挥众创、众筹、众包和虚拟创新创业社区等多种创新创业模式的作用，引导中小企业等创新主体参与重大技术装备研发，加强众创成果与市场有效对接。（国家发展改革委、科技部、工业和信息化部、财政部、国资委、国家卫生健康委、国家市场监管总局、国家能源局等按职责分工负责）

（九）建立完善知识产权管理服务体系。建立完善知识产权评估和风险控制体系，鼓励金融机构探索开展知识产权质押融资。完善知识产权运营公共服务平台，逐步建立全国统一的知识产权交易市场。鼓励和支持创新主体加强关键前沿技术知识产权创造，形成一批战略性高价值专利组合。聚焦重点领域和关键环节开展知识产权"雷霆"专项行动，进行集中检查、集中整治，全面加强知识产权执法维权工作力度。积极运用在线识别、实时监测、源头追溯等"互联网+"技术强化知识产权保护。（国家知识产权局、财政部、银保监会、中国人民银行等按职责分工负责）

四 持续推进创业带动就业能力升级

（十）鼓励和支持科研人员积极投身科技创业。对科教类事业单位实施差异化分类指导，出台鼓励和支持科研人员离岗创业实施细则，完善创新型岗位管理实施细则。健全科研人员评价机制，将科研人员在科技成果转化过程中取得的成绩和参与创业项目的情况作为职称评审、岗位竞聘、绩效考核、收入分配、续签合同等的重要依据。建立完善科研人员校企、院企共建双聘机制。（科技部、教育部、人力资源社会保障部等按职责分工负责）

（十一）强化大学生创新创业教育培训。在全国高校推广创业导师制，把创新创业教育和实践课程纳入高校必修课体系，允许大学生用创业成果申请学位论文答辩。支持高校、职业院校（含技工院校）深化产教融合，引入企业开展生产性实习实训。（教育

部、人力资源社会保障部、共青团中央等按职责分工负责）

（十二）健全农民工返乡创业服务体系。深入推进农民工返乡创业试点工作，推出一批农民工返乡创业示范县和农村创新创业典型县。进一步发挥创业担保贷款政策的作用，鼓励金融机构按照市场化、商业可持续原则对农村"双创"园区（基地）和公共服务平台等提供金融服务。安排一定比例年度土地利用计划，专项支持农村新产业新业态和产业融合发展。（人力资源社会保障部、农业农村部、国家发展改革委、中国人民银行、银保监会、财政部、自然资源部、共青团中央等按职责分工负责）

（十三）完善退役军人自主创业支持政策和服务体系。加大退役军人培训力度，依托院校、职业培训机构、创业培训中心等机构，开展创业意识教育、创业素质培养、创业项目指导、开业指导、企业经营管理等培训。大力扶持退役军人就业创业，落实好现有税收优惠政策，根据个体特点引导退役军人向科技服务业等新业态转移。推动退役军人创业平台不断完善，支持退役军人参加创新创业大会和比赛。（退役军人部、教育部、人力资源社会保障部、国家税务总局、财政部等按职责分工负责）

（十四）提升归国和外籍人才创新创业便利化水平。深入实施留学人员回国创新创业启动支持计划，遴选资助一批高层次人才回国创新创业项目。健全留学回国人才和外籍高层次人才服务机制，在签证、出入境、社会保险、知识产权保护、落户、永久居留、子女入学等方面进一步加大支持力度。（人力资源社会保障部、外交部、公安部、国家移民局、国家知识产权局等和各地方人民政府按职责分工负责）

（十五）推动更多群体投身创新创业。深入推进创新创业巾帼行动，鼓励支持更多女性投身创新创业实践。制定完善香港、澳门居民在内地发展便利性政策措施，鼓励支持港澳青年在内地创新创业。扩大两岸经济文化交流合作，为台湾同胞在大陆创新创业提供便利。积极引导侨资侨智参与创新创业，支持建设华侨华人创新创业基地和华侨大数据中心。探索国际柔性引才机制，持续推进海外人才离岸创新创业基地建设。启动少数民族地区创新创业专项行动，支持西藏、新疆等地区创新创业加快发展。推行终身职业技能培训制度，将有创业意愿和培训需求的劳动者全部纳入培训范围。（全国妇联、港澳办、台办、侨办、人力资源社会保障部、中国科协、国家发展改革委、国家民委等按职责分工负责）

五 深入推动科技创新支撑能力升级

（十六）增强创新型企业引领带动作用。在重点领域和关键环节加快建设一批国家产业创新中心、国家技术创新中心等创新平台，充分发挥创新平台资源集聚优势。建设由大中型科技企业牵头，中小企业、科技社团、高校院所等共同参与的科技联合体。加大对"专精特新"中小企业的支持力度，鼓励中小企业参与产业关键共性技术研究开发，持续提升企业创新能力，培育一批具有创新能力的制造业单项冠军企业，壮大制造业创新集群。健全企业家参与涉企创新创业政策制定机制。（国家发展改革委、科技部、中国科协、工业和信息化部等按职责分工负责）

（十七）推动高校科研院所创新创业深度融合。健全科技资源开放共享机制，鼓励科研人员面向企业开展技术开发、技术咨询、技术服务、技术培训等，促进科技创新与创业深度融合。推动高校、科研院所与企业共同建立概念验证、孵化育成等面向基础研

究成果转化的服务平台。(科技部、教育部等按职责分工负责)

(十八)健全科技成果转化的体制机制。纵深推进全面创新改革试验,深化以科技创新为核心的全面创新。完善国家财政资金资助的科技成果信息共享机制,畅通科技成果与市场对接渠道。试点开展赋予科研人员职务科技成果所有权或长期使用权。加速高校科技成果转化和技术转移,促进科技、产业、投资融合对接。加强国家技术转移体系建设,鼓励高校、科研院所建设专业化技术转移机构。鼓励有条件的地方按技术合同实际成交额的一定比例对技术转移服务机构、技术合同登记机构和技术经纪人(技术经理人)给予奖补。(国家发展改革委、科技部、教育部、财政部等按职责分工负责)

六 大力促进创新创业平台服务升级

(十九)提升孵化机构和众创空间服务水平。建立众创空间质量管理、优胜劣汰的健康发展机制,引导众创空间向专业化、精细化方向升级,鼓励具备一定科研基础的市场主体建立专业化众创空间。推动中央企业、科研院所、高校和相关公共服务机构建设具有独立法人资格的孵化机构,为初创期、早中期企业提供公共技术、检验检测、财税会计、法律政策、教育培训、管理咨询等服务。继续推进全国创业孵化示范基地建设。鼓励生产制造类企业建立工匠工作室,通过技术攻关、破解生产难题、固化创新成果等塑造工匠品牌。加快发展孵化机构联盟,加强与国外孵化机构对接合作,吸引海外人才到国内创新创业。研究支持符合条件的孵化机构享受高新技术企业相关人才激励政策,落实孵化机构税收优惠政策。(科技部、国资委、教育部、人力资源社会保障部、工业和信息化部、财政部、国家税务总局等按职责分工负责)

(二十)搭建大中小企业融通发展平台。实施大中小企业融通发展专项行动计划,加快培育一批基于互联网的大企业创新创业平台、国家中小企业公共服务示范平台。推进国家小型微型企业创业创新示范基地建设,支持建设一批制造业"双创"技术转移中心和制造业"双创"服务平台。推进供应链创新与应用,加快形成大中小企业专业化分工协作的产业供应链体系。鼓励大中型企业开展内部创业,鼓励有条件的企业依法合规发起或参与设立公益性创业基金,鼓励企业参股、投资内部创业项目。鼓励国有企业探索以子公司等形式设立创新创业平台,促进混合所有制改革与创新创业深度融合。(工业和信息化部、商务部、财政部、国资委等按职责分工负责)

(二十一)深入推进工业互联网创新发展。更好发挥市场力量,加快发展工业互联网,与智能制造、电子商务等有机结合、互促共进。实施工业互联网三年行动计划,强化财税政策导向作用,持续利用工业转型升级资金支持工业互联网发展。推进工业互联网平台建设,形成多层次、系统性工业互联网平台体系,引导企业上云上平台,加快发展工业软件,培育工业互联网应用创新生态。推动产学研用合作建设工业互联网创新中心,建立工业互联网产业示范基地,开展工业互联网创新应用示范。加强专业人才支撑,公布一批工业互联网相关二级学科,鼓励搭建工业互联网学科引智平台。(工业和信息化部、国家发展改革委、教育部、科技部、财政部、人力资源社会保障部等按职责分工负责)

(二十二)完善"互联网+"创新创业服务体系。推进"国家创新创业政策信息服务网"建设,及时发布创新创业先进经验和典型做法,进一步降低各类创新创业主体的政策信息获取门槛和时间成本。鼓励建设"互联网+"创新创业平台,积极利用互联网等信息技术支持创新创业活动,进一步降低创新创业主体与资本、技术对接的门槛。推动"互联网+公共服务",使更多优质资源惠及群众。(国家发展改革委、科技部、工业和信息化部等按职责分工负责)

(二十三)打造创新创业重点展示品牌。继续扎实开展各类创新创业赛事活动,办好全国大众创业、万众创新活动周,拓展"创响中国"系列活动范围,充分发挥"互联网+"大学生创新创业大赛、中国创新创业大赛、"创客中国"创新创业大赛、"中国创翼"创业创新大赛、全国农村创业创新项目创意大赛、中央企业熠星创新创意大赛、"创青春"中国青年创新创业大赛、中国妇女创新创业大赛等品牌赛事活动作用。对各类赛事活动中涌现的优秀创新创业项目加强后续跟踪支持。(国家发展改革委、中国科协、教育部、科技部、工业和信息化部、人力资源社会保障部、农业农村部、国资委、共青团中央、全国妇联等按职责分工负责)

七 进一步完善创新创业金融服务

(二十四)引导金融机构有效服务创新创业融资需求。加快城市商业银行转型,回归服务小微企业等实体的本源,提高风险识别和定价能力,运用科技化等手段,为本地创新创业提供有针对性的金融产品和差异化服务。加快推进村镇银行本地化、民营化和专业化发展,支持民间资本参与农村中小金融机构充实资本、完善治理的改革,重点服务发展农村电商等新业态新模式。推进落实大中型商业银行设立普惠金融事业部,支持有条件的银行设立科技信贷专营事业部,提高服务创新创业企业的专业化水平。支持银行业金融机构积极稳妥开展并购贷款业务,提高对创业企业兼并重组的金融服务水平。(银保监会、中国人民银行等按职责分工负责)

(二十五)充分发挥创业投资支持创新创业作用。进一步健全适应创业投资行业特点的差异化监管体制,按照不溯及既往、确保总体税负不增的原则,抓紧完善进一步支持创业投资基金发展的税收政策,营造透明、可预期的政策环境。规范发展市场化运作、专业化管理的创业投资母基金。充分发挥国家新兴产业创业投资引导基金、国家中小企业发展基金等引导基金的作用,支持初创期、早中期创新型企业发展。加快发展天使投资,鼓励有条件的地方出台促进天使投资发展的政策措施,培育和壮大天使投资人群体。完善政府出资产业投资基金信用信息登记,开展政府出资产业投资基金绩效评价和公共信用综合评价。(国家发展改革委、证监会、国家税务总局、财政部、工业和信息化部、科技部、中国人民银行、银保监会等按职责分工负责)

(二十六)拓宽创新创业直接融资渠道。支持发展潜力好但尚未盈利的创新型企业上市或在新三板、区域性股权市场挂牌。推动科技型中小企业和创业投资企业发债融资,稳步扩大创新创业债试点规模,支持符合条件的企业发行"双创"专项债务融资工具。规范发展互联网股权融资,拓宽小微企业和创新创业者的融资渠道。推动完善公司法等法律法规和资本市场相关规则,允许科技企业实行"同股不同权"治理结构。(证监会、国家发展改革委、科技部、中国人民银行、财政部、司法部等按职责分工负责)

(二十七)完善创新创业差异化金融支持政策。依托国家融资担保基金,采取股权投资、再担保等方式推进地方有序开展融资担保业务,构建全国统一的担保行业体系。

支持保险公司为科技型中小企业知识产权融资提供保证保险服务。完善定向降准、信贷政策支持再贷款等结构性货币政策工具,引导资金更多投向创新型企业和小微企业。研究开展科技成果转化贷款风险补偿试点。实施战略性新兴产业重点项目信息合作机制,为战略性新兴产业提供更具针对性和适应性的金融产品和服务。(财政部、银保监会、科技部、国家知识产权局、中国人民银行、工业和信息化部、国家发展改革委、证监会等按职责分工负责)

八 加快构筑创新创业发展高地

(二十八)打造具有全球影响力的科技创新策源地。进一步夯实北京、上海科技创新中心的创新基础,加快建设一批重大科技基础设施集群、世界一流学科集群。加快推进粤港澳大湾区国际科技创新中心建设,探索建立健全国际化的创新创业合作新机制。(有关地方人民政府牵头负责)

(二十九)培育创新创业集聚区。支持符合条件的经济技术开发区打造大中小企业融通型、科技资源支撑型等不同类型的创新创业特色载体。鼓励国家级新区探索通用航空、体育休闲、养老服务、安全等产业与城市融合发展的新机制和新模式。推进雄安新区创新发展,打造体制机制新高地和京津冀协同创新重要平台。推动承接产业转移示范区、高新技术开发区聚焦战略性新兴产业构建园区配套及服务体系,充分发挥创新创业集群效应。支持有条件的省市建设综合性国家产业创新中心,提升关键核心技术创新能力。依托中心城市和都市圈,探索打造跨区域协同创新平台。(财政部、工业和信息化部、科技部、国家发展改革委等和各地方人民政府按职责分工负责)

(三十)发挥"双创"示范基地引导示范作用。将全面创新改革试验的相关改革举措在"双创"示范基地推广,为示范基地内的项目或企业开通总体规划环评等绿色通道。充分发挥长三角示范基地联盟作用,推动建立京津冀、西部等区域示范基地联盟,促进各类基地融通发展。开展"双创"示范基地十强百佳工程,鼓励示范基地在科技成果转化、财政金融、人才培养等方面积极探索。(国家发展改革委、生态环境部、银保监会、科技部、财政部、工业和信息化部、人力资源社会保障部等和有关地方人民政府及大众创业、万众创新示范基地按职责分工负责)

(三十一)推进创新创业国际合作。发挥中国—东盟信息港、中阿网上丝绸之路等国际化平台作用,支持与"一带一路"相关国家开展创新创业合作。推动建立政府间创新创业多双边合作机制。充分利用各类国际合作论坛等重要载体,推动创新创业领域民间务实合作。鼓励有条件的地方建立创新创业国际合作基金,促进务实国际合作项目有效落地。(国家发展改革委、科技部、工业和信息化部等和有关地方人民政府按职责分工负责)

九 切实打通政策落实"最后一公里"

(三十二)强化创新创业政策统筹。完善创新创业信息通报制度,加强沟通联动。发挥推进大众创业、万众创新部际联席会议统筹作用,建立部门之间、部门与地方之间的高效协同机制。鼓励各地方先行先试、大胆探索并建立容错免责机制。促进科技、金融、财税、人才等支持创新创业政策措施有效衔接。建立健全"双创"发展统计指标体系，做好创新创业统计监测工作。（国家发展改革委、国家统计局等和各地方人民政府按职责分工负责）

（三十三）细化关键政策落实措施。开展"双创"示范基地年度评估，根据评估结果进行动态调整。定期梳理制约创新创业的痛点堵点问题，开展创新创业痛点堵点疏解行动，督促相关部门和地方限期解决。对知识产权保护、税收优惠、成果转移转化、科技金融、军民融合、人才引进等支持创新创业政策措施落实情况定期开展专项督查和评估。（国家发展改革委、中国科协等和各地方人民政府按职责分工负责）

（三十四）做好创新创业经验推广。建立定期发布创新创业政策信息的制度，做好政策宣讲和落实工作。支持各地积极举办经验交流会和现场观摩会等，加强先进经验和典型做法的推广应用。加强创新创业政策和经验宣传，营造良好舆论氛围。（各部门、各地方人民政府按职责分工负责）

各地区、各部门要充分认识推动创新创业高质量发展、打造"双创"升级版对于深入实施创新驱动发展战略的重要意义，把思想、认识和行动统一到党中央、国务院决策部署上来，认真落实本意见各项要求，细化政策措施，加强督查，及时总结，确保各项政策措施落到实处，进一步增强创业带动就业能力和科技创新能力，加快培育发展新动能，充分激发市场活力和社会创造力，推动我国经济高质量发展。

国务院
2018年9月18日

相关文献题录

关于加快传统产业转型升级的有关文献

中共中央　国务院印发《交通强国建设纲要》（国务院公报〔2019〕28号）

国务院关于印发《"十三五"现代综合交通运输体系发展规划》的通知（国发〔2017〕11号）

国务院关于加快推进农业机械化和农机装备产业转型升级的指导意见（国发〔2018〕42号）

国务院关于促进乡村产业振兴的指导意见（国发〔2019〕12号）

国务院办公厅关于积极推进供应链创新与应用的指导意见（国办发〔2017〕84号）

国务院办公厅关于印发《推进运输结构调整三年行动计划（2018—2020年）》的通知（国办发〔2018〕91号）

国务院办公厅转发交通运输部等部门关于加快道路货运行业转型升级促进高质量发展意见的通知（国办发〔2019〕16号）

国家发展改革委关于印发《服务业创新发展大纲（2017—2025年）》的通知（发改规划〔2017〕1116号）

关于印发《铁路"十三五"发展规划》的通知（发改基础〔2017〕1996号）

国家发展改革委　市场监管总局关于新时代服务业高质量发展的指导意见（发改产业〔2019〕1602号）

工业和信息化部关于促进制造业产品和服务质量提升的实施意见（工信部科〔2019〕188号）

工业和信息化部关于印发《高端智能再制造行动计划（2018—2020年）》的通知（工信部节〔2017〕265号）

十三部门关于印发《制造业设计能力提升专项行动计划（2019—2022年）》的通知（工信部联产业〔2019〕218号）

三部门关于深入推进信息化和工业化融合管理体系的指导意见（工信部联信软〔2017〕155号）

商务部等16部门关于促进老字号改革创新发展的指导意见（商流通发〔2017〕13号）

关于培育壮大新经济的有关文献

中共中央办公厅　国务院办公厅印发《数字乡村发展战略纲要》（国务院公报〔2019〕15号）

国务院办公厅关于促进平台经济规范健康发展的指导意见（国办发〔2019〕38号）

国家发展改革委办公厅　工业和信息化部办公厅关于组织实施2019年新一代信息基础设施建设工程的通知（发改办高技〔2018〕1556号）

关于推动先进制造业和现代服务业深度融合发展的实施意见（发改产业〔2019〕1762号）

印发《关于促进分享经济发展的指导性意见》的通知（发改高技〔2017〕1245号）

关于发展数字经济稳定并扩大就业的指导意见（发改就业〔2018〕1363号）

工业和信息化部关于印发《促进新一代人工智能产业发展三年行动计划（2018—2020年）》的通知（工信部科〔2017〕315号）

工业和信息化部关于印发《车联网（智能网联汽车）产业发展行动计划》的通知（工信部科〔2018〕283号）

六部门关于印发《智能光伏产业发展行动计划（2018—2020年）》的通知（工信部联电子〔2018〕68号）

工业和信息化部关于加快推进虚拟现实产业发展的指导意见（工信部电子〔2018〕276号）

工业和信息化部关于印发《云计算发展三年行动计划（2017—2019年）》的通知（工信部信软〔2017〕49号）

工业和信息化部关于印发《工业电子商务发展三年行动计划》的通知（工信部信软〔2017〕227号）

商务部等12部门关于推进商品交易市场发展平台经济的指导意见（商建函〔2019〕61号）

关于推进绿色发展的有关文献

中共中央办公厅　国务院办公厅印发《关于创新体制机制推进农业绿色发展的意见》

中共中央办公厅　国务院办公厅印发《关于统筹推进自然资源资产产权制度改革的指导意见》

中共中央办公厅　国务院办公厅印发《国家生态文明试验区（海南）实施方案》

国务院关于印发打赢蓝天保卫战三年行动计划的通知（国发〔2018〕22号）

国务院办公厅关于印发"无废城市"建设试点工作方案的通知（国办发〔2018〕128号）

印发《关于加快推进长江经济带农业面源污染治理的指导意见》的通知（发改农经〔2018〕1542号）

国家发展改革委关于印发《全国碳排放权交易市场建设方案（发电行业）》的通知（发改气候规〔2017〕2191号）

国家发展改革委　国家能源局关于印发《清洁能源消纳行动计划（2018—2020年）》的通知（发改能源规〔2018〕1575号）

国家发展改革委　科技部关于构建市场导向的绿色技术创新体系的指导意见（发改环资〔2019〕689号）

关于印发《绿色高效制冷行动方案》的通知（发改环资〔2019〕1054号）

国家发展改革委关于创新和完善促进绿色发展价格机制的意见（发改价格规〔2018〕943号）

工业和信息化部办公厅　国家开发银行办公厅关于加快推进工业节能与绿色发展的通知（工信厅联节〔2019〕16号）

工业和信息化部关于印发《工业节能与绿色标准化行动计划（2017—2019年）》的通知（工信部节〔2017〕110号）

关于构建区域协调发展新格局的有关文献

中共中央　国务院印发《粤港澳大湾区发展规划纲要》（国务院公报〔2019〕7号）

中共中央　国务院关于对《河北雄安新区规划纲要》的批复

中共中央　国务院关于支持河北雄安新区全面深化改革和扩大开放的指导意见

中共中央　国务院关于建立健全城乡融合发展体制机制和政策体系的意见

中共中央　国务院印发《长江三角洲区域一体化发展规划纲要》

国家发展改革委　住房城乡建设部关于印发北部湾城市群发展规划的通知（发改规划〔2017〕277号）

国家发展改革委　住房城乡建设部关于印发关中平原城市群发展规划的通知（发改规划〔2018〕220号）

国家发展改革委　住房城乡建设部关于印发兰州—西宁城市群发展规划的通知（发改规划〔2018〕423号）

国家发展改革委关于印发西部大开发"十三五"规划的通知（发改西部〔2017〕89号）

关于印发《建立市场化、多元化生态保护补偿机制行动计划》的通知（发改西部〔2018〕1960号）

国家发展改革委关于印发呼包鄂榆城市群发展规划的通知（发改地区〔2018〕358号）

国家发展改革委关于印发《淮河生态经济带发展规划》的通知（发改地区〔2018〕1588号）

国家发展改革委关于印发《汉江生态经济带发展规划》的通知（发改地区〔2018〕1605号）

国家发展改革委关于印发《生态综合补偿试点方案》的通知（发改振兴〔2019〕1793号）

国家发展改革委关于印发《西部陆海新通道总体规划》的通知（发改基础〔2019〕1333号）

关于促进高水平对外开放的有关文献

中共中央　国务院关于支持海南全面深化改革开放的指导意见

国务院关于扩大对外开放积极利用外资若干措施的通知（国发〔2017〕5号）

国务院关于印发全面深化中国（上海）自由贸易试验区改革开放方案的通知（国发〔2017〕23号）

国务院关于促进外资增长若干措施的通知（国发〔2017〕39号）

国务院关于积极有效利用外资推动经济高质量发展若干措施的通知（国发〔2018〕19号）

国务院关于印发优化口岸营商环境促进跨境贸易便利化工作方案的通知（国发〔2018〕37号）

国务院关于支持自由贸易试验区深化改革创新若干措施的通知（国发〔2018〕38号）

国务院关于促进综合保税区高水平开放高质量发展的若干意见（国发〔2019〕3号）

国务院关于推进国家级经济技术开发区创新提升打造改革开放新高地的意见（国发〔2019〕11号）

国务院办公厅关于促进开发区改革和创新发展的若干意见（国办发〔2017〕7号）

国务院办公厅转发商务部等部门关于扩大进口促进对外贸易平衡发展意见的通知（国办发〔2018〕53号）

国务院办公厅关于支持国家级新区深化改革创新加快推动高质量发展的指导意见（国办发〔2019〕58号）

国家发展和改革委员会与香港特别行政区政府关于支持香港全面参与和助力"一带一路"建设的安排

商务部　国家发展改革委　中国人民银行　海关总署　国家质检总局关于进一步推进开放型经济新体制综合试点试验的若干意见（商政发〔2017〕125号）

关于深化供给侧结构性改革的有关文献

中共中央办公厅　国务院办公厅印发《关于促进中小企业健康发展的指导意见》

国务院关于强化实施创新驱动发展战略进一步推进大众创业万众创新深入发展的意见（国发〔2017〕37号）

国务院批转国家发展改革委关于2017年深化经济体制改革重点工作意见的通知（国发〔2017〕27号）

国务院关于全面加强基础科学研究的若干意见（国发〔2018〕4号）

国务院办公厅关于创新管理优化服务培育壮大经济发展新动能加快新旧动能接续转换的意见（国办发〔2017〕4号）

国务院办公厅关于进一步激发社会领域投资活力的意见（国办发〔2017〕21号）

国务院办公厅关于进一步推进物流降本增效促进实体经济发展的意见（国办发〔2017〕73号）

国务院办公厅关于加快推进农业供给侧结构性改革大力发展粮食产业经济的意见（国办发〔2017〕78号）

国务院办公厅关于进一步激发民间有效投资活力促进经济持续健康发展的指导意见（国办发〔2017〕79号）

国务院办公厅关于推广支持创新相关改革举措的通知（国办发〔2017〕80号）

国务院办公厅关于深化产教融合的若干意见（国办发〔2017〕95号）

国务院办公厅关于推进农业高新技术产业示范区建设发展的指导意见（国办发〔2018〕4号）

国务院办公厅关于保持基础设施领域补短板力度的指导意见（国办发〔2018〕101号）

国务院办公厅关于聚焦企业关切进一步推动优化营商环境政策落实的通知（国办发〔2018〕104号）

关于深入推进供给侧结构性改革做好新形势下电力需求侧管理工作的通知（发改运行规〔2017〕1690号）

关于做好2018年重点领域化解过剩产能工作的通知（发改运行〔2018〕554号）

关于做好2019年重点领域化解过剩产能工作的通知（发改运行〔2019〕785号）

关于做好2019年降成本重点工作的通知（发改运行〔2019〕819号）

关于印发《2018年降低企业杠杆率工作要点》的通知（发改财金〔2018〕1135号）

关于进一步做好"僵尸企业"及去产能企业债务处置工作的通知（发改财金〔2018〕1756号）

关于印发《2019年降低企业杠杆率工作要点》的通知（发改财金〔2019〕1276号）

十六部门关于利用综合标准依法依规推动落后产能退出的指导意见（工信部联产业〔2017〕30号）

第二篇

专题论述

高度联通社会中的资源重组与服务业增长[*]

江小涓

一 网络时代的消费特点与服务供给

当前阶段,我国居民消费需求正在由物质需求向精神需求拓展,感受、体验类的精神和心理需求持续增加,已经成为服务消费的重要组成部分。这类消费能带来幸福、愉悦的精神感受和满足、归属感和自我评价升值等心理感受,消费者愿意为这些"感受"付费,因此是有效需求(田国强和杨立岩,2006;黄有光,2002)。这类需求大致可以分为两种类型。一是需要依托实物,例如穿费德勒、罗纳尔多、姚明代过的衣服,虽然价格不菲,却能享受到精神和心理满足感;购买LV包,既能满足提拿物品的实物功能,还能满足表达鉴赏、显示身份、炫耀财富的精神和心理需求;去装修高档、环境幽雅的餐厅用餐,既满足了"进食"的生理需求,也满足了舒缓压力、感受情调、追求品味的精神和心理需求。二是纯粹的精神和心理消费。这些消费并没有搭载在实物产品上,而是独立存在。例如网络游戏,人们在虚拟的网络世界里冲突对抗,寻求的是精神和心理感受;网络上的视听消费也非常发达,满足了人们寻求信息、提高品位、陶冶性情、提升修养、减缓压力等需求,可以称之为"找乐"的消费。

互联网为这种需求的释放迸发提供了强大的引力,网络"乐"消费创新层出不穷,增长惊人。以互联网游戏为例,其趣味性、刺激性远远超过线下游戏产品,发展极为迅速,2015年我国互联网游戏产业的产值已经超过1200亿元。再如微信,这个提供了丰富"乐"趣的社交工具,2011年才上线,2015年底活跃用户已达5亿。微信直接带动的消费支出中,娱乐位居第一,占53.6%。再看职业体育,其价值因互联网出现而倍增。2015年9月,中超联赛5年转播版权卖出80亿元的"天价",其中网络市场将占重要份额,乐视体育为获得2016/2017两个赛季新媒体转播权就支付了27亿元。音乐市场的格局也很典型,依托互联网的数字音乐已经成为音乐消费核心层的主流市场,远远超过音乐演出、唱片和音乐图书这三大传统市场之和。

互联网时代,服务的基本性质发生了改变。传统经济理论认为,服务业是一个劳动生产率低的部门,这源于许多服务过程要求生产和消费同时同地,"人对人""点对点",例如教育、医疗、现场艺术表演、保安等。这个过程中,人力资本是主要的供给要素,不使用提高效率的机器设备,缺乏规模经济,因而其劳动生产率长期保持在一个

---

[*] 原文发表于《经济研究》2017年第3期,收入本年鉴时有删减和修改。

不变水平（让－克洛德·德劳内等，2011）。

近年来，依托网络的服务呈现出三个新的重要特点，改变了服务的基本性质。一是规模经济极为显著，这源于许多网络服务的初始成本很高而边际成本很低，特别是可复制的文化类、信息类服务更是如此。一部网剧是一个观众还是亿个观众，制作成本相同，增加观众的边际成本极低。二是范围经济极为显著。一个巨型平台形成后，可以销售多种产品和服务，并且以品牌优势不断拓展新的产品和服务。对消费者来说，登录一个平台就会应有尽有，对企业来说能最大化地利用平台资产，降低成本提高效率。三是长尾效应极为显著。"长尾效应"是互联网时代专有的学术名词，似乎可以归类为范围经济，但有其鲜明的网络特点（克里斯·安德森，2006）。所谓长尾效应，是指当产品和服务多样化的成本足够低时，那些个性化强、需求不旺、销量很低的产品和服务仍然能够"上架"，这些"小众""冷僻"的需求汇聚而成的市场份额可以和那些少数热销产品所占据的市场份额相匹敌甚至更大。互联网企业没有库存，网站维护费用远比传统店面低，平台能够聚集无数的卖家和买家，能够极大地扩大销售品种，最有效地形成"长尾效应"。

二　高度联通社会与资源广泛重组

互联网时代，信息传播速度极快，经济社会各个层面高度联通，交易成本和资源配置成本降低。这些基本面上的重要变化必将引起广泛的资源重组与聚合。

（一）争夺关注力：聚合需求资源

有了互联网，每个人都陷入巨量信息之中，争夺关注力成为竞争焦点。为了迅速聚集大批用户，出现了许多新的商业模式。

1. 免费使用

互联网服务形态易于模仿，创新的商业模式需要迅速广泛地应用，等待用户慢慢积累会失去先机。因此，互联网上一种新服务出现后，通常其基本功能可以免费使用，以期在短时期内聚集起巨量用户，产生正反馈：用户量越大，就会有越多人关注，就会带来"免费"服务之外的巨大商机。微信是一个经典案例：开始以社交工具形态出现，供人们免费使用，迅速聚集海量的用户后，商业功能就开发出来，涉足移动支付、理财、游戏、地图、电商以及生活服务等众多领域，构建了新的服务提供系统。到2015年末，微信活跃用户已达到5.6亿，用户覆盖200多个国家、超过20种语言，微信支付用户则达到了4亿左右。

2. 粉丝、网红与主播

争夺注意力并将之相对固化，需要培育忠诚消费者群体即粉丝群体。"粉丝"是指那些对某个明星、某个产品或某种服务忠诚的追随者，是英文 fans 的音译。粉丝是娱乐、体育、时尚等行业中最优质、最重要的目标消费者，而其他消费者只是普通用户。例如，粉丝多少决定着一档电视节目的收视率，而收视率又决定了赞助广告的多少从而决定着盈利能力。姚明加入 NBA，吸引了大量的中国粉丝关注火箭队和 NBA，只要姚明出赛，中国电视台都会直播，平面与网络媒体是热门话题；NBA 通过商业赞助、电视转播、产品授权销售等，在中国市场的收入高达12亿美元。有了大数据，粉丝还具有了巨大的衍生商业价值，大数据抓取粉丝的信息，通过挖掘分析，为这些潜在消费者推送应有尽有的全方位消费信息，从而演变出无尽可能的新业务体系和商业模式。

争夺注意力还催生了网络红人即"网红"的产生。这些网络红人以自己的"爱好""品位""时尚"等标签，向粉丝们展示和营销商品，或者直接将社交流量出售给广告商来变现。例如，知名模特张大奕，在微博上拥有300多万粉丝，2014年在淘宝上开店，不到一年即达到五颗皇冠的最高等级。2016年5月20日，兰蔻在朋友圈里推送了一条鹿晗表白的广告，当天销量同比上涨了30%。著名媒体人罗振宇打造了一个网络脱口秀节目《罗辑思维》，通过微信公众订阅号、脱口秀视频、会员体系、微商城等载体吸引粉丝，成为影响力较大的互联网知识社群。2016年6月21日，东风"荣耀"新车发布会动用了100位高颜值的美女主播。这是汽车行业第一次使用直播的形式进行推广，尝试新的渠道。长久以来，"品牌"主要指企业和商品，而网红的出现标志着个人也开始成为"品牌"并迅速占领市场，这种"品牌"鲜活有趣，时时与粉丝们交流，分享生活方式、情感、时尚、情怀及梦想，等等，与精神与心理需求的特点高度契合。

争夺注意力还促成了所谓"主播"产业的发展。网络主播是一个新生职业，形态多样，包括新闻、体育等"专业"主播，也包括各类娱乐网站的个性主播。例如，国内社交视频网站"六间房"，就是批量提供"主播"机会的网站。"六间房"将网站定位为"秀场"，吸引了大量艺人和热爱艺术的人群参与，他们在六间房拥有一个网络直播间，可以随意展示自己的才艺、知识和机智，与喜欢自己的粉丝们互动。目前和六间房正式签约的"主播"已超过4万人。他们中间有寻求生计和谋求发展的草根艺人，也有更多的艺术爱好者，提供着丰富多样的"节目"，网站的日均访问人数达到500多万人。网站的盈利主要靠用户对虚拟物品的消费，用户可以向艺人赠送虚拟物品。

3. 搜索

搜索网站帮助人们在茫茫网海中搜寻到所需要的信息。"搜索"几乎无所不能，商品和服务信息应有尽有而且免费，是关注度最高、应用最广的互联网功能。搜索网站的吸引力来自多样、全面、快速这几个关键因素，因而在竞争中能生存下来的都是知名度很高的大企业，如谷歌、百度等。搜索网站能够引领搜索者的关注方向，例如被搜索到的企业、商品、服务和其他内容，就能受到消费者的更多关注，在搜索结果中排名愈靠前，关注度就愈高。因此，争取被搜索网站在结果中靠前显示，就成为众多商家吸引关注的关键，并由此产生出许多新的商业模式，例如搜索网站按企业付费多少在结果中排名，付费高者优先即竞价排名。竞价排名被认为在一般产业可以接受，类似电视台黄金段、报纸黄金版面的广告拍卖。但在有些行业却带来问题，例如医药行业关乎生命和健康，消费者又缺乏辨别能力，国内外多次出现过消费者被误导的案例。2015年，国内青年魏则西患癌症后在百度上搜索，选择了被置于推荐首位的一家医院，治疗无效后才知道推荐是按付费多少排名的。此案例引起社会对搜索网站按竞价排名的广泛批评。

搜索还能够解决更为复杂的问题。机器翻译技术是一个典型，过去半个多世纪，机器翻译的基本逻辑是模仿人的思考方式来构筑翻译程序，在无数艰辛努力后，极其复杂的程序也达不到最基本的翻译质量。前几年，谷歌公司提出一种全新的解决思路，依赖海量译本数据库，通过匹配法来翻译。这种逻辑不管语法和规则，将原文与互联网上的翻译数据对比，找到最相近、引用最频繁的翻译结果。实践表明，这种思路虽然有时不够精确，但足够达到相互理解的程度。此后许多网络服务商都基于这个思路开发实时翻译系统，充分利用网络强大的记忆能力、搜寻能力和计算能力。

4. 信息推送

在信息过载的环境中，每一个消费者都面临信息过滤和信息选择的困境，个性化信息获得成为普遍需求。哪家媒体能够更精确地实现内容传输与受众注意力的匹配，就更有可能赢得市场和创造价值。"推送"就是针对个性化需求的一种商业模式创新，智能互联网能够记录用户在互联网上的行为特点，企业据此主动向消费者"推送"个性化的服务。例如，我们在互联网上查询过某种信息，此后大量类似信息就会在屏幕上自动跳出；我们浏览查阅过某种商品后，此类商品的广告就会定时出现。比如，2014年6月开始，"今日头条"占据了手机资讯的重要市场份额，业务特色和商业模式受到高度关注，其核心竞争力是，使用大数据挖掘技术，通过抓取用户阅读行为的数据，然后根据一定算法，分析出用户的阅读兴趣从而实现智能个性化推荐。在移动终端时代，许多"推送"服务已经将内容分发网络和地理位置服务两项技术结合在一起，例如在国内任何一个地方登录"大众点评"网站，其推送的餐馆咖啡店等均是本地化的内容，即在我们附近、可以方便获得的服务。

（二）"平台"企业：聚合市场资源

互联网时代，一批以"经营平台"为特征的巨型企业迅速发展。平台将相互依赖的不同群体集合在一起，形成低成本、高效率的点对点联结。美国的亚马逊、Ebay 和中国的淘宝、京东都是典型。平台企业并不是新生事物，在互联网大行其道之前就有多种形式的平台企业，例如，大型超市、大型商业 MALL 都是平台，买卖双方集中在这个平台上点对点交易。但是，实体平台的规模有限，而依托互联网的平台规模极大，联通成本很低，有以去中心化为原则的自动匹配算法作为技术支撑，有着强大的竞争力。

从学术角度看，互联网平台有以下特点。第一，平台改变了单个企业产生规模经济的条件。依托网络，生产者与消费者直接交易，消除了传统商业模式从生产到消费中间存在的多层营销体系，显著降低了交易费用。特别是小微企业，可以摆脱规模小的不利影响，依托市场范围极为广泛的平台，不受地域限制，向全世界消费者提供服务。例如，小企业开发的手游产品针对的是细分市场，玩家是小众，却遍布全国乃至全球，集成起来就很可观。如仅两人的国内独立团队开发的《火柴人联盟》，2014 年上线不久获得全球 84 个国家 Google Play 付费总榜 Top5 的成绩，也曾在 App Store 付费下载排行榜榜首长达 14 天。小小团队能吸引到全国乃至几十个国家用户的关注，依靠的就是大型渠道平台，如骏梦天空、游道易、App Store 等。

第二，平台具有非对称成本分摊机制。平台向消费者和供给商的收费通常是不对称的，多数平台由供给方负担全部平台成本，而消费者免费使用，甚至可以因使用平台而拿到补贴，购物网站大都如此。但也有相反的例子，对消费者收费却对供应者免费，典型者如提供论文检索和下载服务的"中国知网"，论文的收录是免费的，但对使用者收费。不过，在资本市场运作模式下，投资者对大型平台企业是否盈利有时并不敏感，可以极具"耐心"地等待，因而对企业来说，达到收益/成本平衡点的约束较弱，甚至近似于"软约束"，可以长期在亏本的情况下运转并继续扩展规模。例如，京东运营十多年来并未盈利，却能依靠从资本市场上筹措的巨量资金维持运转，而不是依赖平台自身运转来弥补成本。

第三，平台多为三方经营模式。实体经济是以供求双方关系为主的两方经营模式，虽然也有供应链和市场营销，但仅被视为企业经营全过程中的一部分。相比较，互联网企业尤其是搜索引擎网站，主要提供免费搜索服务，供求双方并不具有典型的买卖关系。企业的收入主要靠广告，因此广告投放者成为企业运转的基础性条件，被认为是平台的第三方。大型搜索企业都已经实现了有效的三方商业模式：企业自身运营，巨量免费用户和大量广告投放商。

（三）反馈机制和大数据：聚合质量信号

对长期重复交易的商品来说，价格是基础性的质量信号。此外还有许多质量信号，如保修、退换货、质量检验等。然而，许多服务是一对一的、一次性的、过程性的，又含有大量的专业信息，对服务质量的判断一直是难题。互联网提供了大量新的质量信号，或者说可以将分散和个性化的信号聚合起来，例如许多网站建立了用户评论、信誉评价、信用查询及问责制度等，以解决信息不对称问题，帮助客户和消费者做出选择，为那些表现良好的企业赢得更多机会。如美国航空管制机构最早开始公布民航服务相关质量信息，包括每个航空公司、每一个航班过去一年的晚点率和平均晚点时间等，这样客户在购买机票的时候就很自然会选择准点率高的航班，并促使航空公司努力提升准点率。这个方法已经在全球航空业普遍使用。

大数据能提供更多的质量信号。著名的二手车市场和劳动力市场都是典型案例。在二手车市场上，同样款型、同样使用年限和行驶公里的车，车况可以相差很多。类似的情况还有劳动力市场，雇主只能获得求职者的教育状况、体检结果、此前经历等大类信息，依据这些有限信息无法评估每个求职者的真实水平。有了大数据，个性化信息能够大量获得，例如每一辆二手车在出售前，会产生大量的行程、路线、加油、维修、交通违规、保险费用、理赔状况等信息，买家可以花很少的费用通过专业公司获得这些信息，相对客观准确地评估每个车的车况并给出相应价格。

互联网还能帮助消费者进入专业门槛很高的领域获取相应信息。医疗是一个专业性很强的领域，有了互联网，病人也可以参与到诊治过程中，例如通过互联网交流治疗方法和药品的效果。以 Patients Like Me（病友）网站为例，这个网站建立于 2004 年，是一个专门为病患打造的社交网站，由罗伯特·伍德·约翰逊基金会（Robert Wood Johnson Foundation）资助创立，相当于病友互助式在线问诊。目前已有近 20 万用户在 Patients Like Me 上创建和分享了他们的医疗记录——通常是使用标准化的问答或测试来自我检查。通过该网站，患者可以找到与自己病情类似的成员，进行点对点的交流。讨论的话题涉及 1800 种疾病，一种疾病可以看到有几百个、上千个病友，以及他们正在采用的治疗方法以及某种药物的副作用等。

（四）"全纳"产业链：聚合生产资源

近年来，互联网产业链不断扩张，不仅将商品、服务提供与消费者联结起来，还将这种联结延伸到制造过程、服务过程和信息反馈的全过程中。典型情景是：消费者用手机下单，网络就会自动将订单和个性化要求发送给智能工厂，由其采购原料、设计并生产，消费者在每个阶段都能知晓情况并参与意见，产品生产出来后通过网络配送交付给消费者，消费者的意见再通过网络反馈到产业链各个环节。此时互联网编织起一个将需求信息、原料采购、智能制造、物流网配送、消费体验全部容纳进来的网络化生产组织，笔者称之为全纳产业链。此时生产由大规模、标准化向分散化、个性化转变，产品由同质向异质转变，生产小批量、多品种，甚至单品单件，精准按订单生产，用户全程参与其中。同样，服务提供也出现过程"全纳"的趋势，例如医疗服务，保健服务商提供可穿戴式健康监测设备，相关数据由数据库自动分析，发现问题向消费者提示，消费者可以远程诊治，也可以预约就诊，医生的药方自动上传，由医药企业配送到家。如果病情复杂，治疗时间较长，可以购买远程监测服务，将治疗情况上传并及时得到治疗指导。可以看出，全纳产业链重塑了商品和服务的全过程，极大地提高了资源配置的效率。

（五）共享经济：聚合碎片资源

有一种特殊类型的平台，个人和企业消费者在平台上出售富余时间和服务能力以及小额闲置资金等，这就是共享经济。互联网可以用近乎零成本聚合这些碎片资源创造价值，使资源利用效率最大化。Uber（优步）的情况已广为熟知，再举在线房屋租赁网站 Airbnb 的例子，其业务是整合闲置房屋，出去度假等短期离开住所的人可以将其房屋通过网站短租给需要的人。这个公司已经在全球 3.4 万个城市拥有超过 100 万个房源。而世界最大的酒店企业洲际酒店集团，也只是在全世界近 100 个国家和地区拥有接近 67.4 万间客房。共享经济可以聚合各种类型的资源包括人的智力资源，如有的研发机构通过互联网公布部分研发任务，吸纳社会各类人才参与，大大提高了专业化程度及生产效率，有些研发活动还能在全球范围内组合资源。

共享经济产生时间不长但发展迅速，得益于其全新的商业模式：一是为服务提供者带来额外收益，当自驾出行且有空座时，捎带上同行乘客可以获得收入；二是为消费者提供低价服务，因为是共享自己的物品、服务能力或闲暇时间，收费比较低；三是节约了社会资源，北京行驶的家用轿车 80% 以上是单人驾驶，寻找同行者合乘有利于节约能源和减少拥堵。

我国发展共享经济特别有利。首先，我国移动互联网使用率排在世界前列，中青年人对互联网的热情在全球首屈一指，移动终端的支付功能日臻完善，这是共享经济广泛发展的重要基础。其次，国内流动人口规模巨大，国内旅游市场、短租市场和其他可分享的市场规模巨大。再次，国内投资者对分享经济表现出较高热情，仅在 2015 年，就有天天用车、初途家网等多个主打分享经济的初创企业融资过亿元。最后，目前城乡区域之间收入水平有较大差距，有意愿将自己业余时间有偿分享的人数较多，代购、送货等业务可以低成本大规模开展。

三　理论挑战及其创新发展

（一）传统服务经济理论面临的挑战

1. "服务业生产率低"的判断已难以成立

精神与心理需求是人类与生俱来的需求，为什么在当代才孕育出了规模巨大的文化娱乐产业？一个根本原因是，网络提供了丰富多样又极低成本的多种娱乐方式，供给创新促进了需求迸发。传统经济学将文化消费较快增长视为中高收入者有了"闲钱"后的行为，如经常性地听音乐会、看电影或戏剧演出，订购较多图书、杂志等。有了互联网，中低收入消费者也可以用极低成本获得大量的娱乐消费，提供方也形成了以"点击率"为基础的商业模式，为服务供给提供了充足的激励。

长久以来，传统服务业是一个劳动生产率较低的部门，这源于传统服务的本质特征。许多服务过程要求生产和消费"面对面""同时同地"，并因之具有了"不可储存""不可远距离贸易"这类衍生特点。例如教育、医疗服务、艺术表演、保安服务等，都要面对面和同时同地。由于不能使用提高效率的机器设备和缺乏规模经济，服务业的劳动生产率长期保持在一个不变水平。互联网改变了服务提供方式，服务的性质也随之改变。以"乐"消费为例，这种改变已经广泛覆盖，相当部分的传统服务业有了新的商业模式，能够采用最先进的技术手段，大规模提供服务，生产率普遍提高。

上述分析表明，随着信息技术特别是互联网技术的发展，服务业劳动生产率低的状况总体上已经改变。不过，从学术研究的角度看，要证实"服务业效率不低"这个新的判断，还需要有全面系统的数据积累和计量分析。

2. 价格形成机制发生变化

按照新古典价格理论，效用、平均成本、边际成本、供求关系等因素决定了产品价格。价格会根据供求关系在一定范围内波动，逐渐达到"均衡价格"即供给与需求相等时的价格。互联网经济中，传统价格理论所依据的条件发生变化，例如，在传统的商业活动中，产品和服务的平均成本可以通过总投入和总产量进行计算，而这对于信息服务却很困难。信息服务往往有较高的固定成本，边际成本又非常低甚至近乎为零，"平均成本""边际成本"难以测算，总需求难以把握，市场更新速度又很快，价格剧烈波动是常态，向均衡点趋近的过程难以观测到，因而传统价格理论已经难以解释信息服务业的现实。

资本市场上互联网企业的定价也与传统企业不同，融资成本与可预见时间内的回报预期并不紧密。很多互联网公司融资后并不急于呈现优良业绩，甚至继续长期亏损。根据2015年《财富》杂志公布的数据，京东年亏损接近50亿元人民币，然而这并不影响资本市场对该公司的投入，显然这不符合传统的资本定价理论。以往信息产品在市场上比例不高，没有对整个市场造成明显影响，但当下的情形已很不相同。信息产品如何定价？这是信息经济学研究的一个重点问题。

3. 高度互联社会中人们"理性"的变化

传统经济理论有一些重要的前提，其中之一就是人们追求自身利益的最大化并能够判断出利益所在从而做出"理性选择"。例如，虽然每个人获得的信息有限，但价格信号是市场状况的集成信息，生产者、消费者都能据此做出理性选择。然而在互联网时代，市场高度互联互通，信息极为丰富，人们对市场信号的收集和据此做出的行为选择方式都发生了很大变化。例如，当能够广泛得知他人的行为时，"随大流"就有可能成为主流选择，因为人们相信这些行为是经过他人智慧筛选过的集成信息，市场信号意义很强。这就是互联网中的聚合行为，即当一个人看到越来越多的人做某件事情时，他很可能也会去做，此时市场具有了自我放大的机制，即所谓的"流行性"越来越控制着人们的选择行为，此时市场机制发挥作用的机理已经发生了变化。互联网上通常见到的现象是：一种新的商业模式短时期内就能聚合起巨量用户，引发巨大的市场效应。近几年，微信开发的"红包"功能极为成功，毕竟没有人愿意处在一个亲朋好友都处于其中、通过相互发红包联络和娱乐的"圈子"之外。不过，与"流行"开始后正反馈效应的确定性相比，如何能够启动"流行"还不够明确，研究者们提到的相关因素有"复杂程度""可预测性""可试用性"以及与现有体系的"兼容性"等，但其解释力和预测力都远远不够（大卫·伊斯利等，2011）。研究互联网时代人们的行为方式，在经济学的理论分析之外，还需要心理学、社会学等许多学科的共同努力和交叉融合。

（二）与互联网络相关的经济学问题

1. 互联网经济学

"网络经济学"（economics of networks）一词的出现早于我们今天所讲的网络经济或互联网经济，当时主要指代电信、电力、交通、广播电视等行业的经济学研究，因为这些行业共同具有"网络"式的产业特征。其中最核心的内容源于传统产业组织理论：分析网络产业中的厂商结构、厂商行为、产业绩效以及相应的政府规制问题。研究的核心问题是，当这些基础设施类产业具有自然垄断的特征时，其他依存于这些基础设施提供增值服务的企业以什么条件和价格进入网络，也称为接入策略。20 世纪 80 年代以后，随着互联网迅速发展和广泛应用，互联网经济学（internet economics）很快就成了独立的新学科（McKnight & Bailey，1997）。研究的内容除了接入定价、建设和盈利模式、竞争行为、政府规制等问题之外，还有不同类型网络的竞争、博弈、合作等问题。这些都是网络经济时代对产业组织问题的思考和研究。例如，企业之间的竞争在网络效应下会出现什么结果？有学者就认为，虽然互联网是开放性的，与电信铁路等封闭性的网络不同，但由于规模效应极为显著，竞争的结果仍然倾向于一种产品主宰市场（W. Brian Arthur，1996）。即使不同企业各自使用的新技术功能相近，一旦有企业争取到稍多一点的用户，就可能开始正反馈过程，最后主宰市场，例如微软的个人电脑系统。这种正反馈导致网络时代市场垄断力量更为强大，而且大者愈大、强者愈强、富者愈富。由于先进入者占领市场带来的锁定市场的能力，存在相对劣质产品主导市场的可能性。这些都是网络时代的产业组织问题的特殊性。

2. 平台经济学

最近几年，依托互联网的新商业模式发展很快，相应引出了若干新的研究需求，平台经济学是其中一个热点，研究的重点有平台的网络效应、非对称成本、垄断、竞争、创新、外部性和管制等问题。以平台的网络效应为例，所谓网络效应，是指某种产品或者服务的价值会随着它的用户的增加而增加，并且具有正反馈的机制，例如社交网站，聚集的人愈多，愿意进入的人就愈多，人多意味着广告价值大。显然，平台企业网络效应显著，由此可以导出的结论是必然产生巨型平台。用传统经济理论的观点看，这类企业必然形成市场垄断地位，现实中也存在这种现象。不过，平台之间的竞争有其特点，即消费者在多个平台同时消费，这是信息类产品消费的特点；买了一个品牌轿车的消费者通常不会同时再购买其他品牌的轿车，但搜索信息的消费者很可能同时光顾多个搜索引擎。因此，那些依据实物经济构建的反垄断原则在平台市场中不一定总是适用（Wong – Ervin，2016）。

3. 信息产品的定价

传统的价格理论以成本为基础，以趋向均衡为常态。前面已经指出，这种理论对信息产品不完全适用。信息产品如何定价？20 世纪 80 年代以后，这是信息经济学、互联网经济学研究的一个重点问题，成为一个专门的研究领域。普遍的观点是，信息产品的特殊成本结构使经典经济学中的定价方式不再适用（King，1983；Lamberton，1996；Huber & Rubin，1986）。Shy（2001）在他的著作《网络产业经济学》中明确提出，由于网络信息产品具有边际成本低至可以忽略不计的特性，所以网络信息产品以成本为基础的定价失去了意义，实行差别定价或以低价出售产品可以获得更高利润。再往后，人们开始细化研究不同类型网络产品的定价策略。概括这个领域的研究，有几个较有共识的关注点。第一，任何产品的价格都受到价值、成本、市场供求等因素的影响，网络信息产品也不例外，因此与其他产品的定价有相同影响因素。第二，网络信息产品价格的影响因素具有特殊性，包括产品生命周期、消费者偏好、销售方式、长尾结构、衍生产业链、精神与心理评价的差异性，等等。第三，具有不同特点的信息产品，定价策略并不相同，虽然可以提出若干"定价规则"，但每个产品如何定价是不确定的，与企业对市场的理解、风险承受能力、长期发展战略、市场占有策略等因素相关。上述研究的内容很丰富也很复杂，许多是特例特议，还没有形成如同价格理论那样简洁、普适的分析模型。

4. 用传统理论解释互联网问题

一些研究者继续致力于将互联网时代的新现象纳入现有经济学分析框架之中，研究如何设计出更有效率的市场机制，优化互联网环境下市场配置资源的功能。能划入这个范围内的研究成果类型繁多，这里我们举三个例子。广告设计与定价是微观经济学的一个领域。在互联网时代，如何设计和定价？芝加哥大学的教授苏珊·阿西（Susan Athey）研究网络广告市场问题，如搜索广告市场的设计，并获得了 2007 年度克拉克（John Bates Clark）经济学奖。另一个例子是马修·根茨科（Matthew Gentzkow），他使用规范的经济学方法，研究网络媒体如何与传统媒体相竞争，得出了与流行看法不同的结论：导致传统媒体困境的主要原因，并不是免费网络媒体对消费者的直接吸引力更大，而是因为广告商急速向网络媒体迁移。换言之，对报社运转最大的打击并不是读者减少，而是广告大幅度下滑。根茨科也因之获得了 2014 年度克拉克奖（Shleifer，2015）。第三个例子是平台企业的垄断问题，传统经济学认为，当企业收取的费用远高于其成本而消费者又没有其他选择时，企业就具有垄断力量。但同时也存在另一种判断标准：如果企业为客户带来的增值高于对客户的收费，就应该认为平台提升了整体消费者的福利，即使存在所谓的垄断力量。这些思路也被用于判断互联网时代平台企业的行为，以银行卡发行平台为例，商场对是否刷卡消费往往持有矛盾的心情，接受就需要向发卡方支付额外费用，而且商场认为其收费过高；但如果拒绝，就可能将愿意刷卡消费的顾客排除在外，因而商场实际上是没有选择的，由此看上去垄断似乎存在。然而，另一种标准也应该考虑进来：商场从银行卡支付系统中获取的收益是否大于他们支付的手续费？而不是去主观判断手续费的高低。欧洲委员会规制维萨（Visa）和万事达（Master Card）系统的行为，就是运用了这个原则，这个原则是可检测的。例如，可以调查商场，在顾客可以用银行卡支付也可以用现金支付时，商场更乐意接受哪一种支付方式？如果更愿意用银行卡，则说明他们由此获得的利益大于付出，否则则相反（Rochet & Tirole，2011）。

(三) 新的问题与理论创新

互联网和大数据时代，经济生活、社会秩序和人们生活面临许多新困惑和新问题。有些问题可以直接判断和取舍，但更多问题需要理论层面的分析、权衡和选择，理论研究和创新要求迫切。下面，我们以隐私保护与数据利用效率的两难选择和精神与心理消费的复杂性这两个问题为例加以说明。

1. 隐私保护与数据利用之间的权衡

2015年8月24日，美国新奥尔良神学院的教授兼牧师约翰·吉布森自杀身亡，原因是他在著名的"偷情网站"Ashley Madison的注册信息被泄露。2016年8月，山东女孩徐玉玉的高考录取相关信息被泄露，遭到信息诈骗后愤恨去世，引起全社会强烈谴责。大数据时代，每个人的大量信息都会自觉不自觉地被上传至互联网，这些信息对企业来说是巨大的"商机"。即使不被拿去谋利，绝大多数人也不愿意自己的私事被公之于众，隐私保护成为一个普遍的社会问题。例如个人医疗信息就有高度的私密性，患者不会愿意被他人共享，更不能容忍用这些信息进行不当牟利。百度曾经将一些病友互助贴吧（例如血友吧）的吧主位置出售给医药企业，后者在吧中发布相关医疗和药品信息，引起了广大吧友和社会的强烈不满，尽管2015年底百度道歉并承诺不再以此谋利，但其社会信誉和形象都受到明显影响。

从类似案例似乎可以判断出，对互联网上的个人信息应该严格保护，不经允许不得被使用，这也是监管机构的努力方向。自20世纪90年代以来，欧盟已经多次通过或修改了有关网络数据保护的法令，2012年提出数据所有者的个人数据删除权（也被称为"数据被遗忘权"，"right to be forgotten"）。这个条款赋予数据所有者掌控他们在线信息的权力，当他们不希望自己的个人数据在网络上存在时，相关企业或组织必须立即无条件删除其所有的个人数据。例如，当一个欧盟居民要求删除自己的新浪微博账号和相关内容时，新浪微博必须无条件删除微博账号内的所有信息并不得保留其他备份。

然而，"被遗忘的权力"提出伊始就引起轩然大波，法学界、互联网企业、有关专家和社会各相关方面激烈争论，谷歌、脸谱等一些国际互联网巨头和一些专家学者认为，大数据的价值相当一部分来自数据共享，抓取数据和汇总巨量数据中的信息是大数据的本质，不允许数据收集，大数据无从谈起。例如，药品制造商需要了解服药者的查询和购买信息以把握疗效，卫生部门需要通过了解民众网上查询行为知道某种传染病症状的流行程度，等等，这些都是当事人并不知情的"数据抓取"行为。2008年，谷歌在政府和流行病学家之前两个星期预测到了流感疫情的出现。其做法是在人们进行网络搜索时，利用人们在网上对他们健康问题寻求帮助的行为来预测流感，例如通过追踪像"咳嗽""发烧"和"疼痛"这样的词，就能够准确地判断流感在哪里扩散。2008年11月，谷歌正式推出一个名为"谷歌流感趋势"项目（www.google.org/flutrends），与美国疾病控制和预防中心（CDC）通常需要花费数星期整理并发布流感疫情报告不同，谷歌的流感趋势报告每日更新，可以为流感的暴发提供一个早期预警系统。但是，这类网络信息的收集引发对于隐私问题的担忧，人们担心自己在网络上的行为被网络公司所察觉并留存"底案"，尽管谷歌声明"流感趋势"是从几亿个搜索结果中聚合而来，不包含任何能够确定用户身份的信息，但并未打消公众的担心。还有人质疑，谷歌发布"流感趋势"实际上是向医药市场表明，谷歌有能力通过其搜索结果提供复杂而精确的分析，从而帮助医药厂商发布更为精准的广告。

2. "乐消费"的经济社会价值冲突问题

互联网时代，"乐消费"即满足精神和心理需求的消费已经成为重要的服务产业。但是，有关这类消费一直有争议。首先，为"乐"而付出是否值得？质疑者认为商品的实用价值是"实惠"，而追求奢侈品中的精神和心理享受则是"虚荣"，不利于形成节俭的生活方式。其次，有些精神和心理需求是否"合理"，是否应该去满足？例如，当职业教育毕业后更易就业且收入水平较高时，许多家长和学生为了"图名"却仍然选择那些学习时间更长又难以就业的普通高校，被批评为"盲目"。但是，能够上大学是许多家长和孩子的精神和心理需求，是智力、志向、素养等诸多非收入"品质"的标志，其中之"乐"不能以可见收入来衡量。笔者的观点是，如果认为"商品"与"服务"在经济发展中同等重要，就要承认物质消费与精神、心理消费两种行为同样重要：汽车、电器提高了人类物质生活质量，网络游戏提升了许多人的精神愉悦感，教育水平高提供了心理满足感。总之，服务业要发展，"乐"这个精神和心理需求就要成为重要消费目的。只要消费者从中获得了满意、愉悦、快乐的感受并愿意为此付费，精神和心理消费就创造了价值。

许多人质疑这类服务获取过高利润，依据就是其实体部分的"价值"，例如名牌包中皮料的用量，名牌服装中的面料用量、高档餐饮企业中的食材用量等。2013年10月，央视曾播出了一个系列调研，报道了星巴克在4个国家的售价，中国居首位，不仅高于美英发达国家，甚至比发展中国家印度也高出一倍。据央视计算，成本不足4元的中杯拿铁要卖27元。消息引来各方关注，有人认为，星巴克在中国成了"土豪"，谋取暴利；也有人认为，这是市场行为，"一个愿打一个愿挨"。实际上，我国整个咖啡店行业的价格大都如此，且不说价位更高的蓝山咖啡，几个与星巴克竞争的洋咖啡品牌如COSTA、太平洋咖啡等价格都相似，就连本土咖啡店品牌也基本定位在这个水平。例如，长长久久这个武汉本土咖啡店，也表示30元/杯才能勉强盈利。"很多人认为一杯咖啡卖30元是暴利，其实这是误解。"该店负责人吴斌表示，一杯咖啡的原料成本，确实如央视调查所言只值四五元钱，但其他成本非常高。该店200平方米的经营面积，年租金就达60万元，加上装修、经营管理等成本，一年费用支出超过200万元。用一句流行语表达，"卖的不是咖啡，是房租"。从消费者的角度看，多数认同"去星巴克的不全是喝咖啡"这个理念，消费的是文化、情调，是轻松的氛围，是约会同事朋友和商业伙伴的地方，也是许多学生学习的场所。因此，星巴克中国店的翻台率远低于美国，很多人一"泡"就是几小时，这也必然导致价格高，但是对消费者来说付费带来的精神和心理需求的满足是实实在在的。

然而，人类的精神和心理需求构成很复杂，除了上述积极和"存疑"的需求外，还有炫富、猎奇、攀比甚至嫉妒等需求，后者会诱导窥探他人隐私、制造传播谣言、嘲讽诋毁他人等信息的制造和传播。无论人们承认和喜欢与否，这类心理需求普遍存在，对"富""贵""星"等各种信息特别是负面信息的收集和传播，是网络信息的重要部分，吸引了广泛的关注力。高关注度就是广告投放的密集区，创造了形形色色的商业运作，在娱乐产业中占有重要地位。然而，将这类信息服务供给纳入经济分析、纳入"GDP"的统计，既有理论上的困难，更有价值观上的质疑。在服务业研究中如何处理这类需求，在服务业统计中是否应该剔除这类产出，都是长期争议的问题。

本文的分析表明，现代技术特别是网络技术的发展正在改变服务业的基本性质，对传统服务经济理论提出了根本挑战，理论需要创新发展。在互联网大数据时代，人们有海量的资讯来源，案例分析、调研统计、计量分析等类型的实证研究易于开展，可以说研究成果颇多，观点呈现发散形态；许多大企业有自己的研究机构，立场显然，观点指向明确；政府监管需要判断许多新现象、新模式"合理"与否，显然这绝非易事。如此种种，都需要理论研究提供判断标准，解读事实意义，权衡各种选项，明示公共利益，瞻望未来趋势等。这些都是信息时代对理论创新的需求。

最后提一点疑虑。在信息时代，理论研究这个特定"服务业"的低效率问题似乎并没有改变。理论研究特别是原创性研究，"思考"过程非常重要，但这是一个高度脑力劳动密集的行为，甚至是纯粹的"脑力劳动"过程，无法体现技术和分工带来的益处，因而劳动生产率无法提高。从个人体验看，作者今日写一篇"思考"含量较高的论文，与20年前写类似论文相比效率并无提高；从历史比较看，还不能判断当代人为思考投入的"劳动"与前人为思考投入的"劳动"在产出效率方面有什么差别，这个时代的科学家是否比牛顿、爱因斯坦的"思考"效率更高？但是，社会其他部门单位劳动投入的产出效率早已今非昔比了，制造业已经提高了数百倍甚至更高，许多服务部门的效率也因互联网出现而明显提升。因此，对个人来说从事"纯理论"研究的机会成本极高，对市场来说这是公共产品因而不愿投入，这可能是近些年理论研究与思想产出明显不足的重要原因。如果要在社会总产出中保持相同比例的"思考"产出，就需要数十倍、数百倍地增加投入，这是资源的合理配置吗？是社会的真实需求吗？如果是，又如何能够做到？

参考文献

［1］奥兹·谢伊（Oz Shy）．网络产业经济学［M］．上海财经大学出版社，2011．

［2］大卫·伊斯利（David Esley），乔恩·克莱因伯格（Jon Kleinberg）．网络、群体与市场：揭示高度互联世界的行为原理与效应机制［M］．清华大学出版社，2011．

［3］黄有光．金钱能买快乐吗［M］．四川人民出版社，2002．

［4］克里斯·安德森（Chris Anderson）．长尾理论［M］．中信出版社，2006．

［5］Koren, Wong‐Ervin. 多边平台的经济学分析及反垄断启示［J］．竞争政策研究，2016，000（002）：31—35．

［6］田国强，杨立岩．消费的负外部性理论及其在幸福经济学上的应用［EB/OL］．econ.shufe.edu.cn/se/szdw_con/8/45，2006．

［7］Arthur, William Brian. Increasing Returns and the Two Worlds of Business［J］. Harvard Business Review, 1996, 11 (152): 1–10.

［8］Huber, M. Taylor, and Michael Rogers Rubin. The Knowledge Industry in the United States, 1960–1980［M］. Princeton University Press, 1986.

［9］King, Donald W. Key Papers in the Economics of Information［M］. Greenwood Press, 1983.

［10］Lamberton, Donald M. The Economics of Communication and Information［M］. Edward Elgar Publishing, 1996.

[11] McKnight, Lee W., and Joseph P. Bailey. Internet Economics [M]. Cambridge, Mass., MIT Press, 1997.

[12] Rochet J, Tirole J. Platform Competition in Two-Sided Markets [J]. Journal of the European Economic Association, 2003, 1 (4): 990-1029. i

[13] Shleifer A. Matthew Gentzkow. Winner of the 2014 Clark Medal [J]. Journal of Economic Perspectives, 2015, 29 (1): 181-192.

参与全球价值链重构与中美贸易摩擦

余 振 周冰惠 谢旭斌 王梓楠

一 中美贸易摩擦的研究视角

近年来，世界经济发展以及中美经贸关系面临很大的不确定性。2017 年 8 月，美国总统特朗普签署总统备忘录授意美国贸易代表办公室对中国发起"301 调查"，拉开了中美新一轮贸易摩擦的序幕。随后，中美贸易摩擦越演越烈，涉及面也越来越大。2018 年 6 月 15 日，美国白宫宣布对从中国进口的、含重要工业技术的 500 亿美元商品征收 25% 的关税。美国贸易代表办公室发布了包含 1102 种商品的征税清单，其中包括航空航天、信息通信技术、机器人技术、工业设备、新材料和汽车等。中国方面立即做出回应，宣布对美国出口至中国的 695 项、价值约 500 亿美元商品加收关税，主要包括农产品、汽车、水产品、化工品、医疗设备、能源产品等。双方宣布的拟征税清单让人有一种"美国是农业国而中国是工业国"的感觉。很显然这个感觉与客观事实相去甚远，但也由此引出了几个值得思考的问题：中美在全球价值链中的分工地位是否已经发生变化？中美贸易摩擦跟这个变化是否有关联？

事实上，2008 年全球金融危机爆发以来，全球贸易增长持续低迷，以大规模跨国投资驱动、高增长中间品贸易为特征的全球价值链步入深度结构调整期，原有的以"消费国—产国—资源国"为核心链条的全球贸易"大循环"变得愈发不可持续。在此背景下，一些处于全球价值链低中端的新兴经济体和企业，通过创新驱动不断向全球价值链中高端发展，推动整个全球价值链重构。以中国为例，制造业参与全球价值链重构存在两种趋势，一是不断提升自身在全球价值链中的地位，二是提高全球价值链的参与度。这些趋势一方面体现了中国深入参与经济全球化，从"制造业大国"向"制造业强国"迈进；另一方面也导致了中国成为全球遭遇贸易摩擦最严重的经济体，并且电子设备、机械与设备制造业等制造业部门是遭受反倾销措施的"重灾区"。本轮中美贸易摩擦便是中国遭遇贸易摩擦的典型代表。此外，近期 WTO 发布《全球贸易数据与展望》指出，有迹象显示不断升级的贸易摩擦可能正在影响商业信心和投资决策。因此，本文有必要以分析中美贸易摩擦为契机，对中国面临的国际贸易摩擦新局面进行全面分析，从而为根本上解决中美贸易摩擦探索新思路。

考虑到中国参与全球价值链重构进程中遭遇的贸易摩擦，本文意图研究全球价值链与反倾销等贸易摩擦措施的动态博弈过程，在现有文献基础上分析中国制造业全球价值

---

* 原文发表于《中国工业经济》2018 年第 7 期，收入本年鉴时有删减和修改。

链地位以及参与度的变化对其遭遇的反倾销调查频率和持续时间的影响，以此从新视角探索全球价值链与贸易摩擦的关系。

二 全球价值链重构对贸易摩擦影响的理论解释

一国参与全球价值链重构，不仅包含该国全球价值链地位的不断攀升，而且包含该国全球价值链参与度的不断加强，但两者会对贸易摩擦产生截然不同的影响：前者将挤压他国利润空间引发摩擦；后者将提高他国对该国的依赖度，从而加快结束摩擦。本部分将建立三国模型对行业收益进行分解，从行业收益角度分析全球价值链重构对贸易摩擦的影响。

（一）基本假设

假定存在三个国家，包括主要分析国 C、贸易伙伴国 A 与第三国 O，每个制造业行业都存在其对应的上游行业与下游行业（以 x 行业为例，存在对应的上游行业 w 与下游行业 s），对 x 行业的需求分为两部分——最终品和中间品。

在王直等（2015）出口增加值 16 项分解的基础上，依据 Erbahar 和 Yuan（2017）对 C 国 x 行业的收益进行计算，结果如（1）式所示：

$$\begin{aligned}\Pi_{CX} &= 作为最终消费品部分的增加值 + 作为中间品部分的增加值\\ &= DVA_{FIN\,CXCX} + DVA_{FIN\,CXAX} + DVA_{FIN\,CXOX} + (DVA_{INT\,CXCS} + DVA_{REX\,CXCS}) + \\ &\quad (DVA_{INT\,CXAS} + DVA_{REX\,CXAS}) + (DVA_{INT\,CXOS} + DVA_{REX\,CXOS})\end{aligned} \quad (1)$$

其中，Π_{CX} 是 C 国 x 行业的收益，$DVA_{FIN\,CXCX}$ 为 C 国 x 行业的产品作为最终品消费供给本国的增加值；$(DVA_{INT\,CXCS} + DVA_{REX\,CXCS})$ 为 C 国 x 行业的产品作为中间品供给 C 国国内下游 s 行业的增加值，其中 $DVA_{INT\,CXCS}$ 为国内下游 s 行业吸收后的产出被 C 国国内消费的增加值，$DVA_{REX\,CXCS}$ 为 C 国国内下游 s 行业吸收后的产出出口到第三国的增加值，剩余项以此类推。

由于 C 国 x 行业产品作为中间品供给 A 国下游 s 行业的国内增加值等于 A 国下游 s 行业中间品投入中来自 C 国 x 行业中间品的国外增加值部分，因此，可以基于后向产业关联将 C 国 x 行业的收益进行分解，如（2）式所示：

$$\begin{aligned}\Pi_{CX} &= DVA_{FIN\,CXCX} + DVA_{FIN\,CXAX} + DVA_{FIN\,CXOX} + (DVA_{INT\,CXCS} + DVA_{REX\,CXCS}) + \\ &\quad (FVA_{FIN\,CXAS} + FVA_{INT\,CXAS}) + (FVA_{FIN\,CXOS} + FVA_{INT\,CXOS})\end{aligned} \quad (2)$$

其中，$(FVA_{FIN\,CXAS} + FVA_{INT\,CXAS})$ 为 A 国下游 s 行业中间品投入中来自 C 国 x 行业的国外增加值，$FVA_{FIN\,CXAS}$ 为 A 国下游 s 行业生产最终品所需的投入中来自 C 国 x 行业的国外增加值，$FVA_{INT\,CXAS}$ 为 A 国下游 s 行业生产中间品所需的投入中来自 C 国 x 行业的国外增加值，剩余项以此类推。

（二）全球价值链地位相对上升对贸易摩擦的"催化剂效应"

1. C 国 x 行业全球价值链地位的提升。为分析 C 国 x 行业全球价值链地位的上升，假设 A 国与 O 国全球价值链地位相对不变，C 国 x 行业全球价值链地位的上升意味着 C 国 x 行业每单位出口中包含的国内中间品间接增加值（DVA_{REX}/E）的增长速度要快于每单位出口中包含的国外增加值（FVA/E）的增长速度。如果 C 国 x 行业总出口增长为正，那么该行业全球价值链地位的上升最直观的影响是（$DVA_{REX_{CXAS}} + DVA_{REX_{CXOS}}$）加速上升。由于 A 国与 O 国两国全球价值链地位相对不变，第三国中间品增加值 $DVA_{REX_{CXAS}}$ 与 $DVA_{REX_{CXOS}}$ 将同比例上升。

2. A 国 x 行业市场利益受损。由于下游 s 行业依据产出需求决定中间品投入，短期内 A 国下游 s 行业产出受 C 国 x 行业全球价值链地位攀升影响较为有限，因此，假定 A 国 s 行业对 x 行业的中间品总需求保持不变。

当 C 国 x 行业全球价值链地位相对上升时，$DVA_{REX_{CXAS}}$ 的上升意味着（$FVA_{FIN_{CXAS}} + FVA_{INT_{CXAS}}$）的上升，将挤占 A 国 x 行业的中间品市场，对 A 国 x 行业中间品产生挤出效应。依据 Erbahar 和 Yuan（2017）中间品投入需求公式，A 国 s 行业对 x 行业中间品投入总需求的结构如（3）式所示：

$$Demand_{INT_{XAS}} = (\sigma_s - 1)\beta_{xs}\Pi_{AS} = (FVA_{FIN_{CXAS}} + FVA_{INT_{CXAS}}) + (FVA_{FIN_{AXAS}} + FVA_{INT_{AXAS}}) + (FVA_{FIN_{OXAS}} + FVA_{INT_{OXAS}}) \quad (3)$$

其中，Π_{AS} 为 A 国 s 行业收益，σ_s 为 s 行业替代弹性，($\sigma_s - 1$) 依据 s 行业的成本最小化原则即为收益投入中间品中的比例，β_{xs} 为中间品总投入中 x 行业的占比。

以此类推，$DVA_{REX_{CXOS}}$ 的上升同样对 A 国 x 行业对 O 国的中间品出口产生挤出效应。最终 C 国 x 行业全球价值链地位的上升对 A 国 x 行业收益的影响分解如（4）式：

$$\Pi_{AX} = DVA_{FIN_{AXCX}} + DVA_{FIN_{AXAX}} + DVA_{FIN_{AXOX}} + (FVA_{FIN_{AXCS}} + FVA_{INT_{AXCS}}) + (FVA_{FIN_{AXAS}} + FVA_{INT_{AXAS}}) + (FVA_{FIN_{AXOS}} + FVA_{INT_{AXOS}}) \quad (4)$$

结合 A 国 x 行业在 A 国与 O 国中间品市场遭受的挤出效应可知，$\Delta\Pi_{Ax} < 0$，即 A 国 x 行业总收益受到了损害，A 国 x 行业有动机提出反倾销调查。

3. A 国 x 行业提出反倾销调查获利。当 A 国对 C 国 x 行业内某类商品实施反倾销措施时，A 国对 C 国实施的关税税率 τ_{ACx} 大幅增加会使 C 国 x 行业产品进入 A 国市场的价格被迫提升，进而导致 A 国市场原本对 C 国 x 行业产品的需求转由 A 国 x 行业与 O 国 x 行业供给，因此，在 A 国与 O 国两国全球价值链地位相对不变的情况下，A 国 x 行业对国内的最终品供给与 A 国 x 行业对其下游 s 行业中间品供给会随之增加，导致 A 国 x 行业的增加值受益。由此，本文提出：

假说 1：当一国某行业的全球价值链地位在追赶别国时，该国在该行业相对别国的全球价值链地位差距越小，两国在该行业上发生摩擦的频率越高。换言之，参与全球价值链对该国遭遇的贸易摩擦具有"催化剂效应"。

（三）全球价值链参与度提升对贸易摩擦的"润滑剂效应"

1. 反倾销调查导致国家 A 行业 w 利益受损。A 国对 C 国 x 行业实施的摩擦措施在提升 A 国 x 行业利益的同时，将损害 A 国 w 行业的利益。首先当 A 国对 C 国 x 行业反倾销成立时，C 国 x 行业总收益受到了损害，即 $\Delta\Pi_{Cx} < 0$，由于 C 国 x 行业依据产出决定上游 w 行业中间品投入，那么 C 国 x 行业对 w 行业的总需求 $Demand_{INT_{WCX}}$ 也将下降，在 A 国与 O 国全球价值链地位保持相对不变的情况下，C 国 x 行业中间品投入中来自 A 国上游 w 行业的份额（$FVA_{FIN_{AWCX}} + FVA_{INT_{AWCX}}$）将萎缩。

与（4）式类似，可得到基于后项产业关联的 A 国 w 行业收益如（5）式所示：

$$\Pi_{AW} = DVA_{FIN_{AWCW}} + DVA_{FIN_{AWAW}} + DVA_{FIN_{AWOW}} + (FVA_{FIN_{AWCX}} + FVA_{INT_{AWCX}}) + \\ (FVA_{FIN_{AWAX}} + FVA_{INT_{AWAX}}) + (FVA_{FIN_{AWOX}} + FVA_{INT_{AWOX}}) \quad (5)$$

由于（5）式等号右端第四项下降，可以得到 $\Delta \Pi_{Aw} < 0$，即 A 国上游 w 行业利益受损。

当 A 国对 C 国 x 行业实施摩擦后，假定 A 国上游 w 行业收益将降低为：

$$\Pi_{AW}' = DVA_{FIN_{AWCW}} + DVA_{FIN_{AWAW}} + DVA_{FIN_{AWOW}} + f(\tau_{ACx}) \times (FVA_{FIN_{AWCX}} + \\ FVA_{INT_{AWCX}}) + (FVA_{FIN_{AWAX}} + FVA_{INT_{AWAX}}) + (FVA_{FIN_{AWOX}} + FVA_{INT_{AWOX}}) \quad (6)$$

其中，τ_{ACx} 为 A 国对 C 国 x 行业实施的摩擦关税，且 $f(\tau_{ACx}) < 1$。

2. C 国 x 行业全球价值链参与度越高，A 国上游 w 行业越受 C 国 x 行业影响。当 C 国 x 行业被实施摩擦措施时，$(DVA_{REX_{CXAS}} + DVA_{REX_{CXOS}})$ 增长受阻，此时 C 国 x 行业全球价值链参与度越高，意味着 $(FVA_{FIN_{AWCX}} + FVA_{INT_{AWCX}})$ 和 $(FVA_{FIN_{OWCX}} + FVA_{INT_{OWCX}})$ 增加，即 C 国 x 行业中间品中由 A 国与 O 国上游 w 行业供给的增加值部分提升，那么 C 国 x 行业对 A 国与 O 国上游 w 行业的影响就越大。

3. C 国 x 行业全球价值链参与度越高，A 国上游 w 行业在摩擦中受损越大。继续对实施摩擦后的 A 国上游 w 行业收益进行分析，当 C 国 x 行业的全球价值链参与度越高，$(FVA_{FIN_{AWCX}} + FVA_{INT_{AWCX}})$ 越大，结合 A 国 w 行业收益变化 $\Delta \Pi_{AW} = \Pi_{AW} - \Pi_{AW}' = [1 - f(\tau_{AC_x})] \times (FVA_{FIN_{AWCX}} + FVA_{INT_{AWCX}})$，A 国上游 w 行业在摩擦中受损越大。

因此，可以认为，在 A 国对 C 国 x 行业反倾销成立后，若此时 C 国 x 行业的全球价值链参与度相对越高，则 C 国 x 行业对 A 国上游 w 行业的影响越大，反倾销对 A 国上游 w 行业的损害越深，A 国从全产业链收益出发，就会越快结束反倾销调查。由此，本文提出：

假说 2：在一国某行业被别国执行反倾销后，该国该行业相对别国全球价值链参与度越高，反倾销调查对别国对应上游行业的损害会越大，反倾销持续时间越短。换言之，参与全球价值链重构对该国遭遇的贸易摩擦具有"润滑剂效应"。

三 全球价值链重构与贸易摩擦的变量以及数据

（一）核心变量测算

1. 贸易摩擦状态的判定标准。本文主要的被解释变量有两类：①行业贸易摩擦频率 $NUMBER_{ijt}$，表示 j 行业中国与贸易伙伴国 i 在 t 年正在生效的贸易摩擦案件数量，②行业贸易摩擦持久度 $DURATION_{ijtm}$，表示贸易伙伴国 i 在 t 年 j 行业对中国发起的贸易摩擦措施 m 所持续的时长。

在测算上述变量之前需要明确何时才是贸易摩擦真正开始的年份。本文将贸易伙伴国对中国某行业开始发起反倾销调查的年份定义为贸易摩擦开始的年份，记为 $INIT_{DATE}$。同时，本文额外选取了其他三类标准来定义贸易摩擦的起始年份，作为稳健性检验：①贸易伙伴国对中国某行业发起反倾销调查后，初步判定中国该行业对其造成实质性损害的年份，记为 $P_{INJ_{DATE}}$；②贸易伙伴国对中国某行业发起反倾销调查后，初步判定中国该行业存在倾销行为的年份，记为 $P_{DUMP_{DATE}}$；③贸易伙伴国对中国某行业发起反倾销调查后，最终确定中国该行业存在倾销行为的年份，记为 $F_{DUMP_{DATE}}$。

2. 全球价值链地位指数及参与度指标的测算。本文基于 Koopman 等（2010）的方法，利用贸易增加值计算全球价值链地位指数（$GVC-Position$）和全球价值链参与度指数（$GVC-Participation$），全球价值链地位指数越大，表示该国倾向于从事全球价值链上游环节的生产，主要通过出口中间品来参与该行业的全球价值链；反之，若地位指数数值越小，该国倾向于从事全球价值链下游环节的生产，主要通过使用外国的中间品进行加工再出口来参与该行业的全球价值链。而全球价值链参与度指数越大，则表示该国参与全球价值链分工的程度越深，行业的对外开放水平越高；反之，则代表该国较少参与全球价值链的分工，更多情况下处于较为封闭的状态，行业对外开放水平较低。

在此基础上，本文进一步构建了中国与贸易伙伴国的相对全球价值链地位指数与相对全球价值链参与度指数，分别用 $GVC_{DIFF\ Cijt}$ 与 $Relat_{GVC_P\ Cijt}$ 表示：

$$GVC_{DIFF\ Cijt} = GVC_{Position\ cjt} \times 100 - GVC_{Position\ ijt} \times 100 \tag{7}$$

$$Relat_{GVC_P\ Cijt} = 100 \times GVC_{Participation\ cjt} / GVC_{Participation\ ijt} \tag{8}$$

其中，相对全球价值链地位指数 $GVC_{DIFF\ ijt}$ 表示 t 年中国相对贸易伙伴 i 在 j 行业全球价值链地位指数的差额，$GVC_{DIFF\ ijt}$ 越大，表示 t 年中国 j 行业相对贸易伙伴国 i 国 j 行业在全球价值链中地位越高；相对全球价值链参与度指数表示中国与贸易伙伴国 i 国在 j 行业 t 年两国全球价值链参与度指数的比值，$Relat_{GVC_P\ ijt}$ 越大，表示 t 年中国 j 行业相对贸易伙伴国 i 国 j 行业在全球价值链中参与程度越高，行业对外越开放。

（二）控制变量选取

由于贸易摩擦产生的影响机制纷繁复杂，行业全球价值链地位及参与度只是众多影响因素的一部分，因此需要在回归模型中纳入控制变量，保证实证结果的有效性。本文基于已有研究和现实意义，从四类主要的行业特征入手：第一类指标反映行业相对规模，使用行业总名义股本进行控制，用 K_{ijt} 进行表示，总股本是行业规模的重要体现，名义股本的多少象征着该行业的经济体量以及发展潜力；第二类指标反映行业要素密集度，使用行业劳动报酬、员工薪酬和资本报酬率进行控制，分别用 LAB_{ijt}、$COMP_{ijt}$ 和 CAP_{ijt} 来表示，劳动报酬越高，说明该行业具有劳动密集型行业特征，而资本报酬越高，则说明该行业具有资本密集型行业特征；第三类指标反映行业价格水平，使用总产出价格水平进行控制，用 $GO_{PI\ ijt}$ 来表示，总产出品价格水平是导致贸易摩擦事件产生的主要原因之一，大多数制裁国都以产成品价格相关的原因对被制裁国发起反倾销调查；第四类指标反映行业开放程度，使用行业进口渗透率（Import Penetration Ratio）进行控制，用 IPR_{ijt} 表示，进口渗透率是关税壁垒及非关税壁垒共同作用的结果，能够更好地刻画企业行为。此外，考虑到一国当期贸易政策的实施可能受到上一期国内相关行业进口渗透率的影响，本文进一步加入进口渗透率的变化率（$IPRCR_{ijt}$）进行控制。

在实际回归方程中，除进口渗透率及其变化率之外的控制变量都是在 j 行业上中国对贸易伙伴国 i 国的相对值，均取比值形式。综上所述，本文实证部分涉及的所有变量详细说明如表 1 所示。

(三) 数据来源与处理

本文选取美国、欧盟、日本等16个中国主要贸易伙伴国的18个制造业行业在2000—2014年的数据进行实证分析。本文中关于贸易摩擦事件开始时间、结束时间以及涉及行业等相关信息的原始数据均来自Bown创立的"临时性贸易壁垒数据库"（TTBD）。

全球价值链地位和参与度的测算主要基于跨国投入产出表。现有的跨国投入产出表主要包括WIOD、OECD-ICIO、GTAP-ICIO、ADB-ICIO等，其中，WIOD基于投入产出表编制，其优势在于国家行业层面数据具有完备性和可比性，最适合分析单个国家的全球价值链特征，缺点是包含的国家数量尤其是亚洲国家数量偏少，并且未区分贸易中的一般贸易和加工贸易，使得以此为基础的计算存在一定误差。张杰（2013）与Dean等（2011）指出可利用中国海关贸易数据对其进行重新计算，海关贸易数据的优势在于微观层面数据翔实，且对中国出口商品的贸易方式有明确划分，因此可以基于贸易方式的划分，有效计算中国价值链地位和参与度，但缺点在于仅有中国微观层面的数据，其他国家的微观层面数据较难获得，因此，无法计算国外其他国家相应的全球价值链地位和参与度指数。

表1 变量说明

变量名	含义
$NUMBER_{ijt}$	i国在j行业于t年对中国发起且正在生效的贸易摩擦案件数量
$DURATION_{ijtm}$	贸易摩擦事件从开始发起到结束所持续的时长，单位为年
$GVC_{DIFF\,ijt}$	相对全球价值链地位指数，该指标越大，表示中国该行业全球价值链地位相对越高
$Relat_{GVCP\,ijt}$	相对全球价值链参与度指数，该指标越大，中国该行业全球价值链中参与程度相对越高
K_{ijt}	中国较i国在j行业于t年的相对名义股本
LAB_{ijt}	中国较i国在j行业于t年的相对劳动报酬
CAP_{ijt}	中国较i国在j行业于t年的相对资本报酬
$GOPI_{ijt}$	中国较i国在j行业于t年的相对总产出价格水平
$COMP_{ijt}$	中国较i国在j行业于t年的相对平均员工薪酬
IPR_{ijt}	i国j行业在t年的进口渗透率

由于TTBD中统计的是产品层面的贸易摩擦事件，以HS编码进行编撰，而WIOD则是在行业层面，以ISIC编码进行编撰。为了解决两个数据库的行业匹配问题，本文将TTBD的HS编码按照WTO海关编码统一编码（HS Combined）统一，随后将HS编码与对应的ISIC行业编码进行匹配，再将ISIC行业编码归入经济活动系统命名方法（NACE）中，最后将NACE归入WIOD的相应行业中，完成全球价值链数据和贸易摩擦数据的匹配。其他变量的数据来源分别为WIOD及UNCTAD贸易数据库。

本文在数据处理上有以下几点需要特别说明：①WIOD中共有包括服务业在内的56个行业，考虑到制造业是当前中国遭到贸易摩擦最严重的行业，因此本文仅选取了

c5—c22 共 18 个制造业行业 2000—2014 年的相关数据进行实证分析。②由于本文理论部分与研究主题主要围绕中国在全球价值链地位追赶过程中产生的摩擦，因此除去 2000—2014 年中国相对于贸易伙伴国始终保持优势地位的行业，即相对全球价值链地位指数 GVC_DIFF_{ijt} 在这 15 年间始终为正的行业。③在计算相对全球价值链参与度指数时，使用比值来表示相对指标，但由于价值链地位指数存在负数，不适用于比值，因此在计算相对价值链地位指数时用的是差值来表示相对值。

四 全球价值链重构对贸易摩擦影响的实证分析

（一）中国相对价值链地位变化对贸易摩擦频率的影响实证

根据假说 1，在中国 j 行业价值链地位指数相对于贸易伙伴国 i 国落后的情况下，随着中国 j 行业相对 i 国价值链地位不断攀升，i 国会为了维持自己在该行业中的既得利益与领先地位，针对中国 j 行业发起更多反倾销措施，两国在该行业上的摩擦频率则会越大。因此该部分实证检验方程表示为：

$$NUMBER_{ijt} = \alpha + \beta GVC_{DIFF\,ijt} + X_{ijt}\gamma + \delta_f + \varepsilon_{ijt} \quad (9)$$

在式 (9) 中，$NUMBER_{ijt}$ 表示贸易伙伴国 i 国在 t 年对中国在 j 行业正在生效中的贸易摩擦案件数，$NUMBER_{ijt}$ 越大，则生效中的贸易摩擦案件越多，表明该行业贸易摩擦越激烈；$GVC_{DIFF\,ijt}$ 表示中国与贸易伙伴国 i 国在 j 行业 t 年的相对全球价值链地位指数，该指数越大，表示在 j 行业上中国相对外国的全球价值链地位越高，国际竞争力越强；X_{ijt} 表示主要控制变量的集合；δ_f 表示可能存在的固定效应，用以消除不随个体或时间变动的因素；ε_{it} 表示方程的残差项。按照理论推导，可以预测主要解释变量 $GVC_{DIFF\,ijt}$ 的系数 β 为正。考虑到数据结构中，贸易伙伴国对中国所实施贸易摩擦事件中有较多为 0 值，采用传统面板数据会造成估计偏误，因此 (9) 采用使用 PPML (泊松伪最大似然方法) 进行回归分析。

表 2　　　　相对全球价值链地位指数影响贸易摩擦频率的实证结果

变量	(a) INIT_DATE	(b) P_INJ_DATE	(c) P_DUMP_DATE	(d) F_DUMP_DATE
GVC_DIFF	0.0311***	0.0421***	0.0419***	0.0440***
	(0.0056)	(0.0063)	(0.0063)	(0.0066)
控制变量	是	是	是	是
观测值	2608	2384	2384	2384
R^2	0.7809	0.7771	0.7778	0.7670
国家	是	是	是	是
行业	是	是	是	是
年份	是	是	是	是

注：括号内为聚类稳健标准误。***、**、* 分别表示 1%、5%、10% 的显著性水平。以下各表同。

实证结果如表 2 所示，在回归 (a) 中，相对全球价值链地位指数 $GVC_{DIFF\,ijt}$ 的回归系数为 0.0311，显著为正，说明在中国某行业的全球价值链地位指数相对于某特定贸易伙伴国落后的情况下，中国该特定行业相对全球价值链地位指数上升时，中国与贸易伙伴国在该行业领域的贸易摩擦案件数会增加，贸易摩擦程度加剧，验证了假说1。换言之，中国参与全球价值链重构，积极推动自身全球价值链分工地位的提升对于自身遭遇的贸易摩擦具有"催化剂效应"。为了检验实证结果的稳健性，本文将被解释变量——该行业被反倾销调查的案件数依次替换为行业初步被裁定贸易损害案件数、初步被裁定存在贸易倾销案件数以及最终被裁定存在贸易倾销案件数，分别进行回归分析。从回归（b）、（c）、（d）的结果中可以看出，核心解释变量 $GVC_{DIFF_{ijt}}$ 的回归结果依然显著为正，进一步验证了假说1。

鉴于贸易摩擦事件的发生可能会影响行业未来在全球价值链中的地位，被解释变量 $NUMBER_{ijt}$ 与主要解释变量 $GVC_{DIFF_{ijt}}$ 之间易存在反向因果关系，从而对回归结果造成干扰。为了消除可能产生的内生性问题，本文在（9）式的基础上引入被解释变量 $NUMBER_{ijt}$ 的滞后项，进而消除内生性。考虑到贸易反倾销法案从开始立案调查到正式生效一般需要三四年的时间，因此，本文取 $NUMBER_{ijt}$ 的四期滞后引入方程，用以控制可能的影响。本部分使用系统 GMM 法进行实证检验，回归结果详见表3。

表3　相对全球价值链地位指数影响贸易摩擦频率的稳健性检验

变量	（a） INIT_DATE	（b） P_INJ_DATE	（c） P_DUMP_DATE	（d） F_DUMP_DATE
GVC_DIFF	0.0434**	0.0360*	0.0435**	0.0441**
	(0.0200)	(0.0221)	(0.0218)	(0.0134)
控制变量	是	是	是	是
观测值	2106	2106	2106	2106
AR（1）检验	0.0162	0.0020	0.0020	0.0014
AR（2）检验	0.7228	0.8016	0.7344	0.5606
Sargan 检验	0.5011	0.0784	0.1188	0.1637

由表3可以看到，在消除可能存在的内生性问题后，核心解释变量的回归结果依然显著，表明本文的实证结果是稳健的。由此可得出结论：中国某行业的全球价值链地位指数相对于特定贸易伙伴国落后的情况下，中国该行业相对全球价值链地位指数的上升会加剧双方在该行业领域的贸易摩擦，假说1成立。

考虑到不同要素密集度行业中相对全球价值链地位攀升对贸易摩擦频率的异质性影响，本文还借鉴余东华等（2018）区分了劳动密集型和资本技术密集型行业，并分别进行实证分析，具体分类标准参照周念利（2014）。两类行业的回归中，$GVC_{DIFF_{ijt}}$ 系数都在1%的水平下显著为正（见表4），说明无论是在劳动密集型行业还是在资本技术密集型行业，全球价值链地位的相对攀升都将引致贸易伙伴国发起贸易摩擦。

表 4　相对全球价值链地位指数影响贸易摩擦频率的实证结果（分行业）

行业	劳动密集型				资本技术密集型			
变量	(a)	(b)	(c)	(d)	(a)	(b)	(c)	(d)
GVC_DIFF	0.0875***	0.1114***	0.1111***	0.0987***	0.0223***	0.0245***	0.0251***	0.0315***
	(0.0158)	(0.00194)	(0.0195)	(0.0185)	(0.0057)	(0.0064)	(0.0062)	(0.0065)
控制变量	是	是	是	是	是	是	是	是
观测值	914	847	847	847	1568	1428	1428	1428
R^2	0.6854	0.7001	0.7009	0.7164	0.8940	0.9024	0.9046	0.8968
国家	是	是	是	是	是	是	是	是
行业	是	是	是	是	是	是	是	是
年份	是	是	是	是	是	是	是	是

进一步，考虑到 Koopman 等（2010）提出的全球价值链地位和参与度指数未能对贸易方式加以区分，本文参考 Dean 等（2011）与张杰等（2013）提出的方法，运用中国海关数据，将中国出口产品贸易方式区分为加工贸易和一般贸易，重新计算了中国的出口附加值和全球价值链地位指数（Newdiff），并对（9）式进行重新估计，结果显示相对全球价值链地位指数依然显著为正（见表5），表明假说1依然成立。

表 5　相对全球价值链地位指数影响贸易摩擦频率的实证结果（Newdiff）

变量	(a) INIT_DATE	(b) P_INJ_DATE	(c) P_DUMP_DATE	(d) F_DUMP_DATE
Newdiff	0.0320***	0.0436***	0.0431***	0.0454***
	(0.0059)	(0.0067)	(0.0067)	(0.0071)
控制变量	是	是	是	是
观测值	2421	2213	2213	2213
R^2	0.7822	0.7771	0.7763	0.7717
国家	是	是	是	是
行业	是	是	是	是
年份	是	是	是	是

（二）中国相对全球价值链参与度对贸易摩擦持续时间的影响实证

本文根据理论推导得出的假说2认为：在中国与特定贸易伙伴国在某行业已经处于贸易摩擦状态的前提下，中国该行业在全球价值链中的参与度越高，则越有利于贸易摩擦问题的解决，贸易摩擦状态所持续的时间就越短。回归方程表示为：

$$DURATION_{ijtm} = \alpha + \beta Relat\_GVC\_P_{ijt} + X_{ijt}\gamma + \delta_f + \varepsilon_m \tag{10}$$

在式（10）中，$DURATION_{ijtm}$ 表示 j 行业 i 国在 t 年对中国发起的贸易摩擦事件 m 从开始到结束所持续的时长；$Relat\_GVC\_P_{ijt}$ 表示中国与摩擦发起国 i 国在摩擦行业 j 行业上的相对全球价值链参与度指数,选取贸易摩擦事件结束当年的全球价值链参与度指数进行计算,$Relat\_GVC\_P_{ijt}$ 越大,则中国 j 行业相对于贸易制裁发起国 j 行业的全球价值链参与度越大,预期系数 β 显著为负;X_{ijt} 表示主要控制变量的集合;δ_f 表示可能存在的固定效应;ε_m 表示残差项。实证首先采用 OLS 进行检验,回归结果如表 6 所示。

表 6 相对全球价值链参与度指数影响贸易摩擦持续时间的实证结果

变量	(a) INIT_DATE	(b) P_INJ_DATE	(c) P_DUMP_DATE	(d) F_DUMP_DATE
$Relat\_GVC\_P$	-0.0661 ***	-0.0648 ***	-0.0648 ***	-0.0657 ***
	(0.0049)	(0.0053)	(0.0053)	(0.0051)
控制变量	是	是	是	是
观测值	305	305	305	305
adj. R^2	0.8378	0.8567	0.8508	0.8662
国家	是	是	是	是
行业	是	是	是	是
年份	是	是	是	是

从表 6 中可以看出,贸易摩擦事件持续时长 $DURATION_{ijtm}$ 与中国行业相对全球价值链参与度指数 $Relat\_GVC\_P_{ijt}$ 呈现显著负相关,意味着中国该行业在全球价值链中的相对参与度越高,则该行业领域贸易摩擦事件的持续时间就会越短,贸易摩擦问题将会越快得到解决,这与假说 2 一致。而将贸易摩擦开始的时间从该行业开始被反倾销调查的年份更换为该行业初步被裁定贸易损害的年份、初步被裁定存在贸易倾销的年份以及最终被裁定存在贸易倾销的年份时,核心解释变量的回归结果依然稳健,进一步检验了"中国某行业在全球价值链中的相对参与度越高,则该行业被实施贸易摩擦措施的持续时间就会越短"这一假说。由此可见,中国参与全球价值链重构,积极推动自身更深度加入全球价值链对于自身遭遇的贸易摩擦具有"润滑剂效应"。

考虑到被解释变量 $DURATION_{ijtm}$ 衡量的是时间长度,样本量均为非负整数,且样本均值与样本方差近似相等,符合泊松回归的使用条件。为了进一步证明假说的稳健性,使用泊松回归替代普通最小二乘回归对截面数据进行稳健性检验,回归结果如下表 7 所示。可以看到,上述结论依然成立。

表 7 相对全球价值链地位指数影响贸易摩擦持续时间的稳健性检验

变量	(a) INIT_DATE	(b) P_INJ_DATE	(c) P_DUMP_DATE	(d) F_DUMP_DATE
$Relat\_GVC\_P$	-0.0089 ***	-0.0092 ***	-0.0092 ***	-0.0100 ***
	(0.0006)	(0.0007)	(0.0007)	(0.0008)
控制变量	是	是	是	是
观测值	305	305	305	305

续表

变量	(a) INIT_DATE	(b) P_INJ_DATE	(c) P_DUMP_DATE	(d) F_DUMP_DATE
Pseudo R^2	0.1217	0.1539	0.1535	0.1656
国家	是	是	是	是
行业	是	是	是	是
年份	是	是	是	是

同样，本文进一步考察了不同要素密集度行业中相对全球价值链参与度提升对贸易摩擦持续时间的异质性影响，回归结果见表8，可以看到相对全球价值链地位指数的回归结果显著，表明不同行业中，假说2依然成立。

与上文类似，本文借鉴Dean等（2011）和张杰等（2013）的方法，利用中国海关进出口贸易数据库，对中国行业相对全球价值链参与度指数进行了重新计算（Newrelativep），并对式（10）进行重新回归，相关回归结果中相对全球价值链参与度指数均显著为负（见表9），表明假说2成立。

表8　相对全球价值链参与度指数影响贸易摩擦持续时间的实证结果（分行业）

行业	劳动密集型				资本技术密集型			
变量	(a)	(b)	(c)	(d)	(a)	(b)	(c)	(d)
Relat_GVC_P	-0.0022*	-0.0016*	-0.0023*	-0.0020*	-0.0085***	-0.0081***	-0.0081***	-0.0093***
	(0.0012)	(0.0009)	(0.0013)	(0.0011)	(0.0009)	(0.0009)	(0.0009)	(0.0011)
控制变量	是	是	是	是	是	是	是	是
观测值	103	103	103	202	202	202	202	202
Pseudo R^2	0.1065	0.1493	0.1491	0.1519	0.1257	0.1486	0.1491	0.1543
国家	是	是	是	是	是	是	是	是
行业	是	是	是	是	是	是	是	是
年份	是	是	是	是	是	是	是	是

表9　相对全球价值链参与度指数影响贸易摩擦持续时间的实证结果（Newrelativep）

变量	(a) INIT_DATE	(b) P_INJ_DATE	(c) P_DUMP_DATE	(d) F_DUMP_DATE
Newrelativep	-0.0011***	-0.0012***	-0.0012***	-0.0013***
	(0.0002)	(0.0002)	(0.0002)	(0.0003)
控制变量	是	是	是	是
观测值	258	258	258	258
adj. R^2	0.1145	0.1667	0.1677	0.1686

续表

变量	(a) INIT_DATE	(b) P_INJ_DATE	(c) P_DUMP_DATE	(d) F_DUMP_DATE
国家	是	是	是	是
行业	是	是	是	是
年份	是	是	是	是

五 全球价值链重构对贸易摩擦影响：以中美为例

以上部分从理论和实证的角度，分析了中国参与全球价值链重构对于自身遭遇的贸易摩擦的影响。接下来本文在分析中国面临的国际贸易摩擦总体状况的基础上，对中美贸易摩擦作进一步的分析。

（一）中美贸易摩擦的典型事实

第二次世界大战之后，世界主要国家的贸易纠纷主要在《关税与贸易总协定》框架下得以解决，但是美国与其他国家的贸易摩擦却屡见不鲜。随着改革开放的推进，中国的进出口贸易得到了较快发展，中美贸易关系快速发展，两国的贸易摩擦也从无到有，摩擦的领域从纺织服装、鞋帽等初级手工品蔓延至钢铁、汽车等工业制品，甚至服务业贸易领域。争议范围也从简单的行业产品贸易纠纷蔓延至知识产权问题、人权问题甚至政治问题。在2001年加入WTO之后，中国实际GDP与贸易额增长显著，除2009年、2015年、2016年外，中美贸易额均为正增长。中美贸易顺差随着中美贸易合作深入而有所扩大，目前已显著高于中欧顺差的规模。在此背景下，美国对中国纺织品、钢铁、汽车、化工、轻工等领域的贸易摩擦时有发生。近年来，中美贸易摩擦呈现出以下特点：①摩擦频率明显加快。2008年金融危机过后，美国针对中国发起的新增反倾销和反补贴调查呈齐头并进势头。2012年后，反补贴调查的新增数量超过反倾销调查的新增数量。不过总体看，反倾销调查仍是美国对华贸易摩擦措施的主要方式。②摩擦集中在制造业部门。美国对中国实施的"双反"调查大部分集中在制造业部门，其中，基础金属制造业、化学与化学制品业以及机械设备外的金属制品业是中国遭受美国"双反"调查较为严重的前三位部门。③美国对华贸易摩擦持续时间一般较长并存在部门差异性。在煤炭与石油制品业、汽车类制造业、造纸业、基础金属制造业，美国针对中国发起的反倾销调查持续时间为4—6年。在家具与其他制造业、机械设备外的金属制品业以及计算机与电子光学产品业，美国发起的反倾销调查时间则相对较短。

（二）相对价值链地位变化对中美贸易摩擦频率的影响

依照之前的"催化剂"理论分析，中美之间贸易摩擦不断加剧，背后存在中国积极参与全球价值链重构的因素。通过计算中美两国行业的全球价值链地位指数，本文筛选出了11个2000—2014年中国相对美国在全球价值链地位开始处于劣势而后呈现出明显追赶趋势的制造业行业。然后将中美两国在这些行业的全球价值链地位指数的差额与美国在该行业对中国发起的、正在生效的贸易制裁法案数量绘制于同一张图上（见图1），本文发现随着中国相关行业价值链地位的不断攀升，中美全球价值链地位差距逐渐缩小，美国对华的贸易摩擦数量逐渐增多。值得一提的是，自2009年后，美国对中国在制造业领域的贸易摩擦逐渐增多，且在化学制品业、医药业、计算机与电子光学产品业、电子设备业、机械设备制造业以及汽车制造业这些高端制造业领域尤为明显。这些都与上文分析的结论一致。

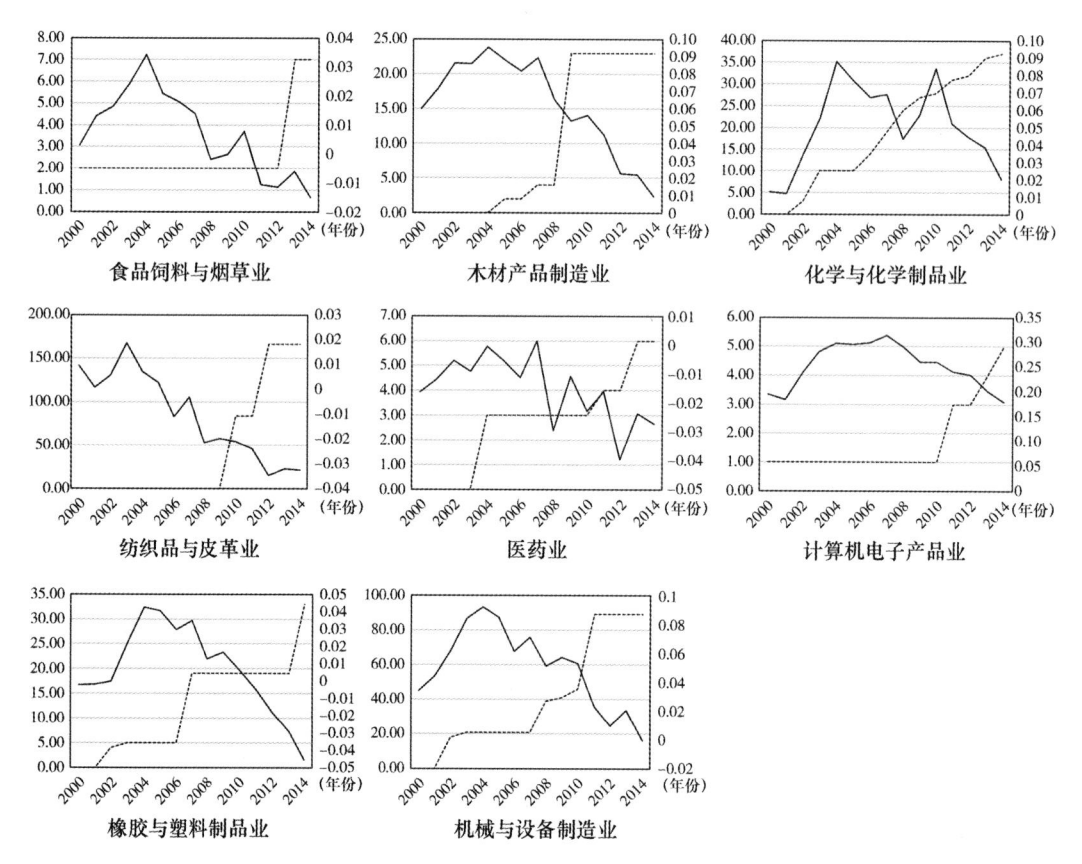

图1　中美全球价值链地位指数差额与美国在该行业对中国贸易制裁法案数

注：圆点曲线表示美国该行业全球价值链地位指数与中国该行业全球价值链地位指数的差额，该差额越小代表中国相关行业全球价值链地位越高，与美国相关行业地位越接近；箭头曲线表示的是美国对中国在该行业领域发起的、处于生效状态中的贸易制裁法案数量。

资料来源：作者根据 WIOD 及 TTBD 计算。

（三）相对全球价值链参与度变化对中美贸易摩擦持续时间的影响

依照之前的"润滑剂理论"分析，中美贸易摩擦的结果也需要考虑相对价值链参与度因素。根据 TTBD 中存在截止日期数据的 47 件中美贸易摩擦事件，本文发现中美相对全球价值链参与度指数与摩擦持续时间存在较为明显的反向趋势（如图2所示）。换言之，中国受反倾销调查行业的全球价值链参与度越高，该行业对外越开放，美国就会有越多的上游行业受到该调查的影响。因此,在这些美国上游行业的作用下,该反倾销调查持续的时间较短。这些都与上文分析的结论一致。

(四) 对中美贸易摩擦趋势的分析

从历史看,中美合作的战略基础一直在发生变化。中国改革开放以来,苏联的存在、中国经济的快速增长和开放、中美经贸关系都曾作为中美关系的"压舱石"。尤其在全球价值链分工体系下,美国作为高端制造业、知识行业和服务业的输出大国,处于全球价值链微笑曲线的两端;中国以产品加工、组装和低端制造等行业为主,依靠低廉的劳动力成本和资源优势,生产、组装、出口劳动密集型产品,处于全球价值链"微笑曲线"的中间部分。在此生产分工格局之下,中美两国经济互补性明显,两国相互依存的贸易关系不断深化发展。

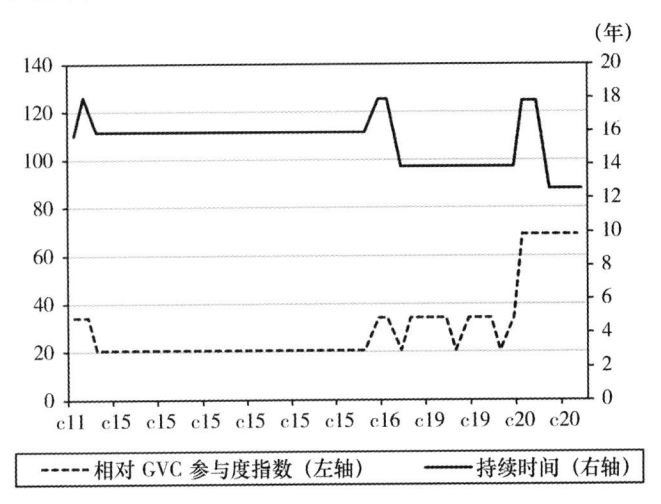

图2 中美相对全球价值链参与度与美国在该行业对中国贸易措施持续时间

注:横坐标为以 ISIC 行业排序的摩擦事件,其中,c11 为化学与化学制品业,c15 为基础金属制品业,c16 为机械设备外的金属制品业,c19 为机械与设备制造业,c20 为汽车类制造业。具体的 ISIC 行业分类可见 https://unstats.un.org/unsd/classifications/。

资料来源:根据 WIOD 及 TTBD 计算。

然而,随着经济全球化进程的不断深入,美国将本国低附加值的、存在比较劣势的传统制造业通过直接投资等方式逐渐转移给生产成本更低的发展中国家,而本国则集中资源发展服务业,大量劳动人口向第三产业移动,服务业开始替代制造业成为美国经济的支柱产业。但在产业升级的过程中,不断的"去工业化"进程使得美国本土制造业逐渐萎缩,制造业水平不断下降,呈现出经济"空心化"的状态。与此同时,以中国为代表的新兴国家的制造业正在逐渐兴起。2010 年中国以 19.8% 的全球制造业比重超越美国的 19.4%,成为世界制造业第一大国。这些都意味着中国的制造业正在不断向"微笑曲线"的两端发展,一方面,向着"微笑曲线"的左侧,扩大研发,发展创新型社会;另一方面,向着"微笑曲线"的右侧,提高质量和服务,应对人力成本的上升,以及社会主要矛盾的转变。在这个过程中,中国制造业在全球价值链的位置发生了变化,中美之间的企业竞争和对抗也开始增强,中美经贸关系将向着更加对抗、更加不利的方向变化。

面对中国在制造业领域的全球价值链地位的提高,美国为了维持自身制造业在全球价值链中的领先地位,尤其是在高附加值的高端制造业中的地位,除了采取如降低制造业企业的税收、提升成本优势等措施吸引资本回流外,美国同时也对中国大有超越之势的行业进行打压,以确保美国在高端制造业领域的主要话语权,从而加剧了中美之间行业的贸易摩擦。由此可见,中美之间的贸易摩擦将具有长期性,美国对华发起贸易摩擦的主要目的在于希望通过贸易摩擦措施减缓中国制造业升级的步伐。这也从侧面揭示,各国处于全球价值链的不同位置,为了争取自我利益最大化,必然力争进入上游更有利位置,而原本处于上游的国家为维持自我利益不被侵害必然采取一系列贸易保护措施,可以说对于全球价值链位置的争取和利益的争夺正是导致贸易摩擦发生和发展的主要诱因。

六 结论与政策建议

本文研究发现,中国与贸易伙伴国在某行业全球价值链分工地位越接近,则中国与该贸易伙伴国发生贸易摩擦的频率越高,体现在相关行业的贸易摩擦数量越多;中国某行业的相对全球价值链参与度越高,则该行业的相关贸易摩擦越容易得到解决,体现在贸易摩擦的持续时间越短。将以上结论放在中美贸易摩擦的分析中也同样适用。因此,随着中国制造业在全球价值链上的赶超与攀升,中国与美国的贸易摩擦的加剧有着内在的必然性,并且这个摩擦将呈现常态化、长期化、复杂化的趋势。

本文的研究结论对于中国应对中美贸易摩擦以及其他经贸摩擦具有重要的政策启示。

(1)冷静对待参与全球价值链重构的"催化剂效应"。按照以往的全球价值链分工,中国制造业中参与中间品加工与最终品组装的企业较多,这与美国等发达国家相关价值链企业主要参与产品设计研发和市场营销形成较好的互补关系。然而,当中国制造业试图提升自己在全球价值链中的地位并事实上进入全球价值链上游或较高地位时,以往全球价值链的分工秩序势必受到冲击,产生改变并影响其他国家。当美国等国家受价值链分工变化影响的利益集团诉诸游说政府,中国与相关国家的贸易摩擦便很有可能发生。如果提升制造业全球价值链地位是中国的必由之路,那么冷静面对参与全球价值链重构的"催化剂效应"也将是中国的必然选择。

(2)重视参与全球价值链重构的"润滑剂效应"。随着贸易保护主义进一步抬头,中国与其他国家特别是美国的贸易摩擦将呈现一种常态化、长期化、复杂化的趋势,这些都是中国参与全球价值链重构所必然面对的局面。然而,参与全球价值链重构也存在对贸易摩擦的"润滑剂"效应。换言之,中国在不断提升自身价值链地位的同时,也需要不断提升价值链参与度,让自身的发展与贸易伙伴更为密切地融为一体,形成更为深入的互利共赢的分工关系,让参与全球价值链重构的"润滑剂"效应发挥更大作用。

(3)借助外力倒逼国内改革,通过进一步开放更深层融入世界经济。在进一步参与全球价值链重构进程中,中国应该树立国际化观念,尽可能采用国际经济规则和国际技术标准。在过去40年里,中国经济在增长与发展方面均取得了举世瞩目的成就,这些成就跟中国的对外开放有着密切关系。然而近年来中国遭遇的贸易摩擦表明,中国经济还存在一些问题，这些问题也需要通过进一步内部改革、对外开放加以解决。在目前的时点，中国的对外开放也存在一些新的约束条件，具体包括劳动力优势日益丧失，技术升级的上升空间被发达国家压制，国内垄断性企业的经营也存在僵化等，这些都使得中国非常有必要借助外力倒逼国内改革，并以此深化中国的对外开放。

（4）主动防范中美贸易战可能引发的风险。中美贸易战已经打响第一枪，并且贸易战的爆发并不以中国意志为转移。贸易战在短期内会给中国经济增长以及劳动力市场带来直接负面冲击，并且还可能给中国带来通货膨胀以及人民币汇率贬值的压力。在长期内，甚至给中国发展的战略空间和环境带来严重影响。因此，中国应该积极采取措施，主动防范由中美贸易战可能引致的各种风险。

总的来讲，中国要坚定不移地深化改革、扩大开发，扶持战略性新兴产业转型升级，继续提升自身在全球价值链中的地位。在这一过程中，不可避免会面对越来越多的贸易摩擦。因此，中国必须保持清醒的头脑和客观的认识，对于自身的改革与开放保持战略定力，积极参与国际经济规则的制定，建立、完善政府的应对机制，同时构建国际贸易摩擦的企业应对体系，积极、主动地应对国际贸易摩擦。

参考文献

[1] 王孝松，吕越，赵春明．贸易壁垒与全球价值链嵌入——以中国遭遇反倾销为例 [J]．中国社会科学，2017，(1)：108—124.

[2] 王直，魏尚进，祝坤福．总贸易核算法：官方贸易统计与全球价值链的度量 [J]．中国社会科学，2015，(9)：108—127.

[3] 余东华，孙婷，张鑫宇．要素价格扭曲如何影响制造业国际竞争力 [J]．中国工业经济，2018，(2)：63—81.

[4] 张杰，陈志远，刘元春．中国出口国内附加值的测算与变化机制 [J]．经济研究，2013，48 (10)：124—137.

[5] 张雨，戴翔．出口产品升级和市场多元化能够缓解中国贸易摩擦吗 [J]．世界经济研究，2013，(6)：73—78.

[6] 周念利．中国服务业改革对制造业微观生产效率的影响测度及异质性考察——基于服务中间投入的视角 [J]．金融研究，2014，(9)：84—98.

[7] Blonigen, B. A. Industrial Policy and Downstream Export Performance [J]. The Economic Journal, 2015, 126 (595): 1635–1659.

[8] Dean, J. M., K. C. Fung, and Z. Wang. Measuring Vertical Specialization: The Case of China [J]. Review of International Economics, 2011, (4): 609–625.

[9] De Bièvre, D., A. Yildirim, and A. Poletti. About the Melting of Icebergs: Discovering the Political – Economic Determinants of Dispute Initiation and Resolution in the WTO [R]. Assessing the World Trade Organisation: Fit for Purpose, 2017.

[10] Erbahar, A., and Z. Yuan. Cascading Trade Protection: Evidence from the U. S. [J]. Journal of International Economics, 2017, 108 (2): 274–299.

[11] Feinberg, R. M., and B. T. Hirsch. Industry Rent Seeking and the Filing of "Unfair Trade" Complaints [J]. International Journal of Industrial Organization, 1989, 7 (3):

325 – 340.

[12] Finger, J. M. The Industry – Country Incidence of Less – Than – Fair – Value Cases in U. S. Import Trade [A]. Bureau of Economic and Business Research. Export Diversification and the New Protectionism: The Experience of Latin America [C]. United States: University of Illinois at Urbana – Champaign, 1981.

[13] Furusawa, T., and T. J. Prusa. Antidumping Enforcement in a Reciprocal Model of Dumping: Theory and Evidence [J]. Empirical Studies of Commercial Policy, 1996, 14 (2): 14 – 46.

[14] Hansen, W. L. The International Trade Commission and the Politics of Protectionism [J]. American Political Science Review, 1990, 84 (1): 21 – 46.

[15] Herander, M. G. and J. B. Schwartz. An Empirical Test of the Impact of the Threat of U. S. Trade Policy: The Case of Antidumping Duties [J]. Southern Economic Journal, 1984, 51 (1): 59 – 79.

[16] Hoekman, B. M., and M. P. Leidy. Cascading Contingent Protection [J]. European Economic Review, 1992, 36 (4): 883 – 892.

[17] Kim, S. Y., and G. Spilker. Global Value Chains and the Political Economy of WTO Disputes [R]. The Political Economy of International Organizations Working Paper, 2018.

[18] Konings, J., and H. Vandenbussche. Antidumping Protection Hurts Exporters: Firm – Level Evidence [J]. Review of World Economics, 2013, 149 (2): 295 – 320.

[19] Koopman, R., W. Powers, and Z. Wang. Give Credit Where Credit Is Due: Tracing Value Added in Global Production Chains [R]. NBER Working Paper, 2010.

[20] Krupp, C. Antidumping Cases in the US Chemical Industry: A Panel Data Approac [J]. The Journal of Industrial Economics, 1994, (1): 299 – 311.

[21] Krupp, C., and S. Skeath. Evidence on the Upstream and Downstream Impacts of Antidumping Cases [J]. North American Journal of Economics and Finance, 2002, 13 (2): 163 – 178.

[22] Lichtenberg, F., and H. Tan. An Industry – Level Analysis of Import Relief Petitions Filed by U. S. Manufacturers (1958—1985) [A]. Hong Tan, and H. Shimada. Troubled Industries In the United States and Japan [C]. United States: St Martin's Press, 1994.

[23] Ossa, R. Trade Wars and Trade Talks with Data [J]. American Economic Review, 2014, 104 (12): 41 – 46.

[24] Prusa, T. J. The Selection of Antidumping Cases for ITC Determination [J]. Empirical Studies of Commercial Policy, 1991, 14 (2): 47 – 74.

[25] Sabry, F. An Analysis of the Decision to File the Dumping Estimates, and the Outcome of Antidumping Petitions [J]. The International Trade Journal, 2000, 14 (2): 109 – 145.

[26] Sleuwaegen, L., R. Belderbos, and C. Jie – A – Joen. Cascading Contingent Protection and Vertical Market Structure [J]. International Journal of Industrial Organization, 1998, 16 (6): 697 – 718.

[27] Vandenbussche, H. and C. Viegelahn. Input Reallocation within Firms [R]. KU LEUVEN Department of Economics, 2016.

[28] Yildirim, A. B. Overcoming Resistance to Compliance: Internationalization of Production and the Politics of WTO Dispute Settlement [R]. University of Antwerp, 2017.

[29] Yildirim, A. B. Domestic Political Implications of Global Value Chains: Explaining EU Responses to Litigation at the World Trade Organization [J]. Comparative European Politics, 2018, 16 (4): 549-580.

金融化对实体企业未来主业发展的影响：
促进还是抑制[*]

杜 勇 张 欢 陈建英

一 引言

自20世纪80年代以来市场需求空间日益萎缩，实体经济产能过剩导致传统的工业企业实体投资回报率下滑明显，大量的产业资本涌入高收益率的金融、房地产行业，虚拟经济加速膨胀，最终导致实体产业的"金融化"（Financialization），金融化正在从宏观层面和微观层面改变经济系统的运行。现有文献主要从资本积累、社会收入差距、失业率等多个方面进行了探究（Stockhammer，2004；Luo and Zhu，2014；González and Sala，2014），也有学者认为虚拟经济过度膨胀正是2008年全球金融危机爆发的重要诱因（Stockhammer and Grafl，2010）。资金"脱实向虚"令实体经济的发展转型面临诸多挑战，也加大了经济运行的风险。

在世界经济虚拟化的大背景下，中国经济也出现了金融化趋势，泛金融部门（金融、保险与房地产业，FIRE）对GDP的贡献逐渐增加，2015年金融业增加值占GDP的比重达到了8.4%，已超过同期美国等金融深化程度较高的发达经济体，金融业获取的利润也大幅超过了其他行业，与之形成鲜明对比的实体经济部门，由于面临产能过剩、产品处于产业链低端等问题，发展速度甚为缓慢，实体经济与虚拟经济之间出现结构失衡问题（黄群慧，2017）。因此，2016年12月中央经济工作会议提出要"着力振兴实体经济"，并将其作为深化供给侧改革的重点之一，党的十九大报告也指出，"建设现代化经济体系，必须把发展经济的着力点放在实体经济上"。

经济金融化在微观实体层面的一个重要表现是实体企业的金融投资活动逐渐活跃。近些年越来越多的实体企业热衷于股票投资、委托理财等金融活动，产业资本大量流入金融、房地产领域，资金脱离实体经济而在虚拟经济领域"空转"的现象广泛存在（文春晖等，2016），资金"脱实向虚"问题逐渐引起关注。据笔者统计，2008年，中国上市公司（非金融、非房地产行业）平均金融资产持有量约为0.97亿元，而到2014年，这一数据接近3亿元，平均而言，上市公司持有的金融资产规模呈明显的上升趋势。

2012年12月，中国证监会发布《上市公司监管指引第2号——上市公司募集资金管理和使用的监管要求》，允许上市公司使用闲置募集资金购买安全性高、流动性强的

---

[*] 原文发表于《中国工业经济》2017年第12期，收入本年鉴时有删减和修改。

投资产品，包括固定收益类的国债、银行理财产品以及其他投资产品等，这在很大程度上引起实体企业金融化程度在2012年之后明显地提高。2017年2月，为防止将募集资金变相用于财务性投资，中国证监会发布《发行监管问答——关于引导规范上市公司融资行为的监管要求》指出，"上市公司申请再融资时，除金融类企业外，原则上最近一期末不得存在持有金额较大、期限较长的交易性金融资产和可供出售的金融资产、借予他人款项、委托理财等财务性投资的情形"。2017年全国金融工作会议指出，"金融要把为实体经济服务作为出发点和落脚点，全面提升服务效率和水平，把更多金融资源配置到经济社会发展的重点领域和薄弱环节"。那么，在当前背景下，大量的金融资源脱离实体经济部门逆向流入金融、房地产等虚拟化程度较高领域的现象是否会对实体经济的发展造成影响？如果会，又是通过何种机制产生影响？对于这些问题的回答不仅有助于深刻认识经济金融化的微观经济后果，而且可以为政府制定"防控金融风险""振兴实体经济"的一系列经济政策提供理论依据，因此，这是一个亟待解决的重要而现实的问题。

理论层面而言，实体企业投资金融产品，会对主业业绩带来正面和负面两个方面的影响。一方面，企业运用部分闲置资金进行短期的金融资本投资可以盘活资金，增强企业资产的流动性，实现资本的保值、增值，在一定程度上能够预防未来用于主业投资的资金出现短缺的情况，从而促进实体企业主业的发展，本文将这一影响称之为"蓄水池"效应（Reservoir Effect）；但另一方面，实体企业将资源过多地用于金融以及房地产投资，使得企业缺乏足够的资金进行设备更新升级以及产品的研发创新（谢家智等，2014；王红建等，2016；Tori and Onaran，2017），进而抑制企业主业的发展，即金融化也具有"挤出"效应（Crowding Out Effect）。因此，金融化对实体企业主业发展影响的方向并不确定，二者之间的关系是一个需要解决的实证问题。

就笔者目前所涉猎的文献看，国内外大多数学者是从宏观或行业层面对经济金融化的经济后果展开的分析，鲜有学者从微观层面对实体企业金融化的经济后果展开研究，仅有的几篇微观层面的文献也仅仅考虑了金融化对企业创新、实体投资等方面的影响（谢家智等，2014；张成思和张步昙，2016；Tori and Onaran，2017），但他们未进一步讨论金融化对企业未来主业业绩的影响，而企业的创新和实物投资则很可能仅是金融化作用于主业业绩的重要渠道。此外，考虑到实体企业金融化行为不可避免地会受到外部环境的影响，因此，在考察金融化对实体企业未来主业发展的影响时，本文还探讨了外部环境因素对二者关系的调节效应。具体而言，本文将宏观层面的货币政策、中观层面的金融生态环境纳入分析框架，并尝试回答如下问题：金融化对实体企业主业的影响是否会因货币政策以及金融生态环境的差异而有所不同？

本文的贡献主要体现在以下几个方面。

（1）现有文献大多从宏观的框架探讨了金融化的经济后果，金融化是一个复杂的过程，通过宏观层面的数据尽管能从整体上把握大致的趋势，但不能捕捉到企业行为异质性因素（Orhangazi，2008）。与以往大部分文献不同的是，本文以微观企业金融化现象为切入点，为经济金融化提供了来自新兴市场的微观证据。

（2）Orhangazi（2008）、张成思和张步昙（2016）、Tori和Onaran（2017）检验了金融化对实业投资率的影响，谢家智等（2014）、王红建等（2017）检验了金融化对企业创新的影响。相比于以上文献，本文在以下三个方面作了增量贡献：①企业可能通过短期的金融投资收益给财务报表"掺水",本文借鉴胡聪慧等(2015)的方法,从企业业绩中剥离掉金融投资收益,更为"干净"地考察了金融化对实体企业主业业绩(更能代表企业的持续发展能力以及实体经济的发展)的影响;②本文采用中介效应模型,系统地检验了金融化影响实体企业主业业绩的作用机制,发现研发创新的下降、实物投资的减少是金融化影响主业发展的两个中介因子,这是对以上文献的进一步补充与深化,有助于更好地认识经济金融化对微观企业产生的经济后果;③企业的发展不可避免地会受到外部环境的影响,因此,本文将宏观层面的货币政策以及中观层面的区域金融生态环境纳入分析框架,从理论层面分析了这些因子可能存在的调节机制,并在实证上进行了检验,这有利于捕捉到在不同货币环境、金融生态环境中金融化的差异效应。

(3)目前已有大量文献研究公司的投资行为。随着实体产业竞争加剧、金融工具不断丰富创新,越来越多的实体企业将配置金融资产作为一项重要的投资活动。本文立足于金融投资,研究了金融化对实体企业主业的影响,对企业投资行为的研究进行了丰富与补充。

(4)本文以实体企业金融化现象为切入点,探讨宏观货币政策、金融生态环境对微观企业业绩的间接影响,有助于深化理解经济环境与微观企业行为之间的互动关系。

二 理论分析与假设提出

(一) 实体企业配置金融资产的微观机理

代理问题对企业财务决策有着十分重要的影响。所有权和经营权的分离滋生了管理者与股东之间的第一类委托—代理问题,由于激励不相容和信息不对称,管理者对于企业金融资产配置决策有着极大的自由裁量权,并且有动机利用管理权获取私有收益:①相比于实体经济部门,金融业、房地产业被认为是拥有超额利润的两大暴利行业(王红建等,2016),金融投资收益率远远大于实体资本收益率,出于获取短期超额收益的动机,管理者的投资视野将缩短,更倾向于通过配置金融资产进行投机套利,而忽视利于企业长远发展的实体投资。②企业对于金融投资业绩存在"重奖轻罚"的现象(徐经长和曾雪云,2010),即管理者获取金融投资收益越高,其所获得的薪酬也越高,但如果金融投资出现亏损,管理者则可以将这些损失归咎于市场风险等外部因素,从而减小对自身利益的损害,因此,这在一定程度上刺激了管理者的金融投资行为。此外,中国上市公司股权高度集中,大股东和中小股东之间的第二类代理冲突也较为严重,大股东具有通过配置金融资产获取短期利益,并采取资金占用、关联交易等方式实现利润转移的动机和能力。当大股东与中小股东的代理问题较为严重时,短期的金融投资很可能沦为大股东获取控制权私利的工具,文春晖和任国良(2015)指出,虚拟终极控制人在金字塔结构的掩护下,热衷于将企业资源投向房地产、金融等虚拟经济领域,通过激进的资本投机套利策略获取短期收益。综上所述,由于两类代理问题的存在诱发实体企业的投机套利偏好,进而增加金融投资。

资源依赖理论指出,企业要保持竞争优势离不开外部关键资源的获取,例如,获取信贷资金进行投资,但金融市场往往不完善,企业不可避免地会面临融资约束。根据预防性储蓄理论,相比于固定资产、无形资产等长期资产具有期限长、变现差、不可逆性等特征而言,由于金融资产具有较强的变现能力、较低的调整成本,企业持有金融资产可以作为规避未来不确定性的"前瞻性"策略,金融投资决策可能是为了在长期内增加资金供应,满足实体投资的需要,当未来主业投资缺乏资金时,实体企业可以通过出售流动性较强的金融资产获取资金,从而减小对外部融资的依赖,以降低融资约束,缓解投资不足问题。Tornell(1990)认为企业为应对不确定性,可能选择投资于流动性较强的金融资产而非固定资产。此外,产业资本金融化能够拓宽企业融资渠道,Theurillat等(2010)指出金融化有利于资源在空间上进行配置,在一定程度上能增加用于主业投资的资源,并且金融化还可能改善企业资产负债表,从而增强融资能力。因此,实体企业配置金融资产可能是出于长远发展的战略动机,而不是由两类代理问题导致。

(二)研究假设的提出

实体企业配置金融资产主要可能产生两种效应:一是"挤出"效应;二是"蓄水池"效应。"挤出"效应是指由于企业资源的有限性,金融投资与实体投资实际上是一种替代关系(Tobin,1965),即在资源总量一定的情况下,如果企业将更多资源用于短期的金融投资,那么用于长期不可逆的实体投资的资金将减少。大量的经验研究为上述观点提供了证据,例如,谢家智等(2014)、Seo等(2012)、王红建等(2017)发现金融化挤出了企业的研发创新,Orhangazi(2008)、张成思和张步昙(2016)、Tori和Onaran(2017)发现金融化挤出了企业固定资产等实物资本投资。"蓄水池"效应是指金融资产具有较强的变现能力、较低的调整成本,当企业未来资金出现短缺时,可以通过出售金融资产的方式获取资金,减小对外部融资的依赖,弥补主业投资的不足,从而起到"反哺"主业的作用。

战略动机的观点和代理问题的观点都可以促使实体企业配置金融资产,但在不同观点下金融化作用于主业业绩的方式会有显著的差异。一方面,基于长远发展的战略动机,在未来遭受现金流冲击造成主业投资缺乏资金时,企业会将配置金融资产所获得的收益投资于主业,即通过金融资产的"蓄水池"效应反哺主业,从而减弱主业投资对外部融资的依赖,降低财务困境成本(Stulz,1996),那么,这不仅有助于减弱金融化的"挤出"效应,甚至会对实体企业的主业产生"挤入"效应。但另一方面,基于委托—代理理论的观点,由于第一类代理问题和第二类代理问题都可能导致实体企业投资于金融资产,这种情况下的金融化将使得企业的投资视野短期化,尽管金融资产的配置可能会获取一定的收益,增加企业的现金流,但由于主业投资(尤其是研发创新活动)通常具有周期长、结果不可预测、失败风险大等特征,企业管理者和大股东出于降低私人成本的考虑,也不愿意将这些资金投资于主业,更可能选择继续投资到短期收益高的金融、房地产领域,以期获得管理权私利和控制权私利(文春晖等,2016),如此形成一种"配置金融资产—获取收益—配置金融资产"的"炒钱"循环。王红建等(2016)的研究表明,实体企业跨行业套利并没有缓解企业投资活动面临的融资约束,反而主业投资不断缩小,造成实体企业逐渐"空心化"。这种情况下,金融化的"挤出"效应将被放大,而"蓄水池"效应将被削弱,进而导致金融化的"挤出"效应大于"蓄水池"效应,最终扭曲实体企业投资计划,造成资本错配问题。

综上所述,实体企业金融化对未来主业业绩的净效应取决于"蓄水池"效应和"挤出"效应的相对大小,基于战略观的金融化所导致的"挤出"效应会弱于"蓄水池"效应,从而有利于促进主业发展,而基于代理观的金融化所导致的"挤出"效应

会远大于"蓄水池"效应,这将造成实体企业严重的资本错配问题,最终对企业主业发展产生抑制作用。因此,本文提出:

H1-1:如果"蓄水池"效应占主导,那么金融化对企业未来主业业绩具有正向影响;

H1-2:如果"挤出"效应占主导,那么金融化对企业未来主业业绩具有负向影响。

货币政策是各国政府调控经济的重要手段之一,是企业进行投融资决策时不得不考虑的重要因素,它主要通过信贷渠道(Credit Channel)和货币渠道(Money Channel)来影响经济活动(Bernanke and Blinder, 1992; Bernanke and Gertler, 1995)。近年来,宏观货币政策对微观企业行为的影响也得到了国内学者的广泛关注(祝继高和陆正飞,2009;饶品贵和姜国华,2011),那么,货币政策是否会影响金融化与实体企业主业业绩之间的关系?

企业面临的宏观经济环境发生改变时,为应对这些环境的变化,企业管理者、债权人等的行为也可能发生改变(Gertler and Gilchrist, 1994)。在货币政策宽松时期,企业面临的融资约束降低,能够以更低的成本获得更多的资金,由于可支配资金更多,企业管理者会选择配置更多的金融资产,当企业在未来有较好的实体投资机会但限于资金不足时,可以释放更强的流动性来补充主业投资,从而对主业的发展起到促进作用。因此,本文提出:

H2-1:宽松的货币政策会增强金融化的"蓄水池"效应。

此外,在货币政策宽松时期,管理者对市场预期较好,投机心理增强,并且相比于固定资产等实物投资,企业虚拟投资活动面临的融资约束可能更大(付文林和赵永辉,2014),一旦企业可获得的资金增加,管理者将资金投向金融、房地产领域的概率将提高,而实体企业通过增加债务的方式获取资金进入金融、房地产行业实质上是一种加杠杆"套利"行为(王红建等,2016),采用扩大借贷杠杆的方式进行金融资本投资,实际上加剧了资本错配问题(文春晖等,2016)。张成思和张步昙(2016)的研究就发现宽松的货币政策会增强金融化对实体投资的"挤出"效应。反之,在货币政策紧缩时期企业面临的不确定性程度较高(饶品贵和姜国华,2011),管理层一般会做出更为稳健谨慎的投资决策,对投资的风险评估能力也会增强,所作出的金融投资决策也可能会更加合理。在货币政策紧缩时期,信贷市场中的逆向选择和道德风险增大(Bernanke and Gertler, 1995),外部债权人为防范较高的债务违约风险,会更加密切关注企业资金的使用,加强贷前审查和贷后监督,从而更为主动地发挥监督治理作用,约束企业管理者利用信贷资金进行资本炒作的行为。因此,本文提出:

H2-2:宽松的货币政策会增强金融化的"挤出"效应,抑制"蓄水池"效应的发挥。

李扬和张涛(2009)、刘煜辉等(2011)和王国刚等(2015)从政府治理、经济基础、金融发展以及制度与诚信文化四个维度对中国各地区金融生态环境进行了综合评价。接下来,本文将阐述金融生态环境影响金融化与实体企业主业发展之间关系可能存在的机制。

较好的金融生态环境意味着金融市场发展程度较高。由于金融发展程度更高,在金融生态环境较好的地区,企业能够购买的金融产品也较多,发达的金融市场、金融中介可以使企业较容易地从事金融投资活动，并且在金融发展程度较高的地区，企业面临的融资约束更少（Demirgüç‐Kunt and Maksimovic，2002），这也为企业配置更多金融资产提供可能，因此可能导致更明显的"挤出"效应。Tori 和 Onaran（2017）的研究发现，金融化对企业投资的"挤出"效应在金融发展程度较高的地区更大。如果企业陷入"以钱炒钱"的发展模式，这将对实体企业主业的发展造成极大的不利影响。因此，本文提出：

H3-1：金融生态环境会增强金融化的"挤出"效应。

金融生态环境可以作为一种外部治理机制，具体体现为以下三个方面：①金融生态环境较好意味着更严格的金融监管以及更完善的金融法治体系，短期的金融投机套利行为能得到有效的约束，而在金融生态环境较差的地区，司法和执法力度不足，由于缺乏监管，企业通过金融投机套利的行为会加剧；②在金融生态环境较好的地区，金融机构等债权人的经营独立性更强、市场化程度更高，银行会更积极主动地发挥债权人的监督治理作用，全面收集企业的相关信息，以甄别企业投机动机，强化对信贷资金的风险控制，提高资金的利用效率（谢德仁和陈运森，2009）；③在金融生态环境较好的地区，金融教育得到了广泛普及，投资者具备着更完善的金融知识素养，并且由于有着较好的信息环境，投资者不仅有动机而且有能力去关注和监督企业的金融投机行为。综上所述，金融生态环境较好的地区，监管部门、银行、市场投资者对企业金融投机更容易识别和监督，这有利于资金配置到真正具有"蓄水池"动机的企业，而不是配置到具有投机动机的企业。本文认为如果实体企业在金融资产配置行为中具有明显的投机动机，金融化对实体投资的"挤出"效应会更大，王红建等（2017）的研究也佐证了这一论点，他们发现套利动机越强，金融化"挤出"创新就越明显。据此，本文提出：

H3-2：金融生态环境有利于增强金融化的"蓄水池"效应。

综合上文分析，实体企业金融化对主业发展的影响在理论上存在两种截然不同的解释，其净效应则取决于"蓄水池"效应和"挤出"效应之间的相对大小，而外部的货币政策、金融生态环境则又可能增强或减弱"蓄水池"效应和"挤出"效应，进而调节金融化和实体企业主业发展的关系。

三 研究设计

（一）样本选取和数据来源

本文选取 2008—2014 年中国沪深两市 A 股上市公司为研究样本，并按照以下原则进行样本筛选：①剔除金融、保险类以及房地产行业上市公司；②剔除相关数据缺失的样本。最终，本文共得到 11228 个公司—年度观测值。其中，企业未来主业业绩为 $t+1$ 期指标，因此，本文实际使用的样本区间为 2008—2015 年共 8 个年度。研究中所使用的财务数据来自 CSMAR 数据库，货币政策相关指标来自中经网统计数据库，地区金融生态环境指标来自《中国地区金融生态环境评价》课题组（李扬和张涛，2009；刘煜辉等，2011；王国刚等，2015）。为克服极端值的影响，本文对模型中所有连续变量进行了 1% 和 99% 分位的缩尾（Winsorize）处理。

(二) 主要变量定义

变量定义如下。

1. 金融化程度（Fin）指标。本文借鉴 Demir (2009)、谢家智等 (2014)、宋军和陆旸 (2015) 的做法，以企业持有的金融资产比例表示金融化程度。根据企业的资产负债表，本文将交易性金融资产、衍生金融资产、发放贷款及垫款净额、可供出售金融资产净额、持有至到期投资净额、投资性房地产净额都纳入金融资产的范畴。需要说明的是，尽管货币资金也属于金融资产，但经营活动本身也会产生货币，因此，本文中的金融资产未包括货币资金。此外，现代房地产越来越脱离实体经济部门，具有虚拟化特征（宋军和陆旸，2015），大量进入房地产的资金是用来投机炒作而非用于经营生产。根据《企业会计准则第 3 号——投资性房地产》的定义，投资性房地产是指为赚取租金或资本增值，或两者兼有而持有的房地产，它能较好地衡量实体企业房地产投资的情况，因此，本文在企业金融化的衡量过程中包括了投资性房地产净额项目。由此，企业金融化程度（Fin）的计算公式为：Fin =（交易性金融资产 + 衍生金融资产 + 发放贷款及垫款净额 + 可供出售金融资产净额 + 持有至到期投资净额 + 投资性房地产净额）/ 总资产。

2. 企业未来主业业绩（$CorePerf_{t+1}$）。参考胡聪慧等 (2015) 的方法，本文采用剔除金融投资收益的下年度资产收益率来衡量企业未来主业业绩，两个指标的具体计算公式为：①$CorePerf1_{t+1}$ =（营业利润 – 投资收益 – 公允价值变动收益 + 对联营企业和合营企业的投资收益）/ 总资产；②$CorePerf2_{t+1}$ =（利润总额 – 投资收益 – 公允价值变动收益 + 对联营企业和合营企业的投资收益）/ 总资产。

3. 货币政策变量（MonetaryPolicy）。祝继高和陆正飞 (2009) 使用了中国人民银行和国家统计局共同合作完成的《银行家问卷调查》提供的货币政策感受指数来度量货币政策的松紧程度，但货币政策感受指数具有较强的主观成分，鉴于此，本文设置了如下两个变量（MP1、MP2）来衡量货币政策的宽松程度：①MP1，用 M2 的增长率来衡量；②MP2，用 M2 增长率减去 GDP 增长率再减去 CPI 增长率的差额来衡量。MP1、MP2 越大代表货币政策越宽松。

4. 金融生态环境（Dumfenv）。本文采用"中国地区金融生态环境评价"课题组的金融生态环境综合指数来衡量地区金融生态环境，该指数从政府治理、经济基础、金融发展以及制度与诚信文化四个维度对中国各地区金融生态环境进行了综合评价（李扬和张涛，2009；刘煜辉等，2011；王国刚等，2015）。本文定义了一个虚拟变量，若综合评分大于 0.50，则赋值为 1，表示区域金融生态环境较好；否则为 0，表示金融生态环境较差。

(三) 计量模型设定

为验证 H1 – 1 和 H1 – 2，本文构建了模型 (1)，以考察金融化对企业未来主业业绩的影响。若 H1 – 1 成立，预计 Fin 的回归系数显著大于 0，即表明金融化提高了企业未来主业业绩；若 H1 – 2 成立，预计 Fin 的回归系数显著小于 0，则表明金融化降低了企业未来主业业绩。本文在模型 (1) 中纳入了财务特征、公司治理以及外部治理等方面的控制变量，具体包括：负债情况（Lev）、投资机会（Growth）、企业规模（Size）、第一大股东持股比例（Top1）、管理层持股（Msh）、董事会规模（Board）、独立董事比例（Indep）、领导权结构（Dual）、产权性质（State）以及机构投资者持股比例（Ins）。此外，Industry代表行业固定效应，用以控制行业层面的差异，根据证监会公布的《上市公司行业分类指引（2001年版）》的划分标准，制造业按照二级行业代码分类，其他行业按照一级代码分类。Year为时间固定效应，用来控制不可观测时间因素对企业的共同冲击。

$$
\begin{aligned}
CorePerf_{t+1} = & \alpha_0 + \alpha_1 Fin + \alpha_2 Lev + \alpha_3 Growth + \alpha_4 Size + \alpha_5 Top1 + \alpha_6 Msh \\
& + \alpha_7 Board + \alpha_8 Indep + \alpha_9 Dual + \alpha_{10} State + \alpha_{11} Ins \\
& + \sum \alpha_i Industry + \sum \alpha_j Year + \varepsilon
\end{aligned} \quad (1)
$$

为考察货币政策对金融化与企业未来主业业绩之间关系的调节效应，本文构建了模型（2），本文重点关注企业金融化与货币政策的交互项 $Fin \times MonetaryPolicy$，如果H2-1成立，则 $\beta_2 > 0$，即宽松的货币政策增强了金融化的"蓄水池"效应；如果H2-2成立，则预期 $\beta_2 < 0$，即宽松的货币政策增强了金融化的"挤出"效应，抑制了"蓄水池"效应。

$$
\begin{aligned}
CorePerf_{t+1} = & \beta_0 + \beta_1 Fin + \beta_2 Fin \times MonetaryPolicy + \beta_3 MonetaryPolicy + \beta_4 Lev \\
& + \beta_5 Growth + \beta_6 Size + \beta_7 Top1 + \beta_8 Msh + \beta_{10} Board + \beta_{11} Indep \\
& + \beta_{12} Dual + \beta_{13} State + \beta_{14} Ins + \sum \beta_i Industry + \varepsilon
\end{aligned} \quad (2)
$$

对于H3-1、H3-2，本文构建了检验模型（3），重点关注企业金融化与金融生态环境的交互项 $Fin \times Dumfenv$，如果H3-1成立，则预期 $\gamma_2 < 0$，即金融生态环境增强了金融化的"挤出"效应；如果H3-2成立，则预期 $\gamma_2 > 0$，即金融生态环境增强了金融化的"蓄水池"效应，抑制了"挤出"效应。为避免多重共线性问题，本文对交互项进行了中心化处理。

$$
\begin{aligned}
CorePerf_{t+1} = & \gamma_0 + \gamma_1 Fin + \gamma_2 Fin \times Dumfenv + \gamma_3 Dumfenv + \gamma_4 Lev + \gamma_5 Growth \\
& + \gamma_6 Size + \gamma_7 Top1 + \gamma_8 Msh + \gamma_{10} Board + \gamma_{11} Indep + \gamma_{12} Dual \\
& + \gamma_{13} State + \gamma_{14} Ins + \sum \gamma_i Industry + \sum \gamma_j Year + \varepsilon
\end{aligned} \quad (3)
$$

四 实证结果

表1报告了本文基本假设的检验结果，第（1）、（3）列为单变量回归结果，第（2）、（4）列纳入了模型（1）中的控制变量。当被解释变量为 $CorePerf1_{t+1}$ 时，Fin的回归系数分别为 -0.0638 和 -0.0538，均在1%的水平上显著。经济意义方面［第（2）列］，Fin每增加一个标准差，$CorePerf1_{t+1}$ 将大约减少 0.29（0.0538×0.0545）个百分点，这相当于样本均值的 9.57%（0.0029/0.0303）；当被解释变量为 $CorePerf2_{t+1}$ 时，Fin的回归系数分别为 -0.0680 和 -0.0574，同样在1%的水平上显著，经济意义方面［第（4）列］，Fin每增加一个标准差，$CorePerf2_{t+1}$ 将大约减少 0.31 个百分点（0.0574×0.0545），这相当于样本均值的 7.85%（0.0031/0.0395）。以上结果符合H1-2的预期，拒绝了H1-1，即实体企业金融化的"挤出"效应要大于"蓄水池"效应，意味着金融化程度越高的企业，其未来主业的表现会越差，实体企业配置金融资产很可能是出于投机套利动机，而不是为了通过"蓄水池"机制反哺主业。尽管实体

企业进行金融投资能获取一定的投资收益，从而增加企业的现金流，但在资本逐利动机的驱使下，企业很可能继续将这些资金配置到金融资产，进而陷入"配置金融资产—获取收益—配置金融资产"的炒钱循环中，显然这会让企业的资产配置行为偏离主业的发展，罗来军等（2016）的研究能较好地佐证这一观点，他们发现企业的利润大量地流向了虚拟经济领域，利润对企业固定资产的增长没有起到显著的促进作用。

表1　　　　　　　　　　实体企业金融化与未来主业业绩

	（1）	（2）	（3）	（4）
	$CorePerf1_{t+1}$	$CorePerf1_{t+1}$	$CorePerf2_{t+1}$	$CorePerf2_{t+1}$
Fin	-0.0638***	-0.0538***	-0.0680***	-0.0574***
	(-5.6492)	(-5.0742)	(-5.8514)	(-5.0376)
_cons	0.0317***	-0.2220***	0.0410***	-0.1213***
	(46.5889)	(-13.5642)	(60.8499)	(-6.9855)
CVs	否	是	否	是
Industry fe	否	是	否	是
Year fe	否	是	否	是
r2_a	0.0026	0.2440	0.0031	0.1836
F	31.9137***	68.0700***	34.2386***	50.3514***
N	11228	11228	11228	11228

注：t值采用robust修正；*、**、***分别代表在10%、5%和1%的水平上显著，CVs代表控制前文所述的一系列控制变量，下同。

为考察宏观货币政策对实体企业金融化与未来主业业绩之间关系的调节效应，本文对模型（2）进行了检验。表2报告了回归结果［第（1）—（4）列］，其中，Fin的回归系数依然都在1%的水平上显著为负，本文重点关注的是宏观货币政策与实体企业金融化的交互项（Fin×MP1、Fin×MP2），结果显示，当被解释变量是 $CorePerf1_{t+1}$ 时，Fin×MP1的回归系数为-0.5587，Fin×MP2的回归系数为-0.3937，分别在1%和5%的水平上通过统计检验；当被解释变量是 $CorePerf2_{t+1}$ 时，Fin×MP1的回归系数为-0.4611，在5%的水平上显著，Fin×MP2的回归系数为-0.3424，在10%的水平上显著。以上结果表明，宽松的货币政策增强了金融化对实体企业主业业绩的负面影响，这一结果支持了H2-2的预期，在货币政策宽松时期，由于管理者的投机心理增强、银行对信贷资金监管放松，实体企业通过加杠杆的方式配置更多金融资产损害了主业的发展。

由于中国幅员辽阔，区域金融生态环境存在十分明显的差异，这为本文研究实体企业金融化对企业主业发展的异质性影响提供了良好的背景场所。表2的第（5）、（6）列报告了检验结果，Dumfenv的回归系数均在1%的水平显著为正，说明良好的金融生态环境有利于提高企业的主业业绩，Fin的回归系数仍然在1%的水平显著为负。本文重点关注的是金融生态环境与实体企业金融化的交互项Fin×Dumfenv，可以发现Fin×Dumfenv的回归系数分别为0.0764、0.0849，且都在1%的水平上通过统计检验，该结果说明金融生态环境的改善削弱了金融化对实体企业未来主业业绩的负面影响,这和 H3-2 的预期一致,金融生态环境可以作为一种良好的外部治理机制,能够提高资金的配置效率,减弱投机套利动机,从而削弱金融化对实体企业主业发展的负面效应。

表2　　　　　　　　　　货币政策、金融生态环境的调节效应

	(1)	(2)	(3)	(4)	(5)	(6)
	$CorePerf1_{t+1}$	$CorePerf1_{t+1}$	$CorePerf2_{t+1}$	$CorePerf2_{t+1}$	$CorePerf1_{t+1}$	$CorePerf2_{t+1}$
Fin	-0.0538***	-0.0546***	-0.0581***	-0.0586***	-0.0604***	-0.0646***
	(-5.0688)	(-5.1594)	(-5.0832)	(-5.1261)	(-5.7477)	(-5.7035)
$Fin \times MP1$	-0.5587***		-0.4611**			
	(-2.8494)		(-2.2067)			
$Fin \times MP2$		-0.3937**		-0.3424*		
		(-2.3402)		(-1.9266)		
$Fin \times Dumfenv$					0.0764***	0.0849***
					(3.5272)	(3.6055)
_cons	-0.2229***	-0.2064***	-0.1210***	-0.1056***	-0.2188***	-0.1177***
	(-13.6131)	(-12.6616)	(-6.9635)	(-6.1089)	(-13.3510)	(-6.7887)
CVs	是	是	是	是	是	是
Industry fe	是	是	是	是	是	是
Year fe	否	否	否	否	是	是
r2_a	0.2418	0.2341	0.1810	0.1741	0.2480	0.1884
F	75.1827***	72.9672***	54.5516***	52.6816***	66.4603***	49.5679***
N	11228	11228	11228	11228	11228	11228

五　作用机制检验

前文检验结果表明金融化损害了企业未来主业业绩,但中间的作用机制仍停留在理论分析层面,本文尝试提供进一步的经验证据,以期打开实体企业金融化影响主业发展的"黑箱"。

(一) 检验"蓄水池"效应是否存在

根据第一种观点,即企业持有流动性较强的金融资产,可以起到预防性的"蓄水池"作用,当企业在未来面临现金流短缺时,可以释放流动性储备以把握投资机会,缓解投资不足问题。本文通过 Richardson (2006) 的模型来估计企业投资不足程度,以考察企业金融化是否能缓解未来投资不足程度。本文的检验结果显示,没有足够的证据能表明金融化具有"蓄水池"效应,从而缓解实体企业未来投资不足。

(二) 检验"挤出"效应是否存在

本文利用 Baron 和 Kenny (1986) 的中介效应 (Mediation Effect) 检验程序考察金融化是否通过挤出企业创新以及实物资本投资的路径影响未来主业业绩。本文采用专利申请数 ($Lnpatent_{t+1}$) 来衡量企业创新,根据专利法的定义,发明创造是指发明、实用新型和外观设计,相比于实用新型、外观设计 ($Lnpatentud_{t+1}$),发明专利 ($Lnpatenti_{t+1}$) 创新程度更高,更能提升企业价值。因此,本文将发明专利定义为高质量创新,实用新型、外观设计定义为较低质量创新。此外,本文对创新的三个代理变量加 1 后再取自然对数。实物资本投资 ($CapitalInv_{t+1}$) 计算公式为: $CapitalInv_{t+1}$ = △ (固定资产 + 在建工程 + 工程物资) /总资产。本文的检验结果显示,创新和实物资本投资是金融化影响企业未来主业业绩的部分中介因子,Sobel 检验进一步证实了这一判断。总体上,支持了"挤出"效应的观点。

六 补充的检验: 考虑产权性质

企业产权性质一直是学术界关注的重要问题。金融化对主业业绩的影响是否会因实体企业的产权性质差异而有所不同?一方面,国有企业与政府有着天然的联系,由于存在预算软约束问题,相比于非国有企业,国有企业能够更容易获得政府的资金支持以及金融机构的贷款,其面临的融资约束问题更弱,因此,金融化的"蓄水池"效应在国有企业会更不明显,那么国有企业配置金融资产很可能是出于投机套利动机;另一方面,代理冲突问题是影响资金空转的重要因素 (文春晖等,2016),由于复杂的委托—代理链,国有企业存在着严重的内部人控制问题,相比于非国有企业,国有企业的代理问题更为严重,管理者容易迫于短期业绩的压力增加"短视"行为,放弃购建固定资产、进行研发创新等长期活动,而进行金融投机套利活动。因此,本文推测,相比于非国有企业,国有企业的金融化对未来主业业绩的损害效应更大。本文按照产权性质将样本分为国有企业组和非国有企业组,检验结果显示:相比于非国有企业,金融化对国有企业的未来主业业绩的损害效应更大,而且本文也对组间差异进行了统计检验,均证实了该预期。

七 研究结论与启示

(一) 研究结论

由于实体经济不景气,越来越多的实体企业将资金投入高收益率的金融、房地产行业。针对这一现状,本文基于中国上市公司的经验数据,研究了实体企业金融化对其未来主业业绩的影响,进一步考察了货币政策和金融生态环境对两者关系的调节效应,并检验了实体企业金融化对其未来主业业绩的作用机制。本文的研究表明,总体上,金融化损害了微观企业的未来主业业绩,并且该效应随着宏观货币政策变宽松而加剧,地区金融生态环境则削弱了金融化对企业未来主业业绩的负面影响。进一步的作用机制研究表明,金融资产并未扮演"蓄水池"角色而缓解企业未来投资不足,反而通过降低企业的创新产出和实物投资负面影响了企业的未来主业业绩,这支持了"挤出"效应占主导的观点。最后，本文还发现国有企业金融化对其主业的损害更大。

(二) 启示与对策建议

1. 抑制资产泡沫与提高实业投资回报率相结合。本文发现金融化对实体企业主业发展的影响主要体现为"挤出"效应，而"蓄水池"效应不明显，其根源在于实体企业金融化背后隐藏着严重的两类代理问题，这可能驱使企业陷入"配置金融资产—获取收益—配置金融资产"的炒钱循环，从而搁置实业投资计划，影响主业发展。据此，本文提出以下应对措施。①加强金融监管，抑制资产泡沫。政府部门可利用互联网、云计算等新兴信息技术平台加大金融监管的力度、增大金融监管的频率，对实体企业的金融投机行为进行甄别，严格打击乱加杠杆、违规套利的行为。此外，本文发现金融化对实体企业主业的负面影响在国有企业中更为明显，因此，在金融监管过程中要着重甄别国有企业金融投资行为的投机动机。②提高实业投资的回报率，增加实业投资热情。政府需要营造良好的实业投资和创新氛围，例如通过更多的减税降费、技术补贴等方式吸引实体企业集中精力到主业上，同时加快对传统工业企业进行转型升级的步伐，降低企业的生产成本和生产周期，提高实体企业的创新能力和生产效率，以此缩小实体资本与金融资本之间的收益率差距，降低金融投资对实体企业的吸引力，从而引导实体企业回归本源、专注主业。③实体企业金融化背后可能隐藏着严重的两类代理问题，因此，要构建现代公司治理体系，减轻代理冲突。一方面，需要在企业薪酬契约中，强化主业业绩与管理者薪酬之间的敏感性，并且要完善董事会职能，特别是要加强金融投资事项的审核与监督；另一方面，要完善股权结构，健全监督机制，抑制大股东通过其控制权从事短期的投机套利活动。

2. 在发挥货币政策振兴实体经济作用时，要着重防范信贷资金"脱实向虚"。本文的研究发现，在货币政策宽松时期，管理者或者大股东可能出于"赚快钱"的动机，通过加杠杆的方式进行金融投机套利活动，从而缩短企业的投资视野，增强金融化的"挤出"效应，削弱"蓄水池"效应，进而加剧金融化对主业的负面影响。这表明，尽管在经济下行期政府可以通过宽松的货币政策来刺激实体经济的发展，但在实体经济投资回报率偏低的情况下，宽松的货币政策会增大"衰退式泡沫"发生的可能性，如果增加的金融资源不用于实业投资，而投资于金融、房地产领域，则可能造成资产泡沫，反而不利于实体经济的发展。因此，金融部门在充分利用货币政策振兴实体经济的过程中，要加强对货币流动的方向和领域进行跟踪监测，弥补市场缺陷，防止信贷资金过多流向金融领域，以防范信贷资金"脱实向虚"。

3. 积极营造良好的金融生态环境，以有效防控金融风险、促进实体经济的发展。本文的结果证明了金融生态环境有助于削弱金融化对实体企业未来主业业绩的负面影响，即良好的金融生态环境在一定程度上能够抑制短期的投机套利行为，从而起到优化资本配置效率的作用。因此，政府需要采取有效措施营造一种良好的金融生态环境。对此本文提出：①建立长期有效的金融风险防范预警机制，对可能的风险点进行动态持续监控和评估。②普及金融知识，提高市场投资者的金融素质，积极推动投资者参与金融的监管治理。③建立健全实体企业金融投资的审批监督制度。为防范实体企业过多投资金融资产、扰乱整个金融市场，金融监管部门应该对实体企业投资金融资产的行为实行登记注册制，完善信息披露机制，对其金融投资品种、风险状况、数量波动以及投资期限等进行严格跟踪把控，以有效防控金融风险。

需要说明的是，本文虽然发现总体上实体企业金融化会对主业发展造成不利影响，但这并不代表对实体企业配置金融资产的全盘否定，随着金融的深化，如何顺应发展潮流、利用金融更好地促进实体经济发展将是一个十分重要的命题，特别是对于企业家而言，应当有长远的战略眼光，要充分发挥金融资产的以"蓄水池"功能为主业的发展服务，而不能"弃主业逐副业"。

参考文献

[1] 黄群慧. 论新时期中国实体经济的发展 [J]. 中国工业经济，2017，(9)：5—24.

[2] 李扬，张涛. 中国地区金融生态环境评价：2008—2009 [M]. 中国金融出版社，2009.

[3] 刘煜辉，陈晓升，沈可挺，安国俊. 中国地区金融生态环境评价 [M]. 社会科学文献出版社，2011.

[4] 罗来军，蒋承，王亚章. 融资歧视、市场扭曲与利润迷失——兼议虚拟经济对实体经济的影响 [J]. 经济研究，2016，(4)：74—88.

[5] 宋军，陆旸. 非货币金融资产和经营收益率的 U 形关系——来自我国上市非金融公司的金融化证据 [J]. 金融研究，2015，(6)：111—127.

[6] 王国刚，冯光华，刘煜辉，钟用，蔡真. 中国地区金融生态环境评价 (2013—2014) [M]. 社会科学文献出版社，2015.

[7] 王红建，李茫茫，汤泰劼. 实体企业跨行业套利的驱动因素及其对创新的影响 [J]. 中国工业经济，2016，(11)：73—89.

[8] 文春晖，任国良. 虚拟经济与实体经济分离发展研究——来自中国上市公司 2006—2013 年的证据 [J]. 中国工业经济，2015，(12)：115—129.

[9] 谢德仁，陈运森. 金融生态环境、产权性质与负债的治理效应 [J]. 经济研究，2009，(5)：118—129.

[10] 谢家智，王文涛，江源. 制造业金融化、政府控制与技术创新 [J]. 经济学动态，2014，(11)：78—88.

[11] 张成思，张步昙. 中国实业投资率下降之谜：经济金融化视角 [J]. 经济研究，2016，(12)：32—46.

[12] Bernanke, B. S., and A. S. Blinder. The Federal Funds Rate and the Channels of Monetary Transmission [J]. American Economic Review, 1992: 901 – 921.

[13] Bernanke, B. S., and M. Gertler. Inside the Black Box: The Credit Channel of Monetary Policy [J]. The Journal of Economic Perspectives, 1995, 9 (4): 27 – 48.

[14] Demir, F. Financial Liberalization, Private Investment and Portfolio Choice: Financialization of Real Sectors in Emerging Markets [J]. Journal of Development Economics, 2009, 88 (2): 314 – 324.

[15] Gertler, M., and S. Gilchrist. Monetary Policy, Business Cycles, and the Behavior of Small Manufacturing Firms [J]. The Quarterly Journal of Economics, 1994, 109 (2):

309-340.

[16] González, I., and H. Sala. Investment Crowding-Out and Labor Market Effects of Financialization in the US [J]. Scottish Journal of Political Economy, 2014, 61 (5): 589-613.

[17] Krippner, G. R. The Financialization of the American Economy [J]. Socio-Economic Review, 2005, 3 (2): 173-208.

[18] Luo, Y., and F. Zhu. Financialization of the Economy and Income Inequality in China [J]. Economic and Political Studies, 2014, 2 (2): 46-66.

[19] Orhangazi, Ö. Financialisation and Capital Accumulation in the Non-Financial Corporate Sector: A Theoretical and Empirical Investigation On the US Economy: 1973—2003 [J]. Cambridge Journal of Economics, 2008, 32 (6): 863-886.

[20] Richardson, S. Over-Investment of Free Cash Flow [J]. Review of Accounting Studies, 2006, 11 (2-3): 159-189.

[21] Seo, H. J., H. S. Kim, and Y. C. Kim. Financialization and the Slowdown in Korean Firms' R&D Investment [J]. Asian Economic Papers, 2012, 11 (3): 35-49.

[22] Stockhammer, E. Financialisation and the Slowdown of Accumulation [J]. Cambridge Journal of Economics, 2004, 28 (5): 719-741.

[23] Stockhammer, E., and L. Grafl. Financial Uncertainty and Business Investment [J]. Review of Political Economy, 2010, 22 (4): 551-568.

[24] Stulz, R. M. Rethinking Risk Management [J]. Journal of Applied Corporate Finance, 1996, 9 (3): 8-25.

[25] Theurillat, T., J. Corpataux, and O. Crevoisier. Property Sector Financialization: The Case of Swiss Pension Funds (1992-2005) [J]. European Planning Studies, 2010, 18 (2): 189-212.

[26] Tobin, J. Money and Economic Growth [J]. Econometrica, 1965, 33 (4): 671-684.

[27] Tornell, A. Real Vs. Financial Investment Can Tobin Taxes Eliminate the Irreversibility Distortion [J]. Journal of Development Economics, 1990, 32 (2): 419-444.

中国工业 70 年发展质量演进及其现状评价[*]

史　丹　李　鹏

一　工业发展质量的研究视角

工业高质量发展是适应经济从高速增长到高质量发展阶段转变的必然要求，同时也是工业发展阶段的历史演进。在不同的经济发展阶段，工业发展所面临的历史条件和内外部环境不同，所需解决的问题和承担的发展任务不同，发展质量呈现出明显的阶段性特征。国内不少学者从不同角度对工业各个发展阶段的重要成就、现状以及问题进行了回顾性总结（刘国光等，2006；金碚，2009；汪海波和刘立峰，2017；李金华，2019），但较少直接研究工业发展质量。郭克莎是较早研究经济增长质量的学者，其研究视角主要是从经济效率入手，把经济效率等同于经济增长质量，认为经济效率高就是质量好（郭克莎，1998）。一些文献虽然不是直接研究工业发展质量，但从不同角度关联工业发展质量，本文把其归纳为几类：一是效率视角。与郭克莎的观点类似，一些学者采用不同的方法，对工业效率进行了分析，如从工业全要素生产率分析工业效益（Kuan et al.，1988）；随着对生态问题的重视，一些学者在测算全要素生产率时，增加了环境因素，即绿色全要素生产率分析（陈诗一，2010；李玲等，2013）。二是结构优化的视角。一些学者研究高技术产业比重与中高端制造业出口产品质量和竞争力的关系（张杰等，2014；余淼杰和张睿，2018；施炳展和邵文波，2014）。三是产业协同的视角，即从产业协同的角度分析工业发展质量（唐晓华等，2018；唐红祥等，2019）。四是狭义质量的视角。这一视角研究工业产品供给质量的提升、企业品牌建设等（中国社会科学院工业经济研究所，2018）。上述角度实际上都是影响工业发展质量的一些因素，相关研究也证实了这些因素的作用，但都没有从经济发展阶段的角度动态地研究工业发展质量的演变，没有考虑不同阶段工业发展质量的标准及内涵的变化，研究分析局限于某个维度或某个特定方面，对工业发展质量评价标准比较单一。同时，没有把工业发展质量与经济发展质量、产品质量区分开来，研究范围和对象没有明确的界定。

本文认为，工业发展质量与经济发展质量以及产品质量既有区别又有联系。在现阶段，工业发展质量是中国经济发展质量的核心部分，是实现经济高质量的基础与条件。经济发展质量的范围大于工业发展质量，包括经济发展的稳定性、收入分配的合理性、国际收入平衡与货币稳定等（史丹等，2018）。经济发展阶段决定了工业发展质量的方向与目标。产品质量是工业发展质量的具体体现。工业品品牌、市场信誉度构成了工业

---

[*] 原文发表于《中国工业经济》2019 年第 9 期，收入本年鉴时有删减和修改。

发展质量的基本要素。工业发展质量不仅包括狭义的产品质量，还包括对潜在需求的满足程度、经济效益、环境影响等。基于此，本文认为工业发展质量的内涵与实质是对经济发展的贡献和作用。随着经济发展水平的提高，对工业发展质量的要求越来越高，工业发展质量的内涵与水平也随之不断丰富和提高，最终达到高质量发展阶段。基于这一思维逻辑，本文对工业发展质量的分析视角立足于不同经济发展阶段，从工业面临的需求出发，分析不同时期工业发展质量的内涵，然后综合不同阶段工业发展质量的内涵，作为全面动态分析工业发展质量的参考依据。

二 新中国成立以来工业发展质量的内涵及其深化

根据不同时期的主要特征，本文把新中国成立以来的经济发展分为四个阶段：改革开放前的数量短缺阶段、改革开放初期的产业结构调整阶段、加入WTO后的深度参与国际竞争阶段，以及党的十八大以来由高速度转向高质量发展阶段。历经这四个发展阶段的积累和历练，工业发展质量的内涵越来越丰富，质量水平越来越高，为中国经济发展由高速度转向高质量奠定了重要基础。

（一）计划经济时期的数量短缺与工业发展质量

数量与质量是一个问题的两个方面，没有数量就谈不上质量，没有质量的数量就要大打折扣。计划经济时期，工业发展面临的主要矛盾是工业生产体系不健全，生产能力低下，供给不足，工业消费品和生产资料处于严重短缺状态，甚至连最普通的螺丝钉都需要从国外进口。"有没有"是这一时期工业发展质量的主要矛盾。当时解决这一矛盾采取的主要措施是，集全国之力，实行计划经济体制，大力进行工业项目建设，建立健全工业生产体系。

在新中国成立后的前三年，中国工业以恢复生产为重点，同时以有限的资金保障工业的重点建设。经过三年的恢复与调整，形成了正常的工业生产秩序，工业生产增长迅速。以当年价计算，工业总产值由140.0亿元增至343.0亿元，年均增长34.9%，远高于发达国家同期增速。工业生产品种也有了较大增长，例如，1952年钢产品由原来不到100种增加到超过400种。

为了尽快恢复和发展国民经济，20世纪50年代初，中国全面向苏联学习，引进苏联与东欧社会主义国家的技术援助，与苏联签订了156项工业项目合同，实行计划经济，编制国民经济发展的五年计划以及工业企业管理制度等。"一五"时期，生产资料优先发展的方针对建立健全工业生产体系发挥了重要作用，工业总产值年均增长18.0%，增速高于同时期的发达国家，重工业比重提高至48.3%，其中，生产资料生产与消费资料生产年均分别增长17.8%与12.4%。46种主要工业品中有27种按时或超额完成了指令性计划指标，钢材种类已经超过4000种，多项工业品如飞机、发电设备、汽车、无缝钢管等实现了从无到有。"一五"时期大规模的工业建设为改变中国工业门类不全的落后状况奠定了基础。尽管后来中苏关系破裂，中国开始走自力更生的工业发展道路，但计划经济管理体制和管理方法一直沿用到中国改革开放前。

1958—1960年，中国经济发展出现严重不顾客观规律、提出不切合实际的发展目标的问题，过分强调"大干快上"，过分强调重工业优先发展，工业生产简单粗放，其中最为典型的是全民大炼钢铁。片面追求高速度增长，违反了工业增速与质量效益的相互依存关系，非但没有发展，反而造成较大的资源浪费。由于轻工业发展受到抑制，人民群众的正常生活也受影响，盲目追求数量目标的发展方式给经济发展带来严重损害。为了纠正经济发展的错误路线，1961 年前后中共中央通过了《关于当前工业问题的指示》与《工业七十条》，提出了"调整、巩固、充实、提高"的八字方针，相对放慢了工业增速，工业生产各项指标均平稳增长，钢计划产量大幅压减，轻工业年均增速达到21.2%，轻重工业比例严重失衡的问题有所好转，工业产品品种进一步增长。但这向好的发展趋势又遭遇"十年动乱"冲击，工业生产再次出现频繁波动，农轻重比例等一系列比例关系失调，能源、交通、通信等基础设施建设滞后，能源、原材料和交通运输能力严重短缺，一些严重缺电地区工业生产"停三开四"，产品运输积压严重，拖了工业发展的后腿。计划经济时期，集全国之力，中国搞成了"两弹一星"，但由于发展比例失调，工业增长速度大起大落，工业整体水平不高，工业发展效益较低，短缺问题一直没有得到解决，工业发展质量的问题突出表现在工业产品供给能力上。

（二）改革开放初期的产业结构调整与工业发展质量

1978 年党的十一届三中全会召开，通过了全会公报，标志着党和国家的工作重点转移到社会主义现代化建设上。改革经济管理体制，实行社会主义公有制为主体、多种所有制共同发展的制度，经济活力得到极大释放，工业经济发展进入了新阶段。过去以追求重工业高速增长为特征的发展模式逐渐被抛弃，工业发展逐步转向以提高经济效益为中心，更加注重工业内部重工业与轻工业的协调发展以及优化产品结构。改革开放初期，通过引进一大批国外先进设备，首先补齐了轻工业发展的短板，尤其是家电等耐用消费品供给增长较快，满足了改革开放初期人民群众对家电等生活用品的排浪式增长的需求，同时也带动了中国轻工业生产设备的更新换代，轻重工业发展呈现良性协调，改善了经济的效率与效益。与此同时，加强了能源、交通等基础设施建设，能源供应和公路、铁路运力稳定增长，为工业发展创造了有利条件，产品供应不断增长，钢、煤、水泥等一些工业品产量跃居世界第一，短缺问题得到初步缓解。"六五"时期至"九五"时期，工业总产值由 5400 亿元增至 8.6 万亿元，年均增长 14.8%；工业内部重化工业化趋势显现，重工业产值占比由 48.5% 升为 60.2%。该阶段内制造业增加值由 599.7 亿美元增至 3849.4 亿美元，增长 5.4 倍，占全球制造业的比重由 0.03% 提升至 6.3%，年均增长率达 10.3%。工业品产量持续增加，买方市场初步形成。工业发展质量的主要矛盾开始由"有没有"向"好不好"方面转换。但这一时期，工业发展存在重复技术引进、企业生产效益不高等问题，企业三角债问题严重，企业亏损率和亏损面较高，日用品和家电市场国产产品和品牌占有率逐步下降。沿海地区加工贸易发展迅速，但中国企业大部分为国外品牌代工。值得一提的是，中国平稳地度过了 1998 年亚洲金融危机，实现了"软着陆"，2000 年经济总量进入世界前 6 位，为中国进一步加快经济发展、提高工业发展质量奠定了基础。

（三）加入 WTO 后深度参与国际竞争与工业发展质量

中国于 2001 年加入 WTO，通过深度参与国际竞争、引入先进技术和生产能力，国民经济呈现出增长速度较快、经济效益较好、物价水平较低的态势。但中国经济仍未摆脱粗放型发展的特征，经济增长主要依靠投资拉动，进出口不平衡，对外贸易摩擦加剧，经济发展与能源、资源、环境等矛盾凸显。2002年党的十六大针对中国工业过去发展的经验与教训，进一步提出走科技含量高、经济效益好、资源消耗低、环境污染少、人力资源优势得到充分发挥的新型工业化道路。由过去强调"又快又好"转向"又好又快"，重视速度、质量、效益相协调，消费、投资、出口相协调，人口、资源、环境相协调，经济工作指导思想的重大转变，进一步促进了工业发展质量的提升。

加入 WTO 之后，中国工业深度参与国际产业分工，市场竞争加剧，使国内劳动力成本优势得到充分发挥，工业持续高速增长，工业发展注重产品品牌、企业品牌建设以及效率与效益的改进。2001—2012年，工业化水平提升速度明显加快，按1978年可比价格计算，工业全员劳动生产率由1.3万元/人增至4.9万元/人（按名义值计算结果显示由6.2万元/人迅速提高至21.5万元/人）。同时，工业总资产贡献率、成本费用利润率、产品销售率、资产利润率、流动资产周转次数均稳步上升。但多项指标在2008年国际金融危机时期受到了负面冲击。经过几十年的高速发展，中国拥有了联合国工业体系中所有的工业门类，形成了完整的生产体系，制造业规模位居全球第一位，220种工业品产量居世界首位。工业结构进一步优化，制造业产业价值链逐步向中高端延伸。据测算，该阶段内高技术产业产值占工业总产值的比重由10.2%上升至18.2%。

（四）新时期工业发展质量内涵的拓展

2013年以来，中国经济总量持续保持世界第二位，中国经济发展的国际环境发生了较大的变化。一些发达国家提出"再工业化"，由过去推行全球化转向"逆全球化"，在高技术领域围堵中国的发展；发展中国家利用劳动力成本优势，与中国争夺劳动密集型产业的生产。在国际环境变化和产业转型升级的双重影响下，中国工业增速放缓，部分行业出现产能过剩，对经济增长的贡献率落后于服务业。与此同时，新工业革命对工业生产和消费方式的影响日益显现。面对新问题、新挑战，继党的十八大提出五大发展理念之后，党的十九大进一步提出中国经济由高速度转入高质量发展，工业发展质量的内涵因此进一步深化与拓展。

根据发达国家的经济发展规律，随着经济发展水平的提高，制造业在GDP中的占比会有一个由低到高再由高到低的变化过程，与此同时，制造业也完成了从小到大、从大到强的转变。然而，并不是所有的国家都能顺利地同时完成这两个转变，"由高到低"易，"由大到强"难。目前世界上只有美国、德国、日本等少数几个国家，在制造业占GDP比重降为25%左右时已经成为世界制造强国（制造强国无一例外的是发达国家）。此外，还有相当多的国家，要么制造业占比没有实现"由低到高"的发展，要么在"由高到低"的调整中没有实现"由大到强"的转变。前者多以欠发达国家为主，后者则以陷入中等收入陷阱的国家为主。从产业结构看，工业发达国家的服务业占GDP比重无一例外地远远高于工业，但一些欠发达国家服务业占比也高于工业，两者的区别在于工业内部结构和工业对其他产业发展的支撑。近年来，中国工业的GDP占比虽然有所下降，但创新驱动力不断增长，技术密集型产业的比较优势进一步增强。2019年上半年，通用设备制造业、专用设备制造业、化学纤维制造业、电气机械和器材制造业、仪器仪表制造业等行业的出口交货值增速比劳动密集型产业高出3.0个百分点以上，有的增速接近10.0%。规模以上工业中，战略性新兴产业增加值同比增长

7.7%，高技术制造业增加值同比增长9.0%，分别高出全部规模以上工业增加值增速1.8个百分点和3.0个百分点。高技术制造业投资同比增长10.4%，增速比全部投资高出4.6个百分点。与此同时，随着中国劳动报酬的提高，中国劳动密集型产业逐步向海外转移，其中，纺织业、纺织服装、服饰业、皮革、毛皮、羽毛及其制品和制鞋业、木材加工和木、竹、藤、棕、草制品业，家具制造业转移速度较快。

党的十八大提出的生态文明建设和五大发展理念极大地拓展了中国工业发展质量的内涵。单独以工业结构以及工业的GDP占比难以判别工业发展的好与坏、强与弱。工业是否强大，最终要看工业对其他产业发展速度的支撑、对能源资源利用率的提升、对生态环境的保护。2013年以来，随着工业化和信息化深度融合以及工业分工及布局的进一步细化与优化，中国生产性服务业呈现快速发展态势。2019年上半年，中国高技术服务业投资增长13.5%，增速比全部投资高7.7个百分点；信息传输、软件和信息技术服务业，租赁和商务服务业，交通运输、仓储和邮政业，金融业增加值同比分别增长20.6%、7.8%、7.3%和7.3%，增速分别快于第三产业13.6个百分点、0.8个百分点、0.3个百分点和0.3个百分点。2013—2017年，工业污染治理累计完成投资额4121.5亿元，工业固体废弃物利用率有所提升，单位工业增加值能耗、单位工业增加值电耗、单位工业增加值用水量均明显降低。

综上所述，新中国成立以来，为了满足经济社会发展的需要，工业发展质量在克服一系列问题的过程中得到提升，发展质量的内涵由建立解决短缺的工业体系到满足更高水平需求的质量与效率的提升，由工业内部的协调扩展到工业与其他部门、环境发展的协调，发展质量涉及的范围也越来越广，高质量发展的标准越来越完善、基础越来越雄厚。

三　中国工业发展质量整体评价与省际比较

（一）指标体系

如上所述，随着经济发展，工业发展质量涉及的范围越来越广，分析工业发展质量，需要尽可能地全面反映其变化的趋势。本文构建了产出效率、结构优化、产品需求、技术创新、出口创汇与竞争力、就业吸纳与产业协同、资源环境、基础设施建设8个子维度来详细刻画工业发展质量。每个维度包括不同数量的基础指标，共计36项。

（二）数据来源以及数据处理

本文研究采用的数据主要来源于国家统计局，涉及历年《中国统计年鉴》《中国高技术产业统计年鉴》《中国能源统计年鉴》《中国科技统计年鉴》《中国劳动统计年鉴》《中国工业统计年鉴》《中国环境统计年鉴》《中国城市统计年鉴》《新中国六十年统计资料汇编》、Wind数据库、CEIC数据库、中经网统计数据库、海关数据库，以及历年各省份统计年鉴等。需要说明的是，由于西藏缺失数据较多，因此将其从样本中剔除。此外，本文的研究样本也未包含中国香港、中国澳门、中国台湾，最终研究对象为30个省份。

由于研究包含的指标较多，许多指标是通过间接计算而来，需要作进一步说明：①对于产出效率，在工业绿色全要素生产率的测算上采用了基于方向距离函数的非期望产出模型，该方法在测算中国工业绿色全要素生产率方面已经得到了应用（陈诗一，2010）。本文的期望产出为各省份的工业增加值，非期望产出为工业 SO_2 排放量（工业固体废物排放量与废水排放量缺失年份较多），要素投入为工业劳动力、规模以上工业企业固定资本以及工业能源消费。对于资本的处理采用传统的永续盘存法，借鉴张军等（2004）的处理方法。其中，工业从业人员来自对采矿业，制造业，电力、热力、燃气及水的生产和供应业的加总。工业能源消费来自各省份统计年鉴中的能源平衡表，本文选取煤炭、原油、汽油、煤油、柴油、燃料油、天然气7种能源，根据《中国能源统计年鉴》附录对应的折标煤系数分别换算成标煤单位后进行加总。②对于各省份工业总产值的获取，由于2011年后各省份统计年鉴的工业总产值不再专门列出，因此，本文将《中国城市统计年鉴》中各省份的地级市的规模以上工业总产值加总为所在省份的工业总产值，近似表征各地区的工业总产值。③为了尽可能统一口径，本文的高端制造业是指医药制造业，通用设备制造业，专用设备制造业，电气机械和器材制造业，计算机、通信和其他电子设备制造业五类。④关于出口创汇与贸易竞争力和市场占有率指标，贸易竞争力指标采用工业产成品的进出口贸易额来核算；市场占有率使用的是各地区规模以上企业出口交货值占全国的比重，反映各地区在国内市场的竞争情况。⑤对于就业吸纳与产业协同，同样为了统一口径，本文的生产性服务业在2001—2002年是指交通运输、仓储及邮电通信业，金融保险业，居民服务业，旅馆业，租赁服务业，信息咨询服务业，计算机应用服务业，科学研究与综合服务业；2003—2011年是指交通运输、仓储和邮政业，信息传输、计算机服务和软件业，金融业，租赁和商务服务业，科学研究、技术服务和地质勘查业；2012—2017年是指交通运输、仓储和邮政业，信息传输、软件和信息技术服务业，金融业，租赁和商务服务业，科学研究和技术服务业。⑥针对个别缺失数据，为了保持样本的完整性，采用插值以及线性趋势的方法予以补齐。

需要说明的是，现有工业统计数据的统计口径分别在2007年与2011年进行了调整。其中，2007—2010年规模以上工业企业的范围是指主营业务收入在500万元及以上的企业；2011年及以后规模以上工业企业的统计范围由500万元提高到了2000万元。由于统计口径变化而造成的测算偏差是本文不能够避免的。

（三）评价方法

综合评价是科学决策的基础。学术界常用的定量评价方法主要分为两类：一类是基于专家经验对各指标进行打分赋权的主观评价法，如层次分析法等，该方法的主观色彩较强；另一类是根据变量变动的特征来确定权重的客观评价法，包括因子分析法、主成分分析法、熵值法、逼近于理想解的排序法（TOPSIS）等。后一类方法有效弥补了前一类方法的不足。然而，这些方法都是基于截面数据评价的研究方法。在面对面板数据的时序多指标动态跨期比较时，上述方法存在明显的不适用性。本文尝试采用郭亚军（2002）提出的"纵横向"拉开档次法予以评价。该方法能够克服传统截面评价方法在实现跨期比较中的弱势，能够更加合理且不含有主观色彩地进行综合评价或排序。

由于不同指标的量级不同，直接进行计算会造成较大的误差。因此，在进行评价前需对各指标进行无量纲化处理。设 $p_{ij}(t_k)$ 表示位于时间 t_k 的第 i 个评价对象的第 j 个指标，$\max_j$ 和 $\min_j$ 分别表示第 j 个指标的最大值和最小值，利用极差法对正向指标和逆向指标分别进行如下标准化处理：

$$p'_{ij}(t_k) = \begin{cases} (p_{ij}(t_k) - \min_j)/(\max_j - \min_j), p_{ij}(t_k) \text{为正向指标} \\ (\max_j - \min_j)/(\max_j - p_{ij}(t_k)), p_{ij}(t_k) \text{为逆向指标} \end{cases}$$

假定对含有 n 个评价对象的 m 个评价指标进行系统综合评价，时序为 T，则"纵横向"拉开档次法首先取线性综合评价函数：

$$q_i(t_k) = \sum_{j=1}^{m} s_j p_{ij}(t_k) \ (i = 1,2,\ldots,n; j = 1,2,\ldots,m; k = 1,2,\ldots,T)$$

其中，$q_i(t_k)$ 为第 i 个评价对象在时期 t_k 的综合评价值，s_j 表示各指标的权重。确定 s_j 的权重是该方法的关键一环。具体原则是尽可能体现各评价指标的差异，即由综合评价值 $q_i(t_k)$ 的离差平方和 $\sigma^2 = \sum_{k=1}^{T}\sum_{i=1}^{n}(p_i(t_k) - \bar{p})^2$ 取最大值来刻画。

根据郭亚军（2002），对原始数据标准化后有：$\bar{p} = \frac{1}{T}\sum_{k=1}^{T}\left[\frac{1}{n}\sum_{i=1}^{n}\sum_{j=1}^{m}s_j p_{ij}(t_k)\right] = 0$，从而 $\sigma^2 = \sum_{k=1}^{T}\sum_{i=1}^{n}p_i(t_k)^2 = \sum_{k=1}^{T}S^T H_k S = S^T\sum_{k=1}^{T}H_k S$。其中，$S^T = [s_1, s_2, \ldots, s_m]^T$ 表示权重矩阵；$H = \sum_{k=1}^{T}H_k$ 为 m 阶实对称矩阵，可进一步表示为 $H = P_k^T P_k$，P_k 为 $n \times m$ 阶矩阵。

$$P_k = \begin{pmatrix} q_{11}(t_k) & \cdots & q_{1m}(t_k) \\ \vdots & \ddots & \vdots \\ q_{n1}(t_k) & \cdots & q_{nm}(t_k) \end{pmatrix}, k = 1, 2, \ldots, T$$

最后，在综合评价值总离差和取最大值的前提下，对权重矩阵的特征向量 S 进行限定：$S \times S^T = s_1^2 + s_2^2 + \cdots + s_m^2 = \|S\| = 1$。得到的特征向量 S 即为权重系数。

（四）测算结果及其分析

1. 总体趋势

在样本考察期内，中国的工业发展质量总体上呈上升趋势，但在不同阶段表现出明显的差异性。2001—2008 年，工业发展质量指数得分上升趋势较为明显（如图 1 所示），由 0.48 上升至 0.57，与中国加入 WTO 后进入全面建设小康社会及工业化进程加快相吻合。中国融入全球化，国内需求旺盛，较高的投资率、消费率以及丰富低廉的劳动力资源的带动，促进工业快速发展，工业生产规模持续扩大。但受 2008 年国际金融危机滞后波及的影响，全球市场疲软，内外需均受到较大的负面冲击，在 2009 年后至整个"十二五"时期，工业发展质量有所下降，当时突出表现为产能过剩、工业效益下降。为了有效化解过剩产能，政府实施了"三去一降一补"的供给侧结构性改革，要素配置扭曲在较大程度上得到纠正，工业结构逐步优化，创新驱动能力显著提高。供给侧结构性改革的成效在 2015 年后开始显现，工业又重新回到高质量稳步上升轨道。工业发展质量指数的各子项指标的变动趋势见图 2。其中，资源环境对工业发展质量的影响最大，且贡献度呈上升趋势。产品需求指标对工业发展质量的贡献次之，但近年来贡献度下降，表明中国工业发展出现新的不平衡，即中国解决了"有没有"的问题，但"好不好"的问题没有完全解决。此外，基础设施建设对工业发展质量也有正的贡献，就业吸纳与产业协同的趋势与工业发展质量的趋势基本一致。受内外市场环境的影响，产品需求和产出效率贡献的波动性较大。需要指出的是，结构优化和技术创新对改善工业发展质量的贡献低于其他因素。

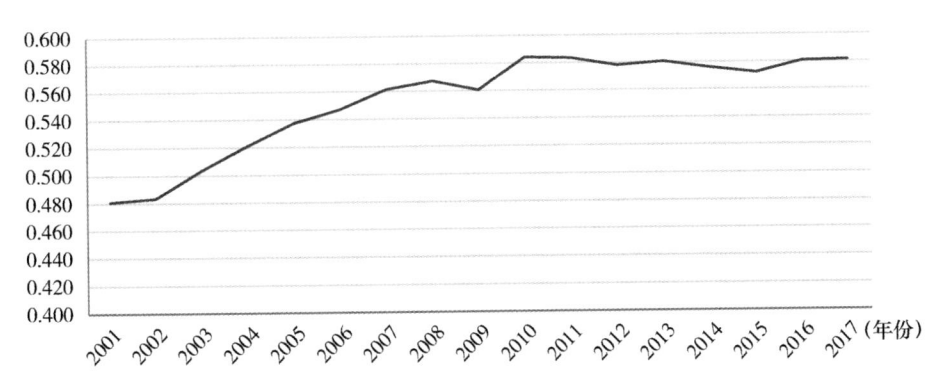

图1 中国工业高质量发展指数变动趋势

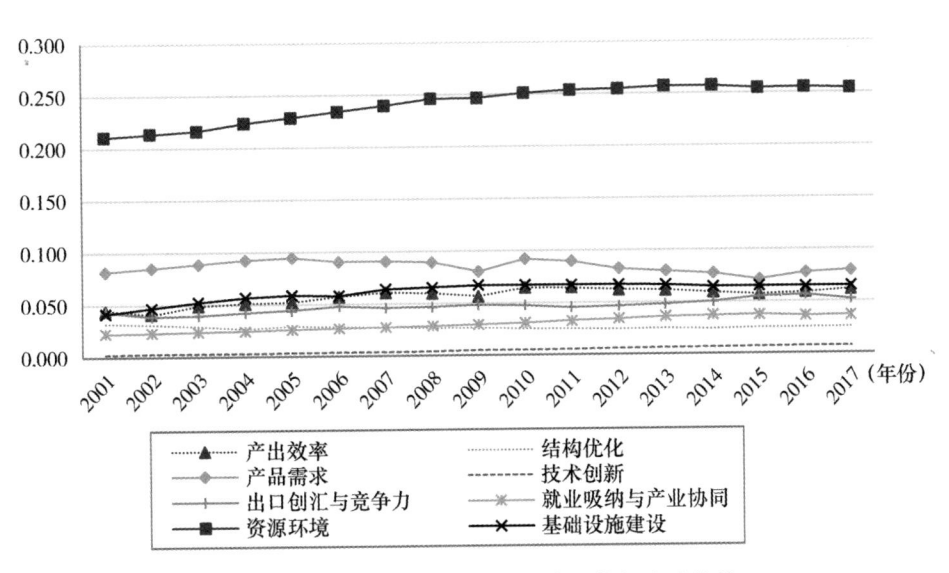

图2 中国工业高质量发展指数各子指标变动趋势

2. 省际差异

鉴于各地区的经济发展水平、资源禀赋、地理位置等条件不同，所处的经济发展阶段各异，工业发展质量也各有不同，因此，本文对各地区的工业发展质量进行了横向比较。根据各地区工业发展质量指数的得分情况并结合分布特征划分为五组，分别对应五种发展质量情形：低质量发展 [0.30, 0.45]、中低质量发展 [0.45, 0.5]、中等质量发展 [0.5, 0.55]、中高质量发展 [0.55, 0.6]、高质量发展 [0.6, 0.7]。全国各省份工业发展质量分布见图3（a）。2001年得分在0.6以上的省份只有北京（占3.3%），2017年得分在0.6以上的增加到上海、北京、天津、江苏、广东、浙江、湖南、山东、陕西、安徽10个省份（占33.3%）。2001年得分在0.4以下的有7个省份（占23.3%），2002年减少到2个（占6.7%），2005年以后则没有低于0.4分的省份。总体看来，得分处于高质量和中高质量组的省份增加，低质量和中低质量组的省份在减少。图3（b）展示了2001年、2013年以及2017年三年各省份的工业发展质量指数得分，越接近外圆表明质量得分越高。

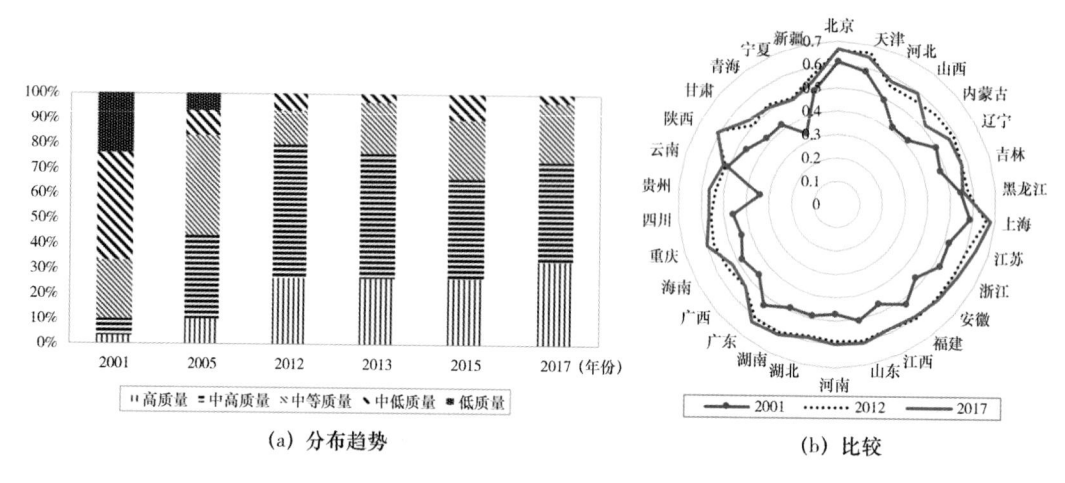

(a) 分布趋势

(b) 比较

图3　全国各省份工业高质量发展指数分布趋势与比较

本文为了深入挖掘各地区工业发展质量指数各子指标的优劣势，根据各子指标的得分排序，绘制了2001—2017年两两子指标指数得分均值的散点图。图4各分图中的参考线表示各指标的全国平均水平。以图4（a）为例，第一象限表示资源环境与产品需求均高于全国平均水平，且越偏向右上方，说明这两个指标的得分越高。

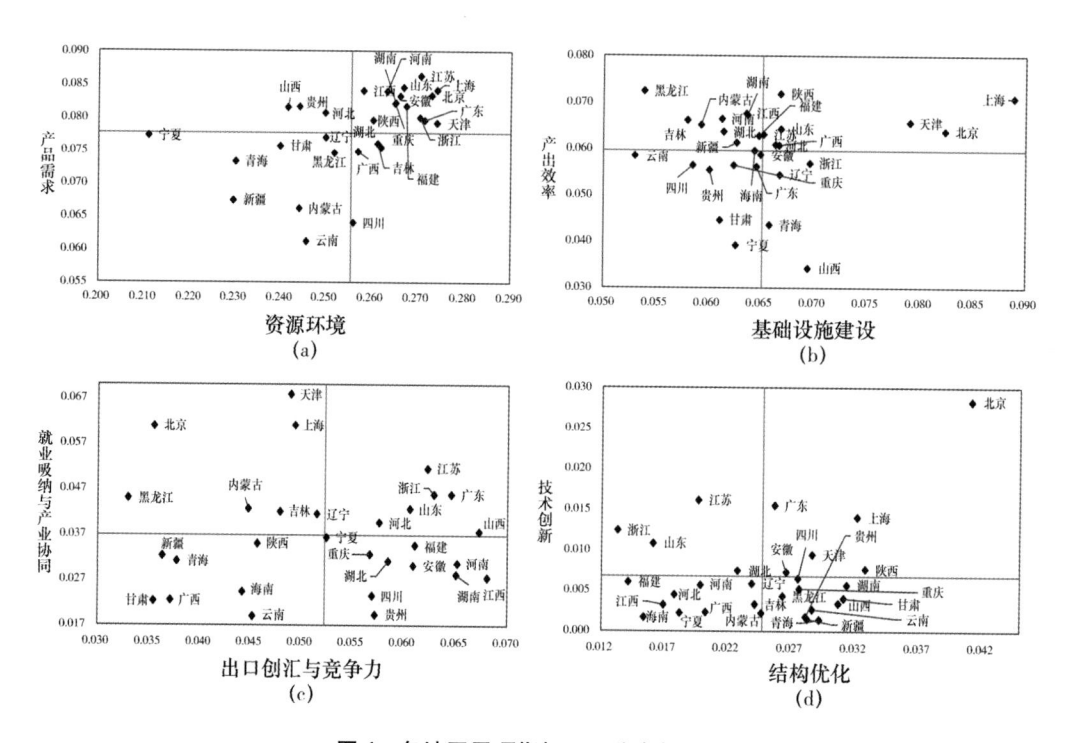

图4　各地区子项指标两两分布与比较

各区域间工业发展质量不平衡问题较为明显。2001—2017 年各省份的工业发展质量都有提升，但 2013—2017 年由于内外环境的变化，一些省份的工业发展质量反而有所下降，其中包括内蒙古、辽宁、吉林、黑龙江、天津、海南、广西、青海。值得一提的是内蒙古，曾经经济增长速度领先全国，但从发展质量看，其各项指标均低于全国平均水平，由于缺乏高质量发展的支撑要素，内蒙古 2017 年的发展质量得分比 2013 年明显下降。

3. 各子项指标贡献差异

就各子项指标贡献看，工业发展质量主要得益于资源环境、产品需求、基础设施建设、产出效率以及出口创汇与竞争力指标的提升。结构变动与技术创新对工业发展质量的带动作用长期不足。近年来，工业发展质量提升速度有所趋缓，主要原因是：随着需求升级，工业对人民美好需求的满足程度还存在差距，突出表现为产品需求满足度有所下降。受国际市场需求低迷等不利因素影响，工业出口创汇和竞争力在近年有所下降，结构调整和技术创新虽然有所改进，仍没有达到预期目标，对工业发展质量的贡献较低。

四 改革开放以来影响中国工业发展质量的主要政策目标及效果

综合不同时期五年规划，本文整理了改革开放以来提升工业发展质量的主要政策目标及效果，可以归纳为三大类：效率政策目标及效果、技术创新政策目标及效果、产品质量政策目标及效果。

（一）提升工业经济效率政策的目标及效果

改革开放以来，中央工作重点转向经济工作，提出以经济效益为中心开展工作。为了适应新的发展要求，改革开放初期由原国家计划委员会、国家统计局等六个部门联合制定了 16 项工业经济效益指标，主要包括工业总产值与增长率、工业产品产量计划完成情况、工业产品质量稳定提高率、主要工业品原材料等消耗降低率、工业产品优质品率、万元产值能耗与降低率、工业企业全员劳动生产率与增长率等。以后对上述指标又做了进一步修订。

在政策引导下，中国工业经济运行效率和效益不断提高。2001—2012 年，工业总资产贡献率、成本费用利润率、产品销售率、资产利润率、流动资产周转次数分别由 8.9%、5.4%、97.6%、3.5%、1.7 次/年提升至 15.1%、7.1%、98.0%、8.1%、2.6 次/年，分别提高了 6.2 个百分点、1.7 个百分点、0.4 个百分点、4.6 个百分点、0.9 次/年。但是在经济效率指标提升过程中，中国能源资源消耗过多、过快，生态环境问题越来越突出。有学者指出，中国过去的高速增长中有一部分得益于环境红利（袁富华，2010）。党的十七大提出了依靠科技进步、管理创新以及劳动者素质提高资源利用率，提出建设资源节约型、环境友好型社会，把节约资源与保护环境上升为基本国策。"十一五"规划中首次将单位 GDP 能耗约束指标、工业固体废物综合利用率等作为各地政府经济工作的重要考核指标。党的十八大站在新的历史起点，提出大力推进生态文明建设的重大战略决策，要求全面促进资源节约和生态环境保护，以节约优先、保护优先、自然恢复为主为发展方针，着力推进绿色发展。2015 年在巴黎气候大会上，中国宣布碳排放至 2030 年前后达峰、碳排放强度相对于 2005 年下降 60%—65% 的目标。2017 年党的十九大进一步强调"建设生态文明是中华民族永续发展的千年大计""中国要成为全球生态文明建设的参与者、贡献者和引领者"。2018 年国务院颁布了《关于全面加强生态环境保护　坚决打好污染防治攻坚战的意见》，进一步加大了生态环境保护力度。党的十八大以来，中国工业发展进入了以节约能源和生态环境保护为重、走新型工业化道路的绿色发展期，摒弃粗放式发展方式，更加注重构建绿色低碳可持续的工业经济体系，绿色发展是工业发展质量提升的重要标志。2013—2017 年，单位工业增加值能耗、单位工业增加值电耗、单位工业增加值用水量分别下降 33.2%、6.6%、27.0%，工业固体废弃物利用率年均超过 60%，工业污染治理累计完成投资额达 4121.5 亿元。

改革开放以来中国的节能工作处于全球领先地位，工业单位产出的能耗下降大大超过了其他行业和其他国家，对提升工业发展质量做出了重要贡献。但与发达经济体相比，节能潜力仍有提升空间。根据世界银行数据，2014 年中国的单位 GDP 能耗为 17.5 千克油当量/万美元，与美国的 13.4 千克油当量/万美元存在一定差距。

（二）增强技术创新政策的目标及效果

科技创新是引领发展的第一动力。通过技术创新，能够有效提升资源利用效率，促进自身发展，同时也会对其他产业产生正向溢出效应。改革开放后，中国通过了《1978—1985 年全国科学技术发展规划纲要》，对自然资源、农业、工业等领域的科学技术研究任务作出了全面安排。1995 年中央提出了科教兴国战略，颁布了《中共中央国务院关于加速科学技术进步的决定》《关于鼓励外商投资的规定》等。2006 年中国进一步提出建设创新型国家和"自主创新"的理念。受此影响，工业引进技术的方式发生了明显变化，由以购买成套设备为主变为生产合作、服务咨询等多样化方式；引进技术来源国逐渐增多。1985—2005 年，外商直接投资额由 19.6 亿美元稳步增至 603.3 亿美元，增长了 29.8 倍。技术创新能力大幅提升，科技进步贡献率达到 43.2%，研发经费支出由 102.6 亿元增加到 2450.0 亿元，增长了 22.9 倍；研发经费支出强度由 1.1% 提升到 1.3%，总体提高了 0.2 个百分点。从创新成效看，专利申请总量与发明专利申请量分别由 1.4 万件、0.9 万件增加到 47.6 万件和 17.3 万件，年均分别增长 19.7% 和 17.1%；技术市场成交额快速增长，由 1990 年的 75.1 亿元增加到 2005 年的 1551.0 亿元。

2012 年党的十八大报告明确提出将"科技创新摆在国家发展全局的核心位置"，2017 年党的十九大报告中更加突出自主创新的作用，强调"创新是构建现代化经济体系的战略支撑"。在自主创新政策的推动下，中国的技术创新实力不断迈向新台阶。2013—2017 年，科技进步的贡献率由 53.1% 提高到 57.8%；具有研发活动的规模以上工业企业数由 5.5 万家增加至 10.2 万家，占比由 14.8% 扩大为 27.4%；研发人员全时当量由 249.4 万人年提高至 273.6 万人年；研发经费内部支出占主营业务收入的比重由 0.8% 提高到 1.1%；规模以上工业企业专利申请量增长了 45.6%，其中，有效发明专利增长 1.8 倍；技术市场成交额增长了 0.8 倍；科技论文数发表数量由 154.5 万篇增加到 170.1 万篇，增长了 10.1%。尽管技术创新已取得了长足进步，与发达国家的差距明显缩小，但中国在国际上仍然面临着技术"卡脖子"问题，在核心零部件等关键技术领域仍存在诸多短板,技术创新对提升发展质量的作用有待提升。世界银行数据显示,就绝对数量而言,中国已成为名副其实的专利申请大国,2017年专利申请受理量达138.2万件,但从质量看,相对于发达国家,有效发明专利占比仍较低,表明中国的专利质量有待提升。

(三) 优化产品质量政策的目标及效果

改革开放前,由于产品极度短缺,企业缺乏竞争压力和利润的激励,产品质量意识相对滞后,产品质量提升缓慢,个别时期甚至出现下降的情况。例如,在"大跃进"期间和"十年动乱"时期,受急于求成的"左"倾错误影响,大规模的粗放式生产导致一些主要工业产品质量下降,企业长期亏损。改革开放后,中央通过了《关于加快工业发展若干问题的决定(草案)》,工业产品质量开始全面回升。尤其是短缺经济结束后,中国由卖方市场转变为买方市场,市场竞争日益增强,中国先后放开了一些主要工业消费品价格,为产品质量提升创造了市场条件。1993年第七届全国人大常务委员会第三十次会议通过了《中华人民共和国产品质量法》,正式将产品质量监督制度上升至法律层面。该法对各级质量监管部门的职责进行了明确分工,形成了由国务院质量监督部门与地方质量监督部门共同管理的制度,建立了一整套质量监督规范体系。随后,在2000年第九届全国人大常务委员会第十六次会议、2009年第十一届全国人大常务委员会第十次会议、2018年第十三届全国人大常务委员会第七次会议上,对《产品质量法》进行了三次主要修订。截至2017年,地方产品质量标准累计达4.1万个。通过实施《标准化法》《计量法》等一系列质量监管配套政策,产品质量修订标准逐步完善,产品质量合格率与优等品率不断上升。1988—2017年,国家和地方监督部门抽查的产品合格率分别由76.2%、71.0%上升至93.9%、92.5%。产品质量的提升促进了工业品的出口,1980—2017年工业制成品出口比重由不足50.0%增加到94.8%,工业制成品贸易竞争力指数实现由负转正。

从具体工业产品看,根据国家质量监督检验检疫总局2017年发布的抽查产品质量公报,机械及安防产品、轻工产品的抽查合格率较高,分别达95.7%、91.8%;而电子电器相对最低,仅为83.4%。中国工业产品的优等品率整体上是上升的,但近年来优等品率有所波动,表明工业发展质量还不够稳定。为了进一步提升和稳定工业产品质量,2018年国家统计局首次将"制造业产品质量合格率"纳入国民经济统计公报,以此作为反映制造业质量发展状况的重要参考。

五 促进工业高质量发展的政策建议

(一) 大力推进技术创新,提升技术创新对工业发展质量的贡献度

中国的技术创新虽然取得了一些进步,在某些领域甚至处于领先水平,但工业发展质量评价结果显示,技术创新在大多数地区并没有成为引领高质量发展的主要动力。其中既有创新投入不足的因素,也有创新产出较低的因素。当前,新一轮科技革命方兴未艾,各国都在大力发展高技术产业,以抢占科技领域的制高点。中国要抓住新科技革命带来的战略机遇,推动工业高质量发展。要进一步完善创新激励体制,加大对基础研究的投入力度,加大知识产权保护力度,提升工业企业的自主创新主动性。健全科技创新

和成果转化体系，积极推动以企业为主体的开放式协同创新。鼓励一流院校以企业技术创新为基本导向来调整专业设置，充分发挥大学在加大工业尖端技术人才和实用人才培养方面的作用。另外，要充分发挥中国在数字经济方面的市场规模优势，大力发展数字制造、工业机器人等关键技术领域，打造"数字经济+工业"的模式，提升高技术产业对工业发展质量的贡献份额。

（二）以市场经济手段促进结构调整，以结构优化促进工业发展质量的提升

结构调整是伴随着经济发展的一项长期任务。改革开放以来，中国一直强调结构调整，但是从本文评价的结果看，结构调整对改善工业发展质量的贡献度较低。改革开放初期，中国借鉴其他国家的产业政策经验，较好地纠正了结构失衡问题，但是随着市场经济体制的逐步完善，以政府干预为主导的产业政策使得市场竞争有所弱化，资源配置不合理，优胜劣汰的市场机制无法充分发挥作用，在一定程度上形成了产能过剩。为了适应高质量发展要求，产业结构政策也必须实现由选择性产业政策向功能性产业政策的转型（江飞涛和李晓萍，2018）。功能性产业政策强调市场的主导性地位，即市场在资源配置中起决定性作用，可以有效弥补政府在工业经济领域中的"市场失灵"，而政府仅仅充当保障市场机制有效运行、降低企业交易成本的制度设计者角色。政府应继续简政放权，放松管制，健全市场机制体制，大幅减少对工业领域微观经济活动的直接干预，为工业企业营造一个公平竞争的市场环境，提高资源配置效率。

（三）坚持高水平对外开放，提升工业满足高水平需求的能力

工业是中国最有竞争优势的产业。在发达国家推行"逆全球化"的环境下，中国应更加坚持对外开放，深化对外开放程度。一方面，抓好"放管服"，进一步改善营商环境，促进贸易便利化，引进资金技术实力雄厚的外商企业来华投资，促进商品贸易。另一方面，推进"一带一路"建设，扩大"六廊六路多国多港"合作空间，在有效防范外在风险的基础上，坚持以互利共赢协商共建为原则，加强与"一带一路"沿线国家及周边国家的经贸合作，提升产能合作水平。

中国加入WTO以来的发展经验表明，开放度越高，竞争越激烈，越有利于增加企业的活力，全方位提高工业国际竞争力和生产水平，促使工业价值链逐渐向高端、绿色、智能的方向延伸。只有这样，才能解决中国工业不能充分满足高水平需求的问题。应继续积极推进供给侧结构性改革，构建以高质量生产为导向的绩效考核体系，消减无效供给，提高产能利用率，为优质高效的供给产品腾挪更多的市场空间。

（四）大力促进区域工业协调发展，实现工业经济绿色发展

评价结果表明，各区域工业发展质量分化较为明显。大体来说，中西部地区仍然相对落后，工业发展不平衡不充分的现象依然突出。为提高区域工业协调对工业发展质量的带动能力，需深入贯彻落实区域协调发展战略，大力推进京津冀、长江经济带、粤港澳大湾区协同发展。积极推动中部地区崛起、西部大开发，发挥中西部地区的工业特色优势。在确保遵循生态优先、绿色发展理念的前提下，加快东部地区中低端制造业向中西部地区合理有序转移，助力中西部落后地区加快新型工业化进程。2001年以来，中国产业协同对工业发展质量的贡献呈上升趋势，但贡献度还有较大提升空间。为此，要

借助新一轮科技革命兴起的契机，促进互联网、大数据、云计算等技术与实体经济深度融合。促进现代金融服务业与制造业、商贸流通产业与制造业、生产端与消费端、供给侧与需求侧、物质财富创造与生态环境保护，以及国内市场与国际市场的融合。

需要指出的是，绿色发展是工业高质量发展的重要内容。工业发展要深入贯彻"绿水青山就是金山银山"的发展理念，构建科技含量高、资源消耗与环境污染少的现代绿色、低碳工业体系。重点建设一批绿色生态示范园区，发展低碳循环经济，从源头把控企业污染关，对工业企业无法消化的"三废"实行集中式处理，注重在区域内实现工业循环生产。提升节能与环保门槛，全面推动传统产业节能改造，大力推广清洁技术生产，不断完善工业生产流程，加大对污染超标企业的资金处罚力度。充分发挥绿色金融对工业绿色化的长效支撑作用，重点围绕工业"三废"领域设立绿色技术改造等专项财政基金，并鼓励地方政府出台相应的绿色信贷配套政策。

参考文献

[1] 陈诗一. 中国的绿色工业革命：基于环境全要素生产率视角的解释（1980—2008）[J]. 经济研究, 2010, (11): 21—34.

[2] 郭克莎. 工业增长质量研究 [M]. 经济管理出版社, 1998.

[3] 郭亚军. 一种新的动态综合评价方法 [J]. 管理科学学报, 2002, (2): 49—54.

[4] 江飞涛, 李晓萍. 改革开放四十年中国产业政策演进与发展——兼论中国产业政策体系的转型 [J]. 管理世界, 2018, (10): 73—85.

[5] 金碚. 中国工业化60年的经验与启示 [J]. 求是, 2009, (18): 30—32.

[6] 李金华. 新中国70年工业发展脉络、历史贡献及其经验启示 [J]. 改革, 2019, (4): 5—15.

[7] 李玲, 陶锋, 杨亚平. 中国工业增长质量的区域差异研究——基于绿色全要素生产率的收敛分析 [J]. 经济经纬, 2013, (4): 10—15.

[8] 刘国光, 张卓元, 董志凯, 武力. 中国十个五年计划研究报告 [M]. 人民出版社, 2006.

[9] 施炳展, 邵文波. 中国企业出口产品质量测算及其决定因素——培育出口竞争新优势的微观视角 [J]. 管理世界, 2014, (9): 90—106.

[10] 史丹, 赵剑波, 邓洲. 推动高质量发展的变革机制和政策措施 [J]. 财经问题研究, 2018, (2): 19—28.

[11] 唐红祥, 张祥祯, 吴艳, 贺正楚. 中国制造业发展质量与国际竞争力提升研究 [J]. 中国软科学, 2019, (2): 128—142.

[12] 唐晓华, 张欣珏, 李阳. 中国制造业与生产性服务业动态协调发展实证研究 [J]. 经济研究, 2018, (3): 79—93.

[13] 汪海波, 刘立峰. 新中国工业经济史（第三版）[M]. 经济管理出版社, 2017.

[14] 余淼杰, 张睿. 中国制造业出口质量的准确衡量：挑战与解决方法 [J]. 经济学（季刊）, 2018, (2): 463—484.

［15］袁富华. 低碳经济约束下的中国潜在经济增长［J］. 经济研究，2010，(8)：79—89.

［16］张杰，郑文平，翟福昕. 中国出口产品质量得到提升了么［J］. 经济研究，2014，(10)：46—59.

［17］张军，吴桂英，张吉鹏. 中国省际物质资本存量估算：1952—2000［J］. 经济研究，2004，(10)：35—44.

［18］中国社会科学院工业经济研究所. 中国工业发展报告［M］. 经济管理出版社，2018.

［19］Kuan, C., W. Hongchang, Z. Yuxin, G. H. Jefferson, and T. G. Rawski. Productivity Change in Chinese Industry：1953 – 1985［J］. *Journal of Comparative Economics*，1988，12（4）：570 – 591.

第三篇
学科综述

产业发展与产业结构的最新理论进展

干春晖　李　伟　余典范[*]

一　学科概述

产业发展和产业结构研究关注国家和区域产业发展和产业部门结构特征及其变化，研究其对工业化进程和经济增长的影响，主要包括产业发展、产业结构优化升级和产业政策等研究领域。产业发展与产业结构研究起步于20世纪30—50年代，18世纪中后期开启的工业化进程，带来了社会财富的极大增长，一些学者开始从产业部门间结构特征及其变化角度，对工业化发展规律进行研究。配第—克拉克定理最早从劳动力要素角度，研究了产业结构的演变规律；罗斯托研究了从起飞进入持续增长的主导产业和结构特征变化；霍夫曼研究了工业部门结构特征的变化；库兹涅茨研究了工业化先行国家进入现代经济增长阶段后的结构特征变化；钱纳里对工业化先行国家和后发国家工业化进程中结构特征的变化规律进行了比较研究，提出了人均收入水平提升过程中，产业结构特征阶段性变化的标准型式；日本经济学家筱原三代平的产业结构基准理论，赤松要的雁行形态产业发展理论，青木昌彦的产业模块化理论等，工业化发展实践推动产业发展和产业结构研究不断深入，对国家工业化战略和政策选择提供了重要的理论支撑。

产业发展和产业结构研究认为，产业结构变化是现代经济增长和工业化进程的重要动力和发展特征，结构变化推动经济增长，人均收入水平提升的经济增长和工业化进程中包含着从前工业化阶段、工业化初期、工业化中期、工业化后期和后工业化的阶段性变化，表现为从以制造业为主导到以服务业为主导的结构性转变，在制造业内部表现为从轻工业到重工业，从初级产业到高加工度产业，再到以技术知识密集产业为主导的发展过程。产业发展和产业结构研究关注从技术进步、要素禀赋特征变化、需求结构升级和国际贸易比较优势变化等方面，研究结构特征变化的影响因素和机制。二战后一批新兴国家开启了工业化进程，如何通过产业结构优化升级、加快推动新兴国家工业化成为新的研究重点，进口替代、出口导向、重化工业优先发展等成为基于产业经济学理论的战略和政策导向，在战后20多年的工业化快速发展中发挥了重要作用。20世纪90年代以来，工业化先行国家在经历了近20年的制造业比重下降和经济增长放缓之后，开始把握信息技术革命机遇，推动形成以产品链环节分工为主导的全球产业链分工体系，全球产业链体系中基于产品链环节分工的产业升级，成为产业发展和产业结构研究的重

---

[*] 干春晖，上海社会科学院副院长，应用经济研究所所长，研究员；李伟，上海社会科学院应用经济研究所副所长，研究员；余典范，上海财经大学中国产业发展研究院常务副院长，副教授。

要内容，以中国为代表的新兴国家快速融入国际产业分工体系，开启了以全球产业链升级为导向的新工业化和现代化发展进程，中国成为全球制造业规模第一大国，中国的产业升级经验，为产业发展和产业结构研究进一步的理论创新提供了重要支撑。通过产业政策推动产业发展和产业结构优化升级是许多国家工业化进程中的重要选择，产业政策一直是产业发展和产业结构研究的重要领域之一，对产业政策的内涵边界以及产业政策有效性等问题的深度分析，为制定和实施有效产业政策提供了坚实的理论支撑。

产业结构与产业发展研究强调运用规范的定量实证方法研究工业化经验过程，综合运用跨产业计量分析、投入产出分析、多元统计分析等方法，提出基于经验事实的结构特征变化规律，同时也注重与经济增长理论、创新发展理论等结合，包括运用新古典增长理论、内生增长理论等理论模型，对基于经验事实的规律特征进行理论分析。产业发展和产业结构研究与相关理论的融合进一步深化，研究方法进一步规范，产业发展和产业结构研究已经成为产业经济学和现代经济学理论的重要组成部分。

二 学科理论前沿发展

长期以来，产业结构的理论与方法均聚焦于中观以及宏观领域，主要关注其最终结果的表现，如产业之间的比例关系等。相关的理论也主要集中于具体三次产业以及产业内部结构的变动，以及对于经济发展的影响，如传统的配第—克拉克定律、库兹涅茨法则、霍夫曼定理、主导产业论等，较少涉及产业结构变动的微观基础，产业的空间结构、网络结构分析的理论与方法也未引起足够重视。对于产业结构表现的长期性、动态性和内生性特点在理论和研究方法上也完全展开。随着技术进步特别是网络技术、数字技术等新技术的涌现，产业的分类、结构变化的内涵与表现形式、产业政策的实践与分析方法等都发生了一定的变化。从产业结构和发展的内在逻辑看，微观企业技术进步、生产率等方面的差异导致资源在企业间、产业间、跨国间的流动与重新配置，最后在产业层面形成了动态的绩效表现，对中国而言，产业政策在其中起到了重要的作用。围绕上述产业结构方面的核心问题，许多研究在此方面进行创新型研究。

（一）以数字经济为代表的新经济极大地丰富了产业结构升级的机制

以互联网、人工智能、数字经济为代表的新经济提高了微观企业的生产效率、提高了资源配置效率，改变了传统的生产方式，为传统产业赋能，也催生了新的业态和模式，拓展了现有的产业体系。

1. 新经济推动产业结构升级的机理

在微观层面，新经济可以促进企业实现自我正向反馈。一是新经济的发展会对企业管理提出更高的要求，新经济所催生的大数据、云服务、人工智能等可以帮助企业实现数据与信息的智能交互，节约沟通与管理成本，通过变革管理模式，充分提升企业管理质量。二是新经济通过提升服务质量持续推动经济高质量发展。新经济的发展能够充分减少信息不对称，提高消费者与生产者之间的匹配效率，不仅能有效提供个性化服务，还能提高用户反馈效率，从而提高企业服务的精准性和敏捷性。三是新经济能在不断变化的市场条件下持续提高产品质量，满足消费者的多样化需求，促使企业产生需求端的范围经济，提高交易效率，推动经济高质量发展（钞小静，2020）。因此，新经济通过管理质量、服务质量与生产质量提升共同提高企业效率，推动经济高质量发展。在中观层面，新经济可以推动产业间实现自我良性循环。一是新经济通过创新工业或科技的生产范式，来影响生产要素的配置与转换效率，增强生产体系的灵活性，不断塑造产品的内生比较优势，并对相关产业产生技术扩散效应，形成新的产业竞争（任保平、宋文月，2019），从而产生较大的社会剩余与资本积累，改变要素禀赋结构，推动产业结构升级（张申、张华勇，2015）。二是新经济促进要素流动，不断突破产业的要素禀赋局限，打破传统产业"中心—外围"的空间秩序，细化产业分工，延长产业链条，进而培育产业间的内生比较优势，充分提高各产业的竞争力。因此，新经济通过产业效率改进和促进要素流动实现产业结构优化。在宏观层面，新经济可以推动经济运行实现有效循环累积。一是新经济能够通过对新技术、新产品的创新扩散来形成规模经济，促使经济从外延式发展向内涵式发展转变，推动经济高质量发展。二是新经济会通过深化分工体系持续推动经济高质量发展，在劳动分工的基础上形成职业分工，进而产生行业分工。由于资本有机构成提高使得积累体制实现规模报酬递增，从而实现经济高质量发展，因此，新经济通过技术扩散和分工深化形成网络溢出效应，从而对经济高质量发展产生正向激励作用（钞小静，2020）。

2. 新经济促进产业组织理论和产业政策实践的创新发展

传统的产业组织理论存在不完全信息的困扰，但随着互联网、人工智能和大数据等新技术的出现，人类可获得的信息越来越多，使得产业组织面临新的挑战（何大安，2019）。何大安（2009）认为供求机制确定产量和价格的理论不是准确的数量分析，只是在很大程度上反映为资源配置理论的分析延伸。新技术的出现，企业可通过大数据来甄别、加工、处理和匹配准确反映供给和需求的数据，而这种转变改变了过去依赖价格机制和供求关系来确定产量和价格的方式，从而可以通过"数据驱动法"获得供求均衡数据（吴军，2016），还会导致市场结构理论出现短板，亟须创新和发展。朱乾龙等（2009）发现与过去相对合理的市场结构能够促进企业的技术创新不同。现在网络成为关键性生产要素，对企业行为的影响日益凸显，需要新产业组织理论做出解释。并且在网络经济条件下，企业之间的竞争关系、行为范式、组织结构及生产模式等产业组织要素都将发生显著变化，并对产业效率和竞争力产生重要影响（杜传忠和宁朝山，2016）。而且传统市场下相关市场特征及其支配地位的认定方法适用性遭到挑战，如网络经济下市场呈现双边形态，市场结构呈现动态竞争。因此，相关市场支配地位的确定需在认定相关市场的基础上，强化对市场进入壁垒的考察（陈兵，2015）。网络经济条件下的垄断市场在形成机理上出现较大变化，表现出如竞争性垄断市场特征、合作性垄断市场特征和易变性垄断市场特征等（王庆功，2009）。不仅如此，尚新颖（2009）发现在网络经济背景下垄断的形成机理也区别于传统垄断，表现出暂时性、动态竞争性、动态效率及跨国垄断的特征。甚至在平台之间的市场竞争中出现了"一枝独秀"和"赢者通吃"的市场竞争格局，出现损害市场效率的垄断现象（邱毅，2014）。

产业政策的存在是要解决市场机制不能够解决的问题，通过产业政策手段对资本、劳动力和土地等基础要素进行合理分配，从而优化资源配置。伴随着新技术出现和新经济发展，现实中出现的"市场失灵"问题等要更加复杂，这也成为产业政策应该关注的重点（王雯，2017）。中国要在新一轮技术浪潮和产业革命中把握机遇，就不应当放弃产业政策这个本可以发挥更大积极作用的工具（贺俊，2017）。为了更好地适应新技术经济范式的要求,产业政策的体系、重点和实施方式必须适时进行调整(黄群慧等,2019)。张海丰(2020)提出我国具有大市场和大数据的优势,但存在基础科研投入不足和核心技术受限等问题。因此,离不开促进人工智能领域"创新基因池"多样化和互补式创新的"水平式"产业政策,以及旨在突破关键核心技术和共性技术的"垂直式"产业政策的共同推进。传统产业组织理论以博弈论和信息经济学为工具和基础,对竞争、垄断和政府规制等问题进行了研究(Fudenberg and Tirole,1984;Rey and Tirole,1986;Hart and Tirole,1990)。但互联网经济、数字经济等的快速发展,给行业的竞争和垄断问题带来新的挑战。吴汉洪和刘雅甜(2018)研究认为互联网作为"通用技术的推动者",具有显而易见的积极作用。但互联网具有的外部性等特征,使大企业获得整个市场,容易形成"赢者通吃"的局面。朱理(2018)认为网络经济环境下的竞争具有平台竞争、创新竞争、跨界竞争等特点。存在相关市场界定、市场份额确定以及市场支配力判断等问题。因此,这就需要政策制定者根据数字经济与平台经济规律,通过多项举措完善反垄断规制体系,提升监管能力(熊鸿儒,2019)。

3. 人工智能对产业结构的影响机制

在针对某些具体的新技术对产业结构影响方面,诸多学者也进行了卓有成效的研究。例如,人工智能作为一种影响力比较广的新兴技术,其对传统的生产要素具有显著的促进效应,Sachs 和 Kotlikoff(2012),Nordhaus(2015)以及 Graetz 和 Michaels(2018)的研究将人工智能视作资本扩展型技术。Bessen(2018)的研究将人工智能视作劳动扩展型技术。Brynjolfsson 等(2018)以及 Agrawal 等(2019a)的研究还发现人工智能具有溢出带动性很强的头雁效应。沈赏(2020)认为人工智能技术在各产业进行应用,通过提升各产业的智能化、数字化应用水平,优化各生产要素的投入,降低生产运营成本,提高劳动生产率,增加企业研发和提升产品质量方面投资,从而实现各产业结构的优化和转型升级。总体而言,人工智能具有三个促进产业转型升级的重要属性(郭凯明,2019):一是人工智能是一种通用技术,具有基础设施的外溢性特征;二是人工智能将深刻改变传统生产方式,但本质上对劳动或资本都可能产生偏向的替代性,进而影响就业结构;三是人工智能在不同产业的应用前景并不相同,所催生的新业态和新模式将推动产业结构转型升级。进一步,郭凯明(2019)发现人工智能服务或人工智能扩展型技术提高都会促使生产要素在产业部门间流动,流动方向取决于产业部门间在人工智能产出弹性和人工智能与传统生产方式的替代弹性上的差别。这一结构转型升级过程也导致了劳动收入份额变动。蔡啸(2019)研究发现人工智能技术对制造业就业的挤出效应会随人工智能技术取得重大突破而发生反转,促进制造业劳动力回流的机理。吴旺延(2020)认为智能制造是全球经济发展的新引擎和核心驱动力,也是我国推动产业技术变革和优化升级的主攻方向,智能制造对产业转型升级的具体效应包括产业效率提升效应、产业结构优化效应以及产业生态环境改善效应三个方面。

此外,关于人工智能技术对就业结构的影响也得到了不少研究的关注,主要集中在人工智能技术的就业替代效应和就业创造效应方面。Autor 和 Dorn(2013)构建任务模型,对美国 20 世纪 80 年代后出现的就业和工资极化现象给出理论解释,其认为极化现象源于消费者偏好多样化和机器人等自动化技术的应用。进一步利用美国 1980—2005 年就业和工资数据,应用空间面板模型验证了信息技术对劳动力向低技能服务业转移的促进作用。Acemoglu 和 Restrepo(2017)就美国工业机器人技术对就业结构的影响进行了实证检验,结果发现美国 1993—2007 年制造业工业机器人的使用显著抑制了产业内就业和工资,技术进步在制造业主要表现为破坏效应,根据估计结果,美国样本时间内因工业机器人的使用产生的失业至少为 36 万人次。

4. 互联网经济与产业结构升级

互联网经济的兴起也打破了传统的生产、交易方式,对产业的规模经济、范围经济等也带来了较大的重塑。大多数研究表明,互联网通信技术通过改变产业的技术效率、劳动生产率和行业竞争力来推动产业结构调整(Hofmann and Orr, 2015; Angeles, 2009; Ceccobelli et al., 2012; Xie et al., 2016)。还有一些研究考察了新兴物联网技术的作用,发现物联网技术在价值创造、技术重振和对产业结构调整等方面的作用是其在制造业应用的关键(Gaputo et al., 2016; Giudice, 2016)。国内研究起步较晚,大多通过对中国新一代信息技术与三大产业的融合程度,以及对工业化与信息化的耦合质量进行研究,发现互联网技术会对产业的生产方式、管理模式和价值链等产生深刻影响,进而能够促进产业结构转型升级(谢康等,2012;肖静华等,2015)。工业结构升级受工业研发活动、生产效率和人力资本等因素的驱动或影响(刘伟等,2008;李俊青和刘帅光,2016;郭凯明等,2017)。许家云(2019)认为互联网主要通过生产率提升效应和资源配置效应影响产业结构升级。

第一,生产率提升效应。互联网具有明显的技术溢出效应。Basu 和 Fernald (2010) 以及 Ceccobelli 等 (2012) 指出这一技术溢出效应最早发生于信息技术生产部门内部,接着由信息技术生产部门向信息技术使用部门扩散,类似于规模经济的作用。Dunnewijk 和 Hultén (2007) 发现随着使用互联网的企业数量的增加,互联网可以促进信息和技术在更广的范围内传播和扩散,从而促进企业的技术水平进步。韩先锋等(2014)将工业部门划分为信息技术研发生产部门和信息技术应用部门,认为信息化对信息技术应用部门的创新溢出(信息技术前向关联溢出)、对信息技术研发生产部门的创新溢出(信息技术后向关联溢出)以及信息技术在两个部门间的互动溢出共同促进了工业部门的技术进步和生产率提升。技术进步和生产率提升是推动工业结构升级的核心动力(陈佳贵,2004),而互联网的应用使得不同工业部门的劳动生产率出现差异,劳动生产率的不同进一步导致生产要素从生产率低的工业部门向生产率高的工业部门转移,从而推动工业结构升级,同时,劳动生产率的提高会引致高技术产业的份额不断上升,也会促进工业结构的升级。不过上述机制能否有效发挥取决于地区知识产权保护状况,良好的知识产权保护制度通过提高创新技术专有性的方式,为企业创新的预期经济回报提供保障,因此,完善的知识产权保护制度可以激发企业通过互联网传播技术成果的积极性和动力,使互联网对工业结构升级的生产率效应得以有效发挥(Kanwar and Evenson, 2003)。另外,资源配置效应的发挥建立在良好的市场秩序基础之上,即统一、整合的市场能够促进市场竞争充分开展,使资源可以自由流动并最终流向最有效率的部门(踪家峰和周亮,2013)。

第二,资源配置效应。互联网主要从两个方面改善行业的资源配置效率:一方面,互联网可以有效降低企业的搜寻成本(Rauch and Trindade, 2003),极大地提升了企业所需信息的质量,提升了信息透明度,使高效率资源更多流向高效率行业,通过有序引导资源的合理配置促进工业结构的升级。另一方面,互联网带来的信息透明化使传统行业的垄断优势难以长期维持,因而以互联网为基础的新兴企业极易颠覆强势在位企业的市场地位（韩先锋等，2014）。在互联网经济时代，新兴企业的学习和模仿能力进一步加强，这加剧了行业内的竞争程度，企业唯有不间断地更新技术和管理模式才能保持长久不衰的竞争力，因而互联网强化了市场环境下优胜劣汰的竞争机制，进一步优化了资源配置。

（二）传统制造—服务此消彼长的结构关系被智能、网络和数字经济所重构

传统的产业结构理论认为制造业比重的逐年下降和服务经济比重上升是长期趋势，且在这一过程中伴随着生产率的下降。简单的制造业与服务业之间的产值或者就业结构只是统计意义上的相对概念，实际上，制造生产的"迂回性"导致本属于制造生产的中间产出归类到了服务业。瑞典经济学家詹森（Jan Owen Jansson）从产品和服务的角度对经济产出进行了分类，按此分类发现瑞典经济结构中服务和产品长期保持着"50%—50%"的结构，即实体经济和服务经济各占50%的比例。同时，服务价格上涨高于制造业产品的价格上涨也被认为是服务业产值比重过快上升的原因之一。在这一方面也存在服务业生产率低于制造业、服务业生产率绝对水平低等争论，如著名的"鲍莫尔－福克斯假说"，其认为由于"成本病"的原因，服务业生产率增长缓慢，随着服务业比重的提高，整体经济的生产率和增长速度将会降低。针对这一影响深远的假说，也有不少研究从测度方法的科学性、高质量服务产品投入、服务业内部生产率的差异等方面进行了反驳。实际上，简单地将制造业与服务业进行生产率的比较并不具有科学性，也不是很恰当。因为不同产业之间的技术、经济特征存在较大的差异，通常并不处于同一前沿面上，不具有可比性。制造业因为产品的可贸易性强、拥有强度更高的蕴含技术的资本投入、全球市场的开放度更高等特点而更容易在生产率方面实现技术进步、提高技术效率、享受规模经济的好处。相对而言，服务业跨区域的贸易性较差、面临的壁垒较多、主要满足个性化的需求、轻资产投入等，这些都会导致服务业规模经济效应、技术效率、技术进步受限，但服务业更多地表现为对制造业提供高质量服务中间产品的角色，响应社会多元化的需求，数量测度上的生产率亦不能完全体现服务业对整个经济体系生产率提升的作用。同时，随着信息技术、互联网等在服务业中的投资增加、人力资本的升级、管制的放松等，制约服务业生产率提升的一些瓶颈因素将会打破，其生产效率将会有较大的提升空间。

最新的相关研究（江小涓，2018，2019）表明，随着信息技术不断发展，服务贸易（服务全球化）成为必然趋势，并且进入以服务经济为主的时代并不必然导致增长速度下降。现代技术特别是网络技术的发展，正在改变服务业的基本性质，引起了广泛的资源重组与聚合，对传统服务经济理论提出根本挑战，如服务业生产率低的假设不再成立，新古典价格理论很难解释服务价格形成，人们的消费理性发生了变化。在网络经济和数字经济时代，服务业同样会享受技术进步带来的规模经济等优势，服务业低效率和不可贸易的特征发生了明显变化，服务技术和联通技术能够解决服务业的低效率问题。在以体育服务业和文化服务业为案例进行实证研究表明，这两个长期具有低效率特征的行业近些年借助网络技术，生产效率大大提高，更多服务行业也发生着同样变化。因此，在网络技术发达的当今，进入服务经济时期并不一定意味着低速增长。在网络时代服务业全球化过程中，中国在发展阶段、市场规模、商业模式、网络和数字技术应用、开放程度等方面具有优势，将形成较强竞争力。

（三）大国经济与产业结构升级

相比于小国经济，大国经济体、超大规模经济体在产业结构调整方面具有诸多的不同，其调整的理论与机制也存在较大的差异。一般认为，超大规模经济体具有规模优势、研发成本的分摊优势、产业体系完整性与多样性优势等，这些为产业机构的调整提供了更大的腾挪空间。欧阳峣（2012）认为大国在经济发展和产业升级中具有以下主要的优势：国内需求的规模性与稳定性、大国要素禀赋的异质性与适应性、大国产业部门的完整性与独立性、大国区域经济的差异性与互补性、大国经济结构的多元性与层次性、大国制度创新的实验性与渐进性。干春晖等（2020）建立了一个动态非对称多国市场局部均衡模型，并在此基础上定义消费者的效用函数和生产者的技术，推导出企业和消费者的最优解，并以此为基础，从供给和需求两个视角系统研究了超大规模经济体影响中国宏观经济增长的内在机制。认为超大规模经济体具有专业化分工优势、规模经济和范围经济优势、可持续研发优势等，这些能够推动产业结构的优化升级。纪玉俊等（2018）认为雁阵模式产业升级是推进中国制造业发展的重要动力。立足于大国效应，以制造业为例，通过构建基于企业—消费者—政府三方的数理模型，认为大国效应决定了中国可以通过产业集聚与扩散的动态循环推进雁阵模式产业升级进程，而地区间分工经济的实现提高了雁阵模式产业升级的经济效率与质量。中央和地方政府需要依据不同的决策区间，科学选择扶持与调控模式，合理定位其不同角色，从而推进大国效应下的雁阵模式产业升级。

总体而言，像中国这样的大国经济体具有超大规模的潜在优势，本身存在多层级的央地关系，地方竞争也在中国经济与产业发展中发挥了重要的作用。在产业发展和产业结构调整中能够容纳多种战略的存在，这些也是大国产业升级过程中并行不悖的路径，包括自主创新战略、基于内需的全球化战略、自主可控产业体系的构建战略等。

三 产业结构与发展的研究方法前沿

（一）产业分类方法的细化和拓展

随着分工的分化、生产技术水平的提升、技术的融合等，传统的三次产业分类方法已无法完全满足产业经济领域的理论与实践需求。近年来，相关领域学者根据研究需要，对传统的产业分类方法进行了拓展和改进。当前，产业分类方法研究领域存在两大主要方向：一是对传统产业分类方法的细化和完善；二是提出新的产业分类视角。

1. 传统产业分类方法的细化和完善

汪涛和叶元煦（2000）在三次产业分类的基础上，引入了自然资源产业作为零次产业和由环境产业、高技术产业（包括信息产业）等组成的高次产业的两类新独立产业，并创新性地提出了产业结构立体层级理论，该理论从可持续发展需要出发，拓展了产业结构分析和产业政策实践。廉同辉和袁勤俭（2011）在深入剖析了国际标准产业分类体系中采矿和采石业的分类演化后，对中国国民经济行业分类中对应产业的修改和调整提供了改进方向，提出了把"采矿业"修改为"采矿与采石业"、调整"其他煤炭采选"到"非金属矿采选业"、增设"开采辅助活动"大类、重新划分"石油和天然气开采业"等产业分类建议。董明芳和袁永科（2014）在北美分类体系的基础上，应用美国投入产出表，提出了基于直接分配系数的产业分类方法，并以信息技术产业为例对产业结构的变化进行了分析，发现以直接分配系数最大值为导向形成的产业分类方法能够从产品需求角度对产业部门进行划分。相比原始的三次产业分类方法，这种改进能更好地体现新兴产业的作用和价值，同时通过产业部门之间对应直接分配系数的变化，能够更精准地预测产业部门的发展趋势。李贤彬和李后强（2017）根据产业诞生规律和产业链、价值链传导原理，提出了九次产业分类方法，该方法在三次产业分类方法之外考虑了新一代信息技术、产业深度交叉、融合等对产业发展的影响。杨德钦等（2017）对建筑相关产业的分类研究中，从工程生命周期理念出发，改进了传统分类方法。还有些学者的研究（姜长云，2015；张来武等，2016）从农业的基础地位出发，提出了农业产业链条延伸、农业产业提档升级的六次产业理论，为农村农业产业结构的丰富与产业布局的多元化提供了理论基础。

2. 产业分类的新视角

Mccollum（1991）、OECD（2007）的研究分别从产业衍生、信息通信产业细化视角提出了创新的产业分类尝试，为特定的产业研究目的提供了方法论基础。张树清（2009）的研究认为针对产品生产与消费的分时程度的不同来设定产品及产业分类标准，然后依此分类标准形成的分时程度产业分类方法可以消除三次产业分类法社会再生产过程被描述得过于笼统与简单、第三产业过于繁杂等先天局限性。按照分时程度产业分类法，国民经济的各产业可以划分为三大类，即完全分时产品产业、完全不分时产品产业、不完全分时产品产业（也可叫混合产品产业）。杜曙光（2009）对三次产业分类法、标准产业分类法、资源集约度产业分类法、工业结构产业分类法等传统方法进行了比较分析。通过研究商品的形成环节及相应的企业组织形式，提出对传统三次产业结构进行融合并横向切断，进一步归纳出了包括研发设计、生产制造和营销服务三个核心元素的横向产业分类模式。朱亚东和张东生（2013）的研究基于战略分析视角，从产业发展周期、产业发展空间性、产业价值链的位置、产业组织解构、产业行为、政府管制、资源密集程度、产业关键成功因素等维度出发，把具有相同战略要素的产业进行归类。这种分类方法把具有相同战略要素的产业进行归类，有助于对战略规律的总结、研究和探索以及通用型战略的分析研究和制定。此外，针对三次产业划分的局限，许多研究提出了四次产业、五次产业等的划分。如波拉特（1977）提出了产业划分的四分法，即把数字业从服务业中独立出来，整个国民经济由工业、农业、服务业和数字业组成，数字业即人们所说的第四产业；也有研究提出了将文化创意产业列为第五产业，将智慧产业单列的提法。这些分类总体上还是基于人类生产生活需求的变化，新技术对传统产业的赋能以及创造新的产业业态、模式的角度对产业分类进行的深化，以适应产业经济分析的需要。

（二）全要素生产率的测算方法

企业的全要素变化是产业结构调整的微观基础，产业以及宏观的生产率提升也是经济结构的重要表现，全要素生产率的测算方法也从宏观到微观，经历了逐渐完善的过程。

1. 宏观层面测算方法

全要素生产率一开始是宏观经济学的重要概念，最早由索洛提出，又被称为索洛残差。比较传统的宏观全要素生产率计算方法可以归结为两大类：经济计量法、增长会计法。其中，经济计量法分为隐性变量法和潜在产出法两种，增长会计法包括代数指数法和索罗残差法两种（郭庆旺和贾俊雪，2005）。近年来，在相关研究中，SFA（随机前沿法）（湛莹和张捷，2016；张乐和曹静，2013；张天华和张少华，2016；李瑞杰和郑超愚，2019）和 DEA（数据包络法）（冯杰和张世秋，2017；李健等，2015；田友春等，2017；孙亚男和杨名彦，2020）方法被广泛使用。在随机前沿法基础上，Gong（2018）将随机前沿方法（SFA）和变系数模型（VCM）相结合，提出了估计宏观生产率的随机前沿变系数模型（SFA—VCM）。在该模型条件下，同一时间不同个体的生产前沿不同，改进了随机前沿模型不变系数的缺陷，进一步提高了估算的精度。这也是当前研究产业生产率比较前沿的方法，这种方法能够比较准确地捕捉产业的异质性所带来的生产率估测偏差。殷红等（2020）采用有向无环图（DAG）方法和带有时变参数的因子扩展向量自回归模型识别中国产业结构调整与全要素生产率（TFP）间的动态因果关系。研究结果显示，产业结构高级化、工业结构技术化及服务业结构生产化对 TFP 具有较强的影响力，且产业结构高级化与 TFP 间存在显著的双向因果关系；从时变效应来看，不同经济时期产业结构高级化对 TFP 均具有较强的促进作用，但 TFP 提高对产业结构高级化的冲击效应存在时变性，近年来 TFP 对产业结构高级化的带动作用开始凸显。另外，高技术产业的发展可以有效对冲经济下行，工业结构技术化调整更有利于 TFP 提高，而服务业结构生产化对 TFP 的促进作用并不明显，说明生产性服务业的技术外溢效应仍有待提升。

2. 微观层面测算方法

当前对于全要素生产率的测算正逐步由宏观层面转向微观企业层面，但是估计企业层面全要素生产率时会出现同时性偏差和样本选择性偏差。Olley 和 Pakes（1996）发展了基于一致半参数估计值方法估算企业层面全要素生产率。该方法假定企业根据当前企业生产率状况，据此作出投资决策，因此，用企业的当期投资作为不可观测生产率冲击的代理变量，从而解决了同时性偏差问题。在估算中该方法还考虑了企业进入退出对全要素生产率的影响。其缺陷在于，OP 方法假定代理变量（投资）与总产出始终保持单调关系，这就意味着投资额为零的样本并不能被估计。在 OP 方法的基础上，Levinsohn 和 Petrin（2003）以中间品投入代替投资额为代理变量，降低了数据获取难度。另外，该方法还提供了几种检验代理变量合意度的方法，大大扩展了代理变量的遴选范围，允许研究者根据可获得数据的特点灵活选择代理变量（鲁晓东和连玉君，2012）。然而，Ackerberg 等（2006，2007）指出企业中间投入依赖于资本、劳动和生产率，这意味着 OP 和 LP 方法在估计上存在不可识别以及内生性问题。Ackerberg 等（2006，2007）放松了 OP 法和 LP 法的假设条件，比如资本投入的决策先于其他生产要素，将劳动投入引入中间投入函数，完善了 OP 和 LP 方法，ACF 方法进一步提升了估计结果的准确性。实际应用中，杨汝岱（2015）、简泽等（2014）、盖庆恩等（2014）以及肖文和薛天航（2019）等学者的研究中使用了 OP、LP 方法估计全要素生产率。

(三) 产业关联与结构分解方法

随着相关理论与实际产业的发展，产业结构理论对于分析区域间和产业间等问题的局限性开始凸显，学者们开始追溯产业结构变动的本源。产业关联水平被看作是产业结构升级的内在驱动力（原嫄等，2016）。并且产业关联分析通过投入产出表来构建各种关联度指标，进而对产业间的关联效应等进行研究分析。从国家层面研究对经济增长的影响（周振华，1991），研究我国各区域之间的经济联系及溢出效应（彭连清，2008），以及研究我国各产业部门的产业关联效应和产业波及效应（刘佳和朱桂龙，2012）。还有学者专门研究了制造业和服务业之间的产业联动对与区域经济的影响和重要作用（Se-Hark Park，1994；纪春礼等，2010；余典范等，2015）。Leontief（1941）建立了基于投入产出技术的结构分解方法（SDA），提供了方法论基础。近年来，结构分解方法（SDA）已经发展成为一种重要分析工具，广泛应用于研究经济增长、劳动力和环保等经济学热点问题（Chen and Guo，2000；Han，1995；De Haan，2001）。国内也有学者利用 SDA 研究中国的经济增长问题，夏明（2006）利用 SDA 方法定量测算了需求结构、增加值率变化以及技术进步对行业增加值离差结构转变因素的影响幅度；宋瑞礼（2012）利用 SDA，将中国经济增长分解为基于产业角度的需求扩张效应、增加值率变动效应和技术进步效应，并测算出不同效应对经济增长的贡献率。长期以来，影响结构转型的最主要因素被认为是鲍莫尔效应和恩格尔效应。鲍莫尔效应强调不同产业部门产品相对价格的影响。恩格尔效应强调不同产业部门产品需求收入弹性的影响。郭凯明（2018，2019）对其进行了拓展，通过引入多部门的 Eaton 和 Kortum（2002）国际贸易模型、完整的投入产出结构、非位似偏好和劳动力市场摩擦等重要特征，将中国产业结构分解为鲍莫尔效应、恩格尔效应、投资效应、国际贸易效应、要素密集度效应和转移成本效应。并通过分解核算和反事实模拟定量评估发现恩格尔效应、投资效应和转移成本效应分别是影响第一、第二和第三产业就业比重变化的最主要因素，需求收入弹性低、劳动密集度高和存在转移成本是第一产业就业比重高的原因。

Wang 等（2017）提出了价值链的生产分解模型，以全球价值链上各产业的所有生产阶段为研究对象，从产出供给端（前向联系）和投入需求端（后向联系）双重视角对产业链进行分解，测算了 44 个国家 56 个产业部门的全球价值链嵌入程度。张会清和翟孝强（2018）利用生产分解模型对中国各行业在全球价值链的竞争力进行了分析。魏如青等（2018）利用生产分解模型重新测算了 2000—2014 年中国整体以及细分 56 个行业全球价值链的参与情况。

(四) 价值网络和生产网络

产业间存在极其复杂的直接或间接的经济联系，使得全部产业构成了一个有机的网络系统，每个产业都是一个节点，这个节点只有在与其他节点联结时才能体现自身的价值。王铜安（2014）认为基于投入产出表的产业结构分析恰恰忽略了产业总体结构对各个产业的作用和影响。因此，有必要转换研究视角，从关注产业间宏观结构（基于产值的产业,结构研究）和单纯数量关系（基于投入产出的产业结构研究），转换到关注整个产业网络的关系和结构上。通过网络与投入产出表的有机结合，提出了一种全新的、基于"关系"和"结构"视角的产业结构研究方法。

生产网络则作为连接微观冲击与宏观波动的桥梁，可以让学者们更好地从微观结构层面理解宏观波动的内生来源（叶初升和任兆柯，2019）。一大批学者在此基础上将网络理论与宏观经济学结合起来，从生产关联结构层面来分析宏观经济波动来源（Acemoglu et al，2012，2016a，2017；Ghironi，2018）。齐鹰飞和 Li（2020）将生产网络引入一个多部门一般均衡模型，分析了财政支出的部门配置对产业结构的影响以及影响是如何依赖于生产网络的，也是将生产网络引入具体政策分析的一种尝试。一些文献探讨生产网络对经济发展的影响，如 Jones（2011）以及 Acemoglu 和 Azar（2017）都研究了生产网络对工业化和经济长期增长之间的关系。Hartmann 等（2017）将生产网络引入发展经济学，用来测度经济体比较优势演化和产品结构升级路径，并用产品密度和经济复杂度解释国家间的发展路径差异和贫富差距问题。另外一些文献研究要素错配对经济发展的影响，试图解释生产网络在其中的放大机制（Munshi and Rosenzweig，2016）。生产网络会使得经济中各部门之间产生联系，因此，还有学者利用生产网络来研究补贴、税收等产业政策的传播效应以及生产网络在传播过程中的作用（Liu，2017）。

四 学科重大现实问题研究

（一）中国产业发展与工业化进程研究

经过改革开放 40 年的快速发展，中国总体上从工业化初期阶段快速地进入工业化后期（黄群慧，2018）。在全球化进一步发展、国际产业价值链重组和世界经济重心东移的大背景下，中国借助改革开放的东风迅速崛起，开辟了中国独特的工业化发展道路（金碚，2012）。立足于本国国情，借鉴西方发达国家的工业化经验，产业发展和产业结构研究伴随着中国工业化进程蓬勃开展，为中国工业化发展提供了重要的理论支撑。

在改革开放最初十年，国内外学界致力于工业化理论在国内的引进、传播和应用，将英、美、日等发达国家和一些发展中国家的工业化发展经验进行梳理，为中国工业化发展提供经验借鉴（厉以宁，1978；范家骧，1980）。

进入 20 世纪 90 年代，学术界开始对我国工业化实践进行总结，分析讨论了乡镇企业发展和农村工业化模式的反思、农村工业化和城市化之间的关系等问题，并借鉴东亚、拉美地区的新兴工业化国家发展经验对我国加速工业化时期的工业化转型和工业化战略进行探索（胡长顺，1996；魏后凯，1999）。促进工业化与城市化协同共进，扭转城市化滞后于工业化的观点在这一时期被提出来，并引起重视（高波，1994；杨明洪，1997）。

进入 21 世纪以来，中国加入世贸组织，推动开放发展进入新阶段，发挥要素比较优势融入国际产业分工体系，中国工业化进程进一步加快，成为世界制造业生产规模第一大国，发展成为"世界工厂"，中国产业发展进入一个新时期。从工业经济大国向工业经济强国转变、推进工业现代化进程成为中国现代化建设在新阶段的核心任务（陈佳贵和黄群慧，2005）。增强工业国际竞争力，实现技术、知识、管理、体制和观念的创新是实现我国从工业大国到工业强国的转变的根本动力（金碚，2000）。实现工业强国战略，走新型工业化道路是必由之路。党的"十六大"报告正式提出，我国要走一条新型工业化道路。国内学者对新型工业化道路的内涵、内在机制、特征和建设路径等问题展开了充分讨论（刘世锦，2005）。信息化带动工业化、工业化促进信息化的观点为学界普遍认同（郭祥才，2003；简新华和向琳，2003）。近年来，学者们还对中国新型工业化发展模式的生态经济效率和区域经济增长绩效开展实证检验（朱南和刘一，2009；庞瑞芝和李鹏，2011），为新型工业化道路的实践和探索提供方向性支持。

在工业化后期，中国进入中等收入国家行列，此时出现的制造业下滑过快、服务业占比上升过快的"过早去工业化"倾向引起了学术界的重视，围绕"过快去工业化"的成因和预防，学术界从理论、经验和现实三个维度展开讨论，并提出下一步的工业化战略导向，即紧抓新一轮的科技革命和产业变革，加快建设制造强国，促进科技创新和产业升级深入融合，同时要注重提升传统产业的发展质量和效益，提升我国产业竞争力，加快经济动能的转变，跨越中等收入陷阱（黄群慧等，2017；魏后凯和王颂吉，2019）。

（二）中国产业结构优化升级研究

产业结构变化是工业化演进的重要特征，产业结构优化升级反映产业部门间比例关系的协调优化与产业结构水平不断升级的演进态势，依托产业经济学理论，借鉴国际工业化进程中产业结构优化升级的相关经验过程，对中国产业结构优化升级过程特征、影响因素和经济绩效的研究，成为产业发展和产业结构研究的重要领域。

在产业结构优化升级测度方面，国内学者从产业结构合理化和高级化两个方面研究产业结构优化升级过程，提出产业结构合理化和高级化的判别标准，应用多种方法对产业结构优化升级进行测度。杨公朴教授提出标准结构、适应需求变化、产业间协调发展、资源充分利用四个判别标准。干春晖等（2011）用泰尔指数度量产业结构合理化，反映资源要素在产业部门间优化配置的程度；用第三产业产值与第二产业产值之比度量产业结构高级化，这种方法成为较为常用的产业结构优化升级度量方法。周昌林等（2007）提出产业结构层次系数，还有学者超越了主导产业更替的视角，分别从劳动生产率提高、要素密集度变迁、产品附加值提高、产品技术复杂度指数变化来衡量我国产业结构升级和制造业结构升级（刘伟，2008；张其仔，2014；周茂等，2018）。

国内学者对产业结构升级的影响因素进行大量的理论和实证研究。一是从需求侧看，消费结构、对外直接投资和国际贸易都是影响产业结构优化的重要因素。其中，一国居民消费与该国产业结构演进之间存在长期稳定关系（李玲玲，2016）；消费结构的升级促进了产业结构优化升级（刘慧、王海南，2015；张忠根、何凌霄、南永清，2016），且这种影响存在城乡差别，城镇居民消费结构变动的影响更为显著（查道中、吉文惠，2011）。对外投资可促进产业结构升级，长期内影响更明显（潘颖、刘辉煌，2010）。伴随着对外直接投资动因由"初级"到"高级"的叠进式升级，母国产业也由劳动密集型到资本密集型，再到知识与技术密集型的结构升级（赵伟、江东，2010），大量实证研究结果也证实了对外直接投资的产业结构调整效应显著（王英、周蕾，2013）。进出口贸易方式和贸易结构对产业结构优化存在不同机制，进出口结构效应对产业结构升级存在显著的正向影响（孙晓华、王昀，2013）。二是从供给侧看，劳动力、资本、技术供给亦会影响产业结构调整。研究表明，人才结构和产业结构之间存在典型的双向耦合关系，二者演化以及相关作用形成了复杂的反馈机制（张延平、李明生，2011）。我国资本市场发展与产业结构升级相互耦合（吴爱东、刘东阁，2017）。

金融集聚对于产业结构升级的影响效应和空间溢出效应受产业发展阶段和城市规模的限制，对城市和东、中、西部地区三大产业结构升级都具有明显的促进作用（孙晶、李涵硕，2012；于斌斌，2017）；金融结构对产业结构调整存在特殊作用机制，只有当金融结构和制造业规模结构相匹配时，金融资源配置才能有效满足各种规模制造企业的融资需求，进而促进制造业增长（林毅夫、章奇、刘明兴，2003）；政府金融抑制政策会阻碍产业结构转型科技创新是推动产业结构向中高端攀升的动力引擎（洪银兴，2015），创新驱动产业结构转型升级的存在多种作用路径。颠覆性创新或突破性创新能加速提升生产率，诱导新兴产业出现，对主导产业更迭具有重要影响（林春艳、孔凡超，2016）；通过技术创新、技术变革等技术进步对原有产业部门的改造和新兴产业部门的建立是导致产业结构变化的主要原因（陶长琪、齐亚伟，2014）。理顺市场与政府的关系，促进技术创新和技术转移，使工业的增长方式由投资驱动转变为创新驱动，是保持工业的竞争力的关键（江飞涛等，2014）。加大创新投入，促进技术创新，进而有利于促进产业结构升级，帮助中等收入国家摆脱"中等收入陷阱"（付宏等，2013；丁一兵等，2014）。中国县域技术进步偏向存在显著的空间溢出效应，技术进步偏向资本有利于推动中国县域产业结构的高级化和合理化（孙学涛，2017）。

此外，学者们还考察了环境规制、产业政策尤其是财政政策对产业结构演进升级的影响。梅国平等（2016）基于产业经济学理论，规范研究了环境规制通过进入壁垒、技术创新、国际贸易而促进产业结构变迁的影响机制，提出了环境规制促进产业结构变迁的外延式和内涵式发展路径。对省级层面面板数据分析表明，中国环境规制对产业结构调整的影响存在门槛效应，正式环境规制能有效驱动产业结构调整，非正式规制的产业结构调整效应在中国已初步显现（原毅军、谢荣辉，2014；钟茂初等，2015）。韩永辉等（2017）研究发现，产业政策的出台与实施显著促进了中国地区产业结构合理化和高度化；产业政策对产业结构优化升级的推进作用高度依赖于地方市场化程度；产业政策对结构优化升级的推进作用还取决于地方政府能力。财政体制变迁与产业结构调整之间存在联系机制，使得财政收入、财政支出，以及财政分权对产业转型优化存在非对称效应、非线性效应和门槛效应。在经济繁荣与衰退不同时期，采取不同的财政操作组合，有利于产业结构优化（陈志勇、陈莉莉，2011；刘建民等，2014；崔志坤、李菁菁，2015；任爱华、郭净，2017）。

产业结构与经济增长的研究表明，产业结构通过对生产要素的资源配置功能发生作用，影响其产出效率，从而对经济增长产生间接影响（郑若谷、干春晖、余典范，2010）。进一步的研究发现，产业结构变迁对经济周期性波动具有动态影响，表现出显著的阶段性特征，产业结构合理化冲击表现出弱逆周期性，对经济波动具有"熨平效应"，产业结构高级化冲击则呈强顺周期性，且短期影响更为显著；总体而言，现阶段我国产业结构合理化对经济发展的贡献要远远大于产业结构高级化（干春晖等，2011；彭冲等，2013）。

学者们还针对近年来出现的中国经济增长中的结构红利和结构性减速问题开展探讨，研究发现，中国经济发展的"结构红利"因产业结构变迁而减弱，导致中国经济发展出现"结构性减速"现象，但产业结构变迁的经济增长效应仍存在；产业服务化是结构性减速出现的主要原因（杨博等，2018；李翔和邓峰，2018），提高全要素生产率，促进消费生产结构互动升级，实现产城联动，发挥新型城镇化与产业结构变迁的

"协同效应",对于缓解"结构性减速"问题,促进中国经济增长具有积极作用(欧阳博强,2018;徐秋艳等,2019)。

(三)产业转型升级研究

1. 制造业转型升级

改革开放以来中国制造业快速发展,已经成为世界制造业第一大国,但是从制造业增加值率、劳动生产率、创新能力、核心技术拥有、关键零部件生产、高端价值链环节占有、高端产业占比、产品质量和著名品牌等各方面衡量,中国制造业还存在"大而不强"的问题(黄群慧,2018),推动制造转型升级、实现从制造大国向制造强国的转变成为产业发展研究的重要方向。

制造业转型升级影响因素研究方面,周长富和杜宇玮(2012)认为,影响制造业转型升级的因素很多并且非常复杂,不仅包括经济环境、产业政策、国际贸易等宏观因素,还包括技术、自然资源、资本和劳动力等微观因素。马珩和李东(2012)利用企业微观的样本数据,实证探索了企业规模、技术创新强度和工资水平等因素对制造业出口企业转型升级的影响,研究表明,制造业升级的关键影响因素是人力资源素质,对外贸易依存度和市场化程度的影响很有限。

近期的研究则强调从制造业服务化、产业集群、智能制造等推进制造业转型升级。发展生产性服务业促进制造业升级路径认为,由于装置成本的降低和规模经济的效用,生产性服务业和制造业的深入融合将提高制造业的劳动生产率(刘志彪,2005)。生产性服务业对制造业产业高度化的影响在初期并不显著,但在长期则具有正向显著的促进作用(张宗斌、郝静,2011)。外源型高新技术产业集群的升级路径主张,在引进模仿和消化吸收的基础上再次创新,开发具有自主知识产权的产品,最后形成自我的品牌(李金华等,2010)。不同类型制造业升级路径研究认为,高新技术产业和装备制造业应通过重点工程和基地建设来升级;轻工业则通过技术创新来升级,最终打造具有世界著名品牌的企业(曲玥,2010)。还有学者提出,外商直接投资(FDI)对中国制造业行业间由劳动密集型向资本和技术密集型的结构化升级具有显著促进作用(贾妮莎,2016)。

2. 现代服务业发展与服务创新

20世纪70年代,主要发达国家服务业产出和就业份额超过制造业,服务开始表现出生产性,服务经济和现代服务业发展成为社会经济发展重点领域。由于构成庞杂、性质差异、目标多元,增大了服务业的复杂性和研究难度(江小涓,2011)。学界对服务业比重上升含义进行解释,研究表明,服务业在国民经济中比重上升,取决于各类新增服务消费引起的真实增长以及服务相对价格上升、服务专业化和外移、自我服务转为市场化服务引起的名义增长。名义增长带来生产效率增长、提高服务水平提高和劳动报酬增加等三个积极影响。

从20世纪80年代开始,产品制造和服务提供在生产消费全过程中相互渗透,深度融合,到21世纪初,产业融合已经成为普遍现象,体现在生产消费过程的各个环节,包括生产过程中的融合、企业性质的融合和消费过程的融合。产业融合为现代服务业发展提供了巨大发展空间。与此同时,我国现代服务业发展问题备受关注。一方面,现代服务业发展被认为有利于克服我国面临的消费不足、就业和资源环境压力大等问题;另一方面，随着产业结构和消费结构升级，对生产型服务业和生活型服务业需求快速增长。现代服务业发展问题研究日益成为产业经济理论研究的重要组成部分，学者们围绕服务的特性、服务业统计分类、服务业劳动生产率等基础问题以及服务全球化、服务外包等前沿问题开展深入研究（李辉，2014；江小涓，2013；陈宪，2014；姜荣春，2014；江小涓和罗立彬，2019）。荆林波和冯永晟（2010）全面综述了信息通讯技术、生产率悖论和各国经济增长方面的国外文献，梳理了ICT与经济增长关系的主要研究框架。李蕊（2014）系统梳理了服务业与经济增长的理论关系，考察了服务业对制造业生产率的溢出效应，比较了服务业与制造业的生产率差异。王朝阳（2014）分析了服务创新理论演进，将服务创新理论研究划分为三阶段：早期以基于信息技术应用实现服务业效率和质量提升的逆向产品周期模型（RPC）为代表，关注技术影响，将服务创新划分为改善服务效率的渐进式过程创新阶段、提高服务质量的根本向过程创新阶段、形成新服务的产品创新阶段，每一阶段都对应着特定信息技术系统的应用（Barras，1986；Gallouj，1998）；后来学界将对技术应用的关注转移到服务内部创新类型和各类创新模式上来，以关注生产和交付环节的四维度模型为代表（Hertog，2000）；进入21世纪以后，越来越关注创新网络和创新系统对服务创新的影响，知识密集型商务服务（Knowledge Intensive Business Services，KIBS）成为研究焦点（Gadrey and Gallouj，2002），Gallouj（2002）提出了由KIBS支持的创新模型。

3. 中国产业升级与全球价值链攀升

2001年中国加入WTO后，中国产业结构转型升级的一个重要特点是在全球进行产业链的嵌入与融合。探讨产业结构和产业发展问题时，许多学者尝试从全球价值链视角进行研究。近年来，中国经济进入了增速换挡、动力转换、结构优化的新常态，产业结构调整和产业增长动力机制的转换成为新时代经济政策的主要目标（刘志彪，2015）。中国在改革开放40多年间凭借低廉的成本要素和不断降低的交易成本所取得的嵌入全球价值链（Global Value Chain，以下简称GVC）的地位已经成为中国经济高质量发展的桎梏。中国制造业采取垂直专业化分工参与全球价值链获取了一定的利润，以及获取产业集聚动力、技术扩散途径、国际影响力提高等诸多有利因素，但也形成了垂直专业化分工中的角色瓶颈，垂直专业化分工极可能导致中国制造业"有产业而无技术"的局面（文东伟、冼国明，2010；杨蕙馨、高新焱，2019）。这种"低端锁定"局面将会面临路径依赖风险、价值贫困化风险、战略边缘化风险、竞争恶性化风险、产业空洞化风险等战略风险（胡大立，2016）。

对此，学者们探讨了多种提升GVC增值能力，实现产业升级的路径模式：一是根据所处GVC的驱动模式（生产者驱动、购买者驱动），基于产业属性、价值链类型、企业能力、产品特点等因素，选择个性化升级路径（胡大立，2016）；二是重点培育中间产品隐性冠军企业、降低GVC外部供应链依赖、提升技术创新能力的技术路径；三是功能整合路径，即整合国内产业要素优势、挖掘国内市场潜力，基于产业发展实际，实现从OEM-ODM-OBM的路径攀升。四是区域发展路径。要注重区域间上下游配套产生的显著的区域间技术溢出效应。五是注重制造业与生产性服务业等产业功能上的循环和联动效用，提升我国产业结构中生产性服务业、生活性服务业的整体水平（蔡昉、王德文、曲玥，2009）。

在此基础上，有学者考察了全球价值链和国内价值链并行的产业升级联动效应

(赵放、曾国屏,2014)。有学者具体分析了不同类型产业和产业集群的 GVC 中高端升级路径(刘光东、丁洁、武博,2011;侯茂章、朱玉林,2012)。还有学者探讨了中国通过"一带一路"建设实现 GVC 升级的战略思路(刘志彪,2018)。

在中国全球价值链战略方面,刘志彪等(2007,2011)提出,即要重视我国企业在全球价值链(GVC)中的被"俘获"与"压榨"地位以及如何及时突围等问题。加快构建以内需为基础的国家价值链(NVC)体系和治理结构,实现国民消费需求支撑下的、由本土企业作为"链主"地位主导下的发展,是新一轮全球化条件下我国与世界经济"再平衡"机遇中制造业发展方式转变的最重要的微观经济战略选择。在 GVC 的基础上构建相对独立的 NVC,可能是后进国家破解"增长与升级"两难选择问题的微观层面上的突破口,也可能是实现以价值链攀升为特征的产业升级并最终取得国际竞争优势的必要路径。产业集群中的专业化市场、产品链分工网络中的领导型企业是构建 NVC 的重要途径。

(四)现代产业体系研究

产业体系是所有产业相互关联衔接的系统,它既是全社会所有产品投入产出相互关联的体系,也是所有产品供给、流通与消费的一体化体系,是经济体系的核心。芮明杰(2018)认为现代产业体系是代表未来发展方向的新型产业体系。关于现代产业体系研究,一种是探索如何构建现代产业体系,通过对现行产业体系的"结构性陷阱"分析,提出产业创新是唯一突破口,在当前消费需求变化和科技发展两大因素影响下,要从禀赋升级、价值链升级和空间结构优化方面着手建设现代产业体系。建设现代产业体系的战略路径是对现行产业体系进行结构性调整、转变为建立新的内生比较优势的运行逻辑、注重科技创新的发展方式和完善市场运行机制等(芮明杰,2009,2018)。或者发展知识产权密集型产业推动现代产业体系建设(王博雅和蔡翼飞,2020),通过完善体制机制、强化要素协同、夯实企业主体和提升产业链水平等四个方面推动现代产业体系建设(盛朝迅,2019)。

现行产业体系的优化,从要素结构变化视角入手,要素结构优化促进地区信息化发展,而信息化发展促进地区产业结构优化(韩自然和芮明杰,2019)。有学者从供给侧与需求侧对接角度,认为通过信息消费构建信息化能力体系、推动产业双元发展以及进行跨界融合来进行产业体系升级,而多层次信息消费要主动对接传统产业转型升级需求(邓少军和芮明杰,2017)。有学者从价值网络分工视角,通过产业链、供应链和价值链重组建立自主发展型的价值网络来冲破"瀑布效应",优化发展中国家的产业体系(刘明宇和芮明杰,2012)。还有学者归纳我国产业体系的阶段变化和演变趋势,并分析"十四五"时期产业结构发展趋势(徐建伟和杨光,2019;付宝宗,2020)。

(五)产业政策理论在中国的发展与争论

产业政策是为达到一定的经济发展战略和社会目标,政府对产业活动的干预,其主要目的是为了弥补市场缺陷,优化资源配置,推动产业结构优化升级,实现国家经济快速平稳增长。产业政策被普遍采用在发展中国家和大多数工业化国家的产业发展进程中,我国改革开放以来尤其是 20 世纪 80 年代之后,产业政策被频繁运用到经济各个领域中,并逐渐建立了一个较为细致、全面和系统的产业政策体系,以及形成了具有自身特色的产业政策理论体系（江飞涛和李晓萍，2010）。

从世界各国的实践经验看，产业政策在实施过程中伴随本国的历史条件与经济发展阶段不断调整。我国的产业政策也在世界经济环境波动、产业结构优化升级中不断做出相应的调整和完善，学界对产业政策转型的研究不断丰富的同时也产生了一些争论。

一是从探讨产业政策是否有效，到探索产业政策的有效性边界。围绕着产业政策实施对微观主体发展、产业发展、区域发展和资源配置的影响，学术界结合产业政策类型、特征、具体措施考察了中国产业政策实施的有效性。研究发现，产业政策有效提升了经济生产率、优化资源配置、促进企业技术创新、加快产业结构调整升级、实现经济增长。

二是20世纪80年代中后期，以日韩等东亚工业化国家成功的产业政策理论和实践对我国产业政策的研究和实践产生了较大影响。进入90年代以后，推行传统产业政策的东亚国家开始转向现代产业政策，欧美发达国家也通过不断进行政策创新来进一步发展现代产业政策体系。我国便积极调整研究方向，综合借鉴东亚和欧美的产业政策理论与实践，向现代产业政策体系建设迈进，这一阶段，选择建设怎么样的现代产业政策体系成为我国产业政策研究的一大重点，也是一大难点。

三是选择性产业政策与功能性产业政策之争。拉尔（1994）将产业政策分为选择性产业政策和功能性产业政策，其中选择性产业政策指的是日本式的产业政策，后发展国家可以借助"赶超理论"，通过政策扶持战略产业和新兴产业，缩短产业结构的演进过程，以实现经济赶超目标；功能性产业政策则是强调政府应加强基础设施建设，推动和促进技术创新和人力资本投资，创造公平有效的市场环境，使市场功能得到发挥的产业政策。国内外学者纷纷就政府应实行选择性产业政策还是功能性产业政策展开了争论。有学者认为，以直接干预市场为特征的选择性产业政策存在比较严重的缺陷，但在为产业创新发展创造良好条件这一方面，政府可以发挥重要作用，并主张应转为采用功能性的产业政策或横向的产业政策、协调主义的产业政策。在功能性产业政策框架下，市场及市场机制居于主导地位，但政府仍扮演着关键性的角色。

总体上，中国正确处理了政府与市场的关系，产业政策总体上是成功的，在产业政策操作层面努力做到政府在一定程度上干预资源配置但又尽量避免直接介入资源配置，这个"度"总体把握得相对合理（黄群慧，2019）。党的十八大以来中国的产业政策发展具有两个重要趋势：一是产业政策体系中越来越多地引入功能性产业政策；二是促进产业创新政策在整个政策体系中扮演着越来越重要的角色。党的十八届三中全会也明确提出"使市场在资源配置中起决定性作用和更好发挥政府作用"。在这一大的时代背景下，中国的产业政策更加注重发挥市场机制的作用，也更加强调政府应将政策重点放在构建良好的制度环境及外部环境方面，并开始注重功能性产业政策的应用，同时也更为重视产业创新政策的制定实施（江飞涛和李晓萍，2018）。

四是产业政策中市场与政府应扮演什么样的角色、市场与政府应该是怎样的关系，是产业政策争论的核心问题之一。林毅夫（2012）提出了有效市场与有为政府的观点，得到学术界响应。在选择性产业政策中，政府居于主导地位，政府"驾驭"市场、干预市场与替代市场。在功能型产业政策中，市场居于主导地位，政府的作用是增进市场机能、扩展市场作用范围并在公共领域补充市场的不足，让市场机制充分发挥其决定性作用。在产业政策中，政府应扮演有限政府的角色，产业政策应以市场机制为基础。产业政策中的市场与政府是互补与协同的关系。市场及市场机制居于主导地位，但政府仍扮演着关键性的角色。

五　学科展望

产业发展和产业结构研究是以工业化发展实践为导向的应用经济学领域，全球化发展新趋势、新产业革命和中国推动高质量发展，开创了工业化和现代化发展新的实践过程，为学科理论创新提供了重要的经验事实支撑，同时也形成了一系列需要提供理论研究支撑的重大现实问题，学科发展将进入实践与理论互动创新的新阶段。

（一）理论创新引领学科发展不断取得新突破

钱纳里等早期发展经济学家提出的工业化理论，主要是基于机械化和电气化主导的工业化经验过程形成的，信息技术革命和全球化发展，已经开启了新的工业化进程，形成了新的产业发展和产业结构变化特征，推动产业发展和产业结构领域的理论创新和研究范式突破。一是产业分类体系的创新突破。产业经济分析是从产业分类开始的，工业化、信息化深度融合形成的产业发展形态模式创新，对原有的产业分类体系形成重要挑战，需要根据制造业服务化、网络平台经济等新的跨界融合型产业发展特征，形成新的产业分类体系，为新的产业分析范式形成提供基础支撑。二是产业结构特征阶段性变化理论创新与提升。以制造业和服务业比重关系为标志的工业化发展阶段理论已经不适应制造业与服务业融合发展新特征，随着更多国家进入服务型经济发展阶段，制造业的地位不是反映在规模数量方面，而是体现在技术能力和产业竞争力的支撑方面，不同国家和不同发展阶段的制造业比重变化不大，制造业能力反映发展水平提升和发展阶段演变，需要探索体现制造业能力的工业化发展阶段理论，对制造业振兴、再工业化、制造业回流等现象从发展阶段演变角度做出新的解释。三是在结构变化与经济增长关系理论分析方面，新古典模型在解释经济增长的卡尔多事实方面是成功的，但是在解释结构变化的库兹涅茨事实方面一直没有取得突破性进展，强调均衡分析的新古典模型如何与关注非均衡结构变化的产业结构分析结合，需要在理论层面创新突破，面对信息技术革命形成的结构变化与经济增长关系新特征，需要在新古典理论、产业创新理论和产业演化理论等的结合中构型新的结构变化与增长关系理论模型。

（二）产业实践的新发展为理论创新提出了新课题

一是全球化发展新趋势对产业升级的影响。2008年金融危机后，全球化发展出现新变化，保护主义和逆全球化开始显现，2020年开始的新冠肺炎疫情，进一步强化了这种发展趋势，全球产业链离岸布局向近岸和在岸布局转变，将成为新的趋势特征，对新兴国家产业升级形成重要影响，需要关注新的全球产业链格局下的产业升级战略方向、实施路径和政策支持。二是中国推动中高端升级和实现高质量发展中的产业升级问题研究。包括：中国如何摆脱对外技术依赖，突破关键核心技术"卡脖子"问题，如何在新的制高点竞争中率先突破，形成话语权和影响力，加快推动传统产业智能化网络化改造升级，实现高质量发展，促进区域产业协同发展等。三是人工智能和数字经济发展对产业结构变化的影响研究。从技术突破、产业组织变革和各国产业政策部署的最新趋势看，人工智能的加快突破及其大规模的商业化应用、数字经济的快速发展，已经成为中国参与国际产业制高点竞争的主要领域；对传统制造业进行数字化改造和智能化、网络化赋能，推动互联网、大数据、人工智能与实体经济深度融合，成为中国实现中高端升级重要方向。需要通过政府顶层战略设计及政策引领、市场优化配置和智能网络创新等多种模式驱动产业升级，从数字基础建设、数字产业发展和数字技术创新等角度，优化升级产业结构，促进产业高质量发展。同时，为了更好地适应新技术经济范式的要求，产业政策的体系、重点和实施方式必须适时进行调整。四是推动服务业创新发展研究，智能网络时代的消费特点改变了服务经济的性质，规模经济、范围经济和长尾效应极为显著，优化了服务供给。高速的数据和信息传播降低了交易成本和资源配置成本，引起需求资源、市场资源、生产资源、质量信号等广泛资源重组与聚合，甚至碎片资源也可以通过共享经济得到利用和发挥。依托大数据建立起来的市场反馈机制，促进了模式创新，提高了服务效率、管理效率。

（三）研究方法创新为学科发展提供了新的支撑

早期产业结构研究主要应用经验实证方法，包括运用投入产出模型、可计算一般均衡模型和其他经济计量模型，对大量统计资料进行时间序列分析和国家间的对比分析，面对工业化信息化深度融合背景下产业发展和结构变化的新特征和新趋势，需要根据现代经济学研究方法的发展方向，推动产业结构研究方法不断创新提升。一是投入产出和经济计量方法的创新提升，新的发展经验过程中可获得的数据规模和类型进步扩大，为新的经验事实分析创造了更好的基础条件，同时也对经验实证方法提出新的要求，从国家投入产出分析到跨国投入产出分析，从经典的回归分析到空间计量分析，从参数分析到非参数分析，需要综合运用多种方法对大规模数据进行分析处理，形成更加稳健有效的经验实证分析结果，为理论分析提供高质量的数据支撑；二是不断引入新的数据分析方法，云计算快速发展、互联网广泛应用以及新型社交网络和先进的移动设备迅速地普及，出现超大规模海量数据，推动大数据分析方法在经济学分析中的应用，需要从传统的小样本统计推断走向大数据量的挖掘，需要在产业结构研究领域实现统计方法与大数据思维的结合，在产业结构和产业发展经验分析中，积极探索数据分析、数据挖掘相关的算法研究，包括在产业结构分析中探索多元统计分析方法与人工智能、数据库技术的结合，比如运用基于机器学习聚类分析进行新的产业分类研究等。

（四）跨学科融合将成为提升学科发展水平的重要方向

一是产业结构分析和新古典分析的融合发展，随着新古典分析和产业结构分析是在不同的时期，以不同的研究范式形成不同的发展过程，早在20世纪60年代就出现过关于现代经济增长是结构过程还是新古典总量过程的争论，但两方面实际上是从不同的角度对同一个工业化发展过程的研究，近年来产业结构分析和新古典分析的结合已经成为关注重点，例如林毅夫的新结构经济学，就是强调在新古典分析框架下研究结构变化及其与经济增长的关系，如何把新古典的均衡分析和关注非均衡结构变化的产业结构分析纳入统一的分析框架，新古典的内生增长理论与产业结构演变理论有效融合，将是现代经济学发展的重要方向。二是产业结构分析与创新理论的结合，库兹涅茨等早期学者都非常关注技术创新对非均衡产业结构特征的形成和演变的影响，把技术创新作为产业结构变化影响因素和机制分析的重要内闷，从发展态势看，新产业革命是结构新特征和新变化的重要推动因素，所以需要积极探索经济学分析范式下融入创新理论，实现创新理论与产业结构理论的整合。三是演化经济学理论与产业结构分析的融合，工业化进程中的产业结构特征及其变化是一个动态演化过程，各种产业结构影响因素都需要从动态演化角度分析，在演化经济学框架和理论模型下，研究产业结构变化的库兹涅茨事实和新库兹涅茨事实，将成为学科发展的重要方向。

（五）以现代产业体系为导向的学科创新与发展

在新的工业化现代化发展进程中，产业发展和产业结构变化的宏观整体性特征进一步增强，现代产业体系的提出充分体现了这种发展趋势特征，推动学科发展实现更大范围的融合发展。从产品市场结构变化到要素市场结构变化，特别是新的技术要素和数据要素市场，成为产业结构分析需要关注的新方向；金融体系的结构特征成为产业结构变化的重要影响因素，特别是金融对实体经济的影响在产业发展和产业结构变化中占据重要地位；经济体制机制对产业结构变化的影响进一步深化，中国改革进程中工业化的快速发展，充分体现了其重要性；从国家工业化到全球产业链分工及其形成的全球工业化互动，发达国家的后工业化与新兴国家的中高端工业化之间的互动发展特征进一步凸显，需要从国际视角研究分析国家的产业发展和产业结构变化；宏观经济政策与产业政策的协同已经成为重要的政策导向，财政政策和货币政策越来越强调结构性特征和针对性的实施效果，中长期功能性产业政策目标也越来越重视财政货币政策工具的运用；新发展理念下产业发展目标进一步拓展，生态绿色发展，共享发展等新的发展理念，使产业发展超越了经济效率的发展目标，生态绿色型和共享型产业发展和结构优化成为新的发展目标，需要从发展方向相和路径及政策支持方面做出深入分析。

参考文献

［1］邱毅. 网络交易平台运营商垄断行为的政府规制［J］. 中国流通经济，2014，28（5）：88—94.

［2］卓乘风，邓峰. 人口老龄化、区域创新与产业结构升级［J］. 人口与经济，2018（1）：48—60.

［3］殷小丽. 互联网金融对产业结构升级的影响探析［J］. 现代经济探讨，2018（12）：110—114.

［4］Park, S. H. Inter-sectoral Relationships between Manufacturing and Services: New Evidence from Selected Pacific Basin Countries［J］. *ASEAN Economic Bulletin*, 1994: 245-263.

［5］Acemoglu, D., Akcigit, U., Kerr, W., Networks and the Macroeconomy: An Empirical Exploration［J］. *Nber Macroeconomics Annual*, 2016, 30（1）：273-335.

［6］Acemoglu, D., Azar, P. Endogenous Production Networks［J］. SSRN Electronic Journal, 2017.

［7］Acemoglu, D., Carvalho, V. M., Ozdaglar, A. E., and Tahbaz-Salehi, A. The Network Origins of Aggregate Fluctuations［J］. *Econometrica*, 2012, 80（5）：1977-2016.

[8] Ackerberg, D., K, Caves and G. Frazer, Structural Identification of Production Functions [R]. University of California at Los Angeles, 2006.

[9] Ackerberg, D., L. Benkard, S. Berry and A. Pakes, Econometric Tools for Analyzing Market Outcomes [A]. Handbook of Econometrics Vol. 6 [C]. 2007.

[10] Angeles. R., Anticipated IT Infrastructure and Supply Chain Integration Capabilities for RFID and Their Associated Deployment Outcomes [J]. *International Journal of Information Management*, 2009, 29 (1): 219 – 231.

[11] Barras, Richard. Towards a theory of innovation in services [J]. *Research Policy*, 1986, 15 (4): 161 – 173.

[12] Ceccobelli, M., S. Gitto and P. Mancuso, ICT Capital and Labour Productivity Growth: A Nonparamentric Analysis of 14 OECD Countries [J]. *Telecommunications Policy*, 2012, 36 (4): 282 – 292.

[13] Chen, X. K., Guo, J E. China economic structure and SDA model [J]. Journal of Sy-stems Science and Systems Engineering, 2000, 9 (2): 142 – 148.

[14] D. Fudenberg and J. Tirole, The Fat Cast Effect, the Puppy Dog Ploy, and the Lean and Hungry Look [J]. American Economic Review, 1984, 74 (2): 361 – 368.

[15] De Haan M. A Structural Decomposition Analysis of Pollution in the Netherlands [J]. Economic Systems Research, 2001, 13 (2): 181 – 196.

[16] Dominik, Hartmann, Miguel, et al. Linking Economic Complexity, Institutions, and Income Inequality [J]. World Development, 2017: 75 – 93.

[17] Ernest Liu, Industrial Policies in Production Networks [J]. Quarterly Journal of Economics, 2019, 134 (4): 1883 – 1948.

[18] Fare, R. and S. Gross kopf, Malmquist Productivity Indexes and Fisher – ideal indexes [J]. Economic Journal, 1992, 102: 158 – 160.

[19] Gadrey, J. and Gallouj, F. Productivity, Innovation and Knowledge in Services [M]. New Economic and Socio – Economic Approaches. Cheltenham, UK: Edward Elgar, 2002.

[20] Gallouj. Innovation in Services and the Attendant Old and New Myths [J]. Journal of Socio – Economics, 2002, 31 (2): 137 – 154.

[21] Gaputo, A., G. Marzi and M. Pellegrini, the Internet of Things in Manufacturing process innovation [J]. *Business Process Management Journal*, 2016, 22 (2): 383 – 402

[22] Ghironi, F. Macro Needs Micro [J]. *Oxford Review of Economic Policy*, 2018, 34 (1 – 2): 195 – 218.

[23] Giudice, M. Discovering the Internet of Things With the Business Process Management [J]. *Business Process Management Journal*, 2016, 22 (2): 263 – 270

[24] GONG, B., Total – Factor Spillovers, Similarities, and Competitions in the Petroleum Industry [J]. *Energy Economics*, 2018, (73): 228 – 238.

[25] H. Gallouj, P. Lagant, G. Vergoten. A Density Functional Theory – derived Force Field for 3 – ethylindole. Use of the Ultraviolet Resonance Raman Intensities to Check the Vibrational Analysis Accuracy [J]. *Journal of Raman Spectroscopy*, 1998, 29 (5): 343 – 351.

[26] Han X. Structure Change and Labor Requirement of the Japanese Economy [J]. Economic Systems Research, 1995, 7 (1): 47–65.

[27] Hofmann, C. and S. Orr. Advanced Manufacturing Technology Adoption [J]. German Experience Tech innovation, 2005, 25 (7): 711–724

[28] J. Friso Den Hertog and Edward Huizenga. The Knowledge Enterprise Implementation of Intelligent Business Strategies [M]. World Scientific Publishing Co. Pte. Ltd, 2000.

[29] J. B. Mccollum. Vertical Disintegration, Industrial Classification, and Long–term trends [J]. Atlantic Economic Journal, 1991, (2).

[30] Jones, C., I. Intermediate Goods and Weak Links in the Theory of Economic Development [J]. American Economic Journal: Macroecnomics 3 (2): 1–28.

[31] Lall, Sanjaya. Industrial Policy: The Role of Government in Promoting Industrial and Technological Development. [J]. unctad review, 1994.

[32] Leontief W. The Structure of the American Economy: 1919–1939 [M]. New York: Oxford University Press, 1941.

[33] Levinsohn, J., A Petrin. Estimating Production Functions Using Inputs to Control for Un–observables [J]. Review of Economic Studies. 2003: 317–341.

[34] Munshi, K. and M. Rosenzweig. Networks and Misallocation: Insurance, Migration, and the Rural–Urban Wage Gap [J]. American Economic Review, 2016, 106 (1): 46–98.

[35] Ngai, R. and A. Pissarides, 2007, Structural Change in a Multi–sector Model of Growth, American Economic Review, 97 (1): 429–443

[36] O. Hart and J. Tirole, Vertical Integration and Market Foreclosure [J]. Brooking Papers on Economic Activity: Microeconomics, 1990: 205–276.

[37] OECD. Information Economy—Sector Definitions Based on the International Standard Industry Classification [R]. OECD, 2007.

[38] Olley, S. and A. Pakes, The Dynamics of Productivity in The Telecommunications Equipment Industry [J]. Econometrica, 1996 (6): 1263–1297.

[39] P. Rey and J. Tirole, The Logic of Vertical Restraints [J]. American Economic Review, 1986, 76 (5): 921–939.

[40] Wang Z., Wei S., J., Yu X., et al. Measures of Participation in Global Value Chains and Global Business Cycles [R]. NBER Working Paper, 2017.

[41] Xie, K., Y. WuJ. Xiao and Q. Hu, Value co–creation between Firms and Customers: big Data–based Cooperative Assets [J]. Information and Management, 2016, 53 (8): 1034–1048.

[42] 蔡昉, 王德文, 曲玥. 中国产业升级的大国雁阵模型分析 [J]. 经济研究, 2009, 44 (9): 4—14.

[43] 蔡啸, 黄旭美. 人工智能技术会抑制制造业就业吗？——理论推演与实证检验 [J]. 商业研究. 2019 (6): 53—62.

[44] 蔡玉蓉, 汪慧玲. 创新投入对产业结构升级的影响机制研究——基于分位数回归的分析 [J]. 经济问题探索, 2018 (1): 138—146.

[45] 查道中, 吉文惠. 城乡居民消费结构与产业结构、经济增长关联研究——基于VAR模型的实证分析 [J]. 经济问题, 2011 (7): 19—22.

[46] 钞小静, 薛志欣. 以新经济推动中国经济高质量发展的机制与路径 [J]. 西北大学学报 (哲学社会科学版). 2020, 50 (1): 49—56.

[47] 陈兵. 网络经济下相关市场支配地位认定探析——以"3Q"案为例 [J]. 价格理论与实践, 2015 (9): 16—20.

[48] 陈佳贵, 黄群慧. 工业发展、国情变化与经济现代化战略——中国成为工业大国的国情分析 [J]. 中国社会科学, 2005 (4): 4—16.

[49] 陈亮, 李杰伟, 徐长生. 信息基础设施与经济增长: 基于中国省际数据分析 [J]. 管理科学, 2011, 24 (1): 98—107.

[50] 陈宪. 中国基本经济制度的新突破 [J]. 上海交通大学学报 (哲学社会科学版), 2014, 22 (2): 6—9.

[51] 陈志勇, 陈莉莉. 财政体制变迁、"土地财政"与产业结构调整 [J]. 财政研究. 2011 (11): 7—11.

[52] 谌莹, 张捷. 碳排放、绿色全要素生产率和经济增长 [J]. 数量经济技术经济研究, 2016, 33 (8): 47—63.

[53] 储德银, 建克成. 财政政策与产业结构调整——基于总量与结构效应双重视角的实证分析 [J]. 经济学家, 2014 (2): 80—91.

[54] 崔志坤, 李菁菁. 财政分权、政府竞争与产业结构升级 [J]. 财政研究, 2015 (12): 37—43.

[55] 邓少军, 芮明杰, 赵付春. 多层次信息消费驱动传统产业转型升级的路径模式——供给侧与需求侧对接的视角 [J]. 复旦学报 (社会科学版), 2017 (3): 154—163.

[56] 丁一兵, 傅缨捷, 曹野. 金融发展、技术创新与产业结构优化——基于中等收入国家的经验分析 [J]. 产业经济评论, 2014 (3): 18—25.

[57] 董明芳, 袁永科. 基于直接分配系数的产业分类方法 [J]. 统计与决策, 2014 (24): 37—39.

[58] 杜传忠, 宁朝山. 网络经济条件下产业组织变革探析 [J]. 河北学刊, 2016, 36 (4): 135—139.

[59] 杜传忠, 郭树龙. 中国产业结构升级的影响因素分析——兼论后金融危机时代中国产业结构升级的思路 [J]. 广东社会科学, 2011 (4): 60—66.

[60] 杜曙光. 产业融合背景下的产业分类研究 [J]. 齐鲁学刊, 2009 (3): 80—83.

[61] 段军山, 余点点. 互联网发展、教育投入与产业升级——基于中国68个大中城市的面板数据 [J]. 产经评论, 2013, 4 (5): 5—15.

[62] 范家骧. 七十年代的发展经济学 [J]. 世界经济, 1980 (4): 68—74.

[63] 冯杰, 张世秋. 基于DEA方法的我国省际绿色全要素生产率评估——不同模型选择的差异性探析 [J]. 北京大学学报 (自然科学版), 2017, 53 (1): 151—159.

[64] 付宏, 毛蕴诗, 宋来胜. 创新对产业结构高级化影响的实证研究——基于2000—2011年的省际面板数据 [J]. 中国工业经济, 2013 (9): 56—68.

［65］付宗宝．"十四五"时期我国产业发展呈现五大趋势［J］．经济纵横，2020（5）：76—86．

［66］傅元海，叶祥松，王展祥．制造业结构变迁与经济增长效率提高［J］．经济研究，2016，51（8）：86—100．

［67］傅元海，叶祥松，王展祥．制造业结构优化的技术进步路径选择——基于动态面板的经验分析［J］．中国工业经济，2014（9）：78—90．

［68］盖庆恩，朱喜，程名望，史清华．要素市场扭曲、垄断势力与全要素生产率［J］．经济研究，2015，50（5）：61—75．

［69］甘星，刘成昆．区域金融发展、技术创新与产业结构优化——基于深圳市2001—2016年数据的实证研究［J］．宏观经济研究，2018（11）：128—138．

［70］干春晖，郑若谷，余典范．中国产业结构变迁对经济增长和波动的影响［J］．经济研究，2011（5）：4—16．

［71］干春晖，郑若谷．改革开放以来产业结构演进与生产率增长研究——对中国1978—2007年"结构红利假说"的检验［J］．中国工业经济，2009（2）：55—65．

［72］高波．世纪之交的中国工业化、城市化战略［J］．管理世界，1994（4）：27—36．

［73］高远东，张卫国，阳琴．中国产业结构高级化的影响因素研究［J］．经济地理，2015，35（6）：96—101．

［74］葛顺奇，罗伟．跨国公司进入与中国制造业产业结构——基于全球价值链视角的研究［J］．经济研究，2015，50（11）：34—48．

［75］郭朝晖，靳小越．"互联网+"行动驱动产业结构变迁的实证研究——基于2005—2014年长江经济带面板数据［J］．产经评论，2017（4）：14—24．

［76］郭凯明，杭静，颜色．中国改革开放以来产业结构转型的影响因素［J］．经济研究，2017，52（3）：32—46．

［77］郭凯明，潘珊，颜色．新型基础设施投资与产业结构转型升级［J］．中国工业经济，2020（3）：63—80．

［78］郭凯明．人工智能发展、产业结构转型升级与劳动收入份额变动［J］．管理世界，2019，35（7）：60—77．

［79］郭庆旺，贾俊雪．中国全要素生产率的估算：1979—2004［J］．经济研究，2005（6）：51—60．

［80］郭祥才．马克思主义跨越发展理论与中国新型工业化道路［J］．中国社会科学，2003（6）：4—13．

［81］韩永辉，黄亮雄，王贤彬．产业结构优化升级改进生态效率了吗？［J］．数量经济技术经济研究，2016（4）：40—59．

［82］韩自然，芮明杰．要素结构、信息化与地区产业体系优化——基于省际面板的实证研究［J］．技术经济，2019（6）：46—57．

［83］何大安．大数据、物联网与产业组织变动［J］．学习与探索，2019（7）：82—91．

［84］何凌霄，南永清，张忠根．老龄化、服务性消费与第三产业发展——来自中国省级面板数据的证据［J］．财经论丛，2016（10）：11—18．

[85] 何枭吟. 数字经济发展趋势及我国的战略抉择 [J]. 现代经济探讨, 2013 (3): 39—43.

[86] 贺俊. 新经济与结构性产业政策的精细化调整 [J]. 探索与争鸣, 2017 (1): 45—48.

[87] 洪银兴. 产业化创新及其驱动产业结构转向中高端的机制研究 [J]. 经济理论与经济管理, 2015 (11): 5—14.

[88] 侯茂章, 朱玉林. 湖南高新技术产业集群嵌入全球价值链与升级研究 [J]. 软科学, 2012 (4): 82—86.

[89] 胡大立. 我国产业集群全球价值链"低端锁定"战略风险及转型升级路径研究 [J]. 科技进步与对策, 2016 (3): 66—71.

[90] 胡长顺. 中国新时期工业化战略与产业政策 [J]. 管理世界, 1996 (2): 102—108.

[91] 黄茂兴, 李军军. 技术选择、产业结构升级与经济增长 [J]. 经济研究, 2009, 44 (7): 143—151.

[92] 黄群慧, 贺俊. 未来 30 年中国工业化进程与产业变革的重大趋势 [J]. 学习与探索, 2019 (8): 102—110.

[93] 黄群慧, 黄阳华, 贺俊, 江飞涛. 面向中上等收入阶段的中国工业化战略研究 [J]. 中国社会科学, 2017 (12): 94—116.

[94] 黄群慧. 改革开放 40 年中国的产业发展与工业化进程 [J]. 中国工业经济, 2018, 366 (9): 7—25.

[95] 黄群慧. 中国工业化进程与产业政策 [J]. 中国经济报告, 2019 (1): 49—54.

[96] 黄永春, 郑江淮, 杨以文, 祝吕静. 中国"去工业化"与美国"再工业化"冲突之谜解析——来自服务业与制造业交互外部性的分析 [J]. 中国工业经济, 2013 (3): 7—19.

[97] 纪春礼, 李健. 中国生产性服务业与制造业间关系研究——基于 1978—2007 年中国数据的协整分析与格兰杰因果检验 [J]. 未来与发展, 2010, 31 (1): 40—44.

[98] 贾妮莎, 申晨. 中国对外直接投资的制造业产业升级效应研究 [J]. 国际贸易问题, 2016 (8): 143—153.

[99] 简新华, 向琳. 新型工业化道路的特点和优越性 [J]. 管理世界, 2003 (7): 139—149.

[100] 简泽, 张涛, 伏玉林. 进口自由化、竞争与本土企业的全要素生产率——基于中国加入 WTO 的一个自然实验 [J]. 经济研究, 2014, 49 (8): 120—132.

[101] 江飞涛, 李晓萍. 改革开放四十年中国产业政策演进与发展——兼论中国产业政策体系的转型 [J]. 管理世界, 2018, 34 (10): 73—85.

[102] 江飞涛, 李晓萍. 直接干预市场与限制竞争: 中国产业政策的取向与根本缺陷 [J]. 中国工业经济, 2010 (9): 26—36.

[103] 江飞涛, 武鹏, 李晓萍. 中国工业经济增长动力机制转换 [J]. 中国工业经济, 2014 (5): 5—17.

[104] 江小涓, 罗立彬. 网络时代的服务全球化——新引擎、加速度和大国竞争

力［J］．中国社会科学，2019（2）：68—91.

［105］江小涓．中国进入服务经济时代［N］．北京日报，2018—08—27.

［106］江小涓．服务经济理论的引进借鉴和创新发展——《服务经济译丛》评介［J］．经济研究，2013（5）：154—156.

［107］江小涓．服务全球化的发展趋势和理论分析［J］．经济研究，2008（2）：4—18.

［108］江小涓．服务业增长：真实含义、多重影响和发展趋势［J］．经济研究，2011（4）：4—14.

［109］江小涓．中国服务业将加快发展和提升比重［J］．财贸经济，2004（7）：3—6.

［110］姜荣春．全球服务外包产业发展演进：主要轨迹、典型事实及政策建议［J］．国际贸易，2014（5）：61—65.

［111］姜长云．日本的"六次产业化"与我国推进农村一二三产业融合发展［J］．农业经济与管理，2015（3）：5—10.

［112］金碚．全球竞争新格局与中国产业发展趋势［J］．中国工业经济，2012（5）：5—17.

［113］金碚．中国的新世纪战略：从工业大国走向工业强国［J］．中国工业经济，2000（5）：27—34.

［114］荆林波，冯永晟．信息通讯技术、生产率悖论与各国经济增长［J］．经济学动态，2010（6）：93—97.

［115］李辉．区域一体化中地方政府间合作的预期与挑战——以协同理论为分析框架［J］．社会科学辑刊，2014（1）：107—110.

［116］李健，卫平，付军明．中国地区工业生产率增长差异及收敛性研究——基于三投入DEA实证分析［J］．产业经济研究，2015（5）：21—30.

［117］李金华，李苍舒．中国制造业升级的路径与行动框架［J］．经济经纬，2010（3）：32—36.

［118］李玲玲．中等收入水平阶段居民消费结构对产业结构演进的影响——基于跨国数据的实证检验［J］．广州大学学报（社会科学版），2016（3）：45—51.

［119］李其庆．法国调节学派评析［J］．经济社会体制比较，2004（2）：123—134.

［120］李蕊．国外关于服务业与制造业的关系与比较研究——基于生产率和增长视角［J］．中国流通经济，2014（12）：44—54

［121］李瑞杰，郑超愚．溢出效应、全要素生产率与中国工业产能过剩［J］．上海经济研究，2019（7）：45—56.

［122］李贤彬，李后强．九次产业分类创新及其实际应用［J］．农村经济，2017（10）：51—56.

［123］李翔，邓峰．科技创新与产业结构优化的经济增长效应研究——基于动态空间面板模型的实证分析［J］．经济问题探索，2018（6）：144—154.

［124］厉以宁．技术教育和资本主义工业化——西欧和美国技术力量形成问题研究［J］．社会科学战线，1978（4）：93—102.

[125] 廉同辉，袁勤俭．国际标准产业分类体系的采矿和采石业分类演化及启示[J]．统计研究，2011，28（8）：9—13．

[126] 林春艳，孔凡超．技术创新、模仿创新及技术引进与产业结构转型升级——基于动态空间Durbin模型的研究．宏观经济研究，2016（5）：106—118．

[127] 林毅夫，苏剑．新结构经济学：反思经济发展和政策的框架[M]．北京大学出版社，2012．

[128] 林毅夫，章奇，刘明兴．金融结构与经济增长：以制造业为例[J]．世界经济，2003（1）：3—21+80．

[129] 刘光东，丁洁，武博．基于全球价值链的我国高新技术产业集群升级研究——以生物医药产业集群为例[J]．软科学，2011（3）：36—41．

[130] 刘华军，雷名雨．中国结构红利的空间格局及其大国雁阵模式[J]．中国软科学，2019（3）：86—102．

[131] 刘慧，王海南．居民消费结构升级对产业发展的影响研究[J]．经济问题探索，2015（2）：35—39．

[132] 刘建民，胡小梅，吴金光．省以下财政收支分权影响省域内产业转型升级的门槛效应研究——基于湖南省14市（州）数据的检验[J]．财政研究，2014（8）：49—52．

[133] 刘明宇，芮明杰．价值网络重构、分工演进与产业结构优化[J]．中国工业经济，2012（5）：148—160．

[134] 刘明宇，芮明杰．全球化背景下中国现代产业体系的构建模式研究[J]．中国工业经济，2009（5）：57—66．

[135] 刘世锦．正确理解"新型工业化"[J]．中国工业经济，2005（11）：5—9．

[136] 刘伟，张辉，黄泽华．中国产业结构高度与工业化进程和地区差异的考察[J]．经济学动态，2008（11）：4—8．

[137] 刘志彪、张杰．全球代工体系下发展中国家俘获型网络的形成、突破与对策——基于GVC与NVC的比较视角[J]．中国工业经济，2007（5）：39—47．

[138] 刘志彪．中国参与全球价值链分工结构的调整与重塑[J]．江海学刊，2018（1）：77—84．

[139] 刘志彪．中国经济转型与发展研究[J]．南京大学学报（哲学·人文科学·社会科学版），2005（5）：19．

[140] 刘志彪．重构国家价值链：转变中国制造业发展方式的思考，[J]．世界经济与政治论坛，2011（4）：1—14．

[141] 鲁晓东，连玉君．中国工业企业全要素生产率估计：1999—2007[J]．经济学（季刊），2012，11（2）：541—558．

[142] 吕守军．抓住中间层次剖析当代资本主义——法国调节学派理论体系的演进[J]．中国社会科学，2015（6）：62—77．

[143] 马珩，李东．长三角制造业高级化测度及其影响因素分析[J]．科学学研究，2012，30（10）：1509—1517．

[144] 马晓东，何伦志．融入全球价值链能促进本国产业结构升级吗——基于"一带一路"沿线国家数据的实证研究[J]．国际贸易问题，2018（7）：95—107．

[145] 梅国平, 龚海林. 环境规制对产业结构变迁的影响机制研究 [J]. 经济经纬, 2013 (2): 72—76.

[146] 欧阳博强, 孙学涛, 王振华. 城市化和产业结构对劳动生产率的影响——基于中国 285 个城市面板数据的分析 [J]. 城市问题, 2018 (12): 28—36.

[147] 潘文卿, 刘庆. 中国制造业产业集聚与地区经济增长——基于中国工业企业数据的研究 [J]. 清华大学学报 (哲学社会科学版), 2012, 27 (1): 137—147.

[148] 潘颖, 刘辉煌. 中国对外直接投资与产业结构升级关系的实证研究 [J]. 统计与决策, 2010 (2): 102—104.

[149] 庞瑞芝, 李鹏. 中国新型工业化增长绩效的区域差异及动态演进 [J]. 经济研究, 2011, 46 (11): 36—47.

[150] 彭冲, 李春风, 李玉双. 产业结构变迁对经济波动的动态影响研究 [J]. 产业经济研究, 2013 (3): 91—100.

[151] 彭连清. 我国区域间产业关联与经济增长溢出效应的实证分析——基于区域间投入产出分析的视角 [J]. 工业技术经济, 2008 (4): 62—68.

[152] 齐鹰飞, Li Yuanfei. 财政支出的部门配置与中国产业结构升级——基于生产网络模型的分析 [J]. 经济研究, 2020, 55 (4): 86—100.

[153] 綦良群, 孙凯. 高新技术产业与传统产业协同发展机理研究 [J]. 科学学与科学技术管理, 2007 (1): 118—122.

[154] 曲玥. 制造业产业结构变迁的路径分析: 基于劳动力成本优势和全要素生产率的测算 [J]. 世界经济文汇, 2010 (6): 66—78.

[155] 曲玥. 制造业劳动生产率变动及其源泉——基于中国 2000—2007 年规模以上制造业企业数据的估算. 经济理论与经济管理. 2010 (12): 47—55.

[156] 任爱华, 郭净. 我国不同时期财政政策的产业结构优化效应. 财政研究, 2017 (11): 19—33.

[157] 任保平, 宋文月. 新一代人工智能和实体经济深度融合促进高质量发展的效应与路径 [J]. 西北大学学报 (哲学社会科学版), 2019, (5): 6—13.

[158] 任曙明, 吕镯. 融资约束、政府补贴与全要素生产率——来自中国装备制造企业的实证研究 [J]. 管理世界, 2014 (11): 10—23.

[159] 芮明杰. 构建现代产业体系的战略思路、目标与路径 [J]. 中国工业经济, 2018 (9): 24—40.

[160] 尚新颖. 网络经济下的垄断的形成机理及特征分析 [J]. 中央财经大学学报, 2009 (1): 61—65.

[161] 邵培仁, 张健康. 关于跨越中国数字鸿沟的思考与对策 [J]. 浙江大学学报 (人文社会科学版), 2003 (1): 126—134.

[162] 沈运红, 黄桁. 数字经济水平对制造业产业结构优化升级的影响研究——基于浙江省 2008—2017 年面板数据 [J]. 科技管理研究, 2020 (3): 147—154.

[163] 盛朝迅. 构建现代产业体系的思路与方略 [J]. 宏观经济管理, 2019 (1): 37—43.

[164] 宋瑞礼. 中国经济增长机理解释——基于投入产出 SDA 方法 [J]. 经济经纬, 2012 (2): 17—21.

[165] 孙晶，李涵硕. 金融集聚与产业结构升级——来自2003—2007年省际经济数据的实证分析 [J]. 经济学家，2012（3）：80—86.

[166] 孙晓华，王昀. 对外贸易结构带动了产业结构升级吗？——基于半对数模型和结构效应的实证检验 [J]. 世界经济研究，2013（1）：15—21.

[167] 孙学涛，王振华，张广胜. 技术进步偏向对产业结构的影响及其溢出效应 [J]. 山西财经大学学报，2017（11）：56—68.

[168] 孙亚男，杨名彦. 中国绿色全要素生产率的俱乐部收敛及地区差距来源研究 [J]. 数量经济技术经济研究，2020，37（6）：47—69.

[169] 谭清美，陈静. 信息化对制造业升级的影响机制研究：中国城市面板数据分析 [J]. 科技进步与对策，2016，33（20）：55—62.

[170] 唐德淼. 新工业革命与互联网融合的产业变革 [J]. 财经问题研究，2015（8）：24—29.

[171] 唐晓华，李绍东. 中国装备制造业与经济增长实证研究 [J]. 中国工业经济，2010（12）：27—36.

[172] 陶长琪，周璇. 产业融合下的产业结构优化升级效应分析——基于信息产业与制造业耦联的实证研究 [J]. 产业经济研究，2015（3）：21—31.

[173] 田友春，卢盛荣，靳来群. 方法、数据与全要素生产率测算差异 [J]. 数量经济技术经济研究，2017，34（12）：22—40.

[174] 汪涛，叶元煦. 可持续发展的产业分类理论——立体产业分类理论 [J]. 学术交流，2000（6）：74—79.

[175] 王博雅，蔡翼飞. 知识产权密集型产业支撑现代产业体系建设的优势分析与作用机理研究 [J]. 江苏社会科学，2020（1）：117—125.

[176] 王朝阳. 上海自贸试验区金融改革创新的若干探讨 [J]. 国际贸易，2014（10）：42—45.

[177] 王建伟. 工业互联网助推中国产业升级 [J]. 互联网经济，2015（3）：34—39.

[178] 王庆功. 网络经济条件下的垄断市场与《反垄断法》的完善 [J]. 社会科学研究，2009（3）：83—88.

[179] 王茹. 新技术时代制造业转型升级的方向和政策路径 [J]. 福建论坛（人文社会科学版），2018（11）：42—48.

[180] 王雯. 新经济背景下产业政策的演进：能力导向 [J]. 学习与探索，2017（4）：112—117.

[181] 王喜文. 工业4.0、互联网+、中国制造2025 中国制造业转型升级的未来方向 [J]. 国家治理，2015，（23）：12—19.

[182] 王勋，Anders Johansson. 金融抑制与经济结构转型 [J]. 经济研究，2013，48（1）：54—67.

[183] 王英，周蕾. 我国对外直接投资的产业结构升级效应——基于省际面板数据的实证研究 [J]. 中国地质大学学报（社会科学版），2013，13（6）：119—124.

[184] 魏后凯，王颂吉. 中国"过度去工业化"现象剖析与理论反思 [J]. 中国工业经济，2019（1）：5—22.

［185］魏后凯．新形势下我国中西部工业化战略探讨［J］．中国工业经济，1999（2）：52—57．

［186］魏如青，郑乐凯，程大中．中国参与全球价值链研究——基于生产分解模型［J］．上海经济研究，2018（4）：107—117．

［187］文伟东，冼国明．中国制造业的垂直专业化与出口增长［J］．经济学（季刊），2010（1）：467—495．

［188］吴爱东，刘东阁．中国金融发展与产业结构升级的关系——基于耦合协调度模型［J］．南方金融，2017（03）：28—36．

［189］吴贵生，杨志刚．制造业在我国社会经济中的地位和作用［J］．机械职业教育，2002（3）：3—4．

［190］吴汉洪，刘雅甜．互联网行业的竞争特点与反垄断政策［J］．财经问题研究，2018（9）：3—5．

［191］吴军．智能时代：大数据与智能革命重新定义未来［M］．中信出版社，2016．

［192］吴旺延，刘珺宇．智能制造促进中国产业转型升级的机理和路径研究［J］．西安财经大学学报，2020（6）：19—26．

［193］吴言动，彭凯平．传统产业向新兴产业转型升级的创新驱动机制与保障策略研究［J］．科学管理研究，2018，36（3）：40—43．

［194］夏明．投入产出体系与经济结构变迁［M］．中国经济出版社，2006．

［195］肖静华，谢康，吴瑶．从面向合作伙伴到面向消费者的供应链转型——电商企业供应链双案例研究［J］．管理世界，2012（4）：137—154．

［196］肖文，薛天航．劳动力成本上升、融资约束与企业全要素生产率变动［J］．世界经济，2019，42（1）：76—94．

［197］肖兴志，张伟广．"授之以鱼"与"授之以渔"——首轮东北振兴政策的再思考［J］．经济科学，2019（3）：54—66．

［198］熊鸿儒．我国数字经济发展中的平台垄断及其治理策略［J］．改革，2019（7）：52—61．

［199］徐建伟，杨光．我国产业体系的阶段变化与演变趋势［J］．宏观经济管理，2019（1）：44—49．

［200］徐秋艳，房胜飞，马琳琳．新型城镇化、产业结构升级与中国经济增长——基于空间溢出及门槛效应的实证研究［J］．系统工程理论与实践，2019，39（6）：1407—1418．

［201］徐伟呈，范爱军．互联网技术驱动下制造业结构优化升级的路径：来自中国省际面板数据的经验证据［J］．山西财经大学学报，2018，40（7）：45—57．

［202］徐伟呈，赵昕．互联网技术进步对山东省产业结构转型升级的影响研究［J］．中国海洋大学学报（社会科学版），2018（5）：95—102

［203］徐鑫，刘兰娟．信息基础设施建设对上海经济转型的影响：基于区域CGE模拟分析［J］．华东经济管理，2014，28（7）：11—14．

［204］闫海洲．长三角地区产业结构高级化及影响因素［J］．财经科学，2010（12）：50—57．

［205］杨博，王林辉，赵景．中国经济"结构性加速"转向"结构性减速"源于产业结构吗？——基于一个随机前沿模型的研究［J］．东南大学学报（哲学社会科学版），2018，20（5）：65—79．

［206］杨德钦，陈琳彦，陈丹，李红艳．建筑业细分产业分类体系研究［J］．统计与决策，2017（17）：20—23．

［207］杨蕙馨，高新焱．中国制造业融入垂直专业化分工全球价值链研究述评［J］．经济管理，2019（1）：34—44．

［208］杨明洪．中国工业化、城市化中的战略偏差及其纠正［J］．经济理论与经济管理，1997（2）：3—10．

［209］杨汝岱．中国制造业企业全要素生产率研究［J］．经济研究，2015，50（2）：61—74．

［210］杨天宇，刘贺贺．产业结构变迁与中印两国的劳动生产率增长差异［J］．世界经济，2012（5）：62—80．

［211］杨玉英．我国服务经济发展的战略重点与对策建议［J］．宏观经济管理，2013（1）：44—45．

［212］叶初升，任兆柯．生产网络视角下宏观波动的微观来源研究进展［J］．经济学动态，2019（5）：104—118．

［213］于斌斌．金融集聚促进了产业结构升级吗：空间溢出的视角——基于中国城市动态空间面板模型的分析［J］．国际金融研究，2017（2）：12—23．

［214］余典范，张亚军．制造驱动还是服务驱动？——基于中国产业关联效应的实证研究［J］．财经研究，2015，41（6）：19—31．

［215］余典范，干春晖，郑若谷．中国产业结构的关联特征分析——基于投入产出结构分解技术的实证研究［J］．中国工业经济，2011，（11）：5—15．

［216］袁航，茶洪旺，郑婷婷．创新数量、创新质量与中国产业结构转型互动关系研究——基于PVAR模型的实证分析［J］．经济与管理，2019，33（2）：78—85．

［217］原毅军，谢荣辉．环境规制的产业结构调整效应研究——基于中国省际面板数据的实证检验［J］．中国工业经济，2014（8）：57—69．

［218］原嫄，李国平．产业关联对经济发展水平的影响：基于欧盟投入产出数据的分析［J］．经济地理，2016，36（11）：76—82＋92．

［219］张翠菊，张宗益．中国省域产业结构升级影响因素的空间计量分析［J］．统计研究，2015，32（10）：32—37．

［220］张国强，温军，汤向俊．中国人力资本、人力资本结构与产业结构升级［J］．中国人口·资源与环境，2011，21（10）：138—146．

［221］张海丰．中国产业政策如何应对第四次工业革命？［J］．社会科学，2020（2）：18—27．

［222］张会清，翟孝强．中国参与全球价值链的特征与启示——基于生产分解模型的研究［J］．数量经济技术经济研究，2018，35（1）：3—22．

［223］张来武．以六次产业理论引领创新创业［J］．中国软科学，2016（1）：1—5．

［224］张乐，曹静．中国农业全要素生产率增长：配置效率变化的引入——基于

随机前沿生产函数法的实证分析[J]. 中国农村经济, 2013（3）: 4—15.

[225] 张其仔. 中国能否成功地实现雁阵式产业升级[J]. 中国工业经济, 2014（6）: 18—30.

[226] 张申, 张华勇. 理论分野视角下的国家产业发展路径选择——以"竞争势""比较优势"的产业发展理论为考察[J]. 贵州社会科学, 2015,（5）: 129—136.

[227] 张树青. 基于产业特性的产业分类标准创新尝试[J]. 商业时代, 2009（3）: 94—96.

[228] 张嵩, 李文立, 黄丽华. 基于结构的企业IT基础设施能力分类研究[J]. 中国工业经济, 2004（6）: 79—84.

[229] 张天华, 张少华. 中国工业企业全要素生产率的稳健估计[J]. 世界经济, 2016, 39（4）: 44—69.

[230] 张同斌, 高铁梅. 财税政策激励、高新技术产业发展与产业结构调整[J]. 经济研究, 2012, 47（5）: 58—70.

[231] 张延平, 李明生. 我国区域人才结构优化与产业结构升级的协调适配度评价研究[J]. 中国软科学, 2011（3）: 177—192.

[232] 张银银, 黄彬. 创新驱动产业结构升级的路径研究[J]. 经济问题探索, 2015（3）: 107—112.

[233] 张于喆. 数字经济驱动产业结构向中高端迈进的发展思路与主要任务[J]. 经济纵横, 2018（9）: 85—91.

[234] 张宗斌, 郝静. 基于FDI视角的中国制造业结构升级研究[J]. 山东社会科学, 2011（5）: 151—155.

[235] 赵放, 曾国屏. 全球价值链与国内价值链并行条件下产业升级的联动效应——以深圳产业升级为案例[J]. 中国软科学, 2014（11）: 50—58.

[236] 赵立昌. 互联网经济与我国产业转型升级[J]. 当代经济管理, 2015,（12）: 54—59.

[237] 赵伟, 江东. ODI与母国产业升级: 先行大国的经历及其启示——多视野的考察与分析[J]. 浙江社会科学, 2010（6）: 2—10.

[238] 钟茂初, 李梦洁, 杜威剑. 环境规制能否倒逼产业结构调整——基于中国省际面板数据的实证检验[J]. 中国人口资源与环境, 2015（8）: 107—115.

[239] 周昌林, 魏建良. 产业结构水平测度模型与实证分析——以上海、深圳、宁波为例[J]. 上海经济研究, 2007（6）: 15—21.

[240] 周茂, 陆毅, 李雨浓. 地区产业升级与劳动收入份额: 基于合成工具变量的估计[J] 经济研究, 2018（11）: 132—147.

[241] 周先波等. 中国工业化与信息化融合质量: 理论与实证[J]. 经济研究, 2012（1）: 72—83.

[242] 周长富, 杜宇玮. 代工企业转型升级的影响因素研究: 基于昆山制造业企业的问卷调查[J]. 世界经济研究, 2012（7）: 23—28.

[243] 周振华. 产业关联与经济增长[J]. 财经科学, 1991（4）: 14—18.

[244] 朱理. 网络经济背景下的反垄断司法[J]. 财经问题研究, 2018（9）: 5—8.

［245］朱南，刘一．中国地区新型工业化发展模式与路径选择［J］．数量经济技术经济研究，2009，26（5）：3—16.

［246］朱乾龙，钱书法．基于网络经济的技术创新与市场结构关系分析［J］．产业经济研究，2009（1）：54—61.

［247］朱亚东，张东生．基于产业战略研究的产业分类新方法［J］．商业时代，2013（18）：114—117.

产业经济学（产业组织）
理论与政策研究新进展

于 立[*]

一 学科概述与定位

中国的经济学学科分类至今仍然比较陈旧混乱。比如，现有书刊的权威分类——《中国图书馆分类法》就太过于陈旧，教育部和国务院学位委员会的本科生与研究生专业划分标准前些年虽有修订但并不统一，影响较大的国家社会科学基金委员会和国家自然科学基金委员会（主要是管理科学部[①]）的学科分类也并不一致。很多年前，有学者概括的"管理学无根，经济学混乱"的局面似乎并没有根本改观。产业经济学学科就是其中的一个典型代表。

不同于国内的经济学分类，在国际公认的经济学学科分类体系（JEL Classification Code）中，产业经济学与产业组织理论是异名同科（第 L 学科），只是习惯上美国学者多称产业组织（Industrial Organization），欧洲学者多称产业经济学（Industrial Economics）。与产业经济学关联较多的是第 K 学科——法律经济学（Law & Economics），第 M 学科——工商管理经济学（Business Administration and Business Economics；Marketing；Accounting），第 O 学科——发展经济学（Development Economics）。产业经济学与工商管理经济学、法律经济学、发展经济学虽然关联较多，但也存在明显的区别。其中，法律经济学下属的两个分支：反垄断经济学（Anti-monopoly Economics）和规制经济学（Regulation Economics）又都以产业经济学为理论基础，或者说二者是产业经济学在政策研究（主要是竞争政策）领域的延伸。

产业经济学的四大主题是企业行为、市场结构、产业绩效和政府政策。[②] 该学科国际主要刊物之一的《产业经济学》（Journal of Industrial Economics）的选稿方向和特点

---

[*] 于立，中国工业经济学会副会长（兼任竞争政策专业委员会主任），曾任产业经济学学科建设委员会（第一、二届副主任，第三届主任）委员；国务院学位委员会学科评议组（第五届）成员，国务院反垄断委员会专家咨询组（第一、二届）成员。本文的写作完成，尤其是英文文献方面，特别感谢加拿大卡尔顿大学陈智琦教授，主要研究方向是产业组织理论和竞争政策，并任加拿大联邦竞争局经济顾问。

① 管理科学部资助四个学科领域，即管理科学与工程学科、工商管理学科、经济科学学科、宏观管理与政策学科。

② 也有学者认为产业经济学有三大主题，即企业行为、市场结构和政府政策。

可供参考。该刊简介中强调，刊物的目标是促进产业分析，特别是企业行为和市场运行的研究，涵盖的经济学领域主要是产业组织状况、寡头垄断理论、产品差异化与技术进步、厂商理论与内部组织以及竞争政策，相关的主要交叉学科包括国际经济学、劳动经济学和法学。该刊对理论与证据的要求也很有借鉴意义，即理论文章需要有明确的政策和应用含义，实证文章需要有明确的理论基础，使用新的经济计量方法时需要清晰解释，并鼓励契合产业经济学理论的案例研究。

中华人民共和国成立以来，特别是经济改革开放40多年的经验教训集中在如何处理政府与企业的关系上，而这正是产业经济学研究的核心主题。中央多次强调发挥市场配置资源的决定性作用，确立竞争政策的基础性地位并以此更好地发挥政府的作用，这更是产业经济学研究的主业。圈内学者大多公认，作为市场经济宪法的《反垄断法》的立法和执法都要依赖产业经济学作为分析工具。国有企业在中国经济中占有重要地位，要更好发挥重要作用也需要产业经济学提供理论支撑。近年来更是发现，解决国际贸易争端和应对竞争政策国际冲突还需要产业经济学与国际经济学的融合。基于数字革命的数字经济和数字平台的兴起更需要产业经济学的与时俱进。

如此种种都表明产业经济学者责无旁贷，任重道远。过去中国工业经济学会内部曾有过产业经济学"宽派"与"窄派"的说法。其实，如果"偏离主题"而"丢掉主业"，何谈"宽派"？相反，"不忘初心"而又"扩展领域"，又何谈"窄派"？另外，那种主张产业经济学属于"中观经济学"的说法也须慎重，因为微观经济学与宏观经济学的划分并不是依据地域大小，而是看研究方法上是从"个体角度"还是"总体角度"区分。并不是企业问题属于微观，产业问题属于中观，国家问题属于宏观。如果按此思路，那就永远不能懂得国际经济学中的国际贸易理论属于微观经济学，而国际金融理论属于宏观经济学的道理了。

二 产业经济学与发展经济学的关系

中国的经济学界对产业政策的认识及其与竞争政策的关系一直争议较多。追根溯源，这些争议其实正是产业经济学与发展经济学关系的体现。

发展经济学是比较研究发展中国家（或地区）经济发展规律的学科，基本特征是以产业政策为导向，一段时期曾经热闹非凡，而后声势渐微。以20世纪60年代为界，前期的发展经济学强调实物资本、经济计划和工业化的重要性，而后转向更重视人力资本、市场机制和均衡发展。与此同时，发展经济学家为改变理论偏向，也有从激进经济学回归主流经济学的趋势。

产业经济学（或产业组织理论）是侧重研究企业间竞争与垄断关系的学科，属于微观经济学的应用，基本特征是以竞争政策为导向。由于市场配置资源并以竞争政策为主导是市场经济的基本要求，所以产业经济学也被公认为是市场经济"宪法"之称的《反垄断法》（或《竞争法》）的经济学基础。这一点虽为常识，但有时就连产业经济学出身的某些学者都曾感到意外。

虽然发展经济学与产业经济学在某些方面（如重视市场作用）有日益趋同的趋势，但如表1所示，二者之间存在较大的差异性。

第一，研究对象不同。发展经济学中的主要概念是产业结构（Industrial Structure），包括不同经济发展阶段的产业结构比例关系及其演变趋势。这种产业结构，或称行业结构，对应的是国家统计机构制定的标准行业分类代码，还可细分为门类、大类、中类和小类，观测重点是产业间关系。而产业经济学中的主要概念是市场结构（Market Structure），即市场中行为主体间的竞争—垄断关系，不仅包括消费品市场，也包括生产要素市场，而且这里所谓的市场，严格意义上是指《反垄断法》语境下的"相关市场"（Relevant Market），观测重点是市场内部企业间关系。其中的行为主体不仅包括作为供给方的各种工商企业，也包括作为需求方的客户（最终产品消费者和企业客户）。在微观经济学的理论框架中，产业或行业都是 Industry，与市场（Market）概念通常是可以互换的，因此产业供求曲线也就等同于市场供求曲线。但在现实经济中，通常的情况是"产业≠市场"，所以产业结构与市场结构就不可同语。

表1　　　　　　　　　　　发展经济学与产业经济学的差异

学科属性	发展经济学	产业经济学
研究对象	产业结构：阶段划分、比例构成、演变趋势	市场结构：竞争状况、主体行为、进退障碍
研究方法	经验实证：结构描述、投入－产出、个案比较	学理分析：SCP 范式、机制设计、普遍规律
核心问题	经济结构是否合理，是否优化	市场竞争是否充分，是否有效
价格工具	不变价格，核算价格	现行价格，市场价格
政策导向	产业政策：重视政府配置资源作用	竞争政策：重视市场配置资源作用①

第二，研究方法不同。发展经济学侧重条件类似国家（或地区）经济发展共性的经验性实证研究，以及条件不同国家（或地区）的比较研究。简单情况下，发展经济学主要是从整体经济的产业构成变化寻找规律。其次是较多地使用投入—产出表及其分析（Input－Output Analysis）方法，研究在很强的假定条件下对产业间投入—产出关系进行经验性描述和分析预测。再进一步，一些发展经济学家还曾试图利用大型电子计算机和复杂的数学模型（如线性与非线性规划、动态规划）模拟制定经济发展规划，进行经济发展预测。而产业经济学早期主要利用 SCP 范式（Structure－Conduct－Performance Paradigm）研究特定市场内部结构—行为—绩效的特征与相互关系，后来则更多地利用博弈论（Game Theory）和经济计量学（Econometrics）方法，对同一产业内市场主体行为特征和行为影响进行理论研究和经验研究。产业经济学虽然有时也需要关注产业间关系，但这并不是研究重点，除非出现产业间（横向或纵向）滥用市场支配地位问题。

第三，核心问题不同。发展经济学重点研究不同经济发展阶段的产业结构是否合理，如果不合理该如何优化，然而由于缺少学理支撑，也就难免争议不止。产业经济学则质疑产业结构有无合理标准和优化目标，因为产业之间如果不存在严重的进入和退出

---

① 广义的竞争政策包括规制政策在内，主旨都是维护公平竞争的市场秩序和社会环境。如果说狭义竞争政策与产业政策之间更多地体现为替代关系，那么其与规制政策之间则更多地体现为互补关系。可参见《中国市场经济体制的二维悖论：竞争政策基础性与市场决定性》，《改革》2017 年第 1 期。文章原题为《竞争政策的基础性地位与市场的决定性作用——改革开放 40 年的经验与展望》。

障碍（Barriers to Entry or Exit），资源或生产要素可以自由转移，是不会较长时期存在"产能过剩"或"产能不足"，更不会出现"僵尸企业"的问题。有的学者隐含承认产业结构存在合理标准，但在学理上又说不清楚，难免陷入自我矛盾之中。

第四，价格工具不同。发展经济学多使用不变价格研究产业结构变化，试图排除价格因素影响，但经济学研究又离不开价格，因此经常陷入两难困境。加之发展中国家价格体系经常是扭曲的，因而又提倡人为地计算出各种"核算价格"（Accounting Prices）或"影子价格"（Shadow Prices）。产业经济学则重视现行价格和市场价格，而且是充分竞争条件下的价格体系。① 这方面，发展经济学（其实也是计划经济实验必然失败的基本原因）暴露出一个致命的弱点——真正的市场经济怎能排除掉价格因素影响？而没有合理的价格体系，又怎能进行科学的经济预测和产业结构优化调整？

第五，政策导向不同。发展经济学的政策导向是产业政策，强调政府配置资源。产业经济学的政策导向是竞争政策，强调市场配置资源。虽然产业政策与竞争政策有时不完全是替代关系，也可以互补，但更多时候是此消彼长的替代关系。这也已经被中国经济的发展历程所证明。当然，发展经济学的学者也不排斥市场的作用，也接受竞争政策处于基础性地位的提法。但有些人似乎并不懂得，市场经济条件下，在发挥市场配置资源的决定性作用的同时，更好发挥政府作用的首选工具便是竞争政策，而不是其他。当然，这种情况下的产业政策与竞争政策也就有了融合趋势。

三 学科理论前沿发展

（一）学科理论国际前沿②

最近十年来，国际上产业经济学界的理论前沿重点集中在"网络与平台经济学"（Economics of Network and Platform）和"行为产业组织"（Behavioral Industrial Organization）两大领域。本文主要侧重于国内的学科发展情况，因此对国际学科理论前沿发展感兴趣的读者可以参阅如下的综述性文献。

1. 网络与平台经济学领域③

［1］Shy, Oz. 2011. "A Short Survey of Network Economics." *Review of Industrial Or-*

---

① 东北财经大学产业组织与企业组织研究中心曾有一副对联："上联——没有竞争，不知成本为何物（周其仁语）；下联——有了竞争，不知成本有何用"（于立语）。意思是说，没有市场竞争就不知道成本信息，也就不知道真实价格，从而无法人为地进行政府定价；而一旦竞争充分，成本和价格信息容易得知，但这时又无须再来人为地进行政府定价。这是一种典型的经济学悖论。可参见《一副对联背后的经济学》，《经济学消息报》2007年6月8日。

② 产业经济学界值得关注的国际性学会及学会会刊主要有两个：一是产业组织学会（The Industrial Organization Society，IOS）主办的国际产业组织年会（International Industrial Organization Conference，IIOC），学会会刊为 Review of Industrial Organization；另一个是欧洲产业经济学会（European Association for Research in Industrial Economics，EARIE）年会，学会会刊为 International Journal of Industrial Organization，IJIO。

③ 到目前，数字经济学、互联网经济学、信息经济学、网络经济学和平台经济学都是方兴未艾而又相互交叉的新兴学科。可以相信，不久的将来这些学科还会出现新的整合或独立。需要注意的是，这些新兴学科都与产业经济学密切相关。

ganization 38：119 – 149.

［2］ Evans, David S. 2013. "Economics of Vertical Restraints for Multi – Sided Platforms" *Coase – Sandor Institute for Law & Economics Working Paper*, No. 626.

［3］ Greenstein, Shane, Martin Peitz, and Tommaso Valletti. 2016. "Net Neutrality：A Fast Lane to Understanding the Trade – offs." *Journal of Economic Perspectives* 30（2）：127 – 150.

［4］ Jullien, Bruno, and Wilfried Sand – Zantman. 2019. "The Economics of Platforms：A Theory Guide for Competition Policy." *TSE DIGITAL CENTER POLICY PAPER SERIES*.

［5］ Goldfarb, Avi, and Catherine Tucker. 2019 "Digital Economics." *Journal of Economic Literature*, 57（1），3 – 43.

2. 行为产业组织领域①

［1］ Grubb, Michael D. 2015. "Behavioral Consumers in Industrial Organization：An Overview." *Review of Industrial Organization*, 47：247 – 258（行为产业组织论文专集）.

［2］ Heidhues, Paul, and Botond Koszegi. 2018. "Behavioral Industrial Organization." Chapter 6 of *Handbook of Behavioral Economics*, Volume 1.

［3］ Schroeder, Elizabeth, Carol Horton Tremblay and Victor J. Tremblay. 2018. "Behavioral Industrial Organization：a Synthesis of Behavioral Economics and Industrial Organization." Chapter 1 of *Handbook of Behavioral Industrial Organization*.

（二）学科理论国内前沿②

科学研究提倡"问题导向"，但需要在更完整的意义下来理解。其道理可以简单地表示为这样的"上升螺旋"：问题（Question）→难题（Problem）→悖论（Paradox）→两难（Dilemma）→取舍（Trade – off）→解决（Solution）→评估（Evaluation）→新问题……好的研究项目和高水平论文至少完成一个螺旋，一个学科则需要涉及多个螺旋。这里提出一组科学研究和学科评估的有关"悖论"，与大家共勉。

一是"诺奖悖论"："学者一旦获得诺贝尔奖或其他大奖，就表明其代表性成果不再处于学术前沿；反之，仍处于学术前沿的研究则不可能获奖。"简单说就是，前沿的不能获奖，获奖的不属前沿。那么，可否以此观点看待院士或教育部长江学者的研究成果？获奖成果还能进行跟踪研究吗？科研经验和探索精神可以基业长青，有的诺奖得主和院士终生探索或不断进入新的研究领域，则另当别论。

二是"挖人悖论"："人才出名后身价必高，而又不再处于学术前沿；人才未出名前身价较低，但如何伯乐识马又是难题。"美国加州圣·巴巴拉大学原校长杨祖佑在任期间成功引入几位潜在的诺奖得主，一时传为佳话，可惜经验失传。

---

① 简单地说，行为产业组织（Behavioral Industrial Organization）是行为经济学（Behavioral Economics）与传统产业组织理论的融合，目的在于改进基于"理性"假设的新古典产业组织理论存在的偏误，以便更好地解释现实产业组织问题，特别是企业和政府的行为。

② 国内值得关注的学术年会，有东北财经大学产业组织与企业组织研究中心主办的"产业组织前沿问题国际研讨会"，上海财经大学主办的"产业组织国际Workshop"，山东大学主办的"产业经济学与经济理论国际研讨会"和江西财经大学主办的"竞争政策国际研讨会"。

三是"新教师悖论":"很多著名大学对新入职教师实行'非升即走'(多以6年为期)的考核办法,导致科研工作'短平快',不利于重大突破性创新;而考核宽松,又无科研压力"。没有科研压力难有创新的道理简单易懂,但名校考核严反而不利于真正创新研究的道理,似乎懂得的人还不多。国内一些大学的现有科研成果考核制度是否需要反思一下?

四是"老教授悖论":"不搞终身制人才不稳定;搞了终身制又可能不思进取。"国内一些大学僵硬的职称评审、教授退休、科研项目申请和经费管理制度世上罕见,问题更多。

五是"项目评审悖论":"真正的高水平创新项目难以评审过关;容易评审通过的项目创新性又不会太高。"徐匡迪院士说过,中国颠覆性技术创新是被专家"投"没的。基础性研究不一定有直接效益,应用性研究也不应靠政府资助。国内比较规范的国家自然科学基金项目评审的"实名制"和国家社会科学基金项目评审"匿名制",也是各有利弊,其他的项目评审可想而知。

六是"成果发表悖论":"真正的创新性成果难以发表或通过鉴定,容易发表和鉴定的成果创新性则不会太高。"诺奖得主的成名之作多不在名刊发表就是明证!学术刊物普遍实行的"匿名审稿制度"(Peer Review)表面上似乎完美,其实也充满悖论。

理解了以上的有关悖论,也就容易正确看待以下的学科理论前沿问题。

1. 产业竞争度与产业利润率成反比悖论

"产业竞争度与产业利润率成反比悖论"是说明个体产业效率与整体经济效率关系的新的产业经济学理论。一般而言,竞争与效率正相关,但就某一产业来说并不一定总是如此。此悖论要点如下:①单个产业竞争度(或效率)越高,该产业的利润率会趋近甚至低于社会平均利润率,[①] 如果该产业中的企业退出障碍较大或者属于夕阳产业,得不到正常利润甚至出现亏损是正常现象,而且可能对社会是有利的;②某个或某些产业利润率较高或过高,甚至长期如此,可能是坏事。如果主要是垄断因素所造成的,那么很可能对社会有害或弊大于利;③某些产业短期内利润率较高,如果主要是创新因素(包括技术创新和组织创新)造成的,则应受到社会鼓励;④如果有些产业竞争比较充分,而同时另一些产业存在垄断,这种情况下整体经济价格体系必然扭曲,那么从福利经济学角度看,则很难正确评价整体经济效率;⑤只有当产业内部不存在"X-非效率"(X-inefficiency),并且产业之间资源或生产要素自由流动,形成社会利润率平均化趋势,社会整体效率(或社会福利)才会最高。[②]

这一理论成果的政策含义是,其他条件不变情况下,当产业竞争度较高而产业利润率较低时,应放松反垄断执法;反之,当产业竞争度较低而产业利润率却较高时,则应加强反垄断执法。因此,不讲条件地强调"执法必严,违法必究",并不是科学的执法理念。[③]

---

① 理论上,完全竞争产业的经济利润(或超额利润)等于零。

② 这里的长期和短期都是相对的微观经济学概念,与绝对的时间长短并无直接对应关系。一般说,短期是指在此期间内,产量可以调整而固定生产要素(或产能)不能调整,而在长期里产量和产能均可调整。

③ 同样道理,不讲条件的"零容忍"或"一票否决"也不是科学的吏制。

根据这一定律来观察经济现实，可能会揭穿许多奥秘。比如，中国加入WTO之前国内有的产业利润率较高，加入WTO之后产业效益下降，有人则认为参与国际竞争吃了大亏，他们不了解这是因为面对国际竞争，原来虚假的高效率"露底还原"。再如国内烟草业表面上"利税率"一直极高，而实际上真实效率并不一定高，国际竞争力更低。香烟属于容易上瘾的特殊商品（Demerit Goods），加之存在严重的行政垄断，如何正确评价烟草产业绩效是一大难题。有学者甚至研究发现，考虑到烟草生产的投入和吸烟造成的疾病损害和社会医疗费用，整个烟草产业不仅每年万亿元利税是假象，而且其净福利可能为负数。中国历史久远的"盐业专营"制度也是如此，因其属于典型的行政垄断。

2. 产业政策与竞争政策关系悖论

国内近年来围绕产业政策的争论似乎很热闹，其实有时并不是基于产业经济学基本原理。如前提述，评价产业政策的功过不能脱离竞争政策的作用，而正确理解二者间关系首先需要理解发展经济学与产业经济学的关系。

产业政策与竞争政策之间有三种关系：第一种是"替代型关系"。长期来看，产业政策与竞争政策间主要是替代关系。大体上说，计划经济中产业政策居主导或基础性地位，市场经济中竞争政策居于基础性地位。在由计划经济向市场经济转型的过程中，产业政策与竞争政策自然也就呈现"此消彼长"的趋势。这其实也是产业政策与竞争政策的长期协同关系。第二种是"互补型关系"。在特定时期内和特定条件下，产业政策与竞争政策也有可能形成相互依赖、相互补充的"互补型关系"，这时二者间的矛盾和冲突不成为主流关系。第三种是"转化型关系"。产业政策与竞争政策有时可以相互转变的，这种关系具有特别重要的政策含义。例如，产业政策研究领域影响较大并曾荣获孙冶方经济科学奖的阿吉翁（Aghion）等学者，利用中国的工业企业数据分析产业政策对经济效率的影响，结果发现产业政策对效率起促进作用要有两个条件：一是对产业内所有企业普惠；二是产业间扶持竞争激烈的产业。其实，第一个条件对应的是"普惠化"，强调竞争中立，第二个条件对应的是"功能性"。这就又构成一种政策悖论："满足这两个条件的产业政策，本质上已经转变成竞争政策，不再属于产业政策；而不满足这两个条件的产业政策又没有功效。"例如，新能源汽车领域的有关产业政策，教训就极为深刻。这种关系也与前述的经济学对联悖论——"没有竞争，不知成本为何物；有了竞争，不知成本有何用"的道理高度相通。

3. "产业≠市场"公理

《中华人民共和国反垄断法》从2008年实施至今，国务院反垄断委员会及其下设的执法机构，在很多方面取得了巨大的成绩，唯独第九条中的"组织调查、评估市场总体竞争状况，发布评估报告"落实情况不能令人满意。尽管也做了大量的工作，并曾经对汽车、电力、农药、互联网等多个行业立项招标，组织研究机构进行竞争状况评估，但十年多没有正式公开发布一项竞争状况评估报告，更谈不上像欧盟竞争委员会和多个国家那样用多种文字定期或不定期对外公布。

其根本原因在于，《反垄断法》立法之初就忽视了"产业≠市场"的反垄断经济学公理。产业经济学基础理论中有一个重要的假定，即"产业＝市场"。在现实经济活动中，产业（行业）标准分类是统计机构定期发布统计数据的基本依据，但统计工作中的产业通常并不对应具体的市场。反垄断意义上的"相关市场"，因时因势而变,不能事先预定,所以统计数据不能直接使用。而且,统计数字多用不变价格,与市场的本意相去甚远。数字经济下,平台企业对应的是双边市场,那种依靠统计数据事先界定市场的思路就更行不通了。但愿已经开启的《反垄断法》修订工作会注意到这个重要问题。

在中国工业经济学会的一次年会上,曾有学者声称准备计算全国房地产行业的市场集中度指数,这些学者显然忽略了"产业≠市场"的公理,因为房地产市场区域性特别明显,全国不可能是一个市场。又如,国家反垄断机构曾招标研究中国电力产业的市场竞争状况。研究发现,整个电力产业中的发电环节高度竞争,输电环节高度垄断,售电环节可以高度竞争。总体来说,两端存在多个市场,中间也是可以竞争的,整个电力产业不可能计算出一个统一的市场集中度指数。而在具体的电力产业反垄断案件中必须首先界定相关市场。从这些例证可以看出,普及产业经济学知识有多么重要。

4. 跳单与 RPM 互克理论

跳单问题(Deal–Switching)[①]在许多产业中广泛存在,只不过以往学者们较少关注。跳单行为具有"二重性":一方面促进竞争降低价格,另一方面引起搭便车问题,或者说跳单具有促进效率和不利公平的二重属性。而反跳单行为的纵向限制行为,例如维持转售价格(RPM)则相反,其一般作用是抑制"搭便车"行为,但同时又可能限制竞争,也具有二重性。

跳单行为和反跳单行为都具有二重性,但它们的动力机制和实施效果正好相反。如果不明了其机制原理,反垄断执法和竞争政策机构则往往会陷入"进退两难"的境地。而"跳单与 RPM 互克理论"(The Offsetting Theory)则表明,在一定的条件下,利用二者天生具有的互克作用,能够达到利弊权衡的目的,有些情况下只需顺其自然,静观其变。理想状态下,跳单的负效应被反跳单的正效应所抵消,反跳单的负效应被跳单的正效应所克服,结果是既没有明显的限制竞争,也没有明显的"搭便车"问题。从竞争政策实施角度看,互克作用发挥得好,既可以大幅度节约监管成本,提高行政监管和法院执法效率,也有利于实现公平竞争。近年来,互克理论及其政策建议在反垄断执法中自觉或不自觉地多次得以应用,也在多次与美国和加拿大学者和法律界就此进行交流的过程中,得以改进和完善。

四 学科研究方法进展

产业经济学属于微观经济学范畴,因此微观经济学的研究方法原则上都可以采用。同时,产业经济学也有该学科的独特研究方法。

(一) S–C–P 范式的兴衰

产业经济学最早的公认研究方法或标准分析范式是 S–C–P 范式,或结构—行为—绩效研究范式。早期的"结构主义"(20 世纪 50—70 年代)重视市场结构(Mar-

---

[①] 笔者曾对图书、服装、电子、家居、医药、房屋中介、支付清算等多个产业的跳单问题进行了实证研究。下文结合"B–T–C 范式"再加阐述,更多内容参见《跳单问题的法律经济学研究》,法律出版社 2018 年版。

ket Structure），强调市场结构决定企业行为（Firm Conduct），进而企业行为决定产业绩效（Industrial Performance）。相应的实证研究方法主要是经济计量学方法。后来的"行为主义"（20 世纪 80 年代之后）重视企业行为，认为结构—行为—绩效之间存在相互作用，但更强调企业行为的作用。随着产业经济学研究重点转到企业的策略性行为，博弈论方法在产业经济学中便广为应用。经济计量学和博弈论方法虽然不是产业经济学的特有研究方法，但在产业经济学领域得到广泛应用是自然而然的事情。

国际上"新实证产业组织"（New Empirical Industrial Organization，NEIO）学派的兴起，有效地克服了旧 S－C－P 范式的不足。与我国很多学者采用产业（行业）或地区数据进行实证分析不同，这个学派强调收集微观数据，特别是消费者和企业的行为决策数据，然后进行实证检验。这种研究方法实际上是案例分析和经济计量模型检验方法的结合，有助于更深刻认识微观产业组织的内在机制，因而带来了不少理论创新。

可惜的是，国内经济学和管理学界至今对 S－C－P 范式的基本概念仍然存在诸多误解。[①] 这里有几点需要澄清：

（1）S 指的是市场结构，而不是产业结构，当"产业≠市场"时，首先需要界定相关市场（Relevant Market），官方统计数据不能直接使用。如同"完全竞争"和"完全垄断"的假定一样，"产业=市场"是很强的经济学假设，现实中很少能够满足。

（2）C 指的是企业行为，而且多指排除、限制竞争的策略性行为，特别是滥用市场支配地位行为。这些行为与市场进入或退出的障碍（Entry/Exit Barrier）有关，如果没有进退障碍或者障碍比较小，从竞争政策的角度看则无须过于关注企业行为，因为那主要是企业内部的管理学问题。

（3）P 所指的产业绩效主要是该产业的社会效率（Social Efficiency），不能单看产业（或主导企业）的利润率情况。因为当产业处于垄断状态时，产业绩效便会失真。如前面的"产业竞争度与产业利润率成反比悖论"所说，这时需要利用福利经济学的概念，从社会视角评价产业绩效。[②]

另外，随着数字经济的发展，数字平台成为产业主导的组织形式和商业模式，其所特有的"双边市场"或多边市场特征给产业经济学研究和竞争政策实施带来一些新的挑战，相关市场界定和市场支配地位认定都极为困难，至今还没有很好的解决办法。一些竞争政策研究者一直试图绕开相关市场界定的困难，而探寻其他替代办法。

（二）B－T－C 范式的提出

为分析研究平台经济日益广泛而特有的"跳单问题"，B－T－C 范式应运而生。如果说 S－C－P 范式主要是横向产业组织的分析框架，B－T－C 范式则主要是纵向产业

[①] 例如，某词典和某网络百科中就有如此混乱的说法："这一范式认为产业结构决定了产业内的竞争状态，并决定了企业的行为及其战略，从而最终决定企业的绩效"；"SCP 模型从对特定行业结构、企业行为和经营绩效三个角度来分析外部冲击的影响"；"改善市场绩效的方式就是通过产业政策调整市场结构"。

[②] 社会上经常可以听闻的"不能只看经济效益而忽视社会效益"说法，也是似是而非。因为经济效益可分为企业效益和社会效益，焦点在于利益主体间的分配问题，不属于效益性质本身。福利经济学中的"帕累托效率"（Pareto Efficiency）与"卡尔多效率"（Kaldor Efficiency）的区别也在于此。

组织的分析框架，是对 S-C-P 范式的补充和完善。

B-T-C 范式或"原商—中介—客户"范式是以渠道价差为分析工具，研究原商（B）、中介（T）与客户（C）"三方主体"的角色定位及其相互关系。跳单行为一般指在至少三方主体中，其中两方"合谋"搭便车，利用第三方提供的相关信息和服务，再"跳过"（无补偿）第三方而直接交易的行为。具体说，跳单行为包括三个构成要素：①至少存在三方主体——原商、中介和客户，其中每方主体可有多个个体；②其中两方"合谋"无补偿地跳过第三方；③第三方被搭便车，"出力"而无利。其中，有无"搭便车"是判定跳单行为的决定因素，无此则不属跳单。作为主要分析工具的渠道价差可有多种表现形式，如信息成本、店面成本、租金成本、专利费等。衡量渠道价差有两个角度：一是价差总体程度，包括价差绝对量和相对价差率；二是价差构成结构，即构成价差的各种因素及其相对比重。

从渠道价差总体程度看，当渠道价差达到一定程度时，就难免产生跳单行为，而且渠道价差越大跳单会越严重。例如，"海外代购"跳单中专利药与仿制药间的渠道价差达到数倍甚至上百倍。可以想象，面临生死抉择，而且渠道价差又达百倍时，患者怎能不跳单？

从渠道价差构成结构看，不同跳单行为中价差的主要构成因素有所不同，它们是跳单行为产生的深层原因。例如，构成"中介选弃"跳单渠道价差的主要因素是信息成本，构成"店选网购"跳单的主要因素是店面成本，构成"租少售多"跳单的主要因素是租金成本及其租金结构，构成"海外代购"跳单的因素则是知识产权中的专利费用和药品流通中的制度成本。

（三）E-B-C 范式的前景

国有企业是一种重要的企业组织，在中国又具有特别重要的意义，因此理所当然应该是产业经济学研究的重点内容。尤其是在竞争政策领域，近年来美国和欧盟等国已经并还将提出一些针对中国国有企业的法律和政策措施，涉及政府补贴的非国有企业也经常遇到此类问题，而中国的商务与外交部门还没有充分认识并掌握产业经济学的基本原理和政策工具进行有理有据的应对，经常陷入理不清道不明的被动处境。

在这方面，新构建的 E-B-C 范式（Enterprise—Business—Conduct Paradigm）应该具有重要的理论价值和实践意义。该范式的核心问题在于《反垄断法》（或竞争政策）对国有企业（特别是企业集团）的适用性。具体包括三个方面：①把国有企业分成三种类型，即政府企业（Government Undertaking）、特殊法人（Special Legal Entity）和普通公司；②把法律适用分成三种方式，即适用（Application）、除外（Exception）和豁免（Exemption）；③再把企业活动分成三种形态，即企业（Enterprise）、业务（Business）和行为（Conduct）。

在对国内国有企业和涉外企业进行具体的《反垄断法》执法，或应对境外反垄断机构针对中国国有企业的过程中，可按"三步走"：第一步审查企业主体是否适用；第二步审查业务类型是否除外；第三步审查经营行为是否豁免。其中，企业可以形式复杂，业务可以包罗万象，行为可以多种多样。E-B-C 范式的内容十分丰富，基本内容见表 2 和图 1。

表2　　　　　《反垄断法》对国有企业适用性（类型×方式×形态）

	政府企业	特殊法人	普通公司
企业主体	不适用	基本适用	完全适用
业务类型	可以除外	适当除外	不可除外
经营行为	当然豁免	合理豁免	较少豁免

运用 E－B－C 范式，可以对此提出法理清晰的法律修订具体建议，可以有效克服反垄断执法涉及的"单一经济体"和企业集团（及集团公司）引发的混乱和困惑，可以具体细化并增强《反垄断法》对国有企业的可操作性。更重要的是，E－B－C 范式可以综合借鉴美国的《反托拉斯法》和欧盟的《竞争法》的优点，又可突出中国《反垄断法》后来居上的特点。这样，对内对外都更加有理有据。

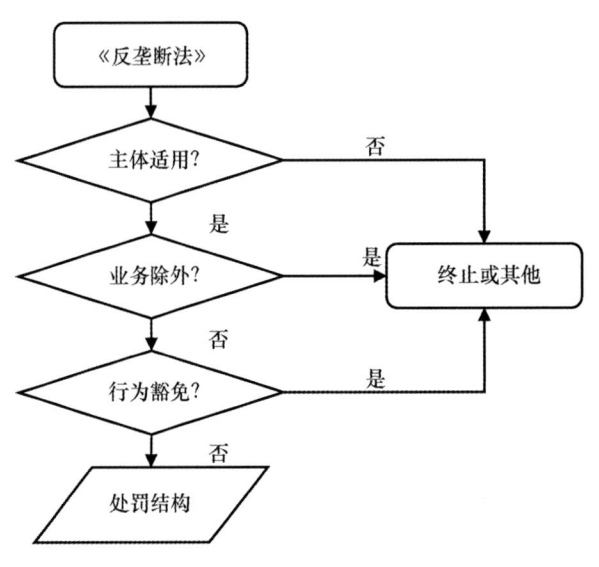

图1　E－B－C 执法程序"三步走"示意图

五　学科重大现实问题研究

产业经济学研究面临的重大现实问题有很多，但应力戒两种误区：一是大而空，二是专而偏。

（一）重点产业的竞争政策研究

自2016年起，由中国工业经济学会下设的竞争政策专业委员会与学科建设专业委员会共同策划，经教育部批准，东北财经大学产业组织与企业组织研究中心组织招标，立项了三个教育部重点研究基地重大项目，构成一个重大现实问题研究系列：

1. 高铁行业竞争政策的适用性及难点问题（天津财经大学于立教授主持）。
2. 高速公路行业竞争政策的适用性及难点问题（上海财经大学蒋传海教授主持）。

3. 电力行业竞争政策的适用性及难点问题（长沙理工大学叶泽教授主持）。

铁路、电力和高速公路等行业有很多共性，也都是中国经济体制改革的难点行业，比如都有一些性质上属于特殊法人的国有企业，不能按普通企业对其实施竞争政策和反垄断执法。这几项研究可望取得一些重点突破。

（二）关于国际竞争组织 ICO 的研究

当今大势，世界贸易组织 WTO（World Trade Organization）的功能日益弱化，目前几乎陷于停顿，中国的市场经济国家地位也未获主要国家认可。而与此同时，组建国际竞争组织 ICO（International Competition Organization）的时机日渐成熟。ICO 的前身是国际竞争网络 ICN（International Competition Network），是一个专门研究反垄断法律和竞争政策的国际性学术组织，但受某种因素影响，中国至今还不是其正式成员，非常不利于发挥中国的国际影响。

笔者早就意识到竞争政策的国际协调是件大事，并于 2005 年立项获批教育部人文社科重点研究基地重大项目"竞争政策的国际协调：机理、机构与法律"。从最早提出建立 ICO 的设想已过去十五年，目前特别是 2018 年中美贸易争端出现之后，中国主动倡导成立国际竞争组织 ICO 的意义更加明显，时机和条件也已渐成熟。非常有必要尽快成为一个新的国际机构，并用 ICO 部分替代并扩展 WTO 的相应职能，甚至考虑总部就设在北京。

2018 年在《反垄断法》实施十周年之际，国务院反垄断委员会专家咨询组组织各位成员写文章纪念，以便进一步推进竞争政策的更好实施。笔者以《法制日报》内参的渠道，写了《关于推动建立国际竞争组织（ICO）的建议》，报送国务院有关领导，后又在《竞争政策研究》刊物正式发表。

当然，这项建议只是一个起点，还有许多相关问题需要深入研究。例如，如何借鉴多年来 ICN 的丰富成果和政策建议，如何处理各司法辖区竞争法律或政策之间的冲突，并建立有效的协调机制，等等。

（三）《反垄断法》处罚结构的研究

一般来说，经济学更重视效率，法学更重视公平或正义。但在反垄断领域，效率和公平应该统一。反垄断经济学是产业经济学学科的自然延伸。《反垄断法》对违法行为规定了停止违法行为、没收违法所得、行政罚款和法律赔偿等多种处罚措施，构成相应的"处罚结构"。但在现实《反垄断法》执法实践中，明显存在"处罚结构"失衡的问题。主要表现有二：一是几乎没有没收违法所得的情况；二是行政执法只罚款不赔偿，而法院执法只赔偿不罚款。

2017 年在"中国法律经济学年会"上，笔者曾作了《垄断侵害与垄断损失辨析及最适处罚结构》的主旨报告。随后，又多次在中国社会科学院、中国香港岭南大学等学术机构会议上报告其理论和发现。主要观点可以归结为三个基本公式：

1. 总垄断损害 = 垄断侵害 + 垄断损失，分别对应"垄断损害理论"图形分析中的长方形和三角形。

2. 总损害处罚 = 损害赔偿 + 垄断罚款，执法中需要同时兼顾效率原则（数倍威慑）和赔偿原则（多年累计），绝不能顾此失彼"单打一"。

3. 综合目标＝维持公平＋追求效率＝还原收益转移＋消除效率损失，要达到这个要求，现有的法理学理论和机构设置都需要相应提升或改变。

《反垄断法》的处罚结构是反垄断经济学的一个新的研究方向，而产业经济学是其必不可少的理论基础。

（四）竞争政策对国有企业的适用性研究

主要就是运用 E－B－C 范式，解决深化国有企业改革中的疑惑，切实改进国有企业的国内外政策环境。这方面近期需要研究的主要课题有：

1. "特殊法人"国有企业的性质特征与产业分布；
2. "特殊法人"国有企业的法律依据；
3. "国有独资公司"有关法律的修订；
4. "集团公司"的治理结构与运行机制；
5. "单一经济体"的法律含义与法律责任；
6. "竞争中性"原则的含义及对不同国有企业的适用性；
7. "竞争执法"与"竞争倡导"的协同与配合机制；
8. 国有企业主导产业绩效评估的原则与案例；等等。

这些问题与管理学和法学关系较大，但理论支撑还是要依赖产业经济学。

六　学科发展展望

当前，产业经济学或产业组织学科研究的重点方向应该有所调整，或者说要有进有退。这实际也是中国工业经济学会面临的转型机会。

第一，属于发展经济学的领域要适当退出，而对法律经济学，特别是与竞争政策密切相关的反垄断经济学和规制经济学的领域要继续扩展进入。第二，传统工业经济领域的研究优势应该保持，并且争取有一些重点突破，但对数字经济（包括互联网和平台经济）领域要加大进入。第三，学会的同行不要把自己封闭于制造业及其细分产业，应大力推进第一产业和第三产业（服务业）的研究，比如互联网产业、交通运输业、金融业、房地产业等。必须切记，产业经济学的研究对象适合各个产业，绝不仅仅限于制造业领域。

具体说，产业经济学可大有用武之地的具体学科方向或相关新兴学科。

1. 《互联网经济学》学科

这个领域本来就是工业经济学会的用武之地，理所当然需要加大进入力度。2001年经济学家奥兹·谢伊（Oz. Shy）写的《网络产业经济学》[①] 是个很好的开篇之作。中国工业经济学会竞争政策专业委员会组织编写的《互联网经济学与竞争政策》历时三年，也将由商务印书馆出版。在已经发生的三次"产业革命"（机械革命、电力革命、数字革命）中，以互联网为特征的数字经济还方兴未艾。如果说农业经济的第一生产要素是土地，工业经济的第一生产要素是资本，那么数字经济的第一生产

[①] 谢伊：《网络产业经济学》（The Economics of Network Industries），张磊译，上海财经大学出版社2002年版。

要素则是数据。网络外部性、双边与多边市场、数据的产权与交易等许多经济学问题，目前还尚无定论。

2.《平台经济学》学科

《平台经济学》学科亟须正式确立，中国工业经济学会也应大举进入并有所贡献，尽快列入中国工业经济学会的学科发展规划。主要研究内容至少应该包括：平台产业组织问题；平台的相关市场界定难题；平台企业的商业模式；平台企业的行为特征；平台企业的市场支配地位测定与防范滥用；数据要素的性质与特征；产业导向的平台分类与市场导向的平台分类；平台经济中产业政策与竞争政策的协同。

3.《法理经济学》学科

目前还没有《法理经济学》（Jurisprudential Economics）这个学科，但其前景极好，属于法律经济学的哲学层次，也应列入中国工业经济学会的学科发展规划。中国改革开放经验和未来发展依赖于这个学科的建立和发展。我们需要跳出传统政治经济学（Political Economy 与 Political Economics）的局限，吸纳制度经济学（Institutional Economics）的精华。学科重点问题如"成本最小规避原则"（The Least-Cost Avoider Doctrine）；"市场失灵"（Market Failure）、"政府失灵"（Government Failure）与"法律失灵"（Law Failure）"三位一体"问题；最优处罚结构原理；举证责任配置理论；行政执法与法院执法协调与机构设置原则；私人诉讼、集体诉讼与公益诉讼的体系设计原理与原则。

4.《公地喜剧理论》

公地悲剧（Tragedy of the Commons）的研究已经有较多，但对公地喜剧（Comedy of the Commons）的研究却很少。数字经济的兴起在很多方面具有公地喜剧的因素和萌芽。重点研究问题如：数字经济的特征；数字产品的"共享品"（Club Goods）属性与特征；数字产品与知识产权（"保反兼顾"政策悖论）；"右版权"（Copyright）与"左版权"（Copyleft）问题；"准公地悲剧"（Tragedy of Quasi-commons）与"反公地悲剧"（Tragedy of Anti-commons）问题；等等。公地悲剧针对的是具有"争用性"而无"限用性"的"公用品"（Common Goods）。而数字经济中，很多物品是不具"争用性"而有"限用性"的"共享品"（Club Goods），零边际成本的特点非常明显。

数字经济中大量的"共享品"，如百科全书、知网等，政策机制设计得好，完全可以使"共享品"向既不"争用"也不"限用"的"共用品"（Public Goods）转化，从而出现日益增多的"公地喜剧"（Comedy of the Commons）成分。这是新经济面临的重要问题，是反垄断机构和知识产权法院面临的挑战，也是产业经济学的用武之地。

英文论文文献推荐阅读

近十年来，国际产业经济学界的文献热点集中在纵向限制（Vertical Restraints）、平台竞争（Platform Competition）和买方势力（Buyer Power）三个主题。我们整理如下，特别推荐给产业经济学专业的博士研究生和博士后阅读。

（一）纵向限制

Bundling

［1］ Hurkens, Sjaak, Doh - Shin Jeon, and Domenico Menicucci. 2019. "Dominance and Competitive Bundling." American Economic Journal: Microeconomics, 11 (3): 1 - 33.

［2］ Kim, Sang - Hyun, and Jay Pil Choi. 2015. "Optimal Compatibility in Systems Markets." Games and Economic Behavior, 90: 106 - 118.

［3］ Zhou, Jidong. 2017. "Competitive Bundling." Econometrica, 85 (1): 145 - 172.

Exclusive Contracts

［1］ Calzolari, Giacomo, and Vincenzo Denicolò. 2013. "Competition with Exclusive Contracts and Market - Share Discounts." American Economic Review, 103 (6): 2384 - 2411.

［2］ Calzolari, Giacomo, and Vincenzo Denicolò. 2015. "Exclusive Contracts and Market Dominance." American Economic Review, 105 (11): 3321 - 3351.

［3］ Nocke, Volker and Patrick Rey. 2018. "Exclusive dealing and vertical integration in interlocking relationships," Journal of Economic Theory, 177: 183 - 221.

Newer Forms of Vertical Restraints

［1］ Asker, John, and Heski Bar - Isaac. 2014. "Raising Retailers' Profits: On Vertical Practices and the Exclusion of Rivals." American Economic Review, 104 (2): 672 - 686.

［2］ Chao, Yong, Guofu Tan, Adam Chi Leung Wong. 2019. "Asymmetry in capacity and the adoption of all - units discounts." International Journal of Industrial Organization, 65: 152 - 172.

［3］ Chao, Yong, Guofu Tan, G., and Adam Chi Leung Wong. 2018. "All - units discounts as a partial foreclosure device." RAND Journal of Economics, 49 (1): 155 - 180.

［4］ Chen, Zhijun, and Greg Shaffer. 2014. "Naked exclusion with minimum - share requirements." RAND Journal of Economics, 45 (1): 64 - 91.

［5］ Chen, Zhijun, and Greg Shaffer. 2019. "Market Share Contracts, Exclusive Dealing, and the Integer Problem." American Economic Journal: Microeconomics, 11 (1): 208 - 242.

［6］ Ide, Enrique, Juan - Pablo Montero, and Nicolás Figueroa. 2016. "Discounts as a Barrier to Entry." American Economic Review, 106 (7): 1849 - 1877.

［7］ Inderst, Roman, and Greg Shaffer. 2010. "Market - share contracts as facilitating practices." RAND Journal of Economics, 41 (4): 709 - 729.

（二）平台竞争

［1］ Amelio, A., and B. Jullien. 2012. "Tying and freebies in two - sided markets." International Journal of Industrial Organization, 30: 436 - 446.

［2］ Andrea Amelio, Liliane Giardino - Karlinger, and Tommaso Valletti. 2020. "Exclusionary pricing in two - sided markets." International Journal of Industrial Organization. Forthcoming, available online 28 February 2020.

［3］ Belleflamme, Paul, and Martin Peitz. 2019. "Platform competition: Who benefits from multihoming?" International Journal of Industrial Organization, 64: 1-26.

[4] Choi, J. P. 2010. "Tying in Two-Sided Markets with Multi-Homing." Journal of Industrial Economics, 58 (3): 607-626.

[5] Choi, J. P., and D. -S. Jeon. 2020. "A Leverage Theory of Tying in Two-Sided Markets with Non-Negative Price Constraints." American Economic Journal: Microeconomics. Forthcoming.

[6] Choi, J. P., B. Jullien, and Y. Lefouili. 2017. "Tying in Two-Sided Markets with Multi-Homing: Corrigendum and Comment." Journal of Industrial Economics, 65 (4): 872-886.

[7] Halaburda, H., and Y. Andyehezkel. 2013. "Platform Competition under Asymmetric Information." American Economic Journal: Microeconomics, 5: 22-68.

[8] Halaburda, H., and Y. Andyehezkel. 2016. "The Role of Coordination Bias in Platform Competition." Journal of Economics and Management Strategy, 25: 274-312.

[9] Halaburda, H., Bruno Jullien, and Yaron Yehezkel. 2020. "Dynamic competition with network externalities: how history matters." RAND Journal of Economics, 51 (1): 3-31.

[10] Jullien, Bruno. 2011. "Competition in Multi-sided Markets: Divide and Conquer." American Economic Journal: Microeconomics, 3 (4): 186-220.

[11] Karle, H., M. Peitz, and M. Reisinger. 2020. "Segmentation versus agglomeration: competition between platforms with competitive sellers." Journal of Political Economy. Forthcoming, available online April 22, 2020.

[12] Vasconcelos, H., 2015. "Is exclusionary pricing anticompetitive in two-sided markets?" International Journal of Industrial Organization, 40: 1-10.

(三) 买方势力

[1] Caprice, S., and P. Rey. 2015. "Buyer Power from Joint Listing Decision." The Economic Journal, 125: 1677-1704.

[2] Chambolle, Claire, and Sofia Berto Villas-Boas. 2015. "Buyer Power Through the Differentiation of Suppliers." International Journal of Industrial Organization, 43 (1): 56-65

[3] Chen, Zhiqi, Hong Ding, and Zhiyang Liu. 2016. "Downstream Competition and the Effects of Buyer Power." Review of Industrial Organization, 49 (1): 1-23.

[4] Chen, Zhiqi. 2019. "Supplier Innovation in the Presence of Buyer Power." International Economic Review, 60 (1): 329-353.

[5] Gaudin, Germain. 2018. "Vertical Bargaining and Retail Competition: What Drives Countervailing Power?" The Economic Journal, 128: 2380-2413.

[6] Inderst, R., and C. Wey. 2011 "Countervailing Power and Dynamic Efficiency." Journal of the European Economic Association, 9: 702-720.

[7] Inderst, R., and T. M. Valletti. 2011. "Buyer Power and the 'Waterbed Effect'." Journal of Industrial Economics, 59 (1): 1-20.

[8] Inderst, Roman, and Joao Montez. 2019. "Buyer Power and Mutual Dependency in

a Model of Negotiations." RAND Journal of Economics, 50 (1): 29 – 56.

[9] Iozzi, A., and T. Valletti. 2014. "Vertical Bargaining and Countervailing Power." American Economic Journal: Microeconomics, 6: 106 – 135.

[10] Jeanine Miklós – Thal, Patrick Rey, and Thibaud Vergé. 2011 "Buyer Power and Intrabrand Coordination." Journal of the European Economic Association, 9 (4): 721 – 741.

[11] Jeon, Doh – Shin, and Domenico Menicucci. 2019. "On the unprofitability of buyer groups when sellers compete." Games and Economic Behavior, 115: 265 – 288.

[12] Marx, Leslie, and Greg Shaffer. 2010. "Slotting allowances and scarce shelf space." Journal of Economics and Management Strategy, 19 (3): 575 – 603.

[13] Piccolo, Salvatore, and Jeanine Miklós – Thal. 2012. "Colluding through suppliers." RAND Journal of Economics, 43 (3): 492 – 513.

[14] Rey, Patrick, and Michael D. Whinston. 2013. "Does retailer power lead to exclusion?" RAND Journal of Economics, 44 (1): 75 – 81.

中文文献自荐阅读

[1] J. 卡布尔主编：《产业经济学前沿问题》，于立、张嫚、王小兰译，中国税务出版社2000年版。

[2] 李贤沛、戴伯勋、吕政主编，江小涓、于立、高栓平副主编：《工业经济学》，经济管理出版社1994年版。

[3] 于立、王询：《当代西方产业组织学》，东北财经大学出版社1996年版。

[4] 于立、肖兴志：《产业经济学的学科定位与理论应用》，东北财经大学出版社2002年版。

[5] 于立、姜春海：《规制经济学的学科定位与理论应用》，东北财经大学出版社2005年版。

[6] 于立、吴绪亮、唐要家、冯博：《法律经济学的学科定位与理论应用》，法律出版社2013年版。

[7] 于立：《关于推动建立国际竞争组织（ICO）的建议》，《竞争政策研究》2018年第4期。

[8] 于立：《"产业≠市场"是反垄断经济学的基石》，《反垄断研究》2019年第1期。

[9] 于立、刘玉斌：《中国市场经济体制的二维悖论：竞争政策基础性与市场决定性》，《改革》2017年第1期。

[10] 于立、王玥：《"跳单问题"的研究范式与理论成果》，《经济与管理研究》2019年第6期。

[11] 于立：《跳单问题的法律经济学研究》，法律出版社2018年版。

[12] 于立：《学人、学科与学问》，东北财经大学出版社2016年版。

[13] 于立主编，刘玉斌、于左、吴绪亮、曲创副主编：《互联网经济学与竞争政策》，商务印书馆，待出版。

绿色低碳发展的最新理论进展[*]

陈诗一 李志青[**]

一 绿色发展的学科概述

绿色发展的提出离不开可持续发展的铺垫和延伸。关于可持续发展和绿色发展的关系，大部分学者认为，绿色发展属于可持续发展的深化和更高级的表现模式，是新时代实现可持续发展的重要抓手（许宪春等，2019；魏琦等，2018；何爱平等，2018；黄茂新和叶琪，2017；胡鞍钢和周绍杰，2014）。

可持续发展的概念自提出以来，已经经历了近半个世纪的发展历程。1987年联合国报告《我们共同的未来》中正式提出了"可持续发展"的概念并定义为"既满足当代人的需求，又不对后代人满足其自身需求的能力构成危害的发展"。1992年6月，联合国环境与发展会议在里约热内卢召开，会议呼吁国际社会积极妥善对待环境问题，以实现人类社会的可持续发展，可持续发展的理念正式得到了国际社会的普遍认同。2012年联合国可持续发展会议召开，确立了涵盖经济、社会、环境的三维可持续发展目标，并发布了宣言《我们希望的未来》。2015年，联合国峰会通过了2030年可持续发展议程，从经济、社会和环境三个关键维度设立了17个可持续发展目标（SDGs）来指导全球社会向可持续发展道路转型。

随着全球对可持续发展认识的不断深入，绿色发展的概念逐渐兴起并成为新常态下我国的重要发展理念之一。2015年，习近平总书记在十八届五中全会中提出了具有中国特色的绿色发展理论体系，"坚持绿色发展，必须坚持节约资源和保护环境的基本国策，坚持可持续发展，坚定走生产发展、生活富裕、生态良好的文明发展道路，加快建设资源节约型、环境友好型社会，形成人与自然和谐发展现代化建设新格局，推进美丽中国建设，为全球生态安全做出新贡献"，既要确保"绿色"，也要坚持"发展"。2017年，党的十九大报告提出要坚持绿色发展理念，建立健全绿色低碳循环发展的经济体系，构建市场导向的绿色技术创新体系，发展绿色金融，推进能源生产和消费革命，推进资源全面节约和循环利用，倡导简约适度、绿色低碳的生活方式等，进一步阐明了我国实现绿色发展的方向和路径。

---

[*] 本文写作在文献资料收集和整理等方面得到复旦大学泛海国际金融学院研究助理胡时霖和复旦大学经济学院研究生全禹澄的大力协助，在此表示感谢。

[**] 陈诗一，复旦大学经济学院教授，博士生导师；李志青，复旦大学经济学院副教授，硕士生导师。

有学者指出,"在绿色发展的系统中,内含着绿色环境发展、绿色经济发展、绿色政治发展、绿色文化发展等既相互独立又相互依存、相互作用的诸多子系统",其中,"绿色经济发展是绿色发展的物质基础",同时,基于对绿色经济发展的不同解读,可以进一步划分为绿色经济、低碳经济、循环经济等多种经济发展方式(王玲玲和张艳国,2012)。基于对绿色发展概念的分解,本节将从绿色经济、低碳经济和循环经济三个方面梳理相关理论及最新研究问题,并就三种概念进行对比总结。

二 绿色发展构成的学科理论前沿

(一)绿色经济

绿色经济的概念出自 1989 年英国环境经济学家 Pearce 的《绿色经济蓝图》,即自然环境和社会可承受的经济发展模式。联合国环境规划署(UNEP)将绿色经济定义为"能够改善人类福祉和建立社会公平,同时减少环境风险和资源短缺的经济"[①]。通过对现有文献的梳理,绿色经济的核心内涵是一种新的经济发展模式,平衡了环境与发展的关系(高红贵,2012;诸大建,2012;田江海,2010)。

随着社会经济的不断发展以及人们对环境与发展关系认识的深入,特别是环境治理的政策与实践逐渐深化,我国学者对绿色经济领域所研究的议题也越来越广泛,主要包括三个方面:①基于绿色经济内涵探讨的绿色经济发展水平研究。有众多学者尝试构建了中国绿色经济发展的评价指标体系,对我国绿色经济发展水平进行测算(陈同峰等,2019;朱海玲,2017;曾贤刚和毕瑞亨,2014;向书坚和郑瑞坤,2013;刘西明,2013)。②利用绿色经济效率的经济绿色发展影响因素分析。在这个领域的研究中大部分学者使用了 DEA 效率模型,研究了经济水平、自然禀赋、区位特征等不同要素与绿色经济发展的关系(林伯强和谭睿鹏,2019;聂玉立和温湖炜,2015;王仁文和宋伟,2014;钱争鸣和刘晓晨,2013)。③政策研究与发展战略研究。部分学者基于我国现有政策的评估分析提出了建议(任相伟和孙丽文,2020;王军和李萍,2018;李奎,2018;李忠,2012),也有部分学者进一步细化并提出了区域、企业绿色经济的路线规划(刘秀红,2019;王丽霞等,2018;于成学和葛仁东,2016;余佶,2015;范丽娜,2013)。

(二)低碳经济

低碳经济的概念由 2003 年英国政府的《我们能源的未来:创建低碳经济》报告首先提出,将低碳经济定义为用更少的自然资源消耗和污染排放产生更多的社会福利,即为了降低生产中的温室气体排放量,通过建立低碳能源体系、研发和利用低碳技术与产品等手段来应对气候变化的经济模式。厉以宁等(2017)认为,低碳发展的特征是"低耗能、低污染、低排放",有利于推进生态环境保护、气候变化治理、能源结构优化和可持续发展。

基于文献的梳理,当前低碳经济研究主要从以下几个方面展开,包括:①低碳经济概念辨识与理论分析。陈端计和杭丽(2010)通过文献资料梳理低碳经济的概念界定

[①] www.unenvironment.org/explore-topics/green-economy/about-green-economy.

与理论基础。潘家华等（2010）认为，低碳经济发展虽然已成为共识，但是概念的界定并不统一，要推进低碳实践需要消除概念上的误区。厉以宁等（2017）分析与论证低碳发展的作用与影响、衡量与测度、规律与路径、目标与方向、政策与工具，提出低碳发展应作为宏观经济目标。②低碳经济发展水平评估。周泽炯和胡建辉（2013）运用 Super - SBM 模型对部分城市低碳经济的发展现状进行了实证研究。吕学都等（2013）通过研究国内外低碳经济指标体系，构建低碳经济评价指标体系监测和评估低碳经济的发展。李沙浪和雷明（2014）采用 TPOSIS 模型对中国分省低碳经济发展情况进行综合评价。雷明和虞晓雯（2015）利用全局 Malmquist - Luenberger 指数方法测算我国低碳经济增长，并利用面板 VAR 模型分析对外贸易、产业结构、地方财政支出和能源消费结构等因素对低碳经济的影响。③低碳政策评估分析。王晓莉等（2011）、张兆国等（2013）、莫建雷等（2018）分别研究了税收补贴和非化石能源价格补贴等财政补贴政策对低碳发展的影响。胡曲应（2012）、李玲（2012）研究了排污收费制度与企业低碳发展的影响机制。大量学者围绕碳税政策与减排和促进能源结构优化展开了预测研究（钟帅等，2017；王书平等，2016；赵文会等，2016；时佳瑞等，2015；郭正权等，2014）。

（三）循环经济

循环经济出自1966年美国经济学家 Boulding 的《未来宇宙飞船地球经济学》，文中提出经济发展方式应该从传统的资源依赖和消耗型增长的经济转向资源节约和循环利用的生态型经济。通过对现有文献的梳理，可以归纳出以下两点：①区别于资源线性流动的传统经济模式，循环经济属于闭环经济（Bilitewski，2012）；②循环经济的核心是3R 原则，即减量化（reduction）、再循环（recycle）和再利用（reuse）（Ghisellini et al.，2016）。

循环经济的研究主要围绕区域和产业循环经济发展的测度以及影响因素分析展开。贾国柱等（2014）、陈翔和肖序（2015）、邵留国等（2016）利用 DEA 模型，分别对建筑业、造纸及纸制品行业、火电行业的产业循环经济效率进行评价研究，并分析了产业循环经济发展的影响因素。董锁成等（2016）利用工业节能作为衡量循环经济发展水平的重要指标，分析中国工业结构变动的节能效果以及工业节能和工业利润总额的关系。韩瑞玲等（2011）、黄和平（2015）、马晓君等（2018）运用多种模型组合，基于生态效率的测算和影响因素分析，分别度量辽宁省、江西省以及我国整体的循环经济发展情况。李斌和曹万林（2017）通过循环经济绩效理论模型衡量我国循环经济发展绩效，并分析环境规制、地区差别对于我国循环经济发展的影响。

（四）三者的关系辨析

针对三种经济发展理念之间的关系，学术界存在两种观点。有学者认为绿色经济发展包括低碳经济和循环经济，后两者是从经济活动的不同角度与层面来认识问题（王新玉，2014；方时姣，2010；吴晓青，2009）。也有部分学者认为，绿色经济、低碳经济与循环经济既有联系也有差异，三者都是对人类和自然关系的重新认识并追求可持续发展，同时研究的侧重点与解决的问题又有所区别（伍国勇和段豫川，2014；杨运星，2011；潘家华等，2010）。

由于循环经济、低碳经济和绿色经济提出的时代背景不同，其内涵也各有侧重。总体而言，绿色经济更多地针对环境问题，强调生态环境保护；低碳经济针对能源与气候变化问题，强调节能减排；循环经济针对资源问题，强调资源循环利用。

三　绿色转型的最新理论

绿色发展作为当前核心的发展理念，指导我国经济向可持续路径发展，同时为各部门提出了绿色化发展要求。要贯彻落实绿色发展理念，离不开绿色转型的全面深化发展，尤其是经济各部门供给与需求两侧的绿色化。绿色的理念和目标应该覆盖全产业生态链，即"绿色设计—绿色采购—绿色生产—绿色营销—绿色包装—绿色物流—绿色消费—资源回收"的闭环（陈诗一和李志青，2019）。

绿色生产的主旨是对生产过程中进行污染控制和管理，以节能、减排为目标推进生产方式绿色化（王瑛，2019；杨博和赵建军，2016）。有学者指出，生产方式绿色化包括生产源头绿色化、生产过程绿色化和生产废弃物绿色化三个层面，即减少资源的使用量，增加绿色科技的应用，实现废弃物的再利用和资源化（冯之浚等，2015）。

绿色消费的概念出现于1987年英国学者Elkington和Hailes的《绿色消费者指南》。中国消费者协会把绿色消费概括为三层含义：一是倡导消费者选择绿色产品；二是倡导消费过程中要注重对垃圾的处理；三是倡导形成环保、节约的消费观念。

基于绿色转型的生产与消费内涵，本节将进一步梳理产业、区域和要素层面绿色转型发展模式的概念与最新理论进展。

（一）产业绿色化

1. 农业绿色发展

2017年中央"一号文件"提出"以提高农业供给质量为主攻方向，促进农业农村发展由过度依赖资源消耗、主要满足量的需求，向追求绿色生态可持续、更加注重满足质的需求转变"。由此可见，农业绿色发展的内涵是统筹协调农业发展的经济效益、社会效益、环境效益和生态效益，即实现资源利用高效、生态系统稳定、产地环境良好、产品质量安全（魏琦等，2018）。

现阶段农业绿色发展研究主要集中在农业现代化和农业生态效益等的评估方面。有学者采用不同的方法对全国和区域不同层级的农业现代化发展水平进行评估和测算（龙冬平等，2014；李丽纯，2013；辛岭等，2010）。在生态农业评价方面，潘丹等（2013）、牛敏杰等（2016）分别从综合指数、货币价值评估等视角对农业产业的生态价值和效益进行测算。

2. 工业绿色发展

2015年，国务院颁布的《中国制造2025》中指出，形成经济增长新动力，塑造国际竞争新优势，重点在制造业，难点在制造业，出路也在制造业。要按照"创新驱动、质量为先、绿色发展、结构优化、人才为本"的基本方针推动工业发展。规划提出全面推行绿色制造，包括加快制造业绿色改造升级，推进资源高效循环利用，积极构建绿色制造体系，开展绿色制造工程。工业绿色发展是一种绿色低碳、资源节约、环境友好的工业发展模式（苏利阳等，2013；中国社会科学院工业经济研究所课题组，2011），关键是提高劳动生产率和进行技术创新，主要体现在生产要素投入的绿色化、生产过程的绿色化、产品与服务绿色化（史丹，2018；傅志寰等，2015）。

基于文献的梳理，工业绿色发展研究主要围绕工业绿色发展绩效与影响因素分析展开（李宁等，2020；王建民等，2019；杨仁发和李娜娜，2019；涂正革和王秋皓，2018；傅为忠和徐丽君，2018；吴传清和黄磊，2018a；徐成龙和庄贵阳，2018；傅为忠和边之灵，2018）。其中，制度创新与技术创新驱动中国制造业绿色发展是学术界关注的重要研究命题。袁宝龙（2018）利用 CDM 模型研究环境规制对产业创新过程的影响。吴传清和黄磊（2018b）利用多种研究模型，测度长江经济带工业绿色发展效率，从绿色创新、绿色技术和绿色制度等维度分析长江工业绿色发展效率的影响因素。陈瑶（2018）基于 R&D 研发驱动理论，利用包括 R&D 投入的 DEA-DDF 模型测算我国区域工业绿色发展全要素生产率及全要素增长率，并利用 GLS 模型分析工业绿色发展效率的影响因素。丁显有等（2019）采用 SBM 模型和耦合协调度模型测算长三角城市群重要城市的绿色发展效率、创新发展效率和绿色创新协同程度。

（二）区域绿色化

1. 农村绿色发展

党的十九大报告中针对乡村振兴提出了"产业兴旺、生态宜居、乡风文明、治理有效、生活富裕"的总体要求。农村绿色发展可以理解成，为解决农村生态文明建设中存在的资源、环境、经济发展等问题，以绿色发展理念为引领，以建设生态宜居的新农村为主旨，通过组织新业态、发展新产业、激发新动能，努力实现人与自然环境的和谐共生（陈润羊，2018）。

当前我国农村绿色发展研究主要围绕农村生态环境质量评价、农村生态环境的影响因素和农村生态环境治理三方面展开。在农村生态环境质量评价领域，高奇等（2014）、孙勤芳等（2015）、王晓君等（2017）利用 PSR 模型构建农村生态环境质量评价的指标体系，并分别基于各自的指标体系对典型县域、村镇进行实证研究；部分学者则采用 AHP 法对整体和区域的农业生态环境质量进行评价（李妍，2017；徐光宇，2015）。在农村生态环境的影响因素分析中，房宇（2016）、闵继胜（2016）研究政府的影响；侯俊东等（2012）、沈费伟和刘祖云（2016）、于法稳（2017）则从发展方式对中国农村生态环境质量的影响展开研究。在农村生态环境治理研究中，李咏梅（2015）认为生态环境的公共性决定了其治理过程必然依赖于公众参与，应建立自下而上的公众参与机制。杜焱强等（2016）认为让增加的社会资本存量在环境治理领域发挥长效的积极作用是解决农村生态环境问题的关键。李虹和熊振兴（2017）将自然生态空间占用的价值进行量化，提出生态赤字价值补偿的环境税方案，研究表明环境税将引导经济增长从生态占用转向劳动力和资本，有利于区域经济的绿色转型。

2. 城市绿色发展

城市绿色发展意味着引导城市相关利益主体尊重自然、与自然和谐相处，以经济、社会、环境协调发展和可持续发展为目标，建立环境友好、资源节约、经济高效的生产生活方式和城市运行模式（郭鹏飞和周英男，2018；赵峥和张亮亮，2013；朱远，2011）。

现阶段城市绿色发展研究主要集中在城市绿色发展水平评估和影响因素分析方面。

岳书敬等（2015）采用 SBM 模型测度我国地级市的绿色发展效率，并分析产业集聚对城市绿色发展的综合效应。袁文华等（2017）构建城市绿色发展的评价指标体系，对山东省各地市的绿色发展绩效与空间效应进行实证研究。张治栋和秦淑悦（2018）、李爽等（2019）运用 SBM 模型对长江经济带各城市绿色效率进行测算，并分析绿色效率的影响因素。周亮等（2019）在梳理绿色发展概念与内涵的基础上，采用多种模型方法，对我国城市绿色发展效率时空分异特征及其演变过程进行测度与刻画。

（三）要素绿色化

1. 绿色金融

绿色金融是一个广义的术语，包括为各种能够产生环境效益或减少环境损害的项目提供资金的投融资活动。G20 绿色金融研究小组认为，绿色金融是指能产生环境效益从而支持可持续发展的投融资活动。2016 年我国七部委发布《关于构建绿色金融体系的指导意见》指出，"绿色金融是指为支持环境改善和资源节约高效利用的经济活动，即对环保、节能、清洁能源、绿色交通、绿色建筑等领域的项目投融资、项目运营、风险管理等所提供的金融服务"。

基于文献分析，目前绿色金融领域的研究主要从绿色金融政策制度（赵军和刘春艳，2020；魏丽莉和杨颖，2020；中国工商银行与清华大学"绿色带路"项目联合课题组，2019；邵光学，2019；杜莉和郑立纯，2019）、绿色金融市场体系（曹倩，2019；杨庆虹，2017）、绿色金融产品体系（刘庆富等，2020；杨望和李一鸣，2020；鲁政委等，2020；王波和董振南，2020）、环境信息披露与风险管理（胡宗义和李毅，2020；张爱美等，2020；于连超等，2020；徐枫和马佳伟，2019；史贝贝等，2019）等方面展开，基本形成了较为完善的理论体系。

2. 能源转型

党的十九大提出要树立社会主义生态文明观，坚持绿色发展理念，推进能源生产和消费革命，构建清洁低碳、安全高效的能源体系。关于能源转型，从能源的供给与消费结构出发，是从传统化石能源向可再生能源的转型，从一次能源向二次能源的转型；从能源系统出发，是向清洁、低碳、智能、高效、安全方向的转型（林伯强，2018；马丽梅等，2018；童光毅，2018）。

关于能源转型的研究，学者展开了大量分析与讨论，特别是集中在量化研究上，研究侧重于三个问题：一是能源转型中能源结构与需求总量的变化；二是能源转型与经济发展之间的关系；三是能源转型与碳排放之间的关系。何铮和李瑞忠（2016）通过数据模型分析与修正、现象与特点的研究、要素间发展的逻辑推断等，分部门、分品种对我国一次能源消费进行情景设计与预测，提出中国 2035 年的能源发展前景。谢和平等（2019）根据中国经济发展的 3 个阶段，采用弹性系数法，对我国 2025 年能源消费总需求进行预测。齐绍洲和李杨（2018）运用面板门槛效应模型，实证检验能源转型和增加可再生能源消费与经济增长的影响相互影响机理。魏巍等（2020）利用 DSGE 模型研究能源转型对中国经济增长潜力的影响以及相关政策效应。姜克隽等（2009）利用中国能源环境综合政策评价模型（IPAC）对我国未来中长期的能源与温室气体排放情景进行分析。戴彦德等（2010）利用定量分析与定性分析相结合的方法研究在实现既定的经济发展目标下，不同的政策选择对能源需求的影响，进而梳理出未来中国可能的碳排放之路。

通过对文献的梳理，国内对中国能源转型预测研究的方法主要有投入产出法（罗向龙等，2003）、LEAP 模型（陈睿等，2017）、时间序列法（徐明德等，2003）、能源弹性系数（谢和平等，2019）、灰色预测 GM（1，1）模型（花玲等，2014）以及多种预测模型的组合应用等。

3. 生态产品价值转化

"生态产品"是我国提出的一个概念，最早在 2010 年国务院发布的《全国主体功能区规划》中被提出，该规划指出，"人类需求既包括对农产品、工业品和服务产品的需求，也包括对清新空气、清洁水源、宜人气候等生态产品的需求"，将生态产品与农产品、工业品和服务产品并列为人类生活所必需的、可消费的产品。生态产品生产是基于生态资源价值的认识、开发、利用、投资、运营的过程，遵循"生态资源—生态资产—生态资本—生态产品"的演化路径（张文明和张孝德，2019）。党的十八大提出要"增强生态产品生产能力"，将生态产品生产能力看作生产力的重要组成部分，体现了"改善生态环境就是发展生产力"的理念，"生态产品"成为我国生态文明建设的一个核心理念。2016 年《关于健全生态保护补偿机制的意见》要求建立多元化生态保护补偿机制，将生态补偿作为生态产品价值实现的重要方式。党的十九大进一步深化对生态产品的认识，将生态产品短缺看作新时代我国社会主要矛盾的一个方面，提出要"提供更多优质生态产品以满足人民日益增长的优美生态环境需求"。

由于生态产品价值转化的概念发展时间较短，目前的大部分研究主要集中于生态产品的内涵探讨及价值转化路径分析（李忠，2020；李军洋和郝吉明，2020；刘峥延等，2019；张林波等，2019；黄宝荣等，2018）。

四 绿色发展重大现实问题研究

（一）中国绿色发展的重大现实问题

绿色低碳发展始终是中国经济社会发展战略中的重要组成部分。《中华人民共和国环境保护法》将保护环境作为我国基本国策，"五位一体"总布局中包括了生态文明建设，2015 年 10 月习近平总书记在十八届五中全会提出了包括"绿色"在内的五大发展理念，这些体现了环境问题在我国社会建设中的重要性。进入中国特色社会主义新时代后，我国面临新的发展机遇和挑战，《关于构建现代环境治理体系的指导意见》已经提出，到 2025 年，要建立健全环境治理的领导责任体系、企业责任体系、全民行动体系、监管体系、市场体系、信用体系、法律法规政策体系，落实各类主体责任，提高市场主体和公众参与的积极性。达成这一目标，需要学者在研究中努力回应绿色低碳发展的重大现实问题。这些问题主要体现在环境污染的影响分析、绿色发展制度建设、环境治理的政府内部权责界定等三个方面。

环境污染问题攸关社会发展和人民福祉，对环境污染做出合适的收益成本评估，才能制定有效率的减排政策。在污染对健康的影响逐渐明晰的背景下（Chen et al.，2013），污染对经济效率、劳动力流动的影响逐渐受到更多学者的关注（陈诗一和陈登科，2018；李明和张亦然，2019；孙伟增等，2019；张海峰等，2019）。

在明确污染影响的基础上，需要评估不同环境政策对高质量发展的影响，以提高决策的科学性。涉及绿色发展的政策工具在近年来得到大量更新，2016年起中央生态环境保护督察体制开始试点推进，2018年开始实施的环境保护税，落后产能淘汰持续进行。这些政策的影响评估，在近年形成一股研究浪潮（沈坤荣等，2017；范庆泉，2018；范庆泉等，2018；范子英等，2019；李虹等，2018；刘悦等，2018；齐绍洲等，2018；盛丹等，2018，2019；石光等，2016；宋弘等，2019；王林辉等，2020；王勇等，2019；俞雅乖等，2016；张琦等，2019）。资本市场对环境问题的关注也伴随环保信息披露等制度的落实而成为重大现实问题（李维安等，2019；李哲，2018；刘锡良等，2019；潘爱玲等，2019；吴红军等，2017）。

在我国经济由高速增长转向高质量发展的今天，还需要注意绿色和发展的协同关系，对创新、效率、资源禀赋等关键因素展开讨论，这与"波特假说""污染天堂假说"等传统产业与环境经济学议题相吻合。考察这些模型与假说在不同行业和部门、不同时期、不同地区的适用性，对制定合理的绿色发展政策，因地制宜做出符合行业发展实际与绿色发展目标的决策，有重要的意义（王勇等，2019；王林辉等，2020；李虹等，2018）。

环境治理的主要权力和责任均在政府身上，除了良好的政策设计，政策出台时机的选择和政策执行过程同样重要。政府需要把握好政府内部的权责划分，为不同的层级、不同的职能部门提供参与和配合环境治理的正向激励。不同层级之间环境领域财权和事权的分配仍然需要讨论（黄寿峰，2017），调动地方在环境治理中的积极性，需要考虑地方官员的绩效考核、横向竞争等因素（沈坤荣等，2020；郭峰等，2017；黄溶冰等，2019；邓慧慧等，2019），制定合理的目标用于考核官员的环境绩效（王芳等，2019）。

（二）绿色发展政策实践与评估

绿色发展政策涉及环境规制、产业政策等传统产业与环境经济学研究领域。长期以来，政策对环境污染、收入分配、创新和生产率等方面的影响始终是研究的热点（沈坤荣等，2017；刘悦等，2018；盛丹等，2018；王勇等，2019；He et al.，2020）。近年来，相关政策研究呈现三个主要特征：一是主题精细化，从广义的环境规制理论转向特定环境政策的研究；二是范围扩大化，从传统的碳税、绿色补贴向各种新型环境政策工具延伸；三是与实际结合趋于密切，能够迅速回应政策制定的需要。

在我国，排污权交易、环保法庭、两控区、"低碳城市"、中央环保督察等环境领域的政策实践提供了重要的研究素材（范子英等，2019；齐绍洲等，2018；盛丹等，2019；宋弘等，2019；Jia et al.，2019；Zhang et al.，2019）。Zhang等（2019）用双重差分法评估环保法庭的影响，发现其改善了企业环保投资和城市空气质量，加速了环境库兹涅茨曲线拐点的来临。宋弘等（2019）发现低碳城市建设显著降低了城市空气污染，效果主要来自企业行为的改变与产业升级与创新。

我国资本市场在健全完善的过程中将环境信息披露作为重要的改革来推进，取得了一系列成果，在此过程中，环境信息披露结构会对企业的融资造成影响，绿色并购等问题也受到学术界广泛的关注（李维安等，2019；李哲，2018；刘锡良等，2019；潘爱玲等，2019；吴红军等，2017）。李维安等（2019）梳理了绿色治理的相关研究和标准，创造性地构建了上市公司绿色治理评价指标体系；李哲（2018）发现多言寡行的环境披露结构反映了上市公司高管自我包装的倾向，会遭到投资者的摒弃。潘爱玲等

(2019）发现媒体压力会推动重污染企业的绿色并购，但并购后企业为减少外界关注，会计信息质量显著下降。刘锡良和文书洋（2019）试图证明信贷资源向污染部门倾斜会降低经济增长质量。

我国绿色低碳发展的相关研究呈现紧跟政策需要的特征。2018年初环境保护税出台，与此同时，排污费废止，在这一时间点前后出现了大量探讨环境保护税的文献（范庆泉等，2018；郭俊杰等，2019；李虹等，2017；李霁友，2017；叶金珍等，2017）。其中，叶金珍等（2017）使用跨国数据讨论开征环保税对空气污染改善作用的国家异质性。李虹等（2017）提出了基于生态赤字价值补偿的环境税方案，并用CGE模型分析征收环境税和降低个人及企业所得税的政策效应。环境保护税的前身排污费的征收标准改革是良好的准实验，借此可以评估税费提高的诸多影响，郭俊杰等（2019）发现这次征收标准改革促进了企业污染的前端预防和末端处理，且并未引起污染转移效应。针对上市公司环境信息披露、中央环保督察等政策的研究同样与政策制定过程相伴，对政策制定有重要的参考价值。

制定政策的过程中还需要考虑政府内部激励结构对政策实际效果的影响。地方政府间竞争导致两省交界附近的排污更加严重，水质监测点上游的企业面临更加严格的水污染规制等，都是在官员晋升和财政税收双重竞争框架下出现的独特现象（He et al.，2020；Kahn et al.，2015）。考虑到官员晋升激励在中国的特殊作用，一些独属于中国的制度设计能够有效改善政府的环境绩效。沈坤荣等（2020）基于七大流域干流的县级数据，验证了污染产业向流域经济带上游转移的现象，而"国控点"环境监测制度可对这种"污染回流"的现象起到一定抑制作用；王芳等（2019）发现上级官员的环境视察会提高政府的环境保护支出。

五　绿色发展的学科展望

目前，文献在对环保法庭、两控区、中央环保督察等绿色政策工具作评估时较多采用简约式模型，机制分析也以抓住几个中间因素为主要任务，因素之间的交互作用还不明确，尚不能总结为系统的理论模型。在大量实证研究铺垫的基础上，随着政策实践的发展和学界认识的加深，更多与中国实际相结合的理论将有可能在这些领域诞生。

在各种绿色发展政策中，自愿型和信息型政策工具的相关研究占比较少，但近年来相关政策的出台较为密集，行为经济学的发展也提供了更多的分析工具，这一领域的研究有望出现突破（Barwick et al.，2019；Tu et al.，2020）。《关于构建现代环境治理体系的指导意见》提出，到2025年，建立健全环境治理全民行动体系，目前公众参与的主要渠道仍然是环境举报和信访，如何健全这一制度让公众表达诉求的渠道更加通畅、环境执法效率更高，以及在此基础上如何增进社会团体与政府在环境议题上的合作，以在更大程度上发挥社会力量的作用，在此前的文献中也缺少综合性讨论，这些议题势必将在日后得到更多关注。

就理论进步而言，环境领域的传统研究主题在随着数据变量的精细化而不断深入，而中国环境政策丰富的实践将为学术研究提供巨大的空间，例如，在考虑企业对环境规制的反应时，Cui和Moschini（2020）将企业内部网络的影响纳入分析框架中，利用企业内部车间数据，发现多车间的企业能更加灵活地调整自己的生产。计量工具方面，因果推断方法在环境经济学中的应用方兴未艾（Greenstone and Gayer, 2009），随机森林等算法在构建反事实等方面的运用也让计量工具更加可靠（Cicala, 2017）。未来，传统研究主题中新元素的发掘将用到更多的"中国故事"，开发"中国故事"的潜力，需要中国学者在计量工具、理论构建方面紧跟国际趋势，提高自身本领。

参考文献

[1] 史贝贝，冯晨，康蓉. 环境信息披露与外商直接投资结构优化 [J]. 中国工业经济，2019 (4)：98—116.

[2] 胡宗义，李毅. 环境信息披露的污染减排效应评估 [J]. 统计研究，2020，37 (4)：59—74.

[3] 张爱美，杨霄，吴卫红. 环境信息披露水平对公司绩效的影响研究——基于化工行业上市公司的经验数据 [J]. 工业技术经济，2020，39 (4)：105—112.

[4] 于连超，张卫国，毕茜，董晋亭. 环境政策不确定性与企业环境信息披露——来自地方环保官员变更的证据 [J]. 上海财经大学学报，2020，22 (2)：35—50.

[5] 徐枫，马佳伟. 中国商业银行执行环境风险管理政策对其经营绩效的影响——以赤道原则为例 [J]. 宏观经济研究，2019 (9)：14—26.

[6] 王波，董振南. 我国绿色金融制度的完善路径——以绿色债券、绿色信贷与绿色基金为例 [J]. 金融与经济，2020 (4)：84—90.

[7] 鲁政委，方琦，钱立华. 促进绿色信贷资产证券化发展的制度研究 [J]. 西安交通大学学报（社会科学版），2020，40 (3)：1—6.

[8] 杨望，李一鸣. 绿色PPP的发展及创新 [J]. 中国金融，2020 (6)：35—36.

[9] 刘庆富，陈志伟，何畅. 中国绿色信贷风险的评估与监测——基于新能源汽车产业的视角 [J]. 复旦学报（社会科学版），2020，62 (2)：192—200.

[10] 曹倩. 我国绿色金融体系创新路径探析 [J]. 金融发展研究，2019 (3)：46—52.

[11] 杨庆虹. 国外绿色金融市场发展借鉴 [J]. 中国金融，2017 (13)：41—42.

[12] 赵军，刘春艳. 绿色金融政策推动了低碳发展吗？——以"一带一路"沿线中国重点省域为例 [J]. 金融与经济，2020 (5)：45—52.

[13] 魏丽莉，杨颖. 中国绿色金融政策的演进逻辑与环境效应研究 [J]. 西北师大学报（社会科学版），2020 (4)：101—111

[14] 中国工商银行与清华大学"绿色带路"项目联合课题组. 推动绿色"一带一路"发展的绿色金融政策研究 [J]. 金融论坛，2019，24 (6)：3—17+53.

[15] 邵光学. 我国绿色金融研究述评 [J]. 湖南社会科学，2019 (3)：128—135.

[16] 杜莉，郑立纯. 我国绿色金融政策体系的效应评价——基于试点运行数据的分析 [J]. 清华大学学报（哲学社会科学版），2019，34 (1)：173—182+199.

[17] 涂正革，王秋皓. 中国工业绿色发展的评价及动力研究——基于地级以上城市数据门限回归的证据 [J]. 中国地质大学学报（社会科学版），2018，18 (1)：

47—56.

[18] 李忠. 长江经济带生态产品价值实现路径研究 [J]. 宏观经济研究, 2020 (1): 124—128 + 163.

[19] 张林波, 虞慧怡, 李岱青, 贾振宇, 吴丰昌, 刘旭. 生态产品内涵与其价值实现途径 [J]. 农业机械学报, 2019, 50 (6): 173—183.

[20] 黄宝荣, 马永欢, 黄凯, 苏利阳, 张丛林, 程多威, 王毅. 推动以国家公园为主体的自然保护地体系改革的思考 [J]. 中国科学院院刊, 2018, 33 (12): 1342—1351.

[21] 李军洋, 郝吉明. 生态经济经营的结构和运行机制 [J]. 中国人民大学学报, 2019, 33 (1): 64—72.

[22] 刘峥延, 李忠, 张庆杰. 三江源国家公园生态产品价值的实现与启示 [J]. 宏观经济管理, 2019 (2): 68—72.

[23] 张文明, 张孝德. 生态资源资本化: 一个框架性阐述 [J]. 改革, 2019 (1): 122—131.

[24] 许宪春, 任雪, 常子豪. 大数据与绿色发展 [J]. 中国工业经济, 2019 (4): 5—22.

[25] 魏琦, 张斌, 金书秦. 中国农业绿色发展指数构建及区域比较研究 [J]. 农业经济问题, 2018 (11): 11—20.

[26] 黄茂兴, 叶琪. 马克思主义绿色发展观与当代中国的绿色发展——兼评环境与发展不相容论 [J]. 经济研究, 2017, 52 (6): 17—30.

[27] 胡鞍钢, 周绍杰. 绿色发展: 功能界定、机制分析与发展战略 [J]. 中国人口·资源与环境, 2014, 24 (1): 14—20.

[28] 何爱平, 李雪娇, 邓金钱. 习近平新时代绿色发展的理论创新研究 [J]. 经济学家, 2018 (6): 5—12.

[29] 王玲玲, 张艳国. "绿色发展"内涵探微 [J]. 社会主义研究, 2012 (5): 143—146.

[30] 高红贵. 中国绿色经济发展中的诸方博弈研究 [J]. 中国人口·资源与环境, 2012, 22 (4): 13—18.

[31] 田江海. 绿色经济与绿色投资 [J]. 中国投资, 2010 (2): 44—47.

[32] 诸大建. 从"里约+20"看绿色经济新理念和新趋势 [J]. 中国人口·资源与环境, 2012, 22 (9): 1—7.

[33] 陈同峰, 陈珂, 李凯, 肖扬. 区域经济绿色转型评价指标体系研究 [J]. 统计与决策, 2019, 35 (20): 59—62.

[34] 朱海玲. 绿色经济评价指标体系的构建 [J]. 统计与决策, 2017 (5): 27—30.

[35] 曾贤刚, 毕瑞亨. 绿色经济发展总体评价与区域差异分析 [J]. 环境科学研究, 2014, 27 (12): 1564—1570.

[36] 向书坚, 郑瑞坤. 中国绿色经济发展指数研究 [J]. 统计研究, 2013, 30 (3): 72—77.

[37] 刘西明. 绿色经济测度指标及发展对策 [J]. 宏观经济管理, 2013 (2):

39—40.

[38] 林伯强，谭睿鹏．中国经济集聚与绿色经济效率［J］．经济研究，2019，54（2）：119—132.

[39] 聂玉立，温湖炜．中国地级以上城市绿色经济效率实证研究［J］．中国人口·资源与环境，2015，25（S1）：409—413.

[40] 王仁文，宋伟．泛长三角地区绿色经济效率评价与排序研究［J］．科技管理研究，2014，34（6）：206—208+213.

[41] 钱争鸣，刘晓晨．中国绿色经济效率的区域差异与影响因素分析［J］．中国人口·资源与环境，2013，23（7）：104—109.

[42] 刘秀红．绿色经济视角下物流产业融合模式探析［J］．商业经济研究，2019（8）：98—100.

[43] 任相伟，孙丽文．绿色经济的内涵、演化逻辑及推进路径——基于经济—生态—社会复杂系统视角［J］．技术经济与管理研究，2020（2）：88—93.

[44] 王军，李萍．绿色税收政策对经济增长的数量与质量效应——兼议中国税收制度改革的方向［J］．中国人口·资源与环境，2018，28（5）：17—26.

[45] 李奎．绿色经济扶持政策整合研究：缘起、意义及思路［J］．理论月刊，2018（12）：136—142.

[46] 李忠．促进我国绿色经济发展的对策建议［J］．宏观经济管理，2012（6）：36—38.

[47] 王丽霞，陈新国，姚西龙，李晓瑜．环境规制对工业企业绿色经济绩效的影响研究［J］．华东经济管理，2018，32（5）：91—96.

[48] 于成学，葛仁东．投资和消费对地区绿色经济增长的影响——以辽宁省为例［J］．华东经济管理，2016，30（2）：71—76+99.

[49] 余佶．生态文明视域下中国经济绿色发展路径研究——基于浙江安吉案例［J］．理论学刊，2015（11）：53—60.

[50] 范丽娜．煤炭企业绿色经济的发展和战略［J］．煤炭技术，2013，32（6）：5—6.

[51] 厉以宁，朱善利，罗来军，杨德平．低碳发展作为宏观经济目标的理论探讨——基于中国情形［J］．管理世界，2017（6）：1—8.

[52] 陈端计，杭丽．低碳经济理论研究的文献回顾与展望［J］．生态经济，2010（11）：32—38.

[53] 潘家华，庄贵阳，郑艳，朱守先，谢倩漪．低碳经济的概念辨识及核心要素分析［J］．国际经济评论，2010（4）：88—101+5.

[54] 周泽炯，胡建辉．基于Super—SBM模型的低碳经济发展绩效评价研究［J］．资源科学，2013，35（12）：2457—2466.

[55] 吕学都，王艳萍，黄超，孙佶．低碳经济指标体系的评价方法研究［J］．中国人口·资源与环境，2013，23（7）：27—33.

[56] 李沙浪，雷明．基于TOPSIS的省级低碳经济发展评价及其空间面板计量分析［J］．中国管理科学，2014，22（S1）：741—748.

[57] 雷明，虞晓雯．我国低碳经济增长的测度和动态作用机制——基于非期望

DEA 和面板 VAR 模型的分析［J］．经济科学，2015（2）：44—57．

［58］王晓莉，陈默，吴林海．低碳生产意愿与主要影响因素研究——江苏苏南地区 212 家工业出口企业的案例．工业技术经济，2011（1）：50—55．

［59］张兆国，靳小翠，李庚秦．低碳经济与制度环境实证研究——来自我国高能耗行业上市公司的经验证据．中国软科学，2013（3）：109—119．

［60］莫建雷，段宏波，范英，汪寿阳．《巴黎协定》中我国能源和气候政策目标：综合评估与政策选择．经济研究．2018．53（9）：168—181．

［61］李玲，陶锋．中国制造业最优环境规制强度的选择——基于绿色全要素生产率的视角．中国工业经济，2012（5）：70—82．

［62］钟帅，沈镭，赵建安，孙艳芝，武娜．国际能源价格波动与中国碳税政策的协同模拟分析．资源科学，2017（39）：2310—2322．

［63］王书平，戚超，李立委．碳税政策、环境质量与经济发展——基于 DSGE 模型的数值模拟研究．中国管理科学，2016（24）：938—941．

［64］赵文会，毛璐，王辉，章斌，钟孔露．征收碳税对可再生能源在能源结构中占比的影响——基于 CGE 模型的分析．可再生能源，2016（34）：1086—1095．

［65］时佳瑞，汤铃，余乐安，鲍勤．基于 CGE 模型的煤炭资源税改革影响研究．系统工程理论与实践，2015（35）：1698—1707．

［66］郭正权，郑宇花，张兴平．基于 CGE 模型的我国能源 - 环境 - 经济系统分析．系统工程学报，2014（29）：581—591．

［67］Bilitewski B. The Circular Economy and Its Risks. Waste Management，2012，32（1）：1 - 2．

［68］Ghisellini P，Cialani C，Ulgiati S. A Review on Circular Economy：The Expected Transition to a Balanced Interplay of Environmental and Economic Systems. Journal of Cleaner Production，2016，114：11 - 32．

［69］贾国柱，刘圣国，孟楷越．基于改进 DEA 模型的建筑业循环经济效率评价研究［J］．管理评论，2014，26（4）：14—21．

［70］陈翔，肖序．中国工业产业循环经济效率区域差异动态演化研究与影响因素分析——来自造纸及纸制品业的实证研究［J］．中国软科学，2015（1）：160—171．

［71］邵留国，何莹莹，张仕璟，丰超．基于网络 DEA 的中国火电行业循环经济效率及影响因素研究［J］．资源科学，2016，38（10）：1975—1987．

［72］董锁成，于会录，李宇，李泽红，李飞，李富佳．中国工业节能：循环经济发展的驱动因素分析［J］．中国人口·资源与环境，2016，26（6）：27—34．

［73］韩瑞玲，佟连军，宋亚楠．基于生态效率的辽宁省循环经济分析［J］．生态学报，2011，31（16）：4732—4740．

［74］黄和平．基于生态效率的江西省循环经济发展模式［J］．生态学报，2015，35（9）：2894—2901．

［75］马晓君，李煜东，王常欣，于渊博．约束条件下中国循环经济发展中的生态效率——基于优化的超效率 SBM - Malmquist - Tobit 模型［J］．中国环境科学，2018，38（9）：3584—3593．

［76］李斌，曹万林．环境规制对我国循环经济绩效的影响研究——基于生态创新

的视角 [J]. 中国软科学, 2017 (6): 140—154.

[77] 吴晓青. 加快发展绿色经济的几点思考 [J]. 环境经济, 2009 (12): 13—16.

[78] 王新玉. 低碳发展与循环发展、绿色发展的关系研究 [J]. 生态经济, 2014, 30 (9): 39—44.

[79] 方时姣. 绿色经济视野下的低碳经济发展新论 [J]. 中国人口·资源与环境, 2010, 20 (4): 8—11.

[80] 伍国勇, 段豫川. 论超循环经济——兼论生态经济、循环经济、低碳经济、绿色经济的异同 [J]. 农业现代化研究, 2014, 35 (1): 5—10.

[81] 杨运星. 生态经济、循环经济、绿色经济与低碳经济之辨析 [J]. 前沿, 2011 (8): 94—97.

[82] 陈诗一, 李志青. 绿色金融概论. 复旦大学出版社, 2019.

[83] 王瑛. 绿色生产视野下绿色农产品的品牌定位与市场营销战略优化研究 [J]. 农业经济, 2019 (8): 127—129.

[84] 杨博, 赵建军. 生产方式绿色化的技术创新体系建设 [J]. 中国科技论坛, 2016 (10): 5—10.

[85] 冯之浚, 刘燕华, 金涌, 郭强, 严峰. 坚持与完善中国特色绿色化道路 [J]. 中国软科学, 2015 (9): 1—7.

[86] 魏琦, 张斌, 金书秦. 中国农业绿色发展指数构建及区域比较研究 [J]. 农业经济问题, 2018 (11): 11—20.

[87] 龙冬平, 李同昇, 苗园园, 于正松. 中国农业现代化发展水平空间分异及类型 [J]. 地理学报, 2014, 69 (2): 213—226.

[88] 李丽纯. 后现代农业视角下的中国农业现代化效益水平测评 [J]. 农业经济问题, 2013, 34 (12): 7—14+110.

[89] 辛岭, 蒋和平. 我国农业现代化发展水平评价指标体系的构建和测算 [J]. 农业现代化研究, 2010, 31 (6): 646—650.

[90] 潘丹, 应瑞瑶. 中国农业生态效率评价方法与实证——基于非期望产出的 SBM 模型分析 [J]. 生态学报, 2013, 33 (12): 3837—3845.

[91] 牛敏杰, 赵俊伟, 尹昌斌, 唐华俊. 我国农业生态文明水平评价及空间分异研究 [J]. 农业经济问题, 2016, 37 (3): 17—25+110.

[92] 苏利阳, 郑红霞, 王毅. 中国省际工业绿色发展评估 [J]. 中国人口·资源与环境, 2013, 23 (8): 116—122.

[93] 中国社会科学院工业经济研究所课题组, 李平. 中国工业绿色转型研究 [J]. 中国工业经济, 2011 (4): 5—14.

[94] 史丹. 中国工业绿色发展的理论与实践——兼论十九大深化绿色发展的政策选择 [J]. 当代财经, 2018 (1): 3—11.

[95] 傅志寰, 宋忠奎, 陈小寰, 李晓燕. 我国工业绿色发展战略研究 [J]. 中国工程科学, 2015, 17 (8): 16—22.

[96] 李宁, 白璐, 乔琦, 杨庆榜, 谢明辉, 周婵, 张霖琳. 天山北坡经济带经济发展与污染减排潜力以及工业绿色发展策略 [J]. 环境科学研究, 2020, 33 (2):

503—510.

[97] 王建民, 仇定三, 蒋倩颖, 张敏. 长江经济带工业绿色发展效率测量与提升路径研究 [J]. 科技管理研究, 2019, 39 (12): 46—52.

[98] 杨仁发, 李娜娜. 环境规制与中国工业绿色发展: 理论分析与经验证据 [J]. 中国地质大学学报 (社会科学版), 2019, 19 (5): 79—91.

[99] 涂正革, 王秋皓. 中国工业绿色发展的评价及动力研究——基于地级以上城市数据门限回归的证据 [J]. 中国地质大学学报 (社会科学版), 2018, 18 (1): 47—56.

[100] 傅为忠, 徐丽君. 区域工业绿色发展成熟度动态评价——基于熵值修正G1法和距离协调度改进模型的实证分析 [J]. 工业技术经济, 2018, 37 (3): 61—69.

[101] 吴传清, 黄磊. 长江经济带工业绿色发展绩效评估及其协同效应研究 [J]. 中国地质大学学报 (社会科学版), 2018a, 18 (3): 46—55.

[102] 徐成龙, 庄贵阳. 供给侧改革驱动中国工业绿色发展的动力结构及时空效应 [J]. 地理科学, 2018, 38 (6): 849—858.

[103] 傅为忠, 边之灵. 区域承接产业转移工业绿色发展水平评价及政策效应研究——基于改进的CRITIC–TOPSIS和PSM–DID模型 [J]. 工业技术经济, 2018, 37 (12): 106—114.

[104] 袁宝龙. 制度与技术双"解锁"是否驱动了中国制造业绿色发展? [J]. 中国人口·资源与环境, 2018, 28 (3): 117—127.

[105] 吴传清, 黄磊. 长江经济带工业绿色发展效率及其影响因素研究 [J]. 江西师范大学学报 (哲学社会科学版), 2018b, 51 (3): 91—99.

[106] 陈瑶. 中国区域工业绿色发展效率评估——基于R&D投入视角 [J]. 经济问题, 2018 (12): 77—83.

[107] 丁显有, 肖雯, 田泽. 长三角城市群工业绿色创新发展效率及其协同效应研究 [J]. 工业技术经济, 2019, 38 (7): 67—75.

[108] 陈润羊. 美丽乡村建设研究文献综述 [J]. 云南农业大学学报 (社会科学), 2018, 12 (2): 8—14.

[109] 高奇, 师学义, 张琛, 张美荣, 马桦薇. 县域农业生态环境质量动态评价及预测 [J]. 农业工程学报, 2014, 30 (5): 228—237+293.

[110] 李妍. 农业生态环境质量的综合评价模型构建与实证分析——以绍兴上虞区为例 [J]. 中国农业资源与区划, 2017, 38 (3): 143—147.

[111] 李咏梅. 农村生态环境治理中的公众参与度探析 [J]. 农村经济, 2015 (12): 94—99.

[112] 李虹, 熊振兴. 生态占用、绿色发展与环境税改革 [J]. 经济研究, 2017, 52 (7): 124—138.

[113] 杜焱强, 刘平养, 包存宽, 苏时鹏. 社会资本视阈下的农村环境治理研究——以欠发达地区J村养殖污染为个案 [J]. 公共管理学报, 2016, 13 (4): 101—112+157—158.

[114] 房宇. 农村环境污染现状及原因的法律分析 [J]. 农业经济, 2016 (5): 17—18.

[115] 侯俊东，吕军，尹伟峰．农户经营行为对农村生态环境影响研究［J］．中国人口·资源与环境，2012，22（3）：26—31．

[116] 闵继胜．改革开放以来农村环境治理的变迁［J］．改革，2016（3）：84—93．

[117] 沈费伟，刘祖云．农村环境善治的逻辑重塑——基于利益相关者理论的分析［J］．中国人口·资源与环境，2016，26（5）：32—38．

[118] 孙勤芳，赵克强，朱琳，芮菡艺，朱洪标，鞠昌华，张卫东，朱沁园．农村环境质量综合评估指标体系研究［J］．生态与农村环境学报，2015，31（1）：39—43．

[119] 王晓君，吴敬学，蒋和平．中国农村生态环境质量动态评价及未来发展趋势预测［J］．自然资源学报，2017，32（5）：864—876．

[120] 徐光宇，徐明德，王海蓉，徐红．基于GIS的农村环境质量综合评价［J］．干旱区资源与环境，2015，29（7）：39—46．

[121] 于法稳．新型城镇化背景下农村生态治理的对策研究［J］．城市与环境研究，2017（2）：34—49．

[122] 郭鹏飞，周英男．基于扎根理论的中国城市绿色转型政策评价指标提取及建构研究［J］．管理评论，2018，30（8）：257—267．

[123] 赵峥，张亮亮．绿色城市：研究进展与经验借鉴［J］．城市观察，2013（4）：161—168．

[124] 朱远．城市发展的绿色转型：关键要素识别与推进策略选择［J］．东南学术，2011（5）：40—50．

[125] 岳书敬，邹玉琳，胡姚雨．产业集聚对中国城市绿色发展效率的影响［J］．城市问题，2015（10）：49—54．

[126] 袁文华，李建春，刘呈庆，吴美玉．城市绿色发展评价体系及空间效应研究——基于山东省17地市时空面板数据的实证分析［J］．华东经济管理，2017，31（5）：19—27．

[127] 张治栋，秦淑悦．产业集聚对城市绿色效率的影响——以长江经济带108个城市为例［J］．城市问题，2018（7）：48—54．

[128] 李爽，周天凯，樊琳梓．长江经济带城市绿色发展及影响因素分析［J］．统计与决策，2019，35（15）：121—125．

[129] 周亮，车磊，周成虎．中国城市绿色发展效率时空演变特征及影响因素［J］．地理学报，2019，74（10）：2027—2044．

[130] 童光毅．关于当代能源转型方向的探讨［J］．智慧电力，2018，46（10）：1—3+25．

[131] 马丽梅，史丹，裴庆冰．中国能源低碳转型（2015—2050）：可再生能源发展与可行路径［J］．中国人口·资源与环境，2018，28（2）：8—18．

[132] 林伯强．能源革命促进中国清洁低碳发展的"攻关期"和"窗口期"［J］．中国工业经济，2018（6）：15—23．

[133] 谢和平，吴立新，郑德志．2025年中国能源消费及煤炭需求预测［J］．煤炭学报，2019，44（7）：1949—1960．

［134］何铮，李瑞忠．未来 20 年中国能源需求预测［J］．当代石油石化，2016，24（9）：1—8.

［135］姜克隽，胡秀莲，庄幸，刘强．中国 2050 年低碳情景和低碳发展之路［J］．中外能源，2009，14（6）：1—7.

［136］戴彦德，朱跃中，白泉．中国 2050 年低碳发展之路——能源需求暨碳排放情景分析［J］．经济研究参考，2010（26）：2—22+33.

［137］罗向龙，赵亮，尹洪超．投入产出法在石化企业能源预测中的应用［J］．节能，2003（3）：20—22+2.

［138］陈睿，饶政华，刘继雄，湛盈盈，廖胜明．基于 LEAP 模型的长沙市能源需求预测及对策研究［J］．资源科学，2017，39（3）：482—489.

［139］徐明德，李维杰．线性回归分析与能源需求预测［J］．内蒙古师范大学学报（自然科学汉文版），2003（1）：17—20.

［140］花玲，谢乃明．政策冲击影响下中国能源消费预测分析及控制策略［J］．中国管理科学，2014，22（7）：18—25.

［141］齐绍洲，李杨．能源转型下可再生能源消费对经济增长的门槛效应［J］．中国人口·资源与环境，2018，28（2）：19—27.

［142］魏巍，王赞信，李冰．能源转型影响中国经济增长潜力的模拟研究——基于"弱可持续性"视角［J］．中国环境管理，2020，12（2）：76—83.

［143］Chen, Y., Ebenstein, A., Greenstone, M., & Li, H. (2013). Evidence on the impact of sustained exposure to air pollution onlife expectancy from China's Huai River policy. Proceedings of the National Academy of Sciences, 110 (32), 12936 – 12941. https：//doi. org/10. 1073/pnas. 1300018110.

［144］Greenstone, M., & Gayer, T. (2009). Quasi – experimental and experimental approaches to environmental economics. Journal of Environmental Economics and Management, 57 (1), 21 –44. https：//doi. org/10. 1016/j. jeem. 2008. 02. 004.

［145］Zhang, Q., Yu, Z., & Kong, D. (2019). The real effect of legal institutions: Environmental courts and firm environmental protection expenditure. Journal of Environmental Economics and Management, 98, 102254. https：//doi. org/10. 1016/j. jeem. 2019. 102254.

［146］Tu, M., Zhang, B., Xu, J., & Lu, F. (2020). Mass media, information and demand for environmental quality: Evidence from the "Under the Dome". Journal of Development Economics, 143, 102402. https：//doi. org/10. 1016/j. jdeveco. 2019. 102402.

［147］Barwick, P. J., Li, S., Liguo, L., & Zou, E. (2019). From Fog to Smog: The Value of Pollution Information. SSRN Electronic Journal. https：//doi. org/10. 2139/ssrn. 3441954.

［148］He, G., Wang, S., & Zhang, B. (2020). Watering Down Environmental Regulation in China. The Quarterly Journal of Economics, qjaa024. https：//doi. org/10. 1093/qje/qjaa024.

［149］Kahn, M. E., Li, P., & Zhao, D. (2015). Water Pollution Progress at Borders: The Role of Changes in China's Political Promotion Incentives. American Economic Journal: Economic Policy, 7 (4), 223 –242. https：//doi. org/10. 1257/pol. 20130367.

[150] Cicala, S. (2017). Imperfect Markets versus Imperfect Regulation in U. S. Electricity Generation. National Bureau of Economic Research Working Paper Series, Article w23053. https：//www. nber. org/papers/w23053.

[151] 沈坤荣, 周力. 地方政府竞争、垂直型环境规制与污染回流效应 [J]. 经济研究, 2020, 55 (3)：35—49.

[152] 邓慧慧, 杨露鑫. 雾霾治理、地方竞争与工业绿色转型 [J]. 中国工业经济, 2019, (10)：118—136.

[153] 郭峰, 石庆玲. 官员更替、合谋震慑与空气质量的临时性改善 [J]. 经济研究, 2017, 52 (7)：155—168.

[154] 黄溶冰, 赵谦, 王丽艳. 自然资源资产离任审计与空气污染防治："和谐锦标赛"还是"环保资格赛" [J]. 中国工业经济, 2019, (10)：23—41.

[155] 黄寿峰. 财政分权对中国雾霾影响的研究 [J]. 世界经济, 2017, 40 (2)：127—152.

[156] 王芳, 曹一鸣, 陈硕. 反思环境库兹涅茨曲线假说 [J]. 经济学（季刊）, 2019, 19 (1)：81—100.

[157] 陈诗一, 陈登科. 雾霾污染、政府治理与经济高质量发展 [J]. 经济研究, 2018, 53 (2)：20—34.

[158] 李明, 张亦然. 空气污染的移民效应——基于来华留学生高校—城市选择的研究 [J]. 经济研究, 2019, 54 (6)：168—182.

[159] 孙伟增, 张晓楠, 郑思齐. 空气污染与劳动力的空间流动——基于流动人口就业选址行为的研究 [J]. 经济研究, 2019, 54 (11)：102—117.

[160] 张海峰, 林细细, 梁若冰等. 城市生态文明建设与新一代劳动力流动——劳动力资源竞争的新视角 [J]. 中国工业经济, 2019, (4)：81—97.

[161] 李维安, 张耀伟, 郑敏娜等. 中国上市公司绿色治理及其评价研究 [J]. 管理世界, 2019, 35 (5)：126—133 + 160.

[162] 李哲. "多言寡行"的环境披露模式是否会被信息使用者摒弃 [J]. 世界经济, 2018, 41 (12)：167—188.

[163] 刘锡良, 文书洋. 中国的金融机构应当承担环境责任吗？——基本事实、理论模型与实证检验 [J]. 经济研究, 2019, 54 (3)：38—54.

[164] 潘爱玲, 刘昕, 邱金龙等. 媒体压力下的绿色并购能否促使重污染企业实现实质性转型 [J]. 中国工业经济, 2019, (2)：174—192.

[165] 吴红军, 刘启仁, 吴世农. 公司环保信息披露与融资约束 [J]. 世界经济, 2017, 40 (5)：124—147.

[166] 沈坤荣, 金刚, 方娴. 环境规制引起了污染就近转移吗？ [J]. 经济研究, 2017, 52 (5)：44—59.

[167] 范庆泉. 环境规制、收入分配失衡与政府补偿机制 [J]. 经济研究, 2018, 53 (5)：14—27.

[168] 范庆泉, 张同斌. 中国经济增长路径上的环境规制政策与污染治理机制研究 [J]. 世界经济, 2018, 41 (8)：171—192.

[169] 范子英, 赵仁杰. 法治强化能够促进污染治理吗？——来自环保法庭设立

的证据 [J]. 经济研究, 2019, 54 (3): 21—37.

[170] 李虹, 邹庆. 环境规制、资源禀赋与城市产业转型研究——基于资源型城市与非资源型城市的对比分析 [J]. 经济研究, 2018, 53 (11): 182—198.

[171] 刘悦, 周默涵. 环境规制是否会妨碍企业竞争力: 基于异质性企业的理论分析 [J]. 世界经济, 2018, 41 (4): 150—167.

[172] 齐绍洲, 林屾, 崔静波. 环境权益交易市场能否诱发绿色创新? ——基于我国上市公司绿色专利数据的证据 [J]. 经济研究, 2018, 53 (12): 129—143.

[173] 盛丹, 李蕾蕾. 地区环境立法是否会促进企业出口 [J]. 世界经济, 2018, 41 (11): 145—168.

[174] 盛丹, 张国峰. 两控区环境管制与企业全要素生产率增长 [J]. 管理世界, 2019, 35 (2): 24—42+198.

[175] 石光, 周黎安, 郑世林等. 环境补贴与污染治理——基于电力行业的实证研究 [J]. 经济学 (季刊), 2016, 15 (4): 1439—1462.

[176] 宋弘, 孙雅洁, 陈登科. 政府空气污染治理效应评估——来自中国"低碳城市"建设的经验研究 [J]. 管理世界, 2019, 35 (6): 95—108+195.

[177] 王林辉, 王辉, 董直庆. 经济增长和环境质量相容性政策条件——环境技术进步方向视角下的政策偏向效应检验 [J]. 管理世界, 2020, 36 (3): 39—60.

[178] 王勇, 李雅楠, 俞海. 环境规制影响加总生产率的机制和效应分析 [J]. 世界经济, 2019, 42 (2): 97—121.

[179] 俞雅乖, 刘玲燕. 我国城市环境绩效及其影响因素分析 [J]. 管理世界, 2016, (11): 176—177.

[180] 张琦, 郑瑶, 孔东民. 地区环境治理压力、高管经历与企业环保投资——一项基于《环境空气质量标准 (2012)》的准自然实验 [J]. 经济研究, 2019, 54 (6): 183—198.

产业监管（市场管制）的最新理论进展

王俊豪　王　岭　甄艺凯　裘　丽　张肇中　张　雷[*]

一　学科概述

"管制"是英文 Regulation 的翻译，通常被译为"管制"或者"监管"。在学术界较多地使用"管制"或"规制"。而在实际部门，习惯使用"监管"。

虽然许多国家对特定产业或领域实行政府管制具有悠久的历史（如我国早在古代就对盐业实行管制），并发表了不少有关价格管制、投资管制、进入管制、对食品与药品的管制以及环境管制等方面的论著，但这些论著各自在较小的领域就特定对象进行研究，缺乏相互联系，而且运用经济学原理研究政府管制的论著并不多见。到了20世纪70年代末，经济发达国家的一些学者开始重视从经济学角度研究政府管制问题，并试图将已有的研究成果加以系统化，从而初步形成了政府管制经济学。20世纪80年代以来，美国、英国等经济发达国家对一些垄断性产业的政府管制体制进行了重大改革，并加强了对环境保护、产品质量与安全、卫生健康方面的管制。这些都为政府管制经济理论的研究提供了大量丰富的实证资料，从而推动了政府管制经济学的发展。

政府监管是中国在建立与完善社会主义市场经济体制过程中需要不断加强的一个政府职能。传统经济理论认为，自然垄断产业、公用事业等基础产业是市场失灵的领域，市场竞争机制不能发挥作用，主张直接由国有企业实行垄断经营，以解决市场失灵问题。在实践中，长期以来中国对这些基础产业实行政府直接经营的管理体制。但是新的经济理论与实践证明，国有企业垄断经营必然导致低效率，并强调在这些产业发挥竞争机制的积极作用。因此，从20世纪90年代以来，中国像世界上许多国家一样，对这些产业逐步实行两大改革：一是引进并强化竞争机制，实现有效竞争；二是积极推行民营化，一定数量的民营企业成为这些产业的经营主体，在这些产业形成混合所有制的经营主体，以适应市场经济体制的需要。这样，政府就不能用过去管理垄断性国有企业的方式去管理具有一定竞争性的混合所有制企业或民营企业，而必须实行政府职能转变，建立新的政府监管体制，对这些产业实行有效监管。同时，中国在经济发展的基础上日益强调对环境保护、卫生健康和工作场所安全等方面的监管。这些都使政府监管职能具有

---

[*] 王俊豪，浙江财经大学原校长；王岭，浙江财经大学中国政府管制研究院副院长，副研究员；甄艺凯，浙江财经大学中国政府管制研究院副研究员；裘丽，浙江财经大学中国政府管制研究院副研究员；张肇中，浙江财经大学中国政府管制研究院助理研究员；张雷，浙江财经大学中国政府管制研究院助理研究员。

不断强化的趋势。为此，党的十六大就已经明确提出政府的四大基本职能是经济调节、市场监管、社会管理和公共服务，首次把市场监管作为一个重要的政府职能。其中，经济调节、社会管理和公共服务是政府的传统基本职能，而市场监管则是适应建立与完善社会主义市场经济体制需要而产生的一个重要的新的政府职能。

有效的政府监管不仅是应对市场失灵的政府政策选择，而且是推进市场化改革的重要保证，是确保实现社会福利最大化的重要政策基础。就现实需要看，从20世纪80年代以来，中国先后在航空运输、电信、电力、城市供水和供气等公用事业领域不同程度地进行了体制改革，而且这种改革还需要不断深化，迫切需要在管制经济学的理论指导下建立高效率的管制体制，以取得较为理想的改革效果，实现有效管制。同时，近年来中国越来越强调对以环境污染、卫生健康、工作场所安全为核心内容的社会性管制，要求加强理论研究，为政府制定与实施相关管制政策提供政策思路与实证资料。

党的十八大以来，中国政府十分重视政府监管的政策完善与制度创新，并将其作为维护市场公平竞争、激发市场竞争活力、改善生态环境以及推进国家治理体系和治理能力现代化的重要工具。新时代中国特色政府监管实现了监管方向、监管机构、监管内容以及监督体系的重大创新，对深化中国政治经济体制改革，适应中国经济高质量发展的新形势具有重要的推动作用。为了顺应国内外政府监管新形势，推进中国政府监管体制改革，2017年8月17日中国政府出台了《"十三五"市场监管规划》，将坚持依法依规监管、坚持简约监管、坚持审慎监管、坚持综合监管、坚持智慧监管和坚持协同监管作为中国政府监管转型的基本方向。为了解决长期以来中国政府监管机构设置与职能配置中的系列问题，党的十九届三中全会通过了《中共中央关于深化党和国家机构改革的决定》，根本目的是转变政府职能，推进放管服改革。本轮机构改革整合了政府监管领域的部门职能，实现了由分块专业化监管机构到大部制综合型监管机构的变迁，推动了政府监管机构的规范化、系统化和高效化。

市场监管的研究范围较广，但可以归纳为对自然垄断性行业或环节的价格监管、质量监管、进入监管、退出监管，环境管制、食品和药品安全管制以及工作场所安全管制，以及信息不对称性的金融监管和互联网、大数据、区块链等新经济监管等内容。随着中国"放管服"改革的持续推进，优化中国特色政府监管制度体系，由事前监管转向事中、事后监管，形成大部制下的监管机构，建立属地化与垂直管理相结合的监管体制，将成为中国政府监管的重要研究内容。

二 学科理论前沿发展

（一）构建"四位一体"的政府监管理论体系

政府监管是市场经济体制下不断增强的一个重要政府职能，现行政府监管体系存在不少体制机制上的突出问题，不能适应当前国家治理体系与治理能力现代化的客观需要。王俊豪等（2016）指出政府监管体系创新的基本目标是建立一个以"监管有据、运行高效、公开透明、激励有效"为特征的现代政府监管体系，为实现政府有效监管提供制度基础。监管有据是指，遵照依法治国的精神，依据法律法规进行监管；运行高效是指，监管组织机构设置合理，责权利明确，实现高效运行；公开透明是指，监管信息与组织机构运行机制公开透明，为社会监督提供充分的信息；激励有效是指，建立科学的绩效评价体系，根据监管绩效对监管机构形成奖励与问责机制。

为此，现代政府监管体系的整体框架应由监管的法规政策体系、政府监管机构体系、监管监督体系和监管绩效评价体系这四大要素构成。其中，监管法规政策体系是管制机构运行的依据，政府监管机构体系是监管法规政策的执行主体，监管监督体系是管制机构有效运行的保障，监管绩效评价体系是提高监管科学性的重要手段。它们有机联系、相互协调，形成一个系统的监管体制，以提高监管的有效性。如图1所示。

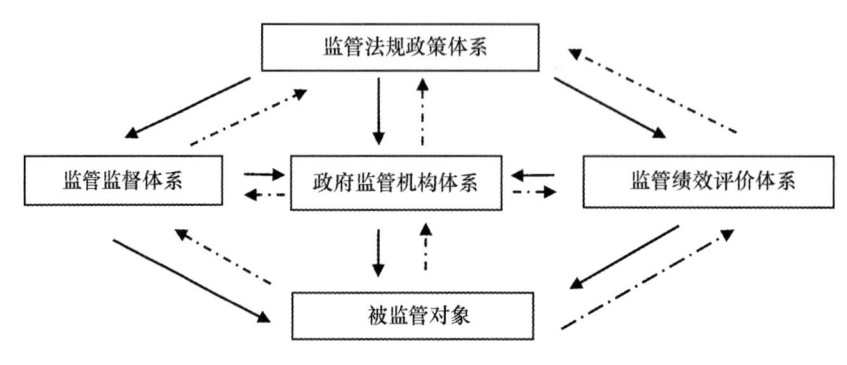

图1 "四位一体"的政府监管理论体系整体框架

总体而言，图1的结构可以分为上、中、下三个部分，图中的实线表示直接的制约关系，虚线表示间接的反馈关系。首先，图中最上方代表的是法规政策体系与监管监督体系、政府监管机构体系、监管绩效评价体系的关系。从具体关系看，法规政策体系对监管监督体系、政府监管机构体系和监管绩效评价体系均有直接制约作用，反过来，这三个体系对法规政策体系有间接反馈作用，促进法规政策体系的完善。其次，图1的中间部分展示了监管监督体系、政府监管机构体系和监管绩效评价体系的关系。其中，监管监督体系是对监管机构行为的监督，对监管机构体系有直接的约束作用；监管绩效评价体系是对监管机构效率和效果的评价，是评价方对监管机构的考核，目的是约束监管机构，防止监管失灵。同时，监管机构体系对监督评价体系和监管绩效评价体系有一定的反馈作用，有助于相互适应、不断完善。最后，图1的下半部分反映的是监管监督体系、监管机构体系和监管绩效评价体系与被监管城市公用企业的关系。虽然被监管企业不是中国城市公用事业现代监管体系整体框架的组成部分，但与监管体系的要素联系密切。例如，监管机构体系是监管的执行主体，而被监管公用企业是监管机构的监管对象，两者之间也存在制约与反馈的关系，监管监督体系和监管绩效评价体系同样与被监管石油企业密切相关。同时，被监管公用企业在实际生产经营过程中可能会面临一些新问题，政府针对新问题的监管往往有一定的滞后性，被监管公用企业对监管体系各要素的信息反馈就能促进政府监管的针对性和有效性。

（二）市场监管发展导向

党的十九大以来，围绕中国市场监管领域的痛点和难点问题，实现了监管方向、监管机构、监管内容以及监督体系的重大创新，对深化中国政治经济体制改革，适应中国经济高质量发展的新形势具有重要的推动作用。

1. 明确了政府监管的转型方向

为顺应国内外政府监管新形势、推进中国政府监管体制改革,《"十三五"市场监管规划》将坚持依法依规监管、坚持简约监管、坚持审慎监管、坚持综合监管、坚持智慧监管和坚持协同监管作为中国政府监管转型的基本方向。具体而言：①运用法治思维和法治方式履行市场监管职责,通过负面清单制度明确"法无禁止即可为",通过规范的制度体系推进政府监管的法制化进程。②将激发市场活力和创造力作为市场监管的重要改革方向。③对新技术、新产业、新业态、新模式建立包容创新的审慎监管制度。④推进市场监管领域综合执法,建立综合监管体系,健全跨部门、跨区域的执法联动响应与协作机制。⑤改变烦苛监管方式,推动智慧监管模式。⑥充分发挥信用体系的约束作用,建立行业组织、消费者组织、社会舆论以及公众"四位一体"的社会共治体系。

2. 优化了政府监管的机构体系

为解决长期以来中国政府监管机构设置与职能配置中的系列问题,党的十九届三中全会通过了《中共中央关于深化党和国家机构改革的决定》,根本目的是转变政府职能,推进放管服改革。本轮机构改革整合了政府监管领域的部门职能,实现了由分块专业化监管机构到大部制综合型监管机构的变迁,推动了政府监管机构的规范化、系统化和高效化。新一轮中国政府监管机构改革是以"整合"部门职能、降低部门之间职能交叉为基本导向,这在较大程度上实现了专业化和分工的有机结合,从而降低了监管部门之间的交易成本,在理顺政府监管部门职能、提升政府监管部门效能等方面将会发挥重要作用。新一轮中国政府监管机构改革将为国际社会政府监管机构改革提供重要参考。

3. 创新了政府监管的内容体系

《"十三五"市场监管规划》进一步明确了新时代中国政府监管内容体系的基本内涵。具体包括：监管重点由经济性监管转为社会性监管；监管方法由正面清单制度转向负面清单制度；监管方式由歧视性监管转为公平竞争监管；监管流程由以事前审批为主向以事中事后监管为主转变；监管手段由传统监管转向智慧监管。运用大数据等推动监管创新,依托互联网、大数据技术,打造市场监管大数据平台,推动"互联网+监管",提高市场监管智能化水平。

4. 完善了政府监管的监督体系

新时代政府监管监督体系的主要特征表现在：①创新了横纵向两个维度的监督机制,形成了常态化的"强化自上而下的组织监督,改进自下而上的民主监督,发挥同级相互监督作用"的新型监督机制。②建立了富有中国特色的政治巡视制度,营造出风清气正的政治生态,构建了不敢腐、不能腐、不想腐的长效机制。③推进了国家监察体制改革,实现了监察工作的体制机制创新。④形成了党内监督、国家机关监督、民主监督、司法监督、群众监督、舆论监督的多元政府监管监督体系。⑤强化了行政执法机关的事中事后监督。由此可见,推动国家监察体制改革,有效发挥党内监督作用,建立多部门、多主体的多元监督体系,是中国有别于其他国家的典型特征,体现了政府监管监督体系的中国特色,在较大程度上完善和发展了中国政府监管的监督体系。

三 学科研究方法进展

（一）应用政策评估方法实证检验监管政策有效性

为了推进国家治理体系和治理能力现代化，各级政府相继出台了一系列市场监管政策，这为研究中国市场监管问题提供了天然的准自然试验，为此，激发了国内学者应用经典政策评估工具对相关市场监管政策有效性和影响效应进行评估。

双重差分、断点回归、合成控制、倾向得分匹配是进行政策评估的主要方法，近年来国内学者对市场监管政策有效性进行评估主要应用双重差分法，主要应用在环境监管政策评估上。其中，许东彦等（2020）采用双重差分法探讨中国环境信息监管政策对企业绩效的影响。史贝贝等（2017）以"两控区"政策为准自然实验，使用双重差分法来评估环境监管对城市经济增长的影响。张彩云和吕越（2019）运用双重差分法实证研究了绿色生产监管对企业研发创新的影响及机制。邹国伟和周振江（2018）运用双重差分法评估了"两控区"政策对企业绩效的影响。陈俊营等（2019）运用双重差分模型分析了降低准入监管能否促进经济增长问题。盛丹和刘灿雷（2016）以国资委成立这一准自然试验，运用双重差分模型分析了外部监管对国企经营绩效与改制成效的影响问题。

（二）应用综合评价分析工具评价市场监管绩效

由于监管绩效是伴随着行业成长和企业发展的，很难有效地衡量监管绩效，为此，学术界往往选择产业发展绩效来衡量监管绩效。同时，由于衡量行业监管绩效存在一系列的难度，加之政府监管领域可公开的数据有限，目前国内学者较少选择市场监管绩效这一研究主题，以及运用计量经济分析工具或统计分析方法分析特定问题的监管绩效。在仅有的研究成果中，王冀宁等（2018）借助网络层次分析—模糊综合评价模型，实证分析了我国食品安全的政府监管绩效状况及其症结。李长健等（2017）引入BSC（平衡计分卡）分析工具，对大部制实施后的食品安全监管进行绩效评价。苏为华等（2015）从指标体系的构建、评价方法的选取以及评价角度三个方面对我国城市公用事业政府监管绩效评价的研究现状进行回顾，总结现阶段的研究特点，并针对现存问题提出相应的建议。

四 学科重大现实问题研究

（一）城市公用事业政府监管问题

城市公用事业政府监管是传统政府监管的重要领域。2015年以来，学术界重点围绕城市公用事业政府监管体系、城市公用事业PPP监管、特定行业政府监管专题等问题展开研究。

1. 城市公用事业政府监管体系研究

关于城市公用事业政府监管体系问题的研究，王俊豪等（2016）从完善城市公用事业政府监管法规政策体系、重构城市公用事业政府监管机构体系、构建城市公用事业政府监管多元监督体系、探索城市公用事业政府监管绩效评价基本框架四个维度建立了中国城市公用事业政府监管体系。刘佳丽和谢地（2016）指出按照政府监管与市场竞争互补融合的理念，重塑我国城市公用事业政府监管体系。谢地和孔晓（2015）认为城市公用事业是政府监管的传统领域，其发展水平与政府监管理念、监管质量密切相关，亟须通过政府监管改革激活市场主体活力，释放城市公用事业发展潜力，以支撑城市化更好更快地发展。城市公用事业监管改革涉及监管机制、监管体制和监管制度等几个方面，应该有机结合，协调推进。

2. 城市公用事业特许经营与 PPP 政府监管研究

关于城市公用事业问题特许经营与 PPP 政府监管问题的研究，成为中国快速推进城市公用事业市场化改革与探索 PPP 之路过程中的一个热点问题。其中，王俊豪等（2017）在分析中国城市公用事业 PPP 现行监管制度缺陷的基础上，提出应建立"监管法规政策完善、监管机构执行有力、监管绩效评价科学"的现代监管体系。其基本实现途径是完善城市公用事业 PPP 监管法规政策体系，依据法规政策监管，实现监管有据；重构城市公用事业 PPP 监管机构体系，合理配置监管职权，实现运行高效；构建城市公用事业 PPP 监管评价体系，根据监管绩效进行奖励或问责，实现激励有效。付金存和龚军娇（2016）指出 PPP 视域下城市公用事业的市场准入规制政策可从城市公用事业模块分割与结构重组，关键设施运营、维护标准体系建设，公用设施产能分类整合，私方合作者多元选择机制探索，基于项目特征的 PPP 模式匹配机制，市场准入竞争机制分类设计六个方面展开。王岭（2018）针对城市公用事业特许经营权竞标的监管问题，建立了竞标管制、协议管制、运行管制、退出管制"四位一体"的城市公用事业特许经营的监管政策体系。付金存和任建辉（2017）指出应完善城市公用产品质量监管的制度保障体系，建立城市公用产品质量与服务质量适度区分的标准体系，协调质量监管与其他监管政策的关系，优化不同业务环节的质量监管政策，强化质量监控与考核评估机制，健全质量信息披露机制，构建公私合作制下城市公用产品质量监管的政策体系。

3. 重点城市公用行业政府监管研究

近年来，学术界关于重点城市公用行业的研究主要集中在城市水务和城市公交两个行业。其中，唐要家（2017）对城市水务行业监管的制度有效性及其治理体系进行研究，认为实现良好的城市水务监管需要超越单一维度的强行政管理模式，从制度系统性和动态演化的视角来构建作为制度性回应的监管制度。静态来看，政府监管制度不仅需要由具有内在协调性的制度要素构成，同时还需要保持与相关制度的契合与协调。动态来看，监管制度和监管政策必须与整个城市水务行业体制变迁相适应，以保持动态的高匹配度。李云雁和周思娇（2017）指出中国污水处理公私合作改革的产权模式由放开产权向转让经营权转变；融资模式由间接融资向直接融资转变，运营模式由厂网分离向厂网一体转变；竞争模式由分散竞争向垄断竞争转变；价格模式由使用者付费向政府购买服务转变。为保障公众利益，在污水处理公私合作改革过程中，必须建立健全公私合作监管机构、加强过程监管，同时规范公私合作协议，强化合同管理。王岭（2017）从完善城市水务 PPP 项目的法律法规制度体系、健全竞标监管机构设置与优化权责配置、促进城市水务 PPP 项目的招标、投标以及评标监管等方面，提出完善城市水务 PPP 项目特许经营权竞标的监管机制。此外，和军和任晓聪（2016）对我国公交行业 PPP 问题进行分析，指出我国公交公私合作经历改革多以逆民营化收场，形成国有低效与民营乱象的两难困境。分析发现,并非城市公用事业不需要或不能进行公私合作,而是进行有效的公私合作需要一定的制度条件与监管措施,其中法律规范、市场机制及公共管理能力等都是影响其成效的关键因素。

(二) 能源监管理论与政策问题

建立适合我国国情的现代能源监管体系是能源监管领域的重大现实问题。为此,国内学者们围绕此问题从能源监管立法、监管机构与监督、监管绩效评价等方面进行了研究。

1. 能源监管立法问题研究

学术界主要从能源监管立法导向、法规政策体系构建以及建设途径等方面进行研究。其中,王明远等(2020)以"能源正义"理论为基础分析了我国电力立法导向,认为我国电力立法须公正分配电力改革的利益与负担,保障不同社会群体的基本能源权利,创造公民平等参与能源决策的程序,才能有利于在市场经济发展过程中保证能源产业创造的社会福利普遍化。黄锡生等(2019)也研究了我国电力立法改革,认为我国现行的《电力法》确立的电力市场属于第二阶段的购买代理模式,而新一轮电力体制改革使我国的电力市场迈入第三阶段的批发竞争模式。唯有对《电力法》进行修改,才能契合"重大改革于法有据"的法治要求。王俊豪等(2018)同样指出当前能源立法相对于能源监管改革存在滞后的问题,并指出现代能源监管体系的高效率运行,首先需要有一个较为完善的能源监管法规政策体系。张忠民(2018)分析了能源监管生态目标维度的立法问题,认为能源监管的生态目标与经济目标和安全目标同样重要,而立法现状未能满足生态目标,导致法律表达的不完整与不和谐,应从能源法的制定、《电力法》的修改等方面妥帖地予以表达。李艳芳等(2015)同样研究了能源立法生态目标的问题,认为中国关于二氧化碳排放规制的立法途径不应纳入《大气污染防治法》,而应当制定专门法律。

2. 能源监管机构与监督问题研究

王俊豪等(2018)研究了高效的能源监管机构设置以及多元化的监管监督机制设计问题,认为中国能源监管机构和职能配置优化要和能源市场化改革协调推进、加强事中事后监管、优化能源监管职能的纵向配置,以利于提高监管效率。能源监管监督要实现克服政府监管失灵和提高监管效率两个目标,形成含立法、行政、司法和社会监督"四位一体"的系统结构。韩健等(2018)分析了能源领域"放管服"改革问题,认为应建立健全能源监管机构权力运行机制,行权"规范"。金碚(2019)、高小平(2019)也认为现行的能源监管机构需要优化,同时须加强监管监督机制建设。

3. 能源监管绩效评价问题

国内对能源监管绩效评价的研究尚处在起步阶段。王俊豪等(2018)对我国能源监管绩效评价以及应用进行了研究,通过明确能源监管绩效评价的主体、客体、评价内容以及评价方法,形成我国能源监管绩效评价框架,构建了三级监管绩效评价指标体系,并运用基于马氏距离的 TOPSIS 法和双重差分模型对我国能源监管绩效进行实证研究,证明自 2003 年以来我国能源监管绩效呈上升趋势。其他行业监管绩效评价也能为能源行业提供借鉴。如李长健等(2017)运用平衡计分卡的绩效分析(Balanced Score Card,BSC)方法对我国食品安全监管绩效分析进行了分析;张国建等(2019)运用公共政策评估的方法对我国扶贫改革试验区的政策有效性进行了评估。这对能源监管绩效评价方法的选取具有直接的启发性。

(三) 食品与公共卫生安全管制问题

近年来，由于食品药品安全现实问题层出不穷，食药安全监管依然是我国政府、消费者以及学术界关注的热点之一。其中，食品药品领域的监管体制改革、监管政策手段的实施等问题备受关注。此外，新的监管视角、社会共治、新的监管现实问题、网络平台食品安全监管、新的研究视角和工具、针对监管中多元主体的仿真模拟等问题成为近五年来食品药品安全监管研究的前沿和关注点。

1. 食品药品安全国家战略与监管体制研究

食品安全治理的全国战略与监管体制是食品药品安全监管政策执行的基础，在总结监管现实经验和回顾已有相关研究的基础上，一些学者试图提出食品药品安全国家战略的新架构。其中，胡颖廉（2016）提出实施基础治理设施建设、监管体制改革、产业健康发展、食品安全保障水平提升四项行动方案。刘鹏等（2018）就综合吸纳专业模式下如何推进食药监管体制改革进行了探讨。胡颖廉（2018）则针对我国特有的"属地整合"式的监管体制建设中剩余监管权的优化问题进行了分析。

2. 食品要求安全监管手段研究

2015年新《食品安全法》加大了对违法行为的惩处力度，针对如何优化惩处造假企业的执法效果这一问题，刘瑞明等（2017）提出针对企业的"短视认知偏差"，通过设置"黑名单"和"累犯重罚"制度，重点监控"领队企业"以有效"锁定"企业的造假动机。费威（2019）则对废弃食品回收处理的政府惩罚机制进行了规制分析。

当前，社会共治已经被普遍认为是在政府直接监管以外优化食品药品安全治理水平的重要补充手段（胡颖廉，2016）。一些文献论述了多元主体在社会共治中的角色和重要性（邵明波和胡志平，2016）。周开国等（2016）指出，建立媒体、资本市场与政府共同监督、协同治理的长效机制是食品安全监督的有效模式。牛亮云和吴林海（2017）通过国际比较研究，提出了创新我国公众参与食品安全监管的路径。行业协会已是食品药品安全社会共治中的重要力量，鲁篱和马力路遥（2017）提出借助法律强制力，明确和细化行业协会权利与义务，使之自"幕后"移至"台前"。谢康等（2017）则基于案例研究证明了政府权威介入下食品安全社会共治的自组织亦可以取得成功。此外，一些文献则对食药监管中各主体参与社会共治作用的发挥及其影响因素展开了实证研究（周洁红等，2016；王志刚等，2020）。

3. 食品药品安全监管多主体互动仿真模拟研究工具应用

近年来，随着仿真模拟工具的逐渐广泛应用，涌现了一批探索食药监管中多元主体策略互动的新成果。谢康等（2016）通过仿真模拟提出食品安全治理的"监管有界性"假说，并在此基础上提出监管制度应从单纯增加监管总量转变为结构动态优化的"监管平衡"制度安排。王晓莉等（2016）采用仿真设计分析政府不同监管策略下各主体的行为是否体现全景敞视主义的规训效应。谢康等（2017）则通过构建多主体的两期博弈模型和仿真模拟探索了监管困局存在的原因，并据此提出了有针对性的制度安排。王冀宁等（2019）借助演化博弈理论和系统仿真对食品掺假行为及其监管的空间演化状态进行了深度剖析。

4. 网络平台的食品要求安全监管问题研究

随着网购和网上订餐的迅速发展,我国政府近年来出台多项法规加强网络平台食药安全监管,该领域也成为近年学术界关注的新热点。刘鹏和李文韬(2018)提出通过智慧监管理论破解网络订餐食品安全监管难题。王可山等(2018)则在划分供应链各环节的前提下对网购食品质量安全关键的控制点进行了分析。朱立龙和荣俊美(2020)对"互联网+医疗健康"背景下考虑患者反馈机制的药品质量监管策略进行了研究,并提出了完善药品质量监管机制的对策与建议。

(四) 环境监管政策有效性问题

随着国际社会对环境问题的日益重视以及中国经济战略转型的客观要求,近年来中国出台了一系列环境监管政策,旨在治理环境污染,这为学术界研究环境监管问题提供了准自然试验。其中,两控区政策、碳排放权与排污权交易政策、环境监管体制评估问题成为近年来国内学者关注的焦点问题。

1. 两控区环境监管政策有效性评估

近年来,国内学者主要从产品转换与产品质量、全要素生产率、就业、出口强度、出口产品产业升级、经济增长等方面对两控区环境监管政策的有效性进行研究。其中,韩超和桑瑞聪(2018)对两控区环境监管政策的企业产品转换与产品质量影响效应进行研究,认为两控区政策在整体上显著提升了出口企业的产品转换率。对于存续时间长、规模较大和高生产率企业来说,两控区环境监管政策对产品转换的影响较小;考虑外在所有制差异后发现,国有资本越高的企业对两控区政策越不敏感,其产品转换率显著越低。盛丹和张国峰(2019)考察了两控区环境管制对企业全要素生产率的影响,并定量识别了其主导作用机制。研究发现:两控区政策通过提升生产成本阻碍了生产率提高;两控区政策淘汰了效率较低的高污染企业从而提升区内平均生产率水平;两控区政策对生产率提高的阻碍作用占主导地位,但忽略淘汰机制会高估生产成本机制的作用;两控区政策对生产率的作用在高研发密集度与高污染行业、政策执行力较强和经济发展较快的地区更显著,地区集聚经济则有助于缓解该政策的生产率负效应。李斌等(2019)对两控区环境监管政策的就业效应进行分析,结果表明环境规制在酸雨控制区主要表现为对就业的促进,而在二氧化硫控制区则主要表现为对就业的挤出。闫文娟和郭树龙(2018)对两控区环境监管政策的出口强度效应进行分析,指出两控区政策对高污染行业的出口强度没有显著影响,但抑制了高排硫行业的出口强度并存在滞后效应。盛丹和张慧玲(2017)分析了两控区环境监管政策对出口产品产业升级的影响,指出两控区政策对我国出口产品质量的提高产生了显著的正向作用,同时两控区的政策效应具有明显的行业、地区和产品差异,对污染和研发密集度高、国企比重高的行业产生了负向作用,对东部地区和差异化产品部门产品质量升级产生正向影响。吴明琴等(2016)分析了两控区环境监管政策与经济增长关系,结果表明:在实施"两控区"政策后,相比非"两控区"城市而言,"两控区"城市的人均 GDP 增加了 8.3%,人均工业 GDP 增加了 16.8%。

2. 碳排放权与排污权交易的监管政策有效性评估

傅京燕和程芳芳(2020)指出排污权交易显著降低了二氧化硫排放量,且对经济增长数量和经济增长质量均表现出显著的促进作用,实现了经济和环境的双赢。齐红倩和陈苗（2020）的研究表明排污权有偿使用与交易制度的实施显著降低了中国工业二氧化硫和工业废水排放量，排污权有偿使用与交易制度对工业二氧化硫存在持续的减排作用，但对工业废水的减排作用仅表现在制度实施初期。胡珺等（2020）指出碳排放权交易机制的实施显著推动了企业的技术创新，且当碳市场的流动性程度越高，该市场激励型环境规制对企业技术创新的推动作用更加明显。但企业成本转嫁能力会在一定程度上削弱该环境规制的积极影响，当企业所承受的产品市场竞争程度更低、企业对客户和供应商的议价能力更高时，碳排放权交易机制对企业技术创新的推动作用相对降低。刘传明等（2019）指出碳排放权交易试点的实施降低了二氧化碳排放，但各试点省份经济发展、产业结构等方面差异导致其对二氧化碳排放降低效应存在异质性。任胜钢等（2019）的研究表明排污权交易试点地区的二氧化硫减排和经济增长显著高于非试点地区，排污权交易制度实现了经济与环境的"双赢"。沈洪涛和黄楠（2019）研究表明碳排放权交易正式启动后并没有影响企业的长期价值。李永友和文云飞（2016）指出中国在11个地区试点的排污权交易政策对工业二氧化硫排放强度产生了显著政策效应。

3. 环境监管体制有效性评估

相对于"两控区"环境监管政策以及碳排放权与排污权交易监管政策有效性问题，目前国内学术界还对"河长制"、垂直管理体制、中央环保督察等环境监管体制的有效性进行了评估。其中，金刚和沈坤荣（2018）全面考察地方政府环境规制执行互动对城市生产率增长的影响，指出地理相邻城市间同时存在逐底竞赛和竞相向上的非对称性环境规制执行互动，加剧了污染企业的空间自选择效应，使地理相邻城市间形成以邻为壑的生产率增长模式。沈坤荣和金刚（2018）研究发现河长制达到了初步的水污染治理效果，但河长制并未显著降低水中深度污染物。沈坤荣和周力（2020）对地方政府竞争、垂直型环境规制与污染回流效应进行分析，指出"污染回流效应"主要是由上下游地方政府竞争引致的，而以"国控点"环境监测制度为代表的垂直型环境规制可起到一定抑制作用。"污染回流效应"主要发生于内资企业而非外资企业。马本等（2018）指出城市环境监管相互"搭便车"尤为突出；经济竞争导致的城市间环境监管"竞次"，在同省经济相似城市间较为明显。王岭等（2019）对中央环保督察政策的空气污染治理效应进行研究，结果表明中央环保督察对空气污染具有显著的降低效应，但在城市空气质量、是否将PM2.5作为空气质量考核指标、"秦岭—淮河"一线南北两侧以及官员年龄等方面呈现出较强的异质性特征。

（五）数字经济市场监管问题

数字经济市场监管问题成为近年来中国包容审慎监管制度下的一个新的研究热点，目前学术界对该问题的研究刚刚起步，主要对数字经济是否需要监管、平台监管理论与政策、共享经济监管理论与政策问题进行研究。

1. 数字经济政府监管的必要性问题

数字经济的快速发展对监管理论产生了新的需要，新环境下构建监管理论的必要性便成为数字经济监管领域面临的首要理论问题。戚聿东等（2018）认为，新经济的运行在基础支撑、技术特征、组织结构、产业组织等方面都迥然有别于传统经济。在新经济的运行逻辑下，传统上基于垄断、信息不对称、外部性、公共产品、信息安全等因素而产生的政府监管需求发生了根本变化。为适应新经济的发展，政府监管改革势在必行。

2. 数字经济下平台监管问题研究

借助于数字通信技术，平台（双边市场、多边市场）能够实现供需双方的高效匹配，因而平台商业模式成为数字经济的重要组织形式。平台市场监管（管制）成为数字经济监管领域的重大理论与现实问题。针对产品平台市场，王勇等（2020）区分了三种不同的监管模式：政府直接对商家进行监管，平台对商家进行监管，政府和平台对商家进行联合监管。构造动态模理论模型并求解均衡结果发现，如果平台足够大，平台直接监管下的市场均衡商品质量将高于政府直接监管下商家所选择的质量。如果平台承担更大的连带责任，则协同监管下的商品质量高于上述任何两种单一监管模式。针对网约车服务平台市场，甄艺凯（2017）认为2016—2017年各地方城市出台的网约车管理办法中，对司机户口和车辆牌照所做的严格限制本质上是一种数量管制措施，目的在于降低网约车激增所带来的负外部性。但这种歧视性数量管制措施可能引发新的社会矛盾且面临管制过度的窘境。通过理论模型发现，新政下的数量管制措施可能造成更大的效率损失。并提出了替代性的数量上限管制策略以及更具操作性的价格管制策略，在达到限制负外部性的同时付出了更小的效率损失代价，更灵活且更公平。

3. 数字经济下共享经济监管问题研究

数字通信技术极大地降低了交易成本，闲置的资源得以跨时空高效配置，共享经济兴起。传统监管思路已很难适应新的监管需要，学者们围绕共享经济监管展开研究。陈元志（2016）将监管类型划分为谨慎监管、创新友好型监管、过渡型监管和强势监管，并将 Peter Van Gossum 等（2010）的谨慎型监管框架拓展为创新友好型的政策分析框架，将其用于分析共享经济的监管实践。蒋大兴和王首杰（2017）按照理念—原则—方法的分析思路，认为法律对共享经济的规制，应彰显鼓励创新的理念，贯彻激励性规制、创新规制、差异性规制和公共性规制原则，采取法律关系类型化的规制策略锁定规制点。赵菊等（2019）运用演化博弈的方法，基于共享单车的投放管理，研究了政府部门和共享单车运营的长期动态演化过程。考虑到共享单车作为准公共品，她们认为政府部门应积极发挥市场监管职能，引导运营商建立有效的市场规则。

五 学科发展展望

市场监管是中国特色社会主义发展过程中一项不断完善的重要的政府职能。中国经济进入新时代，一些传统市场监管体制难以有效适应新时代发展的客观需求，迫切需要建立与新时代中国特色社会主义相适应的新型政府监管理论体系。围绕中国政府监管改革的一系列政策，系统性、全面性、创新性地开展政府监管政策评估，对推进中国政府治理体系和治理能力现代化具有重要意义。随着中国互联网、5G、区块链、大数据等新经济、新业态的逐步出现并向纵深发展，传统监管理论已难以适应新经济发展的客观需求，建立包容审慎监管理念下的数字经济监管理论，对推进新经济发展具有重要的推动作用。在全球竞争中性的发展理念下，形成与竞争中性相适应的政府监管理念与运作方式，对进一步激发市场活力和创造力具有重要意义。

为此，当前以及未来一段时间内，进一步总结根植于发达国家、于20世纪90年代传播到中国的政府监管理论在当前以及未来一段时间内与中国经济社会发展的诸多不适应性，结合中国特色社会主义制度和中国经济社会发展阶段以及中国改革过程中的新问题、新思路、新观点，建立并完善与中国特色社会主义相适应的，包括完善的法律法规体系、健全的监管机构体系、多元的监管监督体系和综合的监管绩效评价体系在内的中国特色政府监管理论。同时，依托国际流行的政策评估工具，借助中国改革过程中的一系列政府监管政策试验，建立多重的监管政策有效性与监管政策影响效应的评价框架对中国政府监管政策进行评价，从而为中国政府监管政策优化与出台新政策提供理论支撑。此外，以包容审慎监管为理念，充分挖掘数字经济下政府监管的特殊性，借助经济学、公共管理、法学、社会学等多学科交叉融合，形成理论可行、实际可用的数字经济监管沙盒。最后，依托美国、欧盟、OECD等国家和国际组织的竞争中性原则与基本内涵，借助于中国竞争中性准则，建立与竞争中性相适应的现代竞争中性视域下的政府监管理论。这些问题将成为未来一段时间内中国产业监管中的理论与现实问题，国内研究市场监管领域的学者可以围绕上述热点、难点问题开展创新性的政府监管理论与政策研究。

参考文献

[1] 陈俊营，丁文丽，马宁辉. 降低准入管制就能促进经济增长吗？——全球放松准入管制政策改革绩效再评价［J］. 现代财经（天津财经大学学报），2019（1）：72—85.

[2] 陈元志. 面向共享经济的创新友好型监管研究［J］. 2016（8）：176—177.

[3] 费威. 废弃食品回收处理的政府惩罚规制分析［J］. 经济与管理评论，2019，35（1）：26—35.

[4] 付金存，龚军娇. 政府与社会资本合作视域下城市公用事业市场准入规制政策研究［J］. 中央财经大学学报，2016（4）：28—34.

[5] 付金存，任建辉. 公私合作制下城市公用产品质量规制的关键问题与政策设计［J］. 宏观质量研究，2017（12）：99—105.

[6] 傅京燕，程芳芳. 二氧化硫排污权交易对经济增长"量"和"质"的影响研究［J］. 暨南学报（哲学社会科学版），2020（6）：94—107.

[7] 高小平.《中国现代能源监管体系与监管政策研究》评介［J］. 中国行政管理，2019（1）：157.

[8] 韩超，桑瑞聪. 环境规制约束下的企业产品转换与产品质量提升［J］. 中国工业经济，2018（2）：43—62.

[9] 韩健，孙飞. 能源领域"放管服"改革：进展、问题与出路［J］. 理论探索，2018（1）：98—103.

[10] 和军，任晓聪. 城市公用事业公私合作、逆民营化困境与对策——以城市公交行业为例［J］. 城市发展研究，2016（8）：95—100.

[11] 胡珺，黄楠，沈洪涛. 市场激励型环境规制可以推动企业技术创新吗？——基于中国碳排放权交易机制的自然实验［J］. 金融研究，2020（1）：171—189.

[12] 胡颖廉. 剩余监管权的逻辑和困境——基于食品安全监管体制的分析［J］. 江海学刊，2018（2）：129—137.

[13] 胡颖廉. 食品安全理念与实践演进的中国策 [J]. 改革, 2016 (5): 25—40.

[14] 胡颖廉. 国家食品安全战略基本框架 [J]. 中国软科学, 2016 (9): 18—27.

[15] 黄锡生, 何江. 中国能源革命的法律表达: 以《电力法》修改为视角 [J]. 中国人口·资源与环境, 2019, 29 (1): 118—125.

[16] 蒋大兴, 王首杰. 共享经济的法律规制 [J]. 中国社会科学, 2017 (9): 141—162+208.

[17] 金碚.《中国现代能源监管体系与监管政策研究》评介 [J]. 中国工业经济, 2019 (1): 封3.

[18] 金刚, 沈坤荣. 以邻为壑还是以邻为伴?——环境规制执行互动与城市生产率增长 [J]. 管理世界, 2018 (12): 43—55.

[19] 李斌, 詹凯云, 胡志高. 环境规制与就业真的能实现"双重红利"吗?——基于我国"两控区"政策的实证研究 [J]. 产业经济研究, 2019 (1): 113—126.

[20] 李艳芳, 张忠利. 二氧化碳的法律定位及其排放规制立法路径选择 [J]. 社会科学研究, 2015 (2): 30—34.

[21] 李永友, 文云飞. 中国排污权交易政策有效性研究——基于自然实验的实证分析 [J]. 经济学家, 2016 (5): 19—28.

[22] 李云雁, 周思娇. 中国污水处理公私合作改革的国际经验、模式选择与监管政策 [J]. 浙江社会科学, 2017 (5): 36—42+156.

[23] 李长健, 段凌峰, 孙富博. 中国食品安全监管绩效分析——基于BSC分析路径 [J]. 江西社会科学, 2017 (5): 70—80.

[24] 刘传明, 孙喆, 张瑾. 中国碳排放权交易试点的碳减排政策效应研究 [J]. 中国人口·资源与环境, 2019 (11): 49—58.

[25] 刘佳丽, 谢地. PPP背景下我国城市公用事业市场化与政府监管面临的新课题 [J]. 经济学家, 2016 (9): 42—49.

[26] 刘鹏, 李文韬. 网络订餐食品安全监管: 基于智慧监管理论的视角 [J]. 华中师范大学学报 (人文社会科学版), 2018, 57 (1): 1—9.

[27] 刘鹏, 刘嘉, 李和平. 综合吸纳专业: 放管服背景下的食药安全监管体制改革逻辑 [J]. 华南师范大学学报 (社会科学版), 2018, 50 (6): 100—108.

[28] 刘瑞明, 段雨玮, 黄维乔. 中国转型期的食品安全治理——基于行为法经济学的分析 [J]. 中国工业经济, 2017 (1): 100—118.

[29] 鲁篱, 马力路遥. 食品安全治理行业自律失范的检视与改革进路 [J]. 财经科学, 2017 (3): 123—132.

[30] 马本, 郑新业, 张莉. 经济竞争、受益外溢与地方政府环境监管失灵——基于地级市高阶空间计量模型的效应评估 [J]. 世界经济文汇, 2018 (12): 27—48.

[31] 牛亮云, 吴林海. 食品安全监管的公众参与与社会共治 [J]. 甘肃社会科学, 2017 (6): 232—237.

[32] 戚聿东, 李颖. 新经济与规制改革 [J]. 中国工业经济, 2018 (3): 5—23.

[33] 齐红倩, 陈苗. 中国排污权交易制度实现污染减排和绿色发展了吗? [J].

西安交通大学学报（社会科学版），2020（3）：81—90.

［34］任胜钢，郑晶晶，刘东华，陈晓红．排污权交易机制是否提高了企业全要素生产率——来自中国上市公司的证据［J］．中国工业经济，2019（5）：5—23.

［35］邵明波，胡志平．食品安全治理如何有效：政府还是市场［J］．财经科学，2016（3）：103—112.

［36］沈洪涛，黄楠．碳排放权交易机制能提高企业价值吗［J］．财贸经济，2019（1）：144—161.

［37］沈坤荣，金刚．中国地方政府环境治理的政策效应——基于"河长制"演进的研究［J］．中国社会科学，2018（5）：92—115+206.

［38］沈坤荣，周力．地方政府竞争、垂直型环境规制与污染回流效应［J］．经济研究，2020（3）：35—49.

［39］盛丹，刘灿雷．外部监管能够改善国企经营绩效与改制成效吗？［J］．经济研究，2016（10）：97—111.

［40］盛丹，张国峰．两控区环境管制与企业全要素生产率增长［J］．管理世界，2019（2）：24—42+198.

［41］盛丹，张慧玲．环境管制与我国的出口产品质量升级——基于两控区政策的考察［J］．财贸经济，2017（8）：80—97.

［42］史贝贝，冯晨，张妍，杨菲．环境规制红利的边际递增效应［J］．中国工业经济，2017（12）：40—58.

［43］苏为华，赵丽莉，于俊．我国城市公用事业政府监管绩效评价研究：综述和建议［J］．财经论丛，2015（4）：105—112.

［44］唐要家．城市水务监管的制度有效性及其治理体系［J］．浙江社会科学，2017（5）：13—19+155.

［45］王冀宁，张宇昊，王雨桐，陈庭强．经济利益驱动下食品企业安全风险演化动态研究［J］．中国管理科学，2019，27（12）：113—126.

［46］王冀宁，王帅斌，郭百涛．中国食品安全监管绩效的评价研究——基于全国688个监管主体的调研［J］．现代经济探讨，2018（8）：17—24.

［47］王俊豪，徐慧，冉洁．城市公用事业PPP监管体系研究［J］．城市发展研究，2017（4）：92—99.

［48］王俊豪等．中国现代能源监管体系与监管政策研究［M］．中国社会科学出版社2018年版．

［49］王俊豪等．中国城市公用事业政府监管体系创新研究［M］．中国社会科学出版社2016年版．

［50］王可山，张丽彤，樊奇奇．供应链视角下网购食品质量安全关键控制点研究［J］．河北经贸大学学报，2018，39（6）：87—94.

［51］王岭，刘相锋，熊艳．中央环保督察与空气污染治理——基于地级城市微观面板数据的实证分析［J］．中国工业经济，2019（10）：5—22.

［52］王岭．城市公用事业特许经营权竞标机制分类设计与管制政策研究［M］．中国社会科学出版社2018年版．

［53］王岭．城市水务PPP项目特许经营权的竞标难题、形成机理与治理机制

[J]. 浙江社会科学, 2017 (5): 30—35 + 155—156.

[54] 王明远, 孙雪妍. "能源正义"及其中国化——基于电力法制的分析 [J]. 中州学刊, 2020, 1 (1): 60—69.

[55] 王晓莉, 李清光, 冯蔚蔚, 吴林海. 政府食品安全监管策略的选择——结合全景敞视主义规训效应的思考 [J]. 财贸研究, 2016, 27 (4): 76—84.

[56] 王勇, 刘航, 冯骅. 平台市场的公共监管、私人监管与协同监管: 一个对比研究 [J]. 经济研究, 2020 (3): 148—162.

[57] 王志刚, 朱佳, 于滨铜. 城乡差异、塔西佗陷阱与食品安全投诉行为——基于冀豫两省532份消费者的问卷调查 [J]. 中国软科学, 2020 (4): 25—34.

[58] 吴明琴, 周诗敏, 陈家昌. 环境规制与经济增长可以双赢吗——基于我国"两控区"的实证研究 [J]. 当代经济科学, 2016 (11): 44—54 + 124.

[59] 谢地, 孔晓. 论我国城市化进程中的公用事业发展与政府监管改革 [J]. 当代经济研究, 2015 (10): 75—81 + 97.

[60] 谢康, 赖金天, 肖静华, 乌家培. 食品安全、监管有界性与制度安排 [J]. 经济研究, 2016, 51 (4): 174—187.

[61] 谢康, 刘意, 肖静华, 刘亚平. 政府支持型自组织构建——基于深圳食品安全社会共治的案例研究 [J]. 管理世界, 2017 (8): 64—80 + 105.

[62] 谢康, 肖静华, 赖金天, 李新春, 乌家培. 食品安全"监管困局"、信号扭曲与制度安排 [J]. 管理科学学报, 2017, 20 (2): 1—17.

[63] 许东彦, 佟孟华, 林婷. 环境信息规制与企业绩效——来自重点排污单位的准自然实验 [J]. 浙江社会科学, 2020 (5): 4—14 + 156.

[64] 闫文娟, 郭树龙. 环境规制与出口强度——基于两控区政策的考察 [J]. 财经论丛, 2018 (4): 97—105.

[65] 张彩云, 吕越. 绿色生产规制与企业研发创新——影响及机制研究 [J]. 经济管理, 2018 (1): 71—91.

[66] 张国建, 佟孟华, 李慧, 陈飞. 扶贫改革试验区的经济增长效应及政策有效性评估 [J]. 中国工业经济, 2019 (8): 136—154.

[67] 张忠民. 能源监管生态目标的维度及其法律表达——以电力监管为中心 [J]. 法商研究, 2018, 35 (6): 84—93.

[68] 甄艺凯. 网约车管制新政研究 [J]. 中国工业经济, 2017 (8): 81—99.

[69] 周洁红, 刘青, 李凯, 鄢贞. 社会共治视角下猪肉质量安全治理问题研究——基于10160个猪肉质量安全新闻的实证分析 [J]. 农业经济问题, 2016, 37 (12): 6—15 + 110.

[70] 周开国, 杨海生, 伍颖华. 食品安全监督机制研究——媒体、资本市场与政府协同治理 [J]. 经济研究, 2016, 51 (9): 58—72.

[71] 朱立龙, 荣俊美. "互联网+医疗健康"背景下考虑患者反馈机制的药品质量监管策略研究 [J]. 中国管理科学, 2020, 28 (5): 122—135.

[72] 邹国伟, 周振江. 环境规制、政府竞争与工业企业绩效——基于双重差分法的研究 [J]. 中南财经政法大学学报, 2018 (11): 13—21.

第四篇

论文荟萃

全球价值链

【产业政策是否促进了中国企业出口转型升级?】

张健、鲁晓东

《国际贸易问题》2018年第5期，原文16千字

自20世纪80年代以来，中国的对外贸易规模获得了突飞猛进的发展，使得中国在世界贸易格局中的地位不断上升。我国出口贸易的发展已经不再单纯追求量的增长，种种迹象表明我国已经踏上了出口产品结构转型升级之路。从政策视角探讨出口转型升级无疑是一个重要而且具有现实启示意义的研究话题，因为这正是政策制定和实施所期望达到的目标之一。产业政策促进出口转型升级的机制主要在于政策优待能够缓解出口企业的外部融资约束，从而企业可以有更多的资金投入研发，最终实现出口产品结构的向上调整。

本文利用海关出口数据以及企业财务数据，从政策视角探讨了影响我国出口企业产品结构升级的驱动因素。具体而言，本文从政府补贴的强度、信贷利率以及企业所得税税率的高低三个方面对产业政策进行了量化，对出口产品结构的转型升级也分别从产品质量、技术复杂度以及产品差异度三个不同的方面进行了刻画。本文的主要结论表明产业政策有效地促进了中国企业出口转型升级，但政策效果不仅取决于政策力度同时还应考虑政策公平性问题，而且各项政策对不同产权性质的出口企业而言效果也不尽相同。

本文研究结论的政策启示主要包含以下两点：第一，制定产业政策时应该考虑各产权类型企业之间存在的异质性，既要给予足够的政策性支持又要尽量避免无效率的资源浪费；第二，在西部大开发的战略格局和缩小地区间贫富差距的经济目标下，不同经济发展水平的地区之间可以存在偏向性的政策差异，但在一个相对较小的经济区域内部，例如同一个省份或同一个城市的同一个行业内则应该注重政策实施的公平性，让市场去实现竞争企业之间的优胜劣汰。

文章主要贡献在于：第一，解决了现有文献缺乏对于产业政策较为全面量化分析的问题，从而有利于了解政策效果的全貌。第二，本文不仅考察了产业政策的力度本身对企业出口转型升级的促进作用，而且首次提出并证实了政策公平性对于出口转型的意义，丰富了现有文献的研究视角，同时也对政策制定者具有一定的启示意义。第三，在衡量出口转型升级方面，创造性地基于出口产品编码量化了出口企业的产品差异度，用来刻画企业的出口产品创新程度。该指标与现有相关研究广泛使用的两个度量指标（即出口产品质量和技术复杂度）有显著的区别，因为该指标可以直接从新产品研发能力方面反映出企业的产品市场竞争力。

（供稿人：鲁晓东）

【国际贸易网络枢纽地位的决定机制研究】

洪俊杰、商辉

《国际贸易问题》2019 年第 10 期，原文 14 千字

各国凭借劳动力、资源禀赋、技术水平等要素参与国际分工，嵌入全球价值链中的不同生产环节，全球产品生产的分散化以及产生的中间品或最终品贸易组成了国际分工网络。经过改革开放四十多年的发展，中国已从国际分工网络中的"边缘国"逐步成长为重要的"枢纽国"。当今以美国为主的发达国家的贸易保护主义盛行，给中国开放型经济的发展带来了巨大的不确定性。只有厘清国际贸易网络中国家枢纽地位演变的背后驱动因素，才能对当前经济格局的形成和未来发展有较为准确的认知和判断。

本文引入社会网络分析方法测度国家在国际贸易网络中的枢纽地位，从横向和纵向两个维度探讨国际贸易网络中国家枢纽地位演变的背后机制。研究结果显示：在横向维度，一国比较优势的改善有利于提升其枢纽地位，但母国市场、技术进步、制度支持等新的优势要素对其枢纽地位的影响作用要大于开放程度等传统优势要素，且国家异质性及产品贸易网络异质性存在一定的影响差异。在纵向维度，通过考察国家特征在枢纽地位决定机制中重要程度的演变发现，制度质量、技术进步、母国市场等优势要素的重要性呈现逐步上升的趋势。

结论的政策启示：巩固中国在国际分工网络中的枢纽地位，需要积极构建新的综合优势，而改善制度质量、提升技术水平、统一母国市场是关键。"抓改革、补短板、通市场"：第一，加强市场化改革，改善内部制度环境；支持多边贸易体制，促进自由贸易区建设，提升外部制度环境；第二，通过创新克服核心技术瓶颈，以时不我待的精神补齐核心技术短板，提升技术水平；第三，消除地方保护主义，发挥巨大母国市场优势。

文章主要贡献在于：第一，本文引用 Google 用以展现网页相关性和重要性的 PageRank 算法，来测算一国在国际贸易网络中的枢纽地位，并依照"Google 网络排名遵循马尔可夫链"的思路，在国际贸易网络框架下对 PageRank 指标进行了简单的推导和解释。第二，本文对国家枢纽地位演变背后驱动因素的研究，证明了国内市场、技术创新以及制度质量对巩固中国在国际分工网络中枢纽地位的重要性，为中国开放型经济发展构建新的综合优势，提供了必要的政策依据。

（供稿人：商　辉）

【海外并购为何降低了中国企业投资效率？】

任曙明、陈强、王倩、韩月琪

《财经研究》2019 年第 6 期，原文 12 千字

随着经济全球化的发展和我国企业竞争力的不断增强，越来越多的企业走出国门，通过海外并购的方式实现企业快速成长，中国企业海外并购的经济效应成为各方日益关注的问题。相比于国内并购，海外并购双方之间存在文化差异、制度差异和地理距离，中国企业的海外并购面临着更大的不确定性。一方面，海外并购后业务整合的不确定性会从业务目标达成和经营业务开展两个方面导致中国企业投资效率下降，加剧企业的过度投资；另一方面，企业组织重构的不确定性会加剧企业内部治理问题和信息不对称程度，进而降低中国企业的投资效率，加剧企业的过度投资。

文章采用 2012—2016 年实施了海外并购的上市公司数据，结合倾向得分匹配法和双重差分法，检验了海外并购对企业

投资效率的影响。研究发现：从整体上看，海外并购对中国企业的投资效率产生了负向影响，主要体现在加剧了企业的过度投资；从所有制来看，国有企业和非国有企业的投资效率在短期内都受到了负面影响，长期内国有企业仍然受到了海外并购的负面影响，而非国有企业的投资效率却受到了海外并购的正面影响；从东道国来看，目标方在发达国家（地区）的海外并购降低了中国企业的投资效率，而在非发达国家（地区）的海外并购对企业的投资效率没有产生影响。

结论的政策启示：第一，应该继续鼓励企业开展海外并购，提醒企业做好海外并购公司的内部管理调整的预案。第二，在政策实施过程中不能搞"一刀切"的方式，应该根据海外并购的具体情况采取差异化的政策。第三，关于民营企业和国有企业的针对性措施。在政策上应该鼓励民营企业走出国门，并购与业务相关的企业，推动民营企业的品牌高端化和国际化；对于国有企业，应该深化体制改革，提升国有企业的治理水平，从而提高国有企业的投资效率。

文章主要贡献在于：第一，从海外并购不确定性的角度，提出了海外并购影响投资效率的分析框架，丰富了中国企业海外并购的经济效应研究。第二，匹配了Zephyr全球并购数据库与CSMAR数据库，运用倾向得分匹配法和双重差分法，不仅检验了海外并购对投资效率的负向效应，还探讨了这一效应在不同所有制企业间和不同并购东道国间的差异。第三，在结论上，尽管海外并购对投资效率整体上产生负向影响，但是对国有企业的影响程度显著地强于非国有企业，这对高质量发展战略和现行海外并购政策的调整，具有明显的政策启示意义。

（供稿人：任曙明）

【互联网对中国制造业进口企业创新的影响】

佟家栋、杨俊

《国际贸易问题》2019年第11期，原文20千字

创新是引领发展的第一动力，是建设现代化经济体系的战略支撑。然而，在关税成本下调空间被进一步压缩、外部技术获取难度增大的情况下，我国进口制造业企业面临新的创新困境。目前不断趋于成熟的互联网和由此衍生的物流网、人工智能以及新一轮的科技革命，为企业创新迎来了新的契机。互联网日益渗透到经济社会各个领域，对传统产业的价值创造方式、产业组织形态和产业竞争格局产生了深远影响。互联网的使用不仅可以有效降低制造业进口企业的搜寻成本、提升企业经营效率，其作为知识和技术的有效载体以及其构造的巨大的网络效应带来的技术溢出空间更是对企业的技术创新提供了便利条件。

文章基于中国工业企业数据库、海关数据库的匹配数据以及中国创新专利研究数据，利用双重以及三重倍差法考察了互联网的使用对企业创新的影响及其作用机制。研究发现，互联网的使用显著提升了我国制造业进口企业的创新水平，且该作用效果在大规模、高效率、民营、出口、资本和技术密集型的东部企业中更为显著。互联网主要通过提升进口制造业企业的进口产品质量来促进企业创新，进口产品种类和进口规模的作用效果并不突出。此外，互联网在促进进口制造业企业独立创新的同时，也显著促进了企业协同创新水平的提高。

结论的政策启示：第一，加强、加快互联网基础设施和5G通信基础设施建设，尤其是欠发达地区互联网和5G通信基础设施的建设；第二，加快互联网技术、5G移动通信技术的普及，降低互联

网、移动互联网、通信设备的使用成本，提高用户体验；第三，充分发挥市场在资源配置中的作用，打破要素流动壁垒；第四，鼓励企业运用互联网进行经营模式创新，鼓励新形态商业模式的开展；第五，鼓励创新主体开展协同创新，提升创新主体的网络创新能力，同时加强知识产权保护；第六，加强网络安全监督，监控互联网可能带来的外贸风险。

文章主要贡献在于：第一，利用PSM–DID的方法考察互联网对进口制造业企业创新的影响，在此基础上，进一步使用三重倍差法从进口产品质量、产品种类和进口规模三个视角考察互联网影响进口制造业企业创新的作用机制，丰富了互联网相关领域的研究。第二，考察了互联网对制造业进口企业独立创新、协同创新的作用效果。所得结论既是对互联网及企业创新模式既有研究的补充，也对制造业进口企业经营、制造业转型升级具有一定的参考价值。

（供稿人：佟家栋）

【贸易便利化与价值链参与：基于世界投入产出数据库的分析】

刘斌、王乃嘉、李川川

《财经研究》2019年第10期，原文14千字

在经济"逆全球化"和中美贸易摩擦不断升级的背景下，持续推进贸易便利化建设显得尤为重要。贸易便利化的"硬环境"主要是指交通运输等基础设施建设，其建设可以减少交易成本，降低交易周期的不确定性，大大缩短出口方与东道国最终需求的距离。贸易便利化"软环境"主要是指海关管理效率、商业环境等制度建设，贸易程序中的"繁文缛节"对产品价值造成了无法估量的损失。不论是贸易便利化"硬环境"的改善，还是"软环境"的优化，均可以有效降低国际贸易中的合规性成本，促进贸易增长。

文章运用熵值法和KWW扩展方法分别测算了贸易便利化与价值链参与程度，深入分析了贸易便利化对价值链参与的影响效应。研究发现：贸易便利化显著促进了一国价值链参与；从国家异质性视角看，不论是贸易便利化的"硬环境"还是"软环境"，其对发展中国家价值链参与的影响要明显大于发达国家；从行业异质性视角看，贸易便利化对资产专用性行业的价值链参与的影响更为显著；从价值链区域参与和全球参与的视角看，贸易便利化提高了全球价值链参与程度，有效防止了全球价值链的"区域碎片化"。因此，从某种意义上说，贸易便利化不仅是当前国际贸易最大的发展机遇，也是重塑全球生产网络的重要途径。

结论的政策启示：第一，提高边境管理水平，建立"单一窗口"，推进货物通关的无纸化、自动化和智能化。第二，规范制度环境，完善信息公布制度，加快通关便利化。第三，建立健全服务贸易促进体系，推进服务贸易便利化，加速服务要素全球流动。第四，加快运输等基础设施建设，推进贸易便利化"硬环境"建设。第五，加快全球经济体的互联互通，增强全球价值链分工的韧性。第六，提高政策透明度，减少制度性交易成本。

文章的主要贡献在于：第一，在研究视角方面，与以往文献更多关注以关税为核心的贸易自由化及贸易增长效应不同，本文将研究视角聚焦于贸易便利化的价值链参与效应；第二，在贸易便利化指标构建方面，综合考虑贸易便利化的"软环境"建设和"硬环境"建设两个方面，基于贸易便利化的4个一级指标和9个二级指标，运用熵值法构建一个较为系统全面的贸易便利化测评体系；第三，在研究深度方面，从国家异质性、行业异质性、区

域链和全球链的视角进行异质性检验。

（供稿人：刘　斌）

【全球价值链、企业异质性与企业的成本加成】

盛斌、陈帅

《产业经济研究》2017年第4期，原文21千字

企业自身的生产与成本状况、差异化的行业市场结构以及企业生存环境的变化都会影响企业的成本加成。近年来，全球价值链（以下简称GVC）的兴起与发展，在很大程度上改变了企业的微观生产与贸易模式，使其进一步在交易层面和组织层面融入全球生产网络。研究表明，世界各国在GVC中的平均参与率已超过50%，GVC的生产与地理配置已成为当前国际生产最重要的组织形式。生产的可分性、全球化与分散化特点给予了发展中经济体参与新型国际分工和实现贸易利得的新机遇，它们可以通过多种途径融入GVC中，获得中间品贸易自由化、产业与技术升级、资源与生产率再配置的巨大收益。

本文利用细化的中国工业企业微观数据和海关贸易数据，研究了嵌入GVC对企业成本加成的影响。研究结果表明：从整体上看，企业嵌入GVC生产对提高成本加成有明显的正向作用；资本和技术密集型企业、高技术一般贸易企业以及行业集中程度较高的企业能够从参与GVC中实现更显著的成本加成提高；从作用机制上看，嵌入GVC的成本节约效应普遍存在于资本密集型和技术密集型企业中，技术外溢效应仅对技术密集型企业有正影响；质量外溢效应同样得到经验支持，不过它依赖于企业自身的吸收能力。

结论的政策启示：第一，充分利用GVC网络的溢出效应，培育国际竞争新优势。在准确评估价值链分工地位和竞争力基础上，进一步提升制造业企业融入GVC的广度和深度；实现内外贸易一体化，使"引进来"和"走出去"并重，尤其重视与发展中经济体的普遍合作，拓展在高技术行业中与发达国家的经验交流，充分利用国际市场培育向全球价值链高端延伸的国际竞争新优势。第二，转变出口贸易模式，提升企业的议价能力，提高企业的成本加成，需要加快贸易模式的转型升级步伐，提升中国企业在产业链中的地位。第三，鼓励企业从事研发活动和人力资本水平提升，促进企业在嵌入GVC进程中对于高技术和高质量投入品的消化、吸收与模仿能力，从而提升企业的整体生产率和出口产品质量，最终促进企业竞争新优势的形成。

文章的主要贡献在于：第一，基于中国企业层面的数据通过计量方法对企业嵌入GVC生产网络与企业成本加成之间的关系进行了经验检验。第二，对企业GVC嵌入影响成本加成率的传导作用机制进行了剖析与检验，包括成本节约效应、技术外溢效应、质量效应。第三，比较科学与准确地测算了微观企业层面的GVC嵌入度，将世界投入产出数据库（WIOD）、中国工业企业数据以及海关数据整合与对接测算中国企业层面的GVC嵌入度尚属首次。

（供稿人：陈　帅）

【全球价值链变化新趋势及中国对策】

荆林波、袁平红

《管理世界》2019年第11期，原文11千字

时至今日，全球价值链成为左右世界贸易发展的决定性力量。嵌入全球价值链成为许多国家融入全球化的重要方式。中国也不例外。改革开放四十多年来，中国通过嵌入全球价值链，参与国际分工，一

举成为世界贸易大国,并在简单全球价值链网络中居于核心地位。继续提高中国在全球价值链中的参与率,提升中国在全球价值链中的分工地位,推动中国从贸易大国向贸易强国迈进,这是实现中华民族伟大复兴的重要战略举措。

然而,国际环境瞬息万变,全球价值链发展举步维艰。中国能否顺利实现从简单全球价值链网络向复杂全球价值链网络的攀升,正受到多重挑战。比如,美国将多家中国企业列入出口管制实体清单,中国制造业全球价值链攀升遇到多重障碍。在此大背景下,中国能否应对突如其来的全球价值链断裂危机,巩固简单全球价值链网络核心地位,逐步培养向复杂全球价值链网络迁移能力,这是关系中国经济未来走向的重大问题。

文章在文献梳理的基础上结合当下,展望未来,对全球价值链变化新趋势进行描述。这些新趋势具体包括:驱动机制发生变化,全球价值链升级出现了新方向;突破物理空间局限,太空经济成为新的增长点;发达国家主导区域贸易协定新规则,全球价值链重构内生化;全球价值链逐步分层,附加值获取日益固化。

面对全球价值链变化的新趋势,中国应该采取相应的对策。第一,以新旧驱动力融合为着眼点,培育数字经济的中国优势。第二,以中国空间站建设为契机,抢占太空经济的制高点。第三,以"一带一路"倡议为抓手,加速全球贸易网络构建。第四,以复杂全球价值链打造为核心,提高贸易利益获取能力。

文章主要贡献在于:第一,明确提出中国要充分利用中国庞大的产能、日益增长的内需市场,实现新旧驱动力的有效融合,在数字驱动的全球价值链升级中,培育中国优势。第二,攀爬太空科技阶梯,做大做强中国太空产业,迫切需要重视中小学教育在人才培养中的基础性作用,加强人才梯队的培养。第三,突出"一带一路"倡议在中国构建全球贸易网络中的抓手作用。在全球贸易网络构建中,中国要高度重视区域贸易协定条款的质量,尤其是区域贸易协定的条款覆盖率和法定承诺率。第四,明确指出,复杂全球价值链打造要围绕改变全球经济格局的主要驱动力,即能源、运输、通信、粮食、医药等领域来展开。

(供稿人:袁平红)

【全球生产链嵌入位置如何影响中国企业的对外直接投资?】

陈琳、房超、田素华、俞小燕
《财经研究》2019年第10期,原文15千字

20世纪90年代,中国企业主要通过制造业的加工组装环节融入全球生产网络和国际分工。21世纪以来,以加工贸易融入全球价值链面临生产成本上升的挑战,中国企业亟须从"微笑曲线"最底端的组装装配向两端攀升。向上游的扩展可以获取原材料和资源、掌握核心技术,向下游的扩展是为了建立销售和配送网络,这种扩展在现阶段主要以对外投资的方式进行。一方面,全球化的深化与全球生产链形成,有效促进了对外直接投资规模迅速增长;另一方面,企业对外投资决策往往与其在生产链分工中扮演的角色密切相关。

文章基于微观企业数据以及世界投入产出数据(WIOD),借鉴 Antràs 等(2012)、Chor 等(2014)上游度指数的计算方法,测算得到中国企业在全球生产链的嵌入位置,并考察嵌入位置如何决定其对外投资决策。研究发现,处于生产链两端的企业对外投资可能性较高。具体而言:进口嵌入位置越上游,企业越倾向于对外直接投资;出口嵌入位置越下游,企业越倾向于对外直接投资。在考虑生产长

度作为嵌入位置的替代指标、内生性问题和稀有事件影响后，结果仍然稳健。此外，企业的全球生产链嵌入位置对其投资的动机、区位、频次均存在异质性影响。

结论的政策启示：全球价值链分工已然成为全球经济的主导特征，新时期的中国企业"走出去"，必然是全球价值链"走出去"，通过在全球布局价值链，形成全球生产网络，培育竞争新优势并逐步成长为中国自己的新型跨国公司。文章从全球生产链的视角分析企业对外直接投资决策，在一定程度上揭示了中国企业参与全球贸易和全球生产网络的内在逻辑，有助于政府部门在"一带一路"倡议下更有针对性地制定"走出去"政策措施，为处于不同生产链分工位置的企业发展对外直接投资提供差异化的政策支持。

文章在以下三个方面有边际贡献：第一，探讨了全球生产链分工影响企业对外投资决策的理论机制，从一个全新的视角拓展了前期有关中国对外投资决定因素的研究。第二，有别于已有的价值链研究侧重于计算国家或行业层面的出口附加值，测算了企业层面的全球生产链位置。第三，运用企业数据实证分析不同生产链嵌入位置的企业在对外投资决策中呈现的不同特征，并根据企业对外投资的异质性特征，探讨价值链分工对不同动机 OFDI、OFDI 区位选择等全球生产网络布局的影响，以揭示中国企业参与全球贸易和全球生产网络的内在逻辑。

（供稿人：房　超）

【上游垄断会阻碍"中国制造"的价值链跃升吗？——基于价值链关联的视角】

吕云龙、吕越

《经济科学》2018 年第 6 期，原文 10 千字

加入 WTO 以来，中国积极参与到全球价值链分工体系中。伴随价值链参与程度的不断提高，中国在 2013 年取代美国成了第一大贸易国。然而，巨大贸易额的背后，关于中国出口低附加值率甚至陷入"低端锁定"的争论不绝于耳。同时，经过长期的市场经济体制改革，中国的下游行业已基本实现自由竞争。然而，上游行业垄断程度依然较高，并逐渐成为掣肘中国制造业进一步实现价值链升级的关键。因此，探讨上游行业中的垄断现象是否导致了中国出口的低附加值率，不仅有利于更好地解读当前中国经济转型升级的现状，更将有助于寻求加快实现中国制造业价值链攀升以及有效发挥改革和开放联动机制的有效路径。

本文构建了可用于分析上游垄断影响企业出口国内附加值率的理论框架。在此基础上，结合 2000—2006 年中国微观企业数据，实证检验了上游垄断对企业出口国内附加值率的影响，并基于 2003 年国资委成立这一外生冲击进行了深入分析。研究发现：首先，上游垄断程度会显著降低企业出口的国内附加值率。进一步地，上游垄断会通过抑制研发创新、促进中间品进口和抑制投资降低企业出口的国内附加值率。其次，上游垄断对加工贸易企业、资本密集型和价值链分工位于相对上游企业的出口国内附加值率的影响相对较小。最后，值得注意的是上游国有垄断会降低下游民营企业出口的国内附加值率。

结论的政策启示：只有通过促进上游行业更高水平的竞争，发挥市场在上游行业资源配置中的关键作用，降低上游中间投入品的价格，才能充分释放对内改革和对外开放联动机制的效能，提升企业出口的国内附加值率，最终实现"构建开放型经济新体制"的战略目标。

本文的贡献主要有：第一，本文构建可用以分析上游垄断如何影响下游企业出口国内附加值率的理论框架，基于此提出

了相应的影响机制，并通过翔实的实证分析对理论假说和影响机制进行了深入分析；第二，在测算上游垄断时，使用的是非竞争型投入产出表，可以避免国内投入和进口投入等比例假设带来的测算偏差，更准确衡量我国的上游垄断程度；第三，考虑了不同所有制下的中国特色价值链分工格局，并且基于2003年国资委成立的外生政策冲击进行了较为深入的分析。

（供稿人：吕云龙、吕越）

【中国OFDI与东道国环境质量：影响机制与实证检验】

刘玉博、吴万宗

《财贸经济》2017年第1期，原文14千字

随着全球化进程的加深，环境问题逐渐表现出全球化的趋势。根据《世界投资报告2016》，2015年中国对外直接投资规模为0.128万亿美元，仅次于美国（0.300万亿美元）和日本（0.129万亿美元），居世界第3（根据《世界投资报告2019》，2018年中国对外直接投资规模仅次于日本，居世界第2）。那么，开放条件下中国OFDI如何影响了东道国环境质量？对这一问题的研究关系中国负责任大国国际形象的树立，也是对国际上不断增强的"中国焦虑情绪"的积极回应。特别是在"一带一路"战略背景下，文章的研究有助于厘清中国对外投资、产能合作以及制造业向外转移的环境效应。

文章借助Copeland-Taylor模型，建立中国OFDI通过影响东道国单位产出污染密度继而影响东道国环境质量的理论机制，其后利用2003—2014年中国对外直接投资流量和存量数据，以及168个东道国经济社会发展指数数据，对理论模型进行了实证分析。考虑到中国OFDI对不同收入水平的国家存在差异化投资，文章参照世界银行标准，根据人均GNP水平对东道国划分子样本，进一步考察中国OFDI对东道国环境质量存在的异质性影响。结果表明：中国OFDI规模的增长总体上促使了东道国污染物排放总量增加，但从人均排放的角度，中国OFDI显著降低了污染物排放量，改善了当地环境质量。进一步地，分样本回归的结果显示，无论在污染排放总量还是在人均污染排放量方面，中国OFDI改善东道国环境质量的效果在高收入水平的国家中更为明显。

结论的政策启示：第一，合理制定与"一带一路"国家的产能合作框架，为改善沿线国家环境质量做出贡献。第二，利用中国OFDI对不同组别东道国环境质量的异质性影响，制定差异化对外投资政策：对中低收入国家形成技术溢出，并寻求与高收入国家的紧密合作机会，借此推动国内产业结构升级。第三，投资与引资并行，注重分析外资对国内污染排放的差异化影响，探索进一步改善本国环境质量的方案。

文章主要创新：第一，不同于以往文献从"溢出"角度研究FDI总量对当地产生的环境效应，文章从母国角度切入，研究中国OFDI对东道国污染排放的影响；第二，弥补现有文献以实证检验为主的研究方法上的缺憾，文章首先建立中国OFDI影响东道国单位排放密度，继而影响环境质量的理论模型，然后利用全样本和分样本数据进行实证检验，从理论和实证两个层面回答以上现实问题。

（供稿人：刘玉博）

【中国企业的国际化战略：基于新兴经济体企业的视角】

汪涛、贾煜、王康、崔楠

《中国工业经济》2018年第5期，原文22千字

近年来，以中国为代表的新兴经济体

逐步走上世界经济的舞台，从而助推越来越多的新兴经济体企业实施国际化战略、走出国门、开拓国际市场。与发达国家跨国企业相比，中国等新兴经济体国家跨国企业不仅面临着更加复杂的制度环境，而且在企业资源和能力方面缺乏优势。在此情境下，新兴经济体跨国企业的国际化之路到底该如何走呢？针对这一问题，已有研究做出了诸多贡献，但存在如下不足：第一，已有研究普遍认为制度和资源是制约新兴经济体国家企业国际化发展的关键因素，这在一定程度上忽视了他们在制度和资源方面的相对优势。第二，以往研究大多聚焦在新兴经济体跨国企业国际化发展进程中的"走出去"和"走进去"两个阶段，鲜有研究探讨其在进入东道国市场之后如何"活下去"的问题。

文章整合了制度理论和资源基础理论，构建了"国际化情境—战略选择—企业绩效"的理论分析框架。通过对中国三家典型跨国企业的探索性案例分析，研究发现：当企业拥有商业资源的相对优势，在进入比母国制度质量更好的东道国时，企业应该选择高资源承诺的进入模式和基于东道国形象的品牌战略；当企业拥有商业资源的相对优势，在进入比母国制度质量更差的东道国时，企业应该选择中等资源承诺的进入模式和基于企业形象的品牌战略；当企业拥有政治资源的相对优势，在进入比母国制度质量更差的东道国时，企业应该选择低资源承诺的进入模式和基于母国形象的品牌战略。

研究结论具有如下政策启示：第一，在国际化进程中，新兴经济体跨国企业不仅需要考虑母国—东道国制度距离的差异性，而且还需要关注制度距离的方向性问题。第二，在国际化进程中，新兴经济体跨国企业不仅要充分利用制度差异以获得外部合理性，更需要积极培育与国际化制度环境相适应的资源优势。第三，在国际化进程中，新兴经济体跨国企业应根据不同的制度—资源二元情境，选择恰当的国际市场进入战略并匹配相应的东道国品牌战略，以期获得持续合理性和国际化绩效。

文章主要贡献在于：第一，揭示了中国等新兴经济体跨国企业在国际化过程中面临的制度距离方向性差异问题以及拥有的相对优势。第二，开拓性地提出了针对新兴经济体跨国企业国际化的"制度—资源"二元分析框架，并找到了解释新兴经济体跨国企业绩效的新机制。第三，从制度理论的视角丰富了国际化营销战略的研究文献，为中国等新兴经济体跨国企业的国际化经营提供了战略指导。

（供稿人：汪　涛）

【中间品贸易与中美贸易摩擦的福利效应：基于理论与量化分析的研究】

樊海潮、张丽娜

《中国工业经济》2018年第9期，原文18千字

2018年4月4日，美国宣布对进口自中国的多类总价值达500亿美元的产品加收25%的关税，并公布加征关税产品清单；当日下午，作为反击，中国决定对原产于美国的同样涉及500亿美元的商品加征25%的进口关税。新一轮中美贸易摩擦正式开启。另一方面，随着近年来中间品贸易在全球贸易中的重要性逐步提高，有关中间品贸易自由化的研究也越发受到各界的密切关注。特别地，中国进口产品中，中间品进口占了极大比重，并且中间品贸易自由化对促进中国更主动有效地参与和推动经济全球化进程，起着极为重要的作用。因此，从中间品贸易的角度来探究此次中美贸易摩擦对各国福利水平的影响，具有重要的意义。

本文通过采用量化分析的方法，从中

间品贸易的视角对此次中美贸易摩擦的福利效应进行了评估。文章首先对中美两国有关中间品贸易的典型事实进行了梳理；之后在Melitz和Ottaviano（2008）模型的基础上融入企业进口中间品行为，进一步探讨了进口中间品和最终品关税变化对一国福利水平的影响。理论分析表明，一国进口最终品关税下降，该国福利水平发生恶化；进口中间品关税降低，该国福利水平则有所改善。量化分析的结果也进一步支撑了理论预期：美国单方面提高进口中间品关税会恶化其福利水平，提高进口最终品关税，其福利水平则会提高；同时，受中间品贸易的影响，此次贸易摩擦爆发后，两国福利水平均会恶化，并且与美国相比，中国福利水平的恶化程度更为严重。

本文的研究结果启示：第一，在制定关税政策时，有关部门应注意实施差异化的关税策略，应继续降低中间品（包括资本品和中间产品）关税水平，并对最终品实施一定的关税限制。第二，各方应积极沟通，以协作的方式解决双边或多边贸易问题，而非通过单边的解决途径。贸易封闭及贸易保护主义的结果是两败俱伤，各国应继续坚持贸易自由化，真正实现互利共赢。

较以往有关研究，本文应该是国内首篇从中间品贸易的角度入手，利用量化分析方法研究并评估此次中美贸易摩擦福利效应的文章，从而进一步提供了有关中美贸易摩擦研究的新视角。同时，鉴于当前有关中间品贸易自由化的研究均大多从传统实证分析方法入手，鲜有从量化分析的角度进行探析，故而本文的研究也进一步从量化分析的视角支撑并论证了中间品贸易自由化的重要性，进而做出了一定的边际贡献。

（供稿人：樊海潮）

【FDI如何提高我国出口企业国内附加值？——基于全球价值链升级的视角】

张鹏杨、唐宜红

《数量经济技术经济研究》2018年第7期，原文17千字

中国产业总体仍处于全球价值链的中低端，出口中的国内附加值水平较低，因此提高我国出口附加值和贸易利益已经成为亟待解决的重要问题。FDI在提高一国出口国内附加值中扮演着重要角色，然而FDI究竟如何影响出口企业国内附加值，能否可以通过影响全球价值链升级从而实现出口国内附加值提升？本文旨在对以上问题进行研究。该问题的研究对于提出一条如何提高我国出口贸易收益的路径具有重要作用，也对促进全球价值链升级具有重要意义。

本文基于中国工业企业数据库、中国海关数据库和世界投入产出表数据，在测算中国出口企业全球价值链位置和国内附加值率（Domestic Value Added Ratio, DVAR）的基础上，依靠系统GMM等方法从全球价值链升级的视角研究了FDI对DVAR的影响效果及路径，研究结果表明：FDI对出口企业DVAR存在积极影响，这在一定程度上是由FDI推动企业全球价值链升级带来的，在系统GMM方法的估计下，全球价值链升级的贡献率约为11.11%；FDI在促进全球价值链升级中存在"天花板"效应，然而目前中国仍未达到"天花板"效应的拐点；来自发达国家的FDI是促使企业DVAR上升的主要原因，而在加工贸易企业和重工业企业中，FDI对企业DVAR的作用也相对明显。

结论的政策启示：一方面要鼓励发达国家外资和具有技术优势的FDI流入，而对资源导向型、生产成本、环境管制成本导向型的外资进行适当管制。另一方面，要通过外资流入加快我国加工贸易转型，

并不断引导外资流入轻工业和文化产业，注重提高消费品的国内附加值。然而，FDI对价值链升级的"天花板"效应也表明，企业更要摒弃依靠外资可以"一劳永逸"的思想，还应当更加注重自身的创新能力提高和技术水平提升以实现全球价值链的跃升。

本文的主要贡献在于：第一，在全球价值链升级的测算方法上，进一步拓展到了微观企业层面，特别是对多产品出口企业的全球价值链升级进行了明确；第二，研究视角上，从全球价值链升级的视角深入分析FDI对出口企业DVAR的影响效果；第三，应用实证方法，在明确FDI对出口DVA存在影响的基础上，还进一步刻画了全球价值链升级视角下FDI影响企业出口DVAR的作用路径，并发现了FDI对全球价值链升级的"天花板"效应。

（供稿人：张鹏杨、唐宜红）

【产品复杂性水平对中日产业升级影响的比较研究——基于产品空间理论的实证分析】

张亭、刘林青
《经济管理》2017年第5期，原文16千字

在全球经济发展低迷的背景下，中国也进入经济发展的"新常态"，面临着"三期叠加"带来的挑战。不能否认，我国前期具有竞争力的产业发展遇到瓶颈，而新阶段具有竞争力的产业还在形成，从而带来了严重的产能过剩。"供给侧结构改革"国家战略指出，现在产业发展过程中必须进行供给结构的调整，防止过剩产业带来"挤出效应"，因此，产业结构的升级发展成为了改革的关键问题之一。

本文从产品空间理论出发，以全球产品贸易数据库中的1962—2013年的数据为依据，实证对比分析了产品复杂性水平对中国和日本产业结构升级的作用机制。研究结果表明：第一，中国产业结构中的优势产业数量增长十分迅速，但是在产品空间连接紧密的核心区域的优势产业数量有限，产品复杂度指数（PCI）与日本相差较远。第二，中国全产业的产品复杂度在一定程度上抑制了产业的升级发展，同时也抑制了相关产业产品失势和市场退出，而日本全产业的产品复杂度则推动了日本产业进一步升级发展，并且有利于相关产业产品失势与市场退出。第三，在中国制造业的升级发展过程中，既存在着产品复杂度水平低，与日本差距较大带来的挑战；同时我们又看到制造业的产品复杂度对制造业升级发展影响相比于全产业抑制作用的弱化，以及对制造业相关产品失势与市场退出的推动作用带来的发展机遇。

结论的政策启示：第一，在中国产业发展与产业结构调整的过程中，要努力促进产品复杂度指数更高的产业与相关产品的发展，实现产业结构的升级与调整。第二，有限的引导低效率、高能耗等传统产业的有效市场退出，建立合理的市场退出机制，防止市场的"挤出效应"。第三，就制造业的发展而言，我们一方面要认识到中国作为"制造大国"，优势产业数量迅速增长带来的机遇，另一方面更应该看到制造业本身发展形式的粗放，相比于日本制造业竞争力之间存在的差距所带来的挑战。

文章主要贡献在于：第一，从产品空间理论视角，不仅实现了中日"产品空间"和"制造业竞争力空间"的可视化研究，而且实证对比分析了产品复杂度指数对中日两国产业升级的影响机制。第二，政策上，研究指出，为了防止更多的资源被传统的效率低下的产业占据，应该建立合理有效的退出机制，引导相关产业与产品退出市场，从而更好地聚集资源发

展技术复杂性更高、效率更好的产业发展。

（供稿人：张　亭）

【全球价值链嵌入的生产率效应：影响与机制分析】

吕越、黄艳希、陈勇兵

《世界经济》2017年第7期，原文24千字

生产率不等于一切，但是长期来看它几乎意味着一切（Krugman，1991）。我国经济发展进入新常态，传统增长动力逐渐式微，适应和引领新常态需要探寻新的增长动力，核心是提高全要素生产率及其对经济增长的贡献份额。中国全球价值链（Global Value Chain，简称GVC）嵌入日渐加深，2008年在GVC中的参与程度已接近50%，相比1995年增长了近一倍，是近十五年价值链参与程度提高幅度最大的国家之一（WTO，2014）。探究中国企业参与全球价值链对全要素生产率的影响以及机制可以从微观层面回答中国如何在拥抱全球化过程中获得开放红利，进一步可为中国开放型经济新体制下宏观政策制定提供微观基础。

文章采用2000—2006年中国《工业企业数据库》《中国海关进出口数据库》的微观企业数据以及2001—2011年《世界投入产出数据库》（WIOD）和2001—2011《工业企业数据库》的合并数据，考察了全球价值链嵌入的生产率改善效应。研究结果表明：参与全球价值链可以有效提高企业的生产效率；GVC嵌入与企业的生产效率改进存在边际效应递减的倒U形关系；企业参与全球价值链会通过中间品效应、大市场效应以及竞争效应等三种路径改善生产率。但当企业与发达国家的技术距离缩短时，上述三个机制的改善效应会消失或减弱，从而可能面临价值链"低端锁定"的风险。此外，价值链嵌入的生产率效应在国有企业和加工贸易企业中不明显。

结论的政策启示：第一，进一步增强参与全球价值链的广度和深度，尤其是充分利用全球价值链嵌入红利——中间品市场多样性、更大的出口目标市场以及良性竞争机制——来改善我国制造业企业的生产率。第二，警惕由于技术差距缩小引致的发达国家对我国价值链升级的掣肘风险。第三，全方位构建中国外贸竞争新优势，形成对外开放促改革促发展的联动机制。

文章主要贡献在于：第一，从企业层面深入分析参与全球价值链如何影响企业全要素生产率，不仅检验了GVC嵌入与企业生产率在的"倒U形"关系，深度剖析了其影响的内在机制和原因，考察了企业的异质性因素，验证了金融危机冲击下结论的一致性，采用LP、OP和ACF三种当前主流的测算方法进行稳健性检验，而且弥补了现有文献中缺乏中国微观企业证据的不足。第二，政策上，为全面解读国际贸易对中国企业生产率的作用机制提供了一个全新的视角，也为中国如何进一步以开放促改革促发展的政策制定提供了经验证据。

（供稿人：吕　越、黄艳希、陈勇兵）

【全球价值链视角下的中国服务贸易竞争力再评估】

程大中、郑乐凯、魏如青

《世界经济研究》2017年第5期，原文13千字

当前大多数发达国家相继进入以服务业为主导的经济阶段，但服务业在一国产业结构和贸易结构的地位却存在明显的非对称性。出现上述现象的重要原因是大量企业将自身核心环节从制造工序向服务环节过渡，即全球经济呈现"工业型经济"

向"服务型经济"转型的新趋势。为此，大量生产性服务要素价值以中间投入的形式嵌入制成品中，并以制造业服务化的模式出口到世界其他国家。上述全球价值链分工现象对经济统计带来了新的挑战，造成传统统计结果可能无法如实反映服务贸易国际竞争力的问题。

文章基于贸易增加值前向分解法并利用跨国投入产出数据对中国服务贸易出口状况及其竞争力进行评估。研究发现：新算法测得2000—2014年中国服务占贸易总出口比重基本维持在35%左右的水平，制造业服务化趋势明显，更多的服务价值是通过制成品出口而随之出口。虽然2014年中国在全球服务贸易市场占有率为12.71%，贸易规模位居全球第2，但通过跨国对比多项竞争力指标发现，无论是整体还是细分部门我国服务贸易均是规模上的"大"国，并非竞争力上的"强"国，国际竞争力仍有待提高。

结论的政策启示：第一，正确认识现阶段中国服务业的比较优势，优化对外服务贸易结构，提高国际竞争能力，大力发展高技术含量、高附加值的高端服务业，推动中国服务业全面转型升级。第二，提高服务贸易自由化程度，逐步消除不必要的贸易壁垒，让更多的民营企业和国外企业参与其中，以此带动服务产业发展。第三，为克服"贸易统计"假象，服务贸易统计方式和方法需进行较大的改进、细化和拓展，从而为学术研究与政府决策提供较为准确、完善的数据支撑。

文章主要贡献：本文重新对中国服务贸易整体及细分行业的直接和间接出口规模进行了测度，并以此为基础对中国服务业的国际竞争力进行全面评估。本研究为中国进一步推进服务乃至整体贸易结构转型、提升出口竞争力提供了有益参考。

（供稿人：郑乐凯）

【外商投资开放政策、出口加工区与企业出口生存】

孙浦阳、张甦

《经济学（季刊）》2019年第18卷第2期，原文19千字

中国对外开放政策包含贸易自由化政策和投资自由化政策两个方面。随着对外开放程度加深，中国的外资进入数量不断增加，以外资开放为代表的投资自由化政策对经济的影响逐渐增强，并且成为中国融入经济全球化进程的重要途径。经济特区是中国对外开放的重要载体，以出口加工区和保税区为代表的外向型经济特区的设立，对外商投资开放政策的实施效果有着重要影响，并最终作用到中国对外贸易关系的质量上来。

文章以中国2000—2013年海关统计数据库为基础，基于产业关联视角，从理论模型和实证检验两个方面，探讨了当出口加工区和保税区内外产业关联度和上下游行业相似度不同时，上游外商投资开放政策对下游企业出口生存差异化影响的传导机制。研究结果表明：不同的区域产业关联度影响外商投资开放政策对企业出口贸易关系生存的作用效果。出口加工区和保税区内较强的产业关联效应，显著提升了上游的综合外商投资开放政策对下游企业出口生存的促进作用；上游制造业和服务业的外商投资开放政策对下游企业出口生存的影响存在差异；技术溢出和劳动力竞争是产业关联效应发挥作用的两个渠道，其相对强弱决定着上游外商投资开放政策对下游企业出口生存的作用方向。

结论的政策启示：第一，实施更为开放的外商投资准入政策，有助于中国全面推进双向开放，提升出口贸易关系质量。第二，应区分不同上下游行业的传导机制中，技术溢出和劳动力竞争渠道的相对强弱，有针对性地在出口加工区和保税区内实施招商引资。第三，在服务业外商投资

开放政策的实施上，应控制好开放步伐，确保对本土服务业的冲击可控，并注重提升本土服务业的技术和管理水平。第四，鉴于对外开放会提升通用要素市场竞争，可通过技术进步缓解通用要素供给限制，通过完善要素市场促进自由流动，提升资源配置效率。

文章主要贡献在于：第一，从产业关联差异的视角入手，系统构建外商投资开放政策对不同区域的企业出口生存特征存在不均衡影响的理论模型；第二，以中国外商投资开放政策为切入点，讨论其对中国出口贸易关系生存的影响，在投资自由化和贸易自由化之间搭建桥梁；第三，基于中国 2000—2013 年海关统计数据库，在 HS 六分位产品层面上构建"企业—产品—目的地"出口贸易关系样本，从更长时间和更细分维度刻画企业行为，提升实证分析的可信度和准确性。

（供稿人：张　夔）

【舆论对国际贸易的影响：以美国进口贸易为例】

李钢、孟丽君

《世界经济》2019 年第 8 期，原文 18 千字

当今世界国际经济和政治的博弈主要体现在软实力上，特别是舆论的引导力和传播力。在国际贸易方面，舆论作为一种新型非关税壁垒，在近几年成为国家推行贸易保护政策的重要手段之一。以美国为例，自 2008 年美国经济遭受重大打击后，国内经济不景气导致美国失业率的节节攀升，为转移民众对政府的注意力以缓解国内压力，美国政府各党派要员不约而同地将责任外推，宣称美国贸易赤字与失业问题是由于美国在贸易等方面受到了不公平待遇。那些与美国产生巨大贸易逆差的国家，例如中国，常遭到美国媒体与政府的指责。

具体情况可以参考美国主要贸易伙伴国在美国境内的舆论值变化：2008—2012 年美国舆论对各国报道的内容褒贬度指数在 +5 以上，而在 2013—2014 年这一数值迅速降低到 +2 以下，再到 2015—2017 年该数值已经下降到 -1 以下，目前这种下降趋势仍在继续。与此同时，美国境内对这些国家的负面新闻报道数量却在逐年上升。巧合的是，美国的贸易逆差总额的增长速度也在逐年降低。2008 年美国贸易逆差总额达 881.97 亿美元；到 2016 年，这一数额下降到 797.75 亿美元。虽然 2017 年美国的贸易逆差又有所上升，变为 862.33 亿美元，但是相比 2008 年的贸易逆差总额仍有所下降。这种情况下，我们推测舆论与美国的进口贸易之间可能存在密切关系，从而可以有效降低美国贸易赤字的增长速度。

文章利用全球事件、语言和音调数据库（GDELT）提供的新闻数据构建舆论指标，基于固定效应回归模型、内生回归模型的参数估计方法，从三个不同时间阶段定量估计美国境内发布的舆论在多大程度上会对美国进口贸易造成影响。并在验证了舆论与美国进口贸易之间关系的基础上，利用脉冲响应函数分析方法和方差分解法，分别检验正面舆论冲击和负面舆论冲击对美国进口贸易影响的持续时间。检验结果显示，舆论环境的变化会影响到美国对某些国家的进口贸易。在一定程度上，负面舆论可以起到非关税壁垒的作用，有效抑制国外进口贸易额的上升。

本文的贡献主要体现在以下三个方面。第一，与已有文献主要考察影响国际贸易的理论因素不同，本文构建了舆论影响国际贸易发展的理论框架，考察了舆论环境变化对美国进口贸易额的影响效应，扩展了现有国际贸易影响因素的边界。第二，与已有文献采用案例分析法研究舆论

壁垒（负面舆论）对一国出口贸易的影响不同，本文基于进口国角度，采用经验分析方法分别检验了正面舆论和负面舆论对一国进口贸易额的影响力及影响持续时间。第三，在西方贸易保护主义思潮愈演愈烈，国际舆论环境急转而下的背景下，研究舆论对国际贸易的影响力具有重要的现实意义。

（供稿人：孟丽君）

【增加值贸易与中国比较优势的动态演变】

文东伟

《数量经济技术经济研究》2017 年第 1 期，原文 18 千字

加入 WTO 后，中国融入国际经济体系的程度进一步加深，对外贸易，特别是出口贸易出现了爆炸式增长。在中国对外贸易急剧扩张的过程中，出现了一个非常明显的"逆比较优势"或"反比较优势"现象（Reverse Comparative Advantage）：即作为技术落后的发展中国家，中国技术密集型产品的出口规模却超过了技术先进的工业化发达国家，如美国、德国和日本等，并与技术先进的工业化发达国家，如与美国之间存在着巨额的贸易顺差。中国出口和贸易顺差规模的急剧扩张，饱受诟病，特别是引起了以美国为首的西方发达国家的不断指责和批评，他们认为正是中国对外贸易的迅速扩张导致了全球贸易失衡。基于这一认识，全球以中国为目标的贸易保护主义不断抬头，与中国的贸易摩擦和贸易冲突不断加剧。这使中国在中美和中欧等贸易谈判中处于十分被动和不利的地位。

本文采用增加值贸易核算方法和 OECD 最新开发的国家间投入产出数据库（ICIO，2015），估计了 1995 年至 2011 年中国的增加值出口比率，并进一步讨论了增加值贸易对中国比较优势动态演变的影响。研究结果表明：第一，不考虑企业销售目的地和贸易方式的异质性将会高估中国的增加值出口比率，高估幅度达到 15% 左右。第二，中国的增加值出口比率呈现出先迅速下降后缓慢回升的演变趋势。第三，与传统的总值贸易统计相比，增加值贸易更准确和真实地反映了中国出口贸易的格局和比较优势。通过与传统的总值贸易统计方法的比较分析发现，增加值贸易核算方法纠正了传统总值贸易统计方法所导致的贸易模式和比较优势的逆转问题。

结论的政策启示：从全球价值链分工和增加值贸易的角度揭示中国真实的出口能力和比较优势，克服传统的总值贸易统计所带来的比较优势和贸易模式的逆转问题，对于中国制定正确的产业政策和贸易政策、为中国的国际贸易谈判、反击针对中国的国际贸易保护主义和反倾销调查等，都具有重要的现实意义。此外，传统的总值贸易统计由于高估了中国的出口规模，特别是高估了制造业和技术密集型行业的出口规模，因此会夸大出口对中国经济增长、技术进步、工资和就业增长以及环境等方面的影响。

论文的主要贡献在于：第一，方法上，论文构建了新的显示比较优势指数。第二，政策上，论文研究结论为中国的国际贸易谈判、反击针对中国的贸易保护主义和反倾销调查等，提供了经验证据。

（供稿人：文东伟）

【知识产权保护是否影响了中国 OFDI 逆向创新溢出效应？】

李勃昕、韩先锋、李宁

《中国软科学》2019 年第 3 期，原文 18 千字

新时代下，中国企业加大了对外直接

投资（OFDI）力度，引致国外向国内的技术回流和创新虹吸，反哺企业国内研发能力。由此出现了一个值得关注的问题，更早建立 OFDI 逆向创新优势的企业，在海外市场培育了技术创新竞争力，反过来寄希望于提高国内知识产权保护（IPR）强度，转化形成国内技术壁垒优势；而国内更多的上下游企业和技术跟进企业出于技术学习和创新模仿需要，希望能够保持相对宽松的知识产权保护环境。这一矛盾引发的思考是，知识产权保护是否会影响 OFDI 的逆向创新溢出效应？在什么样的知识产权保护强度下更有利于系统释放中国 OFDI 的创新溢出红利？

文章基于对外开放过程中内外技术势差传导机制，揭示 OFDI 创新溢出的衍生逻辑，并推演知识产权保护对 OFDI 创新溢出的双向调节影响。采用 2006—2016 年中国 30 个省级数据以及面板门槛回归技术的实证研究发现：一是低水平的 OFDI（<0.001）抑制了区域技术创新，提高 OFDI 水平则有利于驱动区域技术创新提升；二是低强度的知识产权保护（IPR<0.006）会抑制 OFDI 创新溢出，加强知识产权保护则有利于激发 OFDI 正向创新溢出，当知识产权保护强度超过 0.029 时，OFDI 的正向创新溢出效果最为明显；三是在知识产权保护调节下，中国 OFDI 创新溢出效应在东、中、西部地区和"一带一路"省域具有显著的空间异质性。

研究启示在于：一是 OFDI 要注重"量""质"齐升，主动寻求外部技术势差，引领国内企业技术学习和创新进步；二是要利用知识产权保护的正向调节作用，规范技术竞争，鼓励 OFDI 跨国企业借助对外投资加快逆向创新虹吸；三是要实施动态优化的知识产权保护策略，保持 OFDI 跨国企业逆向创新虹吸积极性的同时，逐步脉冲释放创新溢出红利，惠及国内上下游企业，双向螺旋促进区域创新发展；四是针对东、中、西部传统地理经济区域，要实施差异性的知识产权保护策略，协调释放 OFDI 的创新溢出红利；五是要继续强化"一带一路"地区对外投资力度，加快知识产权制度建设，注重外部技术吸收和创新合作，有效提升 OFDI 逆向创新溢出效应。

创新贡献在于：一是基于 OFDI 跨国企业和国内技术跟进企业对内外技术势差的双层传导机制，揭示中国 OFDI 创新溢出较为复杂的根本原因，进一步推演知识产权保护对 OFDI 创新溢出的双向影响机制，构建了一个从内生到外生的解释框架；二是通过实证研究，刻画知识产权保护对 OFDI 创新溢出的动态影响轨迹，找出撬动拐点，为实施动态有效的知识产权策略，放大对外投资的创新溢出红利，提供了新的经验依据。

（供稿人：李勃昕、韩先锋、李 宁）

【中国出口低加成率之谜：竞争效应还是选择效应】

许明、李逸飞

《世界经济》2018 年第 8 期，原文 18 千字

企业加成率（markups）是衡量市场势力及企业定价能力的关键指标，中国出口却长期以来被贴上低价格、低质量、低利润的"三低"标签，而"中国制造"低价出口之谜背后的主要原因在于中国出口企业的加成率过低。这一方面压低了出口企业的利润水平，导致企业缺乏产业转型升级动力，产生了国外反倾销、资源环境冲突等一系列问题；另一方面，导致部分资源未能得到有效利用，对外贸易中的有效供给不足导致的"供需错位"问题可能成为阻挡中国经济未来长期健康可持

续发展的最大障碍。

文章基于中国工业企业—海关匹配数据，利用双边随机前沿分析方法测度和验证了选择效应和竞争效应对出口企业加成率的影响效应。研究结果表明：选择效应和竞争效应的相互作用最终导致出口企业实际加成率高于基准加成率7.11%；出口企业的实际加成率虽然不同程度的高于基准加成率；从选择效应分解看，全要素生产率可以解释选择效应的28.05%，而非生产率因素可以解释71.95%。通过控制企业出口贸易类型，"出口—生产率悖论"仅在纯加工贸易企业存在，这表明伴随着贸易自由化程度的不断提高，政策上鼓励企业"走出去"是形成中国出口企业低加成率之谜的重要原因。

结论的政策启示：第一，着力提高企业生产率，实现由单纯加工贸易向高附加值生产贸易活动转变。第二，充分发挥市场在资源配置中的决定性作用，提高出口市场进入门槛，逐步加快加工贸易类企业转型，积极引导技术密集型产业出口，增强企业"走出去"的竞争力。第三，着力提升产品的附加值，重点培育本土出口企业的品牌知名度和技术优势，满足市场多样化需求，以质量促进企业加成率提升。第四，积极落实"西部大开发"和"中部崛起"战略，积极促进中西部地区出口企业的加成率的提升。第五，减少地区贸易壁垒，降低地区贸易成本。

文章主要贡献在于：第一，利用双边随机边界模型构建了一个包含竞争效应和选择效应共同影响出口企业加成率的统一框架，定量测度竞争效应和选择效应对企业实际加成率的影响程度，不仅克服两种效应难以准确衡量的问题，而且弥补了现有文献只对单一方面进行研究的不足。第二，政策上，定量测算选择效应中全要素生产率部分和非生产率因素对企业的影响。通过控制企业出口贸易类型发现，"出口—生产率悖论"仅在纯加工贸易企业存在，这表明随着贸易便利化自由化程度的提高。

（供稿人：许　明）

【中国出口技术含量动态变迁及国际比较】

倪红福

《经济研究》2017年第1期，原文20千字

近年来，国际上出现了一种中国"技术威胁论"的新论调。例如在2017年1月，美国总统科学技术咨询委员会发表了一篇名为《确保美国半导体的领导地位》的报告，报告中指出：中国的半导体的崛起，对美国已经构成了"威胁"。从传统总值贸易统计数据来看，中国高技术产品的出口比重不断提高，这种统计提供了一种假象：中国出口产品技术升级明显，出口结构不断优化，出口产品的技术含量大幅提高，出口的技术复杂度超过其收入水平。然而，这些总值统计数据能否说明：中国出口产品实现了技术含量的提升和升级，是否在技术方面存在"中国威胁论"。

随着全球价值链分工体系深入发展，生产过程日益分散化和碎片化，从而带来了大规模的产品内贸易，这由此导致了一个明显的现象：一国（地区）出口的产品并非全部是由本国生产的。从技术含量来看，一国贸易出口品包含的全部技术含量并不等于出口国实际贡献的技术含量，还包含国外中间投入的技术贡献。因此，基于产业间贸易理论和产品同质性的假设条件下，根据要素（技术）密集度的产品（产业）分类和技术复杂度的两种测度方法可能存在较大误差，容易造成一种幻觉。Lall等（2006）还指出："衡量出口技术含量需要生产过程的数据，而非产品的数据，但是有关生产过程的数据难于

获得。"基于此，本文将尝试提出一种基于生产工序的技术含量新测度方法。

主要结论和启示：①自 1995 年以来，中国出口确实出现了一定的自身技术水平升级和优化。中国整体和各行业的全部技术含量、国内技术含量和国内技术含量指数都呈现增长态势，表现出向发达国家平均水平的弱收敛趋势。②中国各行业都呈现相对技术升级，且在 2008 年金融危机后相对技术升级的速度加快。但是，中国各行业的全部技术含量、国内技术含量及其指数仍处于世界的最低水平层次，与美日法等国家的差距较大，根本无法构成对这些发达国家的技术威胁。

主要边际贡献：①本文首次从生产工序的角度来测度产品的技术含量。产品的全部技术含量是由产品最后生产工序的技术含量和消耗中间投入品内含的技术含量加权构成。②从全球投入产出模型角度测度产品的技术含量。③考虑了各国各行业的出口产品技术含量的异质性。本文利用各国各行业劳动生产率来替代最后生产工序的技术含量，通过计算可以得到各国各行业的产品的技术含量，不同国家的同一类产品的技术含量是存在差异的。④新测度方法对统计实践中具有重要指导意义，可以在保持现有投入产出核算框架下，扩展到产品技术含量水平和结构的统计和核算研究，该方法可能成为继"贸易增加值核算"后的另一种新的反映全球价值链增加值创造效率的测度方法。

（供稿人：倪红福）

【中国与欧美日制造业全球价值链分工地位的比较研究】

赖伟娟、钟姿华

《世界经济研究》2017 年第 1 期，原文 11 千字

在全球生产一体化趋势下，产品生产加工链逐渐由一国生产转变为多国共同生产加工，各国在全球价值链（GVC）上贡献不同的价值增值，传统贸易核算方法下以总出口和总进口衡量的统计高估各国真实加工价值增值，扭曲贸易的真实情况，进而影响各国对本国真实分工地位的准确判断以及相关贸易政策的制定。因此，如何从已有的贸易数据中成功剥离出真实贸易部分，对重新审视各国贸易地位有重要作用。

文章通过构建中国、欧盟、美国、日本与世界其余国家投入产出五国模型，借鉴 Koopman 等（2014）的方法，将一国总出口完全分解成九部分，根据各部分价值增值含义，用真实国内贸易增加值以及 GVC 地位指数对中国及其他三大经济体不同行业在 GVC 链上的分工地位及竞争力进行深入分析，剖析四大经济体参与全球价值链的分工特征，发现中国在国际分工中的优势和不足。研究结果表明：第一，在 GVC 链上多国以不同的参与方式分工：中国主要在 GVC 末端生产出口最终产品；日本主要在 GVC 上游生产中间产品参与同一条 GVC 链；美国同时在上游与中上游两个环节参与 GVC 链上的分工合作；欧盟主要以两头参与为主，同时生产出口中间产品与最终产品。各国在 GVC 链上的生产是不连续地"多环节"的，贸易不再是单向的，而是"迂回的"，特别是欧美迂回贸易的比重比较大。第二，GVC 地位指数的计算结果表明中国对其他国家中间产品部件的依赖要大于其他国家对中国的依赖，在中间关键零部件生产上中国的竞争力比较弱，在低技术、中低技术、中高技术行业均如此，且与其余三大经济体之间的差距在短时间内不易缩小。虽然美国在部分行业对其他国家的中间部件进口也有依赖，但其贸易迂回的比重要远远大于中国，即将进口的中间产品加工增值后再出口。

结论的政策启示：中国需要改变参与国际价值链的分工形式以实现产业升级，

从简单装配加工的下游攀升到生产中间核心部件的上游，要在中间产品的技术研发上加大投入强度，加强中间产品生产的竞争力，摆脱对外国核心高技术零部件的进口依赖，让中间产品的直接出口成为中国国内增加值增长的重要力量。

文章的主要贡献在于将国内增加值测算与GVC地位指数测算相结合，提出了一个更准确地衡量一国国际分工地位的方法和计算步骤，克服了贸易增加值测算单一方法的不足，并得以判断一国是通过单环节还是多环节参与分工，将国际分工和贸易方向有机结合起来。

（供稿人：赖伟娟）

【中国制造业全球生产网络位置如何影响国际分工地位？基于生产性服务业的中介效应】

毛海欧、刘海云

《世界经济研究》2019年第3期，原文15千字

改革开放以来，中国制造业的全球价值链参与程度不断提升，全球生产网络中心位置也不断提高。但中国制造业的国际分工地位却处于较低水平，黄先海和杨高举（2010）、周升起等（2014）的研究表明中国制造业的分工地位明显落后于发达国家，且被锁定在低端分工环节。为什么在中国制造业全球生产网络中心位置不断提升的同时其国际分工地位没有改善？中国制造业的全球生产网络嵌入战略是否需要调整？这是中国制造业转型升级、突破低端锁定需要回答的重要问题。

文章构建了包含全球生产网络位置的产品内分工模型，采用WIOD数据测算中国制造业17个细分行业的国际分工地位和全球生产网络位置指标，并运用中国制造业面板数据展开了实证检验。研究结果表明：制造业全球生产网络中心度提高促进了国际分工地位提升，结构洞位置改善也显著提升了国际分工地位，但中心位置与结构洞位置对分工地位有交互影响，高中心度、高限制度特征的网络位置不利于国际分工地位的提升。生产性服务业是全球生产网络位置影响国际分工地位的中介渠道。进一步拓展分析表明，相较点出网络中心位置，点入网络中心位置改善对国际分工地位的促进作用更为显著；高端生产性服务业的中介作用未能充分发挥，弱于非高端生产性服务业的中介作用；中国制造业的亚太和欧洲生产网络位置对国际分工地位具有差异化影响，欧洲生产网络中心度提升更能提高中国制造业的国际分工地位。

结论的政策启示：（1）增强生产网络关系控制能力以提升分工地位。首先，应采取"破洞策略"，即更加积极主动的开放战略、增强全球价值链嵌入的国家多样性、减少对主要国家的依赖。其次，采取"寻洞策略"，积极与周边国家建立区域贸易投资合作协定，推动区域性生产子网络的形成，并成为该子网络与外部网络联系的关键节点。最后，主动在全球范围内布局生产，形成以中国行业和企业为主导的全球价值链生产体系。（2）调整贸易政策导向，发挥中间品进口的重要作用，鼓励技术密集型中间品进口。（3）调整全球生产网络嵌入战略，通过双边或多边协定、战略产业合作等方式更深层次地参与欧洲生产网络。

文章主要贡献在于：（1）从全球生产网络位置角度研究国际分工地位提升问题，形成了新的视角。（2）发现生产性服务业的中介作用是全球生产网络位置影响国际分工地位的机制。（3）分析了全球生产网络关系控制能力对于国际分工地位的重要作用，解释了为什么中国制造业网络中心位置虽不断提高而分工地位却处于低端。

（供稿人：毛海欧）

国际产能合作

【"一带一路"倡议下中国的国际分工地位——基于价值链视角的投入产出分析】

王恕立、吴楚豪

《财经研究》2018 年第 8 期，原文 14 千字

2008 年金融危机之后，世界经济复苏乏力，逆全球化趋势凸显，区域体制和美国新政府推行的双边体制逐步盛行，全球价值链区域化特征更加明显。面对持续严峻的开放环境，加之经济下行的压力和产业转型升级的"阵痛"，中国经济面临重构开放经济新格局的紧迫战略任务。2013 年 9 月，中国提出的共建"一带一路"倡议，得到国际社会的高度关注和积极响应，为中国打破这个局面提供了新的经济机遇。那么，中国能否借助"一带一路"开放体系，推动区域性分工地位的提升，从而实现其在全球分工格局中的地位提升呢？

文章通过对比中国和"一带一路"沿线 14 国所处的国际分工位置，深入探讨了"一带一路"倡议下中国和沿线国家国际分工地位的变化及其趋势。研究表明：（1）"一带一路"沿线 14 国的产业互补性大于竞争性，且各产业的关联度较高，中国与"一带一路"沿线国家的合作能够帮助双方实现价值链的优化和升级；（2）"一带一路"合作平台能够帮助中国实现价值链的中高端化和产业升级；（3）"一带一路"背景下，中国在完成自身价值链优化的同时，也推动了"一带一路"区域性分工地位的跃升。

结论的政策启示：第一，积极构筑中国主导的自由贸易区网络，继续健全"一带一路"合作机制，消除贸易壁垒，实现"一带一路"区域内的贸易自由化、便利化；第二，推进高端制造业发展，打造自身"高精尖"优势产业，完成从"制造大国"向"制造强国"的转变，转变制造业的发展方式，推动制造业服务化的进程；第三，加大对技术研发、创新等高端环节的投入，培育全球价值链的中高端环节的竞争新优势，依靠科技创新、资本、劳动力和组织等要素共同促进产业转型升级，提高对高新技术行业的政策补贴，鼓励高新技术企业走出国门，以寻找最优的国际分工地位跃升路径。

文章主要贡献在于：第一，以中国和"一带一路"沿线国家为研究主体，对其在全球价值链中的位置进行分析，并拓展了"一带一路"倡议下中国分工地位的研究；第二，基于中国和"一带一路"沿线国家的产业关联度和互补性，补充了中国在"一带一路"倡议实施前后分工角色转变的理论依据；第三，以往研究在衡量一国国际分工地位时大多采用 GVC 参与指数和 GVC 地位指数，而本文采用非等间距出口上游度这一指标来衡量一国的国际分工地位，这种方法从产业层面出发，考虑了贸易结构和附加值的影响，其测算结果更具说服力。

（供稿人：王恕立）

【"一带一路"倡议与沿线国家债务风险：效应及作用机制】

邱煜、潘攀

《财贸经济》2019年第12期，原文15千字

中国是经济全球化的受益者，更是贡献者。作为世界经济增长的主引擎，在当今世界经济增长乏力、主权债务危机反复冲击市场信心之际，为提振全球经济、彰显大国责任，中国持续向世界贡献了一系列完善全球治理、促进全球经济共同发展的"中国方案"。然而，中国阴谋论的声音却不时出现，其中时下最热议的话题之一就是中国利用"一带一路"倡议制造债务陷阱，这与中国方案合作共赢的核心主张截然相反。因此，实证检验"一带一路"倡议对其他国家债务风险的作用就显得尤为必要和迫切。

文章同时通过构建理论模型和利用固定效应模型探讨了"一带一路"倡议与沿线国债务风险之间的关系及其中的作用机制。研究结果表明：中国"一带一路"倡议能有效降低沿线国家债务风险；并且中国"一带一路"倡议主要通过缩减债务规模和增强财政可持续性这两条路径影响沿线国债务风险；进一步研究发现，深度参与"一带一路"倡议，即与中国签订共建"一带一路"谅解备忘录的沿线国家债务风险更低。这表明，当前国外媒体宣扬的"中国方案"阴谋论有悖事实，中国非但没有利用"一带一路"倡议对沿线国家施行债务外交，反而能够有效降低沿线国家的债务风险。同时，本文的研究也为鼓励沿线各国积极且深入地参与"一带一路"倡议建设提供了更多经验证据。

结论的政策启示：第一，继续深化"一带一路"倡议的国际传播，使"一带一路"倡导的合作共赢理念更加深入人心；第二，用数据说话，鼓励科研、统计机构加强"中国方案"相关研究，为"中国方案"的持续推进提供更坚实的理论支撑和科学依据；第三，继续深化应对债务风险的制度建设，帮助沿线国加强债务管理能力，这既有利于彰显中国在沿线国债务可持续性问题上积极和开放的态度，也有助于体现中国对沿线国家实际国情和发展需求的重视。

文章主要贡献在于：第一，在古典国内生产总值框架下，引入政府跨期预算约束模型，侧重从偿债压力和偿付能力两个维度，构建数理模型框架，探究"一带一路"倡议如何影响沿线国家债务风险及其内在机理，相较于以往研究仅采用实证方法进行考察，论证过程更加科学严谨；第三，以沿线各国与中国签署共建"一带一路"相关合作文件的时间为衡量指标，不仅使指标刻画更为准确、与实际情况相符，更为观察沿线国家参与"一带一路"倡议建设的积极性对该国债务风险的影响提供了条件，弥补了现有研究多以"一带一路"倡议提出时间为沿线国家是否受到"一带一路"倡议影响的衡量指标的不足。

（供稿人：邱　煜）

【"一带一路"沿线国家货物贸易的竞争互补关系及动态变化】

李敬、陈旎、万广华、陈澍

《管理世界》2017年第4期，原文19千字

加快推进"一带一路"建设，对促进沿线各国的持续发展与加强区域合作具有十分重大的战略意义。"一带一路"构想将我国巨大的生产供给能力与沿线国家的巨大需求联系起来，为互利双赢创造了美好前景。贸易发展取决于中国与沿线国家及其之间的贸易竞争与互补关系。如果两个国家之间产业结构相似度高，贸易竞争激烈，则贸易合作的空间就小。反之，

如果两个国家产业结构不同，且各自具有专业化优势，则两国贸易合作的空间就较大。厘清这些关系，对深入推进"一带一路"倡议具有十分重要意义。

本文着重运用网络分析方法探讨了"一带一路"沿线国家的贸易关系。与现有文献有三点不同：一是本文不局限在少数几个国家之间，而是全面揭示"一带一路"沿线国家之间的贸易关系及其动态变化。二是数据方面，本研究采用基于《商品名称及编码协调制度》（HS2012）的国际贸易商品分类数据，涉及商品90多类、5000多种，可以避免此前大多数文献采用加总数据带来的种种问题。三是本文采用网络分析法来刻画"一带一路"沿线国家间的进出口关系、竞争和互补关系。这种方法可以更好地揭示多个国家之间贸易关系的全局性和整体性特征以及各经济体在网络中的功能特征。

主要研究发现：近十年"一带一路"沿线国家贸易关系日趋增强，贸易网络密度增加，贸易集中化趋势明显，贸易竞争加剧，但贸易互补大于贸易竞争。"一带一路"沿线国家有两个重要贸易板块：一是由俄罗斯、中东欧等国家组成的内部型板块；二是由中国、印度等亚洲国家组成的内部与外部贸易关系都比较密切的兼顾型板块。有一个主要由中国和中东欧国家组成的贸易互补板块，这一板块是中国最重要的贸易伙伴。"一带一路"沿线国家呈现"三足鼎立"的贸易竞争局面：第一竞争群体是以俄罗斯为首的石油资源国家；第二群体以印度、新加坡为首；第三群体以中国为首，由部分中东欧国家和独联体国家组成。

本研究的政策含义是：大力推动中国与"一带一路"沿线国家贸易合作，存在较大潜力，但也存在一些障碍。中国需要在坚持合作共赢的理念下与沿线国家做好策略互动：一是要进一步发挥中国在互补板块中的凝聚作用，积极推动建立中国、俄罗斯、中东欧自由贸易区；二是要根据国际形势，积极调整中国对外投资策略，加大与具有较强互补关系国家的产业投资；三是要协调好"一带一路"沿线国家的贸易竞争关系，处理好三大贸易竞争群体的内部和外部关系。

（供稿人：李　敬）

【贸易开放对"一带一路"沿线国家绿色全要素生产率的影响】

齐绍洲、徐佳

《中国人口·资源与环境》2018年第4期，原文16千字

绿色"一带一路"建设是"一带一路"倡议的重要组成部分，而贸易开放则是促进"一带一路"沿线国家绿色技术进步的重要渠道。然而，"一带一路"沿线国家身处不同制度背景和发展阶段，其经济发展、基础设施、金融发展和制度质量的水平也各不相同。在这些因素存在差异的情况下，贸易开放对沿线国家绿色全要素生产率（绿色TFP）的影响可能不同。

文章用SBM模型测算了"一带一路"沿线国家的绿色TFP，以衡量沿线国家的绿色技术进步，并基于面板门槛模型从进口贸易和出口贸易两个角度考察了沿线国家贸易开放的绿色技术溢出门槛效应。研究结果表明：（1）经济发展、基础设施、金融发展和制度质量四个变量对"一带一路"沿线31个国家贸易开放的绿色技术溢出都存在显著门槛效应。进口贸易的绿色技术溢出效应随着经济发展门槛的跨越而由负转正并逐步增强；在跨越基础设施、金融发展和制度质量门槛前后，进口贸易的绿色技术溢出效应都为正，但在跨越门槛之后进一步增强。出口贸易在样本期内对绿色TFP呈负向影响，但负向影响随四个变量门槛的跨越而逐渐

降低。(2) 沿线国家基于四个门槛变量的通过情况有所不同。跨越基础设施水平门槛和金融发展水平门槛的样本国家较多，跨越制度质量水平门槛的国家次之，跨越经济发展水平门槛的样本国家还较少。(3) 贸易开放整体有利于"一带一路"沿线国家绿色TFP的提高，相比出口贸易，进口贸易更有助于促进"一带一路"国家绿色技术进步。

结论的政策启示：第一，贸易开放整体有助于"一带一路"沿线国家绿色TFP的提升，表明中国提出的贸易畅通有助于沿线国家的绿色发展；第二，通过落实中国提出的设施联通、资金融通、政策沟通和民心相通的倡议，可以逐步诱发出口贸易中绿色技术溢出，以改善沿线国家污染避风港和向底线赛跑的现象；第三，需进一步提高沿线国家在政府效能、监管质量、法治和腐败等方面的制度质量，尤其是处于"一带一路"中段的沿线国家，以促使其尽快跨越经济发展和制度质量门槛，引导贸易开放的绿色技术溢出效应充分显现。

文章主要贡献在于：第一，考察贸易开放对"一带一路"沿线国家的绿色技术溢出效应，弥补对"一带一路"绿色贸易研究的不足；第二，探索性地选取能够反映贸易畅通、设施联通、资金融通、政策沟通和民心相通的变量，深入分析经济发展、基础设施、金融发展和制度质量对贸易开放绿色技术溢出效应的影响及其作用机制，研究结果可以为"一带一路"的绿色建设提供量化的科学依据。

（供稿人：徐　佳）

【能力建设导向的包容性国际产能合作】
李晓华
《经济与管理研究》2019年第5期，原文20千字

2013年9月和10月由中国国家主席习近平分别提出建设"新丝绸之路经济带"和"21世纪海上丝绸之路"合作倡议，合称"一带一路"（The Belt and Road，缩写B&R）。2015年3月28日，国家发展和改革委员会、外交部、商务部联合发布《推动共建丝绸之路经济带和21世纪海上丝绸之路的愿景与行动》。"一带一路"倡议提出后，获得了世界范围内的广泛响应，中国在"一带一路"沿线国家的投资快速增长，成为与发展中国家开展产能合作的主要参与者、推动者。

无论从理论还是时间看，对外直接投资随着经济发展逐步增长是经济发展的一般规律，但是作为一个后发的经济大国，中国的对外直接投资，特别是由中国所发起的"一带一路"倡议以及作为其重要内容的国际产能合作，表现出与早期发达国家对外直接投资显著不同的特征。作为世界第二大经济体和工业、制造业规模最大的发展中大国，由中国发起的"一带一路"倡议以及作为其重要内容的国际产能合作，与历史上发达国家进行的国际产业转移在参与国的经济发展阶段、国际分工格局、母国产业体系和产业地位、制造业规模等方面存在巨大差异。"一带一路"倡议下，中国政府推动和中国企业参与的国际产能合作是"能力建设导向的包容性产能合作"。能力建设导向的包容性产能合作在参与主体、投资领域、后果等方面都呈现出与以往国际直接投资显著不同的新特征，其合作机制包括增强自生能力、促进经济发展、扩大出口和完善产业生态建设。

对于一个国家来说，获得经济增长的能力比由短期投资拉动实现的经济增长更加重要。加强基础设施建设、完善产业配套体系、提升劳动力素质、增强创新能力等关系到经济增长能力的重要举措，对一个国家长期的经济增长影响更为深远。

"一带一路"建设通过推动国家间合作，助力发展中国家完善基础设施、推动产业发展，促进了沿线国家经济发展自生能力的提升，实现了中国与"一带一路"沿线国家的互利共赢。

文章的主要创新在于：第一，提出"能力建设导向的包容性产能合作"的概念，这是"一带一路"国际产能合作区别于传统的国际直接投资的显著差异；第二，提出通过基础设施建设增强发展中国家自生能力，通过自生能力增强促进发展中国家经济发展，通过发挥比较优势、扩大出口加快经济发展，通过基础设施和产业发展推动发展中国家产业生态完善等四种"能力建设导向的包容性产能合作"的机制。

（供稿人：李晓华）

【中国OFDI与"一带一路"沿线国家产业升级——影响机制与实证检验】

贾妮莎、雷宏振

《经济科学》2019年第1期，原文12千字

共建"一带一路"倡议的提出是中国与沿线国家积极参与国家分工、改变当今由欧美等发达国家引领的世界政治格局的重要战略举措，惠及沿线国家经济、政治及国际地位。然而，"中国威胁论""中国掠夺论"的声音不时出现，导致在"一带一路"建设过程中时常存在"内热外冷"的局面。与此同时，随着逆全球化和贸易保护主义愈演愈烈，FDI成为弥补沿线国家储蓄缺口、促进技术提升从而实现跨越式发展的重要途径。特别地，中国作为沿线国家最大FDI来源国之一，近年来对沿线国家的直接投资增长态势明显。因此，立足沿线国家视角，探究中国对外直接投资对当地产业结构、经济发展的贡献，是对共建"一带一路"质疑论的有效反击，同时也对促进沿线国家积极加入共建"一带一路"具有重大现实意义。

本文基于开放经济国家产业结构升级的数理模型，利用2003—2015年中国对沿线国家的直接投资流量和存量数据，以及43个沿线国家经济指标，探讨中国对沿线国家的直接投资对沿线东道国产业升级的影响。研究发现：中国OFDI整体上推动了沿线东道国产业升级，从数量上说，2003—2015年13年间中国OFDI累计促进沿线国家产业结构升级指数年均增长6.64个单位，且沿线国家与中国领导层密切互访有助于强化中国OFDI对沿线国家产业升级的促进作用；进一步分析发现中国OFDI通过技术溢出、要素供给及生产率效应推动了沿线东道国产业升级。区分样本发现：相对投资于中高收入的沿线国家，投资于中低收入沿线国家的产业升级效应更为明显；中国OFDI更能显著推动包含华人经济圈的沿线国家产业升级；与中国非相邻沿线国家的产业升级效应强于与中国相邻的沿线国家。

结论的政策启示：制定共建"一带一路"背景下中国与沿线国家产业联动升级的合作框架，通过对外直接投资对沿线发展中国家实现产业转移和产能互补、对沿线发达国家形成产业合作，进而推动沿线国家与中国产业结构联动升级。具体而言，制定差异化的对外直接投资政策。如对以以色列、阿联酋为主的沿线发达国家，坚持鼓励性的投资政策，积极推动国内企业寻求技术性的跨国投资，共同推动双边产业的联动升级。对与中国有着显著人文差异的沿线国家，可以多通过绿地投资融入当地文化，以提高投资效率，进而推动当地经济和产业结构的双向提升。对与中国相邻的沿线国家，在政治外交的基础上，多选择直接投资的方式化解周边国家对中国崛起的负面情绪，带动当地就

业、技术、产业的全面发展，推动双边产业结构联动升级，实现共赢。

文章的主要贡献在于：第一，本文从FDI来源国入手，考察一国直接投资对沿线国家所带来的产业升级效应。第二，本文强调中国对沿线国家产业升级的积极影响，以此为进一步推动"一带一路"建设提供理论支撑。第三，本文尝试通过理论模型分析中国直接投资对沿线国家产业升级的作用机制，并利用样本数据进行验证，从理论和实证上评估中国直接投资对沿线国家产业升级的影响。

（供稿人：贾妮莎）

【中国对"一带一路"援助及投资的减贫效应——"授人以鱼"还是"授人以渔"】

张原

《财贸经济》2018年第12期，原文19千字

20世纪80年代以来，中国在反贫困领域取得了举世瞩目的成绩，中国减贫的正向溢出效应日益显现。在"一带一路"沿线国家，中国以援助和投资并举的方式推动发展中国家减贫，以基础设施建设为突破口构建开发式减贫机制，并借助国家力量推进"一带一路"建设，为发展中国家合作减贫提供了"中国方案"。

文章研究发现，援助与投资总额的上升有助于降低贫困人口比重，投资的影响略高，并且在人均GDP水平低于门槛值的国家，中国投资的减贫效应更显著；不同类型的援助和投资所产生的减贫效应存在差异，依托基础设施投资构建的开发式减贫机制比转移支付型的援助具有更好的减贫效果；国有企业投资与贫困率下降之间存在显著相关性，在区域减贫中发挥重要作用；中国援助与投资的减贫效应通过"授人以渔"的方式实现，主要渠道是增加资本形成额和创造就业岗位，尤其是提高工业和服务业部门就业水平。

结论的政策启示：第一，"一带一路"倡议不能简单地归为传统对外援助或对外投资战略，而是介乎两者之间的开发合作，需要厘清援助和投资在不同国家和地区的功能边界，从而更具针对性地帮助"一带一路"沿线发展中国家实现减贫目标。第二，基础设施建设是中国推动"一带一路"沿线地区开发式减贫的重点，然而基建项目投资风险和对生态环境影响较大，易引起国际争议，中国需要对已有的开发模式进行动态改进，在适度调整基础设施援助及投资增长的同时，提升教育培训、医疗卫生、文化扶贫和社会组织援助及投资的比重，增强中国减贫"软实力"，同时将"绿色减贫"理念贯彻其中。第三，持续推进"一带一路"沿线国家减贫不仅需要国有资本的"先行军"作用，也需要其他资本的积极参与，中国需要改变过去"重双边、轻多边"的减贫思维，提升与现有国际开发援助体系的契合度。

文章主要贡献在于：第一，以统计分析为基础阐述中国援助和投资双重机制推动"一带一路"沿线国家减贫的基本逻辑；第二，在实证研究上构建中国对"一带一路"援助和投资减贫效应的实证模型，实证分析援助和投资的实际减贫作用，对投资可能存在的门槛效应进行检验，并对不同类型援助及投资的减贫效应差异及其成因进行比较分析；第三，采用中介效应模型研究中国援助和投资减贫效应的影响渠道和作用机制，分析两者在资本积累和就业创造中的作用，勾勒出中国援助和投资"授人以渔"的主要路径。

（供稿人：张　原）

【中国企业对"一带一路"国家国际化经营方式研究——基于国家距离视角的考察】

方慧、赵甜

《管理世界》2017年第7期，原文11千字

2015年国务院发布《关于加快培育外贸竞争新优势的若干意见》，指出要全面提升在"一带一路"沿线国家的国际化经营水平，包括深化贸易合作以及大力拓展产业投资。"一带一路"倡议提出后三年多时间，中国对"一带一路"沿线国家贸易总额达20万亿元，直接投资超500亿美元。中国与"一带一路"沿线国家在经济规模、政治制度等多方面的巨大差异既是合作的机遇，又有可能演变成冲突的来源。虽然它们与中国自古就保持着丝路的经贸往来，但在新的发展态势和时代背景下还需重新审视和探讨中国企业的国际化经营方式。

文章建立了供需模型综合分析国家距离对出口贸易和直接投资两种主要国际化经营方式选择的影响，随后使用PPML法进行检验。结果表明，国家距离对中国企业的国际化经营整体呈现抑制作用，其中对OFDI的抑制更为显著。不同维度的国家距离对出口贸易和直接投资影响不同，文化距离、经济距离和技术距离提高了出口倾向，地理距离和制度距离则提高了投资倾向，此类因素的影响在"一带一路"沿线不同区域间也存在差别。

结论的政策启示是：第一，综合考虑多维度国家距离，与各国携手共建"一带一路"。第二，重视各维度国家距离的差异，增强国际化经营的针对性，虽然国家距离对企业国际化经营方式整体表现为抑制作用，但应注意具体维度作用的差别。第三，选择国际化经营方式时，需注意区分"一带一路"不同板块间的差异，可以在保持双方贸易合作的基础上进一步拓展投资活动。第四，企业国际化经营方式并非一成不变，具体形式的选择需具体分析，对象国的市场容量、外资政策和资源状况等因素对贸易和投资的选择具有重要影响，归纳到双方的国家距离角度进行分析可以形成较为科学有效的判断标准。

文章主要贡献在于：第一，将影响国际化经营方式的有形、无形因素统一纳入国家距离框架进行综合分析比较；第二，不仅考察国家距离对中国在"一带一路"沿线国际化经营方式的影响，还考察它对出口和投资倾向的作用，即国际化经营方式选择问题；第三，使用PPML法处理样本数据中的零值以提高检验结果的稳健性和可信度。

（供稿人：方　慧）

【中国企业对"一带一路"沿线国家的交通投资效应：发展效应还是债务陷阱】

金刚、沈坤荣

《中国工业经济》2019年第9期，原文19千字

近年来，随着"一带一路"倡议不断推进，一些西方国家和智库大肆渲染"一带一路"倡议的"债务陷阱论"。其核心观点是中国通过向"一带一路"沿线国家投资大规模交通基础设施建设并提供高额贷款，使得东道国无力偿还贷款导致投资项目中止，进而迫使东道国让渡项目控制权乃至主权以换得债务减免。"债务陷阱论"的不实指责给中国企业对沿线国家交通投资产生了不利舆论干扰，甚至给"一带一路"倡议深入推进蒙上了一层阴影。为此必须厘清"一带一路"倡议对沿线国家交通发展的政策效应，有针对性地批驳"债务陷阱论"的错误论断。

文章基于2005—2018年中国企业对外投资"国家—行业—年份"三维面板

数据集，采用三重差分法识别了"一带一路"倡议对中国企业在沿线国家交通投资的政策效应。研究结果表明，相比非交通行业投资，"一带一路"倡议使得中国企业对沿线国家交通投资金额和投资次数分别增长22.15%和7.90%，但并未显著增加中国企业对外交通投资出现问题的次数和概率。文章从多个角度展开了稳健性检验，并且采用地理距离缓解"一带一路"沿线国家选择的非随机性问题，发现上述结果十分稳健。因此，"一带一路"倡议为沿线国家带去的是交通投资发展效应，而不是债务陷阱。

结论的政策启示：第一，发挥不同所有制企业交通行业投资优势，构建企业协作网络，提高对外交通基础设施建设效率；第二，鼓励企业对外交通投资更多采用跨国并购模式，通过组织内部的技术与经验互动，促进沿线国家本国企业交通基础设施建设能力，实现"授人以渔"的长期效应；第三，鼓励抗风险能力较强的国有企业到制度环境较为恶劣的沿线国家投资，引导非国有企业在风险较小的国家进行投资；第四，鼓励已经进入沿线国家的企业扩大投资规模，引导国内企业理性审慎地参与对沿线国家的交通行业投资。尤其需要避免盲目鼓励企业脱离市场化经济规则"四面出击"。

文章主要贡献在于：第一，理论上，文章补充了评估"一带一路"倡议政策效应方面的实证文献。通过采用三重差分方法剔除了中国企业在特定沿线国家投资的时间趋势变化，提供了更加严谨的因果识别框架。第二，政策上，文章为廓清"债务陷阱论"提供了可靠的经验证据，对于"一带一路"倡议行稳致远具有现实价值。

（供稿人：金　刚）

【中国与"一带一路"沿线国家制造业耦合性的四维分析】

潘雨晨、张宏

《统计研究》2019年第5期，原文19千字

"一带一路"倡议的提出与建设不仅加强了中国与其他沿线国家间的合作，也大大促进了中国的国际化进程。党的十九大报告提出，"要以'一带一路'建设为重点"的核心思想，这为中国与其他沿线国家之间的合作提供了指导思想。双边良好的产业耦合关系既有利于进一步推进"一带一路"建设，也有利于实现区域内的合作共赢。

文章从竞争性、互补性、依存性和融合性四个维度构建"产业耦合性评价指标体系"，并基于对外经济贸易大学全球价值链研究院数据库，在总值贸易和增加值贸易视角下测算并分析中国与"一带一路"沿线国家间制造业的耦合情况。研究结果表明：总体上中国与沿线国家制造业在总值贸易视角下具有良好的耦合性，但在增加值贸易视角下双边耦合水平出现恶化；无论在总值贸易还是增加值贸易视角下，东南亚和东亚地区都与中国在制造业领域具有良好的耦合性，中东欧地区表现最不理想，中亚和南亚地区表现一般；中国与沿线国家在精炼石油、木制品、皮制品等行业中具有相对较好的耦合性，各国在不同行业中的表现也各不相同。

政策启示体现在两方面：第一，在推进中国与"一带一路"沿线国家经贸合作方面，不断扩大精炼石油、木材等行业合作，并加强在工业制成品和高端制造业中的技术与经验交流；继续增强在东南亚和南亚地区的经贸合作，并不断推进与中亚、东亚、中东欧地区内的多元合作；基于分析结果，有针对性地进行出口与进口，从而提高贸易效率与效益。第二，在

提升中国与"一带一路"沿线国家产业耦合水平方面，保持贸易通道通畅，营造良好外部环境；优化产业结构，促进双边产业间耦合水平的高级化；优化对外贸易结构，降低竞争性，提升互补性；提升区域内产业关联度，增强双边产业的依存性与融合性。

文章主要贡献在于：第一，构建"产业耦合性评价指标体系"，并从四个维度全面分析中国与"一带一路"沿线国家间制造业的耦合情况，为区域内的进一步合作指明方向；第二，基于增加值贸易视角对相关指标进行修正和测算，并与总值贸易视角下的结果进行对比，得出更为准确和贴合实际的结论，提出更具有针对性的政策建议；第三，分别从整体层面和细分行业层面出发，对中国与"一带一路"沿线国家制造业及其14个细分行业的耦合水平进行具体探讨，为中国在"一带一路"倡议下的进一步合作提供更加具体的方向。

（供稿人：潘雨晨）

【超越地缘政治——产业政策与大国竞争】

雷少华

《世界经济与政治》2018年第5期，原文23千字

2018年，特朗普政府对中国发动全球最大规模的贸易摩擦，并企图使用"全政府战略"与中国经济和科技全面"脱钩"。《中国制造2025》这一产业政策成为美国政府认定中国产业升级、挑战美国控制的技术密集型产业、进而威胁美国产业安全的重要依据。中美关系从过去地缘政治竞争全面转向产业安全竞争的新阶段。

文章从四个角度进行了研究：（1）产业政策兴起和发展的主要文献；（2）美国的产业政策发展过程；（3）产业政策与政治体制的关系；（4）产业政策与大国竞争的本质。研究表明：在一个先进技术占据主导地位的世界中，竞争本质的变化导致国家安全的内涵发生了巨大改变：从防止战争逐渐转向确保产业安全。产业结构决定了经济实力和军事技术，因此产业结构的质量和安全决定着国家安全。在全球化时代，确保竞争优势最重要的因素是"产业政策、尖端技术和市场规模"，而大国竞争的本质是产业政策及其实现方式的竞争。

该研究的主要发现是：（1）完整的产业结构和产业链对国家的发展和安全非常重要：低端产业解决就业、中端产业确保发展、高端产业引领科技，全产业链是国家产业安全的唯一结构；（2）随着科技研发需要的资金投入越来越多、科技应用依赖的新型基础设施越来越庞大、而科技研发的风险也愈发难以控制，因此自由市场竞争模式已经无法支撑技术密集型产业中的科技研发和商业应用，产业政策和国家动员模式完全契合第四次工业革命的时代需求，进而迫使所有坚守自由竞争市场模式的国家纷纷制定产业政策、并通过国家动员模式进行实施；（3）美国霸权的核心是控制技术密集型产业的能力，中国向高端产业结构的攀升将逐渐瓦解美国控制全球产业链的霸权基础，这是中美竞争和冲突的本质，也是无法调和的结构性矛盾。

文章的主要贡献在于：（1）把产业政策与政治体制相结合，将产业经济学向产业政治学这一新领域进行拓展；（2）揭示了在军事和金融体系之外，美国霸权的另一个基础是对高端产业链的控制能力；（3）在政策上，构建全产业链将成为各大国的竞争目标。在新一轮竞争中，出局者将很难再次具备在产业结构中攀升的可能性。制定和实施符合现实状况的产业政

策成为大国竞争的重中之重。

（供稿人：雷少华）

【外商投资政策是否影响了美中技术转移和中国出口贸易利益？——兼评特朗普政府对华301调查】

李黎明、刘海波、张亚峰

《中国软科学》2019年第7期，原文13千字

2018年3月美国贸易代表办公室发布"美国对华301调查报告"，认定中国政府对合资企业要求、对外国投资占比限制等政策工具有歧视性，给美国经济造成的损失至少为每年500亿美元。国家知识产权局统计数据表明，"十二五"期间，美国对注册地在中国大陆的企业的发明专利转让和许可数量相对"十一五"期间增长了163%。在这一背景下，中国的外商直接投资政策是否如"美301调查报告"所指出的那样，加速了美国企业对中国大陆企业的知识产权转移，美中技术转移的加速是否提高了中国企业的出口贸易获利？

文章基于国家知识产权局专利转让许可合同备案数据，构建一个新的分析框架研究外商投资政策影响中国不同所有制企业吸收国际技术转移的效应。研究结果表明：（1）合资企业跨国技术转移的产业部门很少涉及中国《外商投资产业指导目录》；（2）美对华301调查加税名单涉及的跨国技术转移并没有带来中国出口贸易利益的增加；（3）不是外资企业和合资企业，而是内资企业的市场化购买行为推动了中国对美出口贸易额的增长。由此可见，中国外商投资政策并没有像特朗普政府301调查宣称的那样施压美国企业将知识产权转移给中国企业。

结论的政策启示：第一，内资企业跨国技术转移和自主研发对中国出口贸易利益有显著正向促进作用，而且前者的正向影响要大于后者，这意味着美国对华施加惩罚性关税不仅可能影响中国本土企业技术水平的提升，影响中国企业的出口贸易利益，引发中美贸易冲突，给两国经济带来冲击。第二，在经济全球化加速的时代，发展中国家鼓励本土企业加大研发投入的资助政策具有积极意义，有利于自身技术学习能力的提升，从而更好地消化吸收国际技术转移，增强国际贸易竞争力。

文章主要贡献在于：一是建立了一个包含国际贸易、跨国技术转移、技术转移受让方性质、技术转移资助政策、外商投资政策等因素的分析框架；二是在前述分析框架下，设计留学回国人员作为跨国技术转移的工具变量，在控制模型内生性的基础上，分析了跨国技术转移影响中国对美出口贸易的效应，而且讨论了中国的外商直接投资政策是否影响了美国对华的知识产权转移，为应对此次美国301调查提供了事实支持。

（供稿人：李黎明、刘海波）

【我国对"一带一路"沿线国家OFDI的环境效应】

刘乃全、戴晋

《经济管理》2017年第12期，原文19千字

伴随经济全球化的纵深发展，国际投资引致的环境问题愈发成为国际社会关注的焦点。近年来，随着"一带一路"倡议与国际产能合作的不断推进，我国对外投资得以大幅增长并有力推动了广大发展中国家的经济增长，赢得了国际社会愈来愈广泛的认可。中国投资在众多不发达国家大受欢迎的同时，一些国家却开始"焦虑"于中国高速增长的对外投资可能加剧东道国的环境污染。对这些质疑的正面回答不仅关乎中国负责任大国形象的树

立,同时也将有助于"一带一路"倡议的进一步推进,实现中国与"一带一路"沿线国家共同发展。

本文以中国对外投资及"一带一路"沿线50个国家2003—2013年环境与社会经济发展数据为基础,采用较为稳健的空间计量方法分析了我国OFDI对"一带一路"沿线国家环境的影响。结果表明,我国OFDI对"一带一路"沿线东道国环境产生了积极的"污染光环"效应。相反,其他国家对"一带一路"沿线国家投资的总体环境效应却是消极的。同时,其他国家对"一带一路"相关国家投资的环境效应还存在差异性,而中国对外投资的环境效应则对东道国一视同仁。不言而喻,针对中国对外投资的"焦虑"显然是多虑了。

本文的政策启示:第一,进一步优化我国对"一带一路"沿线国家投资的产业构成,将我国"过剩产能"与东道国"落后产能"有机结合起来,真正实现双方的合作共赢。第二,对内优化投资主体的区域结构与企业构成,让更多的省份以及民营企业都参与进来,同时强化企业的合作意识与社会责任意识。第三,充分发挥"一带一路"合作成功案例与先进成果的示范效应,进一步完善相关数据平台的建设,切实做到信息公开,政策透明,进一步消除相关国家对中国投资的疑虑。

本文的主要贡献在于:第一,文章着眼于国际投资对环境影响的投资母国责任的新视角,采用客观的数据分析结果正面回应了中国对外投资对东道国环境影响的质疑,证实了中国对外投资对"一带一路"沿线国家环境产生了积极的"污染光环"效应。第二,文章基于探索性空间数据分析发现所选区域的经济与环境相关变量存在显著的空间关联性,故而传统的计量分析方法不再适用,引入了空间计量分析方法以克服空间自相关性产生的估计偏误,相较于忽略了空间关联性的实证分析而言,本文实证分析的结果更为可靠。

(供稿人:戴 晋)

【中国大型区域贸易协定谈判的潜在经济影响】

李春顶、郭志芳、何传添
《经济研究》2018年第5期,原文17千字

全球金融危机以来,新一轮区域经济和贸易一体化的浪潮风起云涌,中国是这一进程中的重要参与者和有力推动者。中国推动和参与的双边和区域贸易协定谈判将非常显著地影响世界经济,尤其是大型区域贸易协定的谈判。同时,中国的大型区域贸易协定是"自由贸易区战略"的重要内容和组成部分,也是推动新一轮开放,促进中国经济持续健康快速增长的重要路径。

加快实施自由贸易区战略、逐步构筑高标准的自由贸易区网络,是"十三五"时期中国进一步对外开放的重要举措,而大型区域贸易协定的建设是其中的核心内容。本文构建一般均衡数值模型系统进行量化模拟分析,研究结果发现:(1)这些协定都会提高中国的福利、产出、就业和贸易,其中贸易效应最强、产出和就业效应其次、福利效应相对较小;(2)协定其他成员都会获利,比较而言,经济规模小国和出口依存度高的国家受益更多;(3)比较发现,亚太自贸区和区域全面经济伙伴关系协定对中国的积极作用最突出,其次是中日韩自贸区,积极效应较小的是中国—东盟自贸区升级版和中国—海合会自贸区。

结论的启示:第一,区域全面经济伙伴关系协定能够在福利和贸易上惠及世界整体和其他大多数国家,未来必然将有更

多国家寻求加入协定。第二，中日韩自贸区对三国的经济价值都有替代实现方式，不利于协定的发展。第三，中国—海合会自贸区对中国的正向作用有限，但由于海合会成员是重要的石油出口国，对于中国的能源安全较为重要，故而中国—海合会自贸区对中国来说也相当重要。第四，中国—东盟自贸区升级版的成员中，东盟国家对于协定的依赖程度大于中国，故而中国的主导地位更突出。第五，亚太自贸区由于涉及国家众多，谈判的难度可能会较大，但对区域以及世界经济的贡献是不可多得的。

文章主要贡献有三个方面。一是在理论模型上，同时引入了关税和非关税壁垒，有利于量化当前区域贸易协定所注重的新制度和新规则的影响，另外"内部货币"的内生性贸易不平衡结构有利于体现单个国家对贸易盈余的偏好。二是在区域贸易协定效应模拟结果的呈现上，假定了一系列不同的消费和生产弹性，并以统计分布的形式来呈现影响。三是系统而全面的量化分析并且比较了中国大型区域贸易协定的影响，对于中国加快实施自由贸易区战略的政策选择、优先次序以及谈判策略等都具有重要的政策启示。

(供稿人：李春顶)

【中国与"一带一路"国家农业合作的实现途径】

龚斌磊

《中国农村经济》2019 年第 10 期，原文 13 千字

"一带一路"倡议是中国目前和未来相当长的一段时间内全方位对外开放的战略布局，势必对中国与沿线国家的政治、经济和文化都产生全方位的深远影响。作为古代陆上和海上"丝绸之路"的核心，农业仍然是新时期"一带一路"倡议的关键抓手之一，在促进中国与沿线国家之间的经济发展、深化互利合作、甚至是增进文化交流方面都扮演着重要角色。2018年中央一号文件也明确提出，"要深化与'一带一路'沿线国家和地区的农产品贸易关系"。在此形势下，中国农业借好"一带一路"倡议东风，利用好沿线国家的农业资源和市场环境，真正把"引进来"和"走出去"并重的战略落到实处，成为现实而紧迫的问题。因此，探讨中国与"一带一路"沿线国家间农业生产的互利共赢路径，将具有重要的现实意义，并为政策设计提供学术依据。

本文利用 1962—2016 年间全球 107 个国家的农业面板数据，构建全球农业空间生产模型，并在此框架下探索中国与"一带一路"沿线国家在农业领域实现互利共赢的合作途径。实证结果表明，中国与"一带一路"沿线国家间的双向溢出效应均为正，且均明显高于世界平均水平，这是双方合作的基础，也体现了"一带一路"倡议的科学性和前瞻性。在"一带一路"倡议的背景下，存在两条途径加速中国与沿线国家的农业高质量发展：一是增加农产品国际贸易，使双方都能从对方的农业增长中获得更大的单位溢出效应；二是通过双边贸易、农业科技援助、基础设施援建等措施，帮助沿线国家提高农业生产率，同时扩大这些国家对中国农业的总体溢出效应。

结论的政策启示：第一，扩大与"一带一路"国家的农产品贸易往来，通过提高单位溢出效应和提高农业全要素生产率两条途径增加农业合作的积极影响。第二，开展与"一带一路"沿线国家在农业科技、水利灌溉等基础设施建设方面的合作。这些合作不但能提高农业生产率、提高国民收入，也能为我国发展营造良好的外部环境，推动人类共同发展、互利共赢。

文章主要贡献在于：第一，在构建农业生产函数时，同时考虑由于地理和贸易原因带来的相互影响和溢出效应，从而更全面地刻画农业投入产出关系，并更准确地测算农业生产率。第二，在全球农业多边关系的框架下分析中国和"一带一路"沿线国家农业合作的优势，为"一带一路"战略找到理论和实证依据。第三，从增强溢出效应和提高农业生产率两方面，给出进一步促进中国与"一带一路"沿线国家农业提质增效的有效途径。

（供稿人：龚斌磊）

产业高质量发展

【改革开放以来中国产业结构变迁：回顾与展望】

干春晖、王强

《经济与管理研究》2018年第8期，原文17.6千字

随着中国经济发展进入新常态，经济发展的核心问题变成如何提高经济增长效率和质量。根据党的十九大报告提出的要求，转变发展方式、优化经济结构、转换增长动力，向高质量发展转变，关键就是在于产业结构的升级和经济结构的优化。而在改革开放40周年的今天来回顾中国产业结构变迁历程，对中国产业发展进行经验总结的同时，分析产业结构变迁的根本动力和面临的问题，并在此基础上探索未来中国产业结构变迁的趋势，提出相关的政策建议，对于推动更高层次的开放，形成改革开放新格局有着重要的现实意义。

通过回顾改革开放40年以来中国三次产业产出结构、内部结构以及就业结构变迁的历程和特点，论文的研究表明：中国产业结构变迁趋势符合产业结构演变的一般规律，并且已经具备了后工业化时期的特点。经济体制改革和对外开放的实施是中国产业结构变迁的根本动力，并通过需求侧和供给侧两方面作用对中国产业结构产生影响。未来中国产业结构将进一步向合理化方向发展，这将表现在三个方面：第一，中国农业在国民经济中的比重会继续下降，但质量的提升将保证农业基础地位得到加强；第二，创新驱动战略的实施，会使服务业对经济发展的带动作用更加显著；第三，产业转移下中国区域协调发展将是未来中国产业结构变迁的一个重要趋势。但随着经济发展，中国产业结构也暴露出不少问题，如区域间发展失衡、产业内部结构存在问题、产业间要素配置存在扭曲，等等。

结论的政策启示：第一，进一步深化改革开放，促进产业价值链升级，推动形成改革开放新格局。主要措施有：扩大市场准入、改善政商环境、加强知识产权保护；与国际投资经贸规则接轨等。第二，积极从低端嵌入全球价值链（GVC）向国内价值链（NVC）转变，而实现这一目标需要进一步优化区域和产业间的资源配置。第三，增加研发投入，创新驱动产业结构转型升级。第四，改善制度和政策环境，促进企业家素质提升。第五，制定合理的产业政策，引导产业结构的转型升级。

论文的主要贡献在于：第一，基于1978年以来的年度数据，利用描述性统计分析方法，从产业结构的合理化和高级化两个角度探讨了我国改革开放以来产业结构变迁情况，并对未来产业结构变迁轨迹进行了合理预测；第二，构建三次产业结构变迁模型，并推导出产业结构变迁对经济增长影响的机制，弥补了现有文献研究方法单一的不足。

（供稿人：王　强）

【改革开放以来中国工业投资存在结构红利现象吗？——基于偏离份额法的实证分析】

昌忠泽、毛培、张杰

《当代经济科学》2019年第1期，原文15千字

在现代增长理论中，要素投入和技术进步是经济增长的两个重要来源。然而，现实中人们更多关注技术进步对经济增长的作用，对要素的流动、配置问题未给予足够重视。钱纳里等人针对要素流动与经济增长的关系提出了著名的"结构红利假说"，即认为由于经济中各部门之间存在着效率差异，当要素从低生产率或者低生产率增长的生产部门流向高生产率或者高生产率增长的生产部门时，就会带动社会整体生产率的提高，进而促进经济增长。

论文基于偏离份额法，对中国工业投资的"结构红利假说"进行了检验。研究发现：第一，总资本生产率增长率主要来源于产业或各省市工业的内部增长效应，结构变迁效应并不显著，结构红利对经济增长的推动只是阶段性现象。第二，从三大产业视角来看，总资本生产率增长率的主要来源是产业内部增长效应，静态效应对总资本生产率增长率的贡献负值居多，但2011年以来连续呈现结构红利现象；动态效应在整个时间段内正值居多；第二产业对总资本生产率增长率的贡献最大。第三，从分省市视角来看，总资本生产率增长率的主要来源是各省市工业的内部增长效应；静态效应对总资本生产率增长率的贡献负值居多；动态效应对总资本生产率增长率的贡献正值居多。

研究启示：第一，中国各省市间工业资本要素流动可能受非市场因素的影响更大，为此应打破产业进入和退出壁垒，完善要素市场，促进生产要素在产业间充分流动。第二，与劳动力流动的快速和灵活相比，工业资本流动呈现出缓慢和滞后的特征。政府应该将促进工业资本流动作为重要抓手，科学合理地引导工业资本等生产要素的空间转移（省市间流动）和产业间（三大产业之间）流动，避免"结构负利"现象的出现。第三，利用工业内部的生产率差异，提高整体工业的生产率水平。

论文主要贡献在于：从三大产业和分省市视角相结合的角度对"结构红利假说"进行了检验。现有研究文献或是从三大产业视角，或是对某一具体行业进行分析，而将两者结合起来研究的文献仍然较少。在现代经济中，行业发展与整体经济密不可分，割裂行业与整体经济的联系就很容易影响结论的准确性。当前我国正处于产业结构转型升级的关键时期，将两者相结合，能够使我们从全局角度更好地把握我国工业投资结构红利是否存在及其最新变化趋势。

（供稿人：昌忠泽）

【论新时期中国实体经济的发展】

黄群慧

《中国工业经济》2017年第9期，原文20千字

有关实体经济与虚拟经济的关系一直是学术界关注的主题，而近年来中国经济存在的"脱实向虚"问题又是政府努力解决的重大经济结构问题。然而，有关什么是实体经济以及实体经济包括的范围，无论是在理论层面，还是在政策层面，并没有形成共识。

本文创新性地提出了一个关于实体经济分类的分层框架，认为第一个层次的实体经济（R_0）是制造业，这是实体经济核心部分，可以理解为最狭义的实体经济；第二个层次的实体经济（R_1）包括R_0、农业、建筑业和除制造业以外的其他工业，这是实体经济的主体部分，是一

般意义或者传统意义上的实体经济;第三个层次的实体经济(R_2)包括R_1、批发和零售业、交通运输仓储和邮政业、住宿和餐饮业,以及除金融业、房地产业以外的其他所有服务业。这是实体经济的整体内容,也是最广义的实体经济。R_2和金融业、房地产业构成了国民经济的整体,也就是由实体经济与虚拟经济构成的整体经济。基于这个分类框架,本文测算了党的十八大以来中国三个层次的实体经济的增长情况,认为十八大以来中国实体经济取得了巨大成就,已经发展成为一个世界性的实体经济大国且地位不断加强。但是,实体经济发展也存在严重的结构失衡问题,在R_0上表现为制造业结构性供需失衡,在R_1上表现为服务业和工业发展的失衡,在R_2上表现为实体经济和虚拟经济的结构失衡。

基于对实体经济结构失衡的机制分析,本文提出了未来实体经济健康发展的政策思路:一是提高制造业供给体系质量,围绕提高制造业供给体系质量深化供给侧结构性改革,化解制造业供需结构失衡;二是形成工业和服务业良性互动、融合共生的关系,化解产业结构失衡,构建创新驱动、效率导向的现代产业体系;三是在"虚实分离"的常态中坚持"实体经济决定论",从体制机制上化解"虚实结构失衡",将风险防范的工作重点从关注金融领域风险转向关注长期系统性经济风险。

(供稿人:黄群慧)

【生产性服务业能成为中国经济高质量增长新动能吗】

李平、付一夫、张艳芳
《中国工业经济》2017年第12期,原文20千字

生产性服务业是从制造业内部分离出来的,它以金融服务、信息服务、研发及科技服务等为主导产业,具有知识密集、技术密集、信息密集、人才密集的特点。改革开放以来,生产性服务业增加值占GDP的比重总体持续上升。随着中国步入工业化中后期阶段以及经济发展新常态的到来,中国亟须培育经济新增长点、形成新动能。生产性服务业能否成为支撑经济中高速和高质量增长的新力量,是直接关系到中国转变发展方式、优化经济结构、转换增长动力成功与否的重大现实问题。而关于生产性服务业与经济增长的研究多集中在作用机制的定性分析和两者之间关系的定量检验上,在定量分析生产性服务业促进经济增长的机理方面有所欠缺。

本文从经济增长的动力机制出发,基于乔根森增长核算框架,对宏观及产业的全要素生产率增长率(TFP指数)进行测算与分解,探索生产性服务业的部门技术进步与产业结构转换对全要素生产率乃至宏观经济增长的影响程度,从而试图找到生产性服务业可以作为未来中国经济增长新动能的证据。研究结果显示:生产性服务业对GDP增长的贡献率越来越高,已成为中国经济可持续增长的重要力量;同时生产性服务业较高的技术进步水平以及对资本要素和劳动要素较强的集聚能力,可以提升宏观经济总体全要素生产率,进而推动中国经济的可持续和高质量增长,完全可以成为新常态下中国经济高质量增长的新动能。

结论的政策启示:一方面,应加快技术创新,加大研发投入,特别是生产性服务业的研发投入;另一方面,应着力推动生产性服务业中新兴行业的发展,特别是以大数据和云计算为核心的ICT(信息通信技术)服务业以及知识高度密集的科学研究技术服务业,并加快推进这些行业与国民经济其他各部门的融合,从而提高

经济增长的科技含量,为实现创新驱动发展打下基础,大力促进现代信息技术在其他部门的应用,推动生产性服务业成为中国经济社会可持续和高质量增长新的动力源泉。

文章主要贡献在于:第一,依托乔根森增长核算框架,从数理角度对宏观TFP增长率进行了分解,在此过程中完成了生产性服务业中资本投入(即"资本服务")和劳动投入(即"劳动工时")的估算,更加精准地测算出生产性服务业的TFP增长率及其对宏观经济增长的贡献;第二,通过对不同时期生产性服务业"技术效应"与"结构效应"的考察,发现了生产性服务业拥有较高的技术进步水平,以及对资本和劳动较强的集聚能力,可以提升总体生产率,进而推动宏观经济的可持续增长。

(供稿人:张艳芳)

【中国"过度去工业化"现象剖析与理论反思】

魏后凯、王颂吉

《中国工业经济》2019年第1期,原文25千字

中国工业化取得了举世瞩目的成就,同时也存在明显的不平衡不充分发展问题,工业经济要实现充分发展和全面转型升级仍有一段很长的路要走。然而,近年来人为"降低"工业地位的观点日益流行,中国的工业产出和就业比重持续下降,呈现全面、过早、快速的"过度去工业化"特征。

论文通过分析中国"过度去工业化"的特征事实,认为中国现阶段的"过度去工业化"不仅受"一哄而上"的产业升级冲动影响,而且是要素价格上涨、阶段性产能过剩等多重因素共同作用的结果,这会对中国经济增长、生产率提升、现代服务业发展和农业劳动力转移产生严重的消极影响。在以上研究的基础上,论文对传统工业化阶段理论进行了反思,提出从广义角度把工业化进程分为浅度工业化和深度工业化两个阶段。论文认为,过去按照传统理论划分的工业化实现阶段即工业化初期、中期、后期阶段,实际上只是浅度工业化,它是依靠要素投入驱动工业规模扩张和比重提升的扩张型工业化。深度工业化主要依靠创新驱动来提高工业质量和竞争力,由于这一阶段工业增加值和就业比重出现下降并逐步趋于稳定,因此它属于收缩型的工业化。从浅度工业化到深度工业化的转型升级,是一个大国提升工业经济发展质量和竞争力的必经阶段。

论文的政策启示:第一,针对不同工业行业实行分类指导的差别化工业转型升级战略,有序淘汰低端落后产能,大力发展战略性新兴产业,着力提升先进制造企业的自主创新能力。第二,在中西部地区建立一批先进制造业基地,并在资金、技术、土地供应、税收等方面加大支持力度,加快中西部地区的工业化进程。第三,充分借助新一轮科技革命带来的信息化和智能化机遇,大力发展智能制造和服务型制造,促进先进制造业与现代服务业协同发展。

论文的主要贡献:第一,把工业化进程划分为浅度工业化和深度工业化,有助于拓展工业化阶段理论研究的视野,这一认识符合像中国这样人口众多、地区差异极大的发展中大国的国情特征。第二,有助于政府部门科学认识中国存在的"过度去工业化"问题,通过深度工业化推动工业经济全面发展和转型升级。

(供稿人:王颂吉)

【中国垄断产业改革与发展 40 年：回顾与展望】

肖兴志、韩超

《经济与管理研究》2018 年第 7 期，原文 18 千字

从垄断产业改革与发展历程看，中国垄断产业改革最初是源自内生的发展需求，进而受到加入 WTO 等外在作用。但是，随着垄断产业改革深入，改革红利逐步显现，改革成果逐渐使垄断产业的市场势力更加固化，原有的推动垄断产业改革的内在动力在消逝，利益集团的阻挠显著存在。党的十八大以来，随着国家治理体系完善，尤其是十八届三中全会决议的发布，垄断产业改革得以重启，改革步伐进一步加快。中国垄断产业改革与发展 40 年来发生了什么？取得了什么成就？积累了什么经验？存在什么问题？下一步如何继续深化改革？以上这些问题均需要给出回答。

中国垄断产业最主要的表现形式是行政垄断而非经济垄断，因此中国垄断产业在改革过程中也积攒了丰富的经验。改革的首要任务是放宽市场准入，引入竞争机制。改革的重点是要集中精力解决行政垄断的问题，消除政府对垄断产业发展的行政性指令以及干预。改革的关键是改革国有资本的参与方式；改革的着力点是推进产权多元化的所有制改革。尽管中国垄断产业改革在市场准入等方面取得了历史的改革成就，然而其仍然面临改革不彻底等问题。产权制度等深层次的矛盾仍然有待进一步解决，同时随着信息技术的大发展，改革还面临新的理论冲击等因素影响。产权改革尤其是混合所有制改革处于初步阶段，拆分措施促进竞争有明显局限，有效竞争仍然不足。独立规制机构尚未真正建立，规制体系尚未理顺。

近年来，时代背景和技术特征均发生了较大变化，垄断产业发展也呈现不少新的特征。结合新特征，本文认为需要在以下几个方面推进中国垄断产业发展与改革：要进一步重视可竞争性在垄断产业改革中地位，深入推进可竞争环节的竞争化改革与重组；重建垄断产业规制体系，重点推动由专业规制向综合规制的转型；深入产权制度改革，特别是发挥混合所有制改革对垄断产业发展的重要推动力；秉持国内市场与国际市场两个思维，通过改革重组促进产业整体发展、提升企业参与全球市场的竞争力；垄断产业改革是实现中国经济高质量发展的基础条件，需要综合改革以更好发挥其对其他领域的辐射作用。

结合新时代中国特色社会主义的时代背景，中国垄断产业改革与发展尤其需要在可竞争性引入、混合所有制的产权多样化及独立性综合规制方面进行重点突破。同时，在国际市场则需要发挥国家战略的作用，整合优势资源组建大型集团公司参与国家竞争，提升企业在全球中的市场竞争力。

（供稿人：肖兴志）

【中国银行业 70 年：简要历程、主要特点和历史经验】

王国刚

《管理世界》2019 年第 7 期，全文 19 千字

1948 年 12 月 1 日，中国人民银行的设立，标志着新中国银行体系的构建迈出了万里长征的第一步。70 年的历程，中国银行业的发展大致经历了三个时期：构建符合中国国情的银行体系探索时期、建设中国特色社会主义银行体系时期、构建中国现代银行体系时期。70 年间，中国银行业不忘初心、风雨兼程、勇于创新，既以服务实体经济为己任，有效支持了实体经济的快速发展、人民生活水平提高和

国民经济的健康可持续发展，又积极推进了金融体制改革开放的深化、符合中国国情且具有国际竞争力的金融体系建设，抵御了多次国际金融危机的冲击，取得了举世瞩目的伟大成就，给发展中国家的金融发展提供了可供借鉴的宝贵经验。

论文基于历史线索，梳理了各个时期的代表性事件，概括了各个时期的中国银行业发展特点。研究结果表明：1948—1978年的30年间，新中国银行发展中显示了三个特点：经济政治环境的稳定是银行体系健康发展的基本条件；银行系统是国民经济发展中不可或缺的构成部分；银行体制机制是经济体制机制的重要构成部分，它的发展变化与经济体制机制的发展变化紧密相连，由此，经济体制机制的调整和变化必然引致银行体制机制的相应调整和变化。1979—2017年的39年间，中国银行业的快速发展具有五个方面的特点：紧扣经济发展的需要开展银行业的建设发展；充分运用银行信用的货币创造机制，克服资金短缺；分担经济发展和改革开放的成本；货币政策的宏观调控机制和能力快速成熟；银行业的各项改革和重大举措出台具有明显的前瞻性和预见性。39年间，中国银行业历经风雨，既有疾风暴雨式的整顿、兄弟分家式的商业性机构与政策性机构分离和脱胎换骨式的股改，又有刮毒疗伤式的剥离不良资产、打下基础式的资本金补充和引"狼"入室式的对外开放。各项重大措施出台后都曾引致各种议论，但从后来的实施效果看，这些重大举措不仅有着"先见之明"效应而且有着"影响深远"效应。2017年以后，深化金融供给侧结构性改革成为中国构建现代银行体系的主题，它将具有三个方面特点：着力深化金融供给侧结构性改革；充分发挥银行业在推进资本市场发展中的优势功能；中国银行业融入全球金融体系。现代经济是开放型经济，与此对应，现代银行体系也是一个开放型体系。

从政策启示方面看，70年来，中国闯出了一条有自己特色的银行业发展之路，留下了许多可圈可点的历史经验：第一，坚持以服务实体经济为第一要务；第二，坚持符合国情的银行业发展模式；第三，坚持发挥国有银行的功能；第四，坚持稳步推进金融创新；第五，坚持依法严格监管。

（供稿人：王国刚）

【服务业改革的"中国模式"：特征与评析】

李勇坚、夏杰长、林瑜璟
《中国经济学人》2018年第4期，原文12千字

在总体上，对服务业改革的研究与服务业在国民经济中的地位相比，其文献仍非常缺乏。这一方面是因为服务业领域的改革并未能形成系统化的方案，缺乏一个基于理论研究的整体化解释框架。另一方面，服务业内部各个行业之间巨大差异，也使服务业的发展及路径缺乏统一的路径。如果深入研究服务业改革的逻辑，就会发现，服务业改革与整体经济改革、工农业改革等有着显著的区别，形成了一个独特的模式。

文章基于与整体经济改革、工农业改革比较的视角，通过对1978年开始的服务业发展历程进行研究，发现服务业改革有着其自身的逻辑与发展脉络。通过对服务业改革的压力、动力及成就进行系统分析可以看出，服务业改革"中国模式"有着鲜明的特征：非产业目标导向型改革动力、超越理论争议、实用主义哲学、民生导向与效率导向双重标准、改革与开放的同步与错位等。

结论的启示：第一，服务业改革具有整体性。在我国服务业改革过程中，相关

政策措施并不配套，使改革难以深入"深水区"。尤其是对服务业改革过程中出现的很多新问题，需要结合服务改革的独特性，及时制定出相应的措施，从而推动服务业改革持续推进。第二，由于把服务业改革作为一种工具，而缺乏服务业发展的长期战略，导致服务业改革发展过程中出现了诸多偏差。我国服务业改革过于碎片化，系统性不够，对种类繁多的服务业在国民经济中的作用缺乏清醒的认知，导致某些关键性服务领域发展不足。第三，纯目的论使改革过程中对服务的性质缺乏认知，导致了改革结果与改革初衷出现了较大的差异。第四，面对国际竞争时，对竞争力的培育与产业发展的认知出现偏差，难以破除服务业的行政垄断。第五，部分公共服务、准公共服务及民生服务市场化改革及其配套措施改革方面不协调，这些领域改革仍停留在表面。改革不能满足人民群众的迫切需求与期待。

文章主要贡献在于：第一，通过对中国服务业改革发展历程的研究，并通过将服务业改革与工农业改革进行对比分析，首次提出服务业改革的"中国模式"，为深入研究"中国模式"提供了更丰富的素材和依据。第二，对服务业改革中国模式的特征进行总结，为研究中国服务业改革提供了基本的理论分析框架。第三，通过历史、逻辑、理论统一的研究方法，对中国服务业改革进行了深层次的归纳，为进一步推动服务业改革提供了理论基础。

（供稿人：李勇坚）

【工业化城市化进程中的乡村减贫四十年】

朱玲、何伟

《劳动经济研究》2018年第4期，原文30千字

改革开放四十年间，中国已基本消除饥饿，共有7亿多乡村人口摆脱了贫穷。特别是，2012年以来精准扶贫战略的推行，使得贫困人口参与经济发展和分享增长收益的机会大为增加。此间向贫困地区密集投入的物质资源和派遣的干部人才，达到1986年开展全国性扶贫行动以来从未有过的规模。贫困发生率从2012年的10.2%下降到2017年的3.1%，贫困人口规模每年减少1000万人以上。

基于现有的政策文件、档案资料和统计数据，文章循着改革开放的时序，追寻城乡分隔制度被逐步破除的关节点，并以这些关节点为界，分阶段讨论对工业化城市化和减少贫穷发生决定性影响的重大制度性和政策性变革，阐明变化的缘由以及对贫困群体生计的影响。中国的减贫成就，主要归因于：第一，农民渐次赢得了在计划经济体制确立过程中丧失的经济自由。第二，国家高层决策群体回应公众诉求，引领人民转向市场经济，实现了高速经济增长。第三，政府不断强化基础设施和人力资本投资，并将社会保障制度推广到全国城乡。第四，全社会动员，针对受限于不利区位和能力薄弱的群体，持续采取综合性扶贫措施。

结论的政策启示：第一，由于天灾人祸很难避免，贫困风险始终存在。贫困发生率降到3%的水平，即可采取以社会救助、社会保险和社会服务为主导的办法，实现消除极端贫穷（绝对贫困）并预防贫困风险的目标。第二，采用社会保障措施并不意味着放弃扶贫政策，而是针对深度贫困群体的致贫因素，继续增强社会救助及人力资本和基础设施投资。第三，培育和发展农户自助自治的合作社经济，排除行政力量对农户和企业经营决策的直接干预。第四，用社会工作者服务网络替代干部驻村帮扶队伍。第五，提高城市化政策与扶贫政策的兼容性。

文章的主要贡献在于：第一，近几年对中国减贫历程回顾和总结的文献，多数

只将工业化与城市化作为乡村减贫的前提或背景而着墨清淡，甚至几近忽略城市化进程和劳动力转移所牵涉的城乡关系。还有一些研究，或许为研究目的和数据所限，没有回顾和总结整个改革开放时期特定领域的变化及其动因。文章的视角是对现有文献的拾遗补阙。第二，文章发现，近年来财政扶贫资金的减贫边际效果明显递减。这或许是因为，脱贫越晚的人口贫困程度越深从而脱贫难度越大，或是因为相当一部分专项扶贫资金并非可以短期见效。

（供稿人：何 伟）

【新中国 70 年工业经济的结构变迁】

邓洲、于畅

《中国经济学人》2019 年第 4 期，原文 13 千字

新中国成立至今，我国的工业经济建设取得了举世瞩目的成就，工业化进程总体上从初期阶段发展到工业化后期阶段。工业结构是分析新中国工业化历史进程的重要视角，伴随工业化的持续推进，我国工业结构已经发生翻天覆地的变化，出现新的趋势，也面临转型升级的巨大压力。工业结构变迁的历史经验和教训，为我国迈向工业强国提供了重大的启示意义。

文章基于 1949—2018 年的历史数据，从轻重结构、行业结构、要素结构、技术结构、所有制结构、产业组织结构、地区结构等七个维度定量分析了新中国 70 年的工业结构，发现工业结构变迁呈现出显著的阶段性特征，这既符合工业化的一般规律，也与不同时期的国情世情相关，更受我国政府和工业企业不断探索社会主义市场经济体制改革的影响。当前，尽管工业结构还存在产能过剩严重、原始创新支撑不足、高技术产业低水平发展、"两端挤压"制约升级等突出问题，但向创新驱动、多元动力、深化开放和区域协调方向演进的基本趋势已经确立，工业结构将沿着工业强国的方向继续演进。

工业结构变迁经验的政策启示：第一，始终坚持经济体制改革和社会主义市场经济道路不动摇，为工业结构优化升级创造市场活力和多元动力；第二，遵循要素结构和需求结构变动规律，违背要素和需求规律将导致结构失衡、资源浪费的严重后果；第三，保持技术创新的高投入和自主性，自主创新将构成今后我国工业结构优化升级的根本动力；第四，充分利用全球资源和市场，综合发挥"引进来"和"走出去"的结构优化效应；第五，制定符合工业化阶段的发展政策，严重超前或滞后的工业政策都将阻碍结构优化。

文章主要贡献在于：第一，系统、全面地定量分析了新中国 70 年的工业结构，完整展示了工业结构变迁的全貌，尤其是对工业结构变迁的阶段性特征做了高度且精炼的概括，对研究工业经济演进的历史路径具有一定的文献参考价值。第二，结合产业结构理论深入分析了新中国 70 年工业结构变迁的动因和基本经验，并指明了中长期工业结构演进的方向，这种长周期、规律性的历史视角，对我国制定工业发展战略和政策具有重要的启示意义。

（供稿人：邓 洲、于 畅）

【新中国成立 70 年我国农村经济发展：历史演变、发展规律与经验启示】

黄茂兴、叶琪

《数量经济技术经济研究》2019 年第 11 期，原文 20 千字

新中国成立 70 年来，中国农村从建立集体经济、走合作化发展道路，到不断推进农村经济体制改革，支持工业化和城市化，再到社会主义新农村建设、城乡融合发展以及乡村振兴，中国农村为社会主

义现代化建设做出了巨大的贡献，也为社会主义经济发展提供了广阔的空间。这是一部中国共产党带领广大农村农民求强求富的历史，是不断创新开拓农业现代化的历史，总结其中的发展历程及建设成效，把握农村经济发展的动力及逻辑规律，可以为新时代我国乡村振兴提供有益的经验启示。

坚持运用辩证唯物主义和历史唯物主义方法论，对新中国成立以来中国农村经济发展的历史演变进行系统梳理，并通过科学抽象法、归纳演绎法对中国农村经济发展规律进行总结，研究结果表明：新中国成立70年来，中国农村经济发展主要聚焦于农村土地制度、农村集体产权制度、农村经营方式、农产品流通体制、农业发展地位、城乡二元结构等方面的改革与创新，推动农村经济发展在总量增长、结构优化、技术创新、脱贫攻坚等方面取得了巨大成效。这其中蕴含着既适应农村经济发展基本逻辑又彰显中国特色的发展规律，即生产力与生产关系相适应的规律，循序渐进的发展规律，从一般到特色化探索的建设规律，适应社会主要矛盾变化的规律，以及动力转换升级的规律。

研究启示：我国农村经济70年的发展探索生成了宝贵的经验启示。第一，尊重和维护农民的根本利益是农村经济发展的立足点。第二，产权界定清晰是农村经济发展的有效激励因素。第三，强有力的扶持政策是农村经济发展的重要保障。第四，创新是农村经济发展的持续动力。第五，公平包容是农村经济经济发展的安定稳定所在。

文章主要贡献在于：从横向和纵向的两个维度系统剖析了新中国成立70年来中国农村经济发展演变的空间并存性和时间继起性，以大量翔实的数据资料为基础，厘清了新中国成立70年来中国农村经济发展的脉络及取得的成效，并将事实的科学陈述上升到理论层面的本质特征，抽象总结出五个方面的发展规律，将历史经验、现实问题与发展趋势相结合，得出五个方面的经验启示，对新时代中国特色社会主义境遇下实施乡村振兴战略、加快推进农业农村现代化提供参考借鉴作用。

（供稿人：黄茂兴、叶琪）

【中国服务业发展的轨迹、逻辑与战略转变——改革开放40年来的经验分析】
凌永辉、刘志彪
《经济学家》2018年第7期，原文12千字

改革开放以来，中国通过对内改革、对外开放，利用两种资源两个市场，实现了经济总量和人均收入的显著增加，取得了举世瞩目的成就。当中，服务业在总体规模、行业结构、体制改革和对外开放等多个方面均取得了长足的进步，但与发达国家相比，中国服务业（尤其是现代生产者服务业）的发展仍然比较滞后。这就造成中国制造长期缺乏"聪明的脑袋"和"起飞的翅膀"，愈来愈被锁定在全球价值链低端环节，不利于中国经济迈向高质量发展的新台阶。

文章运用历史与逻辑相统一的方法，分析了改革开放40年来中国服务业发展的历史轨迹、内在逻辑和发展战略转变等问题。研究结果表明：出口导向型战略下的国际代工模式在供给层面上对国内本地化的服务业企业产生了正向的技术溢出效应，但同时也在需求层面上造成了负向的市场挤出效应；随着全球化分工的深入，这种市场挤出效应正在逐渐超越技术溢出效应，这是导致中国服务业发展滞后的重要原因；实施基于内需经济的服务业发展战略，有利于克服市场挤出效应的消极影响，进而促进中国服务业发展提速增质。

结论的政策启示：第一，加快推进国

内统一市场建设，切实构建扩大内需的长效机制。譬如，通过全面实施负面清单制度来优化投资结构，提升国内需求质量；又如，通过加快建设新型城镇化，释放国内需求潜能。第二，注重发挥服务业与制造业之间的产业互动效应，在培育若干世界级先进制造业产业集群的过程中，促进本土的现代生产者服务业加速发展。第三，积极鼓励企业"走出去""走进去""走上去"，到技术和产业创新密集的发达国家开展逆向外包活动，充分利用全球的先进资源和要素。第四，积极抓住"一带一路"倡议实施的历史机遇，构建内需主导型全球价值链，形成一批本土化的"链主"企业和"隐形冠军"企业，促进服务业实现更高层次的对外开放。

文章主要贡献在于：第一，首次从国家发展战略的视角分析了中国服务业发展滞后的原因，并且提出从出口导向型战略转向内需主导型战略来实现服务业质量型发展的命题，因而在理论上弥补了现有文献对这一方面进行研究的不足。第二，系统性地分析了内需主导型战略的基本内涵及其促进服务业发展的作用机制和战略实施前提，在政策上对中国服务业的发展实践具有重要的决策参考价值。

（供稿人：刘志彪）

产业绿色发展与资源环境

【环境管制与我国的出口产品质量升级
——基于两控区政策的考察】

盛丹、张慧玲

《财贸经济》2017年第8期，原文17千字

近年来，我国环境污染日益严重，环境治理已经成为关系国计民生的重要问题。那么，实施严格的环境管制是否会放缓中国的经济增长，影响我国出口产品的质量升级？实际上，环境管制一方面会增加企业的生产和运营成本，产生成本增加效应，不利于出口产品质量的提升；但另一方面，环境标准的提高会激发部分企业进行技术改进和研发创新活动，产生技术创新效应，从而实现环境改善和出口产品质量升级的"双赢"。

论文运用1997—2002年中国出口海关统计数据，对我国出口产品质量进行了测算，并将两控区环境政策作为外生冲击，采用倍差法和三重倍差法方法，考察了环境管制对中国出口产品质量的影响。研究发现：第一，总体而言，两控区政策的实施提高了我国出口产品质量。这意味着，两控区政策并没有降低产品的国际竞争力，反而通过技术创新效应，实现了出口产品的质量升级。第二，两控区政策对我国出口产品质量的影响具有明显的行业、地区和产品异质性，对污染和研发密集度高、国有企业比重高的行业产生了负向作用，对东部地区和差异化产品部门产品质量升级产生正向影响。

论文的结论对于制定合理的环境管制政策，实现环境改善和促进贸易转型的"双赢"局面，具有重要的政策含义。政府在制定政策、实施环境管制措施时，不能采取"一刀切"的模式，要对于污染密集度较高和研发比重高的行业给予适度的研发补贴，加大对国有企业的环境监管力度。同时，政策制定者不仅要考虑行业、企业异质性还要考虑地域差异性，适当给予欠发达地区更多的关注，辅之以研发创新奖励等政策，充分利用环境管制政策的技术创新效应，帮助其实现环境保护与经济发展的良性循环。

论文的贡献主要体现在以下几个方面：第一，在研究视角上，现有关于环境管制的文献大多关注于生产成本、研发投入、生产效率和出口量等方面，鲜少探讨其对出口产品质量的作用。论文首次考察了环境管制对我国出口产品质量升级的作用，弥补了前期研究的不足，为我国出口模式转型和环境政策的制定提供重要的理论指导。第二，在研究方法上，论文采用倍差法和三重倍差法，将两控区政策作为拟自然实验，很好地处理内生性问题，有效评估环境管制对我国出口产品质量的升级作用。第三，在研究结论上，论文研究发现，环境管制对我国出口产品质量有显著提升作用，从产品质量角度佐证了"波特假说"。

（供稿人：盛　丹）

【环境规制、技能溢价与制造业国际竞争力】

余东华、孙婷

《中国工业经济》2017 年第 5 期，原文 22 千字

日渐趋紧的环境规制政策、劳动力供给减少和成本上升是当前制约中国制造业国际竞争力提升的两个重要方面。这两者虽然看似不相关，却有着内在的深层次联系，甚至在一定程度上可以互为化解之道，其中重要的纽带便是提升技能溢价。环境规制趋紧反映在治污投入和治污技术升级上，需要熟练技能劳动力与之匹配，会增加对技能劳动力的需求，从而提升技能溢价。技能溢价水平的提升，又将激励低技能劳动向高技能劳动转化，进而实现环境保护、就业结构优化和产业竞争力提升的多赢。

通过基于双层嵌套 Dixit - Stiglitz 模型的理论分析与面板估计，本文发现环境规制趋紧对提升技能溢价有积极促进作用，而且表现出显著的行业异质性，在重度和中度污染行业的正向效应更大。借助中介效应模型进行计量分析发现，环境规制对制造业国际竞争力的影响表现出多维性，既有直接的"环境—经济"效应，也有通过影响技能溢价而产生的间接中介效应，但其作用方向与理论预期不完全一致。为此，进一步设定面板门槛模型进行检验，结果表明中介效应存在一定非线性特征，技能溢价对制造业国际竞争力的影响存在双门槛效应：在技能溢价处于较低水平时，对制造业国际竞争力有显著积极影响；当技能溢价较高时，由于技能—需求错配等原因而不利于制造业国际竞争力的进一步提升；但是，技能溢价有助于更好发挥环境规制对制造业国际竞争力的提升作用。

研究结论的政策启示：第一，坚持环境规制政策导向，制定和实施分类规制政策，充分发挥环境规制对技能溢价和制造业国际竞争力的正向效应。第二，加强技能人才培养，通过"人才红利"和强化环境规制提升中国制造业国际竞争力。第三，调整进出口贸易结构，通过优化禀赋结构提升中国在全球制造业分工体系中的位置。第四，提高资本使用效率，积极探索资本与技术相互融合的制造业转型升级路径。

论文主要包括两部分创新性工作：一是构建双层嵌套 Dixit - Stiglitz 模型，将环境规制对就业的影响与技术进步偏向性结合起来，通过技术进步偏向函数，将环境规制纳入技能溢价的影响因素中，深入分析环境规制对技能溢价的影响；二是在分析环境规制对制造业国际竞争力直接影响的同时，作为一个新视角，将技能溢价作为中介变量，分析环境规制对制造业国际竞争力的间接影响，使环境规制与制造业国际竞争力的关系研究更加精确、更为全面。

（供稿人：余东华、孙　婷）

【环境规制、技术创新与产能利用率——兼论"环保硬约束"如何有效治理产能过剩】

韩国高

《当代经济科学》2018 年第 1 期，原文 17 千字

当前国际经济环境错综复杂，国内经济面临"增长减速"的周期回落与结构调整升级的双重压力，工业全局性产能过剩问题已经严重制约经济复苏，成为中国经济发展系统性风险的主要来源，着力化解过剩产能成为中央经济工作的重中之重。在我国，地方政府放宽环保标准，容忍甚至纵容本地区企业严重污染环境来换取投资，特别是对高污染、高能耗和高排放的重化工业严重缺乏环保监督和污染管

制，大大降低了其生产成本。各地均有大批未经过国家环境评价而违规上马的工业项目，生产成本外部化严重扭曲了生产企业的投资行为，加剧了产能过剩现象。因此，积极推进资源要素市场改革，将环境成本纳入企业生产成本范畴对缓解产能过剩问题意义重大。

论文采用中国制造业的细分行业数据，通过门槛面板模型考察了不同环境规制强度和不同技术创新程度下环境规制对产能利用率的差异化效应。研究结果表明：环境规制对产能利用率具有显著的非线性门槛特征，随着环境规制强度的不断增加，环境规制对产能利用率的影响由不显著变为显著，影响方向由促进变为抑制，只有适当的环境规制强度才会有利于制造业产能过剩的化解，特别是在低环境规制组别中的产能过剩行业需强化环境监管力度，环保成为这些行业未来发展的"硬约束"。随着技术创新程度的不断提升，环境规制对产能利用率具有先抑制、后促进的作用，技术创新程度的不断提高强化了环境规制的创新补偿效应，创造新需求进而扩大生产规模，有利于促进产能过剩化解。

结论的政策启示：第一，加强环境硬约束对产能过剩的化解作用，充分考虑不同制造业行业的污染特征以及环境规制对产能利用率的不同效应，制定差异化的环境规制政策。第二，政府要积极鼓励和引导制造业企业加大研发投入进行技术改造和创新，提高产品技术含量和附加值，改善产品质量和服务。

论文主要贡献在于：第一，环境规制强度的高低可能会对企业生产行为调整带来非线性影响，因此论文采用非线性的面板门槛模型来考察不同的环境规制强度和技术创新程度下，环境规制对制造业产能利用率的差异化影响效应。第二，现有文献较少考察技术创新水平对环境规制与经济变量之间关系的影响，实际上技术创新程度的大小也会影响环境规制的经济效应发挥，因此论文将环境规制、技术创新和产能利用率置于统一的研究框架之中。

（供稿人：韩国高）

【环境规制的经济效应："减排"还是"增效"】

于斌斌、金刚、程中华

《统计研究》2019年第2期，原文20千字

自20世纪70年代末建立环境规制体系以来，中国政府一直通过机构设置、颁布法律、增加投资等方式致力于环境污染防治工作。从1987年出台的《大气污染防治法》到1998年实行二氧化硫污染和酸雨控制区，再到2006年将减排目标分解落实到省级层面，环境规制逐渐由浓度控制的"软约束"转变为总量控制的"硬约束"。为有效减少碳排放对全球气候变暖的不利影响，同时也为了实现节能减排的约束性目标，中国政府于2009年11月公开承诺，到2020年碳排放强度较2005年降低40%—45%。2014年9月，国家发改委、财政部和环保部联合发布了《关于调整排污费污染征收标准等有关问题的通知》，以提高污染费收缴率和环境规制力度；2016年12月，十二届全国人大常委会第二十五次会议通过了《中华人民共和国环境保护税法》，将排污费按"税负平移"原则改为环保税，并于2018年1月1日开征。

论文从创新效应、成本效应和壁垒效应三个维度构建了环境规制经济效应的分析框架，利用中国城市面板数据进行了实证检验。研究结论显示：中国城市的环境规制具有显著的"只减排、不增效"的经济效应，并且周边地区的环境规制强度增加，对本地区也产生"只减排、不增

效"的经济效应；本地区及周边地区环境规制"只减排、不增效"的经济效应在东、中、西三个地区均得到验证，尤其是在中部地区更为明显；国际金融危机以后，中国城市环境规制的"减排"效应明显增强，但环境规制更多体现的是"成本效应"而非"创新效应"；通过产业结构调整可以有效改善环境规制"只减排、不增效"的经济效应。

结论的政策启示：第一，加快建设区域联动的环境规制网络，合理分配区域环境保护成本。第二，在制定环境政策时，应将能源效率提升作为主要目标之一，不能只强调降低污染，割裂了环境规制与能源效率之间的关系，从而导致企业更多地关注生产末端的治污投资，忽视了新生产技术和新能源技术的研发与应用。第三，环境政策的制定应与当地经济发展水平与产业结构状况相匹配。

论文主要贡献在于：第一，同时评估了环境规制的"减排"和"增效"两种效应。第二，利用动态空间面板模型分析了环境规制对"减排"和"增效"的影响机制。这既避免了变量之间的内生性问题，又体现了"减排"和"增效"的空间溢出效应。第三，中国环境治理是地方政府负责制，因而地方政府会根据污染程度、环境容量等差异实施不同的环境规制政策。论文利用中国城市数据进行实证研究，以避免省级层面数据对实证结果造成偏误。

（供稿人：于斌斌）

【环境规制对绿色技术创新的影响研究】

张娟、耿弘、徐功文、陈健

《中国人口·资源与环境》2019 年第 1 期，原文 16 千字

随着资源枯竭、环境污染加剧、生态系统不断退化等，环境问题已成为制约经济可持续发展的重大问题。由于绿色技术创新在经济可持续发展中起着举足轻重的作用，因此，企业绿色技术创新将成为加强环境保护和促进经济发展的有效途径。环境规制是指政府通过制定相应的环境政策与措施，对污染企业的生产经营活动进行调节，以达到保护环境和促进经济协调发展的目标。

目前，有关环境规制对绿色技术创新的作用主要有三种观点：第一种观点，环境规制对绿色技术创新具有积极的影响；第二种观点，环境规制抑制了绿色技术创新；第三种观点，环境规制对企业绿色技术创新的影响具有不确定性。大量研究一致认为，环境规制对绿色技术创新能够产生一定的影响，但尚未形成一致结论。

绿色技术创新既是宏观层面的问题，又是微观层面的问题。文章首先从微观视角构建博弈模型，并分析了不同企业选择绿色技术创新的策略，研究结果表明，如果政府不规制，企业通常不会主动进行环境保护和污染治理，并进一步探讨了政府如何根据经济发展和环境目标的实际选择规制系数，以利于达到经济发展和环境保护的目的。然后，从宏观视角，运用我国 1995—2016 年省际面板数据，实证研究了环境规制对绿色技术创新的影响作用，证实了微观分析中环境规制对绿色技术创新产出的影响呈现"U"形关系的结论，且滞后一期的影响显著。

结论的政策启示：（1）实际中，环境规制强度要符合实际，要综合考虑经济效益和环境效益；（2）政府要积极推进产业结构调整和优化；（3）政府应针对不同区域的经济发展状况，在环境规制政策制定中应体现出区域的差异化。

文章主要贡献在于：第一，首先从微观视角，通过构建博弈模型，运用数据模拟分析了企业选择不同绿色技术创新策略的内在机理，进而从宏观视角，证实了微观分析中环境规制对绿色技术创新的影响

作用，弥补了现有文献只从单一方面进行研究的不足。第二，政策上，政府环境规制对企业绿色技术创新的作用，短期上来看，政府加大环境规制强度会使企业生产成本增加，导致生产要素外流，给经济增长带来压力。从长期来看，环境规制强度增加，会在一定程度上起到"倒逼作用"，促使企业不断加大绿色创新力度，进而通过"创新补偿"效应提高劳动生产率，从而促进经济增长。

（供稿人：张　娟）

【环境规制如何"去"资源错配？——基于中国首次约束性污染控制的分析】

韩超、张伟广、冯展斌

《中国工业经济》2017年第4期，原文21千字

近年来，中国对环境问题重视程度日渐提升，随着2006年国家"十一五"规划的全面实施，中国首次将污染目标控制作为考核指标纳入政府官员绩效评价体系中，将规制作为约束性目标加以控制，并取得显著的污染治理效果。鉴于约束性污染控制实施的全面性与"硬约束"特性，其对产业发展的影响，尤其规制政策实施对微观企业行为的资源再配置效应值得进一步分析和探究。

论文基于中国工业企业数据库，依托中国首次约束性污染控制，分析了环境规制在污染行业和非污染行业间，环境规制对企业间资源再配置效应的影响差异及作用机制。研究结果表明：约束性污染控制具有显著的"加规制、去污染、去错配"作用，显著降低了污染行业（被规制行业）内的资源错配水平，提升了污染行业整体的生产率水平；约束性污染控制显著导致污染行业内资本要素流向高生产率企业，同时也提高了污染行业内高生产率企业的市场份额；约束性污染控制的资源再配置影响有助于缓解部分政府补贴政策扭曲导致的资源错配问题。

结论的政策启示：第一，从理论上，规制实施不仅要关注政策实施效果的影响，还应当将规制对企业本身内部要素使用以及企业间要素资源再配置等影响予以综合考虑，以此为基础因地制宜地进行规制政策制定与实施。第二，应继续坚持约束性污染控制，将控制污染作为地方政府"硬约束"进行考核，以此发挥地方政府在污染控制中的主动性。第三，建议清除制约要素流动的制度障碍，畅通要素流动的渠道，消除可能影响资源再配置的偏向性补贴等扶持政策。第四，政府应当审慎配置对不同行业的补贴投入等政策扶持，防止因政府干预扭曲要素市场配置过程。

论文主要贡献在于：第一，论文的研究对于从纵向视角审视中国的环境规制演变及其作用具有重要意义。作为探索性研究，论文研究表明非对称规制并不一定带来资源错配程度加强，如何基于规制历史及现实情况设计适当的规制政策，是环境规制以及其他政策部门需要重点考虑的问题。第二，论文的结论对于其他政策影响机制的揭示也具有一定启发性。论文研究发现为"纠偏"而实施的约束性污染控制可以在"无意间"影响补贴政策的效果，表明中国的政策扭曲方式及作用机制具有相似性。

（供稿人：韩　超）

【开征环保税能有效治理空气污染吗】

叶金珍、安虎森

《中国工业经济》2017年第5期，原文25千字

随着空气污染问题日益凸显，中国酝酿近十年的环保税于2018年1月1日起正式开征。空气污染不仅造成了经济损失，也危害了每个人的健康，环保税能否

成为治理空气污染的"撒手锏"？对该问题的研究具有重大的现实意义。从环保税开展较为成功的欧洲国家来看，早在20世纪90年代初期，欧洲国家就开始陆续设立环保税，大多数国家已具备相对成熟的环保税税制，1994—2014年，欧洲OECD国家的环保税占GDP比重每年维持在2.51%左右。中国环境相关税费占GDP比重上升较快，2000年为0.38%，2014年为1.33%，但远低于欧洲国家。

理论上，论文在DGE模型的基础上进行拓展，通过一系列的反事实模拟发现，税率过低的环保税对企业减排的影响有限，开征市场化合理税率的环保税才能实现污染治理和经济增长双赢目标；统一性环保税的长期污染治理效果更佳，而区域间差异化环保税将激励污染行业转移；仅通过行政手段来规制污染行业不能从根本上治理空气污染，行政干预只能作为市场化环保税的辅助工具。实证上，本文搜集55个国家的面板数据，综合运用GQR（Generalized Quantile Regression）方法和双重差分法，进行回归分析。结果发现，环保税在不同国家的影响是异质的，在3项污染指标（NO排量、NO_2浓度和PM2.5浓度）都特别高的国家，开征碳税将显著促进空气质量改善；在空气质量较差的国家，汽车运输环保税与污染物排量成正方向变化；在空气质量特别好的国家，提高汽车运输环保税一定程度有利于污染物减排。

结论的政策启示：第一，汽车尾气排放不是中国空气污染的主因，工业上的大量化石燃料消耗才是空气污染的"罪魁祸首"。第二，碳税作为一种针对化石燃料燃烧的环保税，将有利于中国治理空气污染。第三，环境政策应以市场化环保税为主，以适度行政干预为辅，减少不必要、不合理的行政干预。

论文主要贡献在于：第一，中国的空气质量存在显著的区域差异，但空气污染相关的理论研究往往忽略了区域因素，或者即使考虑到区域因素，但区域间实际上是相互独立的。Desmet 和 Rossi–Hansberg（2014）首次建立了一个包含时间维度和地理维度的动态一般均衡模型（简称DGE模型），DGE模型解决了长期以来包含地理维度和时间维度的动态模型无解的难题。本文进一步拓展DGE模型，首次建立区域间相互作用的3条路径，即贸易、技术和空气污染，进而为环保税的治污效应分析提供了一个可行的动态模型框架。第二，与既有实证研究不同，本文细分环保税类型，基于跨国数据，采用GQR方法，考察碳税、能源环保税和汽车环保税对空气质量的异质性影响。

（供稿人：叶金珍）

【能源化工产业高级化与经济增长——兼论能源化工产业最优匹配】

张文彬、胡健、马艺鸣

《统计研究》2019年第4期，原文14千字

《中国制造2025》明确了国家"十三五"期间发展高端制造业的大趋势，对配套的能源化工产业提出更高的要求，同时，我国石油和化学工业"十三五"发展规划也将石化产业高端化作为未来最重要的发展方向。因此，深化能源化工产业结构调整，实现高端化和差异化发展，加快向价值链高端迈进，是能源化工产业转型升级的必然途径。

论文将能源化工产业高级化定义为：在稳产增储、巩固加工业优势地位的基础上，大量发展高附加值的下游精细化工业，在能源重化工引领下，全产业链合理配置资源要素，促进能源化工产业的规模化和集群化发展。首先，采用组间连接聚类方法对不包含西藏、港澳台在内的中国

30个省（市、自治区）能源化工产业工业销售总产值均值进行组间聚类分析，根据聚类结果选择17个省（市、自治区）作为研究样本。其次，基于产业链视角，采用向量夹角方法测度能源化工产业高级化程度，结果表明能源化工产业产能空间错配问题突出，中国能源化工产业高级化水平排名靠前的省份都是非能源富集地区，能源富集区以能源开采业为主的能源结构使其能源化工产业高级化水平较低。再次，回归分析了能源化工产业高级化对经济增长的影响，结果表明能源化工产业高级化对经济增长具有显著的正影响，但该影响系数随能源化工产业规模的变化具有差异性。最后，采用滚动回归方法分析能源化工产业结构差异性对经济增长的影响，结果表明能源化工产业内部子产业间存在"最优匹配"测度，高于或者低于该水平，都会降低能源化工产业对经济增长的正效应系数。

结论的政策启示：第一，能源富集区延长能源化工产业链，提高能源化工产业内部匹配度。第二，化工产业聚集区积极研发新技术和新产品，逐步淘汰旧产能和降低对能源的依赖。第三，中央政府部门应制定能源化工产业高级化的目标和相应的配套措施，缓解能源化工产业的空间错配，提高产业效率。

论文主要贡献在于：一是基于产业链视角测度了能源化工产业高级化水平，为评估能源化工产业发展状况提供了数据支撑；二是在检验能源化工产业高级化对经济增长静态影响的基础上，采用滚动回归方法测度了能源化工产业高级化对经济增长的动态影响，考察了能源化工产业高级化对经济增长影响系数最大时的能源化工产业内部最优匹配，为能源富集区的能源产业高级化发展提供路径选择。

（供稿人：张文彬）

【生产性服务业集聚、制造业集聚与环境污染——基于省级面板数据的检验】

郭然、原毅军

《经济科学》2019年第1期，原文12千字

随着全球经济发展模式逐渐由生产制造主导型全面转向"制造+服务"创新驱动型，生产性服务业集聚、制造业集聚对产业空间布局和全球价值链分工地位的影响，越来越引起学术界和世界各国政策制定者们的关注。产业集聚作为最具活力的空间组织形态在为我国经济腾飞起到了重要促进作用的同时，也作为污染环境的空间载体与生态质量密切相关。一方面，产业集聚带来的规模效应扩大了城市规模与居民消费总量，居民需求增加必然要求企业消耗更多的原材料，从而导致制造企业污染物排放量增加，而城市环境承载能力又伴随污染物排放量增加而进一步下降；另一方面，在市场机制下，制造业集聚能够通过节约制造成本与交易成本等方式，实现资源有效配置，从而对我国工业节能减排产生积极影响。

论文利用STIRPAT随机模型，以产业集聚的环境外部性为切入点，基于2008—2015年省级面板数据从生产性服务业集聚和制造业集聚两个方面检验产业集聚对环境污染的影响。研究结果表明：总体而言，生产性服务业集聚对环境污染有显著的抑制作用，而制造业集聚对环境污染产生倒"U"形影响效应，即当制造业集聚未达到"门槛值"之前，制造业集聚水平的提高加剧了环境污染，而一旦集聚水平超过"门槛值"，制造业集聚的环境正外部性才能够显现。此外，通过对生产性服务业集聚与制造业集聚的关联效应对环境污染影响的检验发现，生产性服务业集聚在倒"U"形曲线"门槛值"位置上起到了关键作用；我国绝大部分省份位于倒"U"形曲线的左侧，制造业集

聚水平尚未跨越"门槛值"而发挥环境正外部性。

基于研究结果的政策启示：第一，充分考虑区域间集聚差异，加快推进生产性服务业集聚进程；第二，以中央供给侧结构性改革目标为指导思想，针对不同制造业集聚水平实施有针对性的集聚政策；第三，完善生产性服务业集聚市场环境，充分利用与制造业协同集聚效应。此外，生产性服务业集聚与制造业集聚既存在"互惠共赢"又存在"利益相争"，各地方政府应紧紧围绕《中国制造2025》政策目标，激发产业协同集聚的环境正外部性，最终实现我国制造业绿色升级。

论文主要贡献在于：第一，率先探讨了我国生产性服务业集聚、制造业集聚对环境污染的影响，并进一步检验二者的关联效应对环境污染的影响，弥补了现有研究的空白；第二，考虑到中国各区域间产业集聚发展水平上存在巨大差异，尤其是，生产性服务业在生产率、技术进步等方面均表现出较大的行业异质性，论文将全国样本分为东部、中部、西部省份三组进行地区异质性检验，并逐一探讨不同生产性服务行业集聚对环境污染的影响，为各地区制定节能减排的环境政策提供重要参考依据。

（供稿人：郭　然）

【中国电力行业协同减排的效应评价与扩张机制分析】

傅京燕、原宗琳

《中国工业经济》2017年第2期，原文15万字

中国是温室气体排放最多的国家，同时也是室外空气污染最严重的国家。协同减排包括两个方向：一是区域污染物减排导致温室气体减排的协同；二是温室气体减排导致区域污染物减排的协同。文章研究关注温室气体减排的协同效应，由于对空气污染的协同减排能够为一国带来空气质量改善及健康收益增加等福利增进，因此，该协同方向的研究具备现实意义探索协同减排作用机制以激发协同减排的正面效益，有助于解决"低碳不环保"的难题，推进国家大气环境改善政策与措施的协调发展。

文章关于温室气体与大气污染联合治理的协同减排研究，可以为中国今后环境政策目标与力度的"精细化管理"提供量化基础。研究得出的主要结论有：电力行业的 CO_2 各种减排活动能引起稳定的 SO_2 协同减排，说明碳减排政策措施在全国范围内取得了良好的大气污染协同减排效果；由于不同地区在经济成熟度、政策规制强度、减排手段和技术支撑等因素上存在差异，部分地区在协同控制路径上存在空气污染物的"协同增排"困境，说明协同减排路径并不具有普适性；通过探讨 CO_2 减排量与行业内其他因素的交互作用发现，巩固电力行业固定资产投资与提高能效水平能够使协同减排效应得到放大。

政策启示：第一，地方政府应在电力行业节能减排政策制定实施的同时注重区域差异性。第二，巩固电力行业固定资产投资，提高能源利用效率，为"混合能源时代"低碳、清洁、高效目标的实现奠定基础。第三，强化电力行业自主创新能力，实现低碳技术和节能减排技术的创新研发"两手抓"。通过低碳与低污染排放技术的协同创新，达到与协同减排相同的效果。

文章主要贡献在于：第一，基于中观电力行业 CO_2 和 SO_2 历史减排数据，运用计量方法量化协同减排，可以避免CGE等模拟模型中针对不确定性所提出的过多假设缺陷。基于历史真实数据的"回溯性分析"可以更好地把握经济、环境和

社会指标间的数量关系，增强研究可信度（Jack and Kinney, 2010; Kanada et al., 2013）。第二，根据协同减排区域异质性，识别不同地区是否实现真正意义上碳与硫的协同减排，抑或产生"协同增排"的反效果。第三，基于电力行业视角，探讨了以往文献未涉及的协同减排扩张路径，为促进电力行业协同减排提供政策参考。

（供稿人：傅京燕）

【中国能源低碳转型（2015—2050）：可再生能源发展与可行路径】

马丽梅、史丹、裴庆冰

《中国人口·资源与环境》2018年第2期，原文16千字

在新一轮产业革命的背景下，第三次能源革命正悄然发生，中国也已走入能源转型的"十字路口"。一方面，现有的可再生能源转型方案大多是基于气候变化的视角，往往忽视了中国的能源禀赋特征，特别是近10年的高比例可再生能源发展目标，导致对经济的负向影响做出过于乐观的估计。另一方面，以煤为主的能源转型方案相对过于保守，忽视了可再生能源发展对未来经济可能的"引擎"作用。中国的能源转型面临的问题是，何种能源转型方案在近期所带来的成本能够被经济系统消纳包容，在长期又能够推动经济的可持续增长？

本文基于KAYA指数分解，通过国际经验对比以及CGE实证模拟，提出中国能源转型可行的目标方案，并特别针对中国可再生能源发展战略进行探讨。本文将中国能源转型的可行路径分为三个阶段：2015—2025年，中国经济进入"新常态"，能源转型应采取"温和"手段。2025—2035年，能源转型方向确定期，可以制定较高比例的可再生能源发展目标。2035—2050年，能源转型成熟期，可再生能源的发展在中国或将呈现两种局面：一是高比例的可再生能源发展，即到2050年整个能源系统实现一次能源消费结构中可再生能源达到60%以上；二是局部地区的高比例可再生能源供应，局部地区可实现100%的可再生能源供应，而整个能源供应体系呈现非化石能源与化石能源"平分秋色"的局面。

结论的政策启示：第一，新常态下中国的经济结构不断优化升级，能源低碳转型创造了有利的大环境，但中国的能源转型基础仍相对薄弱，可再生能源发展应注重科学发展观，必须警惕其所带来的高昂经济成本。第二，以能源转型推进中国低碳工业化发展。按低碳工业化衡量指标看，中国与发达国家的差距远远小于传统工业化水平的差距。积极推进能源转型，是发展中国家追赶发达国家的一个重要途径。

文章的主要贡献在于：第一，利用KAYA指数分解，探究能源转型的重要驱动因素，并总结能源转型的国际经验与规律；第二，结合中国特殊的能源禀赋，考虑能源转型需要与经济发展阶段相契合的重要特征，将2015—2050年中国能源转型的路径分为三个阶段，并探讨其可行性。

（供稿人：马丽梅）

【中国人口发展对资源消耗与环境污染影响的门槛效应研究】

侯燕飞、陈仲常

《经济科学》2018年第3期，原文14千字

人类生产和生活对资源的需求与环境污染无一不与人口发展问题息息相关。为有效控制人口增长超过资源与环境承载能力，中国政府实施了近40多年的人口政

策。尽管中国人口生育率持续走低，人口增长速度得到了有效控制，然而人口增长的惯性却难以在短期内缓解和消除，人口、资源与环境的矛盾并没有解决。

论文首先通过构建"绿色"生产函数与效用函数，利用动态最优化方法推导出人口发展对资源消耗与环境污染的影响机制。然后使用1995—2015年中国29个省市面板数据，利用门槛模型对理论机制进行经验分析与实证检验，为中国实施绿色发展战略提供参考。理论分析结果表明：人力资本增长率大于人口增长率，可以克服人口增长的约束，维持产出与资源消耗的无限制增长。人口增长率越高，资源消耗越高，而提高人力资本增长率，可以缓解对资源需求的增长速度，改善环境质量，这对于不同资源禀赋地区可持续发展具有重要启示意义。门槛模型实证检验结果表明：能源消费强度与碳排放量之间存在人口数量与人力资本的双门槛效应。当人口数量的对数高于6.403和8.291门槛值之后，随着人口数量增长，能源消费强度对碳排放量的正向影响逐渐增强。当人力资本增长率越过1.107和1.800门槛值之后，随着人力资本提高，能源消费强度对碳排放量的正向影响逐渐减弱。双门槛效应表明人口增长下降，或者人力资本提高对于能源消费强度影响碳排放量的正向强化效应会逐步减弱。

结论的政策启示：中国人口、资源与环境危机根源，以及摆脱资源与环境困境的出路决非只有减缓人口数量增长本身。把人口增长控制在资源环境能够接受的"适度规模"以内，发展教育，继续加大对教育的投入，提高教育质量，具有节能减排，保护环境的积极意义，是解决人口、资源与环境矛盾最好的办法。

论文主要贡献在于：第一，理论上对经典模型进行了扩展。在借鉴经典模型研究之上，通过考虑人口资源环境约束，假设可再生资源与不可再生资源消耗量在总资源消耗量中的调整速度随时间变化等于负的人口增长率，即分析人口数量，又分析人口质量，回答对资源消耗与环境污染影响的问题，这是与其他数理模型的重要区别，对论文研究结论起到关键作用，从而优化了经典模型研究结论。不仅克服了资源增量为零的假设，而且弥补了现有文献忽略人口数量因素，将其标准化为1进行研究的不足。第二，实证检验上，以人口规模和人力资本增长率为门槛变量，考察能源消费强度对碳排放量影响的非线性作用机制，即门槛效应。其意义在于，人口规模与人力资本增长率对能源消费强度与碳排放量二者之间关系的影响存在双门槛效应，符合现实情况，研究结论更加可靠。

（供稿人：侯燕飞）

【资源依赖、投资便利化与长期经济增长】

协天紫光、李江龙
《当代经济科学》2019年第2期，原文16千字

长期经济增长取决于能够利用的资源以及如何利用资源，后者取决于人的行为（包括制度）。对资源的依赖可能腐蚀一国的投资便利性，进而阻碍生产性投资，这为"资源诅咒"提供了一种新的发生机制。

论文选取全球107个主要国家作为分析样本，采用跨国横截面数据进行回归分析。结果表明：资源依赖制约长期经济增长。平均而言，资源租金占GDP的比重每提高12%，长期经济增速将下降1%。即使将更多影响长期经济绩效的变量纳入回归方程，比如纬度、对外开放条件等，结果依然稳健。论文从投资便利化视角解读了资源依赖影响长期经济增长的传导机

制，如果资源型国家政府选择较差的投资便利性，则可以视为"政府失灵"的一种表现。论文的结果支持了这种"政府失灵"的传导机制：我们发现资源依赖往往伴随更低的投资便利性，并对长期经济增长构成挑战。

结论的政策启示：第一，政府应定期公开披露自然资源部门的相关信息，打破公民与政府、政府内部各部门之间的信息不对称，使公众对政府石油、天然气和矿产租金的转移和使用进行有效监督，确保自然资源收入不被少数精英阶层攫取。第二，政府应因势利导，利用可动用的有限资源和施政能力，从局部到整体逐步推进投资便利化各方面的建设。以营商环境为例，资源依赖大国营商环境普遍较差，但政府可以合理支配资源租金，在局部地区先建立经济特区和工业园区，为具有比较优势的产业提供局部有利的营商环境和基础设施，降低生产成本与交易费用，吸引资本密集型和技术密集型投资。此后，政府可将局部地区取得的成功与经验在全国范围内推广。

论文的主要贡献在于：第一，国内学者对资源诅咒效应的存在性进行实证检验时，绝大多数以区域为研究对象，而该文从国际视野出发，以全球107个样本国的经济增长差异为研究对象，对资源依赖与经济增长之间的关系进行分析和检验；第二，论文系统地评估了样本国投资便利化的建设状况，并首次从该视角提出和验证了"资源诅咒"可能发生的一种新机制，丰富了研究视角；第三，从实证方法来看，国内外学者多采用动态面板数据考察"资源诅咒"假设，但资源丰裕程度对经济体的经济发展具有长期影响，而经济增长的横截面模型更适合考察各种长期影响因素，因此，论文通过横截面模型，对"资源诅咒"的存在性、内在机制及调节效应进行更为可靠的估计与验证。

（供稿人：协天紫光）

【中国基础设施超常规发展的土地支持研究】

葛扬、岑树田
《经济研究》2017年第2期，原文27千字

最近几十年，特别是20世纪80年代中后期以来，基础设施对经济增长的促进作用越来越受到经济学界的关注和重视。一是基础设施投资能直接拉动经济增长；二是基础设施通过支撑制造业等产业发展刺激经济增长。正是良好的基础设施条件降低中国制造业的生产成本和流通成本，增强中国产品开拓市场和参与竞争的能力，使中国成为世界工厂和贸易大国，成就了中国"增长奇迹"。所以，要理解中国经济增长，首先要破解隐藏在其背后的基础设施之谜。

文章借鉴了Acemoglu关于基础设施与经济增长的框架，建立了一个关于土地制度与基础设施的理论模型，考察一个政治集权经济分权的经济体中地方官员的基础设施供给行为。得到的结论为：在一个政治集权经济分权以及土地公有制的经济体，除政治激励外，地方官员通过调控土地出让价格所形成的自我融资机制是影响一个地区基础设施最优供给量的主要因素，而该机制能否形成取决于一国的土地制度结构，这有助于从理论上解释中国与其他发展中国家存在的基础设施差别。文章运用省级面板数据进行传统的回归分析发现，土地支持假说成立，而通过跨国面板数据检验运用合成控制法分析发现，20世纪90年代前后中国的土地制度结构变迁对中国基础设施超常规发展产生了整体影响。

结论的政策启示：中央政府应强化土

地征用制度改革，保护被征地农民利益，改变当前土地征用有利于地方政府的局面，其要点是以市场化的价格（包括未来拟建基础设施项目完成后所带来的升值收益在内）进行土地征用，打破地方政府通过调控土地出让价格实现基础设施自我融资的机制；建立以产权为基础的土地市场化改革，改变建设用地供地方式，促进土地交易的公平、公正；推进新型城镇化，根本改革地方政府对土地财政的依赖，建立公平、共享的土地增值收益分配制度；等等。

文章主要贡献在于：第一，从土地制度结构变迁视角解释了过去20多年中国基础设施的超常规发展现象。第二，在"一带一路"倡议建设下，中国基础设施建设经验具有复制推广以及帮助指导发展中国家消除基础设施瓶颈的现实意义。第三，突破了传统的土地经济学思维。土地经济学者通常认为，土地只是为工业等产业发展提供场所而已，土地话题只有在农业领域才大有作为，把土地问题与宏观经济问题联系起来过于牵强附会。但中国过去的现实表明，土地似乎是地方政府推动地区经济发展最重要、最离不开的抓手。

（供稿人：岑树田）

创新与高技术产业

【产业集聚如何影响制造业企业的技术创新模式——兼论企业"创新惰性"的形成原因】

胡彬、万道侠

《财经研究》2017年第11期，原文16千字

中国产业集群的快速成长多是依赖于政府的主导，且普遍存在着知识创新或自主创新能力不足的问题（张杰等，2011）。企业的创新不足之所以具有普遍性，是由于地方政府基于追求增长绩效的目的发展产业集聚，破坏了创新组织生态形成与演化的市场根基，通过负向的自增强效应，在市场需求、制度环境和要素资源等诸多方面挤压了企业创新模式选择的空间。也就是说，地方政府以产业集聚为界面的、对产业发展规模、结构甚至区位的过度干预，放大了企业知识创新不足的负面影响，所导致的企业"创新惰性"更是成为依存于地方政府竞争行为的发展后果，最终使企业的自主创新变得愈发困难。

文章采用2012年世界银行对中国企业营商环境的调查数据和中国工业企业数据库，考察了产业集聚对制造业企业技术创新模式的作用机制和微观影响。研究结果显示，产业集聚显著降低了企业选择高端创新模式的概率。分析其中原因，政府干预的行为惯性为制造业企业的集聚营造了依赖低成本竞争的生存环境，这种"温室效应"致使企业技术创新模式倾向于低端化，本文界定为一种特定形式的"创新惰性"。进一步对其传导机制的检验表明，低成本竞争战略确实是产业集聚致使创新模式低端化的一个可能途径。研究还发现，积极的政府介入对于扭转这一现象非常重要，诸如有利于市场竞争的有效管制和产权保护，均能够为产业发展营造良性竞争的集聚环境，有利于企业自主创新意愿的提升。

结论的政策启示：第一，明确政府与市场的边界，培育产业集聚良性发展的市场力量，无论是对于产业的持续发展还是激励企业的创新活力，都是长期不容懈怠的任务；第二，在实施产业集聚政策时应积极发挥政府的服务功能，为集聚区内企业的技术创新提供有利的制度环境；第三，要注重培育产业集聚的市场力量，积极引导具有产业关联性强的企业入驻产业园区，形成技术相关、产品互补的产业结构。

文章的主要贡献在于：基于不同竞争战略情形的分析，对微观企业技术创新模式加以区分，研究产业集聚对技术创新影响的结构性失衡问题，弥补了现有研究的不足；以中国工业企业数据库为样本来源，计算城市空间尺度下制造业细分产业的集聚程度，并将城市和产业层面的产业集聚数据与来自世界银行调查的微观样本数据相匹配，更为真实地考察中观产业环境对微观企业创新行为的影响；对低端技术创新模式锁定下"创新惰性"的界定及形成原因分析，为中国制造业产业升级政策的制定提供新视角。

（供稿人：万道侠）

【城市房价、限购政策与技术创新】

余泳泽、张少辉

《中国工业经济》2017年第6期，原文19千字

中国制造业部门目前的自主创新能力依旧薄弱，远低于世界发达国家的水平。在中国亟须依靠创新驱动来促进经济转型的情形下，进一步提升创新能力刻不容缓。当前，中国经济表现出明显的"虚实失衡"现象：一面是虚拟经济的过度膨胀，以房地产业严重泡沫化为主要特征，另一面则是实体经济的持续低迷，实体部门的回报率不容乐观。过快上涨的房价不仅加剧了泡沫破裂的金融风险，更进一步导致信贷资源过多流向房地产部门，挤占了实体部门的资金配置，制约着实体经济创新能力的提升。

文章基于2004—2013年230个城市及1272家上市公司的数据，利用工具变量法和双重差分法（DID）验证城市房价上涨和房地产限购政策实施对技术创新活动的影响效应。研究结果表明，无论是在OLS还是工具变量法的情形下，城市房价上涨均显著抑制了城市整体技术创新活动和微观企业的创新投入与产出水平，并且房价的蔓延也对周边城市技术创新水平的提升造成负向外溢效应。房价上涨主要通过提升房地产投资占总投资的比重引致对创新资金的"挤占效应"，抑制了技术创新活动水平。房地产限购政策的实施虽然并未显著影响房价，但通过抑制过高的房地产投资，缓解了房价上涨过快对技术创新活动的负面作用。

结论的政策启示：第一，各级政府要重视房地产投资的快速膨胀以及房价的快速上涨对实体经济的冲击。过快上涨的房价造成创新水平低下，不利于经济结构转型升级；第二，加强利率市场化改革的步伐，消除信贷资源的非市场化配置现象。防止投资性资金过度流入房地产领域，尽量避免由于对房价的行政干预给市场经济运行埋下的隐患；第三，房价失控的根源是供需错配的结构性矛盾，限购政策难以完全化解供给侧问题，还会制约地区间人口流动。应加大对土地一级市场的改革，理性调整对土地财政的依赖，降低实体经济的运行风险。

文章的主要贡献在于：第一，样本的时间和维度选取更为全面，不仅将重要的时间节点如2008年国际金融危机、2010年限购政策的实施纳入研究范围，并且利用城市宏观数据和上市企业的微观匹配数据相结合进行研究；第二，重点在城市级层面上研究房价上涨对技术创新活动的影响，采用工具变量法排除了内生性问题；第三，内容上进一步地采用双重差分法（DID）验证了限购政策的实施对于技术创新活动的影响，以此从外生政策冲击角度研究城市技术创新活动的差异。

（供稿人：余泳泽）

【发明家高管与企业创新】

虞义华、赵奇锋、鞠晓生

《中国工业经济》2018年第3期，原文22千字

中共十九大报告指出，创新是引领发展的第一动力，是建设现代化经济体系的战略支撑。中央和地方各级政府采取一系列举措鼓励"大众创业、万众创新"，以此激发全社会创新、创业活力。作为企业战略决策的制定者和执行者，董事长和总经理发挥重要作用。企业管理者人力资本对创新的影响正受到日益广泛的关注，企业管理者的不同特质和经历能够影响企业经营管理和战略决策。已有研究主要关注高管受教育程度、年龄、所学专业，以及财务经历、从军经历、灾难经历、海外经历等对企业政策的影响，尚未有研究考察管理者的发明家背景（专利持有人）如

何塑造企业创新战略。根据资源依赖理论、专业知识以及信号理论，发明家高管对技术前沿、研发过程，以及创新激励的理解和认识更加深刻，理论上有助于提高企业创新产出和创新效率。

本文实证考察董事长和总经理发明家背景对企业创新绩效的具体影响及其作用机制。使用纯手工收集整理的中国制造业上市企业发明家创新数据库，与企业董事长和总经理进行精确匹配，从而识别出拥有发明家背景的企业高管。发现发明家高管能够推动企业创新。通过替换相关变量、改变估计方法、延长滞后期限以及变换研究样本等一系列稳健性检验，进一步证明这一关系是稳健和可靠的。异质性分析表明，高管发明家背景对高科技企业、国有企业、大型企业以及成熟企业创新的促进作用更加明显，在制度环境较差的地区，高管发明家经历能够在一定程度上弥补制度环境的不足。通过高管换届分析、面板工具变量估计以及倾向得分匹配估计三种识别策略缓解内生性问题，均得到一致的研究结论。发明家高管主要通过提供专业知识；减轻管理层短视；以及向企业内部个体发明家传递创新激励信号等途径促进企业创新。此外，已有研究发现，若高管为企业创始人，或者高管存在过度自信，都会促进企业创新，针对上述两种潜在竞争性解释，通过控制相关变量，采用逐步回归方法分别加以控制，结果发现，发明家高管对企业创新的正向促进效应依然显著存在，排除了创始人高管和过度自信高管两种潜在竞争性解释的干扰。

本文提出如下政策建议：第一，完善企业创新激励机制。发明家是企业内部从事技术创新活动的主要群体，提高企业技术创新水平重点在于激励发明家更好发挥自身聪明才智。传统上，薪酬激励是主要的激励方式，发明家通过技术创新获得相关专利，企业给予发明家收入上的补偿和奖励。但薪酬激励并非唯一有效的激励方式，本文通过研究发现，职业晋升等非薪酬激励方式同样发挥重要作用。如果发明家能够进入管理层，成为企业高管，不仅能够增强企业创新偏好，显著提高企业技术创新水平和创新效率，而且给企业内部其他个体发明家提供了较强的激励信号，提高发明家群体的创新效率和创新意愿。第二，完善公司治理机制，鼓励企业内部发明家积极参与公司治理。作为全世界最大的发展中和转型中国家，中国的法制建设、市场化体制建设以及现代企业管理制度建设尚未完成，公司治理尚不成熟，仍处于较低水平，各种损害股东和企业长远发展的投机和短视行为屡见不鲜，企业普遍比较短视，更加关注短期盈利而非企业长期发展，综合来看，不利于企业创新。吸纳发明家进入企业管理层能够有效提高管理层多元化，从而减轻企业管理层短视，有利于管理层采取符合企业长久发展的战略决策。第三，健全创新型人才长效培养模式。创新型人才培养是建设科技强国的重要一环，企业应当根据自身条件，加强内部创新型人才培育，引进外部高端人才支持，鼓励创新型人才双向交流等。政府应当因地制宜，创造良好的创新型人才培养环境，加快构建政府、企业、高校、科研院所"四位一体"创新型人才长效、协同培养体系，提高全社会综合创新水平。

（供稿人：虞义华）

【高技术产业发展对经济增长和就业促进的作用研究】

张钟文、叶银丹、许宪春

《统计研究》2017年第7期，原文14千字

本轮国际金融危机之后，我国经济增长面临较大的下行压力，其中，传统产业

增长乏力，对 GDP 增速的下拉作用明显，但是以高技术产业、新能源、"互联网+"等为代表的新经济发展势头良好。其中，2015 年规模以上高技术产业（仅含制造业）增加值增长 10.2%，高于规模以上工业增加值增速 4.1 个百分点。高技术产业作为工业新经济的代表，对于转变经济发展方式具有重要作用，因此，研究高技术产业对经济发展的影响具有重要的现实意义。

本文结合国民经济核算理论及诸多统计分析方法，从高技术产业投资和生产两个角度考察了高技术产业对经济增长的拉动情况，测算了高技术产业对国民经济各行业的就业促进情况，从而比较系统完整地研究了高技术产业对我国国民经济的影响。研究结果表明：高技术产业投资年均增长率达到 25.17%，对后危机时代抑制投资过快下滑起到了缓冲作用；其不变价增加值的年均增长率为 22.05%，比 GDP 年均增长率高出 12.44 个百分点，尤其在经济下行阶段对 GDP 增长的贡献率达到了 46.92%；高技术产业对其他行业的生产和就业的拉动作用明显，尤其是对传统制造业的拉动效果突出。

结论的政策启示：总体来说，高技术产业的发展对经济增长和促进就业具有较强的拉动作用，尤其在经济下行时期，更是成为经济增长的重要引擎。但是，我国高技术产业占制造业的比重有待提高，高技术产业的发展潜力巨大，国家需要通过减税和构建多层次的资本市场，来推动高技术产业投资和 R&D 投入的快速上升，进而提升高技术产业的发展水平与发展质量，助力经济发展方式从"粗放"到"集约"的成功转型。

文章的主要贡献在于：第一，系统研究了 20 世纪 90 年代中期以来我国高技术产业发展对国民经济的影响，分别从投资和生产两个角度考察了高技术产业对经济增长的拉动作用；第二，通过构建非竞争型投入产出表，测算了高技术产业对国民经济各行业的就业促进作用。

（供稿人：叶银丹）

【混合所有制改革是否促进企业创新？】

王业雯、陈林

《经济与管理研究》2017 年第 11 期，原文 11 千字

改革开放 40 多年，在建立和完善现代企业制度的目标下，大批国有企业进行产权改革，公司治理结构日益完善，逐步实现股权多元化，进而转变为混合所有制企业。2013 年 11 月，中共十八届三中全会明确提出要"积极发展混合所有制"，这是新形势下公有制经济和市场经济体制有效结合的新成果，反映了中国市场经济深入发展的客观要求。可以看出，这一轮混合所有制改革纲领的提出是富有历史渊源与路径依赖的，是中国改革开放重大战略的未竟事业。那么，国有企业进行混合所有制改革的成效如何？创新作为衡量国有企业改革成效的一个切入点，国有企业混合所有制改革是否有利于企业创新能力的提升？与其他所有制企业相比，经过混合所有制改革的企业创新能力是否有所提高？这一系列的问题都是当前社会、政府和学术界关注和探讨的重大议题。

文章利用中国工业企业微观数据，以新产品销售收入占销售总收入的比值来衡量创新效率，基于"拟自然实验"理论框架，并采用倾向得分匹配法（PSM），研究国有企业混合所有制改革对企业创新效率的影响。研究结果显示：混合所有制改革能显著提升企业的创新效率。此外，就创新效率而言，国有企业混合所有制改革后的创新效率要高于外资企业、民营企业和港澳台企业。

结论的政策启示：第一，持续推进国

有企业混合所有制改革，构建和完善现代企业制度；第二，为提高企业创新效率创造健全的制度环境和有效的市场环境；第三，推进非国有资本控股或者参股的混合所有制企业的发展。

文章的主要贡献在于：第一，在研究视角上，已有文献大多是从静态视角分析企业所有制与创新效率的关系。鲜有文献研究混合所有制改革本身的创新效应，本文利用工业企业微观数据，分析混合所有制改革和企业创新效率之间存在的动态因果关系；第二，在研究方法上，基于"拟自然实验"理论框架，结合倾向得分匹配法（PSM），研究国有企业混合所有制改革对企业创新效率的影响，采用倾向得分匹配法估计混合所有制改革与创新效率的因果关系，可以有效克服直接回归带来的样本选择性偏差问题；第三，在研究内容上，不仅研究混合所有制改革能否提升企业本身的创新效率，而且通过比较进行混合所有制改革的国有企业和其他非国有企业的创新效率，发现国有企业进行混合所有制改革后，创新效率高于民营企业、外资企业以及港澳台企业。

（供稿人：陈 林）

【企业集团对创新产出的影响：来自制造业上市公司的经验证据】

蔡卫星、倪骁然、赵盼、杨亭亭
《中国工业经济》2019年第1期，原文17千字

近年来，中国的专利繁荣引起了广泛关注。世界知识产权组织认为，"这反映出创新势头在地理上已发生转移"。从发达国家经验看，专利创新离不开发达的金融体系支持。但是，相对于发达国家而言，中国的正规金融体系发展较为滞后，特别是银行主导型的金融体系并不利于高风险的专利创新。在这一悖论下，如何理解中国专利繁荣的驱动因素就成为一个重要问题。

文章从企业组织结构出发，基于手工构建的企业集团数据，考察了企业集团对专利产出的影响。研究结果表明：企业集团与专利产出之间存在着显著的正向关系，并且这一关系对发明专利更为显著。基于2003年国务院国有资产监督管理委员会成立后各地区推出"企业集团促进政策"改革构建工具变量进行检验，上述发现仍然显著成立。进一步研究发现，从供给侧看，企业集团通过内部资本市场缓解了创新的"融资约束"难题，通过内部知识市场缓解了创新的"信息匮乏"难题；从需求侧看，由于专利产出可以在各成员间灵活地配置和使用，因此，企业集团创新产出的市场回报率更高。

结论的政策启示：第一，从微观层面上讲，在结合企业实际的基础上支持集团化发展就成为提高企业创新能力的一个可行的政策选择。在总体原则上，支持企业按照市场化原则兼并重组；在发展模式上，以内部资本市场功能为切入点，鼓励企业集团通过财务结算中心和财务公司将金融资本与产业资本相结合，实现金融资本对实体经济的有效支持；在倾斜重点上，以非国有企业和新企业为重点。第二，企业集团内部资本市场作为创新资金来源的替代性安排有着深刻的制度背景，不断推进多层次资本市场建设来提高市场机制对金融资源的配置效率就成为宏观金融改革的重点方向。第三，创新具有显著的溢出效应，意味着鼓励不同主体之间通过产学研合作、创新联盟等形式实现知识共享，对提高创新产出效率具有重要意义。

文章的主要贡献在于：第一，考察了企业集团的专利产出效应，从企业组织形式视角出发探讨专利产出影响因素的实证研究，进一步补充了有关专利产出影响因

素的研究；第二，依托于各地区推进国有资本调整和国有企业重组的"企业集团促进政策"构建了工具变量，有效缓解了潜在的内生性问题，对有效评估国有企业改革对创新产出乃至经济社会发展的影响具有一定的借鉴意义；第三，从专利产出视角提供了企业集团经济后果的新经验证据，并发现了内部资本市场和内部知识市场两个不同的机制，有助于更好地深化对新兴市场中企业集团职能的理解和认识。

（供稿人：蔡卫星）

【人工智能发展、产业结构转型升级与劳动收入份额】

郭凯明

《管理世界》2019 年第 7 期，原文 20 千字

人工智能是引领新一轮科技革命和产业变革的战略性技术，加快发展人工智能是事关我国能否抓住新一轮科技革命和产业变革机遇的战略问题。当前，人工智能正在全球范围内蓬勃兴起，准确预判人工智能发展对产业结构转型升级和要素收入分配格局的影响，对于推动我国经济实现高质量发展具有重要现实意义。

本文研究关注到：人工智能是一种通用技术，具有基础设施的外溢性特征；人工智能将深刻改变传统生产方式，但本质上对劳动或资本都可能产生偏向的替代性；人工智能在不同产业的应用前景并不相同，对不同行业将产生差异化影响。基于此，本文通过理论分析发现：在劳动密集型产业人工智能的产出弹性更高且生产部门间产品替代弹性更低，或资本密集型产业人工智能的产出弹性更高且生产部门间产品替代弹性更高，或劳动密集型产业人工智能与传统生产方式的替代弹性更高时，人工智能服务或资本密集型产业人工智能扩展型技术提高后，资本密集型产业比重将扩大，劳动收入份额将降低。反之亦然。

这一结论的政策启示是：首先，人工智能在特定行业应用过程中还会对其他产业发展产生间接影响。建议政府健全企业破产保护制度，完善市场出清机制，做好区域间的产业转移和承接工作，避免产业结构快速转型过程中加剧部分产业的产能过剩问题。其次，政府将社会资源用于支持人工智能发展，人工智能带来的技术红利理应被劳动和资本平等地获得，但是如果人工智能造成了劳动密集型产业收缩，势必会显著降低劳动收入份额，恶化收入分配。建议政府一方面加大对劳动者教育投入和技能培训的力度，培养复合型人才和与人工智能相关的专业人才，提高劳动力对新产业和新技术的适应性。另一方面逐步降低劳动收入税，提高资本收入税，甚至对机器人征税；在应用人工智能技术的国有企业中逐渐提高劳动者持股比重，同时，在因研发和应用人工智能而享受补贴的私营企业中规定基本的劳动收入占比。

本文的贡献是发展了关于人工智能对宏观经济的结构性影响的领域的研究。这一领域的研究结论目前还存在分歧：有研究把人工智能视作一种资本替代劳动的自动化生产方式，因而必然会造成劳动收入份额下降；有研究认为人工智能是一种要素扩展型技术，因而对劳动收入份额的影响方向取决于资本和劳动的替代弹性。但是，很少有研究关注到产业结构转型在人工智能影响劳动收入份额中的重要作用。本文以更加全面综合的视角来考察人工智能对产业结构转型升级和劳动收入份额变动的影响，提出了新的理论机制。

（供稿人：郭凯明）

【什么样的杠杆率有利于企业创新】

王玉泽、罗能生、刘文彬

《中国工业经济》2019年第3期，原文20千字

创新是经济发展提质增效的重要引擎，更是企业发展的根本动力。推进企业创新就必须加大研发投入，以满足产品设计、工艺改进、技术升级等各环节的资金需求。在中国目前的融资模式下，加大研发投入必须借助资本杠杆的作用，然而过高的杠杆率迫使企业承担较重的还本付息压力，加大了财务风险，又会反过来制约企业创新。因此，当前中国企业所面临的一个非常棘手的问题是，一方面需要利用资本杠杆的作用加大创新投入，推进企业创新；另一方面又需要降低杠杆率，规避经营风险。如何协调"去杠杆"和"促创新"之间的关系，是当前中国企业亟待破解的难题。

文章从创新投入、创新产出及创新风险三个维度构建企业创新评价体系，以2010—2015年沪深A股非金融类上市公司为样本，基于固定效应及Probit模型对什么样的杠杆率有利于企业创新问题进行实证研究。结果表明：企业杠杆率与创新投入、创新产出之间存在"倒U形"关系，对创新风险的影响则呈现"U形"；一般而言，杠杆率小于43.01%时能够促进创新投入与创新产出，同时降低创新风险，但是当杠杆率超过43.01%时，随着杠杆率的继续提升，创新风险增加。与此同时，与短期杠杆相比，长期杠杆在控制风险的前提下能够更有效地促进创新产出；与银行借贷杠杆相比，商业信用杠杆无法有效支持企业的创新产出，同时创新风险效应显著。此外，基于企业异质性的研究表明，杠杆率对企业创新的影响因企业规模及所属行业的技术特质的不同而存在差异，有利于企业创新的杠杆率区间在不同规模和不同行业的企业中亦有不同。

结论的政策启示：第一，直接措施与长效机制结合，降低企业负债融资水平。第二，根据企业异质性分类施策，实施结构性去杠杆。第三，企业应加强对流动负债使用的监督和管理，避免"短贷长用"而造成财务风险进一步提升；应鼓励银行发放科研专项贷款，通过财政资金补偿等方式降低银行科研贷款利率，提升高新企业及小微企业的科研贷款可得性。第四，完善现代企业制度，推进创新驱动战略的实施。第五，全面推动企业创新的配套措施建设，包括增强自身盈利能力、盘活存量资产、增加创新产出考核等。

文章的主要贡献在于：第一，高风险性是企业创新活动的重要特性，也是杠杆的基本效应，因此，文章将创新风险纳入企业创新的分析框架，从创新投入、创新产出及创新风险三个维度构建企业创新评价体系，指标选取上具有一定的新意；第二，现有研究大多关注杠杆率对企业创新活动产生的效果，集中讨论的是杠杆率究竟越高越好还是越低越好，而本文分析了有利于企业创新的杠杆率区间或最优杠杆率，尝试找到"去杠杆"和"促创新"之间的平衡点，对解决中国企业面对的现实问题具有重要参考意义；第三，从债务类型和企业异质性出发，进行具体的有差异化的分析，为结构性去杠杆政策的制定提供一定的经验证据。

（供稿人：王玉泽）

【政府创新补助的信号传递机制与企业创新】

郭玥

《中国工业经济》2018年第9期，原文23千字

作为经济创新驱动最主要的动力来源，企业创新发展是学界持续关注和研究的重点。企业创新活动的外部性和高风险

会引发市场供给不足，新古典经济学派的观点认为需要政府的介入和干预来解决"市场失灵"，与之对立的奥地利经济学派则认为，可以通过专利与知识产权保护制度由市场本身产生足够的激励促使经济主体实现外部性的内部化（王廷惠，2005）。但目前，中国知识产权保护制度仍待完善，完全依靠知识产权制度的权利界定解决科技创新的外部性仍有局限。此外，知识产权保护的排他性独占权与经济竞争存在难以避免的内在冲突（王源扩，1996），会抑制企业进行技术创新的积极性（Aghion et al.，2015），减缓技术与知识的流动与共享，降低有限社会资源向更符合战略发展需要的科技创新方向进行配置的效率。政府补助是"馅饼"抑或"陷阱"，本文以期通过研究进一步揭示政府补助对微观企业创新的影响，为中国产业政策之争问题提供经验证据。

文章构建了中国情景下政府创新补助信号传递机制模型，理论分析表明：在政府技术审查能力及监管能力达到一定条件下，创新补助不仅可以带给企业直接无偿的研发资金补充，还可以通过技术审查和动态监管向外传递积极信号，使外部投资者规避可能面临的逆向选择和道德风险问题，增加对企业研发创新的投资支持，促进企业研发创新，且政府审查能力和监管能力越强，创新补助的激励效应越大。实证分析选取沪深 A 股上市公司数据，通过手工搜集和关键词筛选得到企业创新补助数据，运用双向固定效应、Heckman 两步法、两阶段最小二乘法、倾向得分匹配等方法系统地评估了创新补助对企业创新投入和产出的微观政策效应，实证研究发现：创新补助会显著促进企业研发投入和实质性创新产出的增加，而非创新补助无显著影响；创新补助对民营企业、处于成长期及公司高管具有研发背景的企业的研发创新有显著激励作用；进一步实证分析验证了创新补助信号传递机制的存在。

结论的政策启示有：第一，政府创新补助信号传递机制模型表明了产业政策中有限有为政府的作用，"有为"意味着要提高政府创新技术审查能力和监管效率，"有限"意味着创新政策的制定要坚持以市场机制为基础、以企业为主导；第二，政府可通过进一步规范和促进股权融资与风险投资产业健康发展、构建企业技术创新信息整合平台等，进一步发挥创新补助的信号传递作用；第三，政府对申请创新补助企业的甄别与筛选应把握以考察企业研发创新项目前景及企业创新发展后劲为主，以企业已有创新能力为辅的原则，更加重视对企业人力资本和知识水平的考察。

文章的主要贡献在于：第一，构建了中国情景下政府创新补助信号传递机制理论模型，分别从隐藏信息的逆向选择和隐藏行动的道德风险两个方面证实了创新补助的直接影响和间接影响；第二，区分创新补助与非创新补助，在剔除非创新补助影响的前提下，考察创新补助对企业创新的影响，并通过两类补助的比较分析，实证验证了创新补助信号传递机制的存在，为政府引导企业通过市场机制创新的相关研究提供了更多的有力证据。

（供稿人：郭　玥）

【高科技产业竞争背后的国际政治经济学】

李滨、陈怡

《世界经济与政治》2019 年第 3 期，原文 19 千字

根据马克思主义政治经济学的原理，只有在生产过程中地位（生产关系）的变化，才会实现生产者权力与利益的变化。同样在国际层面，国家只有在国际分工体系中地位的提升，才能实现其在世界经济政治中地位的变化。科学技术作为第

一生产力是这种变革的最重要动力。由于新技术产业具有国际分工再组织的作用，目前在国际分工生产体系占据优势地位的发达国家，不断强化对知识产权的保护，维护核心技术的垄断，既是维护既定国际分工体系的需要，更是维护既定国际利益和国际关系权力格局的需要。中国实现现代化强国梦，其中一个重要物质基础就是，中国必须在国际分工体系中，实现从中低端向高端的转型升级。在这种过程中，中国必然会遭遇来自传统的引领国际分工的发达国家阻扰。因为中国这种为了自身发展利益的产业升级努力客观上会影响以美国为首的西方发达国家在现有国际分工中的地位、分配的收益，甚至是其霸权地位。

2018年爆发的中美贸易冲突是世界经济政治中的重大事件，美国把矛头主要指向中国的高科技产业。美国这一举措为了什么？它对美国与中国意味着什么？这就是近来中国与美国高技术产业贸易纷争的最深刻的背景。只有从国际分工和国际生产关系的角度来审视中美近来围绕着高技术产业政策的贸易纷争，才能洞察其背后的根本原因，才能发现其对中国发展意义的重要作用，才能发现美国把冲突的焦点聚集于中国高科技产业的背后动机。

贸易变革国际关系原因在于其背后的国际分工格局（或者说国际生产过程），贸易只是实现这种分工的交换形式与制度。贸易冲突只是背后的国际分工格局可能的转型带来的冲突体现。国际分工的转型意味着国际生产关系抑或国际关系的变化。因为民族国家在国际分工体系中结成的国际生产关系，不仅是经济关系，更是政治关系。熊彼特所说的五种经济发展的情形，归根结底是生产组织方式的变化，是生产力发展，这其中技术作为第一生产力发挥着核心的作用。一个没有引领国际分工的国家是生产力落后的国家。因此，国际分工地位和国际生产关系更取决于技术创新。近来中国与一些西方国家在高技术产业之间的贸易之争，实质关系到中国能否在国际分工中迈入中心地位，能否彻底改变中国在国际生产关系中的地位，能否实现中国强国梦。因此，中国在这场贸易冲突中应当守住维护高科技产业发展的底线。

（供稿人：李　滨）

【机器人对劳动收入份额的影响研究——来自企业调查的微观证据】

余玲铮、魏下海、吴春秀

《中国人口科学》2019年第4期，原文15千字

随着中国人口红利衰减和劳动力成本上升，企业开始普及应用工业机器人，并致力于通过技术红利替代人口红利。机器人在显著提升生产潜力的同时，也将重塑收入分配格局。在机器人浪潮中，社会劳动者能否公平地分享技术红利，则取决于资本和劳动之间的替代弹性。

文章利用广东省企业调查数据，考察机器人在工作场所的应用情况，并重点评估机器人对企业要素收入分配格局的影响。研究发现：机器人作为一种偏向型技术进步的载体，当机器人与劳动是替代而非互补关系时，机器人应用将导致劳动收入份额下降。机器人所产生的增长效应不会均等地惠及所有要素，虽然机器人同时促进了工资率和劳动生产率的增长，但前者增长幅度不及后者，从而使劳动收入份额下降。只有当机器人与人力资本相匹配时，才能更好地促进工资率和劳动生产率的增长。异质性分析发现，在具有良好的劳动保护机制及国有集体企业中，机器人对劳动收入份额负面效应会有所减弱。

政策启示：既然机器人需要与高技能人力资本相互匹配，那么，政策当局应积

极实施机器人产业人才培养和专业学科的建设，培养满足新一轮科技革命需求的复合型人才和产业大军。对企业而言，应给予员工更多的与机器人相关的技能培训，而不是让员工在机器人浪潮中充当"局外人"或者独自承担"机器换人"的"阵痛"。对于劳动者，在机器人和人工智能时代到来之际，应主动更新知识体系，努力形成终身学习能力，尤其培养社会互动和抽象分析的能力，毕竟这方面能力不容易被机器人所复制。考虑到机器人取代人工而导致的失业和社会不稳定，在条件成熟下可适时开征"机器人税"，使机器人所产生的技术红利在社会群体中更具分享性。

文章的主要贡献和创新点：第一，文章采用颇具时效性的、来自广东省企业的一手调查数据，考察微观企业使用机器人的现状和动因。为了解当今中国如火如荼的"机器换人"现象以及制造业大国转型升级提供有价值的决策参考。第二，文章基于收入分配视角分析中国企业的机器人应用，厘清机器人如何重塑企业初次收入分配格局，并论证这一影响的作用机制。

(供稿人：余玲铮)

【人工智能、老龄化与经济增长】

陈彦斌、林晨、陈小亮

《经济研究》2019年第7期，原文19.5千字

历史和国际经验表明，虽然老龄化在短期内给一个国家或地区的经济增长带来的影响并不明显，但是在长期中的影响不容忽视。"亚洲四小龙"和日本在高增长时期之后，之所以经济增速显著放缓，重要原因之一就是老龄化带来了较大冲击。中国的老龄化程度不断加剧，而且面临"未富先老""未备先老"的局面，如果不采取有效对策，那么老龄化对中国经济的冲击可能比对其他国家更严重。在中国经济增速持续放缓，而"两个一百年"等重要目标的实现都需要经济增速保持在一定水平的背景下，很有必要深入研究如何才能有效应对老龄化对经济增长的不利影响，以促进经济与社会的平稳运行。

已有研究主要建议通过延迟退休年龄、调整生育政策、加快户籍制度改革等举措应对老龄化的影响，这些对策的本质是从供给端"挖掘"劳动力。不过，从供给端"挖掘"劳动力的难度越来越大，从需求端入手或许能够找到长期有效的应对之策。有鉴于此，本文从需求端入手，通过构建含有人工智能和老龄化的动态一般均衡模型，研究了人工智能究竟能否应对老龄化给中国经济增长带来的冲击。研究结果表明，人工智能主要通过三条机制应对老龄化的冲击。一是，提高自动化程度，从而减轻老龄化背景下劳动力供给减少对经济增长的不利影响。二是，提高资本回报率，以减缓老龄化背景下储蓄率和投资率下降对经济增长的冲击。三是，促进全要素生产率的提升，从而进一步对冲老龄化对经济增长的冲击。数值模拟结果显示，如果不考虑人工智能的影响，老龄化将使2035年的中国经济增速下滑至4.70%（如果考虑国内与国外其他不利因素的冲击，经济增速的下滑幅度将会更大）。而在本文设定的三种人工智能发展情景下，到2035年中国经济增速将分别比老龄化情形高出0.95个、1.77个和2.68个百分点。

本文的学术贡献主要体现在三个方面。第一，Aghion et al.（2017）等文献通过构建模型考察了人工智能对经济增长的影响，但并没有将老龄化考虑在内，本文则构建了同时包含人工智能和老龄化的模型，从而能够回答人工智能究竟能否应对老龄化给中国经济增长带来的冲击这一

重要问题。第二，Aghion et al.（2017）等主要通过理论模型对人工智能的影响进行定性分析，本文则在理论建模的基础上结合中国实际情况进行参数校准，并且进行了丰富的数值模拟试验，从而可以较好地对人工智能的影响进行定量分析。第三，本文还基于所构建的模型研究了延迟退休政策应对老龄化的效果，并将其与人工智能进行对比，从而进一步为政府应对老龄化提供了可靠的决策依据。

（供稿人：陈小亮）

【人口老龄化背景下人工智能的劳动力替代效应】

陈秋霖、许多、周羿
《中国人口科学》2018年第6期，原文18千字

人口老龄化和人工智能的快速发展是当前中国经济发生深刻变革的关键原因。一个亟待研究的问题是：智能化生产，作为人工智能最主要的生产应用方式，是否有助于缓解人口老龄化对中长期经济增长的冲击？

我们认为，中国智能化生产的发展是"诱导式创新"，在人口老龄化的背景下将会起到"补位式替代"的作用。经济学家希克斯指出，"生产要素的价格变动，本身就是对特定种类创新和发明的激励，以节约使用变得更贵的相对要素"。在"人力替代"模式下，智能化生产是一种劳动力节约型的技术，其与劳动者之间是相互替代的关系。人口加速老龄化使得劳动力成本增加，企业通过投入研发或者安装新设备来改变生产技术，替代部分传统岗位，减少了经济体对劳动力数量的总需求，从而弱化，甚至补偿人口老龄化对经济增长造成的负面影响。

对国内外数据的分析支持了老龄化会推动智能化生产技术应用的假说。从国际层面看，当其他因素不变时，一个国家的老龄化程度越高，其人均工业机器人累积安装量也相应越高；这在一定程度上表明，人口老龄化所带来的劳动力短缺和劳动成本上升，会驱动一个国家更多地将人工智能技术应用于经济生产。从国内来看，在智能化生产迅速发展的大背景下，各省、自治区、直辖市的发展水平却存在显著差异；老龄化进程更快的省份，会更多、更快地投入和发展智能化生产。

中国各省份智能化生产和经济增长的数据体现出智能化生产对于地方经济发展的促进作用；特别地，一个地区的老龄化进程越快，智能化生产对经济发展的推动作用越强。我们还发现，智能化生产在不同产业中所产生的经济效益并不相同：智能化生产对第一产业增加值的影响不太明显，但对第二产业和第三产业增加值有很明显的推动作用，其中对于第二产业尤为显著。智能化生产对第一产业作用较弱的一个可能原因是，适用于第一产业的智能化生产技术目前比较少，或者发展还不成熟。

我们的研究表明：政府应该充分利用人口老龄化背景下智能化生产对劳动力的补位式替代作用，大力支持人工智能产业发展，积极发挥技术进步带来的"智能红利"；除了税收优惠和研发补贴等政策之外，政府还要进一步完善要素市场，充分发挥价格信号对于资源配置的引导作用，让智能化生产的应用速度与劳动力市场的调整速度相匹配，实现不同产业、不同地区之间的协调均衡发展。

（供稿人：许　多）

【薪酬差距、发明家晋升与企业技术创新】

赵奇锋、王永中
《世界经济》2019年第7期，原文17千字

在全球经济增速放缓及贫富差距不断

扩大的背景下，企业管理层与普通员工间薪酬差距不断扩大已经成为一个全球性的热点话题，引起媒体和社会舆论的广泛关注。在美国等西方发达国家，薪酬差距在 20 世纪初开始呈现不断扩大的趋势，近年来更是频频爆出上市公司高管天价年薪的新闻。为抑制这一现象的蔓延，一些国家出台了针对企业高管的"限薪令"。中国在 2002 年开始推行国企高管年薪制，规定高管工资不得超过职工平均工资的 12 倍，但这一比例早已被突破。2009 年，国家人力资源和社会保障部等六部门联合出台《关于进一步规范中央企业负责人薪酬管理的指导意见》，对中央企业高管施行"限薪令"。2008 年全球金融危机后，美国政府针对华尔街金融企业出台限薪令，规定凡是获得政府救助的金融企业高管年薪不得超过 50 万美元。薪酬差距问题也引起了学术界的浓厚兴趣。已有研究主要集中于薪酬差距的成因及其对企业财务经营绩效、市场表现的影响，但在薪酬差距对企业技术创新影响方面的研究不够完善，尤其是对企业技术创新影响机制的考察较为欠缺。

本文在 Lazear 和 Rosen（1981）与 Rosen（1986）的研究基础上，构造企业发明家创新与职业晋升锦标赛模型。发明家之间开展创新锦标赛，获胜的发明家向更高层级晋升，获得更高的薪酬，失败的发明家则继续处在原来的层级。理论分析表明，薪酬差距扩大能够有效激励发明家进行技术创新，且不同职务级别之间的薪酬差距越大，意味着发明家晋升后获得的薪酬相对晋升前越高，对发明家的创新激励也就越大。基于数据可得性方面的考虑，分别使用企业高管与普通员工间薪酬差距、董事与普通员工间薪酬差距，度量企业内部薪酬差距。利用中国 A 股 1701 家制造业上市企业 2001—2015 年薪酬差距与专利授权量数据，发现企业内部薪酬差距与技术创新之间呈显著正相关关系。通过手工收集整理的中国制造业上市企业超过十万名个体发明家专利数据库，同企业管理层人员信息精确匹配，得到发明家所获专利数量与职业晋升数据库。研究显示，薪酬差距会给发明家带来显著的创新激励，薪酬差距越大，发明家创新效率越高，创新参与越积极，且发明家所获专利数量对其晋升管理层具有显著的正向影响，发明家所获专利越多，其晋升为管理层的概率也越大。发明家晋升企业管理层后，通过提高企业研发投入强度、改善研发创新效率以及吸引更多高水平发明家等直接或间接的方式促进企业技术创新。

本文的创新之处在于：（1）从企业内部发明家晋升视角研究企业创新行为，相较已有研究更加深入。（2）通过构造企业发明家创新与晋升锦标赛模型，在理论上证明薪酬差距能够通过发明家晋升这一渠道，激励发明家努力工作，进而促进企业技术创新，并且使用中国制造业上市企业的薪酬差距和专利授权量数据，对理论模型的经验检验发现，薪酬差距能够促进企业技术创新，支持锦标赛理论。（3）数据独特。本研究从 IncoPat 专利检索数据库中手工收集并整理企业内部个体发明家数据，未见于现有文献。企业应当针对发明家特定群体，综合薪酬、晋升、荣誉等不同激励方式，构建科学、系统、高效的技术创新激励机制。发明家进入企业管理层对技术创新具有显著的正向促进作用，企业应适当吸纳部分发明家进入管理层，以提高管理层多元化，改善公司治理，增强对技术创新等长期目标的关注度。

（供稿人：赵奇锋）

【政府补贴能否促进高新技术企业的自主创新？来自中关村的证据】

章元、程郁、佘国满

《金融研究》2018年第10期，原文15千字

自1985年科技体制改革后，中国政府高度重视对科技创新的支持，伴随着科技兴国以及"创新驱动"战略的推进，政府的科技投入持续增加。据统计，财政支出中的科技投入由1978年的52亿元快速增长至2014年的5000多亿元，这其中就有相当大的比例用于企业创新补贴。然而，现有文献对于中国政府科技创新投入效果的研究并未达成一致结论，对政府特别关注的高新技术企业补贴的效果的研究并不多。

基于2001—2012年中关村的3万多家高新技术企业数据，本文研究了政府补贴对企业创新投入及创新产出的效果。然后联合采用PSM与DID法进行实证研究后发现：总体而言，政府补贴的确显著提高了企业的创新投入与创新产出，表现为企业创新经费支出显著提高与企业新产品销售收入和专利申请个数的增加。然后，分别利用Heckman两步法与PSM和Heckman两步法联合估计对政府补贴的边际效果进行测算，发现政府补贴对创新投入的促进作用略高于对新产品销售收入的促进作用。进一步将企业创新投入细分为企业的自主创新投资以及引进或购买技术，结果发现虽然政府补贴在整体上提高了企业的创新投入，但是被补贴企业将更多的创新资源分配至后者，而非前者；最后，研究发现政府补贴对企业的长期创新投入激励作用并不显著。

本文认为中国政府还可以从如下方面对高新技术企业的补贴政策进行优化：首先，将事前补贴转变为事后补贴，即对于研发成功后的企业给予补贴或者奖励，以弥补其前期投入的创新成本；其次，转变和创新政策的支持机制，将部分政策资助转变为股权投资，以资本金注入形式改变对资金短期使用效率评价，或者政策资助与股权投资相配合的支持机制，以风险投资的甄选标准替代传统的政府项目评审标准，从而更容易选出市场创新效率高的企业；再次，对高学历和海外引进的高层次人才，地方政府直接给予补贴，降低雇用他们的企业的成本，激发企业进行长期创新投资的积极性；最后，加强对企业自主创新的支持，政策瞄准机制应更突出在自主研发投入以及自主创新成果的实现上。

相对于现有文献，本文在如下四个方面推进了对该问题的研究：一、本文将采用PSM和DID两种方法对企业获得补助的内生性问题进行处理；二、本文区分研究政府补贴对企业内涵式的自主创新，以及外延式的购买或引进其他企业研发的新技术这两种行为的不同影响；三、本文区分研究政府补贴对企业的短期创新和长期创新的不同影响；四、本文提供来自中关村高新技术企业的证据能够和基于上市公司数据的研究证据形成互补。

（供稿人：章　元）

【政府研发补贴对企业研发投入的影响——基于中国上市公司的实证研究】

赵康生、谢识予

《世界经济文汇》2017年第2期，原文16千字

由于企业在研发投入上的主体性地位，国家创新驱动发展战略的成功实施以及经济结构的转型升级有赖于我国企业持续的研发投入和自主创新能力的提高。而技术知识创新有公共品特征，企业的研发投资具有正的外部性，政府有必要对企业研发投资进行补贴，降低企业研发项目的成本与风险，从而缩小研发投资私人收益与社会收益的差距，使得研发资源配置到

更优水平。大部分研究表明政府科技资助对企业的技术创新有显著促进作用。

文章聚焦于政府研发补贴对企业研发投入的影响，用 2007—2010 年我国沪深主板上市公司为样本，研究了政府研发补贴对企业研发投入的影响及企业规模、吸收能力以及企业所在地区金融发展水平对二者关系的调节效应。本文实证研究结果表明：(1) 政府研发补贴对企业研发投入具有持续促进作用；(2) 企业吸收能力越强，政府研发补贴对于企业研发投入的促进效应越好；(3) 地区金融发展水平越高，政府研发补贴对于企业后续研发投入的引导效应越显著。

文章的理论贡献在于：从微观层面企业特性以及宏观层面地区金融发展水平出发，探讨了影响政府研发补贴对企业研发投入促进作用的情境因素，进一步推进了关于政府科技资助政策效率的研究。

结论的政策启示：第一，本文的研究结论揭示了政府研发投入对于吸收能力强的企业研发投入激励效果更显著，这对于政府科技政策部门筛选资助对象有指导意义。第二，依据本文的实证研究结论，对于科技政策制定者来说，改善金融环境与政府科技资助政策的结合，更有可能发挥政府研发补贴激励企业增加研发投入的长期效应，从而真正推进我国企业提高自主创新能力。第三，科技型企业通过熟悉与科技融资相关的金融知识以及各类政府科技资助政策，包括直接资助、创投基金以及与创新相关的税收减免政策有助于突破研发项目的融资约束。本文不仅为政府研发补贴选择资助对象提供实证依据，有助于提高政府科研资助的配置效率，而且对于指导企业突破研发项目融资困境有一定的实践意义。

（供稿人：赵康生）

【自主创新、外国技术溢出与制造业出口产品质量升级】

曲如晓、臧睿

《中国软科学》2019 年第 5 期，原文 16 千字

改革开放 40 多年来，中国毫不动摇地坚持开放战略，通过吸引外资、引进先进技术、开展技术合作等方式消化吸收国外先进技术，在开放中推动自主创新，丰富了出口产品技术内涵，实现了出口产品质量升级。那么，在对外开放过程中，中国制造业出口产品质量升级的动力源自本国的自主创新还是外国的技术溢出？二者孰轻孰重？在外国技术溢出的三种途径中，哪种途径提升了中国制造业出口产品升级？

文章基于 Faruq (2010) 的质量异质模型，运用 2007—2016 年 113 个制造业细分行业的数据，探究了自主创新、外国技术溢出对制造业出口产品质量升级的影响。研究结果表明：中国自主创新是拉动出口质量升级的主要动力，自主创新每提高 10%，出口产品质量上升约 0.849%；自主创新对制造业出口产品质量具有 U 型非线性影响，拐点为 10.54；在外国技术溢出效应中，外商直接投资与进口贸易技术溢出显著促进制造业出口产品质量升级，跨国专利申请具有阻碍作用；中国高技术行业出口产品质量主要来源于外国企业在中国设厂生产高质量产品并出口以及中国对进口的高质量中间品再加工出口两个途径。

结论的政策启示：第一，继续扩大贸易开放水平，积极引进外商直接投资，通过学习消化吸收国外先进技术，充分发挥行业对外国技术溢出的吸收能力，缩短与国外技术差距，提升我国在关键核心技术和"短板"技术上的创新能力。第二，加强与国外高技术企业、科研机构等技术合作，围绕共同需求，发挥各自技术优

势，有效弥补产品生产中"短板"技术，实现产品技术进步。第三，积极推动企业科研人员的交流与合作，在产品涉及的重点技术领域引进海外高层次科技人才，提升产品技术水平。第四，要积极鼓励我国跨国企业在海外设立研发中心或联合研究中心，有效利用海外创新资源，提升企业产品技术含量，实现产品质量的转型升级。

文章的主要贡献在于：第一，将自主创新与外国技术溢出置于同一研究框架下进行分析，弥补了现有文献只对单一方面进行研究的不足。第二，定量测算了外商直接投资、进口贸易、跨国专利申请三种途径的外国技术溢出对制造业出口产品质量的不同影响，探究拉动中国出口质量升级的主要动力。

（供稿人：曲如晓）

产业升级

【"两驾马车"驱动延缓了中国产业结构转型？——基于多部门经济增长模型的需求侧核算分析】

渠慎宁、李鹏飞、吕铁
《管理世界》2018年第1期，原文18千字

改革开放以来，中国经济呈现出投资、净出口与消费"三驾马车"带动的增长模式。然而，"三驾马车"中真正的"马车"只有投资和净出口，消费仅起到了"牛车"的作用。相比投资和净出口，消费对经济增长的带动较为有限。内需不足一直都是中国经济的主要问题之一。由此，可引申出一个问题：投资和净出口"两驾马车"驱动是否会对中国"产业结构转型"产生影响？独特的经济增长模式会否导致独特的产业结构转型特征？本文试图对此问题进行解读。

本文建立了多部门经济增长模型模拟1978—2013年中国的产业结构变迁过程，并在基准模型的基础上分别加入投资和净出口进行比较，以此考察"两驾马车"对中国产业结构转型的影响。本文研究结果表明，投资和净出口"两驾马车"是解释中国产业结构出现"库兹涅茨事实"外独有特征的关键因素，是解释中国产业结构转型过程中"三个典型问题"的主要原因。正是一直以来"两驾马车"驱动的经济增长模式，导致中国农业、工业劳动力份额"波浪式"地"有升有降"，导致中国劳动力在农业与工业之间"有来有走"，导致中国服务业增速"降挡"、工业增速"提挡"。因此，本文认为，"两驾马车"驱动的经济增长模式，延缓了中国产业结构转型步伐。

本文结论具有较强的政策内涵。"两驾马车"驱动的经济增长模式之所以能够形成、加强和延续，在较大程度上是由中国长期以来遵循的凯恩斯主义宏观经济管理思路所致。这种需求侧的刺激方法，如今暴露出越来越多的弊端。只有通过实施供给侧结构性改革，落实"三去一降一补"五大任务，降低"两驾马车"依赖度，实现可持续的内生经济增长模式，才是解决凯恩斯主义"治标不治本"的疗方，才是加快我国产业结构转型的根本手段。

文章的主要贡献在于，我们提出了关于中国产业结构转型过程中的"三个典型问题"。现有产业结构转型研究中的收入效应与生产率效应假说仅能解释"库兹涅茨事实"，并不能解释中国产业结构转型中出现的这些新问题。我们通过建立开放环境下的多部门经济增长模型，系统性研究中国的产业结构变迁过程，从中国过往的经济增长模式——特别是"两驾马车"中，挖掘产业结构转型的其他影响因素，为研究中国产业结构转型问题提供新的思路。

（供稿人：渠慎宁）

【产业结构、经济增长与服务业成本病——来自中国的经验证据】

宋建、郑江淮

《产业经济研究》2017年第2期，原文15千字

结构与速度的关系成为当前经济"新常态"的重要命题。服务业部门份额动态演变与经济增速之间是否具备内在机制？即"调结构"与"稳增长"之间是否具有一种"替代"关系？或者说，牺牲经济增长速度"换取"产业结构调整是否具有理论基础？可见，量化结构与速度之间的关系，显得尤为重要。中国40年经济增长经历了工业化、城市化转型，工业化进程中"结构红利"带来"结构性加速"，促使中国经济飞速发展，成就了"中国奇迹"，而在工业化向城市化演进中，产业结构服务化与"结构性减速"现象并存。

基于"服务业之谜"的存在性，验证 Baumol 非平衡增长模型提出的"效率—结构—速度"关系，其关键不在于服务业的需求价格弹性，而是生产率对相对价格的影响。研究结果表明：第一，生产率增长率的"非均衡性"，致使产业结构变迁中出现"鲍莫尔成本病"现象。服务业部门的生产率增长"滞后"，而服务业在整个国民经济中的名义产出份额及就业份额不断增加，从而"拉低"了整体经济生产率，使得经济增速放缓。第二，鲍莫尔"非均衡增长理论"核心是相对生产率通过价格传导机制作用于产业名义份额及劳动份额来实现的。第三，我国的区域间经济发展不均衡导致出现不同程度的"成本病"现象，东部较为明显，而在西部并不显著。

结论的政策启示：第一，经济"新常态"下，要高度重视经济增长与产业结构变迁中"服务业成本病"之间的"负相关"关系，在"稳增长"与"调结构"之间要把握战略平衡。需要把握经济发展的客观规律，辩证地看待"速度"与"结构"之间的关系，尤其在增速换挡期，保持经济在合理的运行区间，加快产业结构的战略性调整。第二，要理性看待产业结构调整中的"服务业成本病"现象，不要一味地视其为一种"病态"。工业部门生产率的不断提升，形成了更大规模的产能，这就需要更大规模的服务业尤其是生产性服务业与之相匹配。第三，中国经济在向发达国家追赶的当下，体制性、结构性的问题日益凸显，这些问题的破解有助于构筑经济增长的潜在动力。

文章的主要贡献在于：一是从中国现实产业发展出发，对全国及三大地区产业结构调整内在动因进行了详细的量化比较研究，验证相对生产率决定相对价格水平，相对价格的变动又导致服务业部门份额的提升，进而降低经济增长速度的内在逻辑；二是将产业结构研究由需求价格弹性研究，转向"价格效应"的分析范式，特别地，"价格效应"背后体现为生产率的异质性，进而对整个经济增速产生影响，从而形成了"结构—速度—效率"于一体的分析框架。

（供稿人：宋　建）

【产业政策、资本配置效率与企业全要素生产率——基于中国2009年十大产业振兴规划自然实验的经验研究】

钱雪松、康瑾、唐英伦、曹夏平

《中国工业经济》2018年第8期，原文20千字

党的十九大报告指出，要以供给侧结构性改革为主线，推动经济发展质量变革、效率变革、动力变革，提高全要素生产率。但在中国经济实践中，受制于体制扭曲和市场制度不完善等因素，企业创新能力不强，资本—劳动等要素投入组合也

有待优化，这导致中国企业全要素生产率普遍不高。与此同时，作为政府调控经济的重要抓手，产业政策在中国被广泛运用，然而学术界对产业政策褒贬不一。在此背景下，如何通过实施产业政策提升企业全要素生产率进而促进经济高质量发展问题受到学术界和政府的密切关注。

文章使用中国上市公司数据，从2009年十大产业振兴规划出台这一自然实验切入，将十大产业以内的企业设定为实验组、十大产业以外的企业设定为对照组，运用双重差分法考察产业政策对企业全要素生产率的影响及作用机理。研究表明，十大产业振兴规划出台之后，与对照组相比，实验组企业的全要素生产率显著下降，该效应先增强后减弱。进一步研究显示，十大产业振兴规划出台降低了企业资本配置效率，该效应随着时间推移逐渐减弱。这揭示出，选择性产业政策影响企业全要素生产率的作用机制在于：十大产业振兴规划出台→企业投资效率下降→企业资本配置效率下降→企业全要素生产率下降。异质性检验结果表明：企业所在地的政府干预程度越强，选择性产业政策对企业资本配置效率的降低作用越大，其全要素生产率的下降幅度也相对越大；与非国有企业相比，选择性产业政策对国有企业资本配置效率的降低作用相对较大，国有企业的全要素生产率下降得更多。

结论的政策启示：为了有效发挥产业政策对企业全要素生产率的促进作用，政府不仅应该着力于短期，在制定推行产业政策时对国有企业和地方政府干预程度较强地区企业施加重点关注，而且要放眼于长期，积极推动产业政策转型，从依靠政府直接干预的选择性产业政策过渡到以增进市场机能为目标的功能性产业政策。与此同时，要不断深化市场化改革，通过推进金融市场化进程和混合所有制改革等举措为产业政策转型和实施创造良好制度环境。

文章的主要贡献在于：第一，从十大产业振兴规划这一自然实验出发考察选择性产业政策对企业全要素生产率的影响，有助于厘清产业政策对企业全要素生产率的影响及运作机理；第二，从产业政策视角解释了我国企业全要素生产率的动态变化及其在所有制和地区层面的差异，增进了对产业政策如何影响实体经济的认识和理解。

（供稿人：钱雪松）

【供给侧结构性改革背景下中国潜在经济增长率分析】

郭学能、卢盛荣
《经济学家》2018年第1期，原文13千字

2010年中国人均GDP超过5000美元，成为中等偏上收入水平经济体。在此前后的国际金融危机冲击及国际经济环境变化，使中国既有的以出口劳动密集型产品为导向的粗放型经济发展方式难以为继，中国的经济增长率逐步下行。国内外经济形势的变化，使得我国社会各界普遍关注我国经济未来的增长走势，这关乎2020年国内生产总值及居民可支配收入倍增、关乎中国能否顺利跨越"中等收入陷阱"。显然，要实现中央提出的这些社会经济发展战略目标，我国经济需要在未来一段时间内保持较为稳定的中高速增长。然而，在当前我国经济持续走低的大背景下，经济学界对未来5—10年我国经济是否还能保持一个高速平稳的增长态势存有争议。

文章在理论阐述供给侧结构性改革对中国潜在经济增长率影响机理的基础上，将供给侧结构性改革的关键因素，例如，制度变革、结构调整、产能过剩、人口结构等嵌入模型的分析框架，在对1993—

2015年中国经济的潜在增长率进行测算的基础上，进一步对2016—2040年中国潜在经济增长率进行预测。研究表明：2010年以来中国经济持续走低的原因主要是潜在增长率本身的下降，应该从供给侧进行结构性改革，着力提高潜在增长率；在基准情景下和悲观情景下，2016—2020年的潜在增长率分别为6.9%、6.5%；2021—2025年的潜在增长率分别为6.3%、5.8%；2026—2030年的潜在增长率分别为6.0%、5.7%；2031—2035年的潜在增长率分别为4.9%、4.4%；2036—2040年的潜在增长率分别为4.6%、4.3%。

结论的政策启示：在经济新常态下，推进供给侧结构性改革，是推动经济发展的重大举措。推进供给侧结构性改革，必须实现生产要素的最优配置，提升经济增长的质量和数量，尤其要加快对劳动力、土地、资本、制度、创新等要素的改革。一方面，要创造稳定的宏观经济环境，保持经济运行在合理区间，防止经济大起大落；另一方面，要加快各领域改革的步伐，提高经济增长的质量，转变经济增长的方式。通过改革的不断深入，纠正各种生产要素的扭曲，实现资源的最优配置，提升生产效率，提高潜在增长率。

文章的主要贡献在于：第一，现有的研究文献都没有考虑中国目前面临的严重的产能过剩问题。我们对生产函数法做了改进，首次在国内相关文献的模型中引入了产能利用率，将无效的过剩的产能剔除掉。第二，生产要素内部投入结构的改变能够改变要素配置的效率，当一种要素从低效率部门转移到高效率部门时，能够在要素投入总量不变的情况下，提高要素的单位产出，即要素内部投入结构的变化能够影响要素的产出弹性，从而对经济增长产生影响。鉴于此，为了反映中国经济结构的变迁，我们建立模型测算时变的资本产出弹性。第三，对就业人口采用数理模型测算，避免了现有文献中假设的主观性和随意性。其中，就业人口估算时采用了Leslie矩阵算法，并且首次在国内相关文献中考虑了"全面二胎政策"的影响和效果。第四，首次在国内相关文献中考虑了服务业的快速发展对潜在增长率的影响。第五，首次在国内相关文献中考虑了混合所有制经济改革例如"央企混改"的推进对潜在增长率的影响。

（供稿人：郭学能）

【供需结构错配、市场化进程与供给侧结构性改革——基于我国省级数据的实证研究】

石明明

《产业经济评论（山东大学）》2017年第3期，原文15千字

供给侧结构性改革是我国经济社会发展中的重点议题，供需结构错配是供给侧结构性议题中的重点内容，主要表现为过剩产能处置缓慢，多样化、个性化、高端化需求难以得到满足，无效和低端供给过多，有效和中高端供给不足等。为了解决这些结构性问题，近年来各有关部门和地方政府出台了一系列政策措施，但这些政策由于具有一定的行政干预和行业计划特征，引起了很多经济学者的关注和讨论。论文重点关注了制度因素延缓、制约供给侧结构调整引发的供需结构错配，进一步讨论了市场化改革对于解决供需结构错配的重要意义。

文章基于2013年我国经济普查等省级数据，综合应用多种计量方法及稳健性检验，对供给结构和需求结构各自的特征、二者关系及其与市场化的相关关系，供需结构偏离与市场化进程的关系等进行了实证研究。研究结果表明：市场化进程差异越小，不同省份之间消费结构的相似

程度越高；市场化进程差异越大，不同省份之间消费结构的差异也越大。控制其他变量以后，市场化程度差异对供需结构偏离具有显著影响：市场化水平差异越大，工业同构指数对消费同构指数的偏离程度也越大；市场化水平差异越小，工业同构指数对消费同构指数的偏离程度也越小；市场化程度越高的地区，工业同构指数对消费同构指数的偏离也越小。

结论的政策启示：首先，要坚定不移地推进产能过剩行业等重点领域的市场化改革，发挥市场在调节供需结构中的重要作用。政策着力点要放在从根本上、源头上解决形成过剩产能的体制机制，不能让产能过剩问题成为周期性制约经济增长的重要问题。其次，进一步优化政策体系，注重发挥竞争政策的基础性地位。要不断完善竞争与规制法律体系，推动好"公平竞争审查制度"等重点竞争政策的贯彻落实，更加注重通过市场机制实现产业结构调整、产业升级等目标。

文章的主要贡献在于：一方面，文章从机理层面入手结合生产可能性前沿深入分析了供需结构错配的两类可能原因，并提出了相应的矫正结构偏离的路径；另一方面，与大多数文献采用间接指标或定性和案例分析不同，文章基于我国省级数据，应用特定的量化方法构造了相关结构性和结构性偏差指标，实证研究了市场化进程对供需结构错配的影响。通过研究，进一步明确了市场化改革在当前供给侧结构性改革中的重要意义，毫不动摇、坚定不移地坚持和推进市场化改革，是有效协调供需关系，推动我国经济走向更可持续和更高质量发展的关键举措。

（供稿人：石明明）

【基础设施与企业生产率：市场扩张与外资竞争的视角】

张睿、张勋、戴若尘
《管理世界》2018年第1期，原文21千字

在由投资驱动的中国经济增长模式中，基础设施扮演着非常重要的角色。基础设施具有溢出效应（或正外部性）。例如，交通基础设施可以提供便捷的交通服务，电信基础设施可以提供长距离的通信服务等，因此基础设施的存在可以减少交易成本，提高经济运行的效率，从而促进经济的发展。以往研究致力于从总体上刻画基础设施在经济增长中的角色，但忽视了对基础设施溢出效应的内在机制的探讨。

本文利用中国企业层面的数据对基础设施和企业生产率的关系进行验证，重点分离基础设施的市场扩张效应和竞争效应。我们发现，基础设施的市场扩张效应显著地提升了企业生产率，而竞争效应则倾向于降低企业生产率。更重要的是，我们发现这两种效应对企业生产率的净效应为正，从而基础设施总体上有利于提升企业生产率：基础设施从样本25%分位数上升到75%分位数，会使得2002—2007年五年间企业生产率增长平均提高4.2%—4.9%。我们通过工具变量估计方法解决基础设施这一关键变量所可能存在的内生性问题，通过多种方式验证了基础设施通过影响企业市场规模，从而影响企业生产率增长的机制，这为基础设施的外溢效应提供了机制上的解释，有利于深化公共支出与企业生产率关系的理解。

结论的政策启示：第一，建议进一步提升基础设施的数量和质量，因为基础设施对于我国实现产业升级，实现经济发展从粗放型向集约型转变具有重要意义。第二，建议进一步对国有企业进行市场化改革，使国有企业进一步焕发活力，参与市

场竞争，这从长期看有助于增强国有资产的质量。第三，应当放弃地方保护主义，移除贸易壁垒，这也有利于加速中国经济增长和趋同的进程。此外，政策上应逐步减弱户籍制度限制，促进劳动力和资本自由流动，这有利于充分发挥基础设施的市场一体化功能和对生产率的溢出效应，最终使得我国的经济结构转型和产业升级得以顺利实现。

文章的主要贡献在于：第一，本文试图探索基础设施实现生产率外溢的背后机理，为公共支出的内生增长模型提供理论支持。本文认为，基础设施降低交易成本，可以对企业所面临的市场规模产生作用，影响企业研发的平均成本和规模收益，从而改变企业的技术创新决策。这是基础设施实现生产率外溢的重要渠道。第二，我们研究基础设施究竟通过影响企业的哪些具体行为，从而影响企业生产率的增长，力求形成从基础设施到企业层面的完整逻辑链条，从而有益于加深公共支出和公共资本如何贡献于经济增长的理解。

(供稿人：张　勋)

【基于价值论与供求论范式的供给侧结构性改革研析】

金碚

《中国工业经济》2017年第4期，原文16千字

经济学中的"供给"是一个意涵极其深刻的概念。实质供给是生产性劳动所创造并在消费中实现的使用价值。实质供给在现实经济关系中直接表现为实际供给，即生产性劳动所创造的具有使用价值的产品。特别是，工业劳动（生产过程）将不能直接使用的物质加工制造成对人有用的物质，将有用物提供给市场，是经济学最为关注的供给活动。

由于在市场关系中，供给的经济意义更倾向于以货币单位计算的商品交换价值，名义供给，即以一定的交换价值量存在于市。名义供给（交换价值主导的供给），也就蕴含着产生虚拟供给的可能。虚拟供给就是以信用货币单位标示的无使用价值的名义价格现象，即货币创造货币。供求活动成为符号化现象，物质财富成为符号值，马克思称之为虚拟资本。这样，基于价值论范式，所谓供给侧就体现为（或定义为）四种形态：提供效用的实质供给、提供有用产品的实际供给、提供以使用价值为前提而以货币单位计量的交换价值名义供给，以及以信用货币标示的无使用价值"空洞之物"的虚拟供给等四种形态。简言之，实质供给的核心意义是"提供有用性"，实际供给的核心意义是"提供有用物"，名义供给的核心意义是"提供价值量"，虚拟供给的核心意义是"符号值增殖"。

在市场经济高度发达的条件下，供给形态的演化过程产生了异化现象，即"目的"与"工具"（手段）的颠倒：

第一次颠倒：原本作为工具的物质财富成为追逐目标，而人的消费满足（目的）以及商品使用价值反倒成为财富囤积的工具。

第二次颠倒：作为工具的货币成为囤积目标，而具有使用价值（作为供给目的）的产品反倒成为工具。

第三次颠倒：没有使用价值的信用货币符号成为目的，其他一切有用或无用之物都成为作为虚拟资产增殖工具的标的物，即信用货币贮藏和增殖的工具。如马克思所说，"在这里，一切都以颠倒的形式表现出来"。

"目的"与"工具"的第一次颠倒，使生产分工和社会分工的发展成为可能，促进效率提高；第二次颠倒，为经济增长注入动力，让贪婪成为财富创造的"能源"；第三次颠倒，使人类永远不得满

足，欲壑难填，经济增长似乎需要"永动机"。这个"永动机"就是金融炼金术所创造的信用货币。

人追求和积累物质财富、货币财富以至信用货币制度条件下的财富欲望，超越一定限度，实际上是由财富幻觉来满足的。亚当·斯密称之为"人类本性的欺骗"，即人们无止境地追求并不需要或者实际上并不能带来更大快乐的东西。正如马克思所说："货币拜物教的谜就是商品拜物教的谜。"

人类无论怎样生活在充满货币幻觉的世界，无论复杂的货币世界把经济关系编织得如何复杂诡异，但是，一旦供给体系尤其是实质供给问题凸显、矛盾严重，而货币性（需求侧）政策效率递减、无力回天，人们就不得不迷途知返，回到经济的最实质其实也是最本原的层面，从实质供给与实际有效供给上寻找出路。这就是中国必须更加注重供给侧结构性改革的根本缘由。

（供稿人：金　碚）

【技术吸收、政府推动与中国全要素生产率提升】

朱军

《中国工业经济》2017 年第 1 期，原文 17 千字

"技术吸收"并不意味着对国外产品的非法伪造或是克隆，也可以是合法的。发展中国家的"技术吸收""自主创新"问题属于发展经济学中经济总量的"赶超战略"问题。在内生增长框架中，技术吸收能够激励更多的人力资本被配置到研发部门，本国创新技术与外国创新技术之间的替代性越强，技术赶超的动力就越强，全要素生产率进步就越快。迅速提升中国技术能力和 TFP 的重要途径是吸引外部直接投资和消化技术再创新。后发国家只有在制度创新上满足一系列的要求，才能利用技术上的后发优势在短期内赶上发达国家。

文章通过构建一个两国贸易流动与技术吸收特征的动态模型，采用前沿的"贝叶斯估计"方法讨论了中国技术演化的实现路径。研究发现：技术吸收带来的效率提升是中国经济增长和全要素生产率提升的重要源泉。当技术存量积累水平较高时，其对于 GDP 的提升效应要延续到下半个周期才能体现出来；当技术吸收少、自主创新多时，全要素生产率在短期内的提升结果低于技术吸收多时的情景；当国外技术创新具有不确定性特征时，国外技术创新对本国的全要素生产率仍具有提升效应，但抑制了本国技术的增长效应，呈现了一定的技术"替代性"。

结论的启示：第一，看到美国技术创新对中国经济增长和 TFP 提升的影响，同时也要否定中国经济增长是过度"依赖国外技术吸收"。第二，在重视技术吸收的同时，更要强调所吸收技术对于出口产品质量的提升及其带来的市场份额的提高。第三，过去政府忽视了研发支出的配套生产性特征，以及政府的"市场孵化型"管理服务和现有企业的创新配套水平。第四，在技术吸收战略提升 TFP 的情景下，关键在于基于预期和技术预期向下一代技术进行更多的投入。第五，对于政府提升 TFP 的功能，应注重在研发赶超战略和生产应用性技术研发之间重新分配，并通过更多的职业教育提高劳动者的职业技能。

研究的创新：第一，使用动态随机一般均衡模型解决实证研究和内生增长模型的不足。第二，目前的理论研究将技术进步过程设定为一个"中性"过程，忽视了发展中国家的动态技术学习过程，目前还没有文献讨论"技术吸收"的具体结果及其对 TFP 的影响，也没有文献分析

出口技术特征和国外技术不确定性对中国TFP的影响。第三，对于政府在技术吸收和TFP提升中的推动作用，采用"反事实"模拟的方法进行模拟。

（供稿人：朱　军）

【去全球化冲击与中国产业结构调整】

张斌、齐鹰飞

《财经问题研究》2017年第8期，原文15千字

2008年国际金融危机的爆发，导致世界范围内实体经济大衰退。世界经济全面低迷的同时，一场去全球化思潮也开始兴起。金融危机后失业上升、国内消费低迷和全球市场萎缩是去全球化兴起的直接诱因。此外，金融危机背景下贸易保护主义的抬头也加剧了去全球化的趋势。去全球化冲击给中国经济发展带来了很多不利影响，例如，出口大幅下降、中国企业开拓国际市场的难度加大，以及一定程度上导致中国外贸外部环境恶化。金融危机的影响已经逐渐退去，但去全球化浪潮仍然存在。2017年以来，英国脱欧和特朗普贸易保护主义言论，标志着去全球化将达到一个新高潮。在这样的时代背景下，研究去全球化冲击，对中国经济发展具有重要的理论意义和现实意义。

文章采用新开放经济宏观经济学的分析框架，通过构建一个包含可贸易部门和不可贸易部门的开放条件下的DSGE模型，动态模拟去全球化冲击在不同部门间的非对称影响。研究结果表明：去全球化冲击在可贸易部门和不可贸易部门间的非对称影响是国际金融危机后中国产业结构加速调整的重要影响机制，去全球化冲击通过压缩可贸易部门的出口需求来限制第一、第二产业的发展，同时导致生产要素从可贸易部门向不可贸易部门转移，从而促进第三产业的发展，加速了产业转型；去全球化冲击对中国宏观经济发展产生了不利影响，减少了中国的国内生产总值和总量劳动供给，加大了通货紧缩的压力和资本外流的规模。

结论的政策启示：第一，国际金融危机后中国产业转型加速和出口下降的相关性变化并非偶然，两者存在重要的因果关系。去全球化冲击在不同部门间的非对称影响是国际金融危机后中国产业结构调整加速的重要影响机制之一，而旨在加速产业转型的产业政策的作用效果被高估。第二，虽然去全球化冲击加速了中国产业转型，但对中国宏观经济的总体发展也产生了消极的影响。防范经济去全球化的风险并进一步优化产业政策，对于加快中国经济发展和产业转型具有重要意义。

文章的主要贡献在于：第一，基于去全球化冲击这一新视角，构建了一个开放条件下的新凯恩斯DSGE模型，并对模型进行参数校准和动态模拟，弥补了现有文献将国际金融危机后中国产业结构调整加速仅归因于产业政策的积极作用的不足。第二，为了更好地拟合中国的特征事实，加入资本管制和汇率干预两种摩擦，通过理论模型对去全球化冲击在不同部门间的非对称影响机制进行解释。

（供稿人：张　斌）

【全球生产网络视角的供给侧结构性改革
——基于政治经济学的理论逻辑和经验证据】

谢富胜、高岭、谢佩瑜

《管理世界》2019年第11期，原文21千字

改革开放以来，我国经济经历了长期繁荣，创造了发展奇迹。随着2008年国际金融危机爆发，技术变革加快、消费结构升级、国际市场增长放缓同时发生，我

国相当部分生产能力达到峰值,许多生产能力无法在市场实现,加上社会生产成本上升,导致实体经济边际利润率和平均利润率下滑,大量资金流向虚拟经济,社会再生产中的生产、流通、分配、消费整体循环不畅。供给侧结构性改革是稳定经济增长的治本良药。只有准确把握供给侧结构性改革的实质,找准供给侧结构性改革的突破口,中国经济才能向高质量发展转型。

本文采用理论、历史和统计相结合的方法,研究了我国2000—2007年高增长的形成机制、从高增长到新常态的发生机制以及供给侧结构性改革的实施路径。研究结果表明,伴随2001年加入WTO,我国企业以生产模块组件的加工贸易形式深度融入全球生产网络,这种生产方式与内外需的联动支撑了21世纪初的高增长;经过累积的高增长,我国的收入分配和需求结构发生了系统性变化,而企业现有的大规模生产方式不能适应国内标准化和个性化并存的动态需求结构,导致2008年后国际市场需求放缓后,我国出现普遍产能过剩,经济由此进入新常态;要从根本上解决产能过剩和制造业利润下降问题,关键是变革我国企业现有的大规模生产方式。

结论的政策启示:第一,利用乡村振兴战略化解产能过剩,提高资源利用效率。城市有限的建设空间和农民工回流的趋势都表明,农村地下管网建设工程是当前我国通过资本修复消化产能过剩的最佳选择;第二,建设关键部件开发平台,突破关键部件创新,以主导关键部件和产品开发标准的新方式融入全球生产网络;第三,通过构建集成创新的核心企业和不同层次的模块化生产企业之间的国内生产网络,满足我国标准化需求和个性化需求并存的动态需求结构。

文章的主要贡献在于:第一,本文识别了一个被忽视的典型事实,即我国改革开放以来的高速增长始于2000年左右,新常态以来的结构性问题正是来自2000年左右开始形成的经济发展方式;第二,已有文献把供给侧的结构性改革界定为产业结构、区域结构、分配结构和部类结构,忽视了其微观支撑是企业,本文首次把供给侧改革界定为企业生产方式变革,这是其他结构性变革的基础;第三,现有文献虽然强调创新的重要性,但没有结合现有阶段具体分析创新的关键环节。本文从企业生产方式的历史演变规律出发,指出我国需要的技术创新是特定的关键部件创新,这不仅是构建国内生产网络的前提,也是以新的方式融入全球生产网络的关键。

(供稿人:高 岭)

【资源错配视角下全要素生产率损失的形成机理与测算】

戴小勇

《当代经济科学》2018年第9期,原文20千字

全要素生产率衡量的是在所有要素投入给定的前提下所能实现的最大产出水平,它不仅关系企业的生死存亡,更是决定一国经济持续发展与人均收入水平提高的关键。资源错配指的是现实经济体中的资源配置方式偏离于理想经济体中资源最优配置的状态。从资源错配的视角理解国家间全要素生产率差距的文献,是近年来经济增长方面研究的重要进展。本文系统梳理了该领域的研究成果,从企业异质性与资源重置出发,介绍资源错配的形成原因、全要素生产率损失的形成机理以及资源错配与全要素生产率损失的测算方法,并指出未来可能的研究方向,希望能够为该领域的国内学者以及政策制定者提供参考。

资源错配的形成原因是多种多样的，可能来源于市场不完善或扭曲，制度因素以及政策性原因等，主要包括：金融市场摩擦、劳动力市场扭曲、调整成本、贸易壁垒、市场垄断势力、政府补贴与征税、行政干预等。资源错配不仅可以发生在持续经营的在位企业之间，也可以存在于在位企业、进入市场的企业以及退出市场的企业之间。

现有研究从市场不完善或扭曲的设定出发，通过分析企业生产、技术选择以及进入与退出市场等决策行为，从而试图揭示全要素生产率损失的微观机理。在位企业之间的资源错配，往往表现为企业边际收入产品的离散化分布，是导致宏观层面全要素生产率损失的最直接渠道。企业进入与退出市场扭曲所导致的外延型资源错配，是全要素生产率损失的另一重要渠道。企业技术选择行为扭曲所导致的资源错配，可能对全要素生产率损失形成放大效应。

在测算方法方面：单因素直接测算法，聚焦于某种导致资源错配的单一因素，将其引入异质性企业模型，定量测度该因素所导致的资源错配与全要素生产率损失；综合因素间接测算法，并不关注导致资源错配的具体原因，而是考察所有潜在综合因素的资源错配效应及其对全要素生产率的总体影响效果。在企业全要素生产率估计的基础上，现有研究也通过全要素生产率的加总与分解，识别加总全要素生产率变动的微观渠道，并评估资源错配的程度及潜在的全要素生产率损失。

鉴于研究主题的重要性，可以预期该领域的研究将不断深入，未来研究方向包括：第一，从狭义的资源错配转向广义的资源错配；第二，从资本与劳动等传统要素错配，转向土地、能源、科技等资源错配；第三，基于中国特征事实的理论拓展与经验研究。

（供稿人：戴小勇）

【产业政策推动地方产业结构升级了吗？——基于发展型地方政府的理论解释与实证检验】

韩永辉、黄亮雄、王贤彬
《经济研究》2017 年第 8 期，原文 20 千字

大量文献证明了中国的增长奇迹源于资本积累、人力资本提升和技术效率改进，但对更深层次的制度性因素探索则相对不足。那么中国典型的发展型政府特征是否意味着中国地方政府的产业政策成功地推进了产业发展和转型升级？这一问题尚未有明确的答案。理论上，致力于经济增长的政府不一定能出台和实施正向的产业政策，而产业的成功也并不一定源于产业政策的积极干预与调控。经验上，虽然有不少产业政策的成功案例，但却也有数量更多的失败案例。

本文在理论阐述政府产业政策对产业结构优化升级的作用机理及依赖条件的基础上，实证分析了产业政策对地方产业结构优化升级的影响程度及机制。本文创新地利用产业相关的地方性法规和地方政府规章对产业政策予以定量识别，结合省区面板数据，实证检验产业政策在产业结构合理化和高度化中的驱动作用，并考察产业政策力量与市场力量的协同互补效应以及政府能力在产业政策影响机制中的作用。研究发现，产业政策的出台与实施显著促进了地区产业结构合理化和高度化；产业政策对产业结构优化升级的推进作用高度依赖于地方市场化程度；产业政策对结构优化升级的推进作用还取决于地方政府能力。

上述发现表明：第一，产业政策能显著促进地区产业结构优化升级，应科学地

把握产业政策"增长甄别"和"因势利导"的作用,不断完善产业政策体系以推动产业结构升级转型;第二,市场化水平的提高显著地推动了产业结构优化升级,这要求落实市场在资源配置中的决定性作用,通过规范要素和产品市场交易制度,保障市场公平竞争,促进非国有经济发展等措施以推进市场化进程;第三,产业政策和市场化之间是共生互补关系而非此消彼长的关系。

本文的贡献主要体现在:第一,基于发展型地方政府的视角,给出了一个理解产业政策效应的理论逻辑框架;第二,基于政府法规和政府规章的角度来衡量产业政策,论证了这种做法的合理性与可行性,拓展了已有研究的度量视角;第三,不仅实证验证了产业政策促进产业结构调整升级的可能性,还从机制和条件上考察了这一可能性如何得以更好地发挥,特别是回归到了"市场基础性作用"的原点,强调政府产业政策作用与市场力量呈现出互补性;第四,讨论了市场失灵和政府失灵,强调政府政策干预的有效性依赖于政府的行政能力和效率,并采用实证方法进行了严谨论证。

(供稿人:韩永辉)

【产业转型与就业结构调整的趋势分析】

宋锦、李曦晨

《数量经济技术经济研究》2019年第10期,原文21千字

近年来,我国多个行业面临国内需求增速放缓、产能过剩、环境制约强化和产业结构调整,改变生产方式和升级生产技术的压力逐渐提高。与此同时,我国不同技能水平的劳动力价格发生显著改变。从21世纪初开始,我国经历了低技能劳动力供给从快速增长到逐步停滞以及高技能劳动力供给迅速提高的时期。一些行业在这些因素的影响下逐渐调整资本、劳动、技能的配比,随着人均固定资产投资的加深和劳动力投入的技能结构改善,我国平均劳动生产率逐渐提高,其结果是产业的不断升级。然而,在这一过程中产业转型与就业结构调整的趋势值得关注。

文章基于中国家庭收入调查数据,分别采用 OLS 模型分析宏观数据、Probit 模型分析劳动力就业的微观数据,检验了我国产业转型过程中各行业固定资产投资与就业量和技能结构的匹配趋势,以及时期间、地区间差异,并使用 Heckman 两阶段模型进行稳健性检验。研究发现:我国固定资产投资深化破坏低技能岗位,其破坏速度是对高技能岗位创造速度的二倍,这种影响在 2008 年后才清晰地表现出来;制造业经历了低技能劳动力依赖、到资本替代就业、再到替代速度放缓的过程,东部地区制造业发展和转型明显快于中西部地区;服务业对就业的创造能力近年来持续下降,且不同行业的就业技能需求有显著差异;批发零售和住宿餐饮业是吸纳从制造业转移出的劳动力的主要部门,其就业吸纳速度与制造业的资本替代就业速度基本相当。

结论的政策启示:第一,产业转型过程中工业部门的资本密度会持续提升并进一步破坏就业岗位特别是低技能就业岗位,应开展有针对性和前瞻性的公共就业服务、提高就业机制的灵活性、促进行业发展。第二,提高新增劳动力素质,同时改善存量低技能劳动者的技能水平是改善劳动生产率、克服我国逐渐失去廉价劳动力比较优势的出路。第三,借助数字经济的优势、提供政策支持大力发展服务行业的新经济形式,使之成为解决经济转型中中低技能劳动者再就业的平台,也是提高低技能劳动生产率的有效方式。

文章的主要贡献在于分行业、跨时期地检验资本与不同技能水平劳动者的匹配

变化，纵向刻画多个行业生产方式的调整趋势，同时在横向上对比不同行业对不同技能水平就业岗位的破坏和创造现象，立体呈现了产业转型过程中的就业结构转型现状，为应对产业转型中的就业问题提供经验依据。

（供稿人：宋　锦）

【公共基础设施投资与全要素生产率：基于异质性企业家模型的理论分析】

贾俊雪

《经济研究》2017年第2期，原文20千字

长期以来，公共基础设施投资如何影响经济增长一直是学术界关注的重点。大量理论文献剖析了公共基础设施投资对经济增长的影响及其机制，但采用的均是典型主体优化模型且将全要素生产率（TFP）设为完全外生的，因而忽略了一个极其重要的理论问题——公共基础设施投资对TFP的影响，而TFP被认为是一国经济长期可持续增长的关键。这一问题对于当前中国经济而言尤为重要。改革开放以来，中国经济实现了40多年的高速增长，大规模基础设施投资在其中发挥了重要作用；但过分依赖大规模基础设施投资拉动经济的做法近年来也备受批评，焦点集中在：其可能会固化投资驱动型增长模式，抑制市场发展和TFP提升，不利于中国经济的长期可持续增长。

文章旨在弥补这一研究不足：构建一个异质性企业家模型，以中国现实数据为基础，利用数值模拟深入考察了公共基础设施投资对TFP的影响及其机理，以及金融摩擦、劳动摩擦和其他财税政策等对公共基础设施投资TFP效应的制约影响。研究表明，公共基础设施投资对TFP具有明显的"倒U型"影响，即存在TFP最大化的公共基础设施投资规模，这主要源于公共基础设施投资可影响企业家财富积累即自融资机制进而对企业间要素配置产生重要影响。信贷约束对公共基础设施投资的TFP效应具有突出影响（企业家信贷约束越严重，公共基础设施投资对TFP的影响越大），存贷利差的影响则较弱。减少劳动摩擦可增强公共基础设施投资的TFP效应，较大的有效基础设施服务企业间差异性和公共消费性支出规模也具有相似影响，更多利用消费税融资则可更好地发挥公共基础设施投资对TFP的促进作用。

上述结论不仅有利于从理论上更好地认识和理解公共基础设施投资的经济影响，亦具有良好的现实意义。改革开放尤其20世纪90年代以来，我国公共基础设施得到快速发展，被广泛认为是中国经济快速增长的一个重要推动力。本文的研究表明，这一贡献可能远非简单的总量扩张，更为关键的是由此带来的要素配置效率和TFP的较大提升。但也应清醒看到：目前我国基础设施已实现了跨越式发展，今后应优化调整公共基础设施投资政策，结合供给侧结构性改革，致力于补短板以及新型基础设施建设，更好地发挥公共基础设施投资政策对要素配置效率和TFP的促进作用，确保中国经济长期可持续高质量发展。

文章的主要贡献在于：紧密结合我国经济发展和公共基础设施投资政策实践，提出一个公共基础设施投资影响TFP的内生理论框架，深入揭示了公共基础设施投资对TFP的影响及其机理，以及影响公共基础设施投资TFP效应的重要因素，弥补了已有文献不足，为我国公共基础设施投资政策实践提供了良好的理论借鉴。

（供稿人：贾俊雪）

【供给侧结构性改革为什么是必由之路
——中国式产能过剩的经济学解释】

周密、刘秉镰

《经济研究》2017年第2期，原文25千字

供给侧结构性改革是习近平新时代中国特色社会主义思想的重要内容。2014年之后随着国内外环境的变化，党中央对经济形势的判断从"三期叠加"到"经济新常态"，再到"供给侧结构性改革"，这解决了对经济形势怎么看和怎么办的问题，然而由于这一新理念提出的时间较短，对供给侧结构性改革的理论研究尚未达成理论共识，难以跟上快速变化的实践步伐。如果不从历史发展和本土实践出发，科学阐释供给侧结构性改革到底是什么，就无法厘清供给侧结构性改革改什么和怎么改的重大理论问题，必然出现就事论事或落实不力的困境。因此，经济学理论的研究如何准确把握中央的判断，并从经济学原理上对供给侧结构性改革进行系统论证是密切联系中国实践、发扬中国特色社会主义理论的重要方向。这也对激活本土学术自觉，提出了迫切需求和重大挑战。

本文将传统西方经济学的普通商品市场拓展为符合中国当前阶段的普通商品和住房特殊商品的二元市场，在传统西方经济学的供需平衡模型中引入符合当前中国需求结构升级要求的退出价格和饱和需求等新假设，并采用包含凯恩斯国民收入和斯拉法工资—利润思想的曲线表达，对中国式产能过剩的表现、成因与本质进行分析，为供给侧结构性改革提供中国特色社会主义的理论解释。

结论的政策启示：第一，中国式产能过剩既不是以往的周期性过剩，也不能简单归结为制度性过剩，而是由于需求的结构性变化而引致的结构性过剩。这种结构变化也不是单一普通商品市场的变化，而是普通商品市场的消费需求结构变化叠加住房市场的需求属性结构变化的综合结果，具有典型的中国本土特色。第二，二元市场饱和需求下的中国式产能过剩及二元市场联动带来的"劣驱良"的效应是形成中国式产能过剩的最主要原因，也是干扰中国经济增长的最主要矛盾，必须优先进行解决，才能推动下一个层级的各类改革。第三，面对中国式产能过剩的复杂成因，凯恩斯主义和其他西方宏观调控方式均无法切中要害，因而难以奏效，必然出现政府当前遇到的"三难"选择困境。亟须针对中国式产能过剩以二元市场饱和需求式过剩为主的新阶段特征，完成宏观调控体系的转向和重构，从传统的凯恩斯主义转向"精准市场分类基础上适应二元市场需求结构"的供给侧结构性改革。

文章的主要贡献在于：第一，在理论框架上，本文将需求从超额需求转向饱和需求的结构性变化融入普通商品和住房特殊商品的二元市场，既体现了中国现阶段的结构性特点，又融入了中国特殊的住房市场特性。第二，在政策上，本文提出供给侧结构性改革不应走向一般的泛结构化，而应由单一市场分割式调控向二元市场联动式调控转变。这一阶段，宏观调控体系转向的关键是解决两个陷阱，明确两大结构性调整方向。第一，解决普通商品市场"卖什么"的供给方向问题。当前普通商品市场最大的制约是"饱和需求陷阱"，用市场之手释放经济活力。第二，住房特殊商品市场"卖给谁"的供给对象问题。当前住房市场最大的制约是"投资偏好陷阱"，不断推动消费需求转向投资需求。用政府之手控制住房的投机属性将是住房市场结构性改革的重点。

（供稿人：周 密）

【供给侧结构性改革助推产业结构转型升级——基于政府投资引导民间投资的实证分析】

王婧

《经济学家》2017年第6期，原文10千字

改革开放以来，我国经济连续多年保持9%左右的增长率，投资作为拉动我国经济增长的主要动力之一，功不可没。投资主要包括政府投资、民间投资和外商投资三大类，其中政府投资作为国家宏观经济调控的主要手段，对调节我国的社会投资结构具有重要作用。民间投资则与政府投资相互配合协调，也成为推动我国经济增长不可替代的重要力量。那么，在不同行业中如何结合自身行业发展特点和政府投资、民间投资的不同作用，来调整投资比例，从而促进该行业结构调整升级则对于我国深化供给侧结构性改革，加快经济发展方式转变具有重要意义。

文章首先利用1979—2015年我国政府投资、民间投资与国民生产总值的数据，运用误差修正模型，验证了政府投资、民间投资与经济增长之间的关系；然后，基于1979—2015年我国农业、制造业、房地产业、科学研究和技术服务业、煤炭业、教育、环保产业、金融业等八个行业政府投资、民间投资数据，运用修正的总投资模型，测度了八个行业政府投资和民间投资的不同作用。研究结果表明：政府投资只在有限时期内对经济有刺激作用，具有不可持续性；长期政府投资主要通过直接或间接带动民间投资，促进经济发展。在制造业、煤炭业、教育业和金融业政府投资对民间投资产生显著的"挤出效应"，在农业、房地产、环保、研发产业政府投资对民间投资产生显著的"挤进效应"。

结论的政策启示：第一，我国政府投资应更多转向公共服务领域。第二，在教育、科研、环保、金融等领域，政府应出台更加开明、开放的政策，破解体制性障碍，引导民间投资有序进入。第三，在农业、制造业、房地产业等领域，政府投资要合理引导民间投资进入，同时建立、健全民间投资的服务体系。

文章的主要贡献在于：第一，在研究思路上，将政府投资、民间投资之间"挤入挤出"关系的研究与当前供给侧结构性调整的经济工作主线相结合，探讨如何通过调整八个行业的投资结构来实现产业结构优化升级的目标。第二，在研究方法上，构造修正的总投资函数，考察八个行业中政府投资对民间投资的挤进、挤出效应。

（供稿人：王　婧）

【交通基础设施改善与生产率增长：来自铁路大提速的证据】

施震凯、邵军、浦正宁

《世界经济》2018年第6期，原文31千字

超速发展的交通基础设施建设是中国大国速度的一个缩影，其对宏观经济以及微观企业的作用效应受到了广泛关注。理论上，交通基础设施改善会加快人员流动、带动固定资产投资、增加资本存量、促进资本深化，通过传导与带动作用提高经济增长率，但这些都属于短期影响效应。全要素生产率提升是实现经济长期增长的根本驱动力，特别是在当前资源和环境等因素的多重约束下，经济增长已不能单纯依赖生产要素投入，更需要依靠全要素生产率的增长。此前研究大多侧重于公路基础设施，而就铁路基础设施影响效应的研究较少，文章试图弥补既有研究的不足。

文章基于DEA法估计各企业的曼奎斯特指数，并将该指数进一步拆分为技术

进步指数、效率改进指数。在此基础上，将 2007 年的铁路提速作为一次准自然实验，基于倍差分法考察铁路基础设施质量改善对于企业全要素生产率的影响，并通过绘制主要变量的时间趋势图、估计平行趋势等检验方法来研判处理组和控制组样本在政策实施前是否具有一致的变动趋势。研究结果表明：铁路提速对沿途企业的技术进步和效率改进发挥了积极作用，促进了全要素生产率的增长，且对非国有控股、沿海地区、出口型企业具有更为显著的生产率促进效应，安慰剂检验验证了上述结论。此外，在进一步划分地理圈层后，本文发现位于技术中心城市"1 小时经济圈"内的企业更易受到铁路提速带来的外部性影响。

结论的政策启示：在未来的发展规划中，应注重提升欠发达地区的铁路基础设施质量，因势利导地合理规划和引导基础设施建设，充分发挥基础设施质量改善的积极效应，缩小不同地区的发展差距。同时，考虑到铁路提速及高铁建设打造出的 1 小时经济圈对生产率增长的积极意义，未来应重点发展和完善各都市圈的高速客运专线及城际铁路，增强中心城市对周边城市的辐射和扩散效应。

文章的主要贡献在于：第一，文章关注铁路提速这一事件给企业生产率带来的影响，丰富了既有交通基础设施对全要素生产率影响的研究；第二，文章不仅从理论方面分析铁路提速对企业全要素生产率的作用机制和传导路径，并基于微观数据进行实证检验，且测算了铁路提速对技术中心城市辐射区域的扩展程度，从中充分剖析铁路提速对企业全要素生产率影响的学理性解释；第三，文章验证了相关政策制度的科学性，并提供了理论依据。

（供稿人：施震凯）

【西部大开发推动产业结构转型升级了吗？——基于 PSM – DID 方法的检验】

袁航、朱承亮

《中国软科学》2018 年第 6 期，原文 19 千字

西部大开发战略（WDS）是全面推进社会主义现代化建设、促进西部地区经济快速发展、缩小同东中部地区差距的重大战略部署。然而，经济结构不合理、内生增长动力不足、经济系统维稳性不强、基础设施薄弱等问题依然是制约西部发展的桎梏。当下，面临经济方式转变、产业结构调整的转型时期，加快西部地区继续向西开放发展并全面融入世界经济体系，参与全球价值链，有利于西部地区培育现代产业体系，承接先进产能，提升产业层次以及在全球分工体系中的地位。此时，准确评估 WDS 对产业结构转型升级的净影响显得尤为重要。

文章根据 WDS 对产业结构的"结构趋优演化"和"转型升级拖累"效应逻辑框架，基于 1994—2015 年中国 285 个地级市面板数据，采用 PSM – DID 法检验了 WDS 对产业结构转型升级的净效应。研究结果表明：（1）WDS 能促进西部地区产业结构合理化，但未促进产业结构高级化，即未有效推动西部地区产业结构转型升级；（2）WDS 对西部地区产业结构高级化的作用先正后负，对产业结构合理化的促进作用逐渐减弱，"转型升级拖累"效应逐渐加强；（3）WDS 存在"人力资本挤出"及城市化抑制效应且未有效利用外资，对基础设施具有正影响但因布局不合理等并未促进西部地区产业结构转型升级；（4）WDS 对西部高行政等级城市的产业结构转型升级推动作用显著，对西部一般城市不显著。未来 WDS 应结合当地经济发展实力及资源禀赋，兼顾城市等级发展各地具有自生能力的优势产业，带动西部地区产业结构转型升级。

结论的政策启示：第一，完善税收政策，构建完备的西部产业政策体系，加强西部地区产业结构转型升级的政策支持。第二，优化人才发展环境，吸引高端人力资本参与西部大开发，持续优化西部地区产业结构。第三，完善科技创新服务体系，构建创新体制机制，推动西部地区产业结构转型升级。第四，优化基础设施布局和功能配套的体制机制建设，发挥基础设施对产业结构转型升级的拉动作用。

文章的主要贡献在于：第一，将探讨WDS影响的视角从经济"总量"转向产业"结构"。第二，构建WDS对产业结构转型升级影响的逻辑框架，并进行了实证检验。第三，基于中国285个地级市面板数据，采用PSM-DID方法对WDS的产业结构转型升级效应进行评价，使研究结果更加精准。第四，通过模型扩展验证了WDS对西部地区不同行政等级城市产业结构转型升级政策效果的异质性，使结论更加完备。

（供稿人：袁　航）

【长波中技术变革、范式转换与中国供给侧结构性改革】

张国胜、王远洋、陈明明

《经济学家》2017年第7期，原文14千字

2008年国际金融危机发生之后，中国经济的增长速度出现了持续下滑的发展趋势。2015年的GDP仅实现了6.9%的增长，这是25年来中国经济增速的最低值。面对经济增长开始全面进入新一轮下降周期，以习近平同志为核心的党中央明确提出"要在适度扩大总需求的同时，着力加强供给侧结构性改革，增强经济持续增长动力"，中国的供给侧结构性改革正式登上了经济发展的历史舞台。供给侧结构性改革是中国经济治理理念的重大调整，西方经济学中的供给侧管理并不能全面回答供给侧结构性改革。

文章通过引入技术变革、范式转换等长周期分析范式，尝试性探讨了中国的供给侧结构性改革。研究后认为：长波中的经济萧条能够孕育技术变革，技术变革又能催生新兴产业，这是经济系统的全新供给；进而通过范式转化，新兴产业将取代传统产业并引致供给结构的颠覆性变化，这是经济增长的全新动能。在这个过程中，经济增长动能转换的关键在于新兴产业对传统产业的替代及其供给结构的颠覆性变化，但这需要国家在政治、制度、组织、社会规则等方面引入广泛的"创造性毁灭"，最终形成一整套与技术变革、新兴产业发展相适应的"最优实践模式"。

结论的政策启示：第一，坚定信念，理顺经济系统在短期之内的较快增长与在中长期之内的可持续发展，正确看待现阶段经济增速下滑与供给侧结构性改革的辩证关系。第二，在短期之内需要理顺去产能、去库存、去杠杆、降成本、补短板的各自政策抓手与"五位一体"的关系，从整体上全面有效落实"三去一降一补"。第三，在中长期之内需要以构造一个强有力的公共部门并强化国家在不同行动者之间意见一致的建设作用、发展经济行为主体能够充分利用信息和诀窍进行技术创新的能力、重视新兴产业与智能制造产业在新一轮技术变革与经济增长动能转换过程中的重要作用等为重点，在政治、制度、社会规则等方面引入广泛的"创造性毁灭"，重塑经济可持续发展基础。

文章的主要创新之处在于：第一，研究视角新颖。基于演化经济学视角，通过引入历史时间的"共同演化"模式，构建了长波中技术变革、范式转换与供给侧结构性改革理论分析框架。第二，研究内容独特。从经济史的角度分析长波中技术

变革、范式转化与供给侧结构性改革的特征事实，并基于此探讨本轮技术变革、范式转化与中国的供给侧结构性改革，提出本研究结论所隐含的政策启示。

（供稿人：张国胜）

【中国政府投资趋向与行业结构变化研究】

王小广、钟颉

《区域经济评论》2019 年第 2 期，原文 12 千字

政府投资是国家实施宏观经济调控、实行公共服务供给、实现重大战略目标的重要抓手，也是熨平经济波动、弥补市场失灵、优化经济结构的主要手段。近年来，国内外舆论对中国政府投资颇有微词，提出政府干预过多、挤占私人投资等武断结论。因此，有必要对中国政府投资的总体趋向、行业结构和地区布局变化进行实证分析，驳斥不实论断，总结政府投资经验，并进一步推动再分配调节和经济结构优化，更好地发挥政府作用。

文章通过区分 2008—2016 年国有控股投资、预算内资金投资、中央项目投资三个不同口径，研究中国政府投资的基于不同手段下实施的目的、效果和趋势。研究结果表明：在总体趋势方面，国有控股投资占比整体快速下降，但明显体现了宏观经济的调控作用；国家预算资金稳中趋升，在少数关键领域仍起主导作用，体现了战略性稳定作用；中央项目投资持续下降，且与国家预算资金趋于一致，体现了中央部委政策影响减小并更加精选。在行业结构方面，总体呈现"退二进三"特点；第二产业中持续退出工业部门，但是建筑业和房地产业逆向变化，在央企逐利行为下占比上升；第三产业中加强对五大重要公共服务业的主导且逐步退出高端服务业。在地区布局方面，政府投资主要体现了区域经济社会发展的协调作用。首先，国家预算资金地区倾斜度较大，明显偏向于西部，其次是中部地区发展，而中央项目倾斜度偏小，以发展战略布局为主。

结论的政策启示：第一，扩大 PPP 投资成为稳定政府投资和增加政府公共投资的一个重要方式。第二，打破行政垄断，特别是放松第三产业管制，继续降低国有控股投资占比。第三，加强国有经济在公益性服务业的控制力和影响力，逐步退出竞争性服务业，让市场发挥更大的作用。第四，政府投资需要纠正资金的行业投资偏好，抑制房地产泡沫，加大公共服务供给。

文章的主要贡献在于更全面地理解中国政府投资的总体趋势变化和行业地区布局。一是从不同口径分别剖析不同目标下政府投资的趋向，补充原有单一测度理解政府投资的片面和不足；二是从产业乃至细分行业结构变化来理解政府投资对优化经济结构的作用；三是从中央政府布局地区投资的角度分析政府投资的战略性作用；四是在上述基础上预测政府投资的发展趋势，提出减缓政府资金逐利性，更多满足公共服务需要的建议。

（供稿人：钟　颉）

【全要素生产率增长中的技术效应与结构效应——基于中国宏观和产业数据的测算及分解】

蔡跃洲、付一夫

《经济研究》2017 年第 1 期，原文约 20 千字

全要素生产率（Total Factor Productivity，TFP）是"给定单位要素投入组合能够获得的产出（组合）"。由于投入组合和产出组合的多样性和不确定性，很难计算 TFP 的绝对值；经济分析中讨论更

多的是 TFP 的变化,"TFP 增长率"或"TFP 指数"。在宏观层面,除了各产业部门的技术进步外,还能通过产业结构调整,将要素更多地引导和配置到生产率水平更高的产业部门来实现 TFP 增长。这两种影响宏观 TFP 增长的途径可分别称为技术进步效应(简称"技术效应")和产业结构调整效应(简称"结构效应"),而结构效应正是推动供给侧结构性改革、提升宏观全要素生产率、增强经济增长潜力的内在机制。如能准确地测算这两种效应将获得产业技术进步、产业间要素流动和配置效率等信息,为政府部门更有效地引导要素流动提供依据。

文章利用中国宏观及产业数据,在增长核算基础上将 TFP 增长分解为技术效应和结构效应,据以对改革开放以来不同阶段中国经济增长的来源进行更为细致的剖析。实证表明:(1) 得益于后发优势,1978—2014 年中国经济增长整体质量较高,增长动力约 1/3 来自技术水平的普遍提升,而结构效应的作用仅为技术效应的 1/5。(2) 2000—2005 年以后,中外技术差距的缩小导致后发优势逐步衰减,技术进步对经济增长的支撑作用迅速下降;而结构效应对经济增长的贡献度不断提高,并维持了较高的 TFP 增长率;该趋势在第二、第三产业尤为突出,也是工业化和城市化推进的结果。(3) 国际金融危机后,钢铁、水泥等产能过剩的领域及"金融与保险""房地产"等细分行业虽出现技术停滞或倒退,而要素资源配置存在"逆技术进步倾向",要素驱动特征不断强化,至 2014 年才出现扭转迹象。

基于上述判断,对于着力推动供给侧结构性改革、实现宏观及产业 TFP 水平提升,切实增强中国经济增长潜力,有如下政策建议:第一,正视国际金融危机后中国宏观 TFP 增速及对经济增长贡献度下降的现实,反思包括四万亿在内刺激政策及要素驱动增长所带来的负面影响,平衡好增长速度与增长质量之间的关系;第二,短期内应着力优化产业结构,将要素资源引导到技术和效率水平更高的细分行业,借助结构效应实现 TFP 增长;第三,中长期则要实施好创新驱动发展战略,切实推动各行业技术进步。

文章的主要贡献在于:第一,在既有的测度实践中特别是在增长核算框架下,以余值形式出现 TFP 增长率在大多数时候还是被等同于技术进步,很少有人对其进一步分解,本文依托乔根森增长核算框架,综合迪维西亚指数、Massell(1961)、偏移—份额分解(shift-share method)等,突破了三次产业的限制,细分到 17 个产业部门,从数理角度对宏观 TFP 增长率表达式进行分解,对应于"技术效应"和"结构效应";第二,明确了"资本服务"和"劳动工时"为经济生产活动中的资本投入和劳动投入,并完成宏观总体与 17 个部门层面的"资本服务"与"劳动工时"估算,以求更加真实精准地测算出宏观 TFP 与各部门 TFP 的增长率。

(供稿人:付一夫)

产业融合

【产业政策对企业非相关多元化经营行为的影响研究】

袁博、芮明杰

《当代财经》2017年第1期，原文13千字

产业政策一直是中国政府调控宏观经济的重要手段，政策实施效果往往需要通过微观企业行为来体现。近年来，伴随着中国经济转型和产业结构升级的迫切需求，一系列围绕"淘汰落后产能、振兴新兴产业"的产业政策相继出台，引发社会高度专注，相关行业成为投资热点。这导致企业外部经营环境发生变化，进而影响企业的经营决策。一些企业试图通过非相关多元化经营，进入热点行业，甚至企图将获得的政策红利用于自身的其他业务发展，以牟取私利，导致产业政策效果大打折扣。

为了研究产业政策对企业非相关多元化经营行为的引导作用和影响效果，文章从政策调控方式和市场行为变化之间的关系出发，采用中国A股上市公司2006—2014年的相关数据，深入分析了产业政策对企业非相关多元化经营行为的影响机制。研究表明：当受支持的业务是企业的主营业务时，产业政策主要通过"补贴效应"使企业更加专注于该项业务的经营，减少不相关业务的拓展，这不仅有助于企业创新投入的增加，还可以降低企业风险；而当受支持的业务是企业的非主营业务时，产业政策主要通过"市值效应"激发企业非相关多元化经营的欲望，但并没有相应带来企业创新投入的提高，反而会增大企业风险；尤其是对于民营企业来说，其非相关多元化经营行为受产业政策的影响程度更大。

研究结果的启示：第一，当产业政策支持的是企业的主营业务时，应充分发挥产业政策"补贴效应"的正向作用，加强企业在相关领域的发展信心和动力，促使其加大创新投入。第二，警惕产业政策通过"市值效应"引起的企业经营行为变化，此时企业的非相关多元化行为多带有投机意味，不能真正促进产业政策扶持行业的发展。第三，产业政策对民营企业经营决策影响较大，应研究创新产业政策的作用方式，调控产业政策的实施力度，避免政策目标与实际效果产生较大偏差。第四，考虑研究产业政策的制定和实施周期，不断跟踪产业政策的实施效果，并把握适当的政策退出时机，从而使产业政策发挥最大的正面作用。

文章的主要贡献在于：第一，文章从产业政策产生的"补贴效应"和"市值效应"两条路径，阐述了产业政策对企业非相关多元化经营行为的影响机制，丰富了宏观政策对企业微观行为影响的研究文献。第二，区别于其他文献主要考虑政策对企业从属某一行业的影响，文章区分了企业受政策支持的主营业务和非主营业务的不同，分析了产业政策在不同情况下，对企业非相关多元化经营行为的影响差异。

（供稿人：芮明杰）

【产业政策与企业跨行业并购：市场导向还是政策套利】

蔡庆丰、田霖

《中国工业经济》2019年第1期，原文22千字

产业政策对经济与企业的影响不仅在政策层面争议不断，同时也是学术研究的热点。作为最为重要的企业投资行为之一，并购不可避免地会受到各地各层级产业政策的影响，因此，研究产业政策对企业并购行为的影响具有现实和理论意义：第一，对该问题的研究能够填补相关领域的文献空白，并为评价产业政策效果提供新的论据；第二，对该问题的研究对于解释当前中国并购市场中并购目标的行业分布不均衡、大比例并购为跨行业并购的现实情况有所帮助；第三，对该问题的研究还能够丰富企业"政策套利"行为方面的研究。

论文利用2006—2016年中国上市公司并购数据和人工收集整理的国家产业政策信息，研究了产业政策对企业跨行业并购的影响。研究发现：企业更可能对受产业政策支持的目标进行跨行业并购；在此前提下，若并购企业未受到产业政策支持，则其跨行业并购受政策支持企业的可能性更高。国有企业更可能进行与产业政策导向一致的跨行业并购；相应的，如果企业已受到政策支持，那么国有企业也将比非国有企业更坚持经营主业。进一步分析发现，部分企业跨行业并购后并未实质性转移资源与经营重心，其并购可能是"政策套利"行为，且非国有企业更可能进行"政策套利"。

研究启示：第一，国有企业相较于非国有企业而言更可能根据产业政策导向调配资源，这实质上反映出国有企业更容易受政府"有形的手"影响和非国有企业会更自觉遵循市场"无形的手"之间的冲突，进而可能导致政府干预对市场的扭曲。因此，政策制定者应更多通过价值规律引导市场，而非通过行政手段直接干预市场、配置资源。第二，国家产业政策确实可以引导行业间转移资源，但部分企业所在行业受到的支持会削弱产业政策效果。因此，产业政策支持行业之间可能存在的潜在矛盾应当引起政策制定者的注意。第三，部分企业的跨行业并购可能出于"政策套利"动机，而非实质性转移资源与经营重心。因此，合理的机制设计对于准确甄别企业并购动机，进而切实发挥产业政策作用至关重要。

研究贡献：论文的研究证实了国家产业政策对企业并购行为存在切实影响，这不仅从新的角度证明了产业政策对经济的实质影响，更丰富了政府宏观政策影响企业微观行为的相关研究，对充实企业并购行为的研究做出了边际贡献，同时为政府制定产业政策引领产业结构转型升级提出了合理化建议。

（供稿人：蔡庆丰）

【电子商务平台应用与中国制造业企业出口绩效——基于"阿里巴巴"大数据的经验研究】

岳云嵩、李兵

《中国工业经济》2018年第8期，原文18千字

当前，全球数字贸易加速发展，对国际贸易模式与业态产生了深远影响。电子商务平台是数字贸易重要特征之一，其打破了传统贸易中的时空约束，改变了交易场所、拓展了交易时间，将相互依赖却又彼此分割的不同群体集合在一起，形成低成本、高效率的点对点联结，极大降低了信息不对称问题对外贸的影响。

论文利用"阿里巴巴"中国站付费会员数据、中国工业企业数据和海关数据，采用倍差匹配法考察了电子商务平台

应用对企业出口选择、规模、市场和产品的影响。研究结果表明：平台应用有助于未出口企业进入出口市场，有助于已出口企业扩大出口规模；企业出口规模扩大主要源于企业向更多国家出口更多种类产品，特别是向发达国家和远距离国家出口；平台的出口促进效应主要通过提高企业的生产效率、交易匹配效率，以及降低出口市场进入门槛实现；平台、网站、邮箱，不同的互联网应用方式，对企业出口影响的路径存在不同；企业规模、所在区域、出口类型均会对平台的出口促进效应产生影响，平台对于中小企业、东部企业、一般贸易企业的正向促进作用更显著。

结论的政策启示：一是夯实信息技术设施，提升电信普遍服务水平，确保企业能以平等、可接受的价格获取所需的基本电信服务，为企业使用电子商务平台创造条件。二是优化平台服务，为外贸企业提供通关、信用、金融、退税等共性服务，以及为特定行业企业提供个性化、定制化服务。三是提升外贸监管水平，推动海关监管的数字化转型，满足小金额、大批量、分散化的跨境电子商务订单监管需要。四是妥善处理电子商务平台应用所导致的区域发展分化问题，探索适合于落后地区外贸企业的平台服务模式。

论文的主要贡献在于：一是将互联网贸易问题的研究深化至电子商务平台应用，相比以往互联网应用代理指标，平台应用更贴近微观企业的交易环节，可以更好地识别互联网应用的影响。二是推进互联网出口效应的机制研究，在更一般的多目的国、多产品情形下分析了平台应用对企业出口的可能影响渠道，包括要素采购价格、生产效率、匹配效率、进入门槛等。三是有助于预判国际贸易的发展演变趋势，从产品、企业、国家三个维度量化分析了平台应用对外贸的影响，为有针对性制定外贸发展目标和政策提供了依据。

（供稿人：岳云嵩）

【股权金融市场、增长方式选择与平衡增长：传统与新兴部门视角】

芮红霞、郑江淮
《经济理论与经济管理》2018 年第 3 期，原文 15 千字

当前，中国经济增速放缓和创新型增长贡献不足的现象引起社会各界的高度关注，调整发展结构和转变增长方式已成为各界共识。从经济理论上说，选择资本深化驱动的投资型增长方式，还是选择生产率提升的创新型增长方式，归根结底是要素资源的配置问题。股权金融市场是配置资本要素的重要市场机制，它与我国增长方式选择存在何种关系？其效率的变化将如何影响我国"保增长"和"调结构"的发展目标？这些都是我国供给侧结构性改革的重要课题。

在股权金融市场与银行业金融市场不可完全替代且传统与新兴部门具有不同融资偏好的假设下，论文构建了内生经济增长理论模型，将股权金融市场效率、产业结构性变化和平衡增长统一于动态经济增长过程中，解析产业演变、经济增长与股权金融市场发展的内在联系。理论分析发现，传统部门的保留增长率决定了增长方式与均衡增长间的非线性关系，并使得股权金融市场效率的增长效应存在门槛条件。当效率低于门槛值时股权金融市场对平衡增长不具有增长效应，当效率高于门槛值时股权金融市场效率的提高将同时增加创新型增长的贡献率和平衡增长率。利用中国实际经济数据进行"Simulink"动态模拟分析，结果显示，总体上中国股权金融市场效率具有增长效应，但分地区看，东、西部地区存在显著差异。此外，外部 FDI 冲击和内部产业政策的冲击对经

济增长仅具有水平效应，没有增长效应。

结论的政策启示：第一，积极培育和发展股权金融市场，降低摩擦成本是我国转变增长方式和提高长期增长速度的有效政策选择，是我国结构调整阶段的重要"改革红利"，有助于实现持续快速增长和增长方式转变的经济目标。第二，政策选择要考虑地区差异性，我国西部地区创新能力较低，新兴部门和创新型增长不具有竞争优势，提升创新能力和降低股权金融市场效率门槛值是前提条件。

论文的主要贡献在于：第一，基于传统与新兴部门的异质性，在内生经济增长理论框架中引入了中观层面的产业机制，从产业结构性变化视角解析股权金融市场对增长方式选择与平衡增长的影响。第二，给出创新型增长方式对经济增长门槛效应的理论机理。第三，在信息通用技术（General Purpose Technology，GPT）的时代背景下，利用中国实际经济数据进行Simulink技术模拟分析，并引入东部与西部地区的差异性、FDI以及地方产业政策的冲击影响，展现股权金融市场效率对我国增长方式选择和产业结构变迁动态的影响。

（供稿人：芮红霞）

【经济政策不确定性与企业金融化】

彭俞超、韩珣、李建军
《中国工业经济》2018年第1期，原文23千字

近年来，中国经济出现了显著的"脱实向虚"趋势：一方面，金融发展逐渐偏离了服务实体经济的本源，不断将资金配置到金融体系内部，导致金融空转；另一方面，越来越多的非金融企业脱离原有主营业务，企业金融化趋势日益增强。因此，探索企业金融化的影响因素，有针对性地制定政策抑制非金融企业金融化趋势，引导金融重新回归实体经济，对于防范金融系统性风险、促进经济健康可持续发展具有重要的理论和现实意义。

论文基于2007年第一季度到2015年第四季度沪深两市A股非金融类上市公司的财务数据，实证检验了经济政策不确定性上升对企业金融化趋势的影响。研究结果表明：第一，经济政策不确定性上升不仅不是企业金融化的原因，而且还会抑制企业金融化。第二，经济政策不确定性上升对企业金融化趋势的抑制作用在中西部地区、竞争更激烈的行业更为显著。第三，经济政策不确定性对企业金融化程度的影响不仅存在规模效应，也具有结构调整效应。经济政策不确定性的提升会影响金融资产配置结构，具体表现在投机性、短期金融资产向保值性、长期金融资产的转移。第四，对于融资约束较弱的企业而言，其金融化趋势对经济政策不确定性的上升更加敏感，支持了企业金融化的利润追逐动机。

结论的政策启示：解决经济"脱实向虚"的问题，应从根本上消除信贷歧视，提高金融支持实体经济的力度，提高资金配置效率，应完善金融市场，提高金融市场和金融资产的功能属性，应进一步积极改善民间投资环境，使企业能够从实体经济中获得较高的收益。只有使金融回归本源，服从服务于实体经济，才能促进金融与经济的共同协调发展。

论文的主要贡献在于：弥补现有研究的不足，分析了经济政策不确定性对企业金融资产配置的影响，具有一定的前沿性和创新性；进一步确认了中国企业金融化的动机，即中国企业持有金融资产的主要动机是利润追逐而非预防性储蓄；论证了经济政策不确定性上升并不是企业金融化的原因，否定了频繁经济政策导致"脱实向虚"的观点，对中国的经济政策制

定有一定的现实意义。

（供稿人：彭俞超）

【企业融资规模、银行所有制歧视与产能利用率】

孙成浩、沈坤荣

《经济理论与经济管理》2019 年第 1 期，原文 18 千字

产能过剩问题一直以来就是政界和学术界关注的重要议题。中国先后经过三次大规模的产能过剩：第一次是 1998—2001 年，第二次是 2003—2006 年，第三次是 2009 年至今。产能严重过剩越来越成为中国经济运行中的突出矛盾和诸多问题的根源。虽然国务院、国家发展和改革委员会等部门相继出台了一系列政策，对产能过剩起到了一定的抑制作用，但 2012 年 3 月至 2016 年 8 月，工业生产者出厂价格指数连续 54 个月呈现负增长，说明中国产能过剩的治理依然任重道远。

文章在对中国工业行业产能利用率进行测度的基础上，将企业融资规模和银行所有制歧视引入产能过剩的分析框架，进一步完善了产能过剩的形成机理。研究表明：产能利用率与企业融资规模密切相关，银行所有制歧视通过影响企业融资规模的构成对产能利用率产生间接影响。剔除技术效率影响后，行业整体融资规模与产能利用率显著负相关，并存在明显的混合效应，表现为推动和抑制作用交替进行。分所有制看，国有企业和外资企业融资规模与产能利用率显著负相关，其中国有企业表现出显著的混合效应；相对来说，私营企业融资规模在化解产能过剩问题中发挥着积极作用。特别要指出的是，2008 年后企业融资规模的扩大比以前更易引起产能过剩的发生；银行所有制歧视现象再度抬头，其对产能利用率的冲击效应更加强烈。

结论的政策启示：（1）深入推进国有企业改革；（2）拓宽私营企业融资渠道，降低企业融资成本；（3）进一步优化利用外资结构；（4）进一步理顺虚拟经济与实体经济的关系。

文章的主要贡献在于：（1）拓展了以往研究企业产能过剩的基本模式，将企业融资规模和银行所有制歧视引入产能过剩的分析框架，进一步完善了产能过剩的形成机理，并提出相关理论假说。（2）利用 2000—2014 年中国工业行业面板数据进行回归分析，印证了文章提出的理论假说。回归结果表明：剔除技术效率影响后，工业行业产能利用率与企业融资规模密切相关，银行所有制歧视通过影响企业融资规模的构成，对产能过剩起到了推波助澜的负面作用。（3）以 2008 年中央"一揽子"经济刺激计划为"分水岭"，检验该项政策影响下企业融资规模、银行所有制歧视与产能利用率之间关系的变化，并提出化解产能过剩的相关政策建议。

（供稿人：张雨潇）

【围绕产业链部署创新链——论科技创新与产业创新的深度融合】

洪银兴

《经济理论与经济管理》2019 年第 8 期，原文 9 千字

在创新驱动发展的背景下，科技创新的着力点何在？习近平总书记提出："围绕产业链部署创新链，发展科技含量高、市场竞争力强、带动作用大、经济效益好的战略性新兴产业，把科技创新真正落到产业发展上。"这为我国实施创新驱动实现高质量发展指明了方向，同时也指出了创新的目标导向。近期愈演愈烈的中美贸易摩擦实际上转向了技术战。美国阻碍中国技术进步的重要路径就是打压中国的高

科技企业。其方法是利用产业链对华为等高科技企业断供技术、中间产品和市场。这从反面印证了围绕产业链部署创新链的重要性。

文章认为,相对产业链、供应链、价值链,核心是创新链。当今经济全球化的重要特征是国际分工转向产品内贸易。产品内贸易产生产业链。在产业链上产生的不同环节上的中间品供应就产生供应链。处于产业链不同环节有不同的附加值就产生价值链。产业链的国际分工涉及的是产品的研发、生产、服务和销售在全球多个国家布局。能够作为全球价值链布局的产品一般是当时科技含量高、市场需求大并且较为稳定的产品。产业链的各个环节在全球布局,是要吸纳和整合全球最优资源和市场。在哪个国家布局价值链的何种环节,就看该地能否为特定的环节提供最合适的资源和配套条件。因此,一个国家的产业水准和产业竞争力,很大程度是看其在全球价值链中所处的位置或阶段,多少条以该国为主导的产业的价值链在全球布局。这也是所要建设的现代化产业体系的参照系。

文章提出政策建议：一是要建立以我为主导的全球价值链,这是指拥有核心高端技术的产品的研发生产销售服务建立以我为主导的全球价值链；二是我国产业的转型升级不应脱离全球价值链,应从全球价值链中低端环节攀升至中高端环节；三是需要通过产学研深度融合、协同创新,在技术短板导向和科技水平导向下,吸引科学家进入产业创新链,在相应的产业链环节上创新处于国际前沿的核心技术,从而实现围绕产业链部署创新链。

文章深入分析了产业链、供应链、价值链、创新链之间的关系,指出了创新链的重要作用。创新性地指出产业创新链的基本功能是有效衔接知识创新和技术创新两大体系,并为我国产学研协同助力创新链升级提供了宝贵的政策建议。

（供稿人：张雨潇）

【互联网对企业创新绩效的影响及其机制研究——基于开放式创新的解释】

王金杰、郭树龙、张龙鹏
《南开经济研究》2018年第6期,原文20千字

基于连通性这一特征,互联网对企业创新绩效的影响机制,实质是企业利用互联网工具采用开放式创新替代以生产者为核心的封闭式创新模式的过程,是企业创新方式转变的过程。现有文献仅关注互联网为企业带来开放创新资源,而未将开放式文化、开放式治理纳入研究框架,而全面客观地评价开放式创新方式,对于研究互联网对企业创新绩效及机制这一命题具有重要的理论和现实意义。为此,亟须将开放式的创新资源、创新文化和治理方式纳入研究视野并建立一个关于开放式创新的更为全面的理论分析框架。

文章基于2009—2015年中国上市公司微观企业数据及其所在城市平均互联网接入数据,利用实证模型分析了互联网对企业创新绩效的影响及机制,研究结果表明：1.人均互联网接入数提升1%,则企业创新绩效将提升8.7%；2.互联网的接入以新的资源配置方式放大了企业内部研发人员和研发资金等创新投入对创新绩效的影响,以新的治理方式替代传统治理模式对创新绩效的影响。

结论的政策启示：其一,应鼓励企业充分利用互联网"互联互通"的基本特征,推动企业内外部创新要素的汇集与融合,如借助互联网及云平台突破"信息孤岛"、鼓励企业借助开源软件、网络平台、众包众聚等应用等；其二,应鼓励企业实施扁平化治理结构,吸收更多中小股东、企业员工、投资人等利益相关者提供

创新建议和深度治理参与，赋予这些外部创新资源更多的创新治理话语权；其三，鼓励企业把握互联网开放、平等、共享的内涵，重塑开放合作创新文化，如鼓励企业利用这种思想多使用用户参与设计、云设计等新型研发方式，积极建设企业开放、平等、共享等内部文化、价值观念和行为准则。

与以往研究相比，本文的边际贡献在于：第一、识别并针对互联网"连通性"的本质特征，揭示互联网对企业创新的实质是构建无界、有效、全面的开放式创新网络，拓展了该问题的研究视野；第二，以开放式创新为理论基础分析互联网对企业创新绩效的影响机制，建立一个全面的开放式创新的分析框架，将创新资源整合、扁平化治理、开放式文化嵌入等纳入其中，形成企业创新的新方式，有助于开放式创新的理论扩展，有助于揭示互联网影响微观企业创新的内在机制；第三，通过实证模型准确测度了互联网对企业创新绩效的影响及机制，弥补了现有文献在这一方面的研究不足。

（供稿人：王金杰）

【技术—知识投资、要素资本配置与企业成长——来自我国资本市场的经验证据】

王京、罗福凯

《南开管理评论》2017年第3期，原文16千字

企业成长既是实现自身战略目标的前提，也是产业经济发展的微观基础。当前，我国企业成长驱动因素主要有投资驱动、要素驱动和创新驱动之说。无论基于哪种假说，企业成长都涉及不同生产要素的结构调整和均衡配置。从公司财务和资本性质的视角看，企业各类资源的投资决策实质上是不同要素资本的选择和配置问题。在经济下行、传统"三驾马车"拉动作用出现颓势之时，科技创新和"供给侧结构性改革"已成为经济发展的新兴推力。相应地，企业成长也应逐渐转向新兴生产要素推动。因此，明确技术和知识等新兴资本在企业成长中的作用、贡献和配置关系，是一个重要研究话题。

文章构建了数理模型以分析异质要素资本对企业成长的作用机理，并在此基础上运用我国A股上市企业的财务数据，探讨了技术资本和知识资本与企业成长的关系，考察了技术资本与知识资本配置结构如何影响企业成长，进而验证了当前市场环境下二者对企业成长的相对重要性。研究结果表明，技术资本和知识资本的均衡配置有利于企业成长；技术资本和知识资本具有协同和均衡效应，二者应共同投资且在要素资本结构中的比重不能差距过大；以我国企业当前发展状况而言，技术资本对企业成长的贡献比知识资本更大。

结论的政策启示：第一，应保障企业的创新主体地位，加强金融服务体系和技术孵化平台建设，为企业技术和知识资本形成与积累提供保障。第二，应积极构建和完善要素交易市场，保障技术和知识要素在企业间合理流动，促进企业要素配置结构优化，为"供给侧改革"提供微观助力。第三，企业应重视自身技术研发和知识创造，从而提高自身技术和知识的产出效率。第四，企业应优化异质要素资本配置结构，实现传统要素资本（人力、货币与物质）和新兴要素资本（技术、知识与信息）的均衡配置。

文章的主要贡献在于：第一，利用数理模型构建了一个包含异质要素协同效应与均衡效应的统一分析框架，不仅为企业异质要素投资选择、边际贡献与配置结构的考察提供了数理基础，而且深化了人们关于新兴生产要素对企业成长作用的理解，拓展了资本理论的研究范围。第二，跳出以往学者的研究习惯，在技术与知识

分离视角下研究要素配置结构和效应问题，验证了技术资本与知识资本配置结构对企业成长的影响效应，为企业投资选择和要素配置决策提供了经验证据。

（供稿人：王　京）

【金融发展、微观企业创新产出与经济增长——基于上市公司专利视角的实证分析】

贾俊生、伦晓波、林树

《金融研究》2017年第1期，原文16千字

深入实施创新驱动发展战略是中国发展的重要战略之一。"贫困化增长"陷阱和国际市场的不断萎缩使得我国传统增长模式难以为继，迫切需要寻找拉动经济增长的新引擎和新动力。创新的高投入、长周期及不确定性的特征决定了其有赖于金融发展提供资金支持、降低融资和交易成本、减少市场摩擦。因此，如何使金融发展与经济结构转型升级相匹配，对探索我国未来经济增长动力具有重要的现实意义。

本文在标准的内生经济增长框架下，引入专利部门和金融发展变量，探究了金融发展、创新产出和经济增长之间的关联，并基于上市公司财务数据与上市公司及其子公司专利数据的匹配，综合运用省份、行业和企业数据实证分析了区域金融发展水平在外部融资依赖影响下与企业创新、经济增长的关系和金融发展促进创新进而推动增长的机制。实证研究表明：对于一个有平均外部融资依赖值的行业的公司，在信贷市场发展、加权债务占资产比率为75百分位的省份，专利申请的平均次数会增加6.2%、1.9%，说明信贷市场可得对创新有显著的促进作用；资本市场融资规模的交乘项系数为正却不显著，资本市场不完善影响了资本市场融资功能的发挥，导致对创新的支持效率较低；专利产出对增长的效应是非线性的，创新产出是信贷可得影响增长的重要机制。

结论的政策启示：第一，未来银行体系要战略性优化其信贷结构，加大支持创新型经济的能力，大力发展科技银行、大中小型银行等不同层次机构互补。第二，应进一步通过多层次的资本市场建设满足不同的投融资需求，让有创新能力的部门有更多直接融资的机会，进而推动经济转型。第三，进一步发展债券市场，丰富债券市场的产品和层次。第四，注重金融发展与经济结构转型的关系。增长驱动主要来自要素投入时，总量扩张的金融体系成效明显，增长驱动转变为主要来自知识和技术时，金融和科技的融合尤其重要。

文章的主要贡献在于：第一，在肯定金融发展总体贡献的同时，发现不同的金融发展指标对企业创新以及经济增长的作用不同。第二，与以往研究关注金融发展对固定投资的作用不同，本文指出了金融发展影响经济增长的创新渠道。金融的主要目的是为实体经济服务，新一轮金融改革要围绕创新型经济建设和经济结构升级展开，功能定位回归本源。

（供稿人：贾俊生）

【农村互联网信贷："互联网+"的技术逻辑还是"社会网+"的社会逻辑？】

罗兴、吴本健、马九杰

《中国农村经济》2018年第8期，原文18千字

纵观金融发展史，新技术的使用可以促进金融服务模式创新。基于此，在农村金融领域，一些研究认为，随着信息技术的发展，在农村微型贷款中常用的关系型信贷会变得越来越不重要；而互联网金融的发展能够让农村金融的困境得到显著改

善。但是，也有研究认为互联网只是一种技术手段，农村互联网信贷缺乏实质性创新。在"三农"领域，互联网与信贷的结合到底能在多大程度上改变信贷实现形式？目前农村互联网信贷的发展是基于互联网技术的真正创新，还是仅仅在旧形式上披着的"创新外衣"？

本文首先从信息对称和契约执行机制角度构建了涉农贷款技术变迁的分析框架。然后采用逐项复制和差别复制方法对涉农 P2P 网络借贷平台、综合性互联网金融平台和传统农村金融机构的农村互联网信贷实践进行多案例分析。研究发现：农村互联网信贷模式的内在逻辑是"互联网＋社会网"的技术逻辑和社会逻辑的结合。在目前阶段，线下"社会网＋"机制缓解了信息不对称和契约执行难题，而互联网技术的使用进一步降低了信贷服务的成本；同时随着农村社会网络和农业供应链进一步线上化，现有贷款技术将发生变化，但这会是一个长期过程。但是无论互联网技术如何发展，"社会网＋"的社会逻辑不会变。

结论的政策启示：农村金融创新须结合农村的社会环境来进行，在引进互联网技术时，应更加注重技术运用的社会载体。对于金融机构而言，应通过商业模式创新，打造农村互联网金融生态。对于农村借款人而言，应积极利用互联网，融入数字社会，积累自身的互联网信用资产。对于政府而言，在目前阶段，仍不能过度依赖所谓"技术创新"；但是，应积极推动农村数字基础设施建设，加强对农村居民互联网教育及宣传，推动农村交易及社交线上化，并加强跨平台数据管理。

文章的主要贡献在于：第一，构建了一个信息对称、契约执行机制与贷款技术变迁的分析框架，分析了涉农贷款技术变迁的内在逻辑，即关系型贷款技术—线上线下结合的真实农村互联网贷款技术—理想中的基于纯网络的农村互联网贷款技术。第二，采用逐项复制和差别复制的多案例研究方法，分析了现有农村互联网信贷所使用的贷款技术的"互联网＋社会网"的实质。第三，在政策上，提出农村金融创新须结合农村的社会环境来进行，通过金融机构、政府和"三农"主体共同努力构建技术运用的社会载体。

（供稿人：罗　兴）

【农业工业化与服务规模化：理论与经验】

刘守英、王瑞民
《国际经济评论》2019 年第 6 期，原文 12 千字

一般认为，规模报酬主要存在于制造业，除了非常特殊的情形，农业生产的规模报酬并不存在。来自世界多个国家的经验研究证实了农场规模与土地生产率之间的反向关系。中国农业生产的典型事实也表明，大规模户的土地生产率远低于小规模户的土地生产率，当家庭农场规模小于 616—619 亩时，土地规模与农业生产率的反向关系一直存在。在我国以小农为农业生产基本单位的国情下，家庭农场生产规模很难突破上述反向关系的规模区间。在农业要素发生结构性变化的农业工业化进程中，中国农业生产的规模报酬的可能实现路径是什么，需要从实践中探索破题。

文章在对农业规模报酬的一般理论与经验研究进行评论性回顾的基础上，指出受土地要素禀赋与城镇化进程的双重制约，中国农户土地规模短期内难以扩大、单纯扩大土地规模也无法实现农业规模报酬，以农业部门要素组合重构与连续性变化为特征的农业工业化，更主要依赖农业各环节服务规模的扩大和分工水平提高。山东以供销社为主体进行农业生产要素重构，

通过土地托管而非土地流转推动服务规模化，在标准化、易监督的环节提供专业化服务，为农服务中心集约化供给不可分割的大型农业投入，发挥村级组织作用降低服务规模化组织成本，既通过分工效率提升实现了服务环节的规模报酬，又避免了单纯农场规模扩大引致的监督成本上升。

结论的政策启示：中国的农业现代化，一方面要充分考虑我国特定的要素禀赋条件，另一方面也需要认识到农户仍将长期作为农业生产的基本单位，在上述约束条件下实现"连接就是赋能"。通过专业化的农业服务将分散的农户与地块联结，而非行政命令强行推进土地流转与归并，在保持农户作为农业生产决策主体的前提下，客观上实现农业的规模报酬。服务规模化应是我国未来农业发展与乡村振兴的主要着力点。

文章的主要贡献在于：一是指出农业规模报酬主要存在于标准化、易监督的环节，在上述环节提供规模化服务可实现农业规模报酬，部分非标准化的环节仍主要由农户家庭完成，农业生产的监督成本并未因服务规模的扩大而显著增加，成为农业经营组合中规模报酬的基础。二是提炼了山东以土地托管为突破口的服务规模化经验，山东供销社把分散的土地经营通过专业化的农业服务联结起来，突破了农户家庭与地块的限制，客观上实现了土地成片作业与分工专业化带来的规模效益。

（供稿人：刘守英、王瑞民）

【实体企业金融化促进还是抑制了企业创新——基于中国制造业上市公司的经验证据】

王红建、曹瑜强、杨庆、杨筝
《南开管理评论》2017年第1期，原文19千字

在过去相当长的时间里，我国金融业特别是银行业凭借垄断地位与利率管制政策，一直拥有着非常高的资本回报率，而房价的快速上涨更是催生了我国房地产行业近十五年的繁荣，因此金融与房地产业被称为是我国过去十五年的两大暴利行业。随着日益饱和的市场需求，实体企业利润逐渐下滑，在资本的逐利驱使下，致使大量产业资本开始不断涌入利润丰厚的金融与房地产行业，其中在资产负债表中配置金融资产成为一种非常重要的形式，致使实体企业越来越偏离其主营业务，逐渐形成制造业趋于空心化的现象，这也被称之为"实体企业金融化"。

文章借鉴宋军与陆旸（2015）使用的 Penman-Nissim 分析框架，在市场套利框架下以金融资产占总资产之比来表示实体企业金融化程度，实证检验实体企业金融化在企业创新中所扮演的角色。控制内生性后检验结果发现：整体上实体企业金融化挤出了企业创新，对于融资约束程度不同的两类公司，两者之间并无显著差异；套利动机越强的企业，实体企业金融化挤出企业创新效果更显著，而盈利能力越强的企业套利机会越少且套利机会成本更高，因而实体企业金融化挤出企业创新显著性越弱。从生产率来看，实体企业金融化并没有显著提升全要素生产率，但从经济后果来看，实体企业金融化却显著提升了下一期经营业绩。

结论的政策启示：第一，突破金融等行业的垄断地位，放宽行业准入，鼓励行业间的竞争，促使行业间利润均衡，从而提升企业创新动力；第二，未来金融业改革必须面向市场化，改变金融行业垄断超额利润的现状，防止金融业对实体企业的过度掠夺，有效引导金融资本支持实体企业发展，是我国未来金融改革必须考虑的重要议题。

文章的主要贡献在于：第一，本文研究结论证实实体企业金融化对企业创新存

在挤出效应，这不仅有助于澄清我国实体企业金融化的具体动机，证实金融化的套利动机对企业创新的"挤出效应"，而且从市场套利视角解释了长期以来我国实体企业创新动力不足的诱因。第二，本文研究还发现金融化与企业创新呈 U 型曲线关系，发现当金融化程度达到 23% 时，其对创新作用表现为促进效应，进一步深化并拓展了实体企业金融化与企业创新的非线性关系。第三，本文还分别检验了实体企业金融化如何影响企业全要素生产率及经营绩效，进一步拓展并丰富了对实体企业金融化的经济后果研究。

（供稿人：王红建）

【数字金融能促进创业吗：来自中国的证据】

谢绚丽、沈艳、张皓星、郭峰

《经济学季刊》2018 年第 3 期，原文 17 千字

创新创业不仅可以为经济发展注入新的活力，也可以优化升级产业结构，提高企业的竞争力，是我国经济发展政策的重要组成部分。创新创业的政策推进，离不开恰当的资金支持。由于中小企业规模有限，缺乏经营记录，与资金供给者之间有更严重的信息不对称等问题，因此融资中存在更高的交易成本，导致中小企业融资更加困难。在中国，由于金融体系不健全，这个问题更加突出。通过互联网科技与金融行业的结合，以信息技术为支撑的数字金融可以减少信息不对称、降低交易成本、优化资源配置，为解决中小企业融资、推动创新创业发展提供了新的机遇。

本文将北京大学数字普惠金融指数与新注册企业等数据相结合，研究数字金融的发展对创业的影响。通过实证分析，我们发现：数字金融越发达的地区，每年新注册企业数量越多，创业增速也越快。进一步分析各数字普惠金融子指数的作用可以看到，数字金融覆盖广度、使用深度和数字支持服务程度的提高都有利于促进企业创业。这一机制在采用了时间滞后项和工具变量的情况下仍然非常稳健。在探究数字金融促进创业的背后机制中我们发现，在城镇化率越低的地方，数字普惠金融指数的边际作用越大，即数字金融对不发达的地区的创业有更大的促进作用。另外，数字金融对每年的新增小微企业数的作用显著为正，而对大中型企业数无显著正向作用，说明数字金融更多的是促进了小微企业的创业。这两个方面相结合表明数字金融确实能够发挥其普惠的功能，在缩小地区差距和解决小微企业融资难方面起到一定作用。此外，通过对创新的中介机制研究发现，数字金融和创新之间存在显著正向关系，说明数字金融可能通过提高创新助力创业。

研究数字金融的发展对创业的影响无论在学术价值上还是在政策的制定上都有重要的意义。虽然对于传统金融与创业的关系已有大量的研究，但是尚缺乏数字金融对创业影响的系统性研究，本文弥补了这一空白。特别是关于数字金融是否有利于创业和经济发展，文献持不同态度。有微观研究指出网络借贷市场中可能存在更强的信息不对称性问题，导致更强的逆向选择与道德风险。本文的分析表明，持续推进数字金融的发展，不断完善数字金融的各个方面，扩大使用广度，挖掘数字金融的各项功能，完善数字金融在支付、信贷、保险等方面的功能，可以弥补传统金融难以服务中小企业和不发达地区的不足，促进创业和改善地区发展不平衡，实现普惠价值。

（供稿人：谢绚丽）

【数字金融使用与农户创业行为】

何婧、李庆海

《中国农村经济》2019年第1期，原文15千字

借助于互联网、大数据、云计算等信息技术，数字金融刷新了金融的业态。相较于传统金融服务，数字金融服务不仅下沉得更深，覆盖得更广，在可利用性方面更具优势，而且，它通过互联网重塑了诸多商业模式，促使新业态发展。同时，数字金融还改变了信息传播的方式。此外，数字金融使用还可能对人们的生活理念、社会信任等产生重要影响。因此，数字金融使用对农户创业行为的影响可能会不同于已有研究发现的传统金融服务对农户创业行为的影响。

本文运用微观调研数据展开分析。首先，研究数字金融的使用是否能够激发农户创业。其次，考察数字金融使用对农户创业绩效的影响。再次，分析数字金融使用影响农户创业行为的具体路径。最后，考察了不同群体、不同数字金融类型的差异性影响。

研究发现，数字金融使用激发了农户的创业热情，提高了农户的创业绩效。数字金融能够缓解农户信贷约束，增强农户的金融服务可得性，提升农户的信息可得性，拓宽其信息获取渠道，提升农户对周边环境的信任感，促进合作，最终激励农户创业，并提升其创业绩效。数字金融使用对非农创业和生存型创业的影响较大，对农村地区人力资本、物质资本和社会资本匮乏的弱势群体农户的影响更明显，这说明数字金融恰好服务了那些传统金融产品难以覆盖的人群，对这部分人群提供数字金融产品和服务，能够提升其创业意识和水平，最终促进弱势群体的收入增长。

结论的政策启示：大力推进农村双创工作，尤其是推进创业活动，对于实施乡村振兴战略具有重要意义。在推进双创工作中，需要重视数字金融在农村的发展，鼓励数字金融下乡，提升弱势群体对数字金融产品的使用能力，以激发其创业热情，提升其创业能力。数字金融的发展对传统金融的业务形态、组织结构和服务模式均产生了深刻的影响，能够有效地服务传统金融产品难以覆盖的弱势群体，是实现金融普惠的重要途径。

本文的贡献在于：不仅考察了数字金融使用对家庭创业行为的影响，还分析了其作用机制，这有助于丰富数字金融的研究内容，厘清数字金融服务与传统金融服务的相似性和差异。基于微观调查数据的分析比基于宏观数据的分析更能够清晰地剖析数字金融使用对不同类型创业农户的影响和作用机制的差异。另外，本文丰富了农户创业行为的研究内容，为充分利用数字金融发展契机促进农户创业，最终实现乡村振兴战略，提供了理论支撑。

（供稿人：李庆海）

【大数据交通市场监管：研究进展与制度创新】

赵光辉、田仪顺、田芳

《中国软科学》2018年第6期，原文17千字

交通运输市场监管是交通强国战略下政府交通主管部门的新课题。从交通运输行业发展面临的问题来看，我国交通市场结构不合理，规模经济效应不明显，市场集中度低。仅依靠市场机制调节不够。我国交通市场监管已突破传统交通市场监管的概念界定、构成维度，交通运输主管部门所掌握的交通运输服务产品这种公共资源的配置角色应当由市场去担当，实现全能政府向有限政府的转变、管制型政府向服务型政府的转变，创新监管机制以适应时代发展所需。利用大数据对交通市场监管精准化策略与政策成为发展方向，大数

据为交通市场监管机制创新提供了大量数据和案例，监测交通市场运行状态，重点解决新业态背景下出现的网约车等新业态市场监管机制创新。

文章对交通市场及政府监管进行分析，从协调多种运输方式发展的角度来看，我国交通市场发展迅速，但发达国家的交通市场发展历史告诉我们，交通运输业只有在综合运输体系内才能充分发挥自身特点，高效集约地运行。只有通过政府的有效监管，才能有效地控制交通运输与其他运输方式的协调发展。由于交通运输具有公益性、公共危害性、生产资源稀缺性、外部性的特点，从而在生产中需要有取有舍或有主有次地选择，在分享产品时又会遇到效率与公平的选择，所以政府必须采取宏观调控和微观监管的方式来实现合理的资源配置，有效节约能源，来保证经济的可持续发展。

结论的政策启示：交通市场的发展要融入市场经济中，离不开政府的有效监管。政府监管一是要防止由于特许垄断经营、规模经济效应或由于新技术采用形成新垄断而造成的不合理价格和过分收益；二是要防止无限制的竞争导致的不正常的价格和利润，以保证有足够的利润用于发展交通运输业；三是防止企业竞争中的不平等和歧视；四是为广大群众提供普遍性的服务；五是使运输企业尽必要的责任；六是为运输企业创造一个公平、公正的竞争环境，以使交通运输企业竞争按照市场经济的规则平等、有序进行。同时，大数据交通市场监管机制创新是时代发展所需，大数据应用到交通市场监管机制创新是政府职责，交通市场监管通过大数据实现线上与线下融合。

文章的主要贡献在于：第一，完善了交通市场对大数据监管理论的运用，之前文献对交通市场的监管较为缺乏。第二，深化大数据监测交通市场及运行机制相关理论。谋划倚重大数据及动态监测模型，做到交通市场运行过程中身份数据化、行为数据化、数据关联化、思维数据化和预测数据化，在数据汇集的基础上发现规律，发现市场运行风险点和薄弱环节，进而增强政府监管的针对性和有效性，这是摆在实业界、理论界与各国各级政府面前的迫切课题。大数据及动态监测模型为研究这一课题提供了一个新视角。第三，为适应新形势下市场监管体制机制转变提供理论支持。适应新形势、新情况的发展需要，倚重大数据，按照推动交通运输行业供给侧结构性改革的总体要求，创新政府监管体制机制，从管理到治理，从审批前准入为主到准入后进行全链条监管，从传统的手工管理到全面适用互联网、大数据等新技术，推动市场监管方式转型升级，为新经济、新业态的发展提供政策保障。

（供稿人：赵光辉）

【金融科技对传统银行行为的影响——基于互联网理财的视角】

邱晗、黄益平、纪洋

《金融研究》2018年第11期，原文10千字

近年来，金融科技在中国迅速发展，一批新兴金融科技工具正在慢慢改变人们的理财方式。相比利率受到管制的传统银行存款。金融科技理财产品具有利率市场化、交易便捷等特点，一推出便受到人们热捧。以余额宝为例，自2013年推出便发展迅速，2017年成为世界上规模最大的货币基金。蓬勃发展的金融科技加速了利率市场化的进程，不可避免地会冲击传统金融行业。在这一背景下，探究新兴的金融科技与传统的银行体系之间的关系具有非常重要的理论与现实意义。

文章使用2011—2015年263家银行的年报数据和北京大学数字金融研究中心

基于蚂蚁金服用户数据构建的地市级数字金融普惠指数，探究金融科技的发展对银行行为的影响。研究发现金融科技的发展实质上推动了一种变相的利率市场化，改变了银行的负债端结构，使得银行负债端越来越依赖于同业拆借等批发性资金。负债端结构的改变导致银行资产端风险承担偏好上升，但是借贷利率和净息差都有所下降。即银行选择了更高风险的资产来弥补负债端成本上升所造成的损失，但并没有将成本向下游企业转移。此外，本文还发现规模越大的银行受到金融科技的冲击越小。

结论的政策启示：第一，逐步完善存款利率市场化，让银行尤其是中小银行能够提供有竞争力的存款利率，鼓励中小银行借助金融科技的手段提供存款产品，引导资金回流存款市场，提高银行负债中零售性存款占比。第二，扩大中小银行融资渠道，积极帮助中小银行扩大融资渠道，例如鼓励中小银行发行期限较长、稳定性较好的金融债，避免中小银行过度依赖同业市场的批发性融资。第三，持续关注中小银行的负债端风险，尤其是突发事件导致的流动性短缺问题，平衡创新加强监管协调，防范系统性风险。

文章的主要贡献在于：第一，本文利用蚂蚁金服的数据来衡量金融科技发展的程度，从用户数据的层面衡量地级层面金融科技发展的差异，提供了更为细致可靠的金融科技发展指标。另外，在银行数据方面，本文整理了中国263家银行数据，涵盖大量中小银行，结论更具有普遍性。第二，本文在现有文献的基础上更细致地验证了金融科技对银行负债结构的影响，还可以进一步分析互联网金融如何推动事实上的利率市场化、并对银行资产端的定价与风险产生冲击。

（供稿人：邱　晗）

【农业供应链金融信贷的减贫效应研究
——基于不同主体领办合作社的实证比较】

申云、李庆海、杨晶
《经济评论》2019年第4期，原文16千字

党的十九大报告提出，鼓励和支持金融机构对新型农业经营主体开展农业供应链金融业务，构建联结小农户与金融市场的有机衔接机制。由于传统银行信贷扶贫大多聚焦于商业银行对农户的直接信贷，往往存在信贷精准度不高和信贷资金"嫌贫爱富"倾向，导致贫困农户面临"金融贫困恶性循环"的困境影响金融扶贫成效。

文章基于云南省精准扶贫大数据管理平台数据，从农民合作社的视角，以A-F双界线分析法构建农户多维贫困综合指数，采用倾向得分匹配—双重差分法（PSM-DID）比较评估了不同主体领办型农民合作社供应链金融信贷对农户多维贫困状况的影响。研究表明：（1）农民合作社通过内部闭环交易，依托农业产业链、供应链融资来整体信用增级，破解小农户"金融贫困恶性循环"困境。（2）农户获得农民合作社供应链金融信贷的概率每提高1%，农户多维贫困综合指数和多维贫困阶数下降的概率分别提高8%和10%，减贫效应显著。（3）种养大户、企业和村干部领办型农民合作社供应链金融信贷对纯农型贫困农户均具有显著的减贫效应。（4）农户非农收入占比越高，种养大户和村干部领办型农民合作社供应链金融信贷的减贫效应越低，而企业领办型农民合作社供应链金融信贷的减贫效应越高。

政策启示：第一，探索和创新金融机构对新型农业经营主体的信贷供给模式，加大对农业生产、农资供应、农机服务等环节的农民合作社供应链金融信贷产品创

新,降低信贷门槛和强化风险监控,提升金融精准扶贫可持续性。第二,通过农民合作社供应链金融信贷促进产业链整合与产业融合发展,强化农户与农民合作社利益联结机制,积极扩大贫困农户的非农收入占比,增强其产业链扶贫示范带动作用,激发贫困农户内生脱贫动力。第三,通过"互联网+"和大数据信息技术来构建农户与农民合作社联动的征信体系,加快传统金融机构开展农业供应链金融业务的数字化转型,提高数字普惠金融效能。

研究贡献:一是通过构建多维贫困综合指数来综合测度农户的多维贫困状况,弥补收入贫困测算的不足,防范脱贫农户返贫现象的发生。二是采用 PSM – DID 方法评估和对比异质性农户在获得不同主体领办型农民合作社供应链金融信贷前后的减贫效应,为金融扶贫绩效评价和金融服务乡村振兴提供科学依据。三是为检验农民合作社供应链金融信贷减贫机制和创新农民合作社供应链金融扶贫路径提供经验证据和方向。

(供稿人:申 云)

地区产业发展

【"振兴东北老工业基地"有利于产值还是利润？——来自中国工业企业数据的证据】

董香书、肖翔

《管理世界》2017年第7期，原文13千字

2003年10月，中国政府针对当时东北地区经济发展乏力提出了"振兴东北老工业基地"战略。在"振兴东北"战略的推动下，2004—2013年东北三省的经济总量增速高于全国平均水平。但是从2014年开始，东北地区经济增长速度出现断崖式下降。在这个背景下，深入企业微观数据，对21世纪初"振兴东北"战略的政策效果进行分析，挖掘影响机制无疑有助于当前全面振兴东北老工业基地的科学决策。

本文立足中国工业企业数据对"振兴东北"战略进行评估。实证结果表明该战略有利于企业产值扩张，但并不利于利润提高。在此基础上，本文讨论了"振兴东北"战略对企业的影响机制。实证研究证明该战略显著降低了企业的税收与负债，促进了资本深化，增加了中间品投入。本文进一步发现企业税收下降刺激了产值的增加，但不利于利润提高，负债下降与资本深化对于产值的正影响显著大于利润；中间品投入的增加对利润的负影响显著大于产值。从分行业的角度，本文发现"振兴东北"战略对于装备制造业企业产值的正影响显著大于整体水平，但对利润的影响为负；而该战略在促进高耗能企业产值提高的同时，却未能提高利润。实证研究还表明，该战略对资源型企业的产值与利润均未产生显著的正影响。

结论的政策启示：第一，全面振兴东北老工业基地离不开全面深化企业改革。政府应当注重硬化企业约束，避免一味给东北企业输血，形成企业对政府的依赖预期。第二，政府与市场的关系需要进一步调整：一方面避免政府为追求经济增长，而推动企业盲目扩张；另一方面，政府应当避免仅注重扶持大中型企业，而应当采取普惠政策，为中小型民营企业发展提供良好的环境。第三，东北老工业基地的全面振兴必须转变经济发展方式。注重形成企业技术进步的内生机制，并且避免"重物"投入而"轻人"的吸引。第四，未来应当发挥大型装备制造业企业综合竞争优势与中小型企业经营灵活的优势，形成东北地区装备制造业的内生增长机制。

文章的主要创新在于：第一，深入微观数据，较为稳健地证明了"振兴东北"战略有助于企业扩大产值但不利于企业提高利润；第二，本文认为"振兴东北"战略并未使得东北地区进入良性发展的轨道，反而使东北地区企业陷入"经营困难——政府'输血'——企业进一步扩张——利润下降——经营困难"的怪圈；第三，进一步从分行业的角度，对"振兴东北"战略的影响进行了讨论。

(供稿人：董香书)

【比较优势、可达性与产业升级路径：基于中国地区产品空间的实证分析】

毛琦梁、王菲

《经济科学》2017年第1期，原文15千字

推进产业升级是目前中国实现经济结构转型与经济质量提升的重要需求。以产品空间为代表的经济理论认为产业升级所需能力的积累源于本地比较优势的自然演化。不过，随着地区间可达性提升，区域一体化日益深入，影响了地方发展对于本地要素禀赋等基础条件的依赖，在很大程度上促进了地区间产业竞争格局的重构。因此，一个国家内部地区的产业升级路径如何选择，比较优势在其中将发挥多大的作用值得深入研究。

本文基于产品空间视角刻画中国地区的产业升级动态演进路径，从生产能力禀赋角度实证分析比较优势对于地区产业升级的作用，并探讨可达性对于地区产业升级路径的影响。研究结果表明：地区产业升级受累积生产能力禀赋的影响，沿着与现有生产结构相近的道路发展，体现出路径依赖的过程。不过，可达性高的地区产业升级对于本地累积生产能力禀赋的依赖要弱于可达性低的地区，在一定程度上说明区域一体化程度是影响产业升级的重要方面。具有更多"机会"和"潜力"与外界交流能够缓解自身比较优势约束，实现更大程度的升级。

结论的政策启示：第一，遵循自身比较优势，从既有比较优势产品向空间相邻近的产品逐步演进，是实现产业升级的现实选择。地方政府应基于当地产业基础，引导产品空间中技术关联强的产业联动发展，发挥路径依赖对生产结构演化的作用。第二，通过提高可达性、促使地区有更多机会与可能利用外部地区的生产能力禀赋，可以有机会实现更大程度的"跳跃"。政府应该致力于推进区域一体化，降低企业交易成本，增加地区发展机会，以更好地吸引外部要素。

文章的主要贡献在于：解读经济问题需要把握理论的空间尺度适用性。产品空间理论基于国家尺度探讨了比较优势影响产业升级的机制，其是否也能对一国内部地区间产业升级有很好的解释力需要进一步的研究。本文通过考察可达性是否影响地区产业升级路径对于比较优势的遵循程度，说明了产品空间理论解释能力具有空间尺度性。区域一体化缓解了产业升级面临的本地要素禀赋限制，是国内地区产业升级区别于国家产业升级的重要方面，同时也是不同空间尺度经济问题差异的重要体现。

（供稿人：毛琦梁）

【产业集聚对制造业效率的影响研究——基于区域互动视角】

陈阳、唐晓华

《财经论丛》2019年第2期，原文12千字

全球价值链分工体系的不断深化和新的国际产业格局的逐渐形成，使得加工制造业环节的附加值愈来愈低，而在此过程中呈现出的中国制造业分布非均衡特征，又深刻影响了新时代制造业强国的建设步伐。因此，区域间的互动引起的制造业空间优化，一方面促进生产空间的优化，促进制造业效率的空间优化；另一方面改善资源主导地区的经济模式，减少环境污染和生态退化，推动生态系统的空间优化。

文章基于中国21个制造业行业的统计数据，利用动态计量模型考察区域互动中的学习和竞争机制如何影响制造业集聚改善行业全要素生产率。研究结果表明：制造业集聚、区域互动与全要素生产率之间均存在显著的非线性关系，但区域互动减弱了制造业集聚效应。从全要素生产率

的影响路径分析，区域互动减缓了产业集聚在技术进步中的效果，但提升了集聚改善技术效率的效应。对比不同机制可以看出，竞争机制增强了制造业集聚效应，从而提升行业效率；学习机制的科研人员流动能够提升产业效率，而研发经费强度和研发效率则减缓了效率改进。

结论的政策启示：第一，制定适宜的产业政策，采取适度的非均衡发展战略，避免过度集聚引发的拥挤效应，注重产业的关联性，在更广的区域内形成"集聚束"，实现价值链的网络化；第二，释放区域资源隐藏潜力，最大限度地释放互动行为潜力，在地理位置、要素禀赋等多重因素下适应区域经济出现的扩散；第三，发挥企业创新主体作用，通过技术创新引领效率提升，推动建立以企业为主体、产学研紧密结合、公共服务机构健全的技术创新体系，实现制造业集聚向"制造＋创新"的转变。

文章的主要贡献在于：第一，拓宽集聚研究的视角，将域内产业集中向区域互动延伸，并且将区域互动和产业集聚共同纳入效率提升研究框架中，定量测度区域互动强弱对产业集聚效应的影响程度，不仅弥补了现有文献对区域互动研究的不足，而且拓宽了域内产业集中向域外渗透的视界；第二，定量测算并比较了区域互动中的学习机制和竞争机制对产业效率的影响差异，明确了两者在产业集聚中的定位。

（供稿人：陈　阳）

【城市层面知识产权保护对中国企业引进外资的影响】

沈国兵、黄铄珺
《财贸经济》2019年第12期，原文15.7千字

外商直接投资（FDI）作为最稳定的资本流入，是发展中国家获得技术升级的重要途径。美欧金融危机后，中国吸引FDI的项目数在2012年首度出现了下滑，引发各界对外资可能撤离中国的隐忧。中国亟须改善营商环境，可持续地引进外资。在创新驱动发展战略下，加强知识产权保护是营造良好营商环境的重要保证。入世后，中国不断完善《专利法》，加大了知识产权保护的司法执行力度。那么，不断增强的知识产权保护是否起到了"稳定外商投资规模和速度""提高外资质量"的作用？

据此，本文基于工业企业数据库探究了我国城市层面知识产权保护对企业引进外资的影响。研究表明，加强城市层面知识产权保护会提高企业实收资本中的外资持股份额，有助于企业引进外资；对于中小城市和中等收入城市内的企业以及高技术行业的企业而言，加强城市层面知识产权保护对促进其引进外资的作用更大，因而加强知识产权保护具有"地区追赶效应"和"产业调整效应"；加强城市层面知识产权保护对本土市场导向度越高、技术引进水平越高的企业引进外资的促进作用越大，表明加强知识产权保护通过"降低市场成本"渠道和"提高技术收益"渠道促进了企业引进外资。

结论的政策启示：第一，加大知识产权保护政策执行力度，通过有效打击盗版和侵权，保证外资企业进行技术引进和创新的收益，营造良好的营商环境。第二，中小城市或中等收入城市需要重视加强知识产权保护，以便更好地通过吸引外资、承接产业转移来实现本地产业升级和经济增长，充分发挥知识产权保护的"地区追赶效应"。第三，提高知识产权保护的透明度和公平性，对外资企业和内资企业做到"一视同仁"，以降低额外成本。为配合"推动形成全面开放新格局"，要重视和完善与服务业创新相关的知识产权保

护政策，以期吸引更多服务于中国市场的服务业外资企业进入相关行业。

文章的主要贡献在于：第一，考虑了省域内保护强度差异，将知识产权保护度量细化至城市层面，基于知识产权审判结案数和专利授权量从司法保护和保护效果两个角度测度出城市层面知识产权保护强度。第二，基于细化的城市层面数据，揭示出知识产权保护对不同区域和行业引进外资的异质性影响。第三，基于微观企业数据，揭示出城市层面知识产权保护影响到市域内企业引进外资的渠道，发现加强城市层面知识产权保护通过"降低市场成本"渠道和"提高技术收益"渠道提升了企业外资持股份额。

（供稿人：沈国兵）

【地区产业结构优度的测算及应用】

孙晓华、刘小玲、翟钰

《统计研究》2017年第12期，原文17千字

我国正处于工业化深入推进过程中，尽管已经形成了较为完善的产业体系，但是面对国内外经济条件和经济发展阶段的转化，依靠高投资、重化工业主导支撑的高速增长难以为继，经济发展进入从高速增长转为中高速增长和经济结构不断调整的新常态。产业结构优化升级是推进我国全面深化改革的重要方面，也是提升我国经济发展质量的有效途径。判断产业结构的优化程度，是一个具有重要方法论意义和政策内涵的问题。

文章在合理化与高级化的总体框架下，从行业份额、行业功效与行业特征三个维度，构造了一种衡量产业结构优化程度的新方法，进一步以我国30个省区市的统计数据为样本，对地区产业结构优度进行了测算。研究发现：从省际角度看，产业结构优度呈现出明显的梯度分布特征，东部沿海省份最高，自东向西逐级递减；在区域层面，七大经济区的产业结构存在着一定的区内相似性和区间差异性，长三角表现较为突出，中部六省和西南居中，东北地区和西北地区发展滞后；从大类行业看，工业结构优度的波动性较大，易受宏观经济变化的影响，服务业的结构优度则相对稳定。来自协整、格兰杰因果和脉冲响应分析的结果表明，产业结构优度与地区、行业经济增长之间存在长期稳定的关联关系，证实了新方法的可靠性。

文章的政策启示：第一，对于经济发达的东部沿海地区，在转出传统产业的同时，要加快发展高端制造业和现代服务业，积极培育高附加值和高技术含量的战略性新兴产业，避免产业空心化，提高地区"优质"产业的份额；第二，对于经济发展相对落后的地区而言，要摆脱过度依赖资源消耗和环境污染的发展模式，根据自身的比较优势有选择地承接来自东部省份的产业转移，积极鼓励技术创新，将优势产业做大做强；第三，加强经济区内省市之间的产业分工协作，合理规划产业发展方向，充分发挥地区产业的专业化特色，形成优势互补、错位发展的产业格局。

文章的主要贡献在于：第一，将产业结构合理化和高级化指标充分融合，克服以往由于测算指标割裂导致地区产业结构优度评价结果不一致的问题；第二，在指标设计中融入了细分行业的特征信息，可以更加微观地辨识地区产业结构的相对优势，打破了以往测算方法应用范围的局限性；第三，将产业结构演进的趋势考虑在合理化的分析中，校正了以往方法采用全国平均水平作为基准的测量偏差，提高了测算结果的可靠性。

（供稿人：孙晓华）

【高速铁路对沿线城市工业集聚的影响研究——基于中部城市面板数据的实证分析】

卢福财、詹先志

《当代财经》2017 年第 11 期，原文 12 千字

面对大规模的高铁建设，学术界对其所能够带来的经济效应产生了不同的意见。一种观点认为修建高铁能够带来较好的社会经济效应，对地区的经济发展能够起到推动作用；另一种观点则认为，虽然修建高铁能够带来一定的社会效益，但是这种社会收益可能远低于所投入的巨额成本。已有研究更多是从经济发展的整体宏观角度研究高铁建设带来的影响，部分学者也从产业的角度展开了讨论，但更多关注的是对旅游产业空间布局的影响，而从工业集聚的角度分析高铁建设的经济影响的文献则比较少。

文章将高铁的开通视为一个准自然实验，在中部六省 80 个城市面板数据的基础上，利用双重差分法分析了高速铁路对沿线城市工业集聚的影响效果。结果表明：开通高铁对于工业集聚度的提高有着显著且稳健的拉动作用，并且这种作用会随着高铁数量的增加而加强；高铁的工业集聚效应只在市辖区人口规模小于 50 万人的城市显著，作用也最强；高铁有利于民营企业的工业集聚，对国有企业的工业集聚则有反向作用；高铁通过影响工业劳动力的流动改变沿线城市工业集聚程度。

结论的政策启示：第一，政府在做高铁规划的时候可以重点关注市辖区人口在 50 万人以下以及民营经济比重较大的城市，这对于推动中小城市以及民营经济的发展有着重要作用。第二，不论一个城市是否开通高铁，都应主动融入整体的高铁城市网络或者进一步加深融入的程度，享受高铁城市所带来的溢出效应。第三，高铁带来的以人为核心的就业的变化将会重新改变工业在城市间的格局，使得优势要素不再只聚集于核心城市，同时也会向高铁沿线城市转移，形成高铁经济带。第四，将高铁连接东中西部，有利于实现区域间的平衡发展。

文章的主要贡献在于：第一，在新经济地理学的分析框架下，构建了包含高铁因素的多区域空间经济学模型，来研究高铁对劳动力流动的作用以及在此直接作用下对工业集聚产生的间接影响。第二，从城市人口规模、工业集聚程度以及工业企业所有制等方面，就高铁开通对工业集聚影响的异质性进行了分析。

（供稿人：卢福财）

【共享投入关联视角下中国区域工业企业绿色创新效率差异研究】

钱丽、王文平、肖仁桥

《中国人口·资源与环境》2018 年第 5 期，原文 16 千字

绿色创新是突破当前资源环境约束，推动中国经济高质量发展的关键。中共十九大报告提出，必须树立和践行绿水青山就是金山银山的理念，坚定不移贯彻"创新、协调、绿色、开放、共享"五大发展理念。当前面临资源环境压力和经济可持续发展需求，世界各国都将绿色创新作为产业升级、企业竞争力提升的重要途径，通过增加研发投入以提高绿色创新能力。目前，中国企业绿色创新能力与世界发达国家仍有较大差距，为实现中国企业绿色创新能力的整体提升，有必要测度分析企业绿色创新效率及其区域差异，明确效率改进的具体环节及制约因素。

文章基于中国各省份工业企业相关数据，运用共享投入关联两阶段 DEA 模型测度分析 2008—2015 年中国工业企业绿色研发和成果转化效率，探讨各省份企业

绿色创新资源利用模式，并利用动态面板GMM模型实证检验两阶段效率的影响因素。结果表明：考察期内中国工业企业两阶段绿色创新效率均值分别为0.794和0.904，其中东西部的绿色研发效率均值相对较高，而中部的效率损失则高达30.6%，东部的绿色成果转化效率接近于最优水平，中西部则有较大提升空间；东部大多数省份企业绿色创新资源利用模式为高绿色研发高成果转化型，中西部少数省份企业则为低绿色研发低成果转化型；创新氛围、产学研合作、环保投入、外商投资有利于企业绿色研发效率提升，知识产权保护（IPP）与其则呈"U"型关系，企业规模、政府支持、环保投入与绿色成果转化效率均负相关，而IPP与其则呈"倒U"型关系。

结论的政策启示：第一，促进创新资源在绿色科技研发与成果转化阶段的共享关联与充分利用，加强两个环节之间互动合作，优化科技研发投入结构，注重绿色专利产出、技术孵化等环节的管理。第二，根据地区企业绿色创新资源利用模式与发展实情，制定涵盖科技、经济与环境的绿色创新评估体系，采取差异化创新驱动策略，有针对性地提高地区企业绿色创新能力。第三，营造公平公正的创新氛围和良好的市场环境，创新政府管理职能，通过绿色项目引导，支持企业间、校企间的技术交流和合作。

文章的主要贡献在于：第一，考虑创新资源在两阶段的共享关联性，将单位GDP工业碳排放量和"三废"污染物纳入绿色创新效率研究框架，构建共享投入关联两阶段DEA模型测度两阶段绿色创新效率，解决以往难以确定效率损失具体环节等问题，并弥补了现有研究忽视创新资源投入结构特征的不足。第二，从企业特征和创新环境等方面分析两阶段绿色创新效率的影响因素，拓展了目前侧重分析传统创新和一阶段创新效率影响因素的研究思路。

（供稿人：钱　丽）

【交通基础设施、金融约束与县域产业发展——基于"国道主干线系统"自然实验的证据】

刘冲、刘晨冉、孙腾

《管理世界》2019年第7期，原文17千字

改革开放40多年来，中国经济取得了举世瞩目的成绩，其中制造业的迅速发展功不可没，尤其是1997年之后的十年更是被国际社会称为中国制造的"黄金十年"。这段时期我国的交通基础设施建设发展迅速，"五纵七横"的国道主干线系统完成，"7918高速公路网"布局也日趋完善。在这一背景下，交通基础设施究竟对我国各地区的产业发展有怎样的影响，就成为一个令人感兴趣的话题。

本文借助"国道主干线系统"这一自然实验，利用1999—2007年中国县级—行业层面的面板数据，检验了交通基础设施对我国县域产业发展的影响，并进一步考察了同一地区内因各产业面临的金融约束差异而带来的产业发展异质性。实证结果表明：第一，交通基础设施的迅猛发展促进了县域产业增加值、总产值、工业销售产值、从业人数和投资的快速增长。第二，金融约束显著影响了各行业从交通基础设施提升中获得的市场机遇：金融约束越弱的行业，越容易扩大产能和增加投资，从而更多从基础设施的快速发展中获益。第三，交通基础设施的完善有助于促进企业创新，且对金融约束较弱企业的创新促进作用更强。

本文的发现具有重要的政策含义。一方面，交通基础设施对产业发展有着极为重要的积极影响，因此政府应继续合理引

导投资，提高交通基础设施的覆盖范围，加速全国市场一体化进程；另一方面，我们也要认识到交通基础设施对经济活动影响的复杂性，尤其是金融约束起到的异质作用。由于发展中国家的金融体系发展尚不完备，金融约束对产业发展的负面影响需要尤为重视。这要求政府继续深化金融体制改革，进一步优化企业的融资和经营环境，使金融真正地服务于实体经济，为产业发展提供良好的外部条件。

本文的贡献主要体现在三个方面：第一，为交通基础设施、金融约束和产业发展相关领域的文献提供了新的视角和切入点。目前少有文献讨论交通基础设施促进产业发展的异质性；尽管一个地区可以从良好的交通基础设施中获益，但区域内各产业的金融约束和融资依赖程度也有所不同，这会导致产业发展的不均衡。第二，从企业进入退出和创新两个角度提供了进一步的证据，对已有文献是一个有力的补充。第三，为解决几乎所有涉及交通基础设施研究面临的内生性问题提供了一个较好的识别策略，即结合历史数据，利用明代驿路的信息构建了工具变量。

（供稿人：刘　冲）

【交通拥堵、空间外溢与人口城市化】

姜竹青、刘建江、韩峰
《财经论丛》2019年第5期，原文13千字

近年来，拥堵已不再是大城市的特有"景观"，而是已经出现在各种规模的城市和地区，并有不断向中小城市蔓延的趋势。拥堵的空间扩散和空间关联将使产生于某一城市的交通拥堵效应在空间上进一步放大，阻碍城市群乃至整个区域的城市经济一体化和城市化水平有效提升。目前，关于交通拥堵效应的研究大多着眼于单个城市自身的交通拥堵治理问题，忽视了城市交通拥堵可能对周边其他城市乃至整个城市经济系统产生的外部性影响，大大低估了交通拥堵对人口城市化造成的外部性损失。

文章以中国2003—2014年地级及以上城市面板数据为样本，利用空间滞后解释变量模型识别中国城市化进程中的交通拥堵效应及其空间作用机制。研究结果表明：人口城市化水平与本市及邻市交通密度均存在先升后降的"倒U"型关系，且多数城市的道路交通密度过大，已出现明显的拥堵效应。城市化进程中交通拥堵的空间外溢效应整体上随城市规模等级提高而呈现递增趋势，但各地区内部不同等级城市的交通拥堵效应却表现各异。其中，东部地区小城市的交通拥堵外溢效应大于中等城市；中部地区Ⅱ型大城市交通拥堵外溢效应低于中小城市；西部地区Ⅱ型及以上大城市交通拥堵效应偏高，而中小城市交通密度提高则有利于推进周边地区城市化。

结论的政策启示：第一，各城市在制定城镇化发展战略及规划建设交通基础设施时，应统筹城市自身及周边城市路网的承载能力，从城市群和区域经济系统的整体视角科学评估有效空间范围内交通密度的适宜性及拥堵效应给城市化和经济效率产生的效果差异。第二，各地区在关注大型城市交通状况恶化的同时，还应着力加强中小城市，特别是大型城市周边的中小城市的交通基础设施建设力度。第三，中部地区要合理引导拥堵城市人口向周边有潜力的Ⅱ型大城市流动，着力发挥Ⅱ型大城市在疏导拥堵、调节城市群各等级城市人口配比中的作用。第四，西部地区要进一步加强中小城市的车辆承载能力和人口吸纳能力，合理引导拥堵城市产业和人口向有条件的中小城市转移。

文章的主要贡献在于：第一，基于空间关联视角构建了空间滞后解释变量模

型,对城市化中交通拥堵的空间外溢效应进行识别和检验。第二,对参数化地理距离空间权重矩阵的空间衰减参数进行估计,克服空间权重矩阵中衰减参数外生给定的缺陷。第三,系统考察了不同地区各等级城市交通拥堵对人口城市化的异质性空间影响。

(供稿人:姜竹青)

【贸易便利化能否通过贸易创造促进省际贸易——来自中国贸易便利化调研的证据】

崔新生、郭龙飞、李芳

《财贸经济》2019年第4期,原文13千字

贸易便利化是一系列涉及多个领域的"制度安排"。降低这种制度安排导致的交易成本会引发贸易创造效应,促进国际贸易发展,这已被国内外众多学者的研究成果所证实。过去贸易便利化的研究大多是在国家(地区)的层面上进行的,很少涉及经济体内部便利化的差异和影响。我国幅员辽阔,不同省份之间的贸易便利化水平差异较大,比如在信息可获性方面,东部沿海地区总体上就要高于中西部。各地区的政府管理部门会在自身职权范围内,积极开展具有自己特色的信息服务工作,这就直接导致了信息可获得性上的差异。此外,不同省份的物流效率、局部制度环境、技术设施等也都有很大的不同。各省份在贸易便利化水平上表现出的这种差异性也是我国区域发展不平衡的重要表现。因此,本文探讨中国贸易便利化影响各省份国际贸易的作用机理,实证研究贸易便利化对各省份国际贸易及省际贸易的影响。

本文基于引力模型,考察贸易便利化带来的贸易创造和贸易转移效应,并采用中国分省贸易数据进行实证检验。实证结果表明:第一,贸易便利化对我国各省份的国际贸易具有显著的影响,且在控制制度、产出、是否沿海、是否包含自贸区等条件之后,上述结果仍然显著成立,且利用开埠通商历史作为工具变量以及引入制度质量等方法,在一定程度上都可以减弱贸易便利化的内生性问题,结论通过一系列稳健性检验。第二,不同地区贸易便利化作用的差异也揭示了我国对外开放的节奏和效果。第三,贸易便利化引发国内贸易转移的现象确实存在,贸易转移短期抑制了省际贸易的流入和流出,但是贸易便利化通过刺激国际贸易促进了省际贸易的发展,提高了区域经济一体化的水平,从而加速了中国经济的整合。

中国仍然需要在以下三个方面推进我国贸易便利化建设:进一步完善"单一窗口"建设;充分发挥东部沿海商贸发达省份的示范引领作用,有步骤、有重点、有层次地由东向西推广经济发达省份便利化措施"先行先试"的经验;加强国际合作,提升监管互认水平,持续推进通关一体化建设。

本文的主要贡献体现在以下三个方面:在理论上,把瓦伊纳对不同经济体之间的贸易创造和贸易转移分析拓展到经济体内部,研究贸易便利化的贸易创造和贸易转移效应;在研究对象上,使用固定效应模型实证研究中国贸易便利化的区域特征和产业特征;在应用价值上,构建了中国的贸易便利化指数,能够针对贸易成本的来源而采取有针对性的措施,为促进我国国际贸易发展提供具体的政策建议。

(供稿人:郭龙飞)

【生产性服务业集聚与制造业升级】

刘奕、夏杰长、李垚

《中国工业经济》2017年第7期,原文19千字

近年来,各地政府将促进服务业集聚

发展作为推进城镇化和产业结构转型的重要抓手，以空间结构调整带动城市产业转型的发展理念已深入人心。一方面，生产性服务业在许多城市特别是东部发达地区的大城市迅速集聚，在空间上对制造业形成挤出，制造业和生产性服务业布局的离散态势日益明显；另一方面，在工业园内或附近配套建设生产性服务业集聚区，也是各地打造产业竞争优势的普遍做法。作为上游产业，生产性服务业地域分布和组成的变化，可能会对制造业竞争力产生影响。科学评价生产性服务业集聚布局对制造业竞争力提升的贡献，通过空间协同促进二者在产业链上的融合发展，是当前生产性服务业集聚区建设实践中亟待解答的突出问题。

文章在分析生产性服务业集聚促进制造业升级的理论机制，以及外部因素影响生产性服务业集聚与制造业耦合过程的链条逻辑的基础上，通过使用 PLS – SEM 模型和 2005—2013 年中国地级及以上城市样本数据，对生产性服务业集聚与制造业耦合过程中各要素间的链条联系和传导路径进行了实证检验。研究结果表明：生产性服务业集聚特别是支持性服务业集聚，对制造业生产效率的提高以及获利能力的增加具有显著的正向影响。越接近大规模的最终用户，生产性服务业集聚与制造业升级耦合引致的制造业革新则越快。制造业规模越大，越容易造成其对支持性服务的需求不足。第一知识基对制造业升级具有间接的正向影响；省域范围内生产性服务业的集聚程度，直接影响其知识溢出的强度；信息基础设施和信息化程度，也会对二者的耦合互动产生影响。政府介入经济活动的程度越深，越会延缓制造业升级进程。

结论的政策启示：第一，从加快构建面向制造业的生产性服务平台着手，推动制造业的转型升级。第二，促进制造企业剥离生产性服务业，推动企业从"内生型"自我服务向依赖外部服务机构的"外向型"发展模式转变。第三，依托区域中心城市发展生产性服务业，加快形成以"生产性服务业—制造业"为内涵的新核心—边缘结构。第四，促进生产性服务业集聚同制造企业的紧密联系，以及同第一知识基的有效对接。第五，减少行政管制、降低准入门槛，改善生产性服务业集聚作用于产业升级的经济环境。

文章的主要贡献在于：第一，从理论上系统研究了生产性服务业集聚促进制造业升级的作用机制，厘清了从需求规模、创新体系、交易成本、制度、要素禀赋等外生变量，到生产性服务业集聚这个中介变量，再到制造业升级的链条联系和效应传导路径。第二，为揭示多个因素影响生产性服务业集聚与制造业升级耦合的复杂层级关系，文章构建了外生变量借助生产性服务业集聚作用于制造业升级的 PLS – SEM 模型，显示出了较好的识别能力和分析效果。

（供稿人：刘　奕）

【政府驻地迁移的产业升级效应】

王海、尹俊雅、陈周婷
《财经问题研究》2019 年第 1 期，原文 15 千字

政府驻地迁移对于地区产业升级而言，究竟是助推器还是绊脚石？对于这个问题的研究并未达成一致意见。从政策层面来看，国家先后出台一系列文件，通过加大政府驻地迁移审批难度，抑制地方政府的驻地迁移行为。但与之相悖的是，近年来中国地方政府驻地迁移现象不断出现，如 2016 年杭州市人民政府驻地由拱墅区迁移至江干区，其背后动机值得深究。由此可见，中央政策导向与地方政府行为形成了强烈反差。作为改变辖区空间

布局的重要手段，政府驻地迁移具有明显的资源配置效应，并可能对地区产业结构产生显著影响。

文章通过搜集、整理市级政府驻地迁移批示时间，基于 2000—2013 年住房和城乡建设部所认定的 70 个大中城市相关数据，研究政府驻地迁移对地区产业升级的影响。研究结果表明：政府驻地迁移有助于地区产业升级，在抑制第二产业比较劳动生产率的同时，提升了第三产业比较劳动生产率；政府驻地迁移的积极影响与迁移距离正相关，政府驻地迁移距离显著促进了第三产业发展；政府驻地迁移存在一定的区域差异，对西部地区第二产业比较劳动生产率的影响大于中部地区和东部地区。

结论的政策启示：第一，总体来看，地方政府驻地迁移有利于地区产业升级，但 2008 年加强政府驻地迁移监管力度后，政府驻地迁移不再具有促进地区产业升级的作用。尽管政府驻地迁移涉及地区经济生活的方方面面，并可能引发一些社会问题及地方官员的寻租风险，但其积极的一面也应作为政府决策的重要参考。在对地方政府驻地迁移申请进行审批时，应更多地考虑地区经济发展现状、申请的迁移距离和相应的基础条件。第二，地方政府在地区经济发展过程中扮演着至关重要的角色，仅是政府驻地迁移这一典型政府行为就会产生如此显著的影响。地方政府违背政策"未批先迁""边批边迁"现象频发与之相关。转型期诸多经济社会体制尚不完善，一旦政策目标与地方政府行为激励不相符，就可能引发"上有政策、下有对策"的政策执行困境，把握好地方政府行为激励对中国经济发展至关重要。

文章的主要贡献在于：第一，从政府驻地迁移这一典型政府行为入手进行研究，在为政府驻地迁移管理提供参考的同时，也为理解政府在地区经济发展过程中所扮演的角色提供一个新视角。第二，重点关注政府驻地迁移能否带来地区产业升级，弥补了现有关于迁移的研究大多局限于企业层面的不足，丰富了驻地迁移和产业升级方面的文献。

（供稿人：王　海）

【制造业转型升级与地区经济增长】
张其仔、李蕾
《经济与管理研究》2017 年第 2 期，原文 19 千字

后金融危机时期，以金融业和房地产业等虚拟经济为发展重点的美国等发达国家遭受重创，先进制造业等实体经济的重要作用重新凸显。西方各国纷纷推出以高端、智能、绿色、服务为目标的制造业转型升级计划。中国也于 2015 年提出"中国制造 2025"，坚持创新驱动、智能转型、强化基础、绿色发展，加快从制造大国向制造强国转变。然而，从中国目前制造业转型升级的情况来看，各省市并没有表现出较高的热情，尤其是中西部落后省市，制造业转型升级势头乏力，影响着"中国制造 2025"战略的顺利推进。

本文在借助模糊 C 均值聚类法对制造业进行劳动—资本—技术三类要素密集型产业划分的基础上，对各省市制造业的转型升级情况进行分析，发现东中西三大区域制造业转型升级表现出层次依次降低、趋势逐渐减弱的特征。然后基于省级面板数据，分别采用个体固定效应不变系数模型和变系数模型对制造业转型升级与地区经济增长的关系进行实证分析，发现内涵于制造业转型升级过程的资本密集型产业和技术密集型产业整体上具有显著的经济增长效应，但不同区域和省市间存在明显差异，较发达的东部地区大多数省市制造业转型升级对经济增长具有显著的促进作用，而较为落后的中西部地区大多数

省市制造业转型升级对经济增长具有显著的抑制作用或不具有显著影响。

结论的政策启示：未来中国制造业的转型升级不仅要注重全国（主要是东部发达省市）对世界制造前沿技术的突破，大力发展技术密集型产业，尤其是高技术产业和先进制造业等新兴产业，更要努力促进中、西部地区制造业转型升级的步伐，提高转型升级层次。这不仅是中、西部地区自身发展的需要，也是东部地区向世界高端制造迈进的重要支撑，更是中国制造业在区域间、省市间和谐发展，实现协同转型升级的关键。

文章的主要贡献在于：第一，在借助模糊C均值聚类法对制造业进行劳动—资本—技术三类要素密集型产业划分的基础上，对各省市制造业的转型升级情况进行分析，发现东、中、西三大区域制造业转型升级表现出层次依次降低、趋势逐渐减弱的特征。第二，分别采用个体固定效应不变系数模型和变系数模型对制造业转型升级与地区经济增长的关系进行实证分析，既是制造业转型升级对地区经济增长影响的整体性和一般性分析，也兼顾了不同区域和省市间的异质性，而且弥补了现有关于制造业对经济增长影响领域中定量研究的不足。

(供稿人：李 蕾)

【重点产业政策与地方政府的资源配置】

张莉、朱光顺、李夏洋、王贤彬
《中国工业经济》2017年第8期，原文22千字

中国经济经历了30多年的高速发展，产业发展过程中的重复建设、过度投资等问题一直存在。"十二五"规划明确指出，要"转变经济发展方式，促进产业结构转型升级"。通过制定和实施产业政策，政府这只"看得见的手"可以较快地进行资源配置。而城市建设用地作为政府掌握的重要要素资源，成为产业政策实施的重要政策抓手。因此，本文以重点产业政策为例，评估其对工业用地配置的影响，并考虑了产业政策的动态效果。

本文收集了微观土地出让数据，并手工整理了各级政府的五年规划中的工业发展规划部分，以此划分重点产业。研究结果显示，重点产业政策总体上显著促进了重点行业的土地出让宗数和面积。对重点产业政策的动态效果考察发现，地方政府会优先提供大面积地块给大型企业和项目。中央政府与地方政府的重点产业政策对于城市工业用地出让的影响程度存在显著差异，地方政府掌握更多的本地信息，会将工业用地更多地配置在地方提及而中央未提及的重点发展产业上。

结论的政策启示：第一，重点产业政策起到了资源配置的作用。为促进产业结构的调整，上级政府应更关注如何制定有效的政策，从而促进资源导向具有比较优势的产业。第二，从上下级政府间政策差异性角度，反映了委托代理问题。地方政府更关注短期经济增长，而不愿承担经济转型的短期成本；中央政府期望推动经济转型，却对地方经济发展的信息不完备。这要求重点产业政策的制定要协调中央政府与地方政府利益，在对地方产业发展的考核上要从"重增长"向"重转型"转变。第三，基于重点产业政策在不同区域与行政层级的不同效果，产业政策的真正落实需要对地方产业发展的实际情况掌握更充分的信息，配合微观层面上产业特征进行，才能在产业升级中发挥实际作用。

文章的主要贡献在于：第一，实证上，手工搜集、加总了城市行业层面的工业用地出让数据，实证分析地方政府如何利用土地这一重要资源来支持和落实重点产业政策。第二，理论上，验证了中国政府具有较强的政府能力，从上下级政府间

政策差异性的角度，丰富了中国各级政府之间策略互动的研究，并从同级政府区域差异性的角度，进一步讨论了对上级意志反应的异质性。第三，政策含义上，考虑了区域发展不平衡和城市行政级别在产业政策推行中的差异，由于产业政策的制定具有前瞻性，这意味着政策制定要更加慎重、科学和系统。

（供稿人：张 莉）

【自由贸易试验区产生了"制度红利"效应吗？——来自上海自贸区的证据】

殷华、高维和

《财经研究》2017年第2期，原文15千字

在经济"新常态"下，建设中国自由贸易试验区是中国社会主义市场经济的又一新探索，承担着深化改革、探索新路径的重任，致力于建立一套与国际接轨的新制度体系，以加快经济结构调整升级，推动发展方式根本转变。作为全国最先设立的自贸区，上海自贸区设立的目的在于以制度创新为核心，形成在全国范围内可复制、可推广的新制度，客观和及时评价其设立以来产生的经济绩效，对下一步综合配套改革措施的实施，以及自贸区可复制、可推广意义重大。

文章基于新近发展的面板数据政策评估方法，从多个维度定量评估了上海自贸区建设产生的"制度红利"效应。研究结果表明：上海自贸区建设显著促进了上海市GDP、投资、进口和出口的增长，表明了"制度红利"效应在自贸区建设过程中发挥了重要作用；随着制度创新的进一步深化和扩大，扩区后的自贸区建设对上海经济的促进效应更加显著；上海自贸区以制度创新为核心推进改革，具有显著的长期经济效应。

结论的政策启示：第一，自贸区复制推广应根据各地的区域优势推行。具体而言，沿海地区的对外贸易、营商环境和政府效率较为发达和完善，具有一定的区位优势，贸易监管、投资管理等制度创新可先由这些地区复制推广，能较快实现经济成效，然后再向中西部地区分梯队推进。第二，复制推广应结合各地的发展战略推行。具体而言，东北地区的复制推广应与振兴东北老工业基地战略相结合，中部地区的复制推广应与长江经济带战略相结合，西部地区的复制推广应与西部大开发战略相结合。第三，复制推广可遵循先易后难的原则逐步推进。技术上易操作的制度创新可率先在全国范围内复制推广，涉及法律法规、金融安全等层面的制度创新可在条件成熟时复制推广。

文章的主要贡献在于：第一，丰富了有关自贸区建设经济效果的研究文献，并首次从定量角度，准确和客观评价了上海自贸区建设近三年来取得的经济绩效，为上海自贸区三周年建设成效提供了坚实和客观证据，并间接印证了制度创新对经济增长的促进作用；第二，政策上，综合考察了上海自贸区在不同制度创新领域产生的经济效应，为自贸区各个领域制度创新的可复制、可推广提供了实证支持；第三，研究方法上，文章采用前沿性的政策评估方法，无须对哪些因素影响自贸区建设进行建模，避免了模型设定和变量选择偏误，所得结论具有稳健性和可信性。

（供稿人：殷 华）

【大国内部经济空间布局：区位、禀赋与一体化】

皮亚彬、陈耀

《经济学（季刊）》2019年第4期，原文15千字

经济活动的空间不平衡，体现在国家、区域和城市多重空间尺度上。对中国

这样的大国而言，区域差异既表现为东中西部等区域板块间的发展差异，也表现为城市群与非城市群区域的差异，以及城市群内中心城市与中小城市的差异。在不同城市群内部，长三角、珠三角等较为成熟的城市群中，中心城市对周边地区发生正向的辐射作用；而在中原城市群、川渝城市群等新兴城市群，中心城市对周边地区的影响仍以极化效应为主。那么，在中国这样的大国经济体中，城市之间的相互联系如何影响城市群发展？城市群内部的中小城市受中心城市的辐射效应还是极化效应？城市群内的城市与位于城市群外的城市发展潜力的差异受哪些因素影响？

本文建立三地区新经济地理学模型，设定非对称的城市间距离以刻画城市体系的空间结构，揭示区域一体化、地理区位和资源禀赋对产业分布的影响机制。研究发现：城市间相对地理区位和空间异质性特征共同影响了产业在城市间的分布；随着区域一体化推进，产业分布依次为向中心城市集聚、向城市群集聚，以及向偏远地区扩散；在城市群内部，区域一体化水平决定中心城市对周边中小城市会产生极化效应还是辐射效应；此外，区域一体化有利于降低偏远地区的区位劣势，并提升其禀赋优势对产业发展的相对作用。

结论的政策启示：第一，提高城市群内部区域一体化水平，有利于形成"1+1>2"的协同效应，提升城市群的整体竞争力；第二，随着城市群内区域一体化水平进一步提高，新兴城市群内中心城市对周边区域的影响将从以极化效应为主转为以辐射效应为主；第三，提高区域一体化水平，有利于克服地理区位对偏远地区带来的负面影响，并发挥欠发达地区资源禀赋优势或技术优势对当地经济的带动作用。

文章的主要贡献在于：第一，将影响城市空间联系的因素区分为地理距离和区域一体化水平，并建立一个包含城市间地理关系的三地区新经济地理学模型，将地理区位因素引入空间经济学分析框架，并从城市间网络联系的视角分析了城市群作为一个整体获得的经济优势。第二，探讨了区域一体化水平对经济空间布局的关键作用，结论有助于解释为什么在有些城市群城市经济活动仍然趋于向中心城市集聚，而另一些经济活动从中心城市向城市群内中小城市扩散，并对偏远地区如何发挥当地禀赋优势具有启示意义。

（供稿人：皮亚彬）

【高铁建设与县域经济发展：基于卫星灯光数据的研究】

张俊

《经济学（季刊）》2017年第4期，原文24千字

交通基础设施建设与经济发展之间的关系，尤其是两者之间的因果关系一直是发展经济学研究中的一个热点问题。2008年以来，中国高铁建设的热潮把大量的县纳入铁路网的覆盖范围，许多县也因此摆脱了没有铁路的历史。中国独特的高铁建设热潮为研究高铁建设与县域经济发展的因果关系提供了很好的案例。基于2013年中国铁路运行路线图和《中国铁道年鉴》，我们收集到每年新开通高铁的"高铁县"，构造了2005—2013年与高铁开通相匹配的处理组和控制组的面板数据，使用"匹配倍差法"评估高铁开通对县域经济发展的影响。

基于对卫星灯光数据的研究发现：高铁开通对县级市和县经济发展带来不同影响，高铁开通对有高铁的县级市经济增长贡献34.64%，而对县级单位经济增长的影响不明显；高铁开通促进了

"高铁县"投资的增加，平均而言"高铁县"的固定资产投资增加了37%，约合10.86亿元；高铁开通对"高铁县"产业结构则没有产生显著的影响。在稳健性检验中，替换经济增长衡量方法、变换时间断点以及改变估计策略等均得到类似的结果；本文基于空间计量的方法考察两类样本城市高铁溢出效应的大小，研究发现高铁开通对县级市带来了显著的正向溢出效应，而对县级单位则没有足够的正向溢出效应。

结论的政策启示：近年来，我国把高铁建设作为刺激经济增长的一项重要战略。在这样的背景下，我国高铁建设计划和建设速度已领先于世界上任何国家。从中央到地方，对高铁建设也都投入了大量的热情，期待高铁建设能够在推动我国地区经济发展中发挥作用。然而，高铁开通能否带动地区经济发展，取决于"溢出效应"和"集聚效应"的大小。此外，高铁建设对地区经济发展的带动作用并非是平均分配的。对于一些偏远地区，当这些地区没有足够大的集聚力时，高铁的开通便为其劳动和工业经济活动的外流提供了便利。因此，各地区，尤其是偏远的县，在面对新一轮铁路建设规划时，应该保持冷静，充分评估高铁建设的成本与收益，而非盲目地为高铁设站而发起一轮又一轮的"争路运动"。

文章的主要创新在于：第一，以中国高铁开通为例，选择那些高铁开通以前从未有过火车站的县作为研究对象，评估高铁开通对其经济发展的影响，从而对高铁效应的估计更加干净。第二，使用DMSP/OLS夜间卫星灯光数据作为地方经济发展水平的代理变量，以解决中国地区GDP测量不准确的问题。

（供稿人：张　俊）

【工业地价补贴、地区竞争与产出效应】

谢贞发、朱恺容

《财政研究》2019年第4期，原文20千字

中国特殊的官员晋升机制和财政压力与土地制度相结合，催生了中国式"以地谋发展"模式。文章重点关注中国式地区间工业地价引资竞争问题，以期更好地理解地方政府以地价表征的"为增长而竞争"的行为及其效应，从而更好地理解中国经济转轨轨迹。同时，深入研究中国式地区间工业地价引资竞争问题，也有助于深化对中国式体制型产能过剩问题形成机理的认识。

文章构建了一个地区间以工业地价表征的资本补贴竞争博弈模型。研究证明，引资补贴博弈会导致过度补贴的"逐顶竞赛"结果，使得均衡结果中工业地价过低，抵消甚至超过资本税收。且在资本供给弹性为正的情形中，过低的工业地价会引起资本总供给和总投资增加，从而为资本补贴引致过度投资的现象提供了理论逻辑证明。在此基础上，文章提出了三个理论预测，并利用104个城市2008—2015年的工业地价、工业用地出让宗数和相关产出数据以及双向固定效应的空间Durbin模型、动态面板数据模型进行实证检验，得到了三个主要结论：地区间存在着显著正的工业地价空间策略互动关系，表明地区间的确存在着以工业地价补贴资本的竞争行为；工业地价（包括相邻地区工业地价）对工业用地出让宗数不产生显著影响，表明工业地价对招商引资项目基本是无效的；工业用地出让宗数对地方工业总产值、地区GDP和财政收入仅有短期正向影响，而中长期基本无影响，表明低工业地价引致的过度投资只有短期刺激效果，难以产生长期持续的效应。

结论的政策启示：第一，进一步完善

现代财政制度，优化财政激励，从制度根源上抑制地方政府以大量供给土地等生产要素来实现粗放式经济扩张的发展模式。第二，赋予地方政府公开透明适当的政策工具，引导地方政府朝着优化营商环境、提高与本地优势相适应的经济专业化建设等更有利于资源要素合理流动的方向上竞争。第三，完善事权与财权财力相匹配的财政体制，合理规范划分各级政府间的财权财力，缓解由不恰当的财政压力所引致的地区间竞争问题。第四，加快推进土地制度改革，推进完善土地产权制度、土地要素市场化建设，通过完善的市场机制实现土地要素的集约利用和合理配置。

文章的主要贡献在于：第一，从理论上证明了以工业地价等表征的资本补贴竞争会引致更多的全社会资本总供给和总投资，为体制性产能过剩的形成机理提供了逻辑自洽的理论基础。第二，用工业地价实证检验地区间土地引资竞争的空间策略关系，克服了文献中采用土地出让面积或协议出让宗数进行实证检验的缺陷，与理论逻辑更为一致，从而可以更为直接地检验地区间以工业地价表征的引资竞争关系及产出效应。

（供稿人：谢贞发）

【基础设施建设打破了国内市场分割吗？】

范欣、宋冬林、赵新宇
《经济研究》2017年第2期，原文15千字

近30多年来，中国经济保持长期快速发展。中国的发展实绩既得益于劳动者积极性和创造性的激发，也得益于改革开放政策及其释放的制度红利，特别是市场机制在资源配置中发挥的积极作用。历史经验表明，市场机制作用的发挥有赖于市场的整合和统一，而不是市场的分散与孤立。统一的国内市场能够促进市场竞争充分开展、规模经济发挥作用和市场规则逐步规范，使得资源可以自由流动，并最终流向最有效率的部门。因此，打破市场分割，加快建立现代市场体系，已经成为我国市场经济发展面临的重大现实问题。

文章基于中国省际面板数据，采用动态空间面板杜宾模型验证了基础设施建设对市场分割的影响效应。研究发现：市场分割空间聚集效应明显，"以邻为壑"现象在中国仍长期存在；基础设施建设的直接效应显著，可为政府加强基础设施建设提供理论支撑，但其贡献率在时序上变化不大；从整体上看，基础设施建设的空间溢出效应不显著，但分阶段下后期基础设施建设的空间溢出效应变得显著。从区域发展战略角度看，同属某一区域内相邻的省市的市场分割反应系数均显著小于两省市虽相邻但却分属不同区域的市场分割反应系数。从省市所处区位来看，地处内陆地区的省市的市场分割反应系数均显著大于地处沿海地区的省市的市场分割反应系数。

结论的政策启示：第一，政府应进一步加强基础设施建设，缩小基础设施建设的区域差异。在加快四大区域内部基础设施建设的同时，也应注重跨区域基础设施建设。东部地区基础设施建设在兼顾量的提升的同时，应更注重质的飞跃；中部、西部和东北地区基础设施建设规模相对较小，应加快基础设施建设，缩小区域间的差距。第二，加强投资主体的跨区域协作，削弱地理界限对市场的不利影响。"以邻为壑"现象在中国长期存在的事实，需要中央政府从政策层面进行引导，积极推进区域一体化战略，加强跨省之间的合作，实现优势互补。第三，积极构建服务型政府。地方政府应正确认清自身定位，充分发挥政府导向功能，避免人为的过多干预市场秩序，以期发挥市场在资源配置中的决定性作用。

文章的主要贡献在于：目前，相关研究主要集中在制度性市场分割领域，而在自然性市场分割和技术性市场分割领域的文献还不多见。因此，本文利用跨期分工决策模型构建了一个基础设施建设影响市场分割的统一框架，实证研究我国基础设施建设对国内市场分割的影响，这将弥补只考察市场分割的制度因素的不足。

（供稿人：范　欣）

【中国实体经济空间格局优化研究】

马燕坤、陈耀

《区域经济评论》2018年第2期，原文12.5千字

实体经济特别是制造业的发展，是保持国民经济健康可持续发展的基础。近年来，我国经济"脱实就虚"问题愈加突出，加上房地产业过度发展积压了大量的资金，使得制造业逐渐萎缩，对我国经济健康可持续发展产生了严重的不利影响。我国幅员辽阔，区域发展差异大，实体经济发展存在很大的区域差异性。优化实体经济空间格局应是促进我国实体经济健康可持续发展的重要方面之一。

工业是实体经济发展的基础和主体。文章主要从工业经济的角度来考察我国实体经济的区域发展，首先从总体形势、四大板块、省域三个层次分析了我国实体经济的区域发展现状特点，然后指出了各地区实体经济发展存在的突出问题，包括中西部地区和东北地区的市场化水平较低严重制约着资源要素的优化配置、中西部地区实体产业盈利空间收窄对于承接东部地区产业转移不利、融资难严重阻碍着各地区实体中小企业发展、生产成本上升削弱了东部地区工业企业的出口竞争力和区域分割导致重复建设和产能过剩五个方面。

针对我国各地区实体经济发展存在的突出问题，文章提出了切实可行的政策措施：第一，多渠道降低实体企业的经营成本，包括减轻实体企业的税费负担、引导金融机构资金向实体中小企业倾斜和扩展实体企业的融资渠道；第二，打破区域行政壁垒，推进全国市场一体化建设，包括政绩考核体制改革、全国基本交通基础设施一体化和建立健全纵向和横向相结合的生态补偿机制；第三，制定针对性强、力度大的优化政策和改革措施，有重点地推动中西部地区新的战略性区域加快工业化进程；第四，坚定不移地推进供给侧结构性改革，进一步强化市场在资源要素优化配置中的决定性作用；第五，打造实体经济监测平台，加强实体经济运行监测。

文章的主要贡献在于：第一，基于我国幅员辽阔、区域发展差异大的特征，从区域的视角分析了我国各地区实体经济发展的特点和问题，弥补了现有文献仅对我国实体经济整体发展进行研究的不足；第二，政策上，从降低实体企业经营成本、建设全国一体化市场、推动新的战略性区域加快发展、推进供给侧结构性改革、加强实体经济运行监测五个方面提出了优化我国实体经济空间格局的政策措施。区域发展差异性造成了实体经济发展面临困境的区域差异性，促进我国实体经济健康可持续发展，一方面要注重政策措施的普适性，另一方面更要因地制宜，解决不同区域面临的不同问题。

（供稿人：马燕坤）

【中国自由贸易试验区政策的经济效应评估——基于HCW法对上海、广东、福建和天津自由贸易试验区的比较分析】

武剑

《经济学家》2019年第8期，原文18千字

从2013年9月至2018年4月，中国相继设立了四个批次12个自贸试验区，

构建了一个从南到北,由东至西"1+3+7+1"的自贸试验区"雁阵"新格局。在这新一轮改革开放中,中国自贸区虽然取得了令人瞩目,具有里程碑意义的进步和发展,但与国外成熟的自贸区发展模式相比,中国当前的自贸区发展实际仍处于起步探索阶段。因此,如何对过去一时期中国自贸区的政策效果进行客观准确地评估,并以此为基础深入总结和统筹谋划,从而为下一步自贸区发展提供更为可靠的参考依据,已成为当前中国学界和政界不断探讨的焦点问题以及未来自贸区工作重点。

文章运用最新发展的HCW法和排序检验法从多指标视角对上海、广东、福建、天津自贸区政策的经济效应及有效性进行评估。研究表明:自贸区政策虽然对上海、广东、福建、天津相关经济指标产生一定程度影响,但与未设立自贸区省市相比,在所考察的16个自贸区经济指标中,仅上海固定资产投资额、广东和福建进出口总额、福建经济增长4个指标的政策效应估计量达到了显著水平,这表明:当前上海、广东、福建、天津自贸区的政策红利效应实际并未得以充分释放,各地自贸区制度亟待进一步优化设计。

本文政策启示:第一,大多数未设立自贸区的省市会结合自身特点相应地设计出有利于本地区在投资、对外贸易、财政收入等方面的政策,同时,这些省市也有可能得到来自于国家针对它们的特殊发展政策,最终这两方面因素使得这些未设立自贸区的省市实际发展情况并不弱于甚至还强于设立自贸区的省市。第二,自贸区政策可能会对所在地的发展政策产生替代效应,即:一部分自贸区政策只是对原有地方发展政策的一种改头换面说法,并非真正意义上的制度创新,故自贸区政策对推动地方生产力发展并没产生实质性效果。第三,下一步自贸区政策创新,既要考虑其制定政策作为国家战略所具有的可复制和可推广的共性,同时也要兼顾自贸区所在地的发展特性,充分考虑到自贸区政策与所在省市已有政策的兼容性和协同性。

文章的主要贡献:第一,基于标准的HCW法,首次从投资、对外贸易、财政收入和经济绩效多个视角选取指标,对上海、广东、福建、天津自贸区政策的经济效应开展比较评估,从而弥补了现有文献在这一研究领域的缺失。第二,在研究方法上,本文引入排序检验法对基于HCW法得到的政策效应估计量进行严格的"有效性检验",从而可辨识出自贸区政策效果相对于其他地区发展政策所具有的显著有效水平,因此,能够为当前自贸区政策效果提供一个更为精准而客观的认识。

(供稿人:武 剑)

产业组织

【《食品安全法》是否保障了食品安全？——基于国际比较回归合成控制法的规制效果推估】

白雪洁、程于思

《财经论丛》2019 年第 4 期，原文 13 千字

食品安全规制是社会性规制的重要领域，法律手段的威慑力对保障食品安全至关重要。近年来，我国陆续发生一些诸如"瘦肉精""地沟油"和"毒大米"等食品安全事件，引起社会公众对食品安全的极度担忧和关切。国务院及其有关部门试图通过出台一系列法律和政策的方式，建立一个完善的食品安全制度保障体系。2009 年，我国正式颁布《中华人民共和国食品安全法》，并于 2015 年对该法予以修订。该法力求构建一个有序的食品安全环境，保障全体国民餐桌上的安全。

文章以 2009 年该法律的颁布实施为政策冲击时点，构建基于回归合成控制法的政策效果评估模型，以食品安全规制水平相当的其他相关国家为对照组，推估《食品安全法》更早制定实施，对我国长短期食源性疾病和食物中毒状况的影响。研究结果显示，《食品安全法》的实施使得食源性疾病暴发起数在短期内增多 607.68，在长期内增多 599.75；食源性疾病患者数在短期内减少 13436.50 人，在长期内减少 13416.21 人。将食物中毒事件数或食源性疾病暴发起数作为食品安全规制政策效果指标，中国《食品安全法》的颁布实施短期绩效难以评定；如果将患者数和患病率作为食品安全规制政策效果指标，中国《食品安全法》的实施绩效在长短期都显著为正。

结论的政策启示：第一，法律规定的食品卫生和质量标准应该足够高。第二，在制定高的食品安全标准过程中需要多元利益主体参与。第三，制定足够高的食品安全标准后更应严格执行。

文章的主要贡献在于：第一，基于健康风险视角探讨一项重要的食品安全规制政策即《食品安全法》颁布实施的执行效果，填补了现有文献对中国食品安全规制领域政策实施的有效性和效果研究的空白。第二，研究方法上使用回归合成控制法来推估《食品安全法》的实施效果，不仅克服了政策冲击的内生性，而且在实证中可行性强于其他方法。

（供稿人：程于思）

【产业政策视角下的国有企业分类改革与政策调整】

刘小鲁

《经济理论与经济管理》2017 年第 7 期，原文 15 千字

长期以来，国有企业一直是我国产业政策的重要实施主体和作用对象。在这些政策的实施过程中，国有企业通常被赋予多重角色和任务。一方面，很多产业发展战略和规制政策的落实都以国有企业为重要载体；另一方面，处于自然垄断和公用事业领域中的国有企业又是管制政策的主

要作用对象。因此，产业政策不仅需要借助国有企业予以实施，而且在很大程度上影响着国有企业的行为模式、市场地位和绩效。这决定了国有企业分类改革不仅需要以界定国有企业在产业政策中的作用为基础，也需要与产业政策的调整相配合。

文章从产业发展政策和自然垄断领域的规制政策两个角度，分析了国有企业在产业政策实施中的积极意义，并探讨了目前产业政策所存在的问题。研究表明：国有企业具有规模、资金和研发能力上的优势，并在基础研究和标准制定等具有较强公共品供给特征的技术创新领域中发挥了显著作用；借助国有企业实现发展目标的过程往往与直接的行政干预紧密联系，很容易导致国有企业经营自主性的丧失和资源配置扭曲；在自然垄断行业中，国有企业也是保证基础产业发展，实现公益性目标以及实行行业准入和价格管制的重要载体，但这也导致了国有企业很强的行政性垄断地位。

结论的政策启示：第一，国有企业在产业发展战略中具有不可替代的作用。对承担重大专项任务的商业类国有企业，应保持国有资本控股地位；对于其他竞争领域的商业类国有企业，应让市场机制决定国有企业的去留。第二，需要慎重地评估产业政策的成本与收益，减少政府对国有企业的行政性干预，在尊重市场规律的基础上，以更为开放的形式实现产业发展。第三，将管制与放松管制相结合。对于不存在自然垄断性质的行业以及自然垄断行业中的竞争性环节，要使市场在资源配置中发挥基础性作用；对于自然垄断环节的国有企业，应当通过有效的机制设计限制企业市场势力，并积极探索混合所有制的实现方式，提高经营效率。

文章的主要贡献在于：第一，分析了产业政策对国有企业的行为、市场地位和绩效的影响机制与渠道，并在此基础上强调国有企业改革必须与产业政策的调整相配合。第二，从产业扶持政策和自然垄断行业的管制政策两个视角，提出要根据行业特征以及国有企业的作用分类进行政策上的调整，为国有企业分类改革提供了产业政策视角上的理论基础。

（供稿人：刘小鲁）

【产业政策中的资金配置：市场力量与政府扶持】

全宇超、施文、唐松、靳庆鲁
《财经研究》2018年第4期，原文17千字

作为我国政府重要的经济调控手段，产业政策不仅对微观企业的资源配置具有极大的导向作用，而且会影响宏观经济的长期可持续发展，具有至关重要的国家战略意义。如何有效引导经济资源流向政策支持的行业，是产业政策发挥成效的关键。对于处在经济转型时期的中国，政府调控在弥补市场机制的不完善、把控宏观经济发展等方面具有重要作用。然而，政府调控并不意味着完全无视市场规律，产业政策需要市场机制的配合才能更好地发挥作用，而且在政策执行过程中需要考虑市场竞争规律可能带来的产能过剩等负面影响。那么，在我国产业政策的执行过程中，市场力量和政府扶持究竟如何影响资金配置？两者之间如何相互协调？对这些问题的探索和回答，对于产业政策目标的实现和经济的长远发展无疑具有重要意义。

现有相关研究未深入考察经济资源在扶持行业之间及行业内部配置的规律，而且没有综合探讨不同资金配置的关联。文章考察了市场力量与政府扶持两种机制如何引导产业政策下的资金配置。研究发现，产业政策支持的企业获得了更多的债务融资和政府补助。其中，债务融资更多

地流向了成长行业中规模较大的企业，政府补助使成长行业中的小规模企业和成熟行业中的大规模企业受益更多。结果表明，市场看重企业的增长机会，政府补助则会顾及当前成长性较弱而相对不受市场青睐的企业，对产业政策下的市场化资金配置起到了补充作用。文章的研究为如何协调市场机制和政府扶持两种力量提供了一定的借鉴。

文章具有以下几个方面的贡献：第一，有别于以往的研究大多单独考察产业政策下特定资金的配置，文章综合考察了在产业政策引导下的资金配置中，市场力量与政府扶持扮演的不同角色，提供了比较全面的理论分析框架和经验证据，为更好地理解产业政策如何引导市场力量以及协调政府与市场的关系提供了新的视角。第二，文章深入产业政策支持行业之间以及特定的政策支持行业内部，为产业政策如何影响资金配置的问题提供了更加全面的经验证据。相对于以往的文献在解释产业政策执行过程中可能存在的低效率时倾向于关注地方政府的代理问题，文章关注了产业政策在协调政策目标和市场力量时可能存在的激励偏离。第三，党的十八届三中全会明确提出，要使市场在资源配置中起决定性作用和更好发挥政府的作用。文章以产业政策中的资金配置为对象，为这一重大理论观点提供了一个良好的注解，也为如何协调市场机制和政府扶持两种力量提供了一定的借鉴。

（供稿人：施　文）

【冲破迷雾——揭开中国高铁技术进步之源】

路风

《管理世界》2019 年第 9 期，原文 56 千字

高速铁路的发展已被广泛地认为是中国的一项伟大成就。在这种情况下，问题的焦点更多地转向解释取得这个成就的原因。不过，这时也容易产生事后的"功能式"解释。澄清因果关系的切入点是追问：为什么今天中国在世界范围内被公认是高铁发展的领先国家？除非中国高铁后来走上自主开发的道路，而且除非中国高铁的发展后来出现不同于其他领先国家的"模式"，否则中国就更可能被看成是一个高铁的追赶者甚至模仿者，而不可能会被认为在世界范围内引领了轨道交通方式的革命。历史的事实是，这两个变化都在中国开始建设高铁之后的过程中出现：不仅中国高铁技术的发展走上了自主创新的道路，而且中国成为世界上第一个以高铁替代传统铁路的国家——这是不同于所有在高铁技术上曾经领先国家的建设方针和发展轨迹。于是，解释中国高铁的成功就必须回答两个关键问题：为什么从引进技术开始的高铁建设后来会走上自主开发的道路并取得成功？为什么在初期同样只是为了补充和改善传统铁路的高铁建设后来会走上以高铁替代传统铁路的道路？

文章从过程性和历史性的视角，通过对这两个"转变"过程进行全景式分析，揭示出在解释中国高铁的成功时被广泛忽略的因素，即中国铁路装备工业的技术能力基础和国家对于发动铁路激进创新的关键作用。这些分析否定了"引进、消化、吸收、再创新"是中国高铁技术进步之源的流行性说法，也指出了造就成功的战略行动背后的深层次原因。本文最后指出，系统层次的创新是保持中国高铁领先的关键。

文章的中心论点是：走上自主开发道路和形成以高铁替代传统铁路的"方针"是成就中国高铁的两个直接因素或变量，但它们不是在起点上被政策设计出来的，而是被若干种力量在一个连原铁道部也被迫改变初衷的实际过程中所塑造出来的。

因此，中国高铁成功的真正原因不在于其发展过程中的具体做法，而在于使这些做法发生变化的力量。

文章为理解中国高铁发展的成功迈出可经受经验证据验证的一步。虽然文中把在过程中发生的转向自主技术开发和形成以高铁替代传统铁路的"方针"定义为决定中国高铁成功的两个直接变量，但仍然为讨论什么是影响这两个转变的因素留下余地。此外，文章集中在高速列车的技术领域。高速列车是高速铁路大系统中的一个子系统，但却是最具技术含量的核心系统，也是从国外成套引进技术的领域，而且是发生事故时被关注的焦点（因为载人）。因此，分析中国高速列车技术发展的原因，可以帮助理解中国高铁发展的主要问题。

（供稿人：李逸飞）

【大数据发展、制度环境与政府治理效率】

赵云辉、张哲、冯泰文、陶克涛

《管理世界》2019年第11期，原文17千字

"互联网+"背景下，世界各国在政府治理问题上面临多中心性、治理对象的双重性等挑战，这些挑战制约了政府治理效率的提升。随着信息技术的快速发展，大数据的价值日益凸显，运用大数据技术能够改善政府运作模式及内部决策效率，提高信息透明度，改善传统政府治理理念和模式，从而更加高效、快捷地为公众提供服务，推动人民满意型政府的建设。虽然，越来越多的国家或地区政府开始运用大数据等信息技术推动政府治理创新，但对经济转型国家而言，由于制度不完善，大数据发展与制度环境之间的不协调导致了政府"治理不足"。亟须深入探讨大数据发展和制度环境对政府治理效率的影响机理，以明确经济转型背景下如何运用大数据提高政府治理效率。

文章基于交易成本理论和制度理论，结合中国经济转型时期的特点，运用截距固定效应最小二乘法和广义距估计法，对中国31个省区市2008—2017年的非均衡面板数据进行实证分析，以揭示大数据发展水平、制度环境与政府治理效率之间的影响机制。研究结果表明：（1）大数据发展水平对政府绩效和抑制腐败有正向影响，而对监管质量和法制水平的影响作用不显著。（2）在较好的制度环境下，大数据发展水平对政府绩效、抑制腐败的影响作用增强；制度环境对大数据发展水平与监管质量和法制水平之间关系的影响不显著。（3）中国各省区市制度环境的差异可能是导致大数据发展水平对政府治理效率产生不同影响的主要边界条件。

基于以上的研究发现，文章提出以下政策建议，以期更好地发挥大数据技术在提升政府治理效率中的重要作用。（1）研究表明大数据对政府治理效率提升的重要性，因此政府应该采用辩证的观点应用大数据技术，特别关注大数据发展水平与制度环境变化之间的匹配程度。（2）各级政府必须转变职能，从管制型、审批型政府转向规制型、服务型政府，通过制度创新推进政府自身转型，这才是降低制度性交易成本的关键。大数据技术必须与制度环境协调配合，只有在完善的制度体系和先进的大数据技术双重作用下，政府治理效率才能真正有效地提升。

文章的主要贡献在于：第一，以交易成本和制度理论为理论依据，深入分析大数据对政府治理效率的影响机理，明确了经济转型背景下如何运用大数据提高政府治理效率，弥补了现有文献对两者关系研究不够明晰的缺陷；第二，从制度的动态观视角探究制度环境在大数据影响政府治理效率中的作用，揭示了大数据发挥积极

作用的边界条件。

（供稿人：张　哲）

【动态激励、声誉强化与农村互联性贷款的自我履约】

米运生、廖祥乐、石晓敏、曾泽莹

《经济科学》2018年第3期，原文15千字

为避开有效抵押品不足的问题，小额信贷模式引入小组担保和连带责任，将社会网络嵌入贷款模式。其依赖于社员成员的横向交际，内含静态时间假设。这使其难以适应农业产业化条件下的分散决策和动态环境中的连续博弈。当声誉的横向溢出效应受限时，如何通过动态激励机制的引入而实现信贷契约的自我履约，是事关农户贷款能否在商品经济条件下实现可持续发展的关键。在农业产业化比较发达的中国，互联性贷款不但将产品、信贷市场联结于一体，而且也需要将时间因素纳入还款激励的机制设计。

研究方法：以企业与农户之间的权利不对称和信息不对称为基本假设，将Egli（2004）对于信贷市场动态激励作用机制的分析扩展于互联性市场，构建一个多阶段的动态关联博弈。逻辑演绎得到三个假说：动态激励能够强化声誉效应；声誉效应促进互联性贷款交易的自我履约；动态激励通过强化声誉效应，进而促进互联性贷款的自我履约。为验证理论假说，使用江西和广东两省416份农户问卷数据，运用结构方程模型，进行实证分析。

主要发现：其一，动态激励能扩展声誉资本、强化声誉效应。因为，它为履约记录良好的农户提供了规模递增的贷款即产生了未来溢价。其二，声誉效应可促进互联性贷款契约的自我实施。在互联性贷款契约中，违约农户的不良声誉会在社区内传播，而其他交易伙伴也会终止对农户的贷款。其三，借助动态激励，互联性贷款的声誉效应得到强化，并使契约得以更好地自我实施。

特殊的国情要求学者们洞察中国经济的异质性，并进行理论创新。就此而言，本文有两个启示：其一，中国互联性贷款模式是信贷—产品的互联和信贷—要素的互联混合体。这是一种迥异于其他国家的互联性贷款。其二，因为处于中国这样一个新兴市场经济体，所以成长过程中的互联性交易可通过预期增加的回报来强化声誉效应。

基于成熟经济体的声誉效应理论，尽管在分析作用机理时考虑了动态时间和重复博弈，但隐含着未来预期现金流不变的假设。发展中国家实践的声誉效应作用机制，主要基于静态社会的横向信任和社会网络。少部分文献注意到累进贷款的实践，但没有从产品市场和信贷市场的综合角度去分析声誉效应及其对互联性贷款自我履约的影响。因此，本文主要的理论创新是在洞察中国特色互联性贷款模式的基础上，从动态激励视角扩展了声誉效应的作用机制。

（供稿人：米运生）

【竞争中性的理论脉络与实践逻辑】

刘戒骄

《中国工业经济》2019年第6期，原文27千字

竞争中性在学理上是一个相对中性的概念，与古典经济学反对保护特殊利益、新古典经济学把市场看作不受干涉和价值中立的自然力量、凯恩斯主义主张实施积极和有限政府干预政策等理论有着悠久深厚的渊源。竞争中性主张约束那些造成市场主体竞争优势差异的政府措施，非歧视性地对待国有企业和私有企业、本国企业和外国企业，以及要求高标准知识产权保

护、增强行政行为透明度等规定，体现了各类市场经济体制共同的价值理念，也是贯穿中国社会主义市场经济体制的思想和原则之一。面对世界经济百年不遇之复杂变局，响应和接受竞争中性既是积极应对经济全球化新趋势和国际贸易与投资规则新变化，也是中国自身推进改革开放和增强中国经济体制活力的客观要求。

世界主要经济体普遍认可竞争中性的核心理念，但关于竞争中性概念表述、实行竞争中性做法和制度着力点存在差异。本文立足于推进新一轮改革开放和建设成熟定型的社会主义市场经济体制视角，分析了中国经济体制与竞争中性的兼容性，挖掘和梳理了经济学说和当代经济学著作中有关竞争中性的论述，提出了以政府增进市场与促进公平竞争、统一市场建设与制度型开放、规制改革与产业政策转型为关键点的竞争中性的制度范式。

本文的边际贡献在于，从竞争中性概念的提出背景、初始目的和核心要义出发，对中国经济体制改革与竞争中性的兼容性、理论渊源与逻辑脉络、制度体系和关键点进行考察研究。关于中国经济体制改革与竞争中性的兼容性，论文提出竞争中性不禁止一国设立国有企业，而是主张平等对待各市场主体，政府在市场竞争问题上保持不偏不倚，避免企业间相对竞争优势因政府政策而造成变化，非歧视性地对待国有企业和私有企业、本国企业和外国企业等核心内容，也在中国经济体制改革中贯穿至今，并将成为新一轮改革开放的主要理念和原则。关于理论渊源与逻辑脉络，论文从反对和支持政府干预理论的碰撞孕育了竞争中性的胚胎、政府与市场并存和市场需要制度保障催生了竞争中性理念、不同类别市场主体公平竞争使竞争中性概念破茧而出三个视角进行了分析。关于制度体系和关键点，论文着眼于国内推进竞争中性改革的重点领域以及矫正可能给市场主体造成竞争优势差异的政策与行为，论证提出了对标国际规则促进制度型开放、整治地方保护和行政垄断建设统一市场、约束局部利益和集团利益促进社会整体利益、放松和减少规制促进市场竞争、推进市场准入管理的非歧视化、促进产业政策向竞争中性转型等措施。

（供稿人：刘戒骄）

【品牌商对上游供应商生产过程环境监管的博弈模型——基于政府惩罚的视角】

窦一杰、刘秀兰、孙杰
《产业组织评论》2017年第1期，原文13千字

国内外日益严格的环保法规和风起云涌的环保主义运动使供应链品牌商开始注重上游供应商的环保绩效，例如，我国2007年3月施行的《电子信息产品污染控制管理办法》推动品牌商重视上游供应商零部件的有害物质管控。2010年开始，公众环境研究中心（IPE）、自然之友等国内环保非政府组织联合发起了IT行业重金属污染调研项目，对于推动IT品牌商提升上游供应商生产过程的环保绩效发挥了积极作用。现实中，品牌商的上游供应商同时受到品牌商和地方政府的环境监管。品牌商在推进上游供应商提升环保绩效的过程中，地方政府的环保惩罚等环境监管措施以及消费者环保偏好等可发挥重要的调节作用。

文章针对品牌商对上游供应商环境监管的博弈问题，考虑政府惩罚政策、消费者环保偏好、产品质量差异等因素，构建了品牌商和普通制造商间的二阶段博弈模型。数值分析结果表明：品牌商对供应商环境监管成本的降低会导致供应链利润增加以及消费者剩余、社会总福利的提升。供应商边际成本上升程度不高时，即在品牌商的环保要求下，供应商需要付出的环

保成本不高时，品牌商更有动力去监管自己的供应商。面对品牌商的环保压力，供应商污染物减排效率更高时，品牌商监管供应商的积极性更高，供应链总利润、环境改善水平、社会总福利都呈增加趋势。政府提高单位污染物罚款力度和提高污染物超排标准都可以提升品牌商对供应商的环境监管水平。

结论的政策启示：第一，地方环保部门应增强环保信息公开，非政府组织积极对政府公开的基础数据进行再加工开发大数据平台，品牌商可利用这些公开的基础数据及大数据平台提高环境监管效率，降低对污染供应商的环境监管成本。第二，环保非政府组织在选择品牌商进行施压（即选择施压对象）时，要同时关注品牌商上游供应商的资金实力，以及技术和管理水平。第三，政府提高单位污染物罚款力度和提高污染物超排标准都可以提升品牌商对供应商的环境监管水平，政府应该结合不同的政策目的（例如，提高政府收入、提升微观企业的盈利能力、提升品牌商产品市场份额、提高社会总福利等）使用不同的政策工具。

文章的主要贡献在于：综合考虑了消费者环保偏好、政府惩罚政策、品牌商对上游供应商的环境监管水平等各个因素，构建品牌商和普通制造商间的二阶段博弈模型，深入探究生产商间的博弈关系，弥补了现有研究考虑因素单一的不足。

（供稿人：窦一杰）

【平台型企业社会责任的生态化治理】

肖红军、李平

《管理世界》2019年第4期，原文40千字

随着平台经济与共享经济的快速发展，平台型企业在经济社会发展中的角色重要性更加凸显。但是，平台型企业社会责任缺失现象和异化行为却频频出现甚至层出不穷，引发许多严重社会问题。一方面，平台型企业在自身的商业行为中经常发生违背社会责任事件；另一方面，平台型企业对双边用户的不负责任行为缺乏管理，导致双边用户依托平台进行的供给或消费行为对经济社会产生不利影响，形成平台型企业的第二层次社会责任缺失问题。令人遗憾的是，现实中平台型企业社会责任的治理一直效果不佳甚至陷入困境。

文章从企业与社会关系理论、利益相关方理论、双边市场理论、生态系统理论出发，沿着"情境变化—角色变化—责任变化—行为变化—治理变化"的逻辑思路，对平台型企业社会责任的内容边界与生态化治理范式进行尝试性探寻。重点是识别出平台型企业社会责任的完整内容边界、研究了平台情境对企业社会责任治理范式创新的需求、解构了平台型企业社会责任生态化治理的范式架构、构建平台型企业社会责任生态化治理的实现机制、探寻出平台型企业社会责任生态化治理的实现路径和方式。

启发性结论：第一，平台型企业社会责任的三个层次包括作为独立运营主体的社会责任（第Ⅰ层次）、作为商业运作平台的社会责任（第Ⅱ层次）和作为社会资源配置平台的社会责任（第Ⅲ层次）。第二，平台型企业社会责任生态化治理范式的核心构架是分层次治理与跨层次治理相结合的治理方式，个体、情境与系统"三管齐下"的全景式治理方案，以及跨生态位互治与网络化共治的立体式治理方略。第三，平台型企业社会责任生态化治理要求构造主要生态位的社会责任自组织机制，包括个体社会责任管理机制、责任型审核与过滤机制、责任愿景认同卷入机制、责任型运

行规则与程序、责任型评价与声誉机制和责任型监督与惩戒机制。

文章的主要贡献在于：第一，构建的平台型企业社会责任内容边界界定"三层三步法"较好地弥补了已有方法的缺陷，拓展和深化了企业社会责任边界研究。第二，依据平台情境的复杂性与特殊性构造新的社会责任治理范式，延伸和创新了企业社会责任治理研究。第三，平台型企业社会责任生态化治理范式能够为整体性的平台治理提供新思路和新借鉴，一定程度上丰富、扩展、深化和完善了平台治理研究。

（供稿人：肖红军）

【网络型资源、递增阶梯定价与两部制菜单的等价性】

方燕

《产业组织评论》2017年第3期，原文16千字

为了兼顾经济效率、成本补偿、收入再分配和节约环保等政策目标，2010年国务院常务会决定实施居民用电阶梯定价政策。2012年除西藏与新疆外中国大陆所有地区全面实施递增阶梯电价。国家发展和改革委员会相继宣布，将在2015年底全面实施居民阶梯水价与气价，并着手探索成品油和煤炭等能源的递增阶梯定价改革方案。递增阶梯定价下用户所要支付的单位价格，随着其消费量的增加会阶段性地递增。

鉴于网络型资源独特的经济和技术特性、多元化目标诉求，以及统一定价和两部制定价等形式的固有缺陷，在网络型资源领域采用递增阶梯定价逐渐成为主流定价方式。虽然递增阶梯电价和水价政策改革陆续实施，但是有关递增阶梯定价的诸多理论问题尚未完全解决。其中一个关键性问题是最优递增阶梯定价机制的设计和执行。由于优化技术难以处理和消费决策集中，在网络型资源领域直接设计最优递增阶梯定价机制异常复杂：不同结构参数之间存在互动效应；边际价格和阶梯数量显然与阶梯数有关，而阶梯数又受边际价格和阶梯数量的影响。

为了规避直接设计最优递增阶梯定价机制的困难，本文通过证明递增阶梯定价与两部制定价菜单在修正性福利意义上的等价性，试图将最优递增阶梯定价设计转化为最优两部制菜单设计问题，从而简化递增阶梯定价的设计。在两部制菜单下，虽然菜单选项的数量的内生性意味着两部制菜单的设计也不是那么直接和简单，但是两部制的边际价格不存在互动效应，从而更方便处理。本文的核心问题是，在网络型资源（或公共事业）领域，从兼顾效率与公平的修正性福利最大化视角，不考虑需求的随机性因素，递增阶梯定价与两部制菜单的等价性关系是否成立？结果发现，在网络型资源领域，递增阶梯定价在特定情况下同样存在等价的两部制菜单。这个结论不单有助于说明递增阶梯定价相对于连续递增定价的渐近有效性，还有助于确定递增阶梯定价的最优阶数，因而将促进网络型资源领域最优递增阶梯定价设计的研究。只要这个等价性关系成立，最优n级递增阶梯定价，能过渡为最优n列两部制菜单定价设计问题，从而弱化递增阶梯定价中数量分割点与边际价格间的互动关联性。具体地，最优二级和三级递增阶梯定价设计分别转化为最优两列和三列两部制菜单问题，这样对评估和完善城镇居民阶梯电价（气价和水价）改革方案有很强的理论与现实意义。

（供稿人：方　燕）

【网约车的边缘性进入对出租车市场结构的影响——以北京市为例】

孟昌、齐驰名

《产业经济评论》2017年第16卷，原文12千字

城市出租车市场普遍处于数量控制和服务价格的双重管制下。数量控制是政府通过设置行政性进入壁垒对在位企业实施了保护，其在创造了非市场性租金的同时易形成寻租利益集团。北京市出租车市场就处于严格的进入管制和数量控制下，曾长期出现打车难和黑车"泛滥"等情况，这说明，出租车存量"变动"可能远滞后于需求增加，而基于互联网APP平台的网约车边缘性进入迅速改变了这一状况。由此引出的问题是：（1）从公共利益的角度考察，出租车市场是否应该允许或者接纳这些新进入者，即是否应该放松乃至取消行政性进入壁垒下的数量控制。（2）网约车进入突破了贝恩（Bain）市场壁垒，绕过了管制壁垒而对在位传统出租车企业形成了竞争，其产业组织结构与不同集团的利益会如何变化。本文研究了网约车进入对行政性进入壁垒保护下的出租车行业的冲击及出租车市场结构的演变，并基于乘客和司机问卷的调研数据，分析了其对传统出租车市场的冲击和各主体的利益的影响，为出租车市场管制改革提供决策依据。

基于边缘性进入假说的博弈模型表明，网约车进入降低了管制者效用水平。管制者是否阻止进入取决于管制者与出租车公司的利益分享。若存在分享，会阻止进入。若不存在，则会容纳。继续对出租车实行双重管制的情况下，网约车进入会导致出租车公司利润下降，如果出租车公司不降低其垄断"租金"即"份子钱"，而向下挤压司机收入，会引起司机退出。课题组于2016年的1月对北京市542名出租车司机的调查结果显示，有85%的司机表示专车和拼车对他们的收入影响较大，如果"份子钱"不降低，有50%的出租车司机表示将会选择退出行业。

网约车的边缘性进入打破了出租车市场的行政性壁垒，能提高消费者福利。课题组对消费者的问卷调查也显示，政府关于"专车"和"拼车"非法运营的认定违背了消费者意愿，会降低消费者福利。研究结果和结论意味着，政府应该从社会公共利益出发，认识到移动互联网时代演化出来的新产业组织形式在改善乘用车利用效率和增进社会福利方面的意义，逐步放开出租车市场的进入管制，设立运营车辆的服务质量标准，将规制重点由数量和价格控制的经济性规制转向注册登记制下的社会性安全规制。对于既有的经济性规制，在降低市场准入门槛的同时，放松直接价格控制，尽量让市场定价。市场定价后的管制重点是"反垄断"评估和审查，最终实现市场绩效提高后的公共利益的增进。

研究的主要贡献，一是结合出租车行业的体制性和产业组织特征，基于边缘性进入假说建立了网约车进入的"阻止—容纳"博弈模型；二是根据理论模型和数据调研的分析结果，提出了规制改革的建议，即政府应该从公共利益出发，逐步放开对出租车市场的管制，将对出租车市场的管制由经济性规制转向社会性规制。

（供稿人：孟　昌、齐驰名）

【新经济与规制改革】

戚聿东、李颖

《中国工业经济》2018年第3期，原文27千字

新经济正在改写和重构世界经济的版图，其对传统经济的颠覆性作用和替代式地位，用"十年河东，十年河西"来形容并不为过。独角兽企业的异军突起，助

推了相关产业的迅猛发展，成为经济发展的新动能，使得整个国民经济越来越"新经济化"。

大力培育发展新经济，将会大大加速中国经济的追赶和超越进程。随之而来的问题是，在发展新经济过程中，现有的政府规制体制是否适用于新经济？政府规制应该进行怎样的改革？毕竟，新经济的产生机理和运行逻辑都有别于传统经济，继续沿用现有规制体系会损害和阻碍新经济的活力。

本文依据熊彼特的五大创新来源视角，将新经济形态分为产品、工艺、市场、资源配置、组织等五个方面的具体创新，认为新经济在基础支撑、技术特征、组织结构、产业组织等方面与传统经济有着显著区别。本文借鉴波特的"钻石模型"，从企业进入战略、面临的新机会、市场需求条件、生产要素转换、相关产业支持以及政府角色等六个方面阐述了新经济的产生机理，从新经济运行的底层推动力、内部运行系统、外部环境三个方面阐述了新经济的运行逻辑。政府规制建立在基于垄断、信息不对称、外部性、公共产品、公共安全等因素引发的市场失灵基础上，这些因素在新经济运行逻辑中都有了根本变化，若将新经济纳入传统规制体系，既难以达到规制目的，又会挫伤新经济企业的积极性，因此，必须进行规制改革，实施审慎规制、包容规制、简约规制和智慧规制。

基于此，本文的政策启示主要表现为面向新经济，政府规制需要"七大转型"。第一，方向上从强化规制转向放松规制。第二，内容上从经济性规制转向社会性规制，即着重针对质量、安全、健康、环境、秩序等方面的潜在问题进行规制。第三，方式上从歧视性规制转向公平竞争规制。第四，方法上从正面清单制转向负面清单制。第五，流程上从前置审批走向后置监管。第六，机构上从专业型部门转向综合型部门。第七，机制上注重使用"规制沙盒"。

文章的主要贡献在于：从企业进入战略、面临的新机会、市场需求条件、生产要素转换、相关产业支持以及政府角色六个方面，揭示了新经济的产生机理，并从底层推动力、内部运行系统、外部环境三个方面阐述了新经济的运行逻辑。在新经济的运行逻辑下，传统上基于垄断、信息不对称、外部性、公共产品、信息安全等因素而产生的政府规制需求发生了根本变化。为此，政府规制改革势在必行。具体来说，方向上应从强化规制转向放松规制，内容上从经济性规制转向社会性规制，方式上从歧视性规制转向公平竞争规制，方法上从正面清单制转向负面清单制，流程上从前置审批转向后置监管，机构上从专业型部门转向综合型部门，机制上注重使用"规制沙盒"。

（供稿人：李　颖）

【央企董事会试点、国有上市公司代理成本与企业绩效】

李文贵、余明桂、钟慧洁

《管理世界》2017年第8期，原文22千字

为完善公司治理结构，国务院国有资产监督管理委员会（简称国资委）于2004年6月正式对中央企业实施建立董事会的试点工作。截至2015年年底，纳入建设规范董事会范围的中央企业共计达85家。但是，对于央企董事会试点改革的效果仍存在许多争议。一种观点认为，央企的内部治理机制在董事会试点以来得到了实质性的改善，企业战略管理水平得以提高。另一种观点则认为，董事会试点中的不少外部董事只是"花瓶"，而且董事会职权没有真正落实，企业的诸多治理

问题并未得到遏制。为此，文章以代理理论为基础，从控股上市公司代理问题的视角分析并检验央企董事会试点的经济后果。

文章基于央企控股上市公司的数据，采用双重差分模型检验了央企董事会试点对国有上市公司代理成本和企业绩效的影响。研究结果发现，央企董事会试点显著降低了控股上市公司的管理费用和其他应收款，且这种影响主要存在于央企持股比例较低的上市公司。经过进一步的检验发现，相比未纳入试点范围的央企，试点央企的控股上市公司在试点后三年内拥有显著更高的经济增加值和股票回报率。

央企建设规范董事会的核心内容是引入外部董事、适当下放权力并设立专门委员会。国资委将一些权力下放给央企董事会，有助于减少政府对央企及国有上市公司的行政干预。外部董事被认为能在一定程度上监督内部管理者以保护股东权利。各专门委员会的有效运行则能使企业重大决策事项的决定权与执行权分离，从而形成相对更科学的决策体制和权力制衡机制，防止重大决策的"内部人控制"，规范央企实施作为国有上市公司控股股东的各项权利和义务。因此，文章结论对进一步深化央企的治理改革具有重要的政策含义。

文章的主要贡献在于：第一，自2004年6月国资委正式开展央企董事会试点以来，有关董事会试点效果的讨论从未间断，但相关探讨始终集中在观点的争议层面。文章从代理理论的视角，为央企董事会试点有助于缓解控股上市公司的代理问题并提升绩效提供了新的实证证据。第二，控股股东的治理作用一直是公司治理理论关注的核心。文章在央企董事会试点改革的背景下，不同于现有文献只着眼于企业本身的董事会，而是分析和检验控股股东董事会建设对国有企业绩效的影响，有助于从控股股东行为的视角为董事会的治理效应提供新的解释。

（供稿人：李文贵）

【政府干预何以有效：对中国高铁技术赶超的调查研究】

吕铁、贺俊

《管理世界》2019年第9期，原文22千字

虽然中国高铁的技术赶超成就有目共睹，然而有关中国高铁技术赶超中政府干预有效性和高铁发展模式的一般性问题，学术界却存在激烈的争论，需要在进一步调研的基础上还原事实、提炼理论命题。

本文作者从2015年7月至2016年7月，对中国铁路总公司等18家单位的200余位主要受访者（访谈时间超过2小时的受访者）进行了实地调研和访谈，调研机构的选取力争做到全面、系统。通过对中国高铁技术赶超重要当事人的深入调查和访谈发现，政府干预和高铁技术赶超是在非常特定的制度、经济、社会和文化背景下发生的复杂过程。特定的国际竞争环境（如技术引进时期日本川崎和法国阿尔斯通都正面临严重的财务困难）、中国在技术引进时全球已经形成稳定的技术路线和成熟的技术体系、计划经济时代形成的专业化的产业组织结构、半军事化管理传统形成的部门执行能力、政府管理部门同时也是用户和技术集成者、相对封闭的社会网络形成的社会资本等因素，都是政府有效干预的重要条件。政府干预和中国高铁技术成功的条件具有很强的特定性和本地性。

研究启示：每一个复杂系统行业的技术赶超都具有特定性。我们既不认同将中国高铁技术赶超视为一种具有普遍意义模式的观点，也不同意简单否定中国高铁技

术赶超具有可复制性的观点。如果把中国高铁的技术赶超理解为在特定制度和竞争环境下政府和微观主体互动、创新的结果，则总体上看，影响中国高铁技术赶超的制度性因素（如铁路系统的垂直管理体制等）对其他产业的启发意义较弱，而相关主体行为层面的因素（如原铁道部或铁总主动引导形成有控制的竞争市场结构）则对其他产业具有直接而重要的借鉴价值。

研究贡献：（1）强调了构建技术机会的重要性。大规模高铁建设为提振中国铁路企业和科研机构创新发展的信心和决心至关重要。然而，快速发展的高铁市场并不是中国高铁实现技术赶超的充分条件。原铁道部和铁总构建的技术机会更多是基于技术抱负或未来市场而非当期市场需求，因而能够引导企业和科研机构开展更高强度的技术学习。因此，技术机会特别是构建的技术机会是构成后发国家技术赶超机会条件的核心要素。（2）揭示了自主创新的边界条件。中国高铁自主创新呈现鲜明的商业化应用导向，大大提高了技术赶超的效率。原铁道部和铁总既是行业管理部门，同时也是高铁装备的最终用户和创新主体，从根本上促成了中国高铁自主创新的商业化应用导向。

（供稿人：贺　俊）

【中国僵尸企业的分布特征与分类处置】

黄少卿、陈彦

《中国工业经济》2017年第3期，原文24千字

2015年以来，中国政府提出要去库存、去杠杆、去产能、补短板等一系列应对经济下滑的政策措施，其中一个重要的工作就是要加快僵尸企业退出市场运行的步伐。

本文利用中国工业企业数据库和中国上市公司数据库数据，对中国企业中所存在的僵尸企业进行了识别，利用一种综合识别方法，能够有效地剔除政府补贴和信贷补贴，并且考虑到持续盈利能力从而利用多年利润总和进行平滑，由此更加准确地反映企业的经营状况和盈利状况，并更有可能将僵尸企业准确地从所有样本企业中识别出来。

2001—2007年，中国的工业企业中有10%—20%的企业属于僵尸企业。从分布特征看，僵尸企业数量的变化与经济周期存在一定的相关性。国有企业在经济形势不好时，僵尸企业的数量和资产占比都是最高的；在经济形势好转时，尽管数量占比会下降，但是资产占比依然居高不下，而且，所有僵尸企业中，国有僵尸企业的占比最高；从地区看，西部地区和东北地区的僵尸企业占比较高；从行业看，国有企业占比较高的行业和政府实施价格管制的行业僵尸企业占比较高。文章认为，应该根据僵尸企业的资产负债状况进行分类处理。对于净资产较高的僵尸企业，应鼓励股东利用公司治理机制对董事会或经理层进行改组，或者进行资产重组以恢复活力；对于净资产为负或接近为负的僵尸企业，应该通过破产程序，将企业控制权向债权人转移，由债权人决定选择破产清算还是破产重组。总之，僵尸企业的处置方式要坚持实现经营资产价值最大化的目标。研究发现，政府补贴是形成僵尸企业的重要原因，所有僵尸企业当中有超过90%的企业得到过政府补贴或银行信贷补贴。应破产类僵尸企业中80%都是小微企业。破产成本过高可能是导致这些小微企业在盈利状况不佳的情况下没有及时退出市场的更重要原因。

中国政府在未来一方面应该利用各种公司治理机制、法律手段和市场竞争机制

对僵尸企业进行处置,另一方面,也要严格财经纪律,防止现有僵尸企业进一步占用生产要素,包括资金要素和劳动力要素。这既是实现供给侧结构性改革的题中之意,也是提升中国经济效率和经济竞争力的重要渠道。

本文系统地对中国工业企业和上市公司中的僵尸企业进行了识别,对僵尸企业在行业、地区和所有制等方面的分布特征进行了刻画。进一步,文章建议按照破产和非破产对僵尸企业进行分类处置,以便实现经营资产价值最大化。本文的识别方法亦有所创新,可缓解企业盈余管理所带来的识别偏误。

(供稿人:黄少卿)

【专利主张实体滥用诉讼行为的规制政策】

唐要家、唐春晖
《产业组织评论》2018 年第 3 期,原文 18 千字

近年来,专利流氓滥用侵权诉讼的案件数量迅速增加,引起各国知识产权管理机构和反垄断执法机构的极大关注。专利流氓是通过机会主义对目标企业发起专利侵权诉讼或威胁性许可谈判来索要高许可费以牟取巨额利益的专利主张实体。目前对于专利主张实体的争论主要集中在两个问题:一是如何评价专利主张实体对创新和社会福利的影响;二是如何制定有效的规制政策。近年来,随着中国高技术企业的国际化,国际专利主张实体针对中国高科技企业的侵权诉讼案件有增多的趋势,如何客观分析专利主张实体的创新影响并制定有效的规制政策是完善中国《专利法》《反垄断法》及《知识产权反垄断指南》的重要问题。

本文重点分析专利主张实体的商业模式、专利主张实体对创新和社会福利的影响、美国和欧盟的相关政策,并基于中国的现实探讨如何构建更科学的规制政策。论文首先基于美国的典型案例和经验数据来分析专利主张实体的商业模式,专利主张实体可分为"专利组合型专利主张实体"和"诉讼型专利主张实体"两大类,其中诉讼型专利主张实体是主体。专利主张实体起诉的目标企业一般为高技术行业大企业、创业企业和专利技术产品的终端用户。专利主张实体以滥诉来牟取收益的行为,不仅会带来巨大的司法成本,而且还会严重阻碍技术创新,总体上是阻碍创新和伤害社会福利的。

专利流氓泛滥的根本原因是现行专利制度体系存在的缺陷为专利流氓的滥诉和实施专利劫持行为提供了土壤,主要体现在以下几个方面:一是对软件和商业方法等过于宽松的专利授予政策;二是专利侵权诉讼的高成本和专利侵权的高赔偿为专利流氓滥诉提供了巨大的牟利空间;三是自动授予的永久禁令救济造成原告与被告之间的不对称性。因此,规制专利流氓滥诉的基本政策路向是建立更完善的专利制度体系,从制度上消除专利流氓滥诉行为。

中国应该借鉴国际经验,系统设计专利制度,以《专利法》修订为核心建立更完备的专利制度。严格专利授予审查,谨慎授予软件专利和商业方法专利;强化专利通告的作用;实行严格的禁令救济政策,明确专利主张实体不能获得禁令救济;明确标准必要专利 FRAND 承诺随专利所有权转移而转移的原则;建立约束专利流氓的司法诉讼制度;此外,应将反垄断执法和反不正当竞争执法结合起来,构建有效的事前防范和事后禁止的专利流氓规制政策体系。

(供稿人:唐要家)

【产业政策的增长效应：存在性与异质性】

宋凌云、王贤彬

《南开经济研究》2017年第6期，原文21千字

中国"十三五"规划将"保增长"列于十大目标任务之首，而制定和实施产业政策促进产业发展则成为各级政府"保增长"的重要抓手。以下问题成为值得研究的重要问题：一是产业政策的增长效应是否存在？如果存在的话，这种效应是否具有异质性？

文章构造了中国省区产业政策与二位码产业增长指数相匹配的面板数据，实证分析地方产业政策是否具有显著的产业增长效应，并考察政策效应的产业异质性。研究结果表明：地方产业政策总体上存在显著的产业增长效应；产业政策的产业增长效应在不同类型产业间存在显著差异；产业政策的产业增长效应因产业类型而异的可能原因是：地方政府在不同类型产业中信息完备程度不同导致其识别并扶持符合本地禀赋结构产业的能力不同。

结论的政策启示：第一，中国地方政府的产业政策总体上显著提高了相应产业的份额，产业政策具有现实的可行性。当然，政府必须避免滥用产业政策。过度使用产业政策，不但不能纠正"市场失灵"，可能还会导致"政府失灵"。第二，文章的发现为信息在政府引领产业结构变动中的重要性提供了新的经验证据：产业政策的增长效应因产业类型而异，政策效应大小可能和政府在不同产业类型中信息完备程度正相关，政府提高产业政策增长效应的一个可能渠道是最大限度地占有、分析和利用产业信息，以确定符合经济体现阶段禀赋结构的产业作为重点产业加以扶持，实现政策效应的最大化。

文章的主要贡献在于：第一，文章从信息完备程度差异出发为产业政策的增长效应的异质性提供了逻辑一致的解释，为政府提高产业政策效果提供了新的可能途径。第二，促进产业间份额的相对变动，是政府运用产业政策的题中之意。文章考察产业政策对产业份额变动的影响，具有很强的实践意义。第三，文章虽然基于中国样本，但其研究的问题——产业政策增长效应的存在性和异质性具有一般性理论意义，其研究结论在全球范围内具有普遍理论价值。

（供稿人：宋凌云）

【股权和控制权配置：从对等到非对等的逻辑——基于央属混合所有制上市公司的实证研究】

刘汉民、齐宇、解晓晴

《经济研究》2018年第5期，原文18千字

中国正在进行的混合所有制改革遇到一些问题，主要表现为企业控制权的安排：一方面，国有股代表的超级股东身份仍占据着控制权优势，削弱了异质性股东对企业的参与能力；另一方面，一股一票的股东投票规则导致企业控制权安排受制于所有权安排，国有企业的混合所有制改革难以向深层次推进。企业控制权如何安排才能既推进混改又提高企业绩效呢？

论文针对混合所有制企业改革中控制权安排的难题，利用我国央属混合所有制性质的上市公司数据，实证研究了股权结构和董事会结构与企业绩效的关系，论证了股权和控制权非对等配置的逻辑合理性。研究发现：降低前五大股东中国有股占比有利于提高企业绩效，但过多提高非国有股占比不会提高企业绩效；提高非国有董事占比有利于提高企业绩效，但过多减少国有董事占比不会提高企业绩效；相比于股权结构，董事会结构对企业绩效的影响更大。在上述研究基础上，进一步探

索了国有股占比和非国有股占比的最优区间，并提出了在不改变国有控股地位的前提下，解决混合所有制改革困局的设想和建议。

研究的政策启示：第一，股权过度集中的问题尚未根本解决，稀释股权的改革要继续进行下去，但应在国有股占比和非国有股占比达到最优区间前继续维持国有股的第一大股东地位；第二，国有董事占比过高的问题尚未引起足够重视，须有意识地增加非国有董事占比，但应在董事会总席位已定的情况下保持国有董事的一定比例；第三，混企改革的重点是控制权安排，应在不改变国有股第一大股东地位的前提下，通过股权与控制权的非对等配置让渡部分控制权给非国有董事，甚至可以随着公司治理机制的逐步完善，让非国有董事拥有董事会多数席位；第四，加强企业混改的制度环境建设。

文章的主要贡献：第一，通过对企业实际控制人的判断，谨慎处理了股东和董事的真实属性问题；第二，考虑到股权和控制权可能存在作用不一致现象，综合考察了股权结构、董事会结构与企业绩效的关系，验证了股权和控制权对企业绩效的不同影响程度，论证了股权和控制权非对等配置的逻辑合理性；第三，初步探讨了前五大股东中国有股占比和非国有股占比的最优区间，为国企混改提供了定量依据；第四，针对国企实际，提出了推进混合所有制改革的对策建议。

（供稿人：齐　宇）

【国有、民营混合参股与公司绩效改进】

郝阳、龚六堂

《经济研究》2017 年第 3 期，原文 14 千字

十八届三中全会以来，"混合所有制"迅速成了中国国企改革和公司治理领域的中心议题之一，这对中国经济学研究提出了迫切的现实需求。在企业微观层面上，"混合所有制"是指国有资本和非国有资本"交叉持股""相互融合"的股权结构，即国企允许民营资本参股和民企允许国有资本参股。在本文中，参股股东指的是处于非控股地位的股东。在国有控股和民营控股企业中，国有参股和民营参股分别对公司绩效带来怎样的影响，又是通过何种渠道产生影响？这些正是本文准备回答的问题。学术界对此虽不乏理论论证，但少有实证分析，最主要的困难在于基础数据的缺乏。

本文对上市公司 2004—2014 年两万余份年报的"股东数量和持股情况"的前十大股东"持股性质"进行了软件抓取和手工分析，考察了国有和民营参股股东对公司绩效的影响及其作用机制。研究发现："混合所有"的股权结构提高了公司绩效，但国有资本之间的股权多元化对公司绩效没有正面影响；民营参股增强了国企管理层的薪酬和离职对业绩的敏感度，国有参股减轻了民企的税负和融资约束，并且在市场化越低时异质性参股股东对绩效的影响越积极。这一结果表明，在中国这一转型经济体中，"混合所有"有助于弥补市场化的不足，异质性股东的"互补"使企业发挥了不同所有制资本的优势，但需要避免在改革中引入新的不平等或低效。

本文的研究对当前改革有如下启示：第一，简单的"股权多元化"并非"混合所有制"改革，"混合所有制"改革的关键是引入持股量较高和负责任的民营资本，其本质是改善公司治理机制。第二，本文支持处于竞争性行业的国企引入民营资本，建议出台相关政策为国资转让"保驾护航"。第三，建议对国有资本"交叉持股"的股权多元化改革持有谨慎态度。本文部分实证结果显示，国有参股

降低了国企绩效，国有参股从激励机制和税收负担等多方面恶化了国企经营情况。第四，我们不仅要推进混合所有制改革，也要同时推进市场化改革，为企业营造公平的经营环境，降低企业不必要的经营成本。

文章的主要学术贡献在于：第一，建立了一个完整的参股股东数据库，严谨处理了其中的"股东关系"问题。第二，考虑到参股股东在不同性质上市公司中所发挥的作用很可能会存在差异。第三，强调了"混合所有"的公司治理效应与市场化进程密切相关。

（供稿人：郝　阳）

【国有企业高管"限薪令"有效性研究】

常风林、周慧、岳希明
《经济学动态》2017年第3期，原文15千字

国有企业高管薪酬分配制度既是国有企业改革和建立现代企业制度的重要组成部分，同时更关乎社会公平正义，对国有企业健康发展和形成合理有序的收入分配格局具有重要意义。进入21世纪以来，伴随着国家收入分配制度的改革，国有企业高管的"高工资"及较高增长速度引发了公众的高度关注。2009年，人力资源社会保障部等六部委下发"限薪令2009"，2014年党中央、国务院出台"限薪令2015"，政策制定者开始对国有企业高管出台限制性、规范性薪酬管控政策。这些政策的有效性及其政策效果引发了社会公众和政策制定者的广泛关注。

文章以"限薪令2009""限薪令2015"为研究对象，基于沪深上市公司中的国有与非国有上市公司数据，利用双重差分方法（DID）考察验证政府国有企业高管薪酬管控政策对高管薪酬的影响。研究结果表明：无论是企业整体层面还是总经理个人层面，"限薪令2009"在统计上都是无效的，而采用类似研究方法表明"限薪令2015"政策则有效抑制了国有企业高管薪酬的过快增长，其高管薪酬政策效果在统计上显著有效。

结论的政策启示：第一，政府"限薪令"政策的主要目的在于抑制国有企业高管薪酬的过快增长，体现政府的社会公平偏好等政策目标，政策有其现实合理性；第二，高管薪酬管控在对部分国有企业高管不合理的偏高过高薪酬进行调整管控的同时，无法对业绩表现卓越的高能力高管给予足够激励或激励不足，因此薪酬管控政策中区分"组织任命负责人"和"职业经理人"的差异化调控机制对"限薪令2009"和"限薪令2015"政策的有效性影响显著，进一步完善国有企业高管薪酬差异化市场化改革十分重要。第三，尽快实现国有企业高管的市场化用人机制，尽量减少高管的行政任命，充分发挥企业董事会等在国有企业高管选聘中的主导作用，才能更好使市场机制在国有企业高管薪酬分配中发挥决定性作用。

文章的主要贡献在于：第一，使用双重差分模型，论证分析了政府薪酬管制政策的直接效果，补充了政府薪酬管制政策评估方法，这可能是文章在目前国有企业高管薪酬管控政策研究进程中的方法论贡献；第二，对比分析了"限薪令2009""限薪令2015"这两次近年来影响深远的国有企业高管薪酬管控政策，同时对比验证分析这两次影响深远的国有企业高管薪酬管控政策的直接效果在已有研究文献中尚未出现，而且研究结论对下一步政府高管薪酬管控政策实践具有一定指导意义。

（供稿人：常风林）

【上游垄断阻碍了下游企业创新吗?】

郭树龙、葛健、刘玉斌

《产经评论》2019年第3期，原文14千字

随着中国市场化改革的推进，私营企业大量进入，下游最终消费品市场基本实现了自由竞争，但在多数上游行业大型国有企业垄断特征依然明显。石油、电力和天然气等垄断行业处在工业部门上游，其中间产品价格的制定势必会影响下游行业的投入成本进而影响其创新决策。此外，在中国为数不多的价格垄断案件中，中间品价格垄断案占据了较大比例。在纵向市场结构下，中间品价格操纵、排他性合约是影响下游企业创新激励的重要因素。显然，对于反垄断部门来说，深刻认识纵向垄断市场结构如何影响企业创新是非常重要的。

文章利用2005—2007年中国工业企业数据，系统研究了上游垄断对下游企业创新的影响及其作用机制。研究结果表明，上游垄断抑制了下游企业创新；基于中介效应模型的影响机制检验发现，上游垄断主要通过控制原材料或者中间投入品价格，进而抬高下游企业经营成本，降低企业创新能力；特别是，上游垄断显著抑制了小企业创新，而对大中型企业创新的抑制效应并不显著，上游垄断对国有企业创新的抑制作用微弱，对外资企业创新也无影响，却显著阻碍了民营企业创新；此外，企业可以通过进口缓解国内中间品价格上涨给创新带来的不利影响。

结论的政策含义：第一，打破上游市场的行政垄断和进入壁垒，鼓励民营资本进入，增强上游市场竞争活力。第二，进一步放宽原材料和中间品进口限制，通过进口更低成本的原材料、中间品减轻对国内上游市场的依赖，有力抗衡上中游市场形成的卖方垄断。第三，强化《反垄断法》执法力度，加强对纵向市场竞争状况的分析和监管，完善反垄断法配套法规及相关产业政策的制定及实施。第四，鼓励中下游企业进行跨区域、跨行业合并，逐渐形成对上中游市场的抗衡力量，确保整个经济形成稳定的竞合关系格局。

文章的主要贡献在于：第一，抛开现有研究多从横向市场结构或者纵向市场下游垄断影响上游企业创新的思路，实证分析上游垄断对下游企业创新影响效应及影响机制，进一步丰富了纵向市场结构影响企业创新的理论。第二，研究更加符合中国目前的经济实践，有助于揭示中国上游垄断如何影响下游企业创新，为相关决策部门制定政策提供科学依据。特别是，文章系统考察了进口对上游垄断与下游企业创新关系的影响，发现进口能有效缓解上游垄断对下游企业创新的抑制作用，为从贸易开放视角消除上游垄断对下游企业创新的不利影响提供了重要启示。

(供稿人：郭树龙)

【自然垄断与混合所有制改革——基于自然实验与成本函数分析法】

陈林

《经济研究》2018年第1期，原文18千字

对于城市公用行业、自然垄断领域的改革，中共十八届三中全会作出了根本性的制度设计：国有资本在自然垄断环节必须保持控股，其混合所有制改革应是谨慎的，混合所有制改革的优先对象是非自然垄断的竞争性环节。自20世纪80年代始发的国企改革，学术争鸣长期聚焦于"要不要改"的必要性讨论，对"怎样改革"等实际问题的解答有所欠缺。本文试图跳出"为产权改革而谈产权改革"的桎梏，探索这个当前体制改革面临的重大理论与现实问题——自然垄断领域如何进行混合所有制改革。

文章使用1998—2008年全国规模以上的公用企业数据，剔除产品价格因素的影响，以成本函数分析方法测算不同的公用事业领域的自然垄断属性及其全要素生产率，并以基于自然实验的三重差分法，对自然垄断、混合所有制改革与企业生产效率之间的关系进行实证检验。结果表明：第一，在统计意义上，混合所有制改革不能显著提升自然垄断环节的企业全要素生产率；第二，混合所有制改革不应该在全国和所有公用事业领域内"一窝蜂"地推进，不区分自然垄断与可竞争程度的改革存在政策效果的不确定性；第三，相对于自然垄断环节，进行混合所有制改革后竞争性环节的企业生产效率得到显著提升，体制改革的"政策红利"更大。

结论的政策启示：城市公用行业的混合所有制改革应优先在非自然垄断的竞争性环节推进。鉴于判定具体城市具体公用行业的自然垄断属性，是其混合所有制改革中的关键环节，而这项工作又需要从成本数据出发，故而成本数据的准确性、公开性至关重要。为此，本文建议，城市公用企业的成本数据必须强制性地对政府行业管理部门公开，并可结合近期的立法工作予以推进。

文章的主要贡献在于：将混合所有制改革纳入自然垄断理论的框架下，具体区分了其在垄断性环节和竞争性环节的异质性效果，并有针对性给出了如何推进混合所有制改革的政策建议；本文的研究或将为推进自然垄断理论在国企改革研究领域中的应用提供思路上的启发和方法上的借鉴。

（供稿人：陈　林）

农业、工业和服务业

【产能过剩异质性的形成机理】

朱希伟、沈璐敏、吴意云、罗德明
《中国工业经济》2017年第8期，原文17千字

2008年全球金融危机以来，国内外经济紧缩使中国工业领域产能过剩问题日益突出。产能过剩导致生产要素配置扭曲，降低社会资源的整体利用效率，成为我国经济运行中的突出问题。产能过剩现象并非中国经济发展面临的新问题。1998年以来，尽管治理产能过剩的政策不断出台，但治理效果却不尽如人意，具体表现为落后产能久调不去，"僵尸企业"僵而不死。

文章以煤炭行业为例，在国有、民营二元所有制框架内探讨政企合谋与补贴政策对不同类型企业产能过剩形成的作用机制。理论研究表明政企合谋是造成民营落后过剩产能的重要原因，而补贴政策是"僵尸企业"过剩产能形成的一大诱因。政企合谋不仅使得本该淘汰的落后小煤炭企业存活在市场上，而且还诱使有能力投资安全清洁生产设备的企业转而选择交保护费，并以落后的方式生产，加剧落后产能的形成。与此同时，针对国有煤炭企业的补贴政策虽有利于保障国有煤炭企业安全清洁生产，但会带来一定的效率损失，滋生一批依靠补贴而存活的国有"僵尸企业"过剩产能。在理论研究的基础上，文章估计了政企合谋与补贴政策带来产能过剩的企业比例及其对社会福利的影响。由于落后产能会带来更多安全事故以及环境污染，数值模拟结果表明政企合谋带来的民营落后过剩产能比补贴带来的国有"僵尸企业"过剩产能造成更大的福利损失。

结论的政策启示：化解中国目前面临的严重产能过剩，首先需要理解不同类型产能过剩背后的成因。文章发现中国产能过剩问题的形成不仅来源于政府干预，而且也来源于政企合谋。正本需清源，面对产能过剩，市场手段可以缓解和化解，但如果不能厘清各类企业产能过剩的表现及成因，去产能政策的效果会大打折扣。毋庸置疑，减少政府补贴有助于解决国有"僵尸企业"过剩产能，但民营落后产能的主要症结在于政企合谋。处置"僵尸企业"成为本轮去产能的重点，然而依然需要警惕民营落后产能在经济转暖、市场行情变好时卷土重来。

文章的主要贡献在于：第一，将Melitz（2003）异质性企业模型拓展到国有、民营二元结构，将过剩产能分为民营落后的过剩产能与国有"僵尸企业"过剩产能，分别探讨这两类过剩产能的形成机理，为后续产能过剩研究提供了一个新的分析框架。第二，从政企合谋视角切入，提供了民营落后产能过剩及淘而不汰的理论解释，丰富了关于中国产能过剩形成机理的研究文献。

（供稿人：沈璐敏）

【产业精准扶贫作用机制研究】

刘建生、陈鑫、曹佳慧

《中国人口·资源与环境》2017年第6期，原文12千字

中央政府在《中国农村扶贫开发纲要（2011—2020）》中明确提出产业扶贫是扶贫开发工作的重点。扶贫开发发展阶段和扶贫方式的变化促进了"产业扶贫"方式变化和重心转移。从粗放型扶贫转变为精准扶贫，产业扶贫也相应地从初步概念逐步细化到县、到村、到户，成为"产业精准扶贫"。国内外学术界对扶贫工作的研究为扶贫事业的发展奠定了坚实的理论基础。但是，产业精准到户（产业精准扶贫）的实质是什么？产业怎么作用于贫困户、实现贫困户的精准脱贫？这些现实的科学问题鲜有文献论及。

文章以产业精准扶贫与传统产业扶贫的区别以及产业精准扶贫怎样发挥作用这两个科学问题为研究对象，从微观尺度研究产业精准扶贫的作用机制。研究表明：第一，产业精准扶贫与传统产业扶贫不同。产业精准扶贫将产业透过村庄到农户，与贫困户的土地、资本和劳动力等生产要素有机地结合起来。第二，产业精准扶贫作用机制是通过利益相关方共同对土地、资本和劳动力等生产要素进行匹配的过程。第三，产业精准扶贫是一个共同参与的过程。第四，产业精准扶贫是实现贫困人口增收发展的有效路径，但仍须注意风险防患。

结论的政策启示：第一，产业精准扶贫可以理解为以产业扶贫精准到户为核心，多主体利用各自生产要素作用于产业项目，以促进贫困户脱贫目标的实现。第二，产业精准扶贫凸显了贫困户的主体性作用，着重强调贫困户自身拥有的土地、劳动力要素的参与，真正建构了多主体、多要素参与的机制。第三，产业精准扶贫不仅作用于贫困户自我发展能力的培育，也对公民意识的培育起促进作用。第四，产业精准扶贫具有其他帮扶模式所不具有的优势。但是产业发展风险、相关扶持政策的稳定性也会影响产业精准扶贫的运行和成效。

文章的主要贡献在于：第一，创新性地提出了"产业精准扶贫"的概念；第二，从微观尺度研究产业精准扶贫的作用机制，以产业精准扶贫与传统产业扶贫的区别以及产业精准扶贫怎样发挥作用这两个科学问题为研究对象，剖析产业精准扶贫到户的实质，研究了产业怎样作用于贫困户的机制；第三，政策上，地方政府在精准扶贫的工作中充分利用"产业精准扶贫机制"，促进产业发展的同时注重带贫利贫机制，将贫困户延伸带入生产、流通和消费的各个环节，实现贫困户脱贫，最终实现共同富裕。

（供稿人：刘建生）

【金融体制改革与经济效率提升——来自省级面板数据的经验分析】

刘贯春、张军、丰超

《管理世界》2017年第6期，原文17千字

新古典金融自由化的主流信条强调，中国的金融体制改革违背了市场化原则，从而不能有效配置金融资源。然而，中国经济的长期出色表现正是在其金融体制改革的市场化进程中取得的。这些典型事实至少可以佐证，中国的金融体制对其经济发展没有抑制作用。由此引申的问题是，如何正确看待中国金融体制在经济效率提升进程中的作用？其传导机制为何？中国金融体制改革的未来之路在哪里？回答这些问题，不仅关系到中国金融体系格局的合理设计问题，更关系到国家金融体系改革的重大战略规划问题。

文章采用非径向方向距离函数测算了

2000—2013年中国的省级绿色发展效率，并分解为纯技术效率和规模效率，随后构建Tobit模型从规模扩张和结构调整两方面全面考察了金融体制改革对经济效率的影响。效率测算结果显示，绿色发展效率和纯技术效率整体较为低下且呈现"U型"的演化趋势，而规模效率较高并呈现先上升后稳定的态势。进一步的计量模型发现，金融发展显著改善了纯技术效率，并足以弥补其对规模效率造成的损失，从而促进绿色发展效率的提升。特别地，金融结构与经济效率显著相关，股票市场较银行业更有利于提升经济效率。此外，2008年国际金融危机强化了金融体制改革对经济效率的积极作用。

结论的政策启示：第一，继续加大金融深化力度，充分发挥金融体系对纯技术效率的提升作用。具体而言，逐步放开金融市场管制以构建完善、有效的资本市场体系，同时加强银行业的服务质量和效率，注重对绿色技术创新和先进管理模式的资金扶持。第二，制定合理的金融资源分配制度，扭转国有企业和大型企业对金融资源的垄断，从而实现金融体系对规模效率的积极作用。特别地，当前阶段中国的金融体系仍旧为"银行主导型"，应侧重对具有良好发展潜力的民营企业和中小企业提供银行信贷。不过，从长期来看，以"市场主导型"金融体系为导向，大力发展直接融资市场将更有利于实体经济的绿色发展。

文章的主要贡献在于：第一，将能源作为要素投入和CO_2作为非期望产出纳入效率测算框架，从而估计得到更能反映经济发展的绿色发展效率。同时，将绿色发展效率分解为纯技术效率和规模效率，从而识别金融体系影响经济效率的传导机制。第二，从多维度解析中国金融体制改革带来的规模扩张和结构调整，从而实证检验金融体系与经济效率的关系。第三，将2008年国际金融危机视为一项准自然实验，实证检验了这一外生冲击的重要作用。

（供稿人：刘贯春）

【劳动力供给变化对制造业结构优化的影响研究】

阳立高、龚世豪、韩峰
《财经研究》2017年第2期，原文20千字

在人口老龄化、高等教育大众化与全面二孩的多重背景下，我国劳动力供给正发生深刻变化，并将对制造业结构优化产生深远影响。当前我国劳动力供给变化对制造业结构优化的影响突出表现为以下几个方面：一是低端劳动力供给数量长期不可逆趋减，成本上升，数量型人口红利消退，制造业原有比较优势不复存在；二是人均受教育水平提高，但传统人才培养模式下创新型人才紧缺，科技创新能力较低，制造业新的竞争优势难以形成；三是人口结构转变，总抚养比上升，适龄劳动人口数占比下降，高抚养比抑制制造业结构优化。探讨如何顺应劳动力供给变化，顺势推进制造业结构优化，具有重要的理论价值与现实意义。

文章以1992—2013年省级面板数据为样本，从劳动力供给数量、质量与结构的综合视角来探讨劳动力供给变化对制造业结构优化的影响效应。结果显示：一是劳动力供给数量增加有利于促进制造业结构合理化，但对制造业结构高度化影响不显著；二是劳动力供给质量提高显著提升了制造业结构合理化水平，却不利于制造业高度化发展；三是反映劳动力供给结构的老年、少儿抚养比上升显著抑制了制造业结构合理化与高度化发展，且老年抚养比的抑制作用明显大于少儿抚养比。

结论的政策启示：第一，积极应对人

口老龄化，进一步调整和放宽人口与计生政策，缓解劳动力供给数量快速下降对经济增长的负向冲击。第二，创新教育体制与人才培养模式，以市场需求为导向，校企协同合作，联合培养产业发展所需的各层各类人才，尤其是要加快培养高技术产业所急需的个性化、多样化的高层次创新型人才，依靠创新驱动制造业转型升级。第三，建立健全养老与母婴保障体系，使尽可能多的劳动力从高抚养比的束缚中解放出来，并适当延迟退休年龄，增加有效劳动力供给，促进资源优化配置，促进制造业结构升级。

文章的主要贡献在于：第一，从劳动力供给数量、质量与结构三重维度综合探讨劳动力供给变化对制造业结构优化的影响。第二，从技术梯度视角，根据技术水平的高低将制造业分为低、中、高端技术制造业三大类，探讨劳动力供给变化背景下制造业由低端向高端升级的高度化过程。第三，分析制造业各细分行业间资源配置的优化程度，从高度化与合理化两个维度综合反映制造业结构优化，进而探讨劳动力供给变化对制造业结构优化的作用机理与影响效应。

（供稿人：阳立高）

【劳动力技能提升对中国制造业升级的影响：结构升级还是创新升级？】

李磊、刘常青、徐长生
《经济科学》2019 年第 3 期，原文 12 千字

近年来，随着"人口红利"的消失、劳动力成本上升，以低价为核心竞争优势的"中国制造"面临巨大生存压力，转型升级是中国制造业唯一的出路。要素禀赋动态变化是驱动制造业升级的重要内在因素。当下，中国劳动力禀赋条件的变化突出表现在数量和质量两个方面。数量上，劳动力绝对数量在下降；质量上，高学历劳动力的比例在持续上升。高学历劳动力具备的学习和创新能力能够在生产中发挥"干中学"的作用，推动知识技术密集型产业深度发展。因此，劳动力质量对现阶段制造业升级更为重要，如何发挥好人才在产业升级中的作用成了亟待回答的重要问题。

文章首先在 Ju 等（2015）理论模型的基础上说明了劳动力技能提升对制造业升级的影响，接下来利用 2005—2015 年省—行业层面的数据实证检验了这一影响。研究发现，中国高技能劳动力的占比正在逐年提高，促进了制造业升级。机制分析发现，相比于低端制造业，劳动力技能提升促进了高端制造业劳动生产率及利润率的提高，进而促使要素向高端制造业领域配置。进一步的研究发现劳动力技能提升对制造业整体创新能力并没有显著影响。上述结论在利用"高校扩招"构建工具变量进行检验后依旧成立。这表明，当下劳动力素质提升对制造业发展的促进作用更多表现为结构升级而非创新升级。

文章结论的政策启示：第一，继续发展高等教育，提升劳动力质量。既要推动本科、研究生教育的发展，也要办好高等专科职业教育，加强专业技能型人才的培育。第二，提高人才培养质量，加强创新能力培育。这需要高校特别是工科类院校在人才培养上兼顾现实需求，更好地依托国家战略把产学研协同创新发展好。第三，鼓励人才流动，提高人力资本配置效率。东部地区应当在现有的基础上进一步降低人才流入的制度门槛和显性成本，完善住房补贴、随迁子女教育等多种政策措施，吸引人才流入。

文章的主要贡献在于：第一，用就业人员的受教育水平来测算劳动力的技能水平，并依此计算高技能劳动力的比重；第二，严格按照技术密集度对制造业各行业

进行划分，并从技术进步的角度给出了制造业结构升级的定义，此外，还从创新角度考察了劳动力技能提升对制造业内核升级的影响；第三，利用中国"高校扩招"的准自然实验作为外生冲击，构建高技能劳动力供给的工具变量，以此来解决反向因果等内生性问题。

（供稿人：李 磊）

【网络借贷的角色转换与投资者学习效应】

廖理、向佳、王正位

《中国工业经济》2018年第9期，原文19千字

投资者的投资能力为何会呈现出巨大的差异，是学术界长期以来关心的问题。通过后天反复练习来提高投资能力，已被学术界广泛证实，但仅通过简单的重复练习来提高投资能力，还存在瓶颈。有一类尚未被系统研究过的学习实践模式可能有助于投资者获取额外信息及提升投资能力：如果某项工作的从业者有过角色转换经历，即有过作为该项工作对手方的实践经历，则从事该项工作时能更得心应手。例如，有过经营企业的经历的风险投资家在风险投资中投资业绩会更好；在学术界中常见的同行评议制度也是因为匿名审稿人在相关领域有过撰写和发表论文的经历，通常更能给待审论文提出有价值的修改意见。这类基于角色转换的学习现象在生活中比比皆是，将该学习效应概括为基于角色转换的学习行为。

文章通过对国内一家P2P网贷平台交易数据的分析发现，投资者存在着基于角色转换的学习效应，具体表现为：如果投资者发生过角色转换，即有作为其交易对手方——借款者的借款经历之后，其投资业绩会显著提升，该学习效应在考虑了内生性问题之后依然稳健。被动的角色互换经历并不能提升投资业绩，而主动的换位思考才能带来学习效应。投资者在角色转换之后其投资风格出现显著改变，更偏好信用风险较小的借款。

结论的政策启示：第一，通过角色转换经历可以获取在角色转换前所无法获取的信息，并通过基于角色转换的视角进行思考，将通过角色转换经历获得的信息进行加工、归纳和总结，是优化实践学习效果的有效途径。第二，股票市场投资者可结合在监管机构或上市公司者的工作经历，揣摩政府在当前形势下的最优策略，评估上市公司管理者在特定情境下的意图，以便准确研究判断政府政策走向和宏观经济形势，合理预测股价走势。风险投资者对融资者所提供的信息进行换位思考，分析融资者提供信息的原因和出发点，并可据此对于融资者构想的创业项目前景进行更准确的预判。

文章的主要贡献在于：第一，借助新兴互联网金融中P2P网络借贷平台的数据严格、充分地检验了上述基于角色转换的学习效应。第二，基于角色转换的学习效应的研究不仅有助于进一步完善投资者学习的相关理论，同时也具有较大的现实指导意义。

（供稿人：向 佳）

【政府补贴驱动工业转型升级的作用机理】

王昀、孙晓华

《中国工业经济》2017年第10期，原文20千字

政府补贴作为财政支出政策的重要工具之一，是政府实施宏观调控和产业政策的重要手段。面向企业的生产性补贴主要有弥补市场失灵、提高出口竞争力和获得规模经济效应的功能，但是，其对产业升级的作用效果一直没有得到应有的解释。

面对日益增强的资源环境约束和激烈的市场竞争,中国工业遭遇可持续发展瓶颈,亟待转变发展方式,全面优化升级。如何利用有限的财政资源充分发挥其对经济发展方式转变和产业转型升级的激励作用,是理论界和各级政府关注的焦点问题之一。

文章基于联立方程模型从工业行业层面检验了政府补贴的产业升级效应,并利用广义倾向得分匹配法从微观工业企业层面考察生产性补贴对企业生产经营行为的导向性作用。研究结果表明:政府补贴激励了微观企业和行业整体的研发投资水平;虽然行业的出口规模扩张对工业转型升级具有显著促进作用,然而政府补贴不再以鼓励扩大出口为导向;在依靠优化市场结构实现规模化和集约化生产的升级路径上,政府补贴没有起到明显效果,促进小企业扩大生产规模的同时导致了行业集中度的降低。

结论的政策启示:第一,以政府补贴的形式进一步鼓励工业企业开展技术创新活动、加大企业研发投资。第二,鼓励高技术、高附加值工业品的出口,限制低附加值的加工贸易产品与生产过程高能耗高污染的产品出口。第三,以多种形式鼓励重点工业企业扩大生产规模,促进跨地区跨所有制的兼并重组,通过产业组织结构的调整优化推进工业规模化和集约化生产。第四,进一步加大环境规制的力度,将部分政府补贴定向用于购置或升级减排和生产设备,鼓励工业企业开展有助于节能减排的工艺创新活动。

文章的主要贡献在于:第一,根据中国工业化进程中陆续出现且日益突出的制造低端化、高能耗和高污染问题,首次提出将产业升级分为提升工业增加值、节约能源与减少污染排放三个层面,深化并完善了产业升级的内涵,并选择绿色生产率作为工业转型升级水平的衡量指标。第二,建立了包括产业升级、补贴和中间机制三个子方程的联立方程模型,不仅能够检验出政府补贴作用于产业升级的具体途径,而且有效地避免了内生性问题带来的估计偏误。第三,利用广义倾向得分匹配法考察了政府补贴对个体企业研发、出口和生产规模的影响,证实了生产性补贴作用于工业转型升级的微观机制,保证了研究结论的稳健性和可靠性。

(供稿人:王　昀)

【中国工业产能利用率的测度、比较及动态演化——基于企业层面数据的经验研究】

范林凯、吴万宗、余典范、苏婷

《管理世界》2019年第8期,原文20千字

化解产能过剩问题是党的十八大以来供给侧结构性改革的重要内容之一,只有寻找到产能过剩的成因,才能够"对症下药"。目前对产能过剩的研究仍存有争议:一方面,究竟何类行业存在过剩并未完全达成共识,政府文件一直将钢铁、电解铝、水泥、平板玻璃、船舶等五大行业视为典型过剩行业,部分研究也支持这一结论,但也有学者提出了不同意见,认为尚存在其他更为过剩的行业;另一方面,现有诸多成因文献并未就中国产能过剩形成机理完全达成共识,"市场失灵论""国有企业软约束论""地方政府竞争性补贴论""潮涌理论""渐进式改革论"等诸多成因理论均未能从实证角度论证其自身的重要性。可见,这些争议的背后原因在于可靠产能利用率数据的缺失以及由此导致的实证研究缺乏。

文章基于生产函数理论,进一步扩展成本函数法的产能测度框架,试图解决要素价格水平变化、成本函数形式单一以及内生性问题导致的测度偏差;同时,借鉴

生产率分解框架对产能利用率变动来源进行分解。此外，文章利用 1998—2007 年中国工业企业数据库进行了相关分析。需引起重视的结论主要有：第一，并非政府文件认定的典型产能过剩行业产能利用率最低，尚存在 89 个四位代码行业产能利用率低于这类典型过剩行业，二者的区别主要是政府认定的过剩行业中只有国有企业存在明显过剩。第二，政府文件认定的典型产能过剩行业中，企业进入退出以及产能扩张行为均直接推动了行业产能利用率的增长，这与现有认识相悖，意味着政府长期在这类行业中推行的产能管制政策需要被进一步审视。

结论的政策启示：第一，要重新审视产能过剩治理的目标行业，将钢铁、水泥、电解铝、平板玻璃、船舶等五大行业作为产能过剩治理对象是否合适。第二，典型过剩行业中过剩企业主要是国有企业，非国有企业过剩现象却并不显著，这意味着"去产能"政策可能还需要进一步从国有企业改革入手。第三，将产能管制（企业准入、产能扩张均受审批限制）作为治理过剩的重要手段，可能尚需进一步研究。

文章的主要贡献在于方法方面，从产能的现实概念出发，基于生产函数理论改造成本函数法测算产能利用率的框架，解决了现有测度方法在产能概念界定上的部分问题。第一，假定同一个四位代码行业使用一个生产函数，但技术的异质性反映在全要素生产率的差异中，这避免了用行业数据估计时不同行业的要素禀赋、技术水平一致性的问题。第二，应用较为成熟的生产函数估计方法来替代成本函数估计，以避免内生性造成的利用率估计偏差。

（供稿人：吴万宗）

【中国制造业产业结构空间关系与实证】

刘明、赵彦云

《经济理论与经济管理》2017 年第 3 期，原文 13 千字

制造业作为中国实体经济的核心产业，在近几十年的发展中取得了辉煌成绩，但另外，一个严峻的现实是，中国制造业中有很大一部分属于劳动密集型产业、制造初级产品产业、低附加值产业、高污染高能耗低效率产业，这些产业的存在使中国的制造业发展受制于人，同时也付出了巨大的环境成本。在经济发展过程中，政府和监管当局通常需要对产业结构的调整演化过程进行适度干预，目的是实现产业结构的合理化、效率化和高级化，以进一步实现经济的可持续发展。因此，制造业产业结构调整已经成为当前中国经济发展的一个重要战略议题。

文章从空间角度对中国制造业产业结构问题进行了研究。在空间分布上，制造业产业结构出现了北京、上海、广东、重庆等四个优化省域，并以四个优化省域为中心，形成了四个制造业产业结构优化板块，且中心省域的制造业产业结构优化带动周边省域的产业结构优化，空间影响及辐射效应明显。通过构建产业结构影响因素模型发现，中国制造业产业结构空间依赖关系明显，并且发现对外开放程度是影响制造业产业结构调整的重要因素，对外开放程度越高，产业结构越趋于优化；同时发现 R&D 投入也是促使制造业产业结构优化的一个重要因素；人力资源结构在金融危机发生时期对制造业产业结构变动产生的影响并不明显，但在后危机时期对制造业产业结构优化产生了显著的正向影响。

文章指出从下述几个方面入手促进中国制造业产业结构调整优化：一是多区域布局，形成以点带面的结构优化趋势；二是加大研发投入，优先促进高端制造业发

展，进而促进制造业的产业结构优化；三是引进外资、扩大开放，以提升资本密集型制造业、高端制造业的比重；四是加大人力资本投入，优化人力资本，提高人力资源素质。

文章的主要创新在于，从空间关系的角度对制造业产业结构的调整演化及动力因素进行分析研究，实现空间数量分析方法在制造业产业结构研究中的应用。

（供稿人：张雨潇）

【中国资本市场对绿色投资认可吗？——基于绿色基金的分析】

危平、舒浩

《财经研究》2018 年第 5 期，原文 14 千字

在可持续发展思想的指导下，人们对绿色投资的生态价值达成了共识。而绿色投资能否兼顾环境绩效和财务收益的"双重目标"，无论是在理论上还是在实证上都还没有得到统一的结论。绿色基金已成为中国绿色投资市场上发展最快的绿色投资工具之一，这意味着我国机构投资者开始将环境要素纳入其投资决策中，以实现资本逐利性和环境可持续性的"双重目标"。尽管绿色投资市场特别是一级绿色股权投资市场的数据还相当有限且不具有可比性。但绿色基金作为绿色投资的"门户"，为研究绿色投资的表现提供了一个切入点，可通过绩效评估来反映现有中国资本市场对"绿色"资产投资的定价。

文章在系统梳理了绿色投资研究的发展脉络的基础上，基于绿色基金的"门户"特征，选取 22 只绿色基金作为研究对象，在选定市场基准和匹配非绿色传统基金对照组的基础上，利用收益和风险的直接评价方法以及基于因素模型（单因素模型和 Carhart 四因素模型）的风险调整收益评价方法评估了绿色基金的绩效表现，并进一步分析了基金投资者（绿色投资者）的收益敏感性。研究结果表明：第一，样本基金的直接收益与风险评价显示，我国绿色基金承担的风险低于市场基准，其直接收益与传统基金和市场基准没有显著差异。第二，基于单因素模型的绩效评价显示，现阶段我国绿色基金的风险调整收益要低于市场基准和传统基金，投资策略差异和成立时间长短对基金收益和风险有影响。第三，基于 Carhart 四因素模型的分析结果显示，我国绿色基金的投资表现要显著低于市场平均水平，市场风险因子、价值因子和动量因子可以较为客观地解释绿色基金的收益。第四，绿色基金投资者的收益敏感性不高。

研究启示：第一，政府应进一步推动绿色投资市场的培育与发展，包括绿色投资主体的培育、绿色投资意识的培养、绿色金融产品和服务的创新激励以及绿色投融资制度体系的建设。第二，机构投资者应转变投资观念，积极主动地将环境因素纳入投资决策，更加关注绿色投资的长期收益，从而引导整个社会绿色投资的发展。

文章的主要贡献在于：第一，首次提出从环境金融、社会责任投资和金融创新的视角来审视绿色投资研究的发展脉络，是探讨建立绿色投资这个新兴研究领域的系统研究体系的初步理论思考。第二，系统评价了我国绿色基金的收益与风险，得到了很多新的发现，为尚有限的我国绿色投资研究提供了新的直接证据，也为政府制定政策提供了决策依据。

（供稿人：危 平）

【产业扶贫基金的运行机制与效果】

刘明月、陈菲菲、汪三贵、仇焕广

《中国软科学》2019 年第 7 期，原文 13 千字

产业扶贫是我国精准扶贫的重要举措，在推动贫困人口脱贫增收、带动贫困村整体发展方面发挥着显著作用。但我国以往的产业扶贫主要由政府主导或推动，更多的是一种政府行为，存在资金使用效率较低、可持续性差等问题。在坚持政府推动的前提下，引入市场机制和市场力量参与扶贫，是提高扶贫精准性和效率的有效途径。目前，我国已初步探索形成兼具市场化和政策性的产业扶贫基金模式，该模式的运行机制是怎样的？通过哪些渠道带动农户？带动效果如何？具体实施过程中还存在哪些制约因素？回答以上问题对于完善产业扶贫基金的运行机制，提高产业扶贫基金的实施效果，推动产业扶贫模式创新具有重要意义。

本文在阐述产业扶贫基金运行机制的基础上，利用 5 省 10 家企业的典型案例数据分析产业扶贫基金的带动方式及实施成效，进而探究产业扶贫基金模式的优势和面临的困境。研究结果表明：产业扶贫基金模式以基金的形式为贫困地区具有发展前景和带动能力的龙头企业注入资本，通过产业资本和贫困地区资源的结合，形成"产业基金＋企业＋贫困地区资源＋农村人口"的运行模式；产业扶贫基金通过直接生产带动、就业带动和资产收益带动显著提高当地农户的家庭收入水平，还明显增加贫困地区财政收入、改善当地生态环境等；与政府主导的产业扶贫相比，产业扶贫基金具有资金使用效率高、产业扶贫精准度高、可持续性强等优势；但产业扶贫基金仍处于探索阶段，实施中还面临被投资企业经济利益与扶贫责任较难平衡等困境。

为更好地完善产业扶贫基金的运行机制，充分发挥产业扶贫基金的潜力，提高其扶贫覆盖面和扶贫效果，本文针对产业扶贫基金模式面临的困境提出以下建议：第一，加强基金管理公司对被投企业的监督，保证扶贫目标的实现。第二，地方政府积极搭建平台，加强与产业扶贫基金的合作。第三，加大贫困地区基础设施投资力度，增加产业扶贫基金实施效果。

文章的主要贡献在于：第一，在揭示产业扶贫基金模式理论依据的基础上，从参与主体及其作用特征方面阐述产业扶贫基金的运行机制，丰富了产业扶贫的相关理论。第二，利用典型案例分析产业扶贫基金的带动方式及实施成效，进而挖掘该模式的优势和面临的困境，有助于完善产业扶贫基金的运行模式，为贫困地区提供可参考的产业发展创新模式，从而促进贫困地区特色产业发展。

（供稿人：刘明月）

【电商参与提升农户经济获得感了吗？——贫困户与非贫困户的差异】

王瑜

《中国农村经济》2019 年第 7 期，原文 14 千字

互联网应用扩张对收入结构底部人群的影响一直具有争议性。近年来，中国农村电商的迅速发展和电商扶贫的热潮涌现，电商似乎被视为农户乃至贫困群体突破原有市场分割、更充分对接大市场从而实现脱贫增收的新理想渠道，但其具体效应如何有待验证。经济获得感是民众直接而综合的体会，通过电商参与的经济获得感效应评估及对结果可能的解释，有助于重新审视包括电商扶贫在内的更广泛的扶贫举措的现实效应。文章选取经济获得感作为电商普惠性的一种考察视角，探究农户是否从电商参与中提升经济获得感，以及贫困户与非贫困户在电商参与中的经济

获得感效应是否存在差异。

文章使用清华大学中国农村研究院2017年暑期调查数据中6242户农户数据，利用倾向值匹配法评估了电商参与对农户经济获得感的影响，并对贫困户和非贫困户进行了分组比较。研究发现：电商参与对样本农户横向现实和纵向预期经济获得感均具有显著的提升效应；但分组比较结论有所不同——在横向现实经济获得感方面，电商参与对贫困户的提升效应更大；而在纵向预期经济获得感方面，电商参与对贫困户的提升效应则几近于无；当前脱贫攻坚中面临普遍的强外部政策性、弱内生动力性问题或许是该结果的可能解释，较强的扶贫政策会在政策期内将资源集中投向贫困户，而参与电商的贫困户，往往也在电商扶贫的热潮中得到了针对贫困户的特殊扶持；同时，贫困户能力不足和内生动力缺乏的特征对电商扶贫政策效果形成基本制约，电商即便要对资源禀赋条件欠缺、能力不足的贫困人口实现"赋能"也具有时滞性。

结论的政策启示：第一，电商扶贫对贫困户作用的可持续性及其质量，有待进一步观察和分析。第二，贫困户的发展动能和预期困境是当前更为突出的矛盾。对于政府制定政策或者企业等社会力量参与电商扶贫而言，依然要着眼于贫困户能力的改变，为技术普惠性奠定能力可及性的根基。本文的结论对包括电商扶贫在内的各类扶贫举措具有参考意义。

文章的主要贡献在于：第一，将电商影响研究从电商专业村扩大到普通村落，从专业农户扩展到一般农户及其中贫困户和非贫困户两类群体。第二，首次关注了经济获得感，并从横向现实和纵向预期两个维度来评估电商参与的经济获得感效应。

（供稿人：王　瑜）

【服务业比重上升降低了中国经济增长速度吗】

魏作磊、刘海燕

《经济学家》2019年第11期，原文14千字

从农业经济到工业经济再到服务经济是人类经济社会发展的普遍规律，目前英美等发达国家服务业比重已达70%甚至更高。进入服务经济社会后，发达国家经济增长速度随着服务业比重的提升普遍呈现下降趋势，对这一现象的一个经典解释是鲍莫尔的"成本病"理论。2015年中国服务业占GDP比重超过50%，根据国际经验，中国将步入"服务经济"时代。中国经济增速是否也会重蹈发达国家经济发展"旧辙"进入低速增长阶段？这显然是亟须回答的重大理论问题。

本文运用2006—2016年中国285个城市的面板数据检验了服务业比重上升对经济增长的影响。结果显示：服务业比重上升与经济增速总体上呈正向关系；分行业来看，生产服务业发展与经济增速正相关，生活服务业发展与经济增速负相关；通过门槛模型进一步检验不同人力资本水平下服务业比重与经济增速的相关关系表明，随着人力资本水平提升，服务业比重上升对经济增速的正向影响由不显著逐渐转为显著，最后呈现"J"型相关关系；在信息数字化经济背景下，服务业比重上升并不必然导致中国经济增速下降。

结论的政策启示：第一，以"鲍莫尔成本病"假说指导当前中国产业政策不合时宜，构建现代化经济体系仍需高度重视和大力发展服务业。第二，认为服务业比重上升会导致经济"脱实向虚"或"去工业化"是对服务业的误解，做强实体经济需高度重视知识、技术和人力资本密集型服务业。第三，大力推进信息、科技和知识密集型服务业与工业、农业以及服务业内部其他行业的深度融合是实现现

代服务业创新活力转化为经济增长动力的重要途径。第四，发展服务业不仅要重视生产服务业，更要重视人力资本发展需要的生活服务业。

本文的主要贡献在于：第一，基于服务业突出的异质性特点，分类检验了服务业比重上升对中国经济增速的影响，发现不同类型服务业比重上升对经济增速的影响不同，提示学界与政策部门不宜"一刀切"看待服务业，要注意服务业内涵的复杂性与外延的动态性。第二，在当前全国重视与做强实体经济背景下，强调了服务业不仅是现代经济体系中实体经济的重要组成部分，更是工业生产高级化的表现形式和必然要求，有助于纠正一些学者对实体经济和服务经济的错误认识。

（供稿人：魏作磊）

【改革时期农业劳动力转移与重新配置】

蔡昉

《中国农村经济》2017年第1期，原文10千字

1978年12月18—22日，中共十一届三中全会召开，重新确立了解放思想、实事求是的党的思想路线，决定把全党的工作重点转移到经济建设上来，为改革开放奠定了理论基础。几乎同一时间，安徽省凤阳县小岗村的18家农户，决定摒弃生产队"大呼隆"的劳动方式，实行包产到户。这一形式被称作农村家庭承包制，随后在全国得到推行，并导致人民公社体制的废除。这是对传统计划经济体制的最初突破。而小岗村的颠覆性制度创新，也就理所当然地被认为是中国经济改革的先行实践。从这开始，中国开启了高速增长的历程。

本文分析了改革时期农业劳动力转移与重新配置，以及对中国经济发展阶段的判断。研究发现：通过在相关领域进行体制改革，拆除一系列制度性障碍，农业劳动力得以退出低生产率的农业就业，突破城乡边界进行跨地区、跨产业和跨越所有制的重新配置，是40多年中国经济改革的重要成果；以保障充足的人力资源供给、保持高储蓄率并延缓资本报酬递减，以及通过资源重新配置效率对劳动生产率和全要素生产率增长做出显著的贡献，成为支撑高经济增长的重要源泉。

随着中国经济发展和人口转变进入新阶段，资源配置效应呈现减弱的趋势。然而，与相同发展水平的国家相比，中国农业劳动力的比重仍然过高，继续转移可以显著提高农业劳动生产率。鉴于制约劳动力转移的一个重要因素是户籍制度和农业土地制度，通过加快农民工城镇落户和农业规模经营，是进一步改革和实现农业生产方式现代化的关键。

本文的政策启示：第一，游离在户籍制度改革核心问题之外进行的配套制度改革，因现存的激励不相容问题，不能使核心改革得以突破。在存在着地方政府财政能力和支出责任之间矛盾的情况下，只要城市人口仍然有户籍人口和非户籍人口之分，农民工就终究无法充分均等地获得城市的基本公共服务。第二，聚焦于户籍制度的核心改革，有利于提出更明确的改革目标和措施。在新一轮改革中，由中央提出农民工市民化的改革目标，只有直接聚焦于户籍制度改革，才可能是可操作、可督促和可评估的。此外，直接提出农民工落户城市目标，可以使改革成本与改革收益之间的对应性更强。

本文的主要贡献在于：第一，着眼于回顾40多年的改革开放和发展如何促进农业劳动力转移，实现资源重新配置，并对经济增长和产业结构变化做出显著贡献。第二，对中国劳动力配置格局进行了描述并对中国经济发展阶段作出了判断。第三，在此基础上，揭示中国面临的进一

步改革任务，提出政策建议。

（供稿人：蔡　昉）

【货币政策如何影响商业银行负债结构：理论与实证】

辛兵海、张晓云、陶江

《世界经济文汇》2018年第3期，原文20千字

次贷危机表明，银行对批发型融资的依赖，在市场混乱时会增加整体的流动性风险。作为应对，巴塞尔委员会提出新型流动性监管政策，例如流动覆盖比率（LCR）和净稳定融资比率（NSFR），用以约束银行部门对批发型融资的过度依赖。既有文献更多探讨了批发型融资依赖对商业银行的积极作用和消极作用，及其对金融稳定的负面影响。然而，对于批发型融资依赖的成因，及其同传统货币政策之间的关系，仍然是一个开放性的研究课题。

文章基于中国宏观经济数据和微观银行数据，分析了货币政策对商业银行负债结构的影响。实证研究发现：商业银行可以通过不同负债融资来源之间的替代，来应对央行的货币政策变动。不论是在统计意义上，还是在经济意义上，货币政策的收紧通过降低商业银行的零售存款和提高其批发型融资，最终提高了批发型融资占比。这表明，货币政策收紧通过降低银行储备，提高银行持有存款的机会成本，进而造成了储蓄存款从银行部门流出。面对储蓄存款的外流，银行将通过增加对批发型融资的依赖度，为信贷投放进行必要的融资。由于所面临的金融摩擦程度存在差异，相对于中小银行而言，大型银行批发型融资的提高更加显著，但这会加剧系统性风险。

结论的政策启示：第一，监管当局应综合考虑银行异质性特征，对不同银行制定出差别化的调控政策，尤其是加强对大型银行的流动性监管，通过增加零售存款和批发型融资之间的转化成本，预防对批发型融资过度依赖所带来的流动性风险，进而增强金融系统稳定性。第二，相对于中小银行而言，大型银行可通过在不同负债融资来源之间的灵活替代来应对央行的货币政策变动，通过批发型融资对冲货币政策收紧对其信贷的影响，进而弱化了货币政策银行信贷渠道的效果，导致了一定程度上的货币政策中性问题。因此，加强对大型银行的流动性监管，有助于货币政策的有效实施。

文章的主要贡献：第一，将研究视角集中于货币政策对银行负债层面的影响，并着重探讨了当中央银行通过收紧货币政策以控制金融脆弱性时，所带来的系统不平衡性问题。弥补了现有文献仅对货币政策与银行资产层面相互关系进行研究的不足。第二，在政策上，从新的视角解读了货币政策和宏观审慎监管之间的交互影响，对于完善货币政策制定以及银行监管具有启示意义。

（供稿人：辛兵海）

【金融科技媒体情绪的刻画与对网贷市场的影响】

王靖一、黄益平

《经济学（季刊）》2018年7月，原文22千字

互联网金融，自作为一个独立概念，在"中国金融四十人论坛2012年年会"被谢平提出后，其发展过程始终伴随着来自不同源头、秉持不同态度的声音。互联网金融得益于信息技术，其发展速度远超传统金融：据北京大学互联网金融发展指数度量，在2014年1月至2016年3月间，增长了4.3倍。而同时以P2P网贷爆雷潮为代表的负面新闻也伴随着行业发展

而日益喧嚣。这些负面新闻的密集出现，则令公众对于互联网金融产生了质疑，甚至大有"污名化"之势。然而，截至目前，虽然金融科技发展情况有大量的结构化数据与指数可以度量，但对于新闻报道这种非结构化信息，尚无一个有效的量化分析。

本文基于逾1700万条新闻文本数据，使用主题模型、词向量模型等方法构建了2013年1月至2017年9月的金融科技情绪指数。指数刻画了媒体对于这一新兴行业的关注度与正负情感值。并利用867家营运中P2P网络借贷平台和706家"问题平台"的交易数据，分析了媒体情绪对于市场活动的影响。研究发现：对于正常平台，关注度、净情感的增长与平台成交量增长正相关；对于问题平台，关注度的影响与正常平台类似，但净情感的影响显著增大，同时Shibor、上期贷款余额等变量在正常平台、问题平台表现有所不同。上述结论在一系列检验中，保持稳健。

结论的政策启示：第一，金融科技情绪指数的构建为研究者、从业者、监管者提供了新的研究抓手。第二，对情绪如何影响市场进行了初步探索。分析结果在不同的时间滞后、不同的平台分组以及监管政策出台前后均具有较好的稳健性与经济学指导意义。第三，问题平台对于净情感的更高的敏感性和对Shibor、余额宝利率等金融环境变量的不甚敏感对行业层面的风险规避有所启发。第四，情绪指数的构建事实是提供了类似问题的研究方法论，即我们只需要简单的一些改动，便能从分析金融科技转变成其他可能的话题。

本文的贡献主要体现在三个方面：第一，刻画了新闻媒体对于金融科技——这一监管尚不充分的新兴金融市场的关注与正负情感的变化脉络。第二，探索了媒体情绪对于P2P网贷的影响，一方面考察了情绪对于平台交易情况的影响，另一方面，对这些影响在正常平台、问题平台的不同表现进行了对比分析，关键结论在一系列检验中保持稳健。第三，开发了一套具有一定通用性的情绪度量方法，指数构造的相关算法，在金融科技之外，也可研究其他一些问题，且从方法角度优于传统的基于字典与词频的方法。

（供稿人：王靖一）

【论服务规模经营——从纵向分工到横向分工及连片专业化】

罗必良

《中国农村经济》2017年第11期，原文15.6千字

如何推进农业规模经营，已有研究关注于农地流转及其规模经营，忽视了农业分工问题。规模经济的本质在于分工与专业化，但在主流经济学文献中，纵向分工理论与横向分工理论则是相互割裂的。在农业领域，没有横向分工基础上的区域专业化与组织化，就不可能有外包服务市场容量的生成，农户参与的纵向分工也就难以深化，从而揭示农业生产性服务规模经营的决定机理。

文章发现，农业领域纵向分工与服务外包的形成，既受市场容量的限制，亦反向促进市场容量的生成。农业服务规模经营的关键变量是：（1）纵向分工中的可交易频率。同一种作物的不同生产环节在一个生产周期内需要劳作的频率不同。在播种面积不变的条件下，低劳作频率意味着将此环节外包所能形成的交易频率相对较低，反之，高劳作频率则意味着高交易频率。高交易频率意味着较大的市场容量。（2）横向分工中的可交易密度。其一，单个农户一旦参与横向分工进行专业化种植，即意味着该农户某一作物的种植面积达到其经营面积的极值，此时将该作物的某一生产环节外包，能够增加此环节

服务交易密度,扩大此环节服务的市场容量;其二,对区域内多个农户而言,他们同时专业化种植某一作物,并将该作物的同一生产环节外包出去,能够有效增加服务外包的交易密度,扩大市场容量。前者表达农户专业化,后者表达区域(同向)专业化。(3)区域布局及其交易半径。要在扩大市场容量的同时降低交易成本,不仅意味着多个农户进行同向专业化生产,还意味着在"异地"服务交易情境下的区域专业化生产、集中化与连片化生产,以及考虑到交易半径与交易成本而形成的多中心交易圈,从而蕴含着区域专业化与生产布局组织化的含义。

结论的政策启示:第一,将农业家庭经营卷入分工,需要鼓励农户的专业化种植,在此基础之上培养不同生产环节的外包服务经营主体。第二,改善农业生产布局的组织化,支持区域性的农户参与的横向分工以及连片种植的同向专业化。第三,构建区域性、多种类、多中心的具有适度交易半径的各类农业生产性服务交易平台。第四,农地规模经营与服务规模经营是实现农业规模经营的两条并行不悖的路径。

文章的理论意义:将"斯密定理""杨格定理"与交易成本理论(科斯定理)结合,将纵向分工理论与横向分工理论进行整合,能够深化对市场容量、分工深化、交易成本及其相互关联性的理解。

(供稿人:罗必良)

【民营资本的宗族烙印:来自融资约束视角的证据】

潘越、宁博、纪翔阁、戴亦一
《经济研究》2019年第7期,原文19千字

融资约束是制约中国民营企业发展的关键因素,而民营企业高速发展的事实表明,其可能有一套克服不利于自身发展的独特机制。已有研究表明,中国的关系和声誉机制可以起到替代法律保护和金融制度的作用,而同样注重关系和声誉的宗族文化可以为理解民营企业融资问题提供一个新的视角。在宗族文化的影响下,具有遗传血缘联系的个体联结形成宗族关系网络。而关系网络可以促进信息共享、价格发现和降低搜寻成本,是获取金融资源的重要渠道。因此,宗族关系网络作为中国差序格局式人际关系中最为核心的一环,也可能为民营企业提供一套突破正式融资难题的可行方案。

文章使用中国明朝至1990年各个城市的族谱数据测度宗族文化,并构建中国民营上市企业的融资约束KZ指标,研究发现:地区内的宗族文化越浓厚,民营企业面临的融资约束越小;信任、信息交互和道德规范是三条潜在的影响路径;在宗族文化浓厚的地区,更多宗族成员参与企业的股权融资,企业可以依托于宗族获得更多商业信用,但并不能从正规的金融机构获取更多的信贷支持;对于在当地拥有较大宗族势力以及在本地经营的企业家而言,宗族文化的影响更为明显;人口流入带来的人口结构变迁会削弱宗族文化的影响;在宗族文化浓厚的地区,企业的融资成本更低。

研究启示:第一,在当前中国面临复杂国际环境和国内经济下行的双重压力下,应鼓励和引导宗族文化嵌入民营经济的经营治理,以充分发挥宗族文化数千年来发展形成的资源配置功能,进而提高民营企业的生存能力。第二,正式制度建设是一个长期而缓慢的过程,当前阶段应大力弘扬中国传统文化中积极有益的部分,以弥补正式制度难以满足中国经济高速增长之要求的缺憾。

文章的主要贡献:第一,实现宗族文

化从社会学、人类学和经济学研究到公司金融领域的扩展。宗族文化对中国的经济、社会发展影响深远，本文利用上市公司的数据提供了来自融资约束视角的证据支持。第二，扩宽了文化与公司财务交叉研究这一新兴领域的研究范畴。从文化视角考察公司财务行为是近年来的学术前沿，但目前财务学领域对中国的传统文化依然关注不足，本文是对弥补这一缺憾的有益尝试。第三，"融资难、融资贵"一直是制约民营企业发展的桎梏，本文有助于市场各方更加清晰地理解民营企业融资难题的克服机制。

（供稿人：潘 越）

【农业供给侧结构性改革的关键问题：政府职能和市场作用】

黄季焜

《中国农村经济》2018年第2期，原文13千字

21世纪初以来，农业供给侧出现的诸多问题值得深思。围绕农业供给侧结构性改革问题，学术界已有不少讨论；但随着讨论持续推进，农业供给侧结构性改革成为一个无形的筐，什么问题都往里装，而对产生农业供给侧结构性问题的深层次原因却被淡化。如果不能针对产生问题之根源开展改革，往往只能治标不治本。

本文旨在分析农业供给侧结构性问题、形成过程及主要原因，并探讨了未来农业发展趋势和农业生产结构调整的方向。研究指出：实施农业补贴和提高农产品价格在促进农民增收的同时，带来的问题更多；对市场干预不但成本高昂，而且产生一系列供给侧结构与质量问题；因为市场失灵和公共投资不足，使农业难以提供更加安全、更高价值、让消费者信任的农产品与食品；对农业供给侧结构存在问题的原因分析表明，政府对市场的过度干预（或没有充分发挥市场配置资源功能）、对市场失灵问题关注不够、对农业公共物品与服务供给不足是根本原因。改革需要市场与政府各自发挥其无法替代的作用；政府的主要职能是完善市场价格形成机制和解决食品安全、食物安全、资源安全、市场环境等领域存在市场失灵和公共产品与服务供给不足等问题；农业要可持续发展，还需要"有所为有所不为"，未来要更加关注高值、绿色、特色、多功能等农产品或农业服务业的发展。

基于本研究提出如下政策建议：第一，深化农产品市场改革。通过市场改革促进资源配置和农业生产结构的优化；通过市场软硬件建设，改善市场环境、完善市场监管体系，解决食品安全的市场失灵和投入不足问题。第二，调整与转变目前财政支农政策体系。在产品上，要逐渐从以粮棉油糖为主的财政支持体系向粮食以及优势、特色、绿色的农产品和多功能农业转变。在职能上，要明确区分政府和市场的作用，把财政资金用在生产力提高以及食物安全与可持续发展等市场失灵领域的公共物品的投资。第三，充分利用"两个市场、两种资源"。通过适度进口农产品，减缓国内水土资源承载压力，协调食物安全和资源安全。第四，农业发展要"有所为、有所不为"。在确保国家口粮安全基础上，促进高值农业的发展，使农业成为优势产业。第五，通过创新与改革提高主要农产品生产力和竞争力。补贴和保护提高不了生产力，还导致资源错配；制度创新、技术创新、市场改革和公共投资不但是过去还将是未来提升中国农业生产力和竞争力的最主要驱动力。

（供稿人：黄季焜）

【人口年龄结构与金融结构——宏观事实与微观机制】

余静文、姚翔晨

《金融研究》2019年第4期，原文16千字

我国人口年龄结构面临巨大转型，整个人口年龄结构将呈现蘑菇状，总抚养比进入上升渠道。如何应对人口年龄结构变化对经济的负面影响成为一个重要又具有实际意义的问题。在人口老龄化背景下，通过发展金融市场，提高资源配置效率是应对措施之一，人口老龄化将导致要素投入减少，此时提高要素的配置效率能够为经济发展带来新的动能。跨国数据揭示了伴随人口年龄结构变化的还有金融抑制程度降低与金融改革进程提高的现象。人口年龄结构还能够对金融市场的发展产生影响，金融市场的发展不仅依赖于金融资产的供给，而且还取决于金融资产的需求。

人口年龄结构转型是否能够通过影响家庭资产配置，从需求面对金融结构产生影响呢？文章基于最优金融结构理论以及家庭资产配置影响因素两支文献，分别使用跨国/地区数据和中国微观家庭数据展开实证分析。首先，文章使用跨国/地区的数据考察了人口年龄结构和金融结构之间的关系；其次，文章使用2013年CHFS数据，在微观家庭层面上，分析家庭人口年龄结构对家庭风险资产配置的影响。研究发现：伴随着人口老龄化程度提高的是金融结构更偏向银行导向。在采取一系列稳健性检验后，这一结论依然成立；家庭老年人口占比的提高会降低家庭风险资产的参与和持有；家庭老年人口占比提升会降低风险偏好程度。

研究的政策启示表现在：第一，在家庭养老负担逐渐加重的背景下，居民风险承担水平和金融资产需求均会受到负面冲击。政府在进行长期经济政策制定时应参考家庭老年人口占比的趋势和特点。第二，由于家庭持有不同类别资产，具有不同的风险偏好，政府在进行相关金融政策执行和市场调控时，可以根据不同区域老年人口占比的特点，采取不同的鼓励政策，有效地刺激不同类型家庭的投资需求，更好地助力实现区域经济的帕累托最优。

研究的主要贡献表现在：第一，研究将人口年龄结构因素纳入最优金融结构理论分析之中。林毅夫等学者提出了经济发展中的最优金融结构假说，但影响最优金融结构的因素中还缺少人口年龄结构。第二，研究将生命周期理论运用到家庭资产选择行为之中，由于人生不同阶段收入、风险偏好等特征上的差异，资产最优配置状态会随着家庭人口年龄结构变化而发生改变。第三，研究从人口年龄结构的角度分析风险态度的影响因素，对家庭风险偏好影响因素文献进行了补充。

（供稿人：余静文）

【数字经济、普惠金融与包容性增长】

张勋、万广华、张佳佳、何宗樾

《经济研究》2019年第8期，原文17千字

效率与公平是包容性增长的两大主题。互联网革命给全球经济和人们的生活带来了全方位的冲击。从经济学的角度看，这个冲击的影响可以归结到效率或增长和公平或收入分配二大方面，从根本上说，与包容性增长的理念具有内在的一致性。互联网革命所带来的信息或数据的创造和共享，有助于推动数字金融产业的兴起，改善金融的可得性和普惠性，进而促进包容性增长。考虑到中国当前经济下行的压力，收入不均等状况也并不乐观，系统、客观地探讨数字金融对包容性增长的影响尤为重要。

文章基于中国数字普惠金融指数和中国家庭追踪调查（CFPS）的匹配数据，评估互联网革命所推动的数字金融发展对包容性增长的影响。研究结果表明：数字金融的发展提升了家庭收入，并且农村低收入群体得益更为显著，进而有利于缩小区域和城乡差别，促进中国的包容性增长。就数字金融至包容性增长的传导机制而言，数字金融的发展帮助改善了农村居民的创业行为，并带来了创业机会的均等化。此外，通过对物质资本、人力资本和社会资本的异质性分析，研究还发现数字金融的发展特别有助于促进低物质资本或低社会资本的家庭的创业行为，进而帮助改善农村内部的收入分配状况。以上均证实了互联网革命下数字金融的包容性效应。

结论的政策启示：第一，数字金融服务对亟须提升收入的农村居民具有重要的作用，因此需要继续推进数字金融的发展，强化其在创业、增收和改善收入分配上的作用。第二，在推进数字金融发展的同时，要注重农村居民人力资本水平的提升，使得农村居民更好地享有数字金融所带来的普惠性。第三，在具体推进数字金融发展，尤其是为创业家庭提供借贷服务时，也需要强化甄别机制，确保有限信贷资源的优化配置。

文章的主要贡献在于：第一，在互联网革命和数字经济发展的背景下，首次利用由北京大学数字金融研究中心和蚂蚁金服集团共同编制的中国数字普惠金融指数，研究数字经济和数字金融发展与包容性增长的关系。第二，将中国数字普惠金融指数与中国家庭追踪调查数据（CFPS）相结合，从微观层面考察数字金融对居民收入和居民创业的影响，扩展数字金融经济效应的微观机制探讨。第三，进一步地，挖掘数字金融是如何通过物质资本、人力资本和社会资本的异质性影响居民的创业行为，丰富关于创业决定因素的文献。

（供稿人：张　勋）

【信息化提升了农业生产率吗？】

朱秋博、白军飞、彭超、朱晨
《中国农村经济》2019 年第 4 期，原文 15 千字

中国经济正由高速增长阶段转向高质量发展阶段。作为现代化经济体系的组成部分，农业发展正处于"调结构、转方式"的关键时期。推动农业发展的质量变革、效率变革、动力变革以及提高农业全要素生产率，事关农业供给侧结构性改革大局，也是中国农业现代化的必由之路。2018 年中央"一号文件"进一步明确提出"实施质量兴农战略"，加快农业由增产导向转向提质导向，不断提高农业创新力、竞争力和全要素生产率，加快实现由农业大国向农业强国转变。因此，在中国农业转变生产方式的攻关期，探究农业全要素生产率增长的重要驱动因素，对促进农业转型升级、加快推进农业现代化具有重要的现实意义。

基于原农业部农村固定观察点 2004—2016 年的农户数据和农村信息化补充调查数据，本文采用手机信号、互联网和移动网络的接通作为信息化的度量，运用倍差法分析了信息化对农户农业全要素生产率的影响，并对其构成因素进行分解和评估。研究结果表明，信息化发展对农户农业全要素生产率具有促进作用，这种作用主要来源于农业技术效率的提高，但农业劳动力技能受限制约了信息技术与农业生产的深度融合，导致了信息化对农业技术进步的影响无法显现。

结论的政策启示：第一，中国应在继续推进农村信息化进程的同时，更加

注重对农户信息技术应用和职业技能的培训,培育农村信息化专业人才和新型职业农民,提高农村劳动力素质,为进一步使用先进的农业生产技术提供必要的人力资本条件。第二,注重发展适度规模经营和机械化生产,以对劳动力流失进行有效替代,提高生产效率,促进农业稳定发展。

本文的主要贡献在于:第一,使用全国农村固定观察点的农户数据,由于单个农户的力量较难影响到本地区信息工程的建设决策,与宏观数据相比,微观数据中信息化建设的外生性更强,并在一定程度上避免了利用宏观数据测度农业全要素生产率可能遭遇的统计和加总偏误。第二,对全国农村固定观察点部分村庄的手机信号、互联网和3G移动网络的首次接入时间进行补充调查,不仅考虑了多元化的现代信息工具,也为使用倍差法来准确评估信息化工具的影响效果提供了可能。第三,本文所用数据时间跨度较长(2004—2016年),能全面捕捉信息技术变迁所带来的农业增长效应变化。第四,除全要素生产率外,本文还考察了信息化对农业技术效率变化和技术进步的影响,以深入了解信息化对农业全要素生产率的影响途径。

(供稿人:朱秋博)

【有偏技术进步与工业产能过剩——基于开放格局的供给侧改革】

刘航、孙早

《经济学家》2017年第1期,原文12千字

按照有偏技术进步理论,工业技术变迁并非总是希克斯中性,可能偏向提升某一要素的边际生产率。近几十年中国多数工业部门技术进步偏向资本,并在劳动力相对充裕背景下选择了要素互补的生产函数。资本偏向型技术进步推动了中国工业的高速增长,但随着这种动能释放殆尽,其造成的结构性矛盾不断积累,在当前二元经济及要素禀赋转型冲击下日益突出,产能过剩即为这一矛盾的显性化表现。产能过剩是企业预付要素所形成的生产能力超出实际所需,导致要素利用不足的现象。2009年以来不少行业持续面临产能严重过剩矛盾,大量经济资源配置到并不需要的领域而无法流出,要素错配普遍存在。分析有偏技术进步对产能过剩的引致机理,可为转换工业增长动力开辟新的视角,对新型开放格局下的供给侧改革形成一定启示。

文章沿着Basu和Weil(1998)、Acemoglu和Zilibotti(2001)等经典文献,采用历史分析法,回顾中国工业要素禀赋的演变历程,分析了有偏技术进步对工业产能过剩的引致机理。研究发现了一个长周期的传导链:(1)强制性技术变迁有力配合了中国工业化进程,但也导致技术进步过早偏向资本要素;(2)企业选择了资本偏向型技术进步后,又不得不适应当时劳动力相对充裕的禀赋结构,采用要素互补生产函数,资本和劳动力投入同时扩张,实现了中国工业增长奇迹,同时积累了巨大的工业产能;(3)随着劳动力成本上涨,固化的生产函数下资本难以替代相对昂贵的劳动力,致使大量冗余劳动力滞留于工业部门,从而造成了2009年以来的新一轮产能过剩;(4)在劳动力成本上涨下,产业投资开始向劳动力成本相对低的地区转移,但很多并非按照产业圈层的梯度转移,导致产能过剩进一步扩散。

文章针对新型开放战略下重构工业增长动力机制、有效化解产能过剩矛盾,提供了三方面的路径启示。第一,深化国内要素市场改革,推动工业生产要素间充分替代,从而释放工业冗余劳动力,有效配

合资本偏向型技术进步；第二，抓住"一带一路"建设机遇，加快国际产能与装备制造合作，让国内产业资本与国外资源充分结合，实现国内外产业发展共赢；第三，以构建国家创新体系为目标，增强原始创新能力，支持创新主体面向全球布局创新资源，积极参与世界科技创新治理。

文章的主要贡献是：从长周期历史角度分析了中国工业产能过剩的发生机理；发现了非适宜技术下既能实现工业高速增长，又为结构性失衡埋下了隐患；从科技资源适用性角度，为治理产能过剩"做减法"的同时给工业发展注入新的增长动力提供了若干可行建议。

（供稿人：刘　航）

【中国现代农业经营体系的制度特征与发展取向】

张红宇

《中国农村经济》2018 年第 1 期，原文 12 千字

构建现代农业经营体系，是新时代坚定不移地实施乡村振兴战略的重要举措。分析中国特色现代农业经营体系成长发展的制度背景和内涵特征，把握不同主体的生成机制和功能定位，总结新型农业经营体系的制度环境和内生机理，展望其未来发展演变趋势，对推进农业供给侧结构性改革和中国特色现代农业发展、促使中国农业由弱势向强势转变、实现农业农村现代化和乡村振兴意义重大。

文章基于理论分析，抽象提炼了中国现代农业经营体系的演变逻辑与制度特征，并归纳概括了多元农业经营主体的功能定位。研究发现：第一，快速推进的工业化进程和独具特色的"三权分置"农地制度安排，使得中国现代农业经营体系呈现出主体多元、融合发展、利益共享的内生制度特征，决定了中国特色的立体式、复合型现代农业经营体系发展新格局。第二，家庭农场、农民合作社、农业企业、社会化服务组织在现代农业不同环节、不同层面表现出差异化功能定位和分工，激活了农业发展所需的各种资源要素，推动了传统农业向现代农业的历史性转变。必须坚持家庭经营的基础地位、多元经营方式共同发展和市场经济的行为导向。

结合新型农业经营主体成长的内部、外部环境因素来看，战略定位、生产效率、人力资本、政策环境成为判断中国现代农业经营体系发展取向的基础和前提。总体上看，中国特色现代农业经营体系将表现出以下发展取向：第一，分层化，普通农户持续减少，新型经营主体不断进入；第二，规模化，体现在主体自身规模化和经营服务面积规模化两个方面；第三，专业化，表现为经营产业高度集中化、农业经营主体职业化、农业生产性服务业高度发达；第四，协同化，不同经营主体风险共担、利益共享，形成相互关系更加密切和稳定的框架体系；第五，企业化，不断引入现代管理理念，经营主体的法人化特征也越来越明显，有效作用于农业竞争力的提升；第六，规范化，农业经营主体从数量增长到质量提升转变，通过做大做强实现可持续发展。

文章的主要贡献在于：第一，从农村内部土地制度变迁和农村外部工业化进程两个维度分析中国现代农业经营体系的形成逻辑，并归纳出其内生制度特征。第二，结合多元经营主体的功能定位和影响其成长的因素把握中国现代农业经营体系发展的未来方向。

（供稿人：张红宇）

【中国制造业产业结构的系统性优化——从产出结构优化和要素结构配套视角的分析】

史丹、张成

《经济研究》2017年第10期,原文18千字

经济发展的不平衡,是制约我国经济健康发展、阻碍现代化经济体系建设的关键影响因素之一。如今,我国制造业总体规模已经位居世界首位,综合实力和国际竞争力得以显著增强,但制造业深受稳增长和调结构的双重困境以及发达国家和新兴经济体的双重挤压,陷入低成本优势快速锐减和新竞争优势尚未形成的两难局面,导致制造业的发展在行业层面存在着诸多不平衡现象。如何通过制造业产业结构的系统性优化,缓解不平衡现象,是充分发挥制造业作为推动经济发展提质增效升级的主战场作用,进而有效助推现代化经济体系日益完善的关键所在。

文章以中国制造业两位数行业为样本,先分析产出结构的优化调整目标及节能减排潜力,后分析各种要素投入的联动配套问题,并重点针对其中的资本存量要素,测算并分析它的产能利用率状况。研究结果表明:依托新发展理念,制造业通过精准定位"补短板、强弱项、促新兴"领域、有效化解过剩产能、坚决淘汰落后产能等渠道来优化产出结构,可以降低碳强度至少一成;为降低要素错配,制造业产出结构优化调整后需要各种投入要素进行联动配套,特别是资本存量水平需要有较大幅度的变动;受经济增速放缓和投资惯性的影响,制造业预估基准值的产能利用率远低于历史均值水平,而投入要素联动配套后的产能利用率则可以回升至历史均值水平。

结论的政策启示:第一,力推传统产业转型升级,着力提升劳动密集型产业技术创新能力。第二,加强产业跨界融合,高起点推动以智能服务为核心的产业模式革命。第三,构建绿色制造体系,创新应用节能减排技术续力改造高耗能产业。第四,优化资本要素结构,注重引导制造业资本增量与存量的合理配置。

文章的主要贡献在于:立足经济绿色发展和产业自主可控,明确了行业碳生产提升的优化策略。文章依托新发展理念,兼顾基础产业、未来趋势、产业安全等关键因素,构建了产业结构的系统性优化模型,力图在破解关键产业创新、协调、绿色和质量发展不平衡问题的同时,既能摹画出行业碳生产提升的重点领域和优化策略,也有助于持续深化供给侧结构性改革、推进产业基础高级化和产业链现代化,建成自主可控的现代产业体系。

(供稿人:张 成)

第五篇

论著选介

【跨产业升级、战略转型与企业竞争力提升研究——基于科技型企业的案例】

何小钢

经济管理出版社2019年12月版，139千字

该书基于调研企业的研究，透析中小型企业普遍面临的转型困境。通过泰豪、东软等案例比较，力图系统地分析与总结中国典型科技型企业的业务发展、商业模式、技术特征等演进特征，从中窥见一些规律。更为重要的是，该书通过对上市IT企业发展战略、转型路径的比较研究，给中国广大中小型科技型企业的发展战略转型提供参考和借鉴。进一步地，针对中国本土科技企业跨产业升级过程中的"结构追随战略"问题提出了对策建议，对于推动本土企业实现高质量增长具有一定的实际指导意义，对新时期科技型企业管理者执行战略转型决策具有一定参考应用价值。在政府和企业两个层面针对中国本土科技企业跨产业升级提出了对策建议，为新时期政府引导科技企业转型提供了政策思路。

该书的主要观点包括：（1）企业跨产业转型战略与组织响应模型具有一定的应用价值。"渐进式战略转型与动态组织架构响应"模式特征揭示了转型战略与组织结构之间的互动关系，从而为中国内销型企业跨产业转型升级提供了可资借鉴的经验。（2）建立与跨产业、跨区域转型战略相适应的组织结构是达实成功转型的关键。快速的组织响应能力、高水平管理能力是解决"战略与结构"问题的前提。深圳达实智能通过建立行业事业部与区域中心，以响应在跨产业、跨地域战略下管理决策的复杂性和多样性。条块式的行业与区域管理体制推动公司业务沿着细分行业不断推向全国，为成功转型提供了组织保障。（3）与战略匹配的组织结构响应取得良好绩效。"渐进式战略转型与动态组织架构响应"模式是深圳达实智能成功转型的关键，深圳达实智能针对跨产业转型战略构建的条块式组织架构有效地提高了管理和运营效率，获得了显著成效。（4）技术条件、市场需求等宏观环境变迁是促使集成企业转型升级的重要诱因。（5）核心技术与核心资源是企业推进区域扩张、跨产业转型升级的必备资源条件。（6）并购整合与动态资源获取能力是推动跨产业转型升级的关键。核心资源和动态能力推动的跨产业升级绩效显著。与产品升级、功能升级和过程升级这些单一产业内部的转型升级不同，基于核心资源和动态能力所推动的跨产业转型升级不但给案例企业带来了营收能力的提升，而且完善了产业链。

该书遵循"以现实问题为引导，以理论创新为基础，以先进方法为支撑，以案例分析为特色，以对策措施为目标"的基本思路，按照"理论研究—案例分析—对策研究"的基本范式展开研究。如构建了跨产业升级战略转型与组织响应的整合性分析框架，"剖析跨产业战略转型过程与机制以及组织结构的策略性响应行为，并以深圳达实智能作为案例揭示了结构追随战略的互动过程及其对升级绩效的影响"。基于理论与案例经验提出了新兴经济体中企业动态调整组织响应能力成功实现战略转型的一个系统框架。

该书的政策启示在于：（1）梳理公司发展战略，强化战略咨询对业务发展的引导和拉动。确立核心业务板块以及相应的细分行业，确立战略性业务领域作为未来的创新发展业务，引领公司发展的战略性转型。（2）准确研判信息产业发展大趋势，加深对行业的理解和分析，为公司制定战略提供支撑。（3）大力实行业务聚焦战略，确立转型发展行业方向。在区域发展方面也需要更加聚焦，改变公司原有的不计成本、不择行业、不选区域的拓

荒式区域扩张策略，如果公司在某些领域具有核心竞争力，在原有业务逐步萎缩的情况下，可以调整经营策略，依靠核心技术或者核心能力，沿着细分行业走向全国，从而使业务结构更加均衡，实现跨区域发展的同时稳定营收增长。（4）加大研发投入，强化资质和技术对培育、提升核心竞争力的推动效应。（5）建立与发展战略相适应的管理架构，提升组织效率。构建与公司发展战略相配套的组织架构，在逐步确立了行业发展战略后，适时调整组织架构以满足"精耕行业"的战略要求。

该书的创新之处体现在：（1）对中国当前科技型企业多元化战略过程、绩效以及困境进行了比较好的梳理，从跨产业的视角提出了相应的分析方法，为理解中国科技企业转型升级提供了新思路。（2）系统描述了中国本土典型内销型科技企业跨产业升级的过程与机制，揭示了核心资源与动态能力在转型过程中的互动关系与重要作用，企业通过依托核心技术和资源，在并购整合中不断培育动态能力才能克服转型阻力，成功实现战略转型；同时分析了其转型战略所导致的组织响应行为，以及对企业绩效、竞争优势的影响，有利于更好地理解中国本土企业跨产业转型进程与特征；（3）基于理论与案例经验，提出了新兴经济体中本土企业基于核心资源发展动态能力成功实现战略转型的一个系统框架，这一框架对于理解发展中国家企业跨产业升级现象大有裨益；同时提出了新兴经济体中本土企业动态调整组织响应能力成功实现战略转型的一个系统框架。这一框架将宏观视角与微观行为结合起来，提炼出"渐进式战略转型与动态组织架构响应"模式，清晰地刻画了跨产业转型与组织响应的动态性，对于打开新兴经济体中的"战略转型与组织响应的黑箱"大有裨益。

（撰写人：何小钢）

【新常态下中国企业对外投资的理论创新与政策研究】

洪俊杰

科学出版社 2018 年 6 月版，253 千字

该书在回顾中国国际投资合作发展历程的基础上，结合相关案例和现有文献，深入探究中国目前对外直接投资的特征以及面临的困境：缺乏全球经营和管理理念、存在"走出去"的绩效问题、合规经营理念和企业社会责任意识缺失。立足当前经济发展新常态的大环境，借鉴其他国家已有经验，综合分析现有理论机制，重点解答如何转变投资输入国思维、建立对外投资的战略对策框架和培育具有国际竞争力的中国跨国公司等问题，最终完成对中国对外直接投资的理论创新，并从对外投资战略和策略、企业文化与社会责任、全球公司、国际经济合作等角度提出建设性的政策建议。

该书研究的主要内容包括：（1）新常态下国际投资合作的基本特征和趋势。重点研究：国际投资合作发展历程；中国国际投资合作新常态下的内涵、特征以及面临的挑战和机遇；新常态下促进国际投资合作的政策建议。（2）新常态下中国对外直接投资的基本特征。重点研究：中国对外直接投资的总体情况与发展历程；中国对外直接投资的地区和行业分布；中国对外直接投资的主体和过剩产能分析。（3）新常态下中国对外直接投资的理论创新与发展。重点研究：国内、外关于中国对外直接投资理论研究评述；中国跨国公司主导的跨境产业链理论；中国企业对外直接投资综合动因理论；新常态下中国对外直接投资理论的创新发展。

（4）新常态下中国企业对外投资的经营理念和责任文化。重点研究：中国"走出去"企业的企业社会责任调研分析；全球跨国企业社会责任成功实践分析；对中国"走出去"企业提升企业社会责任实践的建议；中国政府推动"走出去"企业社会责任建设的现状分析和建议。（5）新常态下中国企业对外投资的特点及全球公司战略转型的紧迫性。（6）新常态下全球公司及影响其发展的因素。重点研究：全球公司的发展现状和典型案例研究；影响全球公司发展因素的实证分析。

该书的主要观点包括：（1）中国已经进入投资输出超过投资输入的新常态阶段，加大国际投资合作将成为一个长期趋势，企业"走出去"的意愿加强。（2）新常态下中国企业以由点及面的方式在全球着力打造以我为核心的全球价值网络；对外投资主体和结构不断优化，投资方式多采取"抱团集群出海"，海外并购从单一控股向多元化转变，境外经贸合作区成为中国企业对外投资的新模式。（3）中国企业社会责任意识薄弱的原因在于企业对社会责任的认知没有与国际接轨，重视程度不够，自觉性差，存在侥幸和投机心理；政府对企业的社会责任要求过低，相应的法制法规不完善，NGO、行业机构和舆论力量对企业社会责任的监督作用仍需加强。（4）从企业社会责任的角度看中资企业对外投资失利的原因在于没有将企业社会责任融入企业文化和企业在东道国的长远发展战略；企业内部缺乏完善的社会责任标准和系统的社会责任管理制度；跨国经营和跨国履行社会责任的经验缺失；受"中国威胁论"的影响，"走出去"中资企业易被"妖魔化"。

该书采取定性分析和定量分析相结合的研究方法，在大量的典型事实的基础上，辅以案例研究、指标测算和计量经济学模型中 probit/logit 估计方法，使用实际数据对当前中国企业对外投资的现状、问题和趋势进行归纳总结；结合当前国内外经济环境，以实际问题为导向，深入走访一些知名的、国际化程度较高的国企和民企，试图探寻中国企业在"走出去"过程中遇到的瓶颈问题和痛点。

该书的政策启示在于：政府部门应根据中国企业"走出去"的现实需要，制定中国版本的企业社会标准，增强中国企业的国际话语权；积极推进政府间双边或多边合作，参与国际规则制定和合作议题设置；营造良好的合作环境，协调好各方力量，避免境外恶性竞争，制定相应的扶持政策并将其落到实处；充分发挥我国各驻外使领馆的优势作用，为我国境外企业提供帮助和指导。

该书的创新之处在于：用事实说话，通过大量的调研和典型案例分析，研究跨国公司的行为、发达国家的政府行为，在现有的理论基础上，系统性地解释和指导企业为什么"走出去"、何时"走出去"、怎么样"走出去"，以及"走出去"以后如何实现可持续发展；前瞻性地完成了海外中资企业的社会责任研究；创造性地提出中国企业在新常态下的对外直接投资理论；最终转化为行之有效的政策建议。

（撰写人：蓝庆新）

【轨道交通公益性与经营性平衡新模式】

林晓言、罗桑

社会科学文献出版社2018年5月版，415千字

该书以国家"十二五"发展规划、新型城镇化、轨道交通土地综合开发、中央力推"政府与社会资本合作模式（PPP）"等宏观经济与政策背景为依托，以创建具有可操作性的平衡方案为目的，

基于激励性规制理论和开发利益公共还原的思想，研究了轨道交通公益性与经营性的边界、公益性的计量方法、实现公益性与经营性平衡的战略步骤与方案设计等问题，并对国内外的案例和经验进行了总结。该书有助于发展公私合作理论、指导制定相关政策、促进规划项目落地实施并取得良好效果，可为轨道交通融资政策选择、组织模式选择等提供决策依据，为解决我国轨道交通发展中运营企业亏损严重、政府财政补贴负担沉重等问题提供了理论依据，对深化包括铁路在内的轨道交通投融资改革、促进轨道交通行业可持续发展具有现实意义。

该书的主要内容包括：（1）公益性与经营性平衡机制的理论基础。阐述了公益性与经营性平衡的现实需求，厘清轨道交通公益性与经营性的内涵，提出广义补贴框架。（2）公益性与经营性的计量。辨析轨道交通公益性的受益主体，提出GDP、受益主体和土地增值三种计量视角，主要以高速铁路为例进行测算，对比了京津、京沪、武广高铁的公益性与经营性。（3）平衡机制的设计。解析适合轨道交通的平衡路径，研究了外部补贴、内部补贴、价格机制的理论基础，探讨财税、开发、价格多种配套措施，提出了细化的、可操作的方案。（4）平衡机制的保障与实施。提出内部制度环境优化与外部制度环境优化的思路，对英国、韩国、日本、中国香港等国家或地区的铁路、地铁、高速公路的主要政策与主要模式进行了总结。

该书的主要观点包括：（1）辨析轨道交通的公益性应以轨道交通的双重身份为出发点。轨道交通作为运输系统的第一重身份，是轨道交通运输服务生产者和消费者分别实现企业效益与地点效用的投入要素；轨道交通作为经济基础系统的第二重身份，是社会经济系统和土地资源系统实现其增量效应的投入要素。因此，消费者的地点效用、社会经济的增量效应以及土地资源的增值效应，是轨道交通公益性的主要体现。（2）轨道交通公益性可以通过计算经济总量的增量、受益主体法、土地价值法计算。其中受益主体法根据以轨道交通双重身份为出发点的公益性定义，轨道交通受益主体可平行分解为社会受益、企业受益和个体受益，效益独立可加，本着和谐处理轨道交通经济利益与公共利益之间矛盾关系的宗旨，受益主体法可细化轨道交通的公益性。也可将这三部分空间利益载体化到土地价值上。（3）外部补贴机制、内部补贴机制和价格机制是实现轨道交通公益性与经营性平衡的有效手段。外部补贴机制通过政府以税收政策、财政补贴等方式，在兼顾公平与效率的前提下，实现对企业的激励；内部补贴机制依据轨道交通显著的公益性，在适当扩大项目合理边界的基础上，提高社会投资者的收益和分享比例，从而降低机会主义行为，也称为项目的内部激励；价格机制主要通过定价水平的设计满足社会福利最大化目标。

该书以"理论研究—实证分析—对策提出—案例辅证"的主要思路展开研究。从轨道交通的属性和身份入手，区分轨道交通公益性的不同视角，提出广义补贴的概念；从不同视角对轨道交通公益性与经营性进行计量，证实货币化后的公益性远大于经营性；根据理论框架设计，提出公益性与经营性的平衡机制与手段；在广义补贴的框架下，对国内外的经验进行总结。

该书的政策启示在于：在轨道交通项目的可行性研究中，应将实现轨道交通公益性与经营性平衡作为重要依据，在计量方面提出相应的国家标准；在已建成或正在建设的轨道交通项目中，政府部门应适当划分有限公益性的范围或受益主体的范围，设计相应的补贴模式；政府部门应通过综合开发将轨道交通融入城市和空间发展，代表公众维持轨道交通开发带来的经济价值,扮演好监督者的角色,避免社会资本投机行为。

该书的创新之处体现在:(1)"有限公益性"的首次提出。轨道交通公益性边界划分的标准应以轨道交通本身的属性为内界,以轨道交通经营活动影响区域或影响群体为外界,以轨道交通的运营期为考察期;社会经济增量、消费者的地点效用以及土地资源的增值是轨道交通"有限公益性"的主要体现,分别对应GDP、受益主体和土地增值三种计量方法。(2)"广义补贴"的首次提出。广义补贴包括以税费为主要形式的外部补贴、以综合开发为主要形式的内部补贴,以及价格机制。广义补贴建立在有限公益性基础上,具有广义再分配的性质。(3)公益性经营性平衡机制三维度理论框架的首次构建。基于"有限公益性"和"广义补贴",建立了轨道交通公益性与经营性的外部补贴、内部补贴、价格机制三维平衡理论解析框架。

(撰写人:林晓言、罗 燊)

【中部地区承接产业转移:理论与政策】

刘友金

人民出版社2016年12月版,630千字

该书将中部地区承接沿海地区产业转移置于全球产业链分工、后国际金融危机、区域协调发展、经济新常态等多重环境中,分析国际国内产业转移态势,探讨沿海地区产业转移的现实状况与潜在规模,研究中部地区承接沿海地区产业转移的承载能力、承接方式、承接路径、承接效应以及空间布局等问题,揭示产业转移及其承接过程的基本规律,为制定中部地区承接沿海地区产业转移政策提供理论依据。并针对中部地区的基础与现状,将承接产业转移与发挥资源禀赋优势、加快产业结构升级、优化产业空间布局、促进区域经济协调发展有机结合起来,研究中部地区承接沿海地区产业转移的基本路径与引导政策、空间布局与协调政策、结构调整与优化政策、综合配套与保障政策,为中部地区承接沿海地区产业转移提供系统方案。

该书研究的主要内容包括:(1)沿海地区产业转移的规模与结构研究。重点研究:沿海地区产业转移的现实规模和结构;沿海地区产业转移的潜在规模和结构;沿海地区产业难以向中西部地区大规模转移的成因。(2)中部地区承接沿海地区产业转移的承载能力研究。重点研究:产业承载能力测度方法;测度中部地区承接沿海地区产业转移的承载能力;分析中部地区承接沿海地区产业转移承载能力的省际差异。(3)中部地区承接沿海地区产业转移的方式研究。重点研究:产业转移过程中的企业集群行为与产业转移集群式承接;中部地区集群式承接产业转移的基本条件;中部地区集群式承接产业转移的平台建设。(4)中部地区承接沿海地区产业转移的路径选择与引导政策研究。重点研究:比较分析梯度产业转移和反梯度产业转移两条基本路径;通过新经济地理学模型与典型案例分析中部地区承接沿海地区产业转移的路径选择机理;结合路径选择提出中部地区承接沿海地区产业转移的引导政策。(5)中部地区承接沿海地区产业转移的结构调整与优化政策研究。重点研究:中部地区承接沿海地区产业转移与产业结构调整的关系;中部地区产业结构现状、调整目标及产业选择;促进中部地区产业结构优化的产业转移政策。

该书的主要观点包括:(1)产业集群式承接是中部地区承接产业转移的有效模式,即使在产业基础和配套条件较差的地区也能取得成功。中部地区应通过引入产业链"关键环节"或引入龙头企业,

进而以商招商、产业链招商,实现产业转移集群式承接。(2)承接地产业间的关联机制是承接产业转移效应发生作用的基础,中部地区承接产业转移对区域经济增长的作用效果明显。梯度承接和反梯度承接是承接产业转移的两条基本路径,中部地区承接沿海地区产业转移不能依赖梯度转移。(3)沿海地区产业向中西部地区转移的现实规模不断增加,但存在明显的地区差异。东部沿海、南部沿海地区是主要的产业转出地,中部地区承接的产业转移规模较大,西部地区特别是大西北地区承接产业转移规模相对较小。(4)沿海地区产业转移促进了中部地区产业空间布局调整,同时中部地区产业空间布局的变化也将影响对沿海地区产业转移的有序承接。中部地区应当着力培育综合比较优势,在承接产业转移过程中推进产业结构调整和产业结构升级。

该书遵循"以现实问题为引导,以理论创新为基础,以先进方法为支撑,以实证分析为特色,以对策措施为目标"的基本思路,按照"理论研究—实证分析—对策研究"的基本范式展开研究。如构建区域CGE模型模拟沿海地区产业转移情景,测度沿海地区产业转移潜在规模和结构;构建基于PREE复合系统的区域经济综合承载力测度模型,评价中部各省承接沿海地区产业转移承载能力;综合运用社会网络分析与"模式匹配"假设验证等方法,揭示产业集群式承接基本规律。

该书的政策启示在于:中部地区应当着力培育综合比较优势,在承接产业转移过程中推进产业结构调整和产业结构升级。为此,中部地区承接沿海地区产业转移的政策设计应当注重引导:一是梯度对接、错位发展,促进中部地区产业结构合理化;二是优势对接、协同发展,促进中部地区产业结构高端化;三是定位对接、有序发展,促进中部地区产业结构功能化;四是集群对接、融合发展,促进中部地区产业结构集群化。

该书的创新之处体现在:(1)理论观点上,产业集群式承接是中部地区承接产业转移的有效模式,认为该模式可以创造"局部区域优势",跨越承接产业转移过程中的"梯度陷阱",实现反梯度发展,是中部地区承接产业转移的有效模式,中部地区应通过引入产业链"关键环节"或龙头企业引导产业集群式承接;在承接沿海地区产业转移的政策设计上应当注重引导"梯度对接、错位发展""优势对接、协同发展""定位对接、有序发展","集群对接、融合发展",促进中部地区产业结构合理化、高端化,产业组织特色化、集群化。(2)战略思路上,中部地区承接产业转移要充分发挥综合比较优势,实施外源性发展与内源性发展有机统一的承接战略。这一战略要求:在技术水平承接上,做到梯度承接与反梯度承接相统一,避免单纯依赖外生比较优势承接而陷入"比较利益陷阱";在空间布局承接上,做到适度竞争与差异布局相统一,避免陷入"同构化竞争陷阱";在产业结构承接上,做到产业扩容与适度升级相统一,避免盲目追求技术创新和产业结构升级而陷入"赶超困境"。

(撰写人:刘友金)

【生态型产业结构研究】

吕明元等

人民出版社2019年1月版,330千字

该书创新性地提出"生态型产业结构"概念,并进行了较深入的理论分析;构建了生态型产业结构的评价指标体系,并对我国典型区域的产业结构生态化水平进行了定量性的评价;从不同的视角,对生态型产业结构的演进及其影响因素进行了实证分析；对浙、豫、鲁、津等地区进行了较广泛的调查研究与案例分析，对京津冀、长三角及珠三角等三大经济圈产业结构生态化演进路径进行了区际比较；对中美工业结构的生态化水平进行了国际比较。并从不同层面、不同角度提出了对策性建议。

该书研究的主要内容包括：（1）生态型产业结构理论与机制分析。在系统梳理国内外相关的前沿文献的基础上，总结了生态文明视角下产业结构演进的生态环境效应、节能效应、演进路径与支持机制等各方面的研究进展，并概括了生态型产业结构和产业结构生态化的概念。（2）产业结构生态化演进的实证分析与区域比较。构建了生态型产业结构的评价指标体系，计算了中国30个省份1985—2012年产业结构生态效率值，测度和比较了我国东部、中部、西部地区具有较好代表性的福建、江西、宁夏三省份的工业结构生态化水平。并以京津冀、长三角及珠三角为例，对三大经济圈产业结构生态化演进路径进行了区际比较。（3）调查研究与案例分析。基于浙江绍兴的实地调研，以及对豫、鲁、津90家工业企业的问卷调查，分析了企业生态化的特点、路径和影响因素，研究了环境规制对产业结构生态化转型的影响。并以上海市为例，构建了"互联网+"和产业结构生态化转型的评价指标，实证分析了"互联网+"对产业结构生态化转型的影响。（4）国际经验借鉴。从生态效率视角，实证分析和比较了中美两国工业行业生态效率及其影响因素，中国在产业结构生态化的过程中有几个方面的国际经验富有启发：积极进行经济结构调整，完善环境法律制度建设，构建协同高效的环境治理结构，推进环境教育立法与实践等。

该书的主要观点包括：（1）生态型产业结构是相对于传统的粗放型产业结构而言，对产业结构绿色发展形态的一种描述；产业结构生态化，是由粗放型产业结构向生态型产业结构转化的过程。（2）产业结构的生态化演进以产业生态化、企业生态化与产品生态化为基础，通过不同生态绩效水平产业的交替发展，促进生态要素在产业间合理配置与流动，是符合生态经济发展规律与产业结构演进规律的过程。（3）我国东部、中部、西部地区工业结构的生态化转型面临着不同的国情与任务，技术效应、结构效应、政策效应和规模效应在产业结构生态化过程中高度相关，环境规制对产业结构调整有直接影响，鼓励技术创新；发展第三产业特别是生产性服务业，对促进产业结构生态化转型具有重要意义。（4）产业生态化演进过程中存在两条路径：内生路径与外生路径。内生路径主要包括要素替代模式与"私人定制"模式，外生路径则包括要素收购模式、产业转移模式与产业集聚模式，并各有其代表性企业。

该书通过构建"生态型产业结构评价体系"的理论分析框架，把产业经济理论与生态经济研究进行整合与互补，拓展交叉学科研究领域，将相关的生态经济理论和方法进行改造应用于产业结构研究，构建生态型产业结构评价理论框架和指标体系；通过实际调研、问卷调查与案例研究等手段，分析了浙、鲁、豫等地生态型产业结构与其决定因素及其中介变量之间的相互关系，基于STIRPAT的扩展模型，对京津冀产业结构生态化演进路径差异化进行了研究和比较。

该书的政策启示在于：我国东部、中部、西部地区工业结构的生态化转型面临着不同的国情与任务，通过产业结构与能源消费结构调整的共同推进、调整能源生产与消费结构等措施来实现产业结构生态效率的提高，推进中国的产业结构生态化进程。而企业生态化转型则需从构建生态化企业文化、优化能源结构、推进产学研一体化、建立生态化管理体系四个方面来推进。促进互联网与传统制造业、高新技术产业有效融合等，是改进"互联网+"对产业结构生态化转型影响的对策选择。在中国经济发展的新常态阶段，需要采取基于市场和政府协同互补的可持续发展战略，同时推进内生与外生路径上的生态化演进进程。

该书的创新之处体现在：（1）研究视角上，从生态文明的视角对产业结构进行实证性评价与比较，创新性地提出了"生态型产业结构"概念。将生态经济理论和方法应用于产业结构评价研究，结合环境经济学和区域经济学等理论，尝试通过跨学科研究，为产业结构研究提供一个新的视角。（2）研究内容方面，构建了生态型产业结构评价指标体系，综合应用多种实证方法对生态型产业结构进行了评价研究，对我国典型区域的产业结构生态化水平进行了定量性分析；不仅考虑了三次产业之间的变化，而且注重研究工业结构内部的变化。（3）理论内容方面，尝试将可借鉴的国外相关理论、方法与中国国情结合，从生态文明的角度对产业结构优化的内涵进行重新界定，构建了生态型产业结构评价的理论分析框架，探索了生态型产业结构的演进机制与影响因素，在理论层面拓宽产业结构问题的研究视野。

（撰写人：吕明元）

【经济时空分析——基础框架及其应用】
荣朝和
经济科学出版社 2017 年 6 月版，250 千字

该书汇聚了作者在多年耕耘运输经济理论与政策研究基础上创新性提出时空经济分析框架的重要成果。内容包括理论探索篇和实践应用篇两部分。其中，理论探索篇包括"交通—物流时间价值及其在经济时空分析中的作用""论时空分析在经济研究中的基础性作用""关于经济学时间概念及经济时空分析框架的思考"3篇论文；实践应用篇包括"青藏铁路在西藏交通时空结构演变中的作用""铁路/轨道交通在新型城镇化及大都市时空形态优化中的作用""重视大都市区在城市化过程中的地位与作用""中央与地方关系对公共资源配置影响的时空分析""有责政府：从经济时空分析看产业政策之争""论企业价值的时空意义""厘清网约车性质推进出租车监管改革""网购信用问题的时空经济分析""关于匹配概念及其时空经济分析框架的思考"9篇论文。

该书的主要观点包括：（1）时空关系或时空结构是社会经济研究不可忽视的重要内容，但经济学缺少统一的经济时空观和分析方法，该书把经济时空的整体作为研究对象，特别强调时间视角的切入，同时还把交通—物流时间价值作为经济时空分析的核心影响变量，分别提出避免损失视角的时间价值、时间距离与位移链条、等距离曲线、时间及其价值的非匀质性以及满足时空关系要求的企业基本功能等分析思路。（2）论证了企业以企业精神为内核，以组织治理和组织架构为外在形式，以产业集群和供应链形态为深化拓展手段，以资本运营为增值运动方式，实现企业价值最大化。认为一个能真正创造企业价值的积极企业，必定是会计法则、生态法则和人本法则辩证统一的经济主体，在实现三者的辩证统一过程中，企业内部各要素之间及其与外部各要素之间始终处于对立统一状态，以此演绎出企业不同的存在形态，表现出不同的企业价值。（3）借鉴交易成本理论和社会学的相关研究成果，重构了信用的时空经济概念。

从网购信用问题形成的约束和驱动因素两方面出发,综合考虑影响信用问题的主观因素和客观场域因素,提出了网购信用问题的一般性分析框架。认为信用的时空经济学本质是一种不完全的隐性契约,是交易主体在交易活动中基于对方可置信的信息,所形成的一种对未来交易不确定性的良好期望。

该书特别注重突破经济学在时间分析与空间分析结合部上的弱点,通过改变经济学对完全理性的过度依赖,基于人的经济性和社会性可在趋利避害的时空尺度重构上获得一致的指导思想,学习借鉴相对论和社会学的时空观,补充构建了基于即期相对时间并结合经济时空场域的新一代分析框架——经济时空分析框架。

该书的政策启示在于:(1)在铁路发展政策领域,主张在已有青藏铁路的基础上进一步积极扩展铁路网,并构建适合西藏特点的综合交通运输体系,支撑西藏未来的长远发展。提出铁路需要树立新观念,更好地为城市服务,更好地推进城市化进程。(2)在城镇化发展政策领域,呼吁必须尽快研究我国大都市区的官方定义,填补城市化战略的重要缺环,把各百万人口以上蔓延式的传统特大城市转型为现代大都市通勤区,并将政府的行政组织与权力结构进行相应尺度重组,避免由于行政碎片化的延误而付出过大代价。(3)在政府行政治理政策领域,主张我国目前应进一步完善基层人大制度,在更大程度上实现地方政府与当地公众的激励相容,并进一步加强中央政府对地方政府的合法性监督。并主张让市场机制在匹配包括非价格匹配中发挥更充分的作用,明确政府对规范社会经济匹配行为负有责任并改善自己的行政匹配能力。(4)新业态发展政策领域,认为移动互联信息平台不但为出租车极度分散的供求提供了高效率的撮合匹配系统,实现了更有效的服务,而且具有动员社会资源的能力,使准入壁垒被其有效突破,在原本相当程度被垄断控制的出租车领域成功引入竞争。"互联网+"新业态带来的冲击提供了一个绝好的改革机会,同时也对政府改善行业治理水平提出了要求。该书关于厘清网约车性质和推进出租车监管改革的主要结论与建议,被后来该领域的事态演进不断证实。

该书的创新之处:(1)不仅拓展了运输经济、产业经济的基础理论体系,而且对于传统经济学缺乏时空观的既有研究范式产生填补空白的推动作用。(2)主流经济学相对忽视时空分析,传统的时空概念和时空背景使其难以适应并解释不断变化的经济社会,该书主张深刻剖析经济系统的时空关系,增加新的时空分析尺度并在此基础上尝试新的研究方法。(3)理论探索部分初步建立起了时空经济分析框架,应用分析部分则分别从现代交通网络的时空功能、都市化区域的时空形态、政府职能的时空尺度重构、趋利避害假设对有责政府的要求、企业价值的时空意义、网约车现象的时空本质、异步虚拟到场引起的信用风险、匹配行为的系统化认知等几个方面显示了经济时空分析的解释能力。

(撰写人:荣朝和)

【中国现代能源监管体系与监管政策研究】

王俊豪、史丹、刘戒骄、金通、王正新

中国社会科学出版社 2018 年 10 月版,376 千字

该书根据中国深化能源市场化改革和实现有效监管的实际需要,构建并论证了由能源监管法规政策体系、能源监管机构体系、能源监管监督体系和能源监管绩效评价体系构成的中国现代能源监管体系整

体框架。其中，能源监管法规政策体系是能源监管机构运行的依据，能源监管机构体系是监管法规政策的执行主体，能源监管监督体系是监管机构有效运行的保障，能源监管绩效评价体系是提高能源监管科学性的重要手段。它们有机联系、相互制约，形成一个整体的现代能源监管体系，这可望为实现政府对能源行业的有效监管提供制度基础。

该书研究的主要内容包括：（1）中国建立与完善现代能源监管体系的需求分析。重点研究：世界能源发展趋势与中国"能源革命"；能源体制改革是推进"能源革命"的关键；建立现代能源监管体系是能源体制改革的核心内容；中国现行能源监管体系存在的突出问题分析。（2）能源监管的基本理论。重点研究：能源监管的自然垄断理论、外部性理论、公共性与公益性理论、信息不对称理论、激励性理论。（3）中国现代能源监管体系的理论框架。重点研究：现代能源监管体系的构建目标与整体框架；现代能源监管体系建设的基本途径。（4）中国能源监管的立法导向与法规政策体系研究。重点研究：能源监管法规政策体系研究述评；能源监管立法基本导向；能源监管法规政策体系构建；能源监管法规政策体系建设路径。（5）中国能源监管机构与职能配置优化研究。重点研究：能源监管机构及职能配置优化导向；中国能源监管机构有序度评价及优化；中国能源监管职能配置及监管协调机制；中国能源监管监督机制。（6）中国能源监管绩效评价与应用研究。重点研究：能源监管绩效评价框架研究；能源监管绩效评价指标体系；能源监管绩效评价技术和方法研究；能源监管绩效评价实证研究与结果应用。（7）中国能源行业主要监管政策优化研究。重点研究：能源市场准入与监管政策优化；激励性价格模型与价格政策优化；市场势力测定与反垄断政策优化；能源安全生产监管政策优化；能源行业环境监管政策优化；新能源行业鼓励与监管政策优化。

该书的主要观点包括：（1）建立现代能源监管体系在能源体制革命中具有核心地位，是加快推进能源转型和高质量发展的客观要求。（2）构建并论证了由法规政策体系、监管机构体系、监管监督体系和绩效评价体系构成的中国现代能源监管体系整体框架。（3）中国现代能源监管体系建立与完善的基本思路及其途径是：完善能源监管法规政策体系、建立高效的能源监管机构体系、形成多元化的能源监管监督体系、构建科学的能源监管绩效评价体系，从整体上构建与中国社会主义市场经济体制相适应的现代能源监管体系。（4）中国能源行业监管政策优化，需要建立激励性能源价格监管模型，新能源补贴强度应和财政承受水平、新能源发展规模与成本下降率等相适应，大力加强电网及其辅助服务市场建设，切实提高新能源电力上网消纳能力。

该书以现实问题为导向，综合应用比较制度分析、实地调查、案例分析、计量经济分析等工具开展创新性研究。如在能源行业监管、法律法规与政策设计、监管机构设置、改革路径等领域与发达国家进行比较研究；实地调查能源监管部门、行业协会、企业、社会公众；对电力改革试点省市就输配电价核定、电力市场建设、新能源消纳等问题进行案例分析；运用计量经济方法评价能源监管对能源效率的直接因果效应。

该书的政策启示在于：放松能源市场进入监管，加强事中事后监管。建立激励性能源价格监管政策。根据能源市场化改革目标和进程优化反垄断政策。从能源安全生产监管法律法规完善、明确应急管理部作为能源安全生产监管主体、完善能源安全生产监管体系，进一步优化能源安全生产监管政策。强化垂直监管，全面实施行政执法与刑事司法联动，加大监管资源向基层倾斜，强化监管责任追究，建立公众参与的全面保障机制，构建能源环境监管大数据管理平台，从而优化能源环境监管政策。加强电网及其辅助服务市场建设，提高新能源电力上网消纳能力；促进新能源补贴政策科学化，切实提升财政资金引导效率。

该书的创新之处体现在：（1）理论贡献上，构建了与中国市场经济体制相适应的现代能源监管体系理论框架，探索出了现代能源监管体系建设基本思路和途径，并提出了能源监管政策建议，这为政府实现有效的能源监管提供了理论依据。同时，丰富了新兴的管制经济学学科内容，并推动了相关学科发展。（2）实践价值上，提出并构建了现代能源监管体系的基本思路和具体政策措施，为实现中国能源行业有效监管提供理论依据与实证资料。同时，强调理论联系实际，为政府有关部门制定与实施能源监管政策提供理论支持。

（撰写人：王　岭）

【新中国产业结构演变研究（1949—2016）】

武力、肖翔、郭旭红
湖南人民出版社2017年6月版，510千字

发展方式转变和产业结构升级是中国目前经济发展最根本、最重要的问题。从马克思主义唯物史观、经济发展史以及大国因素三个视角对中国产业结构演变的历史与现状进行的综合研究，目前学界还很少见。用唯物史观考察新中国67年来的变化：经济体制发生了急剧的变化，人们的社会生活和文化生活也发生了翻天覆地的变化。这些变化从根本上来说，源于一场静悄悄的"革命"：产业结构的演变。关于产业结构演变的研究，马克思主义者很早就运用唯物史观做过探讨。但是，改革开放以来中国学术界发表的关于产业结构演变的论著，往往忽视了马克思主义理论的贡献，而在吸取国外经济理论和经验并作比较时，又往往忽略了中国的大国和区域发展不平衡的特点。该书运用唯物史观和大国视角，从国情出发来研究新中国67年跨越式发展（传统工业化与新型工业化交错叠加）的历史，探讨产业结构升级和经济转变发展方式问题。

该书为国家社会科学基金项目"大国之道——1949—2015年中国产业结构演变研究"的结项免检成果，分为上、中、下编三个部分。上编部分——产业结构演变历史：包括新民主主义和计划经济时期、改革开放和经济转轨初期、重启重化工业和新常态下的产业结构的演变历史；中编部分——产业结构演变的原因研究：包括政府投资在产业结构演变中的作用、就业政策与产业结构演变、对外开放与产业结构转型升级关系研究；下编部分——部分主导产业专题研究：包括农业现代化与结构转型、产业结构演变中的钢铁工业、国防工业的发展、市场化下的金融业发展、产业结构变迁中的商业。研究的主要内容包括：（1）从社会主义大国政府拥有的强大资源动员能力、中央与地方政府的关系，以及地方政府之间竞争关系的角度，研究政府在工业化中的职责和作用。（2）从区域发展不平衡的角度，研究大国工业化与产业结构演变特点。（3）从大国特有的经济规模与内部需求角度，研究产业结构演变关系。（4）从大国经济禀赋动态变化角度，研究产业结构演进轨迹。（5）从产业结构演变与工业内部结构升级这种双重演变之间的关系，研究赶超型发展战略、大国因素等对这种双重演变的影响。

大国因素始终贯穿新中国67年工业化与产业结构演变历程中,其主要观点包括:(1)中国作为一个社会主义大国,政府特有的执政能力和社会动员能力是工业化和重化工业双重赶超的重要保证。(2)大国间的发展不平衡尤其是资源分布和经济发展的差异,可以推进区域间产业转移,形成国内的"雁阵战略"。(3)大国丰富的自然资源与劳动力资源,使得中国可以在相当长一段时间通过外延式发展推进工业化。随着工业化进入中后期,在自然资源、能源出现短缺,人口红利逐渐消失的情况下大国工业化面临求新求变的关键节点。(4)大国内部的巨大需求,是工业化赶超与产业结构升级的重要保证。(5)大国需要完备的工业体系、强大的国防工业以及中国在国际上的大国地位,使得中国工业化无论从经济还是政治上考虑,都不能过度依赖外部经济,而应当走独立自主的发展道路。

该书采取"长时段"的视野,主要运用经济史学、实证分析与比较研究方法。(1)"长时段"的视野。经济史学的社会价值往往被经济学界所低估,其中自然有部分学者的认识偏差与误读的重要原因。然而,经济史学研究过度追求"微观""碎片化"的做法无疑助长了经济史学无用论的观点,该书以现代中国为段,以产业结构转型升级为线,以大国工业化为切入点,对新中国产业结构演变历程、演变中的若干关系以及部分主导产业对产业结构转型升级的作用研究,为中国经济高质量发展提供借鉴。(2)"经济史"的研究法。对历史文献进行挖掘、梳理,研究政府在大国工业化与产业结构演进过程中职能的变化,为实证研究奠定基础;通过分析政府在产业结构演变中经济职能的转变,弥补经济学模型高度抽象的不足,增强对产业结构演变研究的"史感"。(3)"实证分析"法。坚持用数字、图表分析等方法,运用H-O理论研究产业结构比较优势的动态演化,运用雁行产业发展形态理论研究产业转移和经济发展方式的转变,运用投资发展周期理论研究中国ODI发展的阶段。(4)"比较"研究法。与美、英、德、法、日等发达国家,以及与亚非拉等发展中经济体进行比较,研究中国FDI和ODI的优势与劣势。

该书的政策启示在于:考察新中国67年工业化与重化工业的双重赶超进程,研究赶超战略下产业结构演变的大国特点,探索大国因素在工业化和产业结构转型中如何才能更好发挥作用,为新时代产业结构转型与经济高质量发展的良性互动提供有益借鉴。探讨大国工业化与产业结构演进的关系,分析新中国前30年重化工业优先发展对产业结构演变的影响,尤其是改革开放后30余年产业结构调整与"中国奇迹"的关系,为全面实现工业化,建设社会主义现代化强国提供政策参考。

该书采取"动态与静态统一""宏观与微观融合"以及"以问题为结点的跨学科"方法,对中国作为发展中大国的产业结构升级问题进行多维分析,其创新之处体现在:贯通新中国67年,从大国视角讨论中国作为一个后发国家,其工业化发展中产业结构的双重演变,阐释其内在逻辑关系;通过对历史资料的挖掘,特别是中华人民共和国成立以来经济档案资料以及地方志(工业卷)的研读,研究中国经济发展的功过得失,展现工业化与产业结构的演变历程与大国特点;将中国工业化置于世界各大国经济发展中比较分析,并融合国际关系学、政治学、军事学等多学科理论对该问题进行系统研究。

(撰写人:郭旭红)

【中国培育发展战略性新兴产业跟踪研究】

肖兴志

中国社会科学出版社 2017 年 12 月版，773 千字

该书是国家社会科学基金重大项目"世界产业发展新趋势及我国培育发展战略性新兴产业跟踪研究"的重要成果。该书以对世界产业发展新趋势的把握和对中国战略性新兴产业发展阶段的研判为基础，对中国战略性新兴产业的发展进行跟踪研究，寻求技术创新不充分、需求不足、产业低水平重复等制约中国战略性新兴产业发展突出问题的破解思路，并提出相应的政策完善建议。

该书研究的主要内容包括：（1）梳理分析历次工业革命的技术经济特征及其对中国工业发展战略调整带来的启示，对金融危机后主要国家的"再工业化"的进程进行了跟踪分析。通过以上分析，总结经验分析其对中国制造业发展尤其是"中国制造 2025"战略的影响。（2）在对中国战略性新兴产业创新能力基本情况进行基本描述的基础上，分析了当前中国战略性新兴产业技术源获取策略与途径的有效性，探究取得技术重大突破的动力机制，探究政府在破解战略性新兴产业技术创新融资约束问题中的作用。（3）结合战略性新兴产业发展阶段和产品技术特征，剖析各阶段市场需求培育重点。在此基础上分析了战略性新兴产业的资本市场对接现状和对接模式创新，给出了资本对接的可行策略与路径，进而探析战略性新兴产业商业模式的创新过程及阶段性特征，剖析战略性新兴产业商业模式创新中的障碍与困难。（4）对中国战略性新兴产业国际化发展水平进行了综合评价，同时也对对外直接投资区位分布以及战略性新兴产业群全球网路布局进行了系统分析，针对近年来出现的投资过度等问题，该书还集中分析了战略性新兴产业的产能利用及其在国际产业链上的竞争地位，据此分析中国战略性新兴产业的国际产业链融入问题。（5）分别针对节能环保、新一代信息技术、生物医药、高端装备制造、新能源、新材料和新能源汽车七大战略性新兴产业发展现状，分析了其空间分布、区域发展差异，并结合具体案例跟踪分析了各个产业在发展中遇到的问题，并对产业发展趋势进行了预测分析。（6）厘清产业扶持政策扶持内在逻辑，梳理近年来中央与地方出台的各层次扶持政策。在此基础上，集中分析了补贴政策实施中内生选择及实施机制。然后，结合政策文本，分析了不同类型政策以及不同政策组合对企业综合绩效与企业投资决策的影响，同时从政策措施内协同、部门协同以及措施间协同三个角度分析了政策协同的作用机制及其效果，据此分析了产业政策约束并反思政策制定与实施中出现的问题。

该书的主要观点包括：（1）基于产业现实剖析，设计微观机制。该书将战略性新兴产业的国际比较、实证分析、现状解读与政策设计，纳入统一的分析研究框架之中，尝试进行多视角、多层面、系统性的产业分析。（2）从"市场"出发，审视与优化产业发展思路。该书始终围绕"市场在资源配置中起决定作用"的原则，开展有关研究，并以此为基础思考政府与市场关系，调整完善相关扶持政策。（3）围绕"协同组合"，评价政策包，优化政策组合。该书针对战略性新兴产业发展中的政策实施偏差，围绕政策"协同组合"的思路，以政策包、政策组合为研究对象，区分并整合需求型、供给型、环境型政策，构建产业政策指数，综合评价政策实施影响。

该书把握"理论研究为决策服务"的宗旨，以扎实的理论基础为指导，以解释、解决现实问题为着眼点，构建了战略

性新兴产业技术创新效率测算模型，实证分析了产业政策对技术创新的影响。并在案例分析的基础上，提出了战略性新兴产业市场培育和商业模式创新的现实途径。进一步地使用 SNA 网络结构分析、产能利用率测算方法、竞争地位测算方法等，研究了中国战略性新兴产业的全球网络布局及其在国际产业链中的竞争地位。在此基础上思考政府与市场关系，提出调整、完善战略性新兴产业相关政策的思路和建议。

该书的政策启示在于：虽然战略性新兴产业的发展进程具备很强的政策色彩，但在政策设计上依旧存在很多有待改进之处。从政策出台数量和弱效力来看，带动企业发展并不能简单地"以量取胜"，堆积式的政策出台反而可能使企业无所适从，盲目追求政策，造成资源浪费。单纯依靠供给型的政策推动是不够的，更需要加强供给型与环境型政策的协同管理，两者优势互补、规划合作才能产生更好的绩效。同时，在具体政策制定上，政府应当适当放手，加强政策的宏观性把握，导向性管理，不宜过细统筹，为企业自主创新发展让开空间。

该书的创新之处体现在：将战略性新兴产业的国际比较、实证分析、现状解读与政策设计，纳入统一的分析研究框架之中，尝试进行多视角、多层面、系统性的产业分析。通过这一分析框架，实现了战略性新兴产业的国际趋势与发展现状，产业技术、商业模式、市场培育与全球产业链中定位，产业发展的一般规律与政策扶持问题的有机结合，有助于更为全面地认识中国战略性新兴产业的培育与发展。同时，该书既关注产业整体发展的宏观思路，又强调企业层面的组织优化、效能提升和管理创新。为了取得更为稳健的研究结论，该书一直努力最大程度揭示相关问题的微观现实与微观机制，而不是仅停留在对行业层面的规律把握上。

（撰写人：郭晓丹）

【构建现代产业发展新体系研究】

杨蕙馨等
经济科学出版社 2018 年 4 月版，740 千字

该书立足中国产业发展面临的结构、制度、资源和环境、要素禀赋等的制约，强调现代产业发展新体系以现代科技支撑产业发展，以现代低碳、可持续理念引导产业发展，培育形成具有"新"的结构和内容构成的"体系"，体现出产业结构与组织的高级化和新型化特征。

该书研究的主要内容包括：（1）从认知层界定"现代产业发展新体系"。在对原有产业体系的特征和突出问题以及遇到的约束全面分析基础上，准确把握国内外产业竞争动态以及产业技术创新前沿，进而科学界定现代产业发展新体系的概念，提炼现代产业发展新体系的特征和标志，并确立构建现代产业发展新体系的内容体系以及要达成的目标。（2）从理论层探讨如何"构建现代产业发展新体系"。探索新条件下产业结构关系及演变规律，分析面向现代产业发展新体系的各产业之间的经济技术联系，总结和提炼出支撑现代产业体系的多元要素，提出构建现代产业发展新体系的分析框架。（3）从实践层发现如何落实"构建现代产业发展新体系"的重点及任务。为构建现代产业发展新体系提供总体框架，确定构建现代产业发展新体系的重点领域和任务，对重点领域进行专题和案例研究，具体指导改造提升传统产业、发展战略性新兴产业、发展现代服务业等重大实践。（4）从政策层确定如何通过顶层设计和政策供给来推进"构建现代产业发展新体系"。探讨政府应该如何进行顶

层制度设计、从政策上引导各种市场主体参与现代产业发展新体系的构建，以及由旧及新过渡过程中政府与市场的定位、特别是政府的作用如何、边界在哪，从而着眼于国家产业竞争优势的培育，形成以"构建现代产业发展新体系"为导向的政府与各市场主体的合作机制以及市场机制，为现代产业体系发展提供具有战略性和激励性的产业政策设计，为具体产业的发展战略提供可操作的对策措施。

该书的主要观点包括：现行产业发展体系向现代产业发展新体系演进需要遵循"五维一体、可行路径、四个支撑"的立体式战略框架。"五维一体"要求现代产业发展新体系实现结构水平高端化、组织模式高效化、技术水平前沿化、生态系统绿色化、开放竞争自主化，是现代产业发展新体系的五大发展目标和优势所在。"可行路径"是指构建现代产业发展新体系需要遵循基于内生比较优势动态变迁的渐进式演进路径，同时兼顾内生比较优势培育和开放竞争融合两方面特征。"四个支撑"强调以创新驱动为根本动力、以"互联网+"为重要手段、以结构优化为着重点和以新产业生态系统为实践形态，是实现"五维一体"目标的重要实践任务和关键突破领域。其中，创新驱动作为根本动力，直接支撑信息化与工业化深度融合、结构优化与升级、新产业生态系统培育；而"新产业生态系统"作为新型组织方式，以科技和信息为基本要素，最大限度地吸纳和集成创新驱动、信息化与工业化深度融合、结构优化与升级等多种元素，形成有效的实践武器。"五维一体、可行路径、四个支撑"的战略框架是构建现代产业发展新体系的长效机制。

该书遵循"从认知层、到理论方法层、再到实践层和政策层"的逻辑架构层层推进研究，从全球产业及技术发展动态、产业发展难题和要求出发，探讨构建现代产业发展新体系的实施路径和实现方式，在理论、实践和政策相统一的基础上为中国构建现代产业发展新体系这一战略提供支持。实现文献资源利用、实践调研、对象访谈、专家咨询、类比归纳与规范分析、动态博弈与演化博弈等研究方法的综合应用。

该书的政策启示在于：面对全球性的产业与技术竞争、环境与生态制约，中国需要立足于现行产业体系实际，以构建现代产业发展新体系为战略目标，在政策与措施层面加强直接助推、过程支持和基础激励的有机结合，既要在短期上获取产业发展的实时效果，推动关键领域的先行先试，及时化解发展过程中的突出矛盾；又要注重在体制机制环境层面深化改革，对产业体系发展形成长效激励，推动产业竞争与升级的自觉行为。

该书的创新之处体现在：（1）提出以创新驱动为动力、以"互联网+"融合为重要手段、以结构优化与升级为着重点、以"新产业生态系统"为实践形态的立体式解决框架，形成构建现代产业发展新体系的完整的立体式解决框架，在研究视角上体现出高度的概况性和独特性。（2）"新产业生态系统"是对现代产业发展新体系下产业组织形态的新概括、新扩展、新预见，对将科技和信息转化为构建现代产业发展新体系的现实驱动力，以及形成和壮大国家产业竞争优势具有重要的启示和创新。（3）认为"现代产业发展新体系"的特征生动体现在现代理念的引导、现代科技的支撑、信息化深度推动以及产业结构与组织的高级化和新型化等方面。基于此提出构建现代产业发展新体系"五维一体、可行路径、四个支撑"的立体式战略框架。所提出的立体式战略框架是在结构化发展理念和目标要求下突破现实难题、形成长效机制的有机结合。

（撰写人：王　军、杨蕙馨）

【跳单问题的法律经济学研究】

于立

法律出版社 2018 年 6 月版，149 千字

该书是国家自然科学基金资助项目"跳单问题的 B-T-C 范式与应用"（批准号：71272190）的主要成果。产业经济学与法律经济学虽属并列学科，都是微观经济学的应用，但后者（特别是所属的反垄断经济学和规制经济学）又是前者在相关领域的应用和延伸。该书运用法律经济学研究跳单问题，是产业经济学原理和方法的应用，也是在竞争政策领域的扩展。其主要研究工作和理论贡献如下：

一、发现了产业经济学的一个新研究领域——"跳单问题"（Deal-Switching）。跳单问题在许多产业广泛存在。跳单行为一般指在至少三方主体中，其中两方"合谋"搭便车，利用第三方提供的相关信息和服务，再"跳过"（无补偿）第三方而直接交易的行为。跳单行为包括三个构成要素：（1）至少存在三方主体——原商、中介和客户，其中每方主体可有多个个体；（2）其中两方"合谋"无补偿地跳过第三方；（3）第三方被搭便车，"出力"而无利。其中，有无搭便车是判定跳单行为的决定因素，无此则不属跳单。

二、构建了产业经济学的一个新研究范式——"B-T-C 范式"（B-T-C Paradigm）。B-T-C 范式与 S-C-P 范式和 E-B-C 范式，共同构成了产业经济学和竞争政策研究的三大范式。由于数字经济的发展，数字平台成为主导的组织形式和商业模式，其所特有的"双边市场"或多边市场特征对传统的 S-C-P 范式形成挑战。为分析研究平台经济日益广泛而所特有的"跳单问题"，B-T-C 范式也就应运而生，B-T-C 范式或"原商（B）—中介（T）—客户（C）范式"，是以渠道价差为分析工具，研究原商、中介与客户"三方主体"的角色定位及其相互关系，是对 S-C-P 范式的补充和完善。而 E-B-C 范式则是我们在研究"竞争政策对国有企业适用性"项目时构建的另一新研究范式。其要义是将国有企业分成三种形态，即企业（Enterprise）、业务（Business）和行为（Conduct），依次递进研究《反垄断法》对国有企业的"主体是否适用—业务是否除外—行为是否豁免"竞争政策问题。

三、提炼了产业经济学的一个新定理——"跳单与 RPM 互克理论"（The Offsetting of Deal-Switching and RPM）。跳单行为具有"二重性"：即促进竞争降低价格，也会引起搭便车，具有促进效率和不利公平的二重属性。而反跳单行为的纵向限制行为，例如维持转售价格（RPM）则相反，其作用是抑制搭便车行为，但同时又可能限制竞争，也具有二重性。跳单行为和反跳单行为的动力机制和实施效果正好相反。"跳单与 RPM 互克理论"表明，利用二者天生具有的互克作用，能够达到利弊权衡的目的，有些情况下只需顺其自然、静观其变。理想状态下，跳单的负效应被反跳单的正效应所抵消，反跳单的负效应被跳单的正效应所克服，结果是既没有明显的限制竞争，也没有明显的搭便车问题。从竞争政策实施角度看，互克作用发挥得好，既可以大幅度节约监管成本，提高行政监管和法院执法效率，也有利于实现公平竞争。

四、推进了微观经济学的"搭便车"理论和"租金理论"。跳单本身就有"搭便车"因素，但又不是简单的"搭便车"行为。原有租金理论的一般结论是，不考虑经营风险时，"固定租金"较有效率；而考虑经营风险时，则"分成租金"较有效率。研究发现，分成租金容易引发跳单行为，这对被跳单方构成跳单风险，而在考虑到跳单风险之后，原有的"最优

租金结构"就需要进行调整,即从简单的固定租金或分成租金提升到更复杂的"混合租金结构",并由此引出"激励性租金结构"或"激励性合约"这一新的研究方向。

五、实证研究了八个行业的典型案例。该书以最高人民法院首批第一个指导性案例——"跳单纠纷"为起点,以渠道价差为主要分析工具(具体表现形式如信息成本、中介费用、店面成本、诊疗费用、租金成本与租金结构、专利费用、违约成本),对普遍存在于中介、图书、百货、家居、医药、汽车、支付清算、数字音乐等多个行业的跳单问题进行专题研究,例如"中介选弃""店选网购""院诊店购""租少售多""弃联走宝""平行进口""海外代购"和"纵向违约"。这些专题针对的多是各级法院和国务院反垄断执法机构的重要执法案例。

参加项目研究和该书写作的主要有天津财经大学法律经济分析与政策评价中心的冯博、徐志伟、徐洪海、王玥等。项目研究和该书出版过程之中,作者曾多次在国际、国内学术会议上作主题报告或专题报告,并先后到美国、加拿大、英国和中国香港的多所大学就此进行学术交流。《经济研究》《中国工业经济》《管理学报》《财经问题研究》和《经济与管理研究》等刊物多次以观点综述或会议纪要形式对该书成果给予介绍。教育部重点研究基地——东北财经大学产业组织与企业组织研究中心还曾专门组织高端经济学论坛,邀请复旦大学、浙江大学、中山大学、华南农业大学、辽宁大学和中国社科院的学者对该书成果进行专题评论。

(撰写人:杨 童)

【"互联网+"时代互联网产业相关市场界定研究】

占佳

经济管理出版社2019年6月版,212千字

该书致力于解决互联网产业相关市场界定的实证分析难题,在系统梳理双边市场理论与传统相关市场界定方法及基于反垄断经济学的视角全面分析互联网产业技术经济特征的基础上,以互联网产业具有的免费和双边市场特征为切入点,采用结构计量方法,利用相关优化条件和Lerner指数构造需求弹性结构方程,并设定嵌套选择模型代表反垄断案件中焦点产品的替代关系。而后,该书运用该模型,对被誉为"中国互联网反垄断第一案"的奇虎360诉腾讯案进行完整的相关市场界定分析。

该书研究的主要内容包括:(1)基于反垄断经济视角的互联网产业技术经济特征分析。该书从商业模式、网络效应、市场结构和动态创新等角度分析其技术经济特征及对市场竞争(分析)的影响,为探索互联网产业相关市场界定方法找到突破口。(2)互联网产业需求替代分析。该书通过对互联网产业盈利模式及特征的把握,构造反映互联网产品间需求替代关系的结构方程,而后利用第三方数据估计出关键弹性系数,实现对真实反垄断案件进行需求替代分析。(3)互联网产业相关市场界定分析。该书利用真实的案件数据,在需求替代分析的基础上对案件做完整的相关市场界定分析。(4)互联网产业反垄断政策分析。该书从完善相关制度建设、提高执法效能等角度探讨适合中国国情的反垄断政策。

该书的主要观点包括:(1)免费产品的"盈利性"是反垄断法适用于采用免费商业模式的行(企)业的理论前提。当前互联网企业免费背后的主要逻辑在于

双边市场特征，抓住这一点是解决互联网产业相关市场界定分析问题的重要前提。（2）该书以案例分析的形式证明SSNIP分析方法具有普适性。这对于今后完善互联网产业相关市场界定研究具有指导性意义。今后面对新经济形态下的相关市场界定问题，各界除了努力探索新的相关市场界定方法外，更应根据传统分析方法的经济逻辑和思想核心，努力用好这些方法。

该书遵循"以现实问题为引导，以理论创新为基础，以先进方法为支撑，以实证分析为特色，以对策措施为目标"的基本思路，按"理论建构—计量分析—政策导向"的逻辑思路展开。主要研究方法包括：（1）系统诊断与多学科交叉方法。互联网产业的相关市场界定及其治理问题是一个系统工程，涉及反垄断经济学、互联网经济学、法学、计量经济学等多个学科，必须采用系统理论和多学科交叉方法进行综合研究。（2）实证分析与规范分析相结合的方法。该书构建了适用于免费和双边市场情境下的需求替代性结构方程，并进一步推导出关于涉案产品自弹性、交叉弹性、转移率等关键性经济参数的计算公式，再结合第三方数据采用两步估计法予以估计；运用SSNIP相关执行方法对案件进行实证的相关市场界定分析；同时，该书立足中国国情和现实，以一定的价值判断为出发点和归宿。

该书的政策启示在于：（1）同其他产业的反垄断分析一样，相关市场界定仍是互联网产业反垄断分析的必要步骤和逻辑起点，一旦反垄断法的实施离开该逻辑起点，将很可能导致大量反垄断"伪案"的产生，从而浪费中国本就稀缺的反垄断执法和司法资源。更严重的是，这样还很可能导致更多的互联网企业（特别是成功的互联网企业）为过度的反垄断诉讼所累，从而阻碍了创新的发展并最终导致社会福利的下降。（2）由于不同需求系统、不同价格上涨幅度及对假定垄断者测试的不同分析思路下界定的相关市场会存在一定的差异，因此有关当局在运用SSNIP方法界定相关市场时应尽可能地对案件进行全面系统的分析，如果所有证据链均指向同一结论，说明由此得到的相关市场界定结果是正确的；但如果分析结果之间存在差异，则需仔细考察这些分析方法的逻辑前提与案件的具体情况是否相符，而后判断以哪一个研究结论为基准。

该书的创新之处体现在：（1）引入一种新的研究思路。以互联网产业基于双边市场的免费商业模式为切入点，构建需求替代性结构方程以获得既能有效衡量双边市场的乘数效应又能避免使用真实价格信息的需求替代性参数，并据此沿用传统SSNIP分析框架进行实证的相关市场界定研究。（2）采用新的数据。艾瑞用户使用数据库（iUserTracer）中包含了每款互联网产品的用户人口统计特征、市场份额和有效使用时长等详细的数据信息。该书利用该数据库中的相关信息并结合现代微观计量技术进行了细致的计量分析。（3）带来一些新的发现和见解：①通过对双边市场理论和传统相关市场界定方法的系统梳理，重新明晰了一些重要的理论问题。②该书以案例分析的形式证明SSNIP分析具有普适性。

（撰写人：占 佳）

【创新生态系统：理论与实践】

张贵、温科等

经济管理出版社2018年3月版，440千字

该书从理论和实践两个角度对创新生态系统进行深入研究。在理论方面，从创新生态系统的内涵、特征、功能、形成、演化、运行以及治理等方面展开阐述；在实践方面，从创新生态系统与创新型国家

的关系、评价以及国内外创新生态系统典型案例等方面进行分析。

该书研究的主要内容：（1）创新生态系统的新诠释。研究重点：创新生态系统包含企业、产业、区域、国家四个层次，是企业聚类和政策体系的运行集合，由四大类基本要件构成，即创新主体、创新方式、创新条件和创新环境。（2）创新生态系统的形成机制。研究重点：基于生态学的"组织—种群—群落—网络—生态系统"的演进思路，从创新动力转换角度，分析"创新源—创新个体—创新组织—创新种群—创新群落—创新生态系统"的发展路线。（3）企业竞争优势转型与创新生态系统演化。研究重点：将生态学理论引入传统的企业竞争优势理论中，并相互融合，将竞争优势的研究成果以生态系统的发展模式展现出来，并探析创新生态系统如何成为企业创新竞争优势的最重要来源。（4）创新生态系统的运行机制。研究重点：基于系统动力学原理，全面分析创新生态系统的生态特性，提出了开放与共享、竞合与共生、催化与涌现、学习与反哺以及扩散与捕获等运行机制。（5）创新生态系统的治理机制。研究重点：从治理动因出发，以治理目标为导向，治理逻辑为线索，探析如何通过治理机制设计实现系统治理主体对治理客体行为规范的制度安排。（6）创新生态系统与创新型国家。研究重点：基于研究视角的不同，将创新生态系统分为企业、产业、区域和国家等类型，并分析各种创新生态系统间的关系以及创新生态系统与创新型国家建设的关系。（7）创新生态系统评价。研究重点：围绕创新生态系统的成长性、健康性和竞争力等关键特征，量化了系统组成要素间关系以及各个系统要素对系统整体的影响作用。（8）国内外创新生态系统的典型案例与实践。研究重点：分别从企业资源整合、产业链等视角，分析国内外企业、产业、区域和国家创新生态系统发展的典型案例，并提出我国建设创新生态系统的建设经验与启示。

该书的主要观点：（1）创新生态系统的内涵及特征方面："创新生态系统"概念的提出体现了创新研究的一次范式转变，由关注系统中要素的构成向关注要素之间、系统与环境间的动态过程转变；创新生态系统具有"复杂且难以复制、开放并且共享、多元平台运作、生态位分离栖息、自我演进和修复"等特征。（2）创新生态系统的形成方面：创新生态系统经过"创新源—创新组织—创新种群—创新群落—创新网络—创新生态系统"的演化路径。（3）创新生态系统的运行方面：各种运行机制之间相互耦合，推动系统的顺利运行。并且创新生态系统的不同发展阶段，各种机制发挥的作用不尽相同。（4）创新生态系统的治理方面：治理机制建立的目的是通过一套包括正式与非正式的制度安排来协调创新生态系统各创新主体之间的利益关系，以减少创新主体所面临的机会行为风险。（5）创新生态系统的类型方面：企业创新生态系统是产业、区域和国家创新生态系统的基本构成单元；产业和区域创新生态系统是从不同中观角度研究创新生态系统，都是国家创新生态系统的组成部分；国家创新生态系统是其他三种生态系统的高度集成。（6）创新生态系统的"核"是具有不断转换竞争优势的企业。这种企业的竞争优势具有独特特征，表现为从组织内部到组织外部、从竞争到竞合、从静态到动态、从单一竞争优势到系统整合的转型发展。在创新战略下进行新"四维度"竞争优势要素的集聚、粘连，并重新组织、整合实现协同，系统整合形成新的更具竞争力的竞争优势。

该书的政策启示：一是创新生态系统

要有良好的、相应的战略谋划和政策支撑体系；二是创新生态系统的建设和完善，不是单靠市场或单靠政府就能实现的，要实现市场机制与政府能动作用的有机结合；三是要从基础政策体系、支撑体系、引导体系三个方面，充分考虑科技政策和产业发展政策目标的变化，构建促进创新生态系统形成、运行和演化的政策体系。

该书的创新之处：(1) 理论观点上，以"转换竞争优势→构建产业创新生态系统→转变经济发展方式→建设创新型国家"为研究宗旨，在综合分析我国技术创新、企业创新、产业创新和创新型国家现状的基础上，提出"基于创新视角的竞争优势转型理论"和"基于竞争优势转型的产业创新生态系统理论"。(2) 研究内容上，揭示21世纪以来创新的新动态，不再局限于竞争优势、技术创新，而是强调构建"创新生态系统"，这是一个复杂的、不断演化和自我超越的系统；揭示产业竞争的新本质，不再是企业个体间竞争和产业链竞争，而是以企业生态种群为主体的群体之间的竞争，这种竞争是以系统整合的竞争优势为支撑；重新诠释产业发展的演化新路径，由于创新生态系统的推动，企业和产业互相影响，并在发展过程中达到新的平衡，从而突破带动经济增长。

（撰写人：张　贵）

【中国大都市区与铁路问题研究】

赵坚

中国经济出版社2019年12月版，480千字

该书汇集了近年作者在学术刊物、报纸、网络媒体上已经公开发表的文章。书中第一部分是中国发展大都市区问题研究。该部分文章主要是作者作为首席专家承担国家社会科学基金重大项目"集约、智能、绿色、低碳的新型城镇化道路研究"（13&ZD026）的相关研究成果。在我国城镇化应重点发展大城市，还是重点发展中小城市问题上，学术界一直存在争论，政府在政策表述上也多次发生变动。在该项目研究中，该书提出了有新意的独立学术观点。第二部分是产业政策研究的相关文章。研究产业政策的代表性论文是2008年在《中国工业经济》发表的《我国自主研发的比较优势与产业政策——基于企业能力理论的分析》。该文在澄清企业能力理论基本概念的基础上，对比我国通信设备制造业（华为案例）和汽车工业发展，分析我国汽车工业产业政策的理论误区，说明我国应当实施以企业能力构建为导向的竞争型产业政策。第三部分是铁路改革与高铁问题研究。铁路改革重组是产业组织研究的世界性难题，铁路改革重组研究集中了产业组织理论研究中关于引入竞争，破除垄断、规制等多个研究领域的核心问题。

该书提出了一些具有新意、独立鲜明的学术观点，产生较大社会影响，其中有代表性的文章如：(1)《产业政策之争中的逻辑问题》。该文针对林毅夫与张维迎二位教授关于产业政策的争论，指出二者的观点都存在明显逻辑缺陷。2016年10月《人民日报·内部参阅》刊发了4篇讨论产业政策的文章，其中作者的文章以《如何设计和实施产业政策》的标题刊发。2017年，该文被北京大学国家发展研究院副院长黄益平教授收入他主编的产业政策之争论文集《政府的边界》一书。(2) "The variation in the value of travel-time savings and the dilemma of high-speed rail in China"是作者作为第一作者和通讯作者在交通运输经济学国际顶级学术刊物 *Transportation Research Part A Policy and Practice* 上发表的文章。(3)《助推新产业革命，当废止严控特大城市人口政策》

是作者作为首席专家承担国家社会科学基金重大项目的相关研究成果。该文被"第一智库""界面""兰瑞环球经济战略研究"等多家媒体转发。该文的缩写版《新产业革命须调整限制特大城市发展的政策》，曾被国家发展和改革委员会主管的《改革内参》采用，在2019年6月11日总第1497期的显著位置刊发。2019年11月该文被《中国改革》杂志刊发，题为《优化人口空间结构 助推新产业革命》，并于2020年2月被《新华文摘》总第687期转载。(4)《优化大城市行政区划 推进新型城镇化》首先在财新网和《中国改革》杂志刊发，2015年8月在全国哲学社会科学规划办公室的《成果要报》第63期刊发，题为《按大都市区优化我国大城市行政区划》。

该书注重在分析我国资源禀赋基础上进行经济理论分析和国际比较研究，认为中国缺油少气和耕地资源稀缺的资源禀赋决定了我国不能走美国低密度蔓延式的城市化道路。

该书政策启示包括：（1）在《补贴新能源汽车 政府不能任性》一文中指出了我国发展新能源汽车产业政策的误区。为发展新能源汽车，政府采取了对最终产品进行补贴的政策，希望通过高强度补贴实现弯道超车。按照这种政策，新能源汽车的关键环节——储能器件的研发，不一定能得到补贴，只有同时生产整车才能得到补贴。这种不注重关键技术研发的补贴政策不仅无助于新能源汽车的发展，还给大面积骗补创造了机会。（2）《考虑组织结构的委托代理模型研究——以中国铁路运输业为例》一文，构建出考虑组织结构的委托代理模型，从代理人行为动因的视角进一步说明"网运分离"模式不具可行性。传统的激励机制设计是在既有组织架构下研究委托代理问题，但复杂组织内的职能分工和部门分工在很大程度上已经内生地决定了代理人的行为指向。该文指出，路网公司成为独立的企业后，路网公司必然要关注自己的财务指标和盈亏状况。路网公司一般采用边际成本定价，尽可能减少亏损是其重要行为动因，而这会降低其在路网上的投入，导致路网质量下降甚至影响运输安全。组织结构设置导致的二者之间行为指向差异，最终会损害铁路运输行业的整体绩效。英、法两国铁路改革的实践为上述理论分析提供了佐证。（3）《重塑市场主体 推进铁路股份制改革》一文，基于考虑组织结构的委托代理理论，进一步否定了由国铁集团"统一调度指挥"才能保证铁路运输效率的信条。该文建议深化铁路运输管理体制改革的第一步可以是：把国铁集团转变为控股公司，把18个铁路局重组为北方、中部、南方三大区域铁路局，成为真正的市场主体。目前就可组建东北铁路局、西北铁路局，进行扩大铁路局管辖范围的试点。

该书的创新之处体现在：在理论研究上，经济学通常用匹配、共享、知识溢出来解释外部规模经济或集聚经济的内在机制，来解释城市的存在和发展。进一步提出考虑空间维度的杨格定理（劳动分工取决于市场规模，而市场规模又取决于劳动分工）可以更好地解释集聚经济的自我增强现象，这就是——动态集聚经济。集聚经济推动增长的核心机制是市场规模的扩大和分工的深化，因而可以创造出更多的需求和就业，更高的生产率和更多的创新。

（撰写人：赵 坚）

【赶超的阶梯：国企改革和产业升级的国际比较】

周建军

中信出版集团2019年12月版，255千字

就内容而言，该书从国家发展战略的

制度影响、国资国企管理的模式得失、产业升级赶超的路径优劣等三个维度，对经济赶超中的制度因素和具体路径做了国际和国内、历史和当下、经验和教训等多个视角的研究讨论，以还原真实世界的国有企业和产业政策，借鉴对中国经济发展有益的他山之石，助力市场导向的国企改革和创新驱动的产业升级，推动中国经济赶超目标的实现。具体而言，该书分上、中、下三篇。上篇对后发国家经济赶超中的国有企业与产业政策、中国的产业发展战略与政策、韩国财阀的不稳定增长模式等影响国家发展的制度得失进行了比较研究。中篇对"淡马锡模式"、员工持股制度、"大国资"监管、自然"资源祈福"、阿拉斯加社会分红等国资国企管理的多种模式或问题进行了比较研究。下篇对美国产业政策、后发国家的知识产权制度、全球半导体产业赶超路径、全球产业集中和并购重组、供给侧改革和需求侧管理等关系产业赶超升级的不同路径进行了比较研究。此外，作为比较研究的拓展，该书择要介绍了联合国、世界银行、剑桥大学、哥伦比亚大学等机构或一些学者对于上述问题的前瞻性观点。

该书的主要观点包括：英国工业革命以来，每一个典型的工业化国家都有自己介入经济活动的方式。产业政策和国有企业的多样化存在，是发达国家在历史上实现经济赶超并在当下的全球竞争中获取优势地位的重要阶梯。积极有为的产业政策、在全球产业链和价值链中占主导地位的跨国公司和领军企业，才是包括美国在内的发达国家的真实经济学。回首过去，中国道路和中国制度的既有优势，产业政策和国有企业这些"阶梯"的重要作用，已经被中华人民共和国成立70周年尤其是改革开放40年的发展成就所证明。面向未来，产业政策和国有企业的角色仍旧不可或缺。

就思想和知识来源而言，该书的研究，有些受益于关心发展问题的经济学先知的理论探索，有些受益于联合国、世界银行等国际组织的政策研究，有些是为了回应中国自身的改革发展实践提出的新要求和新问题。基于国内外的理论发展和政策实践，该书从国际和国内、历史和当下、经验和教训等多个视角开展了比较研究，力争将经济发展的多元性和复杂性加以呈现。一方面，该书试图丰富和拓展既有的理论研究，从多元的理论视角来丰富既有的经济理论和政策研究，以理解那些纷繁复杂的经济现象；另一方面，该书试图结合国内外的发展经验，用实践来丰富和检验现有的经济理论，还原真实世界的经济学。

该书的政策启示在于：积极有为的产业政策、在全球产业链和价值链中占主导地位的跨国公司和领军企业，才是包括美国在内的发达国家的真实经济学。时至当下，美国有着非常典型的产业政策体系，产业技术政策（政府研发支出全球最多）和产业组织政策（反垄断政策的悠久历史）为本国企业服务；凭借实力强劲的跨国公司群体，美国仍旧拥有全球高技术制造业增加值的最大份额，在飞机、集成电路、精密仪器、制药等产业具有竞争优势。这个意义上，后发国家不能轻信那些流行的说法和政策建议，有必要深入了解发达国家经济发展的真实历史和现状，审慎选择和制定发展政策；诚如斯蒂格利茨教授所一再呼吁和建议的："按我们做的做，别按我们说的做。"（该书部分内容刊登在多种政策简报上，受到了中央领导和国家发展改革委、工业和信息化部、国务院国资委等部委的关注和肯定）

按照林毅夫教授的推荐序，该书的创新之处体现在如下方面：（1）从践行中国发展道路的角度，该书研究论证了国有企业和产业政策对中国这样的后发大国维持国防安全、独立自主，追赶发达大国，实现民族复兴中的重要作用，从正反两个方面比较了中国这样坚持自身发展道路的经济体和那些遵循"华盛顿共识"的经济体的发展和转型路径的差异，比较了国有企业占主导地位的经济体和财阀企业占主导地位的经济体对于经济发展的不同影响，提醒我们在经济发展和转型过程中要坚持自己的社会主义市场经济体制、避免"坏的市场经济"，增进了我们对于坚持从实际出发的改革方法论、平衡政府和市场作用、共同发展国有经济和民营经济的重要性的理解。（2）从认识和理解世界经济多样性的角度，该书研究揭示了美国在内的发达国家在经济发展过程中的鲜为人知的一面，为我们刻画了一幅与众不同的真实场景。流行观点以为，在美国这样的自由市场经济国家，美国政府一定是哈耶克主张的"守夜人"政府。该书研究显示，美国产业政策不仅不是"被动"的，而且是非常"主动"的；既有所谓通用性的产业政策，也有选择性的产业政策；在过去60多年，美国联邦政府累计投入4万多亿美元用于研究和开发，是美国产业政策积极作为的有力写照。（3）从具体的改革方略和路径的角度，该书不仅提醒我们要坚持从中国实际出发、走自己的道路，也在比较研究的基础之上，为我们勾勒出了对中国国有企业改革和产业升级可资借鉴的路线图。

（撰写人：周建军）

【要素分工与国际贸易理论新发展】

戴翔、张二震

人民出版社2017年8月版，350千字

该书按照国际贸易理论研究的几个基本理论惯常分析逻辑展开和进行结构安排，创新性地探讨了要素分工条件下国际贸易的基础、要素分工条件下国际贸易利益来源、要素分工条件下国际贸易条件、要素分工条件下国际贸易格局、要素分工条件下中国开放发展战略调整等五个方面的基本问题。

该书研究的主要内容包括：（1）关于要素分工条件下国际贸易的基础。从微观角度看，要素分工的实质是跨国公司以对外直接投资为纽带，整合和利用全球资源而进行的全球化生产。可以认为，优势要素是要素分工条件下比较优势的根本所在。（2）关于要素分工条件下国际贸易利益来源。与传统国际分工条件下分析贸易利益来源所不同的是，在要素分工条件下，静态贸易利益除了传统国际贸易理论所揭示的利益来源外，贸易利益同时还可能来自于资源总量的增加，而不是资源总量的不变这一基本假定。（3）关于要素分工条件下国际贸易条件问题。要素分工条件下的贸易与传统国际分工条件下的贸易相比，在利益分配环节方面发生了深刻变化。首先，要素分工条件下贸易条件表达的利益分配不确定；其次，跨国公司内部定价使得进出口价格失真，贸易条件因此失真。（4）关于要素分工条件下国际贸易格局。全球要素分工使得国际贸易发展呈现新格局，这不仅表现在全球贸易规模的快速扩张方面，同样还表现在贸易结构也因此发生了巨大而深刻的变化，包括贸易主体结构和产品结构均是如此。（5）关于要素分工条件下中国开放发展战略调整问题。作为一个发展中大国，中国的对外开放实际上是在一个更有利于发展中国家的全球化环境中开始的。由于政治稳定、要素集聚能力强，中国抓住了全球要素分工带来的机遇，有效地规避了全球化的风险，实现了经济的长期高速增长。全球要素分工演进新趋势对推动开放转型发展，具有重要作用，提供了重要战略机遇。中国发展更高层次的开放型经济需要做出适时的战略调整。

该书的主要观点包括：（1）20世纪80年代以来，国际分工发生了深刻变化。一方面，产品的价值链被分解了，不同生产环节和流程按照不同的要素密集度特征，被配置到具有不同要素禀赋优势的国家和地区，形成了全球价值链；另一方面，生产要素的跨国流动性日益增强。与以往以"产品"为界限的传统国际分工模式相比，这种新的国际分工模式是以"要素"为界限，从本质意义上看，我们把这种现象称为"要素分工"。（2）"要素分工"的兴起，对假定要素不存在跨国流动的传统国际分工贸易理论，形成了很大挑战，对国际贸易的基础、国际贸易格局以及国际贸易的利益分配等诸多问题都产生了深远的影响。（3）在全球要素分工条件下，依托传统理论和传统统计工具所制定的贸易政策和竞争政策，其有效性值得商榷，甚至可以说往往适得其反。（4）在要素分工条件下，国际贸易的基础已经由比较优势转变为跨国公司在国际范围内整合资源能力为主的竞争优势；国际贸易地区格局也因要素流动而发生巨变；贸易利益中的动态利益更加凸显并成为各国追求的主要目标；贸易保护政策更加具有了不确定性。正是基于此，该书结合我国特别是长江三角洲地区开放型经济发展的实践，对要素分工条件下国际贸易理论的基本理论问题进行探索性研究，对于明确当代国际贸易分工理论发展方向，并以正确的理论指导中国开放型经济发展实践，具有较高的创新性。

该书遵循"以现实问题为引导，以理论创新为基础，以先进方法为支撑，以思辨分析为特色，以对策措施为目标"的基本思路，按照"现状特征—理论研究—实证分析—对策研究"的基本范式展开研究。比如，该书对国际贸易的基础、国际贸易条件、国际贸易格局以及国际贸易的利益分配等诸多问题，均进行了创新性理论分析，并结合我国特别是长江三角洲地区开放型经济发展的实践，对要素分工条件下国际贸易理论的基本理论问题进行探索性研究。

该书的政策启示在于：该书的研究成果不仅是对要素分工条件下中国开放发展的理论创新和经验总结，同时也可以对进一步开放发展战略调整提供实践指导。当前，面临国际国内环境的深刻变化，原有开放发展模式遭遇巨大挑战，亟待实现转型升级。中国开放型经济发展的经验表明，在参与经济全球化的过程中，坚持以优势要素参与国际分工，顺应全球分工演进大势，实施正确的开放战略至关重要。

该书的创新之处体现在：（1）理论观点上，当前国际分工的本质是"要素分工"。"要素分工"的兴起，对假定生产要素不具备国际流动性的传统国际经济理论带来巨大挑战，包括国际贸易基础、贸易利益来源、贸易条件、贸易格局，以及中国开放发展战略等，均需要进行创新性分析。（2）战略思路上，中国开放发展实际上是在一个更有利于发展中国家的全球化环境中开始的。由于政治稳定、要素集聚能力强，中国抓住了全球要素分工带来的机遇，实现了繁荣富强。当前，全球要素分工出现了新形势、新变化，在此背景下，中国应作出适时的战略调整，以优势要素参与国际分工，顺应全球分工演进大势，促进中国开放型经济迈向更高层次和水平。

（撰写人：戴　翔、张二震）

【理解中国制造】

黄群慧

中国社会科学出版社2019年8月版，203千字

改革开放以来中国经济的崛起，其本质是中国成功地快速推进了工业化进程。

伴随着这个快速的工业化进程，中国制造业不断发展壮大，世界各地到处都能见到中国制造的身影。自中国工业化进程步入工业化后期以来，中国成为世界产出第一的制造大国，但也面临一系列新问题、新挑战，在这种背景下，如何看待工业化后期的中国制造，未来中国制造的发展向何处去，成为一个十分重大、具有意义的话题。该书采用"总—分—总"的结构，前四章通过对制造大国崛起、工业化进程、中国制造的发展状况、中国制造的机遇与挑战的阐释，试图将中国制造业放在工业化进程中给出一个总体描述，同时分析其现状、所处发展阶段和所面临的机遇问题；第五章至第十章讨论了中国制造业化解产能过剩、技术创新、智能制造、绿色制造、服务型制造、工业基础等具体问题；最后两章从总体上分析了中国制造业的政策与战略以及未来发展走向。

该书的主要观点包括：（1）在认识到改革开放40年伟大的中国革命取得巨大成就的同时，还必须看到中国制造业"大而不强"的基本经济国情，认识到制造业发展的不平衡不充分问题十分突出。例如，制造业产业结构、组织结构、产品结构发展不平衡，制造业产业结构高级化、组织合理化程度以及高品质、个性化、高复杂性、高附加值产品发展不充分。（2）无论从工业化后期或者经济新常态发展阶段变化角度分析，还是从世界科技经济环境变化角度研究，中国制造在面临着重大战略机遇的同时，也需要面对化解产能过剩、经济"脱虚向实"、制造业成本大幅提升、新工业革命和"过早地去工业化"等一系列重大挑战。（3）在新工业革命的背景下，智能制造是制造业发展的基本方向。对于中国制造业发展而言，努力把握当前世界范围内的智能化的大趋势，积极提高中国制造业的智能化水平，不仅是提高制造业国际竞争力的需要，也是通过深化改革加快培育供给侧新动能、促进中国经济发展和现代化进程的必然要求。（4）制造业服务化正成为制造企业转型的一个重要方向，服务已成为制造企业获得竞争力的重要手段，但从国际比较看，总体上中国制造业服务化水平较低，这与制造企业处在全球价值链的低端、服务化的战略认识不足、核心能力缺失等有关，而服务业生产效率较低、服务化政策支持力度不够和人才支撑不足等外部环境同样不利于制造业服务化转型。

该书的政策启示在于：针对中国制造业大而不强的特征，需要推进中国制造从高速增长转向高质量发展。从中国社会主要矛盾变化和新发展理念角度看，制造业高质量发展是制造业发展能够更高程度体现新发展理念要求和满足人民日益增长的美好生活需要的发展，制造业高质量发展应该具有创新是第一动力、协调成为内生需要、绿色成为普遍形态、开放成为必由之路、共享成为根本目的的发展特征。未来推进中国制造业高质量发展，需要从三个方面发力：一是树立大质量观，积极推进中国制造的品质革命；二是树立创新生态系统观，不断提高制造业创新发展的能力；三是坚持深化开放，形成制造业全面开放新格局。

制造业是强国之基、兴国之器、立国之本。随着中国国家制造强国战略的实施，尤其是2018年发生中美贸易摩擦以来，中国制造业发展问题引起了社会上的普遍关注。但是，有关中国制造业发展现状、水平、阶段、问题以及未来发展前景的客观理性分析著作，国内并不多见。一方面是众多专业性研究文献，虽科学客观但主要服务于学者专家的学术交流；另一方面则是大量的普及性读物，虽被自媒体大量流传但缺少客观理性，甚至谬误很多。在这种背景下，对中国制造业发展进行客观描述和阐释,使国内外读者客观理解和科学认识中国的制造业发展,具有重要的意义。这会使得国内读者更加正确地认识到中国制造业的发展水平和历程,更加理性地看待当前面临的问题,凝聚共识,增强进一步发展的决心;也会使国内读者增进对中国制造业的了解和认识,为中国制造业发展营造更好的国际环境。这正是《理解中国制造》这本书的基本定位。

(撰写人:崔志新)

【中国工业化的道路:奋进与包容】

金碚

中国社会科学出版社2017年2月版,256千字

《中国工业化的道路:奋进与包容》讨论了中国工业化的成就和所遭遇的问题以及中国人的思考与对策。该书没有赘述中国工业及经济发展的一般历史,而是从中国工业化的包容性角度,亦述亦议,反思中国工业化历程。并且将中国工业化置于世界经济大格局中,揭示其在经济全球化新时代,将如何进一步融入和贡献于世界工业化和人类发展的伟大进程,在中华复兴中,成为负责的全球性大国,展现其惠及世界的全球性价值。

全书内容除绪言外,共设八章:第一章,工业革命:西风劲吹东风烈;第二章,穷则思变:民心所向工业化;第三章,高速做大:以低成本替代实现大规模扩张;第四章,路归常态:超高速增长的历史性终结;第五章,创新之道:技术路径与结构升级;第六章,寻求平衡:资源环境与工业化;第七章,区域递进:超大型国家的复杂话题;第八章,包容世界:迈入经济全球化新时代。

工业化是人类发展史上的一个非常独特的阶段,在这一历史阶段尽管迄今只有短短二三百年,但人类所创造的物质财富超过以往全部历史的总和。人类创造财富的前提当然是大自然所提供的条件,自然财富(即自然资源)是人类创造财富的物质源泉,生产过程首先就是人与自然的互动。工业化时期,人类以其迅速增长的生产能力,尤其是发掘和使用自然界所蕴藏的巨大能源,将自然物质大规模地转化为(加工制造成)工业品,即可以估价的物质财富。人类发展的面貌从此彻底改观。

人们欢呼工业革命和各国工业化的巨大成就,将工业化迅速推进的时期称为"黄金时代"。连对资本主义持最彻底批判态度的马克思都高度肯定资本主义曾经发挥过的非常革命的作用,肯定其创造财富的巨大历史贡献。但是,对于工业化的批评和诅咒也从来没有停止过,他们认为那不是"黄金时代",而不过是"镀金年代",表面亮丽辉煌,其实内藏苦难和龌龊。直到今天,许多人仍然在问:工业化是值得的吗?更准确地说:工业化是否能使人类的大多数获益?这真是一个"人类之问"!人类发展中所完成的最伟大事业即工业革命或工业化,人类命运因此而彻底改变,而其价值究竟在哪里?

这一问题到21世纪正显得更加重要和突出,因为经济发展是否能够惠及大多数人、大多数国家、大多数地区,已经成为人类发展所面临的最重大和最尖锐问题。无论从经济、社会和政治上说,无论是各国国内还是整个世界,都必须严肃而不可回避地做出回答。联合国在确定千年发展目标,亚洲开发银行在提出旨在解决世界人口贫困、增长持续性以及更为民众所认同的理念时,使用了"包容性增长"的概念,是一个启发性的应答。这与正在工业化进程中因面临艰难抉择而苦苦思索的中国不谋而合。中国高度认同和积极主张:经济发展必须确立包容性方向。因

此，从2009年开始，中国国家领导人在国际场合多次提倡和呼吁要实现经济发展的包容性。

党的十八大以来，中国新一届中央领导将经济发展的包容性作为更加突出的治国理政理念。习近平总书记指出，发展必须是遵循经济规律的科学发展，必须是遵循自然规律的可持续发展，必须是遵循社会规律的包容性发展。尤其是在制定"十三五"规划中特别强调了，"十三五"规划必须是一个遵循社会规律，践行包容性发展的规划。据此，党的十八届五中全会通过的《中共中央关于制定国民经济和社会发展第十三个五年规划的建议》写入了经济和社会发展的"平衡性、包容性、可持续性"原则。

所谓包容性，实际上就是要秉承以人为本理念，坚持公平正义原则，以公平促进效率，实现经济增长、社会进步和人民生活改善的同步，实现经济发展与生态环境保护的协调，让工业化所创造的财富和福利惠及所有的人群，特别是弱势群体。而从全球化角度看，就是要让世界经济发展的利益惠及所有的国家，尤其是欠发达国家和地区。党的十八大后，习近平总书记以及其他中央领导人在国内讲话和国外出访中，多次提倡和强调经济发展的包容性。中国所提出的"一带一路"倡议和国际合作设想，充分体现了建立国际利益共同体以至人类利益共同体的包容性发展理念。

中国工业化成就举世公认，但不可否认也存在各种难以令人满意的现象和问题，其中最突出的就是，工业化所创造的利益和财富能否惠及各方，让人民共享？工业化同生态环境如何协调？可以说，这是中国工业化面临的世纪课题。正因为如此，中央提出了"创新、协调、绿色、开放、共享"的发展新理念，其中"共享"就是工业化的价值所在。总之，中国必须继续探寻工业化的包容性道路，中国工业化的成败得失将最终取决于能否真正实现包容性，中国对人类发展的最大贡献将集中体现为：创造一个更具包容性的国家和参与建设一个更具包容性的世界。此为《中国工业化的道路：奋进与包容》之逻辑主线。

（撰写人：金 碚）

【中国战略性新兴产业论】

李金华等

中国社会科学出版社2017年8月版，451千字

该书论述了中国战略性新兴产业的发展在空间分布上已初显的格局，较系统深入地探讨了培育和发展中国战略性新兴产业的行动路径。

该书的主要研究内容有：（1）战略性新兴产业研究理论铺垫，如战略性新兴产业的源起、产业区位理论及研究成果、均衡及非均衡理论研究成果、产业集聚、比较优势理论及研究成果、产业创新、产业链理论及研究成果等；（2）战略性新兴产业发展背景，包括背景的理论阐发、产业竞争背景、创新创业背景、战略政策背景等；（3）战略性新兴产业发展态势，包括整体发展态势、行业发展态势、发展态势分析等；（4）战略性新兴产业布局动因，包括布局动因理论分析、布局动因定量分析、布局动因现实解析等；（5）战略性新兴产业空间布局，包括从业人员空间布局、发展项目空间布局、领军企业空间布局、生产基地空间布局、空间布局综合分析等；（6）战略性新兴产业转移承接，包括转移的必要性分析、转移行业的甄别、承接能力的现实性分析、转移承接的路径等；（7）战略性新兴产业技术效率，包括地区技术效率测度、行业技术效率测度、技术效率效应分析、技

术效率提升路径等；（8）战略性新兴产业创新能力，包括创新能力理论阐释、创新能力的影响因素、创新能力的测度、创新能力提升路径等；（9）战略性新兴产业竞争实力，包括产业链的竞争实力、大型企业的竞争实力、品牌的竞争实力等；（10）战略性新兴产业未来路径，包括宏观一盘棋空间大布局、建设新兴产业工业区、契合建设制造强国路径等。

该书的主要研究发现是：（1）中国战略性新兴产业的发展在空间分布上已初显格局。这种格局表现出三个方面的特征：技术、人才、经济发展水平和自然资源决定了战略性新兴产业的基本布局，东部地区由于技术、人才优势，集聚的战略性新兴产业资源较多；西部地区由于资金、人才等相对薄弱，集聚的战略性新兴产业资源较少，中部地区则呈现技术、资源混合型的集聚特征。（2）全球新兴工业区兴起迅速；全球著名企业和品牌是产业集聚的重要标志，著名企业的投资和发展方向直接地影响着新兴产业资源的空间分布。（3）中国战略性新兴产业存在一些亟待解决的问题，如战略性新兴产业一些行业结构不清晰，且尚未形成完整的产业链；一些行业缺乏关键技术支持，科技创新能力欠缺，且创新驱动路径不明朗等。（4）产业布局出现程度不同的雷同现象，一些行业出现产能过剩现象。（5）中国战略性新兴企业规模相对较小，运行成本及风险大，微观主体力量不足。

该书的主要政策启示是：战略性新兴产业的发展应契合中国建设制造强国的路径。中国战略性新兴产业发展有六大路径：实施重大工程，建设重大专项；引导产业集聚，建设生产基地；实行品牌战略，培育领军企业；研发核心技术，搭建共享平台；创新市场模式，打造新型产业链；发展高端生产性服务，助推战略性新兴产业。战略性新兴产业的发展目标与建设制造强国的目标是异曲同工，相得益彰。发展战略性新兴产业要与建设制造强国的路径相契合，要扩张制造业占比，优化制造业结构，提高制造业效率；通过自主创新，实现战略性新兴产业和先进制造业前沿技术、复杂产品系统中关键技术的重大突破；要倡导"工匠"精神，精专制造，质量顶级，打造系列著名国际品牌；要实现学校企业双轨教育和培养，建成高素质的制造业职工队伍和先进制造业文化；要进行生产模式的革命性变革，建成先进制造产业集聚区。

该书的主要观点是：未来要加强对战略性新兴产业发展路径的跟踪；要加强对世界产业发展新趋势的研判，警惕全球产业发展的偏向和不确定；要加强对新产品市场培育的研究，构筑战略性新兴产品市场风险的防御体系；要对现行战略性新兴产业政策效果进行评估，适时进行政策的进入与退出；要对重点企业、重要基地生产经营状况进行实时分析，构建适宜战略性新兴产业发展的现代生产经营模式；要加强对全球新兴产业价值链、技术链、产业链形成过程的跟踪研究，研判嵌入全球新兴产业"三链"的契合点和突破口。

发展战略性新兴产业，建成制造强国是中国的一项伟大事业。完成这一宏伟目标，归根结底需要人才，需要全体劳动者的努力。没有优秀的国民，没有一流的技术型人才，再好的理论指导，再宏伟的目标蓝图都是空中楼阁，都不可能变成现实。无论是现在还是将来，中国都需要彻底摒弃拜官、拜权、拜钱的世俗观念，在全体国民中牢固树立起崇拜技术、崇拜工匠、崇拜产品、崇拜质量的理念；要通过长期深入的教化，让全体劳动者对技术规范、质量标准、制造流程、劳动制度等职业规范产生敬畏感，进而成为自己的终生信仰和精神图腾，在生产制造过程中自觉遵守和忠实执行，构建起世界领先的制造业文化体系。这是中国发展战略性新兴产业，实现制造强国目标的根本条件和首选之路。

（撰写人：李金华）

【重点产业调整和振兴规划研究：基于中国产业政策反思和重构的视角】

李平、江飞涛等
中国社会科学出版社 2018 年 4 月第 1 版，436 千字

2009 年年初，作为应对国际金融危机一揽子计划的重要组成部分，中国在钢铁、有色金属、石化、汽车等十个产业实施调整与振兴规划。调整振兴规划是短期应对危机措施（保增长）和中长期产业发展政策（调结构）的结合，其中，"调结构"政策是原有产业政策的延续，而此后这些重点行业产业政策也基本延续了调整振兴规划及此前产业政策的政策取向与政策思路，政策工具选择亦无大的变化。该书将重点产业结构调整振兴规划的研究与对长期以来中国产业政策的研究紧密结合起来。

该书的主要研究内容如下：（1）全面梳理重点产业结构调整与振兴规划及其实施细则，全面梳理中国产业政策的发展和现状，准确把握政策的意图、政策逻辑与主要政策工具，分析和准确把握其（调整振兴规划与产业政策）主要特征；随后，该书对于产业政策理论及其前沿进行全面回顾与探讨，并在此基础上对中国产业政策的政策意图、政策逻辑、理论依据进行深入的探讨，并从理论与实证两方面详细解析主要产业政策工具对产业内企业行为与产业绩效的影响，探讨其合理性。（2）分别对钢铁、纺织、装备制造业等十个重点产业的调整振兴规划及其实施效果、长期以来产业政策的实施情况及效果进行更为细致的研究，进而把握其特征、解析其实施效果及影响机制并揭示实施中存在的突出问题。（3）在充分、深入地认识市场机制与市场功能的基础上，界定产业政策中政府干预以及干预方式的边界，提出改进重点产业结构调整与振兴规划的方案，以及重构中国产业政策体系的基本思路、基本原则以及整体方案。

该书的主要观点包括：（1）重点产业调整振兴规划保增长、扩内需的政策在短期内起到了显著的效果，重点产业乃至整个工业在较短的时间内扭转了增速下滑的局面，在随后的三年里（2009—2011年）维持了高速增长的格局。但是，这种短期性的政策，在很大程度上只是将未来三五年内的消费需求提前实现，并透支未来平稳的消费增长。（2）重点产业调整和振兴规划在调结构方面作用有限，在较长一段时间内大大减弱了钢铁、电解铝、水泥等原材料行业以及家电、汽车等行业的转型升级压力和动力，在一定程度上阻碍了这些行业的转型升级。（3）重点产业调整和振兴规划延续了中国产业政策长期以来所具有的特点，即直接干预市场，对于微观市场的直接干预措施是产业政策最为重要的手段，是典型的选择性产业政策，重点产业调整振兴规划在很大程度上强化了对市场的干预。（4）以直接干预微观经济为特征的选择性产业政策，实施效果多不理想，并且由于扭曲了市场机制，带来许多不良的政策效应，以及较为严重的寻租问题，在很大程度上阻碍了结构调整与经济转型。

该书的研究方法：将理论研究与实际情况紧密结合，在充分把握中国产业政策基本特征的情况下，从理论上深入探讨中国产业政策及其理论依据的合理

性，避免空泛地、无针对性探讨产业政策。将重点产业结构调整与振兴规划的研究与对近年来产业政策的研究紧密结合起来，由于重点产业结构调整与振兴规划实施时间还很短，很多政策措施又是以往政策的延续，这种结合更能深入地探讨政策措施的实际效果和合理性；由于调整振兴规划的许多实施细则将是未来五年里产业政策的重要组成部分，这种结合会更有利于将振兴规划与产业的长期发展政策紧密联系起来。建立严谨的数理模型和计量方法分析主要政策措施对于企业行为、产业绩效的影响，并进一步探讨中国产业政策主要理论依据的合理性与政策的实施效果。

该书的政策启示：中国迫切需要加快产业政策的转型，转型的方向是实施以"完善市场制度、增进市场功能、扩展市场作用范围、补充市场不足"为特征的功能型产业政策。构建功能型产业政策，就是要从政府替代市场、干预市场的政策模式，转到增进与扩展市场、弥补市场不足的政策模式上来。这一方面迫切需要政府简政放权，大幅度减少对于微观经济活动的干预；另一方面迫切需要政府全面深化经济体制改革，构建完善市场经济制度体系与创造良好的市场环境，并在"市场失灵"与外部性领域积极作为弥补市场的不足，这包括构建完善的市场制度体系、创造公平竞争的市场环境、提供公共服务、建设和完善基础设施、支持基础科学研究、促进技术创新与机制转移、加强节能减排与安全生产监管。

该书的创新之处：（1）在重新认识市场机制与"市场失灵"的基础上，进一步反思产业政策的理论基础与政策取向。在发展和转型国家存在的所谓"市场失灵"，实则多是"政府失灵"或"制度失灵"，实施直接干预市场型的产业政策只会使问题更为严重。（2）在借鉴市场增进论和深入探讨政府与市场关系的基础上，构建产业政策新的思考框架，即产业政策应当以维护市场竞争、增进市场机能与扩展市场范围为基本取向，并以此促进产业与国民经济的健康发展。

（撰写人：李 平）

【产业政策：总结、反思与展望】
　　林毅夫、张军、王勇、寇宗来
　　北京大学出版社2018年3月版，382千字

该书以北京大学新结构经济学研究中心与复旦大学经济学院于2016年8月联合举办的"产业政策研讨会"内容为基础，邀请在产业政策领域数十位有建树的专家学者对该问题进行了全方位的解读。该书分析产业政策对于经济发展的重要作用，总结现有产业政策之利弊，研究产业政策中市场与政府的相互关系，以及产能过剩、产业升级及技术创新等热点问题，探究如何实现产业政策的有效实践，并对产业政策未来的发展进行展望，在产业政策、产业升级与结构转型等领域共同探索学术研究与政策实践结合的有效路径。该书对于总结、反思与展望未来的产业政策起到积极作用。

该书的主要内容包括：（1）产业政策的"林张之辩"。重点内容：从两位学者不同的视角给产业政策以完备的定义；产业政策对于经济发展的关键作用；中等收入国家五大类产业划分及其产业政策制定的理论范式。（2）对现行产业政策的总结与反思。重点内容：中国产业政策的特点及相关问题；产业政策的有效性和必要性；产业政策和区域政策之间的相关关系；全球各个国家产业政策的历史实践；现有产业政策的效果评价；现有产业政策的制定依据。（3）产业政策中政府与市场的关系。重点内容：产业政策制定过程

中政府和市场的边界;"有效市场"与"有为政府"的结合;政府在经济结构转型升级中的作用;"发展型国家"的优劣势及中国经济转型。(4)产能过剩、产业升级与技术创新。重点内容:供给侧改革过程中产业政策起到的重要作用;中国的产业升级路径;产能过剩与产业政策转型。(5)产业政策的实践。重点内容:我国关于转手价格维持的立法与执法实践;最低工资标准对就业正规化的影响;开发性金融研究的回顾与展望;从加工"贸易"政策看建章建制型产业政策;产业政策中的能源问题;中国物联网产业政策的研究综述;产业政策与长三角区域协调发展。(6)产业政策未来的发展。重点内容:产业政策与产业结构之间的关系;产业政策与竞争政策和创新政策的相互融合;未来产业政策的发展方向以及优化办法。

该书的主要观点包括:(1)产业政策是指中央或地方政府为促进某种产业在该国或该地方发展而有意识地采取的政策措施,包括关税和贸易保护政策,税收优惠,土地、信贷等补贴,工业园、出口加工区,R&D中的科研补助,经营特许权,政府采购,强制规定等。(2)中等收入经济体的产业可以分成五大类,分别是:技术水平跟发达国家的产业还有一定差距的追赶型产业;已经处于领先或接近领先的领先型产业;过去符合比较优势、现在由于资本积累而失去比较优势的转进型产业;研发周期短、以人力资本投入为主的弯道超车型产业;为国家长远发展或出于国防安全的需要而发展的战略型产业。(3)产业政策的绩效与其制定和实施的政府层级密切相关,决策层级越高,决策者对产业的发展前景的准确把控难度越大,因此地区层面的产业政策对经济发展起到了巨大的推动作用,而中央层面的产业政策还必须再认真深入研究;(4)未来关于产业政策的研究可以在动态一般均衡视角、中国特殊的政治机制以及人力资本与创新这三个方面进行深层次的研究探索。

该书主要通过专家会谈、圆桌讨论以及专题约稿等方法,收集整理不同专家学者对产业政策的观点、看法,并落实到文字,形成中国产业政策研究的整个谱系。具体到不同学者,所使用的的研究方法包括:(1)实地调研。对有代表性的地区进行实地深入走访和问卷调研,明确产业政策的实施效果。(2)定量实证。根据中国或其他国家数据,运用计量方法分析产业政策对经济发展的定量作用。(3)理论模型。通过构建一般均衡模型等,对产业政策进行反事实模拟,从理论层面界定产业政策对经济系统的整体影响。

该书的政策启示:产业政策的有效性依赖于制度环境,只有"适宜制度"才最有利于经济发展。对于发展中国家而言,忽略制度环境和政策措施之间的互动关系而简单照搬复制发达国家的"成功经验",最终都有可能落得"南橘北枳"的结果。同时,制定产业政策应基于对相关事实的深入了解和正确把控,综合考虑包括产业异质性、环境水平等各个方面的因素,谨慎施行。

该书的创新之处:(1)总结归纳了林毅夫、张维迎、张军、许成钢、赵昌文、贾康等数十位著名经济学家关于中国产业政策的理论观点,对产业政策的发展脉络、理论依据以及政策实施过程中的现实问题进行了系统的梳理,为未来在产业政策领域进行更加深入的研究打下基础;(2)坚持"和而不同"的态度,在不同学者对产业政策有认知分歧的基础上,通过公开的讨论乃至辩论,帮助厘清有关分歧、澄清相关误解、充分展示各方观点的内部逻辑和外部证据,从而提升全社会对产业政策的认识,吸引更多学者对产业政策进行更深入的研究。

（撰写人：王　勇、寇宗来、张梓桐）

【文化产业供给侧改革研究：理论与案例】
齐骥
中国传媒大学出版社2017年6月版，244千字

该书是文化产业理论研究领域第一本系统研究文化领域供给侧问题的学术专著，也是第一本深入浅出厘清文化产业的供给逻辑、供需匹配要求、供给动力框架、动力规律、动力特征和动力塑造路径的学术专著，在跨学科研究和交叉问题关注上，具有重要意义和价值。

该书立足于我国大力推进供给侧结构性改革的时代背景，聚焦文化产业发展的行业本质，以跨界创新的学术理念，深入立体的理论阐释，客观翔实的数据分析，真实生动的实践案例，深入剖析了文化产业以要素创新驱动业态创新、以产业转型拉动消费升级、以文化之力推动实现文化正义的动力转换和生成模式，以期通过文化创新对经济社会全方位、各领域的改革创新有所启示。该书深入研究了优化文化产业发展逻辑体系的理论范式。通过客观反映文化产业结构优化升级的现状，分析文化产业结构的时空变化特征，把握文化产业结构优化的动态规律和区域差异特征，更具针对性地为文化产业理论研究的逻辑体系构建，提出解决方案。该书系统地提出了文化产业供给侧改革的基本问题、理论框架、内涵和外延、行动要素、发展逻辑、演进规律、行业特点、规划要点和治理路径，是对文化产业研究的重要突破和对供给侧领域研究的重要补充。该书前沿性分析了文化产业供给侧改革的不同领域、不同视角的案例，以案例研究的方式，对理论进行验证，对框架进行完善，对逻辑进行补充，具有较强的实践价值和应用范式。该书还是打破当前文化产业学术"空窗期"的理论创新之作。该书从人、国家、社会的层面建构理论关系，克服文化产业重应用轻理论的窄化、浅化和功利化的研究倾向，以理论和实践的结合，政策建议和规划路径的结合，打破了文化产业的学术"空窗期"。

该书的主要观点包括：（1）直面文化领域"供给侧"问题的本质，并立足于当前文化经济发展的多元生态和多重背景，以解决文化产业发展的"供给侧"问题为出发点，以实现文化产业发展的"结构性"优化为落脚点，对解决当前我国经济发展中面临的新旧动能接驳时期伴生的动力断层问题、供给侧结构性矛盾导致的动力抑制问题、需求侧非均衡发展导致的动力约束问题至关重要。文化产业发展是文化产业结构不断优化升级并实现"合理化"和"高度化"的过程。我国东中西部经济发展的差异导致文化产业结构在合理化和高度化程度方面均存在较大差异，在产业结构合理化和高度化之间的相互作用存在一定的弹性空间。（2）文化产业发展反映了社会构成的经济变动与文化变动及其背后所蕴含的的权利与利益关系，它们共同奠定了文化产业结构变动的政治经济学基础。因此，测度文化产业结构演变规律，重置文化市场的分配结构、提供文化企业的"负面清单"，实施文化发展的"文化复耕"，是中国文化产业结构变动的战略性路径。（3）由于文化产业有着一般产业所没有的意识形态属性，因此，文化产业的周期性波动存在着政府与非公文化经济共同造成的反周期力量，这两种反周期力量在一定条件下可能会对文化产业增长周期的曲线运动造成很大影响。（4）在文化产业发展中，采用以要素创新驱动业态创新，以产业转型拉动消费转型，以文化治理推动文化正义的

文化产业动力转换和再造思路,既对文化产业本身的转型升级起到了直接的作用,又对促生经济发展新动力具有重要意义。文化产业不仅是重要的战略性新兴产业,更是一种着力于构建新发展动力的理念和思维。

该书从文化产业的多重背景出发,跳出需求侧三驾马车的发展动力框架,立足文化产业发展进入深水区的现实困境,按照要素—逻辑—行动—案例的研究主线,聚焦文化产业行业本质,解析供给侧内生动力,激发全要素创新活力,以案例和数据结合,理论和实践结合,行动方案和规划指南结合的方式,将"新供给"贯穿全书,通过探讨在优化供给侧的文化生态和文化系统中,以高效的制度供给和开放的市场空间,激发文化产业微观主体创新、创业、创造的潜能,可以更好地构建、塑造和强化文化产业长期增长的新动力,实现文化产业可持续发展的理论路径和实践范式,提出文化产业发展的"四梁八柱"。

该书的政策启示在于:在制定区域发展规划、确定区域发展战略时,应当遵循文化发展的规律和文化产业演进的特点,以产业融合和产城融合为重要维度和前置条件,以文化领域和经济、社会发展领域全面融合为立足点,以文化产业顶层设计与案例研究深度互动为落脚点,以解决文化产业发展中的实际问题、项目操作过程中的理论问题为突破点,从而打破当前文化产业发展中单一业态为主、产业融合不足、供需匹配错位以及产业与区域发展割裂的现状。

该书的创新之处体现在:(1)将"文化"作为研究经济问题的底色和研究供给侧改革问题的逻辑起点,并提出,文化产业不仅是重要的战略性新兴产业,更是一种着力于构建新发展动力的理念和思维。(2)将"文化"作为一种界面和平台,文化产业实现了创新单元、创新环境、创新基质和创新界面的协同,并创造了经济增长动力更新、换挡、超越的良好生态。(3)将文化作为一种语境和规则,文化产业打破了传统动力的线性模式,突破了单一的、静态的串联式产业链并重塑了以"大文化"为纽带的经济新秩序。

(撰写人:齐 骥)

【中国与周边国家电力互联互通战略研究——以俄罗斯和东南亚国家为例】

史丹等

中国社会科学出版社 2018 年 10 月版,400 千字

该书由十五章组成,主要研究内容包括:(1)阐述了国家电力互联互通概念的内涵、政策背景与当前电力互联互通理论研究上存在的不足;(2)探讨了能源互联网的定义、能源互联网的特性,能源互联网对能源生产、消费等方面的创新提升;(3)研究了电力互联互通的治理模式,探讨了跨国电网互联与运营的制度安排;(4)深入北美等地研究了跨境电力合作的案例;(5)研究了电力贸易的"边境效应"与合作决策的影响因素,电力贸易的制度成本与合作类型;(6)以东盟和俄罗斯为主要研究对象,分析了我国电力在周边国家电力的投资、互联互通的进展,存在的问题,分析了电力市场改革与电网对外开放的协同问题,以及推进与电力互联互通相适应的电力管理制度改革等;(7)从战略规划的高度研究了我国与周边国家互联互通的原则、总体思路,以及推进电力互联互通应采的战略与体制改革的措施等。

该书的主要理论观点是:(1)提出合作理论对研究和指导公共服务和国际关系问题的意义。与主流经济学不同,合作理论不是以"竞争"为主线,专于研究

稀缺资源的有效配置，而是关注人的社会性。合作理论强调了人类行为动机的多样性和社会性，比传统经济学的单一"经济人假设"对"人"的抽象更符合实际。（2）提出合作战略对国家间电力合作的意义。合作战略认为商业环境中存在正和博弈，环境中的相互依赖性使得价值创造是一个发生在两个或者多个合作伙伴之间的联合过程，在其中一个合作伙伴越成功，则另外合作伙伴的收益就越大。相对于竞争战略，合作战略强调战略中合作优势的重要性。（3）提出互联互通条件下电力网络治理的思路及网络治理理论对促进国际电力互联互通的意义。网络治理的制度安排特点是：一是制度安排是集体化的，由网络成员共同参与制定和维护；二是制度安排以实现网络层面的绩效最大化为最终目标和评判标准；三是能源网与其他网络的不同之处，即更大的用户量和更远的传输距离会导致传输成本急剧增加，电力合作中最主要的公共物品是电力"互联互通"需要的基础设施，如何在合作各方之间合理地分配基础设施建设所需的成本将直接决定该项公共物品是否能够被有效提供。

该书的政策启示是：（1）跨国电力合作优先选择政治或经济安全度较高的国家开展合作，形成网络中的"小群体"，再通过"小群体"向外产生辐射效应和示范带动效应，逐渐吸收处于原有网络边缘地带的国家加入网络合作体系，构建涵盖范围更广的"大网群"。这种渐进式扩张的模式要比一开始就建立包罗完整的网络遇到的政治阻碍和经济成本更低。（2）稳定合理的价格是确保电力合作的前提，为此深度参与国际间合作的同时要继续推动国内市场的改革，以电力市场建设促进资源大范围配置，实现能源供应多元化。（3）加快电网互联互通，需要对我国电网管理体制机制进行新的思考。一是建立适应电网对外开放的电网管理体制；二是建立促进跨区跨国互联互通电网建设的投资机制；三是需要建立促进电力互联互通的灵活交易机制；四是建立跨国跨区电网的运行调控协调机制；五是建立促进跨国跨区电网运行效率提升的容量分配机制；六是简政放权，赋予企业一定的投资决策自主权；七是推动市场化定价机制的形成。鼓励建立电力多种合约市场、发电权交易市场、集中竞价交易市场，促进增加国家间电力贸易额与交易效率。

该书的创新点是运用不同学科理论分析和解决电力互联互通的问题：一是用合作理论为我国合作共赢的外交方针提供理论依据。与周边国家实现电力互联互通，实质是合作问题，如果我们从政治上讲合作，但是经济上讲竞争，就有可能因经济利益不一致而影响政治合作，干扰我国实现和平崛起和两个一百年的伟大梦想的进程。近年来，学术界出现了一种呼声，即经济学有从传统的资源配置理论走向合作理论的必要，以合作理论为核心的经济学在一定意义上更符合人类发展的事实。二是用贸易理论和管理理论分析电力商品贸易的特殊性。电力贸易可以增加生产者和消费者剩余，但由于国家间的边境线界定了政治和法律管辖范围，对贸易活动有很大的抑制性，形成所谓的"边境效应"。国家间合作的实现或者国家是否服从区域性"超主权"组织安排是合作成本、交易费用与贸易收益的均衡结果。三是用技术经济方法分析我国与周边国家电力互联互通的可行性、经济性。四是从经济学的角度对电力互联互通的理论基础、互联互通的发展方向、网络治理、互联互通的制度与国际经验进行了介绍与总结。

（撰写人：史　丹）

【新产业革命与欧盟新产业战略】

孙彦红

社会科学文献出版社2019年5月版，306千字

近年来，在国际金融危机爆发和新产业革命迅速兴起这两个重要动向的共同影响下，产业政策和产业战略再次成为欧盟及其主要成员国经济政策的优先日程。该书以新产业革命为背景，结合国际金融危机爆发以来欧盟面临的内外部经济环境的变化，全面系统地研究了近年来欧盟及其主要成员国出台的新产业战略。该书围绕两条主线展开：第一，系统地梳理和剖析了近年来欧盟及其主要成员国出台的新产业战略，包括欧盟"再工业化"战略、德国工业4.0战略、英国的产业战略和新产业战略、法国的"新工业法国"计划与"未来工业"计划、意大利的国家能源战略与工业4.0计划，对这些战略提出的背景、主要内容和落实进展做了较为全面的研究；第二，深入挖掘近年来西欧主要国家政府经济角色的转变，既包括相关经济理论的发展变迁，也包括产业战略实践所体现的政府功能的变化。基于此，该书得出了有关欧盟版新产业革命的方向、近年来西欧主要国家政府经济角色演变的新趋势、欧盟及其主要成员国产业政策与创新政策的新特点等方面的若干结论。

该书的主要观点包括：（1）对工业地位的高度认可或再度重视是近年来欧盟及其主要成员国出台新产业战略的一个共同出发点。欧盟委员会于2012年提出"再工业化"战略，标志着其产业结构调整方向上某种程度的"质变"。在成员国层面，德、英、法、意等国的新产业战略都或多或少地带有扭转"去工业化"或推动"再工业化"的意图。（2）促进工业和整体经济的智能化、网络化和绿色化发展，是近年来欧盟及其主要成员国新产业战略的共同努力方向，这与当前一轮新产业革命的核心特征高度一致。（3）欧盟及其主要成员国的新产业战略都将促进研发创新及其应用置于首要地位，其认识和政策措施也在发生值得关注的变化。近年来欧盟及其主要成员国的新产业战略在相当大程度上等同于产业创新政策，同时"使命导向型创新政策和产业战略"正受到重视。（4）当前欧盟版新产业革命仍处于推进的初级阶段，欧盟"再工业化"战略及其主要成员国新产业战略的落实尚未带来欧洲工业与制造业的全面复兴。对欧盟而言，由"去工业化"到"再工业化"，由工业3.0迈向4.0，将是一个长期的过程。（5）近年来西欧主要国家的政府经济角色都出现了相对于新自由主义政策取向的不同程度的回调，向更加积极主动转型，其中最突出的表现就是富有新内涵的产业政策的回归。除了应对"市场失灵"，政府还纷纷制定新的经济与产业发展战略，并且不同程度地扮演落实产业战略的引导者和协调者、研发创新项目的资金提供者、支持创新项目的示范性投资者和私人部门的投资合作者、技术标准与规则制定的积极推动者与推广者等角色，旨在引导、协调和激励私人部门的创新活动，推动本国工业生产方式的全面创新。（6）西欧国家政府经济角色的回归与强化并非要否定市场的地位，而是为了更好地发挥市场机制的积极效应，规避单纯依靠市场机制造成的投资不足、分配不公和环境污染等负面效应。

该书遵循实证研究与理论探讨相结合的研究思路，对欧盟及其主要成员国新产业战略的具体内容进行实证研究与对近年来西欧国家政府经济角色转变做理论探讨相辅相成，旨在得出有关研究对象的全面系统深入的认识。此外，鉴于欧盟的多层次治理结构，该书的研究大体上沿着"欧盟层面—成员国层面—欧盟整体（两个层面综合）"的路径展开，力求从多个

层次把握欧盟新产业战略的方向、内容与特点，兼顾研究的广度与深度。

该书不仅有助于国内学界更好地理解和把握当前这一轮新产业革命的方向与主要特征，进而从理论和实践层面更全面地看待世界产业格局发展演变的大趋势，而且对中国在新形势下制定与实施产业政策具有启示意义。主要政策启示如下：（1）在产业政策领域，中国应继续调整政府角色，坚持"有所为、有所不为"，在政府"缺位"的领域及时加以弥补，在政府"越位"的领域及时撤出，做到更好地发挥市场机制的积极效应，同时尽量规避其负面效应。（2）中国正在全面布局创新发展战略，重视程度不逊于欧盟；然而，考虑到发展阶段的差异，在促进研发创新的方向和政策措施方面，欧盟的不少经验值得我们借鉴。（3）欧盟及其主要成员国对工业地位的高度认可或再度重视提醒我们反思自身的产业结构演变趋势和产业政策方向，尤其应警惕"过早去工业化"。

该书的创新之处在于：（1）是近年来国内少有的对国际金融危机爆发和新产业革命兴起背景下欧盟及其主要成员国的新产业战略进行全面系统研究的成果。（2）在观点上，提出推动"再工业化"或扭转去"工业化"是欧盟及其主要成员国新产业战略的共同出发点，促进工业和整体经济的智能化、网络化和绿色化发展是其努力方向，促进创新及其应用是其首要举措、西欧国家政府经济角色向更积极转变等，都体现出一定的创新性。（3）在方法上，沿着"欧盟层面—成员国层面—欧盟整体（两个层面综合）"的路径对欧盟产业政策与产业战略进行系统研究也是典型的创新之处。

（撰写人：孙彦红）

【新中国工业经济史（第三版）】

汪海波等

经济管理出版社2017年3月版，773千字

该书以马克思主义和中国化马克思主义为指导，用史学方法揭示了新中国工业经济（包括作为基本经济制度的生产关系及其表现形式的经济体制和生产力两方面）的发展过程，这是该书的核心。

具体说来，包括以下前后相继的十一个阶段：（1）新民主主义社会的工业经济——国民经济恢复时期的工业经济（1949年10月至1952年）；（2）从新民主主义社会到社会主义社会的过渡时期的工业经济——社会主义工业化初步基础建立时期的工业经济（1953—1957年）；（3）实行计划经济体制时期的工业经济（一）——"大跃进"阶段的工业经济（1958—1960年）；（4）实行计划经济体制时期的工业经济（二）——经济调整阶段的工业经济（1961—1965年）；（5）实行计划经济体制时期的工业经济（三）——"文化大革命"阶段的工业经济（1966—1976年9月）；（6）实行计划经济体制时期的工业经济（四）——经济恢复和"洋跃进"阶段的工业经济（1977—1978年）；（7）市场取向改革起步阶段的工业经济——以实现经济总量翻两番、人民生活达到小康水平为战略目标的社会主义建设新时期的工业经济（一）（1979—1984年）；（8）市场取向改革全面展开阶段的工业经济——以实现经济总量翻两番、人民生活达到小康水平为战略目标的社会主义建设新时期的工业经济（二）（1985—1992年）；（9）市场取向改革制度初步建立阶段的工业经济——以实现经济总量翻两番、人民生活达到小康水平为战略目标的社会主义建设新时期的工业经济（三）（1993—2000年）；（10）市场取向改革继续推进阶段的工业经济——以全面建设小康社会为战略目标的社会主

义建设新时期的工业经济（四）（2001—2011年）；（11）以市场取向改革为重点的全面深化改革阶段的工业经济——以全面建设小康社会为战略目标的社会主义建设新时期的工业经济（五）（2012—2015年）。

从根本上说来，该书的研究方法是马克思主义和中国化马克思主义的方法。主要包括：（1）坚持实事求是；（2）坚持生产力标准；（3）注重党和政府在工业经济变革和发展过程中的领导作用；（4）注重工业经济变革和发展中的数量关系的叙述；（5）以生产关系（包括生产关系本身及其表现形式的经济体制）和生产力的变化状况为划分工业经济发展历史过程中各个阶段的标准。

在具体研究方法方面，注意史学方法与逻辑方法相结合、叙述方法与分析方法相结合、详细叙述与简要叙述相结合。以宏观任务为出发点，对典型历史事件与非典型历史事件、重要历史事件与次要历史事件以及三重历史过程（即决策过程、实施过程和实施结果）都做了慎重的选择。

该书从新中国工业经济史的视角，进一步证明了新中国在发展经济方面取得了伟大的举世瞩目的成就。从指导思想方面来说，均源于中国化马克思主义（包括毛泽东思想、邓小平理论、"三个代表"重要思想、科学发展观和习近平新时代中国特色社会主义思想）。这就是该书的全部政治含意。同时，该书还对新中国工业史运行学科进行开拓性的探讨，对产业经济学的研究和教研有参考价值。

（撰写人：汪海波）

【影响未来的新科技新产业】
中国社会科学院工业经济研究所未来产业研究组
中信出版社2017年3月版，260千字
近年来，发达国家对科技创新和实体经济结构转型新一轮密集投入的效果初步显现，全球科技界正在酝酿重大变化。一批前沿科技成果纷纷走出实验室，相继步入产业化阶段。科学技术和商业模式新一轮创新浪潮与新工业革命深度交互，"未来产业"初现端倪，并正在改变国际分工的基础和方式。改革开放以来，我国很好地抓住了第二次科技革命下技术扩散和产业转移的战略机遇，充分利用劳动力、土地、资源等方面的比较优势，在较短时间内走过发达国家几百年的工业化进程，成为世界第一制造大国和贸易大国。应该看到，以往中国经济发展采取了以规模扩张为主导的粗放模式，不仅消耗了大量能源资源，带来严峻的环境影响，而且在质量效益、结构优化和可持续发展等方面，相较美国、德国、日本等制造强国仍有较大的提升空间。随着传统比较优势弱化、人口红利消退，综合成本上涨，中国制造受到来自发达国家创新步伐加快、新兴产业群体性推进与发展中国家低成本竞争的双重挤压，迫切需要加快创新驱动，形成发展的新动能，实现高质量发展。

该书深入观察大数据、区块链、脑科学、深度学习、无人驾驶、石墨烯、物联网、精准医疗、量子通信、机器人、VR/AR/MR等11种正在同步颠覆人类认知系统和传统产业体系的新科技及其对生产、消费、投资以及企业行为的影响，梳理提炼其创新机制、产业技术演进以及产业化模式的规律性特征，为开展针对新产业的经济学理论创新甄选素材，发掘更具延展性的理论创新点。

重要观点：该书指出科技革命和工业革命标志性的科学成果和主导技术往往具有颠覆性特征，而且无一不对解放生产力、推动文明演进产生了革命性的影响。科技大国在新一代信息技术、人工智能、新能源、新材料、生命科学等前沿科技领域加紧布局，并相继在硬件和软件两个层面取得突破。这些重大创新成果同样显现出颠覆性力量，正在催生一批新兴产业，引领新的产业革命，带动全球实体经济开启新一轮智能化、绿色化的转型发展。客观地看，经过改革开放40年的不断投入和持续积累，中国科技发展的整体水平有了很大提高，在一些前沿领域与发达国家几乎处于同一起跑线，基本具备同步竞争的能力。历史经验表明，每一轮颠覆性创新爆发都是新产业集中孕育的时期，也是国际竞争格局剧烈变动的时期，但同时战略机遇的窗口稍纵即逝。目前，主要工业化国家在新兴技术领域的差距不明显，中国作为后发国家更容易重点突破，实现对先发国家的赶超。

该书强调尽管同属新兴领域，普遍具有颠覆性和应用前景广的特点，但现阶段新科技的产业化程度、其未来的市场潜力、资本接入方式、政府政策跟进等方面参差不齐，仍存在较大差异。尽管人工智能、无人驾驶、机器人在解放人类头脑的同时，也对人类智能和体能甚至情感带来了前所未有的冲击，但科技和制度作为人类智慧的延展，其意义和复杂程度将比历史上任何一个时代都更具有现实性和战略性。而且颠覆性创新从来只是"少数派游戏"，书中涉及的前沿领域和未来产业无一不是大国深度布局、巨头激烈角力的"重竞技场"，这些国家既是新竞赛的发起者和参与者，又是规则和标准的制定者。在这种情况下，中国实现原创面临的挑战尤为严峻。

政策启示：该书强调，随着中国科技水平与世界先进水平差距逐步缩小，在迈向制造强国的征途上，我们已经没有太多的现成经验和目标可以模仿或追赶。特别是在书中考察的能够影响未来的前沿科技和新兴产业中，发达国家对每一项重大研发和产业化成果势必实行严格的知识产权保护，相关领域的尖端技术、核心零部件和重大装备，我们是引不进、买不来的，只能依靠自主创新，加快从追随者转变为同行者甚至领跑者的角色转变。新工业革命为发达国家"再工业化""重振实体经济"带来了新的机遇，但却使发展中国家凭借低成本资源、环境和劳动力获得的传统比较优势被进一步削弱。虽不排除已经成为世界第二大经济体的中国在部分新兴领域与发达国家齐头并进、进而成为这些领域世界领跑者的可能性，但能否准确判断新科技新产业新市场的发展路径和范式，却是后发国家面临的又一次大考。数字鸿沟依然存在，甚至越来越难以逾越，但不创新意味着自动出局。对于国家、企业甚至个人而言，关于创新的抉择，已经没有可以犹疑的时间和徘徊的空间。

方法与特色：该书对普遍带有碎片化知识特质的新科技新产业新市场做出基于产业经济学视角的系统性观察，兼具学术研究和知识普及的导向，全书特色鲜明，文风严谨明快，具有很强的可读性，在推广新科技新产业理念和知识方面做出了积极探索和有意义的尝试。对于从事行业研究的机构学者、政策制定者以及意欲进入相关领域的投资者来说，书中提供的较为系统的信息和前瞻性判断，具有重要的参考价值。

（撰写人：杨丹辉）

【产业融合：中国生产性服务业与制造业竞争力研究】

杨仁发

北京大学出版社2018年6月版，212千字

该书以中国生产性服务业与制造业竞争力关系为研究主线。在合理界定生产性服务业外延和制造业竞争力内涵基础上，确定中国制造业竞争力衡量指标并定量计算，根据中国生产性服务业和制造业发展

现状和特点，探讨生产性服务业发展对中国制造业竞争力的影响以及中国生产性服务业发展的影响因素，进一步从价值链的角度，研究生产性服务业与制造业融合过程模型、融合效应、融合动力以及融合模式，分析产业融合促进生产性服务业发展作用机理，从而揭示生产性服务业与制造业的内在联系，以期从产业融合的视角为提升中国制造业竞争力提供理论支持和政策建议。

该书的主要内容包括：（1）中国生产性服务业水平发展与集聚发展对制造业竞争力的作用分析。重点理论与实证分析生产性服务业水平发展与集聚发展对中国制造业竞争力的影响。（2）中国生产性服务业水平发展与集聚发展的影响因素分析。重点从影响生产性服务业发展的需求和供给角度，分析产业融合对生产性服务业发展的作用，并从空间经济角度实证分析中国生产性服务业集聚发展的影响因素。（3）生产性服务业增强制造业竞争力有效途径研究。重点理论分析生产性服务业增强制造业竞争力过程，以价值链理论为基础，探索生产性服务业与制造业融合过程模型和融合效应。（4）中国生产性服务业与制造业的融合水平分析。重点分析中国生产性服务业与制造业融合基础条件，运用中国投入产出表从行业和地区层面测算中国生产性服务业融合发展水平。

该书的主要观点包括：（1）产业融合是生产性服务业增强制造业竞争力的有效途径。生产性服务业与制造业融合过程实质是价值链分解和重构整合的过程，体现为价值链基本活动的关系性融合和辅助活动的结构性融合，生产性服务业与制造业融合通过提高制造企业生产运营效率和优化资源配置效率，从而提升制造业竞争力。（2）生产性服务业水平发展与集聚发展均能显著促进中国制造业竞争力提升。生产性服务业水平发展对资本密集型制造业竞争力作用最大，对技术密集型制造业竞争力作用最小；东部地区生产性服务业水平发展是制造业竞争力提升最为重要的因素，中西部地区的促进作用相对有限；生产性服务业集聚对技术和知识含量越高的制造业竞争力促进作用越大。（3）中国生产性服务业与制造业整体的融合水平较低。生产性服务业整体与资本密集型制造业融合水平最高，与劳动密集型制造业融合水平最低；高端生产性服务业与制造业融合水平很低，传统生产性服务业融合水平相对较高；东部地区生产性服务业与制造业融合水平最高，中部地区的融合水平最低。

该书按照"破题—立论—求解—创新"的逻辑思路展开研究，坚持基础理论分析与现实问题探索相结合，规范分析和实证分析并重，以产业融合理论为基础，结合产业集聚以及价值链理论，重点理论分析了生产性服务业与制造业融合动力、融合过程模型、融合模式及效应；在实证分析上，不仅从整体层面分析了生产性服务业和制造业竞争力的关系，还分析了不同生产性服务业细分行业、不同区域与不同类型制造业的异质性问题。

该书的政策启示在于：中国应加快生产性服务业与制造业融合发展，以提高生产性服务业与制造业的融合水平，从而提升和增强中国制造业竞争力，为此，结合中国生产性服务业和制造业发展实际，得出以下政策启示：（1）制定合理的促进产业融合和产业发展政策，注重政策间的协同性，建立科学的评价考核体系；（2）构建良好的生产性服务业与制造业融合发展机制与环境；（3）建立科学合理的准入制度，改革阻碍生产性服务业发展的体制障碍，加快对垄断性生产性服务业的改革力度，形成有效的市场运行机制；（4）合理制定差异化的人力资本激励机制，鼓励生产性服务业人才流动，建立多层次的人才培养机制，鼓励各类生产性服务业人才的空间集聚。

该书的创新之处体现在：（1）拓展了产业融合理论体系。以价值链为基础进行产业融合分析，提出生产性服务业与制造业融合过程实质是价值链分解和重构整合过程的观点，挖掘了理论分析的内在机理，这丰富和拓展了产业融合理论体系，进一步推进了相关交叉学科研究的深化，因此，具有重要的理论价值。（2）构建了基于产业融合的生产性服务业与制造业关系研究框架。生产性服务业与制造业的关系在不同时期具有不同表现，以生产性服务业与制造业内在关系演变为脉络，提出产业融合是生产性服务业增强制造业竞争力有效途径的观点。（3）纳入了产业融合作为产业发展影响因素的分析范畴。尝试从产业需求和供给两个层面理论分析生产性服务业发展影响因素体系，并且考虑了在以往研究中较少关注的因素——产业融合，并定量测量了产业融合水平。

（撰写人：杨仁发）

第六篇
课题立项

本篇主要搜集了2017—2019年国家社会科学基金（包括国家社会科学基金重大项目、重点项目、一般项目等）、国家自然科学基金（包括国家自然科学基金重点项目、面上项目、青年项目等）、教育部人文社会科学项目中与产业经济学有关的立项项目。

国家社会科学基金

一 国家社会科学基金重大项目

表6-1　2019年度国家社会科学基金重大项目立项名单

序号	立项课题	首席专家	责任单位
1	"一带一路"与南南合作背景下的中非产能合作问题研究	李荣林	南开大学
2	技术标准与知识产权协同推进数字产业创新的机理与路径研究	戚聿东	北京师范大学
		王黎萤	浙江工业大学
3	粤港澳大湾区产业融合发展的机制与政策研究	顾乃华	暨南大学
4	中国海洋经济高质量发展的指标体系及评价方法研究	刘培德	山东财经大学
5	面向国家能源安全的智慧能源创新模式与政策协同机制研究	曾鸣	华北电力大学
		杨俊	重庆大学
6	能源革命背景下我国电力市场体制机制改革研究	方德斌	武汉大学
7	绿色发展下我国水资源—能源—粮食协同发展与安全战略研究	黄德春	河海大学
8	气候智慧型农业碳减排及碳交易市场机制研究	王红玲	湖北大学
9	中国战略性三稀矿产资源供给风险治理机制研究	徐斌	江西财经大学
		吴巧生	中国地质大学（武汉）
10	数字经济对我国经济社会发展的影响效应测度与统计评价	陈梦根	北京师范大学
		洪兴建	浙江财经大学
11	卫星账户编制的理论、方法与中国实践	蒋萍	东北财经大学

表6-2　2018年度国家社会科学基金重大项目立项名单

序号	立项课题	首席专家	责任单位
1	"一带一路"区域价值链构建与中国产业转型升级研究	李小平	中南财经政法大学
2		孙楚仁	西南财经大学
3	供给侧结构性改革下东北地区创新要素结构分析与优化对策研究	肖兴志	东北财经大学

续表

序号	立项课题	首席专家	责任单位
4	大数据驱动下国家矿产资源安全战略管理现代化研究	彭忠益	中南大学
5	新时代流通服务业高质量发展的路径选择与政策体系构建	夏春玉	东北财经大学
6	智能制造关键新材料创新突破的国家战略研究	王昶	中南大学
7	数据赋能激励制造业企业创新驱动发展及其对策研究	张振刚	华南理工大学
8		杨智	湖南大学
9	新时期中国产业与贸易政策协同发展机制与实施路径研究	程惠芳	浙江工业大学
10	新形势下我国农业全要素生产率提升战略研究	李谷成	华中农业大学
11	军民融合产业联盟理论构建与发展战略研究	安实	哈尔滨工业大学

表6-3　　2017年度国家社会科学基金重大项目立项名单

序号	立项课题	首席专家	责任单位
1	智能革命与人类深度科技化前景的哲学研究	段伟文	中国社会科学院哲学研究所
2	供给侧结构性改革、异质性消费者行为与经济增长内生动力研究	臧旭恒	山东大学
3	丝绸之路经济带沿线国家文化产业合作共赢模式及路径研究	向勇	北京大学
4		蔡尚伟	四川大学
5	共生理论视角下中国与"一带一路"国家间产业转移模式与路径研究	刘友金	湖南科技大学
6		胡军	暨南大学
7	"互联网+"促进制造业创新驱动发展及其政策研究	魏江	浙江大学
8		杨德林	清华大学
9	互联网融合产业经济理论与政策研究	李晓钟	杭州电子科技大学
10	中国产业集群地图系统（CCM）建设与应用研究	沈体雁	北京大学
11	中国服务业发展政策的演变及有效性协同性研究	李朝鲜	北京工商大学
12	分享经济核算理论、方法与应用研究	向书坚	中南财经政法大学
13	基于知识产权密集型产业的强国战略路径研究	单晓光	同济大学

二　国家社会科学基金重点项目、一般项目

表6-4　　2019年度国家社会科学基金重点项目、一般项目立项名单

序号	课题名称	姓名	工作单位	项目类别	所在学科
1	马克思主义农业合作经济理论的发展、完善及中国化研究	娄锋	云南大学	一般项目	理论经济
2	高质量发展下制造业技术创新提升价值链的组织模式研究	罗小芳	中南财经政法大学	一般项目	理论经济

续表

序号	课题名称	姓名	工作单位	项目类别	所在学科
3	新中国70年产业结构演变研究	郭旭红	中国矿业大学	一般项目	理论经济
4	丝绸之路经济带建设背景下新疆产业结构升级路径研究	李翔	新疆财经大学	一般项目	理论经济
5	金融集聚促进实体经济发展的微观机理与实现路径研究	黄解宇	运城学院	一般项目	理论经济
6	产业关键共性技术研发的财政激励机制优化研究	胡凯	武汉理工大学	一般项目	理论经济
7	产业政策和WTO规则兼容性研究	刘钧霆	辽宁大学	一般项目	理论经济
8	产业安全链重构下知识密集型中间投入品产业培育的机制与路径研究	任优生	常州大学	一般项目	理论经济
9	技术进步偏向性视角下中国要素收入分配格局对产业结构的影响研究	吴振华	辽宁大学	一般项目	理论经济
10	新一轮科技革命和产业变革背景下制造业服务化促进产业升级的机制与路径研究	王文	西安交通大学	一般项目	理论经济
11	数据创新驱动下中国制造业数字化转型与服务化耦合机制与路径研究	吴英慧	大连民族大学	一般项目	理论经济
12	双重锁定情景下传统制造业绿色转型阻滞与突破路径研究	梁中	安徽财经大学	一般项目	理论经济
13	要素流动视角下房价对制造业投资影响机制研究	李启航	山东财经大学	一般项目	理论经济
14	我国智能制造产业集群创新网络的演化与合作机制研究	莫琦	常州大学	一般项目	理论经济
15	进口政策调整对中国制造业企业创新影响研究	肖扬	广西财经学院	一般项目	理论经济
16	贸易摩擦背景下中小企业创新驱动与出口绩效提升战略研究	梁俊伟	山东大学	一般项目	理论经济
17	人工智能对我国劳动密集型产业出口转型升级的影响研究	张一	西安交通大学	一般项目	理论经济
18	我国区域制造业转型升级格局及空间溢出效应研究	李福柱	中国海洋大学	一般项目	理论经济
19	推动长江经济带制造业高质量发展研究	吴传清	武汉大学	一般项目	理论经济
20	长江经济带制造业新型分工与区域协调发展机制研究	马珩	南京航空航天大学	一般项目	理论经济
21	长江三角洲城市群制造业产业内分工的测度方法与实证研究	樊福卓	上海社会科学院	一般项目	理论经济
22	基于多源大数据的京津冀产业协同发展模式及效果评价研究	杨道玲	国家信息中心	一般项目	理论经济

续表

序号	课题名称	姓名	工作单位	项目类别	所在学科
23	我国区域性房地产金融风险空间溢出机制、效应及预警研究	葛红玲	北京工商大学	一般项目	理论经济
24	数字经济背景下我国农业协作生态系统绩效评价及实现路径研究	杨小平	杭州电子科技大学	一般项目	理论经济
25	产业结构演进视域下贫困地区绿色发展实践路径与推进策略研究	高辉	成都理工大学	一般项目	理论经济
26	中美贸易摩擦、全球价值链重构与出口主导产业培育研究	王秋红	西北师范大学	一般项目	理论经济
27	推动经济高质量发展的产业政策转型研究	范言慧	对外经济贸易大学	重点项目	应用经济
28	新技术革命背景下全球创新链的调整及其影响研究	张其仔	中国社会科学院	重点项目	应用经济
29	基于低碳绿色发展的"一带一路"区域产业链研究	冯宗宪	西安交通大学	重点项目	应用经济
30	工业化后期与新产业革命交汇下的我国制造业与服务业融合发展研究	杜传忠	南开大学	重点项目	应用经济
31	金融与实体经济的结构匹配及其经济增长效应研究	叶德珠	暨南大学	重点项目	应用经济
32	数字经济政府监管再定位及监管体系创新研究	唐要家	浙江财经大学	重点项目	应用经济
33	中国"水—能源—粮食"纽带系统韧性测度及协同安全对策研究	孙才志	辽宁师范大学	重点项目	应用经济
34	国有企业高质量发展的财务评价体系与实现路径研究	杨棉之	中国石油大学	一般项目	应用经济
35	旅游高质量发展助推美好生活的机制与社会支持体系研究	凌常荣	广西大学	一般项目	应用经济
36	我国餐饮业高质量发展的产业政策转型研究	于干千	普洱学院	一般项目	应用经济
37	冲突均衡视角下新时期复杂装备产业军民融合高质量发展实现机制研究	陈洪转	南京航空航天大学	一般项目	应用经济
38	"一带一路"背景下数字贸易推动我国制造业升级的路径与政策研究	潘申彪	浙江工业大学	一般项目	应用经济
39	基于"一带一路"区域价值链构建的中国参与全球产业链竞争对策研究	刘艳	广东金融学院	一般项目	应用经济
40	"一带一路"背景下中国跨境产业集群的形成机理与培育政策研究	刘海月	四川大学	一般项目	应用经济
41	"一带一路"背景下新能源汽车发展战略研究	吴小员	同济大学	一般项目	应用经济

续表

序号	课题名称	姓名	工作单位	项目类别	所在学科
42	面向"一带一路"产能合作的新能源汽车国际贸易网络研究	刘兰剑	长安大学	一般项目	应用经济
43	高速交通网络对区域空间格局的塑造机理与优化路径研究	来逢波	山东交通学院	一般项目	应用经济
44	产业结构调整中银行系统性风险传导机制与防范策略研究	陈欣烨	中共天津市委党校	一般项目	应用经济
45	产业发展视角下"军民融合"政策效果评估研究	郝朝艳	中央财经大学	一般项目	应用经济
46	产业承接地企业—园区绿色协同发展的治理机制研究	毛小明	南昌大学	一般项目	应用经济
47	要素禀赋变化与产业转型升级的协同机制研究	冉茂盛	重庆大学	一般项目	应用经济
48	工业化后期阶段产业结构变动趋势研究	刘亮	上海社会科学院	一般项目	应用经济
49	政府引导型旅游产业基金的绩效评价及提升策略研究	胡抚生	中国旅游研究院	一般项目	应用经济
50	新经济发展与中国产业动能转换的路径选择与机制研究	黄南	南京市社会科学院	一般项目	应用经济
51	人工智能、版权保护与版权产业发展研究	魏建	山东大学	一般项目	应用经济
52	自由贸易协定对我国参与全球产业链竞争的影响及对策研究	范兆斌	暨南大学	一般项目	应用经济
53	多重融合视角下工业化后期阶段产业结构演进的动力机制与政策优化研究	顾乃华	暨南大学	一般项目	应用经济
54	基于时空异质的房地产市场反脆弱性长效机制研究	李娇	重庆工商大学	一般项目	应用经济
55	大数据驱动制造业供给质量提升的机制与实现路径研究	吴伟萍	广东省社会科学院	一般项目	应用经济
56	世界市场转移背景下中国制造业全球价值链地位重塑研究	易先忠	南京审计大学	一般项目	应用经济
57	环境政策工具对我国制造业绿色转型效率影响研究	李胜兰	中山大学	一般项目	应用经济
58	二元传导路径下促进制造业绿色转型的认证机制设计与政策创新研究	陈艳莹	大连理工大学	一般项目	应用经济
59	基于生产性服务业的先进制造业集群产业生态优化研究	胡雅蓓	南京财经大学	一般项目	应用经济
60	中美贸易摩擦背景下中国先进制造业价值链跃迁机理、实现路径与保障策略研究	李煜华	上海应用技术大学	一般项目	应用经济

续表

序号	课题名称	姓名	工作单位	项目类别	所在学科
61	中美贸易关系新形势下我国先进制造业升级路径研究	李猛	深圳大学	一般项目	应用经济
62	中美贸易关系新形势下我国先进制造业应对策略及转型升级路径研究	杨水利	西安理工大学	一般项目	应用经济
63	电动汽车与配套电力供应链的系统发展路径研究	史乐峰	重庆师范大学	一般项目	应用经济
64	我国省域服务业开放水平测量评价、开放重点与推进路径研究	魏修建	西安交通大学	一般项目	应用经济
65	全球视角下中国制造企业成本结构演进与价值链中高端攀升研究	洪莛	武汉理工大学	一般项目	应用经济
66	全球价值双环流下中国先进制造企业国际竞争力脆弱性的防范策略研究	余珮	武汉理工大学	一般项目	应用经济
67	东北老工业基地国有高端装备制造企业混合所有制改革机制与路径选择研究	周正	哈尔滨商业大学	一般项目	应用经济
68	我国交通运输业碳排放总量控制政策研究	朱长征	西安邮电大学	一般项目	应用经济
69	油气资源型城市产学研耦合共生网络稳定性研究	朱志红	东北石油大学	一般项目	应用经济
70	"2+26"城市煤炭消费减量替代差异化路径与政策协同机制研究	董会忠	山东理工大学	一般项目	应用经济
71	产业融合驱动新型城镇化与乡村振兴战略协调推进研究	张东玲	青岛大学	一般项目	应用经济
72	乡村振兴背景下农村"三产"融合对粮食主产区发展的溢出效应研究	郝爱民	郑州航空工业管理学院	一般项目	应用经济
73	农村三产融合发展助推乡村振兴的内在机理与路径选择研究	陈灿煌	湖南理工学院	一般项目	应用经济
74	家庭农场促进小农户与现代农业有机衔接的作用机理及路径研究	刘文霞	贵州大学	一般项目	应用经济
75	5G时代小农户生产和现代农业发展有机衔接的组织模式和机制研究	林玉妹	上海对外经贸大学	一般项目	应用经济
76	我国小农户生产和现代农业发展有机衔接的价值驱动与路径优化研究	邓雪霏	黑龙江省农村发展研究中心	一般项目	应用经济
77	网络嵌入、政府技术服务与农业转型升级耦合机制及实现路径研究	宁福海	中国共产党山东省委员会党校	一般项目	应用经济
78	网络化成长视角下小农户与现代农业发展有机衔接机制及实现路径研究	孙芳	山东理工大学	一般项目	应用经济
79	电商价值链下小农户生产与现代农业有机衔接的机理与路径优化研究	朱海波	中国农业科学院	一般项目	应用经济

续表

序号	课题名称	姓名	工作单位	项目类别	所在学科
80	西北绿洲农业提质增效模式比较与实现机制研究	祖廷勋	河西学院	一般项目	应用经济
81	中国能源高质量发展的统计监测研究	周四军	湖南大学	重点项目	统计学
82	高质量发展目标下低碳转型程度测度与倒逼路径研究	马晓君	东北财经大学	一般项目	统计学
83	高质量发展阶段我国能源要素配置扭曲的统计测度研究	盛鹏飞	河南大学	一般项目	统计学
84	增加值视角下贸易隐含碳核算及绿色贸易利益评估研究	曹俊文	江西财经大学	一般项目	统计学
85	基于贝叶斯方法的我国智能制造产业资本配置效率及其提升路径研究	王琼	常州大学	一般项目	统计学
86	高新技术产业外商撤资影响技术进步的临界点与对策研究	石季辉	湖州师范学院	一般项目	统计学
87	我国环境政策效应的测度与评价研究	刘铁芳	中央财经大学	一般项目	统计学
88	中国农村绿色发展的多维测度与长效驱动研究	周纳	湖南商学院	一般项目	统计学
89	我国环境政策效应的测度与评价研究	张漾滨	湖南商学院	一般项目	统计学
90	长江经济带新旧动能转换的产业绿色发展绩效及模式研究	史安娜	河海大学	重点项目	管理学
91	智能生产与服务网络体系中军民融合产业联盟运行机制研究	谭清美	南京航空航天大学	重点项目	管理学
92	基于产业组织理论的产业技术创新动力机制研究	范德成	哈尔滨工程大学	重点项目	管理学
93	基于创新生态系统的颠覆性技术创新形成机理与演化路径研究	何郁冰	福州大学	重点项目	管理学
94	人工智能对劳动力市场的冲击及劳动者知识技能转换应对研究	何勤	北京联合大学	重点项目	管理学
95	我国低碳供应链发展的市场动力机制及评估研究	邵举平	苏州科技大学	一般项目	管理学
96	高端品牌的文化属性对不同阶层的青年消费群体的影响机制研究	刘涛	浙江大学	一般项目	管理学
97	高质量发展目标下新型农业经营主体的产业链协同机制研究	苏昕	山东财经大学	一般项目	管理学
98	供给侧结构性改革背景下实体经济企业的成本战略与创新绩效研究	汪猛	上海立信会计金融学院	一般项目	管理学
99	政府行为对我国制造企业开放式创新的影响机理与实证研究	邢乐斌	重庆大学	一般项目	管理学
100	政府助推下沙产业协同创新的多中心治理机制研究	侯二秀	内蒙古工业大学	一般项目	管理学

续表

序号	课题名称	姓名	工作单位	项目类别	所在学科
101	基于"网络"视角的长三角区域旅游合作结构及优化路径研究	王跃伟	辽宁大学	一般项目	管理学
102	资源环境约束下长三角一体化产业链协调发展研究	吴红梅	浙江省发展规划研究院	一般项目	管理学
103	民营经济发展背景下的长三角中小制造业数字化转型研究	徐正	温州大学	一般项目	管理学
104	中国—东盟应急物流走廊构建及跨境协同机制研究	张立	重庆工商大学	一般项目	管理学
105	共享经济背景下的煤炭产业组织变革研究	邹绍辉	西安科技大学	一般项目	管理学
106	大数据背景下LNG能源产业转型与发展战略问题研究	高清贵	福建工程学院	一般项目	管理学
107	产业融合背景下中国电影企业数字化转型研究	程立茹	中央民族大学	一般项目	管理学
108	战略性新兴产业平台生态系统的形成、演进与治理研究	郑准	湖南第一师范学院	一般项目	管理学
109	国家战略性新兴产业政策对关键核心技术创新影响机制与路径研究	蔡永明	济南大学	一般项目	管理学
110	面向价值共创的新一代智能制造服务创新过程协调机制研究	白朝阳	大连理工大学	一般项目	管理学
111	我国制造业共享经济发展模式与对策研究	杨贵彬	哈尔滨工程大学	一般项目	管理学
112	我国跨国制造企业全球供应链运营模式及策略研究	林兵	江苏师范大学	一般项目	管理学
113	经济金融化趋势下股权激励对制造业创新驱动升级的影响路径研究	杨慧辉	上海对外经贸大学	一般项目	管理学
114	促进能源工业绿色转型的经济政策体系研究	沈剑飞	华北电力大学	一般项目	管理学
115	我国畜牧业经济绿色转型的环境规制、效率提升与实施策略研究	王芳	四川农业大学	一般项目	管理学
116	经济新常态下的中国环境政策工具选择与评价研究	李力	湖北大学	一般项目	管理学
117	行业协会参与环境治理的实现机制及优化路径研究	张建民	温州大学	一般项目	管理学
118	促进工业绿色创新的环境政策体系研究	王茹	中共中央党校（国家行政学院）	一般项目	管理学
119	智慧服务促进小农户生产和现代农业发展有机衔接研究	霍生平	湘潭大学	一般项目	管理学
120	旅游产业加速脱贫的机制及其效果评估研究	郭舒	辽宁大学	一般项目	管理学

续表

序号	课题名称	姓名	工作单位	项目类别	所在学科
121	我国新能源精准扶贫补贴退坡的路径与机制设计研究	张慧明	南京信息工程大学	一般项目	管理学
122	军民融合深度发展国际比较研究	李晓松	军事科学院	一般项目	管理学
123	新兴领域军民两用技术双向转移耦合机制构建研究	李小丽	武汉纺织大学	一般项目	管理学
124	"三线"地区国防科技工业军民深度融合发展的主要障碍与对策研究	李烨	贵州大学	一般项目	管理学

表6–5　　2018年度国家社会科学基金重点项目、一般项目立项名单

序号	课题名称	姓名	工作单位	项目类别	所在学科
1	劳动力结构变化促进制造业迈向全球价值链中高端的机理及政策研究	阳立高	长沙理工大学	重点项目	理论经济
2	中国绿色贸易利益的测度及提升对策研究	姜鸿	常州大学	重点项目	理论经济
3	"一带一路"背景下中国引领东亚区域分工体系调整研究	刘洪钟	辽宁大学	一般项目	理论经济
4	"一带一路"背景下我国的产品分工与空间优化机理与实现路径研究	丁小义	浙江工业大学	一般项目	理论经济
5	高质量发展阶段我国供给体系产能优化的路径研究	韩国高	东北财经大学	一般项目	理论经济
6	供给侧结构性改革背景下战略性新兴产业发展动力转换研究	汤萱	广州大学	一般项目	理论经济
7	供给侧改革下产业政策对产业升级的有效性研究	肖功为	邵阳学院	一般项目	理论经济
8	供给侧结构性改革背景下产业政策对产业升级的有效性研究	李娅	云南大学	一般项目	理论经济
9	产业集聚视角下的中国工业碳减排研究	李晗斌	吉林大学	一般项目	理论经济
10	我国产业结构调整中的"逆库兹涅茨化"问题研究	李玉梅	曲阜师范大学	一般项目	理论经济
11	产业融合视角下中国制造业服务化发展的动力机制与路径创新研究	欧阳华	广西财经学院	一般项目	理论经济
12	基于产业结构优化的土地供给结构化设计与动态管理研究	张璋	北京联合大学	一般项目	理论经济
13	大国效应条件下中国高科技产业技术标准国际化路径与政府干预研究	张利飞	湖南大学	一般项目	理论经济
14	中国与"一带一路"国家间产业转移的共生机理与模式创新研究	刘莉君	湖南科技大学	一般项目	理论经济

续表

序号	课题名称	姓名	工作单位	项目类别	所在学科
15	化解区域创新悖论的地方产业技术政策演化经济学范式研究	黄蕾	南昌航空大学	一般项目	理论经济
16	我国新能源汽车产业集群全生命周期可持续发展机制研究	张占贞	青岛科技大学	一般项目	理论经济
17	京津冀人口、产业绿色发展视阈下的跨区域水资源环境协同治理机制研究	曾雪婷	首都经济贸易大学	一般项目	理论经济
18	环境规制、产业变动与绿色蜕变期劳动力再配置结构优化研究	方忠	福建师范大学	一般项目	理论经济
19	创新驱动战略下我国工业污染防治理论与政策研究	沈小波	厦门大学	一般项目	理论经济
20	京津冀产业协同发展的政策效应、反馈调控与竞进路径研究	刘建朝	天津城建大学	一般项目	理论经济
21	区域协调发展机制问题中的"产业援疆"路径研究	邓峰	新疆大学	一般项目	理论经济
22	我国制造业共性技术创新效率及其外部性研究	胡小娟	湖南大学	一般项目	理论经济
23	制造业升级对我国就业和收入分配格局的影响研究	宋锦	中国社会科学院	一般项目	理论经济
24	中国先进制造业知识创新和技术创新耦合机制及其竞争力提升研究	国胜铁	黑龙江大学	一般项目	理论经济
25	税收促进我国制造业技术创新的激励机制、政策效应和路径选择研究	路春城	山东财经大学	一般项目	理论经济
26	城市群演化视角的长三角制造业企业功能升级与空间互适研究	季小立	常州大学	一般项目	理论经济
27	全球价值链分工体系下异质性企业出口产品质量提升机制研究	高越	山东理工大学	一般项目	理论经济
28	金融错配的演化生成机理与服务于实体经济的路径优化研究	吴勇民	吉林大学	一般项目	理论经济
29	全球价值链视角下我国金融业"脱实向虚"的测度、结构效应与治理研究	孙红燕	合肥工业大学	一般项目	理论经济
30	空间视角下包容性金融不平衡发展与再平衡发展研究	吕勇斌	中南财经政法大学	一般项目	理论经济
31	川陕革命老区小农户转型成长与农业现代化有机衔接研究	汤鹏主	长江师范学院	一般项目	理论经济
32	高质量发展阶段服务业开放对中国产业结构升级的影响研究	齐俊妍	天津财经大学	重点项目	应用经济

续表

序号	课题名称	姓名	工作单位	项目类别	所在学科
33	现代化经济体系建设中的空间并购、产业升级与政策创新研究	田满文	江西工程学院	重点项目	应用经济
34	创新驱动我国制造业迈向全球价值链中高端研究	杨蕙馨	山东大学	重点项目	应用经济
35	建立健全绿色低碳循环发展的经济体系研究	王胜	重庆社会科学院	重点项目	应用经济
36	内外环境变化下我国贸易政策与产业政策的协调机制研究	李秉强	江西科技师范大学	重点项目	应用经济
37	对口支援边疆地区的政策效果评估和提升路径研究	刘金山	暨南大学	重点项目	应用经济
38	西藏地区"产业—生态安全"关联演化分析及生态补偿机制研究	安玉琴	西藏大学	重点项目	应用经济
39	轨道交通产业的全产业链发展研究	贺正楚	长沙理工大学	重点项目	应用经济
40	区际差异化视下的房价波动、贫富差距与房地产税收调控政策优化研究	周建军	湘潭大学	重点项目	应用经济
41	新时代京津冀绿色发展的区域产业链空间重构与政策创新研究	李春发	天津理工大学	一般项目	应用经济
42	新时代中国制造业出口质量升级机制与路径研究	王洪涛	广西财经学院	一般项目	应用经济
43	"一带一路"背景下中国优势制造业攀升全球价值链的动力、路径及对策研究	李建军	湖南商学院	一般项目	应用经济
44	产业共生视角下中国对"一带一路"国家产业转移模式及演化路径研究	张倩肖	西安交通大学	一般项目	应用经济
45	"丝绸之路经济带"背景下中国与中亚国家跨境粮食产能合作模式与合作机制研究	张庆萍	新疆农业大学	一般项目	应用经济
46	全球价值链下中国高端装备制造业服务化升级机理、实现路径与保障政策研究	王成东	哈尔滨理工大学	一般项目	应用经济
47	全球价值链视角下中国装备制造业转型升级与绿色发展耦合研究	冯烽	中国社会科学院	一般项目	应用经济
48	从全球价值链迈向全球创新链：提升中国国际分工地位战略研究	林学军	暨南大学	一般项目	应用经济
49	产业结构升级视角下的新疆职业教育供给侧结构性优化路径研究	徐秋艳	石河子大学	一般项目	应用经济
50	基于产业链视角的中国工业系统生态效率评价与路径优化研究	张江雪	北京师范大学	一般项目	应用经济
51	物流产业智慧化绩效生成机理与智慧物流体系构建对策研究	张树山	东北师范大学	一般项目	应用经济

续表

序号	课题名称	姓名	工作单位	项目类别	所在学科
52	我国工业产业升级新动能实现机制与促进路径研究	张鹏	华南理工大学	一般项目	应用经济
53	我国人工智能产业发展评价及推进策略研究	李旭辉	安徽财经大学	一般项目	应用经济
54	京津冀区域循环产业协同创新研究	臧学英	中共天津市委党校	一般项目	应用经济
55	基于环境规制的产业空间转移与区域经济协同发展研究	范玉波	山东社会科学院	一般项目	应用经济
56	我国大数据驱动下产业创新生态系统及价值共创研究	胡登峰	安徽财经大学	一般项目	应用经济
57	劳动者素质提升与产业优化升级的协同路径研究	张勇	中国劳动关系学院	一般项目	应用经济
58	我国财税政策促进产业结构转型的有效性研究	甘行琼	中南财经政法大学	一般项目	应用经济
59	东北国有林区森林食品产业结构与集聚耦合发展演进机理研究	张晓梅	东北农业大学	一般项目	应用经济
60	智能化背景下新能源汽车产业创新发展分阶段情景预测及策略研究	颜姜慧	江苏师范大学	一般项目	应用经济
61	基于大数据的我国城市群产业空间分布及协同发展研究	严佳	天津城建大学	一般项目	应用经济
62	创新驱动下的专利密集型产业升级战略研究	周霞	华南理工大学	一般项目	应用经济
63	供给侧结构性改革背景下产业政策对产业升级的有效性研究	白雪洁	南开大学	一般项目	应用经济
64	知识嵌入性视角下科技驱动产业集群升级的模式差异与路径选择研究	赵放	西南交通大学	一般项目	应用经济
65	制造强国建设背景下的标准引领质量提升实现路径研究	张月义	中国计量大学	一般项目	应用经济
66	制造业集群技术创新系统的主体关系演变与跨越式升级对策研究	胡绪华	江苏大学	一般项目	应用经济
67	我国航空制造领域新兴技术演化不确定性的识别和对策研究	薛建武	西北工业大学	一般项目	应用经济
68	开放式创新驱动制造业转型升级机理研究	邢会	河北工业大学	一般项目	应用经济
69	"互联网+"促进制造业创新驱动战略的实施机制研究	谭云清	上海立信会计金融学院	一般项目	应用经济
70	扩大生产服务业开放促进中国制造业升级的路径与对策研究	魏作磊	广东外语外贸大学	一般项目	应用经济

续表

序号	课题名称	姓名	工作单位	项目类别	所在学科
71	组织能力与制度能力耦合下的世界级制造业集群培育机制研究	窦彬	中南民族大学	一般项目	应用经济
72	中国零售业数字化转型研究	刘向东	中国人民大学	一般项目	应用经济
73	全面开放新格局下中国服务业结构优化的理论机制及政策体系研究	唐保庆	南京财经大学	一般项目	应用经济
74	提升工业企业全要素生产率的财税激励机制研究	郭健	山东财经大学	一般项目	应用经济
75	中国制造业企业税负压力的形成机理及化解路径研究	李普亮	惠州学院	一般项目	应用经济
76	外部金融危机冲击和内部隐性壁垒对我国银行业对外开放进程的影响研究	孙希芳	华南理工大学	一般项目	应用经济
77	中国房地产长效机制构建及与短期调控协同发展研究	郑世刚	湖北经济学院	一般项目	应用经济
78	中国生产性服务资源错配的演进机理与优化路径研究	刘慧	浙江理工大学	一般项目	应用经济
79	我国能源转型与发展战略问题研究	牟敦果	厦门大学	一般项目	应用经济
80	我国到2035年煤炭减量化使用的规模阈值测度及实施机制研究	叶青海	河南科技大学	一般项目	应用经济
81	可再生能源消费补贴规模测算与效果评价研究	王庆丰	中原工学院	一般项目	应用经济
82	新能源汽车补贴政策的策略协同研究	乐为	中国计量大学	一般项目	应用经济
83	新能源汽车碳配额管理制度设计研究	王宁	同济大学	一般项目	应用经济
84	基于碳减排与经济增长双重目标的我国海洋碳汇发展机制研究	程娜	辽宁社会科学院	一般项目	应用经济
85	柴达木循环经济试验区工业化与绿色化协调发展研究	王建军	青海大学	一般项目	应用经济
86	基于"全碳"核算的绿色发展评价和规划制度研究	张雪花	天津工业大学	一般项目	应用经济
87	环境规制影响绿色创新的机理与政策研究	彭文斌	湖南科技大学	一般项目	应用经济
88	供给侧改革视角下构建现代农业产业体系、生产体系、经营体系研究	章胜勇	华中农业大学	一般项目	应用经济
89	以农业物流园区为依托的农业产业体系协同化发展模式研究	胡晓兰	武汉商学院	一般项目	应用经济
90	现代农业产业化联合体合联机制与扶持政策研究	汤文华	江西农业大学	一般项目	应用经济
91	我国农业保险制度优化与发展研究	冯文丽	河北经贸大学	一般项目	应用经济
92	国家玉米收储政策改革效应及其优化研究	顾莉丽	吉林农业大学	一般项目	应用经济

续表

序号	课题名称	姓名	工作单位	项目类别	所在学科
93	粮食主产区农业产业化联合体发展模式、机制与绩效提升研究	刘婷	洛阳师范学院	一般项目	应用经济
94	供给侧结构性改革下农业绿色全要素生产率的空间格局及提升路径研究	杨骞	山东财经大学	一般项目	应用经济
95	西北地区特色农产品供给质量提升路径及政策研究	景娥	北方民族大学	一般项目	应用经济
96	军民融合创新示范区产业集聚机理与路径研究	李湘黔	国防科技大学	一般项目	应用经济
97	军民融合驱动制造强国建设的动力机制与支撑体系研究	李海海	湘潭大学	一般项目	应用经济
98	新时代产业升级的统计监测研究	师应来	中南财经政法大学	一般项目	统计学
99	我国共享经济统计监测研究	万东华	国家统计局	一般项目	统计学
100	分享经济的统计测度研究	李静萍	中国人民大学	一般项目	统计学
101	基于大数据的共享经济核算方法研究	刘延平	中国传媒大学	一般项目	统计学
102	全球价值链视角下新时代产业升级的统计监测研究	谭朵朵	湖南大学	一般项目	统计学
103	高技术产业全球价值链空间结构测度及其效应统计研究	项莹	浙江财经大学	一般项目	统计学
104	基于市场导向的中国制造业动态绿色政府补贴机制研究	李怡娜	华南理工大学	重点项目	管理学
105	促进能源转型的能源体制革命理论框架与实现机制研究	朱彤	中国社会科学院	重点项目	管理学
106	中国旅游产业转型升级动态演进研究	魏敏	厦门大学	重点项目	管理学
107	新时代中国培育世界一流制造企业研究	张振刚	华南理工大学	一般项目	管理学
108	新时代物流业高质量发展的动力变革研究	王健	福州大学	一般项目	管理学
109	新时代农村绿色发展的外溢效应测度及补偿政策研究	巩前文	北京林业大学	一般项目	管理学
110	"一带一路"背景下中蒙农业合作与市场开放研究	侯淑霞	内蒙古财经大学	一般项目	管理学
111	制造业服务化与产业价值链升级研究	郝凤霞	同济大学	一般项目	管理学
112	制造业服务化转型对就业结构的影响效应与优化对策研究	罗军	温州大学	一般项目	管理学
113	全球制造业重心转移的温室气体"隧道模型"与环境效应研究	杜培林	济南大学	一般项目	管理学
114	世界级制造业创新生态系统知识优势形成机理与培育政策研究	赵长轶	四川大学	一般项目	管理学

续表

序号	课题名称	姓名	工作单位	项目类别	所在学科
115	"中国制造2025"高技能人才多维支撑与优化匹配研究	汪志红	广东金融学院	一般项目	管理学
116	"中国制造2025"背景下企业员工工匠精神形成机理与培育对策研究	朱永跃	江苏大学	一般项目	管理学
117	后追赶阶段我国企业面向先进制造业的技术赶超研究	李林	重庆邮电大学	一般项目	管理学
118	人工智能驱动制造型企业服务化转型升级路径研究	窦润亮	天津大学	一般项目	管理学
119	网络效应视角下中国电动汽车产业的演化机理与培育政策研究	孙晓华	大连理工大学	一般项目	管理学
120	大数据视角下房地产市场"租购并举"政策仿真推演与效果评估研究	沈洋	南京航空航天大学	一般项目	管理学
121	高质量发展背景下旅游企业开放式创新的实现机制与政策保障研究	李彬	北京第二外国语学院	一般项目	管理学
122	总量控制下电力行业碳配额分配模式优化研究	陈德湖	大连理工大学	一般项目	管理学
123	海洋碳汇渔业绿色发展的外溢效应评价方法与补偿政策研究	徐敬俊	中国海洋大学	一般项目	管理学
124	R&D投入对新疆维吾尔医药产业发展的影响及政策创新研究	龚巧莉	新疆财经大学	一般项目	管理学
125	乡村振兴战略下西南地区康养旅游产业融合发展机制及实现路径研究	杨红	四川外国语大学	一般项目	管理学
126	乡村振兴战略下现代农业服务供应链协同机制研究	张德海	重庆工商大学	一般项目	管理学
127	我国特色小镇产业聚集与城市群协同发展的空间治理研究	赟金洲	宁波大红鹰学院	一般项目	管理学
128	旅游产业"虚拟—实体"集群协同发展研究	杨勇	华东师范大学	一般项目	管理学
129	绿色农业的外溢效应评价、补偿机制及配套政策研究	胥春雷	云南师范大学	一般项目	管理学

表6-6　　2017年度国家社会科学基金重点项目、一般项目立项名单

序号	课题名称	负责人	工作单位	项目类别	所在学科
1	环境资源配置效率的形成机理、测度体系及提升机制研究	王连芬	湖南大学	重点项目	理论经济
2	农地确权方式及其劳动力转移就业效应研究	罗明忠	华南农业大学	重点项目	理论经济

续表

序号	课题名称	负责人	工作单位	项目类别	所在学科
3	供给侧结构性改革与需求侧调控切换逻辑与协同机制研究	李智	首都经济贸易大学	重点项目	应用经济
4	供给侧结构性改革驱动下长江经济带低碳经济增长路径研究	饶光明	重庆工商大学	重点项目	应用经济
5	我国粮食产业供给侧结构性改革路径研究	韩一军	中国农业大学	重点项目	应用经济
6	基于创新驱动和环境约束的中国西部能源产业升级研究	胡健	西安财经学院	重点项目	应用经济
7	贸易自由化对中国环境保护和绿色低碳发展影响研究	毛显强	北京师范大学	重点项目	应用经济
8	新常态、新方位下旅游经济增长潜力与发展动力研究	戴斌	中国旅游研究院	重点项目	应用经济
9	新型城镇化背景下东北地区农村一二三产业融合实现机制与实证研究	王翔坤	沈阳农业大学	重点项目	应用经济
10	农村金融服务深化与县域农村产业融合发展研究	冉光和	重庆大学	重点项目	应用经济
11	工业机器人替代与我国就业市场的失衡和再平衡问题研究	韩民春	华中科技大学	重点项目	应用经济
12	制度性退出壁垒下国有资本主导行业的产能"过剩"与治理研究	孟昌	北京工商大学	重点项目	应用经济
13	产业链视角下战略产业选择与投资研究	刘刚	中国人民大学	重点项目	应用经济
14	连片特困区农村流通产业发展的减贫效应研究	李定珍	吉首大学	重点项目	应用经济
15	全域旅游内涵特征、实现路径与促进政策的分类分层系统化研究	石培华	南开大学	重点项目	应用经济
16	京津冀产业转型升级效果的测度研究与应用研究	马立平	首都经济贸易大学	重点项目	统计学
17	促进中国休闲产业转型升级研究	王琪延	中国人民大学	重点项目	统计学
18	供需两侧政策协同下我国传统制造企业绿色转型的引导机制研究	吴利华	东南大学	重点项目	管理学
19	新工业革命背景下我国制造业企业战略调整研究	蔡继荣	重庆工商大学	重点项目	管理学
20	网络时代企业转型升级的机理、路径和对策研究	张文松	北京交通大学	重点项目	管理学
21	基于集成场全球价值链视角的"一带一路"产能合作研究	董千里	长安大学	一般项目	理论经济
22	"一带一路"战略下两岸产业链双向嵌入性研究	王勇	厦门大学	一般项目	理论经济
23	"一带一路"倡议下我国制造业ODI网络化发展与价值链升级研究	苏杭	东北财经大学	一般项目	理论经济

续表

序号	课题名称	负责人	工作单位	项目类别	所在学科
24	"一带一路"背景下中国与沿线国家产业转移的微观机制研究	姚爱萍	西南大学	一般项目	理论经济
25	供给侧结构性改革视角下的产业政策转型框架体系构建研究	马秀贞	中共青岛市委党校	一般项目	理论经济
26	供给侧结构性改革下生产性服务业发展动能转换研究	原小能	南京财经大学	一般项目	理论经济
27	供给侧结构性改革背景下制造业出口质量提升对经济波动的影响研究	李小平	中南财经政法大学	一般项目	理论经济
28	以供给侧结构性改革迈向中高端水平的理论创新与路径选择研究	李月	南开大学	一般项目	理论经济
29	有偏技术进步、全要素生产率与供给侧结构性改革路径研究	蔡晓陈	西南财经大学	一般项目	理论经济
30	分享经济条件下的产业组织重构研究	郑祖玄	河南大学	一般项目	理论经济
31	西部地区资源型经济绿色发展转型研究	林建华	西北大学	一般项目	理论经济
32	高房价抑制造业转型升级的机理及对策研究	刘建江	长沙理工大学	一般项目	理论经济
33	基于合作博弈理论的国家级新区产业分工与价值链重构研究	任毅	重庆工商大学	一般项目	理论经济
34	丝绸之路经济带生产网络与生态环境协同发展研究	薛伟贤	西安理工大学	一般项目	理论经济
35	人口老龄化对产业结构升级的影响机理与政策选择研究	蔡兴	湖南师范大学	一般项目	理论经济
36	中国手工业的演变对其产业结构的影响及作用研究	柳作林	三峡大学	一般项目	理论经济
37	南北战争后美国南部地区三农问题研究	张准	四川师范大学	一般项目	理论经济
38	异质性经济、结构内生与宏观稳定研究	郭路	中国社会科学院	一般项目	理论经济
39	中国低碳经济增长路径研究	彭武元	中国地质大学（武汉）	一般项目	理论经济
40	结构变迁、政策扭曲与中国经济增长路径研究	杜海韬	西南民族大学	一般项目	理论经济
41	中国经济"脱实向虚"的新二元结构倾向与风险预警研究	景玉琴	吉林财经大学	一般项目	理论经济
42	产业结构演进中的增长效应和份额效应对我国经济增速结构性转换的影响分析	郭英彤	吉林大学	一般项目	理论经济
43	污染外部性、环境规制与产业空间分布演化研究	关海玲	太原科技大学	一般项目	理论经济
44	产业转移与空间布局优化视域下的京津冀城市群协同创新机制研究	周伟	首都经济贸易大学	一般项目	理论经济

续表

序号	课题名称	负责人	工作单位	项目类别	所在学科
45	产业升级视角下长江经济带城市群功能空间分布失衡与再平衡研究	柴志贤	浙江财经大学	一般项目	理论经济
46	区域转型背景下健康服务业融合发展机理及供给侧引导政策研究	翟俊生	东南大学	一般项目	理论经济
47	创新驱动下中国打造具有世界影响力产业集群的机制与路径研究	孙治宇	南京审计大学	一般项目	理论经济
48	产学研互惠性协同创新机制研究	刘良灿	贵州财经大学	一般项目	理论经济
49	民生价值取向的我国房地产市场平稳健康发展问题研究	丛屹	天津财经大学	一般项目	理论经济
50	全球价值链视角下产业集群的质量升级路径与对策研究	马中东	聊城大学	一般项目	理论经济
51	我国绿色能源产业政策之间的相互作用及其组合策略研究	陈艳	中国地质大学（武汉）	一般项目	理论经济
52	产业特征视角下中国制造业对南亚国家投资的风险识别与预警研究	李艳芳	云南财经大学	一般项目	理论经济
53	中国战略性新兴产业链全球性布局的核心理论研究	魏龙	武汉理工大学	一般项目	理论经济
54	中巴经济走廊框架下新疆与巴基斯坦产能产业合作发展研究	冯江华	新疆师范大学	一般项目	理论经济
55	"一带一路"背景下中国船舶产业供给侧结构改革研究	谭晓岚	山东社会科学院	一般项目	应用经济
56	"一带一路"背景下我国茶产业供给侧结构性改革路径研究	罗以洪	贵州省社会科学院	一般项目	应用经济
57	"一带一路"背景下中国企业对外投资风险防控研究	黄娟	西南财经大学	一般项目	应用经济
58	"一带一路"沿线国家装备制造业价值链合作与共享机制研究	李焱	大连海事大学	一般项目	应用经济
59	我国参与"一带一路"农业国际合作中的购销风险防范研究	戴明辉	江西财经大学	一般项目	应用经济
60	金融服务业开放促进供给侧结构性改革的重点和路径研究	付亦重	北京林业大学	一般项目	应用经济
61	基于中国中长期宏观经济计量模型的供给侧结构性改革与需求侧调控关系量化研究	张延群	中国社会科学院	一般项目	应用经济
62	供给侧结构性改革背景下破解中国式产能过剩问题的路径研究	梁泳梅	中国社会科学院	一般项目	应用经济

续表

序号	课题名称	负责人	工作单位	项目类别	所在学科
63	供给侧结构性改革背景下西部地区实体经济质量提升的金融支持研究	王业斌	广西财经学院	一般项目	应用经济
64	供给侧结构性改革下粮食主产区农业全要素生产率提升研究	吴乐	河南大学	一般项目	应用经济
65	左右江革命老区农业供给侧结构性改革研究	王文亮	中共广西壮族自治区委党校	一般项目	应用经济
66	农业供给侧结构性改革中家庭农场经营风险防范机制研究	刘畅	东北农业大学	一般项目	应用经济
67	农业保险供给侧结构性改革研究	高子清	哈尔滨学院	一般项目	应用经济
68	供给侧结构性改革视域下我国休闲农业发展路径创新研究	石青辉	湖南商学院	一般项目	应用经济
69	以绿色发展理念引领农业供给侧结构性改革研究	肖小虹	贵州财经大学	一般项目	应用经济
70	基于供给侧结构性改革视角的旅游养老产业结构调整策略研究	陈才	海南师范大学	一般项目	应用经济
71	劳动力与产业"双转移刚性"下的内生型城镇化模式研究	张荣佳	上海商学院	一般项目	应用经济
72	"互联网+"视角下中国农业供给结构失衡与优化研究	谢瑾岚	湖南省社会科学院	一般项目	应用经济
73	产业互联网背景下传统中小制造业生态升级及其推进机制研究	沈运红	杭州电子科技大学	一般项目	应用经济
74	生态视角下京津冀地区污染密集产业再布局与规模问题研究	冯兰刚	河北地质大学	一般项目	应用经济
75	第三产业对我国宏观经济波动的非对称效应分析	张文军	厦门理工学院	一般项目	应用经济
76	环境保护费改税与工业企业绿色转型协调的政策设计及支撑体系研究	毕茜	西南大学	一般项目	应用经济
77	新一轮东北振兴战略装备制造业转型升级的财税政策与机制研究	蔡德发	哈尔滨商业大学	一般项目	应用经济
78	我国人口老龄化的产业结构升级溢出效应研究	聂高辉	江西财经大学	一般项目	应用经济
79	我国数字创意产业跨界融合研究	熊正德	湖南大学	一般项目	应用经济
80	高速铁路的产业诱导效应与沿线城市响应机制研究	戴学珍	中央财经大学	一般项目	应用经济
81	能源价格空间差异视角下的高能耗产业转移对能源利用效率的影响研究	余江	武汉大学	一般项目	应用经济
82	低碳制造下陶瓷供应链碳排放测度与控制研究	邹安全	佛山科学技术学院	一般项目	应用经济

续表

序号	课题名称	负责人	工作单位	项目类别	所在学科
83	利用工业品外贸减少我国工业废气与废水排放研究	朱启荣	山东财经大学	一般项目	应用经济
84	环境规制影响绿色经济增长的效应测度、地方策略与政策模拟研究	宋德勇	华中科技大学	一般项目	应用经济
85	我国城市层面工业分行业环境全要素生产率评估与增长机制研究	张自斌	浙江大学	一般项目	应用经济
86	中国制造业国际生产环节优化的约束机制与破解路径研究	郑亚莉	浙江金融职业学院	一般项目	应用经济
87	中国先进制造业嵌入全球创新链的机理与路径研究	曹虹剑	湖南师范大学	一般项目	应用经济
88	西部资源型城市产业转型路径重构与政策创新研究	吴晓明	西南石油大学	一般项目	应用经济
89	内外自贸区"嵌入耦合"推动东北老工业基地全面振兴的内在机理研究	苏振东	大连理工大学	一般项目	应用经济
90	我国军民融合驱动新兴产业发展的长效机制与政策体系研究	彭中文	湘潭大学	一般项目	应用经济
91	产业融合视角下现代农业产业化联合体的协同机制及效应评价	王艳荣	安徽农业大学	一般项目	应用经济
92	京津冀农业用水反弹效应经验测算、生成机理与政策引导研究	王哲	河北农业大学	一般项目	应用经济
93	产业扶贫的实施进程及脱贫绩效研究	郭建宇	山西财经大学	一般项目	应用经济
94	东北地区边境旅游发展转型与旅游"两区"建设路径及模式研究	崔哲浩	延边大学	一般项目	应用经济
95	全域旅游视域下我国邮轮产业结构优化研究	闫国东	上海工程技术大学	一般项目	应用经济
96	长江经济带农产品主产区农业与旅游业融合发展机制研究	方世敏	湘潭大学	一般项目	应用经济
97	我国制造业与服务业协调发展的统计测度研究	张虎	中南财经政法大学	一般项目	统计学
98	经济新常态下中国生产性服务业发展的统计研究	杨校美	河南大学	一般项目	统计学
99	基于大数据的产业结构优化测度方法研究	胡荣才	湖南大学	一般项目	统计学
100	我国服务业生产指数编制与应用研究	肖磊	中南财经政法大学	一般项目	统计学
101	开放经济垄断竞争视域下中美产业技术差异的经济测度研究	马蓉	兰州财经大学	一般项目	统计学

续表

序号	课题名称	负责人	工作单位	项目类别	所在学科
102	我国制造业技术创新扩散的统计测度研究	王俊霞	广州大学	一般项目	统计学
103	供给侧结构性改革背景下制造企业产业链治理的模式匹配和机制优化研究	许强	浙江工业大学	一般项目	管理学
104	供给侧结构性改革背景下双元创新驱动的制造业服务化问题研究	肖德云	武汉理工大学	一般项目	管理学
105	产业转型升级背景下新疆少数民族就业结构的演变与优化研究	欧阳金琼	塔里木大学	一般项目	管理学
106	"互联网＋"对京津冀传统产业价值链的破坏性重构作用机理研究	董志良	河北地质大学	一般项目	管理学
107	制造业集群创新网络的共生演化机制研究	王斌	河南工业大学	一般项目	管理学
108	共享经济下的产业价值网络创新机制与路径研究	袁青燕	江西科技师范大学	一般项目	管理学
109	新时期我国新兴产业创新生态圈的构建及协同创新机制研究	周全	重庆工商大学	一般项目	管理学
110	新工业革命背景下面向商业生态系统的制造与服务融合机制研究	张卫	浙江师范大学	一般项目	管理学
111	传统制造业企业转型升级的战略定位、路径及支撑体系研究	杨水利	西安理工大学	一般项目	管理学
112	全球价值链重构下的中国制造业企业海外投资风险预警定位研究	闵剑	武汉理工大学	一般项目	管理学
113	我国传统制造业企业成本效率测度及提升机制研究	王茂超	温州商学院	一般项目	管理学
114	产业互联网背景下的旅行服务企业战略转型研究	姚延波	南开大学	一般项目	管理学
115	全球价值链视角下中国高铁标准"走出去"的知识转移机制、路径与对策研究	金水英	浙江师范大学	一般项目	管理学
116	我国制造业实现"低碳与减霾"运行的软性途径研究	殷旅江	湖北汽车工业学院	一般项目	管理学
117	产业转型背景下技能形成与区域协同创新研究	杨钋	北京大学	一般项目	管理学
118	战略性新兴产业政策实施过程中的央地协调机制研究	丁魁礼	广州大学	一般项目	管理学
119	"后补贴时代"我国新能源汽车推广应用政策研究	叶瑞克	浙江工业大学	一般项目	管理学
120	基于空间逆选择效应的中国制造业国际分工地位提升研究	刘霞	温州大学	一般项目	管理学
121	东北老工业基地制造业结构转型动因、阻滞与突破路径研究	李婉红	哈尔滨工程大学	一般项目	管理学

续表

序号	课题名称	负责人	工作单位	项目类别	所在学科
122	长江中游城市群制造业低端锁定困境与创新突破路径研究	牟仁艳	武汉理工大学	一般项目	管理学

三 国家社会科学基金青年项目

表6-7 2019年国家社会科学基金青年项目立项名单

序号	课题名称	姓名	工作单位	项目类别	所在学科
1	马克思供给需求理论视角下中国供给侧结构性改革研究	林芳芳	伊犁师范学院	青年项目	理论经济
2	经济高质量发展的区域型产业政策转型研究	李欣泽	北京大学	青年项目	理论经济
3	高质量发展目标约束下资源型城市制造业绿色转型的机制与对策研究	王旦	广西财经学院	青年项目	理论经济
4	高质量发展背景下中国进口结构升级的优化路径与福利效应研究	张永亮	中国矿业大学	青年项目	理论经济
5	面向高质量发展的人工智能与制造业良性互动研究	朱兰	北京大学	青年项目	理论经济
6	产业关联视角下杠杆率的动态调整与货币政策有效性研究	胡育蓉	宁波大学	青年项目	理论经济
7	互联网金融发展下金融部门与企业R&D投资的技术选择协同机制研究	王昱	大连理工大学	青年项目	理论经济
8	新一轮科技革命中技术创新的市场选择机制研究	陈明明	中国社会科学院	青年项目	理论经济
9	数字经济驱动下中国文化产业发展的路径与机制研究	田子方	中央财经大学	青年项目	理论经济
10	中国创新要素错配影响产业结构升级的内生机理及效率损失研究	王薇	西安财经大学	青年项目	理论经济
11	双重异质性下供给侧改革驱动京津冀工业绿色协同发展的路径研究	王韶华	燕山大学	青年项目	理论经济
12	以公共服务标准化推动长三角地区高质量发展的路径研究	赵雪娇	中国计量大学	青年项目	理论经济
13	碳减排政策、环境质量与经济增长的一般均衡分析及传导路径研究	武晓利	河南财经政法大学	青年项目	理论经济
14	新时代我国农业高质量发展的测度与实现路径研究	丁宝根	东华理工大学	青年项目	应用经济

续表

序号	课题名称	姓名	工作单位	项目类别	所在学科
15	新时代我国生物医药产业分工与高质量发展研究	濮润	中国生物技术发展中心	青年项目	应用经济
16	基于全要素生产率增长的银行业高质量发展研究	于之倩	广州大学	青年项目	应用经济
17	工业化后期阶段中国对外直接投资的去工业化效应及优化对策研究	聂飞	华中农业大学	青年项目	应用经济
18	产业集聚视角下中国制造业全要素生产率的结构分解、提升机制与政策优化研究	李沙沙	山东师范大学	青年项目	应用经济
19	制造业服务化对我国价值链升级的指标测度、形成机理及效应分析研究	王思语	上海对外经贸大学	青年项目	应用经济
20	绿色"一带一路"背景下制造业出口的环境传导机制与政策优化研究	田野	湖北工业大学	青年项目	应用经济
21	城市层级产业分工演化困境、破解机制及优化路径研究	马兴超	浙江师范大学	青年项目	应用经济
22	旅游地"荷兰病"效应的区域差异与分类治理研究	杨懿	云南大学	青年项目	应用经济
23	大数据背景下我国新产业新业态新模式的统计监测研究	彭永樟	东华理工大学	青年项目	统计学
24	大数据背景下旅游统计监测方法与中国旅游卫星账户研究	汤美微	南京财经大学	青年项目	统计学
25	数字资源驱动下的制造业技术创新与价值链位移度测度研究	罗胜	中南民族大学	青年项目	统计学
26	数字经济背景下劳动生产率测算机理与中国经验研究	姬卿伟	浙江工商大学	青年项目	统计学
27	我国数字经济增加值核算理论、方法与应用研究	关会娟	清华大学	青年项目	统计学
28	知识分享经济统计核算研究	朱贺	浙江工商大学	青年项目	统计学
29	我国碳排放治理政策产业动态效应测度与评价研究	程郁泰	天津财经大学	青年项目	统计学
30	面向技术更替的积分限额交易型产业政策作用机理与政策优化研究	周钟	上海应用技术大学	青年项目	管理学
31	我国高技术船舶产业创新生态系统及创新能力提升策略研究	尹洁	江苏科技大学	青年项目	管理学
32	生产性服务业国际化对制造业全球价值链地位的影响机制与提升路径研究	刘荷	中共福建省委党校	青年项目	管理学
33	人工智能推动中国制造业全球价值链攀升的影响机理与路径研究	郑琼洁	南京市社会科学院	青年项目	管理学

表 6-8　　2018 年国家社会科学基金青年项目立项名单

序号	课题名称	姓名	工作单位	项目类别	所在学科
1	新时代中国经济从高速增长转向高质量发展的结构转化机制研究	郭晗	西北大学	青年项目	理论经济
2	新时代我国服务业外资准入负面清单管理路径优化研究	季剑军	国家发改委	青年项目	理论经济
3	产业政策视角下中国产能过剩的形成机制与治理路径研究	邹涛	山东财经大学	青年项目	理论经济
4	环境规制、清洁技术偏向与新时代中国工业绿色转型研究	孙海波	山东工商学院	青年项目	理论经济
5	人工智能背景下规模报酬递增的经济增长新动能构建研究	章潇萌	首都经济贸易大学	青年项目	理论经济
6	人工智能、资本深化、技能溢价与区域不平衡研究	胡安俊	中国社会科学院	青年项目	理论经济
7	人工智能技术对收入分配影响研究	张新春	山东财经大学	青年项目	理论经济
8	长江上游地区工业生态集聚及空间差异化策略研究	罗胤晨	重庆工商大学	青年项目	理论经济
9	粤港澳大湾区加快建设协同发展的产业体系研究	周权雄	中共广州市委党校	青年项目	理论经济
10	我国家庭异质性消费行为研究	宋明月	山东师范大学	青年项目	理论经济
11	社会资本视角下新时代幸福悖论的演化特征与治理对策研究	张梁梁	长安大学	青年项目	理论经济
12	我国与"一带一路"农业全球价值链合作实施问题研究	蒲红霞	沈阳农业大学	青年项目	理论经济
13	近代中国银行业与钱业的比较研究	孙睿	中国人民大学	青年项目	理论经济
14	推进战略性新兴产业跨越式发展的中国特色路径与激励政策研究	宋学印	浙江大学	青年项目	应用经济
15	我国制造业逆向自主技术创新实证分析与提升对策研究	徐英杰	济南大学	青年项目	应用经济
16	基于共生理论的高端服务业与先进制造业动态匹配机制及路径研究	孙畅	重庆工商大学	青年项目	应用经济
17	人工智能对就业和收入分配的影响研究	惠炜	中央财经大学	青年项目	应用经济
18	政府精准补贴提升中国制造业创新能力的机理、效应与政策优化研究	杨亭亭	广东财经大学	青年项目	应用经济
19	全要素生产率视角下我国金融异化对实体经济的影响研究	冉芳	西南科技大学	青年项目	应用经济
20	我国陆海产业结构协同发展的绿色效应测度研究	金雪	中国海洋大学	青年项目	应用经济

续表

序号	课题名称	姓名	工作单位	项目类别	所在学科
21	水泥行业协同消纳城市废弃物的资源价值流转研究	朱鹏	湖南商学院	青年项目	应用经济
22	中国民生产业发展效率测度与研究	王雪妮	东北财经大学	青年项目	统计学
23	我国经济发展新动能的统计测度及其效应研究	柴士改	安阳师范学院	青年项目	统计学
24	产业分工视角下大城市群协同发展问题研究	汪彬	国家行政学院	青年项目	管理学
25	碳足迹视角下绿色供应链优化调控机制及创新实践研究	刘峥	上海工程技术大学	青年项目	管理学
26	互联网与展览业深度融合的商业模式创新研究	刘林艳	北京第二外国语学院	青年项目	管理学
27	推进互联网、大数据、人工智能与中小企业深度融合的模式与路径研究	武健	杭州电子科技大学	青年项目	管理学
28	国防高新技术培育经济发展新动能研究	孟斌斌	国防科技大学	青年项目	管理学

表6-9　　　　2017年国家社会科学基金青年项目立项名单

序号	课题名称	负责人	工作单位	项目类别	所在学科
1	马克思主义经济学视域下美国经济的非生产性趋势与"重振制造业"战略研究	姬旭辉	中共中央党校	青年项目	理论经济
2	二元经济转型视域下供给侧结构性改革研究	孙亚南	吉林财经大学	青年项目	理论经济
3	供给侧结构性改革策略下的政府优惠政策与产能过剩关系研究	刘明	中共重庆市委党校	青年项目	理论经济
4	新疆农产品加工业供给侧结构性改革路径研究	侯敬媛	石河子大学	青年项目	理论经济
5	农地产权制度改革与我国农业内生发展研究	公茂刚	山东理工大学	青年项目	理论经济
6	制造业资源配置"清理效应"的识别及其财政支出约束机制研究	安苑	广东外语外贸大学	青年项目	理论经济
7	系统耦合作用下中国制造业碳排放达峰机理与路径研究	许广月	河南大学	青年项目	理论经济
8	"去产能"背景下产业转移提升区域经济增长质量的机制研究	朱江丽	南京大学	青年项目	理论经济
9	多重变动格局下化解产能过剩的微观动态机制研究	郑辛迎	湖南师范大学	青年项目	理论经济
10	全球价值链视角下房地产泡沫对产业升级的影响机制研究	贾庆英	山东财经大学	青年项目	理论经济
11	去产能背景下劳动收入与资本回报率协同增长机制与政策研究	杨君	浙江理工大学	青年项目	理论经济

续表

序号	课题名称	负责人	工作单位	项目类别	所在学科
12	OFDI的偏向性技术进步效应对制造业绿色价值链攀升的影响研究	韩亚峰	河南财经政法大学	青年项目	理论经济
13	人民币汇率波动与跨境资本流动研究	赵艳平	中国海洋大学	青年项目	理论经济
14	"一带一路"背景下海洋经济对沿海经济发展带动效应测度与路径选择研究	王银银	南通大学	青年项目	应用经济
15	"一带一路"背景下中国高铁的集聚效应与风险防控机制研究	张若希	首都经济贸易大学	青年项目	应用经济
16	"一带一路"背景下能源企业海外投资风险评估及管理研究	姚海棠	青岛大学	青年项目	应用经济
17	新常态下中国服务外包产业突破"价值链低端锁定"的路径优化及战略研究	徐姗	杭州电子科技大学	青年项目	应用经济
18	供给侧结构性改革背景下中国农业绿色发展和资源永续利用研究	马翠萍	中国社会科学院	青年项目	应用经济
19	新一轮东北振兴背景下产业转型升级的效率测算与路径研究	刘雅君	吉林省社科院	青年项目	应用经济
20	产业融合视角下东北地区畜牧业转型升级路径选择与支持政策研究	田露	吉林农业大学	青年项目	应用经济
21	跨边界创新网络视域下东北地区装备制造产业升级路径研究	尹博	辽宁社会科学院	青年项目	应用经济
22	中国式财政分权下的产业结构调整与经济稳增长研究	赵旭杰	对外经济贸易大学	青年项目	应用经济
23	我国区域服务业全要素生产率异质性比较与评估及其影响机制研究	崔敏	西安财经学院	青年项目	应用经济
24	城市产业升级政策化解房地产泡沫的机制及效应研究	谭锐	华南理工大学	青年项目	应用经济
25	东北地区"旱改水"机理和农业支持政策创新研究	张晶	中国农业科学院	青年项目	应用经济
26	中国服务业出口贸易与OFDI互动发展的机制及其生产效率效应研究	刘军	山西财经大学	青年项目	应用经济
27	全球创新链视角下的中国生产性服务业内生性发展机制研究	杜宇玮	江苏省社会科学院	青年项目	应用经济
28	中国分享经济核算理论与方法研究	周南南	青岛科技大学	青年项目	统计学
29	基于空间统计分析视角的生产性服务业集聚与制造业转型升级研究	夏伦	湖北经济学院	青年项目	统计学

续表

序号	课题名称	负责人	工作单位	项目类别	所在学科
30	京津冀地区产业转移的协同效应及溢出效应测度与研究	周彩云	天津财经大学	青年项目	统计学
31	新经济的统计测度研究	温婷	江西财经大学	青年项目	统计学
32	"一带一路"背景下云南茶文化旅游的资源空间结构、地域类型及发展模式研究	时雨晴	中国社会科学院	青年项目	管理学
33	我国绿色发展的产业支撑问题研究	渠慎宁	中国社科院	青年项目	管理学
34	产业精准扶贫价值链构建及其管理研究	翟军亮	中国矿业大学	青年项目	管理学
35	政府补贴机制调整与中国战略性新兴产业绩效提升研究	马永军	湖南工业大学	青年项目	管理学
36	地方高校学科—专业—产业链的协同建设与治理机制研究	郭雷振	盐城师范学院	青年项目	管理学
37	军民融合战略布局问题研究	李亮	解放军后勤学院	青年项目	管理学
38	长江经济带军民结合产业基地协同发展研究	乔玉婷	国防科学技术大学	青年项目	管理学

国家自然科学基金

四 国家自然科学基金重点项目

表6-10　　　　2019年度国家自然科学基金重点项目

序号	项目名称	项目负责人	依托单位	项目类别	项目批准号
1	我国粮食供需格局演变与开放条件下的粮食安全政策研究	朱晶	南京农业大学	重点项目	71934005
2	城市能源系统低碳转型的驱动机制及政策研究：以典型试点城市为例	唐葆君	北京理工大学	重点项目	71934004
3	自然资源资产与经济增长、经济安全的协调机制与策略研究	宋马林	安徽财经大学	重点项目	71934001
4	我国西部农业市场培育与开放研究	刘天军	西北农林科技大学	重点项目	71933005
5	乡村振兴战略实施中政府与市场的关系及其协调研究	程国强	同济大学	重点项目	71933004

表6-11　　　　2018年度国家自然科学基金重点项目

序号	项目名称	项目负责人	依托单位	项目类别	项目批准号
1	新兴产业全球创新网络形成机制、演进特征及对创新绩效的影响研究	刘云	中国科学院大学	重点项目	71810107004

表6-12　　　　2017年度国家自然科学基金重点项目

序号	项目名称	项目负责人	依托单位	项目类别	项目批准号
1	全球—地方互动与中国区域产业重构	贺灿飞	北京大学	重点项目	41731278
2	全球价值链与中国产业升级研究	王直	对外经济贸易大学	重点项目	71733002
3	我国产业集聚演进与新动能培育发展研究	杨开忠	北京大学	重点项目	71733001

五 国家自然科学基金面上项目

表 6-13 2019 年度国家自然科学基金面上项目

序号	项目名称	项目负责人	依托单位	类别	项目批准号
1	制造业高质量发展视阈下创新要素的再配置机理及优化策略研究	陶长琪	江西财经大学	面上项目	71973055
2	产能过剩下我国制造业上市公司跨国经营的实物期权价值研究	苏冬蔚	暨南大学	面上项目	71972087
3	基于"一带一路"资源场域绿色重构的我国传统制造业生态化转型研究	王文平	东南大学	面上项目	71973023
4	基于创新扩散理论的制造业数字化技术扩散建模与预测研究	王正新	浙江财经大学	面上项目	71971194
5	高质量发展导向下中国制造业转型升级的适宜性技术选择与动力变革研究	余东华	山东大学	面上项目	71973083
6	制造业投入服务化、服务贸易壁垒与国际生产分割	刘斌	对外经济贸易大学	面上项目	71973025
7	协同发展视角下淮海经济区产业演替机理、效应及调控研究	仇方道	江苏师范大学	面上项目	41971158
8	人口和劳动力的规模、年龄结构和质量转变对产业结构转型升级的影响	郭凯明	中山大学	面上项目	71973156
9	区域水泥生态产业资源—能源—环境关联耦合与协同优化	高天明	中国地质科学院矿产资源研究所	面上项目	41971265
10	产业共生集聚对中国经济绿色增长的影响机理与政策设计研究	刘军	南京信息工程大学	面上项目	71973068
11	网络视角下的中国区域产业动态研究	朱晟君	北京大学	面上项目	41971154
12	精准扶贫背景下产业扶贫政策的福利效应、模式比较与瞄准机制研究	朱红根	南京财经大学	面上项目	71973061
13	基于多源异构网络视角的新兴产业创新扩散作用机制及政策研究	周源	清华大学	面上项目	71974107
14	生态视角下基于互补性技术创新的技术竞争与新兴产业发展	张帏	清华大学	面上项目	71972116
15	新型城镇化与城市产业结构优化：耦合机制、空间匹配效应与政策设计	张廷海	安徽财经大学	面上项目	71974002
16	中国可再生能源产业空间组织格局及其演化机制	王强	福建师范大学	面上项目	41971159

续表

序号	项目名称	项目负责人	依托单位	类别	项目批准号
17	空气污染、气候变化和环境政策对我国产业结构转型和企业跨区域流动的影响	王敏	北京大学	面上项目	71973003
18	信息技术发展、技能转换与农村劳动力产业流向研究	宁光杰	山东大学	面上项目	71973081
19	基于双重价值链视角的中国高技术产业竞争优势重构研究	马晶梅	哈尔滨理工大学	面上项目	71972063
20	产品空间视角下中国制造跨越式产业升级路径研究	马海燕	中国地质大学（武汉）	面上项目	71973130
21	基于新经济地理学的藏羌彝走廊文化产业集聚动力机制及政策研究	方永恒	西安建筑科技大学	面上项目	71974155
22	区域一体化视角下污染产业空间分布的边界效应与区域协调对策研究	豆建民	上海财经大学	面上项目	71974120
23	地区间产业政策竞争、市场分割与资源空间误置	蒋为	西南财经大学	面上项目	71973108
24	重点国有林区森林康养产业价值共创机制研究：基于政策激励视角	李英	辽宁大学	面上项目	71973057
25	基于ERGM的农业产业集群绿色化升级原理及实现路径研究	李二玲	河南大学	面上项目	41971222
26	文化产业融合发展的机理、演化及实现路径研究	杨秀云	西安交通大学	面上项目	71974158
27	中国新能源产业的空间集聚、扩散及其外部性：理论机制及实证分析	徐斌	江西财经大学	面上项目	71974085
28	环境规制、企业异质性与污染产业空间再配置：机制分析与政策评估	汪健	上海大学	面上项目	71973093
29	环境规制下生猪产业区域布局与转移：路径、机理及溢出效应	谭莹	华南农业大学	面上项目	71973046
30	绿色消费意愿驱动产业体系近零排放的有序转型机制研究	李文超	江苏大学	面上项目	71974078
31	基于双重价值链视角的中国高技术产业竞争优势重构研究	马晶梅	哈尔滨理工大学	面上项目	71972063
32	创新驱动下能源行业结构转型的效率评价、策略博弈及发展模式研究	董雨	安徽理工大学	面上项目	71973001
33	农地流转促进农业转型升级发展：农业TFP中介作用与"三变革"出路	匡远配	湖南农业大学	面上项目	71973042

续表

序号	项目名称	项目负责人	依托单位	类别	项目批准号
34	生态视角下基于互补性技术创新的技术竞争与新兴产业发展	张帏	清华大学	面上项目	71972116
35	高铁对服务业发展及空间布局演化的影响与机制研究	管驰明	东南大学	面上项目	41971165
36	供应链地理视角下的全球航运服务业空间组织研究	王列辉	华东师范大学	面上项目	41971155

表 6-14   2018 年度国家自然科学基金面上项目

序号	项目名称	项目负责人	依托单位	项目类别	项目批准号
1	中国与"一带一路"沿线国家间产业转移的节能减排效应	李艳梅	北京工业大学	面上项目	41871201
2	中国木材加工业转移粘性、集聚与产业升级研究	程宝栋	北京林业大学	面上项目	71873016
3	企业家知识溢出、知识整合对开放式创新影响机制的实证研究：以高技术产业集群为例	崔瑜	北京信息科技大学	面上项目	71872018
4	中国新兴产业震荡的识别、影响与干预研究	肖兴志	东北财经大学	面上项目	71873025
5	城市创意产业空间集聚知识网络协同及复杂系统模型研究	高长春	东华大学	面上项目	71874027
6	环境规制、企业创新与产业转型升级：基于节能减排监管的理论与实证研究	张怀	福州大学	面上项目	71872046
7	以"一带一路"创新牵引中国区域产业转移、转型并高质量发展的机理、路径与政策研究	胡汉辉	东南大学	面上项目	71873030
8	保护空间驱动新技术产业化的运作机制和效应评价：可持续转型视角	刘贻新	广东工业大学	面上项目	71874037
9	产业政策对全要素生产率的影响研究：理论机制、实证识别与中国经验	韩永辉	广东外语外贸大学	面上项目	71873041
10	知识溢出的产业空间效应模拟研究——以珠江三角洲为例	滕丽	广州大学	面上项目	41871113
11	中国新型煤化工产业技术组合及其产能动态优化配置研究：原油价格波动等多重不确定性的视角	马铁驹	华东理工大学	面上项目	71874055

续表

序号	项目名称	项目负责人	依托单位	项目类别	项目批准号
12	中国东部地带欠发达地区污染密集型产业空间演变机理、环境效应与优化调控研究	程钰	山东师范大学	面上项目	41871121
13	产业互联"智造"供需网的结构、演化及其动力学研究	何建佳	上海理工大学	面上项目	71871144
14	产业集聚中的碳排放、空气污染及其协同治理研究：基于绿色技术创新视角	赵增耀	苏州大学	面上项目	71873093
15	制度演化影响下专利密集型产业知识溢出和区域创新联动机制研究	姜南	同济大学	面上项目	71874122
16	铁路建设、运输效率与产业平衡发展	逯建	西南财经大学	面上项目	71873106
17	绿色金融驱动产业结构优化的机制与政策研究	钱水土	浙江工商大学	面上项目	71873124
18	基于EPR制度的我国再制造产业链发展模式与推进机制研究	曹柬	浙江工业大学	面上项目	71874159
19	基于互联网驱动的产业链跨地域空间重塑机制与区域协调发展研究	陈国亮	浙江工业大学	面上项目	71874160
20	水资源约束下的京津冀产业协同发展研究	张卓颖	中国科学院数学与系统科学研究院	面上项目	71874183
21	风电产业创新政策的系统解构、绩效测度与"需求—情境—特征"视角下的三层匹配研究	王晓珍	中国矿业大学	面上项目	71874190
22	中国产业迈向价值链中高端：理论内涵、测度和路径分析	倪红福	中国社会科学院经济研究所	面上项目	71873142
23	新一代信息技术影响增长动力及产业结构的理论与经验研究	蔡跃洲	中国社会科学院数量经济与技术经济研究所	面上项目	71873144
24	新能源汽车产业供需双侧政策的多维度匹配性分析及动态转换研究	熊勇清	中南大学	面上项目	71874208
25	有偏技术进步、产业结构升级与金属资源安全：理论机制及模拟分析	钟美瑞	中南大学	面上项目	71874207
26	多尺度视角下电子信息产业空间转移与价值链升级研究	高菠阳	中央财经大学	面上项目	41871115
27	全球价值链、创新驱动与制造业"低端锁定"破局：成因、机制及应对策略	吕越	对外经济贸易大学	面上项目	71873031

续表

序号	项目名称	项目负责人	依托单位	项目类别	项目批准号
28	OFDI驱动中国装备制造业全球价值链低碳化升级：理论机制、实现路径和绩效评价	王英	南京航空航天大学	面上项目	71873064
29	对外直接投资与重构能力建设：中国制造业企业重构全球价值链的机理研究	宋耘	中山大学	面上项目	71872188
30	长三角地区乡村工业用地转型的时空过程及机理研究	赵小风	河海大学	面上项目	41871173
31	创新驱动视角下中国服务业发展政策研究：事实特征、内在机理和政策优化	李文秀	广东金融学院	面上项目	71873040
32	绿色制造视角下中国OFDI全球价值链嵌入的碳减排效应研究	李新安	河南财经政法大学	面上项目	41871215
33	全球价值链视角下中国地区及行业真实增加值与真实生产率核算及其决定因素与政策分析框架研究	高宇宁	清华大学	面上项目	71873075
34	生产方式柔性化转型与价值链升级互动影响：机制、路径和对策研究	蔺宇	天津大学	面上项目	71873094
35	环境规制、企业创新与产业转型升级：基于节能减排监管的理论与实证研究	张怀	福州大学	面上项目	71872046
36	中国工业化进程中的认知"错配"测度与分析	梁华	中国社会科学院财经战略研究院	面上项目	71873141
37	环保约束对我国装备制造企业产品质量的影响及其机制研究	张丽华	同济大学	面上项目	71873096
38	中国农业全要素生产率增长的微观基础及若干农业政策的生产率效应评估	李谷成	华中农业大学	面上项目	71873050
39	少数民族地区旅游产业低碳化转型的系统模式与绩效评价研究——以湘黔桂"侗文化"旅游圈为例	胡芳	广西大学	地区科学基金项目	71861001
40	互联网与制造企业深度融合的价值创造机理及融合模式研究	卢福财	江西财经大学	地区科学基金项目	71863015
41	环境规制对工业加总生产率的影响研究：基于产业及区域间要素重配置的二元边际新视角	赖永剑	南昌工程学院	地区科学基金项目	71863024

表 6-15　　2017 年度国家自然科学基金面上项目

序号	项目名称	项目负责人	依托单位	项目类别	项目批准号
1	能源密集型产业结构变迁与区域空气质量变化的关联效应及作用机理	张晓平	中国科学院大学	面上项目	41771133
2	制造业集群创新网络的空间结构与演进机制——以珠三角典型制造业集群为例	千庆兰	广州大学	面上项目	41771127
3	重化工业创新网络合作机制及其空间效应研究	林兰	上海社会科学院	面上项目	41771143
4	农业科技园区创新扩散中新型经营主体的技术采用行为与机制研究	李同昇	西北大学	面上项目	41771129
5	碳排放约束下区域与工业能源生态效率的空间集聚及协同机制研究	关伟	辽宁师范大学	面上项目	41771132
6	生态文明视阈下区域旅游产业低碳化转型驱动机制与空间效应研究——以长江三角洲为例	侯国林	南京师范大学	面上项目	41771151
7	京津冀城市群高耗能产业对大气环境的影响机理及调控路径	王振波	中国科学院地理科学与资源研究所	面上项目	41771181
8	沿海城市产业重构背景下人居环境演变机理研究：宁波、舟山为例	马仁锋	宁波大学	面上项目	41771174
9	中国汽车行业资源依赖关系的网络特征及其对企业战略的影响	王皓	对外经济贸易大学	面上项目	71772038
10	中国外资进入自由化、创新驱动与制造业企业转型升级研究	毛其淋	南开大学	面上项目	71773055
11	大气污染与旅游：基于大气污染环境—旅游—经济系统模型的可持续发展旅游业研究	李颖	四川大学	面上项目	71773082
12	全球气候治理下中国出口企业绿色创新的动力机制、路径演化及效应研究	方虹	北京航空航天大学	面上项目	71773006
13	区域产业政策对劳动力市场的影响研究：以振兴东北老工业基地为例	邢春冰	北京师范大学	面上项目	71773009
14	中国省域参与全球价值链分工对碳排放的影响研究：理论、核算与政策	吴三忙	中国地质大学（北京）	面上项目	71773118
15	资源供给侧的"环境诅咒"效应：资源产业依赖对中国区域环境绩效的影响机制	邵帅	上海财经大学	面上项目	71773075
16	能源市场扭曲对工业绿色增长的影响机理与实证研究	李科	湖南师范大学	面上项目	71773028

续表

序号	项目名称	项目负责人	依托单位	项目类别	项目批准号
17	能源效率、环境规制与中国制糖业发展研究	司伟	中国农业大学	面上项目	71773122
18	土地出让、要素流动与制造业产业集聚和产业转型升级研究	赵文哲	中央财经大学	面上项目	71773153
19	地方政府竞争与产业升级：基于企业微观视角的研究	张晶	厦门大学	面上项目	71773103
20	要素市场扭曲对中国产业结构动态调整的影响及政策取向	汪浩瀚	宁波大学	面上项目	71773057
21	人力资本异质性、创新与生产性服务业生产率——影响与路径	李杏	南京财经大学	面上项目	71773047
22	局域政策与区域协调发展——基于开发区与产业集群互动的理论模型与政策评估	朱希伟	浙江大学	面上项目	71773112
23	高铁对区域旅游经济的异质性影响：理论与实证研究	周波	厦门大学	面上项目	71773101
24	区际产业梯度转移与升级中的技术势能集聚、转换及空间效应研究	陶长琪	江西财经大学	面上项目	71773041
25	高速铁路对企业生产率的影响机制研究	李涵	西南财经大学	面上项目	71773097
26	中国高端装备制造业价值链跃迁路径研究：多重嵌入的视角	胡峰	浙江工商大学	面上项目	71773115
27	要素价格扭曲对中国高技术产业出口技术复杂度的影响机制及调控政策研究	戴魁早	浙江财经大学	面上项目	71773107
28	产业架构视域下开放式创新嵌入模式与政策靶点选择研究：以风电产业为例	高伟	中国矿业大学	面上项目	71774160
29	互联网环境下我国船舶工业绿色创新系统演化机理与开放式创新模式研究	毕克新	哈尔滨工程大学	面上项目	71774037
30	煤炭资源绿色低碳发展理论与政策研究	赵国浩	山西财经大学	面上项目	71774105
31	我国光伏产业政策评估研究	张钦	南京航空航天大学	面上项目	71774081
32	面向京津冀区域产业协同发展的水土资源优化配置管理研究	张倩	中国科学院地理科学与资源研究所	面上项目	71774151
33	发电企业碳减排的市场型政策工具组合优化研究	张金良	华北电力大学	面上项目	71774054
34	中国能源相关甲烷排放清单开发及多尺度应用研究	张博	中国矿业大学（北京）	面上项目	71774161

续表

序号	项目名称	项目负责人	依托单位	项目类别	项目批准号
35	"电—碳"双因素影响下制造企业生产资源调度及优化策略研究	虞先玉	南京航空航天大学	面上项目	71774080
36	能源价格扭曲纠正视角下中国工业全要素生产率提升潜力与实现路径研究	杨冕	武汉大学	面上项目	71774122
37	市场导向下我国水权交易价格形成机制及其管制研究	吴凤平	河海大学	面上项目	71774048
38	基于全球价值链知识溢出的中国区域高碳产业低碳化转型路径研究	孙华平	江苏大学	面上项目	71774071
39	土地利用空间管制下耕地保护差别化生态补偿机制研究：尺度依赖与空间差异	宋敏	中南财经政法大学	面上项目	71774174
40	中国电动汽车未来发展规模、综合效益和激励政策分析	欧训民	清华大学	面上项目	71774095
41	碳排放的产业和空间转移网络结构与效率评价研究	吕康娟	上海大学	面上项目	71774108
42	"经济增长"与"环境保护"双重压力下的东北地区低碳转型升级机制研究	梁大鹏	哈尔滨工业大学	面上项目	71774039
43	中国循环农业供给侧改革的绿色供应链动态反馈协调机制研究	贾晓菁	中央财经大学	面上项目	71774182
44	国际石油市场微观—宏观行为规律与复杂机理研究	姬强	中国科学院科技战略咨询研究院	面上项目	71774152
45	产业用地供给结构性失衡的形成机理及资源配置效应研究	黄忠华	浙江工业大学	面上项目	71774143
46	碳交易驱动视角下的新能源发展路径优化与政策协同研究	方国昌	南京财经大学	面上项目	71774077
47	基于产业集聚机制的我国新动能培育与产业集聚政策协调研究	赵作权	中国科学院科技战略咨询研究院	面上项目	71774155
48	区域层级分工与产业空间调整——基于"四化"同步研究的视角	徐维祥	浙江工业大学	面上项目	71774145
49	我国大都市群产业空间分布优势格局形成的动力机制研究	陈建军	浙江大学	面上项目	71774140

六　国家自然科学基金青年项目

表 6–16　　2019 年度国家自然科学基金青年项目

序号	项目名称	项目负责人	依托单位	类型	项目批准号
1	改革开放期间我国的产业结构转型：外部失衡和内部摩擦	杭静	中山大学	青年项目	71903203
2	解析型产业创新网络的时空演化特征与机理研究：以长江经济带生物医药产业为例	叶琴	上海师范大学	青年项目	41901142
3	企业视角下区域化工产业转移的环境效应及驱动机制研究——以江苏省为例	彭颖	南京晓庄学院	青年项目	41901155
4	产业关联与空间外溢双重视角下的区域产业结构演进及机制研究	皮亚彬	暨南大学	青年项目	71903072
5	"互联网+产业集群"与全球价值链高端攀升：理论模型与中国经验	任婉婉	浙江工商大学	青年项目	71903175
6	产业集群对区域经济韧性的影响机制研究	胡志强	河南大学	青年项目	41901148
7	异质性调整成本视角下电力产业资源错配与全要素生产率改进研究	余津婳	西南财经大学	青年项目	71904158
8	大学—产业界致使转移的小世界网络特征性及运行模型研究	张寒	中国传媒大学	青年项目	71904177
9	环境公平下中国钢铁产业区际转移的绿色发展机理及路径研究	张军峰	山东财经大学	青年项目	71903108
10	产业集群、全球价值链嵌入与企业减排：中国污染防治的内外协同机制研究	苏丹妮	南开大学	青年项目	71903102
11	基于全球钴产业链网络的中国钴资源风险控制策略研究	孙晓奇	深圳大学	青年项目	41901246
12	基于"主体—产业—空间"协同视角的传统村落发展模式与重构研究	陶慧	中央民族大学	青年项目	41901180
13	全球价值链下产业升级的衡量与中国产业升级的优化模型研究	田开兰	中国科学院数学与系统科学研究院	青年项目	71903186
14	碳市场连接模式对区域产业竞争力影响研究	汪峰	南京信息工程大学	青年项目	71904088
15	基于复杂系统模拟与高维多目标优化的产业共生节能减排潜力、路径和对策研究	曹馨	中国石油大学（北京）	青年项目	71904202
16	长江经济带产业转型与水资源承载的动态耦合机理及路径优化研究	陈名	南京师范大学	青年项目	41901244

续表

序号	项目名称	项目负责人	依托单位	类型	项目批准号
17	中国情境下并购目标公司的动因与效应研究：产业政策视角	张志平	山东大学	青年项目	71902099
18	全球贸易产业链对大气污染健康损失跨境转移的影响研究	赵红艳	清华大学	青年项目	71904097
19	区域水资源配置政策对企业生产与产业结构的影响机制研究	钟铧	北京航空航天大学	青年项目	71903011
20	企业金融化与投资行为研究：基于产业公司设立私募基金的分析	钟凯	对外经济贸易大学	青年项目	71902028
21	全球—地方视角下集群创新网络演化机制与效应研究——以长三角电子信息产业为例	周灿	浙江工商大学	青年项目	41901157
22	跨国并购对产业集群跨界合作网络的影响研究	王秋玉	华东师范大学	青年项目	41901158
23	淘宝村空间集群、产业升级及其共同演化机制研究	林娟	福建师范大学	青年项目	41901146
24	中国页岩气产业财税政策的现状、问题和优化路径研究	刘畅	西南财经大学	青年项目	71904159
25	自适应结构优化灰色预测模型及其在新能源汽车产业演进趋势预测中的应用	丁松	浙江财经大学	青年项目	71901191
26	基于湍流状碳层织构的硅/碳微球负极材料设计及其储锂性能研究	杜俊涛	郑州中科新兴产业技术研究院	青年项目	21908206
27	环境规制视角下的长江沿岸化工产业空间演变、机理及优化研究	邹辉	中国科学院南京地理与湖泊研究所	青年项目	41901156
28	产业出口竞争对抗性的衡量和预测：基于多区域投入产出模型和行为码分析	卫瑞	湖南大学	青年项目	71903054
29	基于 CGE 模型与 ABS 耦合的区域产业结构升级模拟	吴乐英	河南大学	青年项目	41901239
30	城市群产业升级与生态环境耦合机理研究——以成渝城市群为例	罗奎	西南大学	青年项目	41901195
31	农业产业融合中经营主体"互利共生"的机理与效应研究	傅琳琳	浙江省农业科学院	青年项目	71903178
32	政策工具、合作网络与双元性创新：以战略性新兴产业为例	谢其军	清华大学	青年项目	71904102
33	地方政府行为与区域产业演化中的"路径创造陷阱"：基于可实证空间均衡模型的多尺度交互作用研究	徐妍	长安大学	青年项目	71903016

续表

序号	项目名称	项目负责人	依托单位	类型	项目批准号
34	"营改增"对生产性服务业与制造业协同融合的影响效益研究	孙正	天津财经大学	青年项目	71903143
35	中国进口非关税措施影响制造业企业生产率的理论机制与实证效应研究	田云华	广东外语外贸大学	青年项目	71903041
36	交通发展与中国制造业企业区位选择演变：空间特征与其微观基础	王菲	北京信息科技大学	青年项目	71903015
37	15世纪以来世界城市发展的制造业动力：过程、机制与空间	李玮	中山大学	青年项目	41901192
38	数字通用技术扩散下中国制造业的创新集成与价值链跃迁研究	段巍	南京大学	青年项目	71903086
39	中美贸易新形势下新进口战略推动制造业高质量发展研究	诸竹君	浙江工商大学	青年项目	71903173
40	中国制造业企业资本错配研究：事实、成因与优化	刘盛宇	广东财经大学	青年项目	71903035
41	国内市场整合对制造业企业成长的影响研究：理论机制与实证检验	徐保昌	青岛大学	青年项目	71903105
42	全球价值链视角下我国区域真实能源生产率与减排路径研究	闫冰倩	中国社会科学院财经战略研究院	青年项目	71903195
43	服务业开放、创新驱动与企业全球价值链升级：理论和中国经验	邵朝对	南开大学	青年项目	71903101
44	非关税贸易壁垒对全球价值链的影响——基于国家—行业细分贸易附加值数据的研究	石慧敏	中国人民大学	青年项目	71903188
45	全球价值链视角下中国推进高水平异质性FTA建设研究	岳文	江南大学	青年项目	71903076
46	增加值视角下中国国内价值链的网络结构演化及其机理研究	王博	西南财经大学	青年项目	71903157
47	多中心空间发展模式促进我国全球价值链地位提升的机理、路径及对策研究	陈旭	安徽财经大学	青年项目	71903001
48	价值链视角下进口对工资影响的测度、机制检验及政策模拟研究	李柔	广西民族大学	青年项目	71903043
49	价值链分工对中国省域异质性绿色经济增长的影响研究——基于全球价值链与国内价值链对接与互动的视角	李智	厦门大学	青年项目	71904162
50	可持续投资重塑"一带一路"价值链及其制度保障研究	邢光远	西安交通大学	青年项目	71904153

续表

序号	项目名称	项目负责人	依托单位	类型	项目批准号
51	高质量发展背景下中国城市群多中心空间结构与地区差距研究	李婉	华东师范大学	青年项目	41901184
52	长三角高质量一体化背景下苏皖边界效应的识别、测度与演化机理	王雪薇	安徽师范大学	青年项目	41901151
53	区域一体化视角下港航服务业空间演变的过程、机理及效应——以长三角地区为例	叶士林	福建师范大学	青年项目	41901138
54	多层次创新网络对科技服务业集群企业创新绩效的影响研究	梁娟	福建江夏学院	青年项目	71902034
55	知识产权保护影响生产性服务业转型升级的机制分解及政策优化	周游	湖南财政经济学院	青年项目	71903050

表 6-17　　　　2018 年度国家自然科学基金青年项目

序号	项目名称	项目负责人	依托单位	项目类别	项目批准号
1	匹配视角下环境规制与结构升级的能源环境偏向型技术进步效应研究	周肖肖	安徽财经大学	青年项目	71804001
2	环境规制促进产业增长的机制研究：以造纸产业为例	秦光远	北京林业大学	青年项目	71804013
3	基于专利与网络文本集成挖掘的新兴产业技术机会识别与预测研究	马婷婷	北京物资学院	青年项目	71804016
4	创新扶持产业政策对企业创新规模和创新质量二元边际的影响研究	郑文平	对外经济贸易大学	青年项目	71803023
5	基于创新网络视角的区域增长时空演化特征及机理研究——以长江经济带高技术产业为例	曹贤忠	华东师范大学	青年项目	41801109
6	区域秸秆能源化利用的产业化全过程动态模拟与评价——基于投入产出模型	宋俊年	吉林大学	青年项目	41801199
7	交通设施与文化网络的贸易效应研究：基于产业与区域协调发展的视角	汤韵	集美大学	青年项目	71804058
8	持续增长目标下中国制造业产业政策的 TFP 效应及路径创新研究	许祥云	南京财经大学	青年项目	71803075
9	适应性视角下区域产业生态转型机理与响应路径研究——以山东省为例	郭付友	曲阜师范大学	青年项目	41801105
10	环境规制作用下产业结构演进的动力机制与路径选择研究：基于企业决策视角	李梦洁	山东工商学院	青年项目	71803102

续表

序号	项目名称	项目负责人	依托单位	项目类别	项目批准号
11	超网络视角的产业发展波动区域间扩散效应研究	相雪梅	山东行政学院	青年项目	71803105
12	技术、偏好共同演化下的产业政策动态调适机理研究	闫振坤	山西财经大学	青年项目	71804100
13	地区契约环境差异与中国制造企业生产率：基于产业异质特征的微观视角研究	杨畅	天津师范大学	青年项目	71803142
14	中国应对产业发展不平衡不充分的区域创新治理：基于agent模拟的研究	钟章奇	浙江财经大学	青年项目	41801118
15	天然气产业价格扭曲测度与市场均衡仿真研究	龚承柱	中国地质大学（武汉）	青年项目	71804167
16	中欧产业环境创新对环境规制的响应及其绩效研究——以大气污染防治为例	李力	中国科学院文献情报中心	青年项目	41801214
17	基于生产者责任延伸制度的汽车产业绿色发展研究：国际经验与中国策略	栗洋	中南财经政法大学	青年项目	71804195
18	制造业企业知识搜索行为的影响机制研究——基于企业行为理论的整合性分析框架	汪玥琦	大连理工大学	青年项目	71802038
19	中国制造业生产率分析：1998—2013	王璐航	厦门大学	青年项目	71803161
20	生产性服务业与制造业协同集聚驱动全球价值链演化的机理与路径	刘胜	广东外语外贸大学	青年项目	71803033
21	双链互动下的中国制造业全要素生产率与双重国际贸易圈塑造研究	黄莉芳	南京财经大学	青年项目	71803078
22	绿色技术创新导向下中国制造业企业融资契约最优动态配置研究——基于双层嵌套结构的整合边界效应	王旭	山东财经大学	青年项目	71802117
23	制度影响下大城市制造业空间发展的情景模拟与引导对策研究——以武汉市为例	周敏	苏州科技大学	青年项目	51808366
24	营改增对制造业服务化升级的溢出效应及其传导机制研究	惠丽丽	武汉理工大学	青年项目	71803146
25	价值链视角下我国制造业国际贸易和空间集聚的互动关系研究	李雨浓	西南财经大学	青年项目	71803159
26	生产分割视角下全球生产网络嵌入对澜湄流域制造业升级的影响研究	方俊智	云南师范大学	青年项目	71804160
27	二氧化碳减排与能源转型的一致性：机制分析和路径选择	杨莉莎	华侨大学	青年项目	71804048

续表

序号	项目名称	项目负责人	依托单位	项目类别	项目批准号
28	碳排放约束下化石能源生产补贴退出机制研究	赵旭	中国石油大学（北京）	青年项目	71804187
29	基于水—粮食—能源纽带关系与互动机理解析的水资源优化配置研究	姜珊	中国水利水电科学研究院	青年项目	51809282
30	我国地区经济关联的隐含能源流动研究：基于多尺度投入产出模型	吴小芳	中南财经政法大学	青年项目	71804194
31	基于生产性服务业布局的海西城市群城市网络结构演化与经济绩效研究	吴建楠	华侨大学	青年项目	41801112
32	基于中资企业分支网络全球扩展的世界城市网络的空间演化与机制——以高级生产性服务业为例	邹小华	广州市社会科学院	青年项目	41801167
33	生产性服务业集聚促进我国城市绿色全要素生产率提升的机制及其路径研究	程中华	南京信息工程大学	青年项目	71803087
34	基于环境规制量化的绿色技术进步驱动全要素生产率提升路径研究	修静	兰州大学	青年项目	71804063
35	中国环境规制政策的"波特效应"触发机制与实现路径研究	王海	浙江工商大学	青年项目	71803176
36	电力市场改革对我国电力行业温室气体排放及治理的影响机制研究	于洋	清华大学	青年项目	71804087
37	随机环境下银行业系统性风险变化研究——基于外部冲击的风险溢出视角	孟纹羽	山东财经大学	青年项目	71803097
38	要素替代视角下电力行业节能减排机制与路径研究	高静	首都经济贸易大学	青年项目	71803139
39	"互联网+物流"与企业市场选择：理论模型、中国经验与福利效应	刘璠	中南财经政法大学	青年项目	71803197
40	要素替代视角下电力行业节能减排机制与路径研究	高静	首都经济贸易大学	青年项目	71803139

表6-18　　　　　　　　2017年度国家自然科学基金青年项目

序号	项目名称	项目负责人	依托单位	项目类别	项目批准号
1	多尺度视角下中国制造业产业空间升级和价值链升级机制研究	朱晟君	北京大学	青年项目	41701115
2	东北老工业区产业生态系统演化的时空过程及区域效应	逯承鹏	中国科学院沈阳应用生态研究所	青年项目	41701142

续表

序号	项目名称	项目负责人	依托单位	项目类别	项目批准号
3	环境规制下我国污染密集型产业空间格局演变及生产率变动研究——基于企业动态视角	李莉	北京大学深圳研究生院	青年项目	41701139
4	北京功能疏解背景下企业区位再选择和产业空间重构	李佳洺	中国科学院地理科学与资源研究所	青年项目	41701128
5	全球化石能源"贸易—空间—投资"多层网络的空间依赖性与风险传导路径研究	李华姣	中国地质大学（北京）	青年项目	41701121
6	基于创新生态系统的区域创新投入—产出时空匹配格局及机理研究——以长江三角洲地区为例	李丹丹	河南大学	青年项目	41701136
7	辽宁省制造业格局演变、组织模式、驱动机理与空间效应研究	杜鹏	辽宁师范大学	青年项目	41701123
8	长三角地区高速交通网络演化过程与模式研究	陈娱	南京师范大学	青年项目	41701122
9	全球气候治理中碳税收入转移支付至农业部门的影响研究	马龚 马晓哲	河南大学	青年项目	41701632
10	华北工业城市经济转型与生态环境的耦合机理及优化路径研究	相楠	北京工业大学	青年项目	41701635
11	全球价值链重构背景下双重外包对我国产业升级动能重塑的机制研究	陈启斐	南京财经大学	青年项目	71703064
12	中国的经济结构转型和城镇化：基于多部门动态一般均衡增长模型	王韡	对外经济贸易大学	青年项目	71703017
13	中国经济的"双重"结构转型：基于供给侧改革的理论分析与实证检验	潘珊	暨南大学	青年项目	71703056
14	经济收敛与经济结构变迁：现象、理论与应用	黄宗晔	首都经济贸易大学	青年项目	71703107
15	去产能背景下的政府激励对产业结构的作用机制研究	马琳	对外经济贸易大学	青年项目	71703022
16	京津冀地区散煤治理政策对居民家庭能源消费和社会福利的影响研究	谢伦裕	中国人民大学	青年项目	71703163
17	新能源汽车的市场培育：消费行为与政策激励	伍亚	暨南大学	青年项目	71703060
18	能源转型背景下可再生能源配额的配置优化研究——基于区域协调的环境规制路径选择	孙燕铭	华东师范大学	青年项目	71703039
19	碳排放峰值约束下的中国绿色电力转型研究——基于电力大数据与中国多区域CGE模型	钱浩祺	复旦大学	青年项目	71703027

续表

序号	项目名称	项目负责人	依托单位	项目类别	项目批准号
20	"低效"能源补贴动态测度及其退出对中国绿色经济增长转型的作用机理研究	李江龙	西安交通大学	青年项目	71703120
21	基于环境因素的我国花生产业全要素生产率增长研究	吉小燕	南京农业大学	青年项目	71703072
22	自然灾害冲击下的农产品价格波动：影响规模及其传导机制	鲍小佳	厦门大学	青年项目	71703136
23	区域互动视角下产业集聚与地方政府竞争的空间动态效应研究	赵永辉	上海海关学院	青年项目	71703098
24	空间匹配、知识密集型服务业集聚与创新型城市形成机理研究及政策效应评估	赵婷	浙江工商大学	青年项目	71703151
25	交通成本变化对边缘地区经济活动的空间转移效应及其政策协调研究	徐航天	湖南大学	青年项目	71703034
26	开发区经济对微观企业绩效的影响及其地理异质性研究	向宽虎	上海大学	青年项目	71703097
27	交通基础设施建设对企业绩效的微观影响机制：机理研究与实证检验	吴明琴	华南师范大学	青年项目	71703043
28	区域经济政策长期作用机制研究：基于动态空间均衡的分析	吴浩波	浙江理工大学	青年项目	71703154
29	我国经济增长效率损失研究：基于要素空间错配下产业结构失衡的分析	王欣亮	西北大学	青年项目	71703121
30	中国城市吸引力的区域差异、形成机制与影响效果：基于生活质量与商业环境的双维度研究	刘诗濛	暨南大学	青年项目	71703059
31	产业投资与产业结构的空间互动演化关系：直接、溢出与反馈效应	张伟	东北大学	青年项目	71703016
32	战略性新兴产业创新价值链脆弱性形成机理与超循环调控研究	张冀新	湖北工业大学	青年项目	71703033
33	市场型环境规制对制造业生态效率的影响：机制、路径及其效应	袁宝龙	中南林业科技大学	青年项目	71703171
34	基于产业政策视角的中国新兴产业震荡触发机制及其影响效应研究	何文韬	东北财经大学	青年项目	71703015
35	中国房地产市场政策体系测量和绩效评估研究——基于政策网络理论的视角	苏志	首都经济贸易大学	青年项目	71704114
36	绿色技术创新驱动高耗能产业低碳转型的机制、效率与政策优化	孙丽艳	安徽理工大学	青年项目	71704002

续表

序号	项目名称	项目负责人	依托单位	项目类别	项目批准号
37	区际产业转移中承接地创新能力同步成长的机理、途径与双端激励政策研究	谢呈阳	东南大学	青年项目	71704023
38	关键利益相关者视角下新兴产业创新政策作用机制与仿真优化：以新能源汽车为例	卢超	上海大学	青年项目	71704101
39	创新生态系统下区域战略性新兴产业创新链与服务链融合机理、模式与协同机制研究	李玥	哈尔滨理工大学	青年项目	71704036
40	技术融合驱动的新兴产业价值链构型与企业嵌入行为研究	李丫丫	江苏大学	青年项目	71704069
41	基于价值链的污染物排放核算及其在我国地区间产业布局优化中的应用	田欣	北京师范大学	青年项目	71704012
42	汽车限购政策的污染减排效应与治理路径——理论与中国的经验研究	蒯鹏	合肥工业大学	青年项目	71704044
43	农业碳排放区域关联及协同减排机制研究	何艳秋	四川农业大学	青年项目	71704127
44	页岩气上游生产中甲烷排放的监测、评估与管理研究	郭美瑜	香港浸会大学深圳研究院	青年项目	71704150
45	实现碳减排和空气质量改善协同双控：引入需求侧行为的能源模型研究	杨曦	中国石油大学（北京）	青年项目	71704187
46	风电环境经济价值区域分异评价与优化模型	杨谨	中国地质大学（北京）	青年项目	71704164
47	生态环境约束下我国煤炭跨期最优开采规模及保障机制研究	闫晓霞	西安科技大学	青年项目	71704140
48	环境规制对高耗能产业绿色转型影响机理研究：以钢铁产业为例	王晓岭	北京科技大学	青年项目	71704010
49	可再生能源系统风险评估方法及其应用研究	王兵	中国矿业大学（北京）	青年项目	71704178
50	高技术产业用地错配的发生机理、多情景仿真及整体性治理策略研究	韩璐	浙江财经大学	青年项目	71704152
51	钢铁水泥行业去产能政策的绿色低碳协同效益研究：基于综合评价模型的分析	戴瀚程	北京大学	青年项目	71704005
52	临港地区产业配置格局优化方法研究	邬珊华	宁波大学	青年项目	71704089
53	产业转移、劳动力流动与住房消费：基于宏观视角的"去库存"政策研究	高鋆	浙江大学城市学院	青年项目	71704158

教育部人文社会科学项目

七　教育部人文社会科学重大项目、重大课题攻关项目

表 6-19　2019 年度教育部人文社会科学重点研究基地重大项目立项一览表

序号	高校名称	基地名称	项目名称	负责人	所在单位	项目编号
1	南开大学	跨国公司研究中心	FDI、经济结构调整与增长转型研究	蒋殿春	南开大学	19JJD790005

表 6-20　2018 年度教育部人文社会科学重点研究基地重大项目立项一览表

序号	高校名称	基地名称	项目名称	负责人	所在单位	编号
1	东北财经大学	产业组织与企业组织研究中心	竞争政策对电力产业的适用性与难点问题研究	叶泽	长沙理工大学	18JJD790001
2	东北财经大学	产业组织与企业组织研究中心	中国产业转型升级的轨迹和理论创新研究	于左	东北财经大学	18JJD790002
3	武汉大学	经济发展研究中心	农业现代化进程中新型农业经营体系与家庭农场研究	郭熙保	武汉大学	18JJD790012
4	中国人民大学	中国经济改革与发展研究院	产业结构演化视角下的中国生态文明与绿色发展研究	林岗	中国人民大学	18JJD790016

表 6-21　2017 年度教育部人文社会科学重点研究基地重大项目立项一览表

序号	高校名称	基地名称	项目名称	负责人	所在单位	编号
1	复旦大学	世界经济研究所	全球价值链分工新趋势与中国价值链地位提升研究	程大中	复旦大学	17JJD790001
2	复旦大学	世界经济研究所	行业生产网络下创新保护与中国企业外贸竞争力提升研究	沈国兵	复旦大学	17JJD790002
3	复旦大学	中国社会主义市场经济研究中心	中国企业竞争力：研发激励与政策评估	陈钊	复旦大学	17JJD790004
4	复旦大学	中国社会主义市场经济研究中心	结构变迁、城市发展与中国经济增长	章元	复旦大学	17JJD790005

表6-22　　　2019年度教育部哲学社会科学研究重大课题攻关项目立项

序号	课题名称	单位	首席专家	项目批准号
1	我国自然资源资产核算理论与方法研究	中国农业大学	朱道林	19JZD013
2	我国体育产业高质量发展研究	北京大学	张锐	19JZD016

表6-23　　　2018年度教育部哲学社会科学研究重大课题攻关项目立项

序号	课题名称	单位	首席专家	项目批准号
1	构建清洁低碳、安全高效的能源体系政策与机制研究	华北电力大学	牛东晓	18JZD032
2	推动我国老龄事业和产业高质量发展研究	西安交通大学	张思锋	18JZD045

表6-24　　　2017年度教育部哲学社会科学研究重大课题攻关项目立项

序号	课题名称	单位	首席专家	项目编号
1	实体经济转型升级与发展中国特色社会主义政治经济学研究	复旦大学	周文	17JZD011
2	推进农业供给侧结构性改革的理论与战略研究	华中师范大学	王敬尧	17JZD017
3	我国民营中小企业参与"一带一路"国际产能合作战略研究	浙江工业大学	陈衍泰	17JZD018
4	"一带一路"沿线国家劳动政策与我国产业结构调整研究	华南理工大学	黄岩	17JZD019
5	加强服务业国际合作提高我国产业全球价值链地位路径研究	华南理工大学	叶广宇	17JZD020
6	发达国家"再工业化"对中国制造转型升级的影响及对策研究	长沙理工大学	刘建江	17JZD022

八　教育部人文社会科学一般项目

表6-25　2019年度教育部人文社会科学研究规划基金、青年基金、自筹经费项目立项

序号	项目名称	申请人	学校名称	项目类别	学科	项目批准号
1	高质量发展背景下长江经济带产业布局优化研究	方大春	安徽工业大学	规划基金项目	经济学	19YJA790010
2	中部地区小农户和现代农业发展的有机衔接：路径选择与政策设计研究	刘鹏凌	安徽农业大学	规划基金项目	经济学	19YJA790056
3	区块链技术在国际贸易结算领域的应用研究	杜红珍	宝鸡文理学院	规划基金项目	经济学	19YJA790007

续表

序号	项目名称	申请人	学校名称	项目类别	学科	项目批准号
4	基于环境规制的我国海洋产业结构调整研究	马鹤丹	大连海事大学	规划基金项目	经济学	19YJA790064
5	中国奶牛养殖布局变迁：空间演变、地理集聚及驱动机制研究	樊斌	东北农业大学	规划基金项目	经济学	19YJA790008
6	珠三角地区制造业服务化的演化路径、发展程度及与绩效关系研究	李松庆	广东工业大学	规划基金项目	经济学	19YJA790043
7	战略性新兴产业创新链与资金链生态融合机理与发展机制研究	王玉冬	哈尔滨理工大学	规划基金项目	经济学	19YJA790087
8	工业互联网时代我国先进制造业颠覆性技术创新的推进机制及实现路径研究——以浙江为例	张辽	杭州电子科技大学	规划基金项目	经济学	19YJA790115
9	制度梗阻、企业战略与企业产能过剩：基于产能利用率财务指数的研究	付东	河南财政金融学院	规划基金项目	经济学	19YJA790012
10	中美经贸摩擦对双方产业全球价值链位置的影响及争端解决机制研究	殷德生	华东师范大学	规划基金项目	经济学	19YJA790107
11	基于状态识别与工具协调的货币政策与宏观审慎政策双支柱调控框架研究	金成晓	吉林大学	规划基金项目	经济学	19YJA790036
12	货币政策对产业结构优化的影响研究——杠杆率的金融加速器作用	孙华妤	暨南大学	规划基金项目	经济学	19YJA790075
13	省际异质性视角下政策驱动新能源产业创新的机理及效果评估研究	何正霞	江苏师范大学	规划基金项目	经济学	19YJA790024
14	基于资源整合理论的中国粮食产业全球战略评价研究	杨少文	岭南师范学院	规划基金项目	经济学	19YJA790105
15	制造业智能化对我国就业的影响：机制与对策研究	刘军	南京信息工程大学	规划基金项目	经济学	19YJA790055
16	产业结构优化升级对区域绿色发展效率的影响机制与政策研究	张纯记	宁波大红鹰学院	规划基金项目	经济学	19YJA790112
17	适宜性技术选择、新旧动能转换与制造业转型升级的动力机制研究	余东华	山东大学	规划基金项目	经济学	19YJA790109
18	文化产业推动西藏经济增长的历史、理论与实证研究	陈新岗	山东大学	规划基金项目	经济学	19YJA790003
19	新一代信息技术与制造业深度融合演化机理与动态路径研究	胡斌	上海工程技术大学	规划基金项目	经济学	19YJA790028
20	面向制造业企业创新发展的工业大数据赋能机理与路径研究	刘平峰	武汉理工大学	规划基金项目	经济学	19YJA790057

续表

序号	项目名称	申请人	学校名称	项目类别	学科	项目批准号
21	中国农业地理集聚的生产率效应及其增强路径研究	邓宗兵	西南大学	规划基金项目	经济学	19YJA790005
22	中国与中亚国家非资源型产业合作路径研究	李金叶	新疆大学	规划基金项目	经济学	19YJA790040
23	新能源产业资源错配的形成机理、经济后果及纠错策略研究	王艳丽	中国矿业大学	规划基金项目	经济学	19YJA790086
24	中国嵌入全球价值链分工的环境效应及绿色升级路径研究	余娟娟	中南财经政法大学	规划基金项目	经济学	19YJA790110
25	地方政府差别化供地及其产业结构变动效应研究：基于中国工业用地出让市场的考察	黄金升	安徽工业大学	青年基金项目	经济学	19YJC790039
26	高铁、结构转型与经济增长的政策效应评估：基于新结构经济学的视角	柯潇	北京大学	青年基金项目	经济学	19YJC790053
27	制造业服务化与价值链升级：基于中国微观企业数据的经验研究	陈超凡	北京师范大学	青年基金项目	经济学	19YJC790006
28	供给侧结构性改革视角下我国产业创新对消费升级的影响研究	彭薇	北京师范大学珠海分校	青年基金项目	经济学	19YJC790099
29	我国民营中小企业嵌入"一带一路"产业链的模式与政策支撑研究	陈廉	对外经济贸易大学	青年基金项目	经济学	19YJC790010
30	开发区的技术创新效应评估及其作用机制研究：基于专利指标的考察	吴敏	对外经济贸易大学	青年基金项目	经济学	19YJC790153
31	人力资本扩张对制造业企业出口产品质量的影响机制及实证研究	李静	对外经济贸易大学	青年基金项目	经济学	19YJC790061
32	推进中国与"一带一路"沿线国家服务贸易发展的路径研究——基于总值和增加值视角	牛华	对外经济贸易大学	青年基金项目	经济学	19YJC790096
33	服务业开放与中国制造业出口高质量发展研究——理论机制与实证检验	陈明	广东金融学院	青年基金项目	经济学	19YJC790011
34	环境规制下能源技术进步偏向对中国制造业能源效率的影响机理与提升路径研究	吕希琛	哈尔滨理工大学	青年基金项目	经济学	19YJC790092
35	天然林全面商业禁伐对中国森林资源和木材供需的影响研究	刁钢	河北农业大学	青年基金项目	经济学	19YJC790020
36	中国用水量演变的驱动效应、达峰路径及对经济的影响研究	史珍	河海大学	青年基金项目	经济学	19YJC790112

续表

序号	项目名称	申请人	学校名称	项目类别	学科	项目批准号
37	新兴国家跨国公司技术溢出效应对世界产业技术格局影响研究	符磊	河海大学	青年基金项目	经济学	19YJC790029
38	基于共生理论的农业产业化联合体形成路径与运行机制研究	刘威	河南工业大学	青年基金项目	经济学	19YJC790085
39	要素禀赋差异下我国与"一带一路"沿线国家粮食产能合作研究	高峰	河南科技大学	青年基金项目	经济学	19YJC790030
40	中国与"一带一路"沿线国家土地密集型农产品生产与贸易合作潜力研究	赵明正	河南农业大学	青年基金项目	经济学	19YJC790194
41	东北亚区域合作的经济效应影响研究——基于CGE模型的数值模拟	魏文婉	湖北大学	青年基金项目	经济学	19YJC790152
42	贸易政策不确定性影响我国制造业就业的机制和实证研究	李仁宇	湖南科技大学	青年基金项目	经济学	19YJC790064
43	中国高技术制造业产业价值链攀升空间协同模式研究	万科	华东交通大学	青年基金项目	经济学	19YJC790124
44	层级分工、空间集聚与生产性服务业高质量发展研究	宣思源	南京财经大学	青年基金项目	经济学	19YJC790164
45	基于W型价值链的中国制造业转型升级研究	段巍	南京大学	青年基金项目	经济学	19YJC790024
46	异质性视角下新动能就业带动效应测度及优化研究	苏永照	南通大学	青年基金项目	经济学	19YJC790114
47	中美经贸摩擦视阈下美国经济政策不确定性对中国经济的溢出效应研究：传导机制与应对政策	刘芸	上海立信会计金融学院	青年基金项目	经济学	19YJC790087
48	新能源研发补贴对私人投资的信号作用机制、影响因素及补贴强度适度区间研究	徐喆	沈阳农业大学	青年基金项目	经济学	19YJC790161
49	环境规制、技术进步绿色偏向与绿色全要素生产率关系研究：微观机理与实证检验	蔺鹏	石家庄邮电职业技术学院	青年基金项目	经济学	19YJC790076
50	中国经济增长路径上的动态环保税、污染防治补贴及生态补偿机制研究	范庆泉	首都经济贸易大学	青年基金项目	经济学	19YJC790026
51	中国物流业非均衡发展形成机制、测度与影响效应研究：要素投入及其空间集聚的视角	陈恒	西安工程大学	青年基金项目	经济学	19YJC790007

续表

序号	项目名称	申请人	学校名称	项目类别	学科	项目批准号
52	新能源汽车激励政策的评估与协同设计：基于消费和投资行为特征的研究	郑雪梅	西南财经大学	青年基金项目	经济学	19YJC790201
53	产融结合下中国制造企业技术创新融资错配的纠正机制研究	王守义	云南大学	青年基金项目	经济学	19YJC790141
54	全球价值链背景下进口中间品质量与中国出口企业竞争力提升研究：演进机理与优化路径	诸竹君	浙江工商大学	青年基金项目	经济学	19YJC790209
55	中国高耗能行业的要素配置效率和绿色转型机制研究	王晓蕾	中国矿业大学	青年基金项目	经济学	19YJC790147
56	国内价值链推动中国制造业出口转型升级的事实与解释研究	袁凯华	中南财经政法大学	青年基金项目	经济学	19YJC790178
57	"一带一路"产能合作对中国企业逆向创新的影响机理研究	董俊武	广东外语外贸大学	规划基金项目	管理学	19YJA630014
58	生物医药产业创新集群演化的动力机制与发展路径研究——基于CAS理论	李洁	南京中医药大学	规划基金项目	管理学	19YJA630034
59	跨境电商生态系统驱动制造业转型升级的路径研究	薛朝改	郑州大学	规划基金项目	管理学	19YJA630096
60	长江经济带制造业绿色创新效率的时空分异特征与提升路径研究	易明	中国地质大学（武汉）	规划基金项目	管理学	19YJA630103
61	战略性新兴产业的自主发展：基于产业结构、技术创新性质的互动演化及其影响机制研究	孙理军	中国地质大学（武汉）	规划基金项目	管理学	19YJA630062
62	产业协同创新视域下我国先进制造业基地升级的驱动机理、模式选择与路径优化研究	陈洪章	江西财经大学	青年基金项目	管理学	19YJC630010
63	环境规制条件下西部污染型产业绿色转型的效率测度及空间联动机制研究	徐国东	陕西师范大学	青年基金项目	管理学	19YJC630189
64	我国光伏补贴政策效果评估研究：基于准实验设计	董长贵	中国人民大学	青年基金项目	管理学	19YJC630028
65	基于产业链分工和产业融合测度分析的两岸产业合作研究	时保国	中央民族大学	青年基金项目	港澳台问题研究	19YJCGAT004
66	长江经济带水资源绿色效率综合测度、时空演化及提升路径研究	张凤太	重庆理工大学	青年基金项目	交叉学科/综合研究	19YJCZH241

表 6 – 26　　2018 年度教育部人文社会科学研究规划基金、青年基金、自筹经费项目立项

序号	项目名称	申请人	学校名称	项目类别	学科门类	项目批准号
1	国内外市场整合视角下国际木材资源价格波动对中国木材资源安全的影响研究	印中华	北京林业大学	规划基金项目	经济学	18YJA790096
2	人工智能生产力理论模型与经济应用研究	张永林	北京师范大学	规划基金项目	经济学	18YJA790110
3	企业更替视角下东北工业波动与政策影响研究	郭晓丹	东北财经大学	规划基金项目	经济学	18YJA790029
4	中国制造业海外并购促进产业技术创新研究	尹亚红	广东金融学院	规划基金项目	经济学	18YJA790095
5	知识密集型服务业的嵌入整合对我国制造业转型升级的影响研究	孙文博	河北地质大学	规划基金项目	经济学	18YJA790069
6	跨区域产业协同集聚的微观机制及溢出效应研究：基于多维邻近的视角	白孝忠	湖北工业大学	规划基金项目	经济学	18YJA790004
7	新电改背景下可再生能源发电并网的纵向价格契约机制研究	孔令丞	华东理工大学	规划基金项目	经济学	18YJA790042
8	基于价值链的生产性服务业制造业协同集聚的区域协调合作研究	林秀丽	华南师范大学	规划基金项目	经济学	18YJA790052
9	产业集群化转移驱动城市群空间格局优化的机理、效应与调控研究：以长三角为例	毛广雄	淮阴师范学院	规划基金项目	经济学	18YJA790061
10	OFDI 驱动中国装备制造业全球价值链低碳化升级绩效评价研究	王英	南京航空航天大学	规划基金项目	经济学	18YJA790085
11	抑制性创新演进、企业国际合作研发与产业跨越式发展研究	邓向荣	南开大学	规划基金项目	经济学	18YJA790019
12	全球价值链嵌入下中国物流业绿色增长的效率评估与转型路径	王玲	南开大学	规划基金项目	经济学	18YJA790080
13	发达国家"再工业化"对中国制造业转型升级的影响与支撑政策研究	杨亮	深圳大学	规划基金项目	经济学	18YJA790094
14	高质量发展导向下农业生产性服务业新业态培育及扶持政策研究	郭红卫	长沙学院	规划基金项目	经济学	18YJA790026
15	中国先进装备制造业全球价值链高端攀升路径与制度环境优化研究：多环流协同驱动视角	谢杰	浙江工商大学	规划基金项目	经济学	18YJA790088
16	流通成本变动与制造业空间集聚：基于地方保护主义的理论与实证研究	程艳	浙江工商大学	规划基金项目	经济学	18YJA790015

续表

序号	项目名称	申请人	学校名称	项目类别	学科门类	项目批准号
17	中国制造业贸易竞争力升级路径研究：基于收入分配视角	曾利飞	浙江工商大学	规划基金项目	经济学	18YJA790008
18	产业政策与新兴行业产能过剩研究——以风电行业为例	宋枫	中国人民大学	规划基金项目	经济学	18YJA790068
19	中国三大都市圈中心城市生产性服务业的空间溢出效应比较研究	陈红霞	中央财经大学	规划基金项目	经济学	18YJA790011
20	绿色增长导向下的中国工业转型升级研究：潜力测算与路径优化	王昀	大连理工大学	青年基金项目	经济学	18YJC790171
21	产业政策、内部控制对企业战略变革及其绩效的影响研究：基于"五年规划"变更的自然实验	金玉娜	东北财经大学	青年基金项目	经济学	18YJC790067
22	全球价值链分工视阈下中国城市生产性服务业空间发展模式及溢出效应研究	刘胜	广东外语外贸大学	青年基金项目	经济学	18YJC790101
23	农业供应链金融及其农户信贷约束缓解效应研究	邹建国	衡阳师范学院	青年基金项目	经济学	18YJC790246
24	环境规制对区域协调发展的影响机制及效应研究——基于新经济地理学的视角	万庆	湖北大学	青年基金项目	经济学	18YJC790153
25	高铁开通与基金投资区域变化：作用机理、影响路径及经济后果研究	谢建	湖北大学	青年基金项目	经济学	18YJC790187
26	产品内贸易环境传导性的形成机制与扩散效应研究	田野	湖北工业大学	青年基金项目	经济学	18YJC790151
27	杠杆转移的风险传染路径及动态调控对策研究	张甜迪	湖北工业大学	青年基金项目	经济学	18YJC790223
28	中国生产性服务业集聚对制造业碳排放效率的影响及作用机制研究	刘习平	湖北经济学院	青年基金项目	经济学	18YJC790103
29	长三角城市群高技术企业创新网络效率空间差异及邻近性机理研究	曹贤忠	华东师范大学	青年基金项目	经济学	18YJC790004
30	藏粮于地理念下粮食主产区耕地休耕区域配置及路径选择研究	张路	华中科技大学	青年基金项目	经济学	18YJC790219
31	玉米收储政策改革：市场主体响应与政策优化研究	刘帅	吉林农业大学	青年基金项目	经济学	18YJC790102
32	我国制造业技术进步偏向性的空间扩散效应研究	魏巍	嘉兴学院	青年基金项目	经济学	18YJC790174
33	产业集群社会责任指数的构建与应用研究	张丹宁	辽宁大学	青年基金项目	经济学	18YJC790211

续表

序号	项目名称	申请人	学校名称	项目类别	学科门类	项目批准号
34	互联互通建设对我国与"一带一路"国家产能合作影响机制及对策研究	李猛	鲁东大学	青年基金项目	经济学	18YJC790085
35	僵尸企业对中国工业就业创造的影响研究：基于水平和稳定性维度	贺祥民	南昌工程学院	青年基金项目	经济学	18YJC790046
36	大数据驱动下中国传媒产业融合演化研究——基于知识产权共生视角	张苏秋	南京财经大学	青年基金项目	经济学	18YJC790222
37	我国数字市场中市场势力的形成机制与规制政策研究——以OTT业务为例	岳宇君	南京邮电大学	青年基金项目	经济学	18YJC790209
38	互联网信息技术驱动农村消费转型升级的机制与对策研究	李婵娟	南京邮电大学	青年基金项目	经济学	18YJC790072
39	新型城镇化下我国社会养老产业PPP融资效率优化机制研究	应韵	宁波大红鹰学院	青年基金项目	经济学	18YJC790205
40	中国海洋渔业社会—生态系统脆弱性研究：宏观特征与微观机制	陈琦	宁波大学	青年基金项目	经济学	18YJC790011
41	资源环境约束下的中国海洋经济增长质量测算与提升路径研究	苟露峰	青岛理工大学	青年基金项目	经济学	18YJC790035
42	环境规制、企业决策与产业结构演进：微观机理与实证研究	李梦洁	山东工商学院	青年基金项目	经济学	18YJC790086
43	"新零售"背景下线上线下与物流的协同机制研究	王宝义	山东交通学院	青年基金项目	经济学	18YJC790155
44	断裂与重构：基于利益格局调整的城乡产业融合发展体制机制研究	张凤兵	山东师范大学	青年基金项目	经济学	18YJC790213
45	集聚经济与中国企业出口产品升级研究：基于技术关联的视角	周沂	四川大学	青年基金项目	经济学	18YJC790240
46	制造业投入服务化对中国制造业出口绩效的影响机制及对策研究	王维薇	天津财经大学	青年基金项目	经济学	18YJC790168
47	契约环境、产业异质性与区域制造业结构优化：基于微观视角的研究	杨畅	天津师范大学	青年基金项目	经济学	18YJC790195
48	基于城市大气环境自净能力的高雾霾污染产业梯度转移研究	黎雅婷	梧州学院	青年基金项目	经济学	18YJC790071
49	产业转移的区域协调发展效应评价、影响机制及对策研究：以广东为例	姜文仙	五邑大学	青年基金项目	经济学	18YJC790062
50	营改增推动我国产业结构升级的作用机理、效果评价与政策支持研究	李辉	西北大学	青年基金项目	经济学	18YJC790078

续表

序号	项目名称	申请人	学校名称	项目类别	学科门类	项目批准号
51	农村产业融合发展的金融服务创新与政策协同研究	张林	西南大学	青年基金项目	经济学	18YJC790218
52	基于非平衡增长理论的有偏技术进步促进中国经济低碳转型研究	何旭波	云南大学	青年基金项目	经济学	18YJC790044
53	微观创新扩散驱动我国区域产业发展的动力学机制及政策仿真研究	钟章奇	浙江财经大学	青年基金项目	经济学	18YJC790237
54	中国制造业企业产品质量估计：方法与应用研究	李世刚	中山大学	青年基金项目	经济学	18YJC790089
55	数字经济背景下的就业问题研究——基于反映数字经济的新型就业投入占用产出模型	王会娟	中央财经大学	青年基金项目	经济学	18YJC790162
56	金融新业态下系统性金融风险防范与经济周期的联动机制研究	田娇	重庆理工大学	青年基金项目	经济学	18YJC790148
57	基于CGE模型的可再生能源价格政策研究	张伟	重庆邮电大学	青年基金项目	经济学	18YJC790224
58	产学研协同创新与区域创新绩效研究：基于创新网络结构的视角	吴中超	成都学院	规划基金项目	管理学	18YJA630115
59	高雾霾污染产业对大气环境质量的影响机理及梯度转移研究	周景坤	河北经贸大学	规划基金项目	管理学	18YJA630154
60	协同视角下区域水资源—能源—粮食系统安全评价及优化策略研究	陈军飞	河海大学	规划基金项目	管理学	18YJA630009
61	高技术产业全球价值链"低端俘获"的形成机理与突破路径研究	屠文娟	江苏大学	规划基金项目	管理学	18YJA630105
62	基于供给侧结构性改革和生命周期的新能源汽车技术创新效率研究	徐新龙	湖南师范大学	青年基金项目	管理学	18YJC630213
63	全球价值链重构下我国集装箱港口物流的演化趋势研究——基于3D打印视角	陈臻	岭南师范学院	青年基金项目	管理学	18YJC630018
64	全球价值链驱动我国制造业高质量发展的机理与政策研究	杨以文	南京审计大学	青年基金项目	管理学	18YJC630228
65	节能减排效率与"中国制造"升级的协调机制研究	颜青	浙江经贸职业技术学院	规划基金项目	统计学	18YJA910002
66	工业产能过剩风险统计监测体系改进研究	贾帅帅	广州大学	青年基金项目	统计学	18YJC910008
67	区域工业碳排放时空效应研究	任晓松	山西财经大学	青年基金项目	交叉学科/综合研究	18YJCZH143

表 6-27　　　　2017 年度教育部人文社会科学研究规划基金、
青年基金、自筹经费项目立项

序号	项目名称	申请人	学校名称	项目类别	学科门类	项目批准号
1	创新驱动中国工业绿色转型研究	韩晶	北京师范大学	规划基金项目	经济学	17YJA790025
2	农业供给侧结构性改革中人口结构变化对粮食供需结构平衡的影响及对策研究	魏君英	长江大学	规划基金项目	经济学	17YJA790077
3	汇率不确定条件下中国—东盟产能合作研究	申韬	广西大学	规划基金项目	经济学	17YJA790066
4	中国制造业全球价值链嵌入的碳减排机制研究	李新安	河南财经政法大学	规划基金项目	经济学	17YJA790050
5	"一带一路"战略下东北地区产业转型升级路径与对策研究：基于跨空间产业联动视角	柴秋星	黑龙江科技大学	规划基金项目	经济学	17YJA790006
6	供给侧视角下结构性货币政策治理过剩产能的机理及有效性研究	李琼	湖北工业大学	规划基金项目	经济学	17YJA790048
7	我国农产品贸易隐含碳排放的测度及防控策略研究	丁玉梅	湖北工业大学	规划基金项目	经济学	17YJA790018
8	产能利用、过剩产能与并购动机：微观机理及实证研究	刘伟	华东政法大学	规划基金项目	经济学	17YJA790057
9	资本配置效率、产业结构转型与经济增长关系研究：微观基础与动态演进	陈创练	华南师范大学	规划基金项目	经济学	17YJA790009
10	长江经济带战略新兴产业绿色发展水平测度及提升路径研究	陈晓雪	江苏理工学院	规划基金项目	经济学	17YJA790014
11	"一带一路"背景下口岸物流系统优化配置与转型升级研究	胡林凤	金陵科技学院	规划基金项目	经济学	17YJA790027
12	有效需求测度、产能过剩预警与新常态转型治理：一个新的逻辑架构与钢铁产业实证	马文军	鲁东大学	规划基金项目	经济学	17YJA790064
13	"一带一路"共赢战略下中国 OFDI 边际产业转移效应研究	冯跃	南京工程学院	规划基金项目	经济学	17YJA790020
14	基于规模农户的农业产业链融资影响机制及绩效研究	周月书	南京农业大学	规划基金项目	经济学	17YJA790099
15	产业集群升级与可持续创新型城市建设互动机理及政策研究	马有才	山东科技大学	规划基金项目	经济学	17YJA790065
16	我国零售业对接"一带一路"市场的"全球本土化"战略研究	常健聪	上海建桥学院	规划基金项目	经济学	17YJA790007

续表

序号	项目名称	申请人	学校名称	项目类别	学科门类	项目批准号
17	"链"协同演化视角下后发大国新兴产业低端化陷阱成因与对策研究	李进兵	西南科技大学	规划基金项目	经济学	17YJA790044
18	旅游产业创新对关联产业的同域影响与溢出效应研究——以京津冀地区为例	舒波	燕山大学	规划基金项目	经济学	17YJA790067
19	利率扭曲对中国行业结构失衡的影响研究：微观机理与政策调整	方霞	浙江工商大学	规划基金项目	经济学	17YJA790019
20	中国林产品贸易潜力、结构重构及相关政策研究	蒋琴儿	浙江农林大学	规划基金项目	经济学	17YJA790038
21	高技术产业集群开放式创新生态系统的构建及其运行机理研究	谢子远	浙江万里学院	规划基金项目	经济学	17YJA790079
22	基于经济增长动力转换视角下人力资本与产业结构转型动态匹配研究	李静	安徽大学	青年基金项目	经济学	17YJC790070
23	城市等级体系视角下长三角城市群生产性服务业集聚与服务业转型升级研究	钱龙	安徽工程大学	青年基金项目	经济学	17YJC790117
24	中国降低制造业税负的路径选择：三类关键税费的作用机理与企业行为调查研究	白庆辉	北京联合大学	青年基金项目	经济学	17YJC790001
25	中国农业地理集聚的增长效应研究	贺亚亚	长江大学	青年基金项目	经济学	17YJC790050
26	长江经济带农业绿色化生产的经济效应评价及驱动路径研究	吴雪莲	长江大学	青年基金项目	经济学	17YJC790169
27	生产性服务业进口对中国制造业转型升级的影响研究	傅缨捷	东北财经大学	青年基金项目	经济学	17YJC790036
28	互联网信息技术促进农村经济发展的机制与对策研究	高彦彦	东南大学	青年基金项目	经济学	17YJC790040
29	中国工业智能化转型路径研究——基于新结构经济学分析框架	余熙	福建师范大学	青年基金项目	经济学	17YJC790193
30	生产性服务贸易对中国制造业国际分工地位的影响机理及对策研究	姚洋洋	广东财经大学	青年基金项目	经济学	17YJC790189
31	互联网信息技术驱动我国制造业竞争优势动态升级的实现路径研究	王萌	杭州电子科技大学	青年基金项目	经济学	17YJC790151
32	中国典型区域融入GVC产业转型升级评价及路径优化研究	孙亚轩	杭州电子科技大学	青年基金项目	经济学	17YJC790135
33	供给侧改革背景下农业产能过剩的测度、成因及化解路径研究	刘涛	河南理工大学	青年基金项目	经济学	17YJC790097

续表

序号	项目名称	申请人	学校名称	项目类别	学科门类	项目批准号
34	长江经济带省际产业转移时空特征及效益驱动机制研究	熊伟	湖北工业大学	青年基金项目	经济学	17YJC790176
35	中国制造业多层次空间分工体系有效性及其优化路径研究	张燕华	湖北工业大学	青年基金项目	经济学	17YJC790200
36	全球价值链视角下产能合作与中国产业升级研究	唐玲	湖南师范大学	青年基金项目	经济学	17YJC790139
37	农业经营主体演化与创新机制研究：分工深化、服务外包及要素再配置	谭亭亭	湖州师范学院	青年基金项目	经济学	17YJC790137
38	专利密集型产业的创新绩效与创新路径研究	曹建云	华南理工大学	青年基金项目	经济学	17YJC790003
39	融资约束对中国制造业出口产品质量的影响研究	孔祥贞	华中师范大学	青年基金项目	经济学	17YJC790066
40	中国制造业产品质量阶梯和技术升级路径研究	孙佳	吉林财经大学	青年基金项目	经济学	17YJC790132
41	基于价值创造视角的东北老工业基地创新生态系统研究	宋洋	吉林大学	青年基金项目	经济学	17YJC790129
42	新常态下经济波动与产业结构的内在机制研究——基于复杂网络和非线性DSGE的分析	吕一清	暨南大学	青年基金项目	经济学	17YJC790104
43	金融支持上游度对中国制造业出口绩效的影响机理研究	梁莹莹	辽宁工业大学	青年基金项目	经济学	17YJC790090
44	高速铁路驱动城市联动发展动力机制研究	冯其云	山东师范大学	青年基金项目	经济学	17YJC790032
45	高速铁路对城市群产业发展的影响机理及其效应研究：以长三角城市群为例	邓涛涛	上海财经大学	青年基金项目	经济学	17YJC790021
46	出口扭曲、资源误置与中国制造业生产率：理论分析与实证检验	陈文芝	温州大学	青年基金项目	经济学	17YJC790011
47	能源补贴视角下的绿色能源供应体系建设研究	李江龙	西安交通大学	青年基金项目	经济学	17YJC790068
48	要素空间错配下产业结构失衡与经济增长效率损失研究	王欣亮	西北大学	青年基金项目	经济学	17YJC790158
49	基于知识密集型服务业嵌入的产业集群演化机制、路径与影响测度研究	赵放	西南交通大学	青年基金项目	经济学	17YJC790206
50	供给侧结构性改革框架下的资源型城市产业结构升级与贫困抑制研究	董利红	西南政法大学	青年基金项目	经济学	17YJC790024

续表

序号	项目名称	申请人	学校名称	项目类别	学科门类	项目批准号
51	产业政策、本地生产性结构与出口产品质量升级研究	熊瑞祥	湘潭大学	青年基金项目	经济学	17YJC790175
52	环境规制下中国工业经济发展的就业效应研究：理论机制与实证分析	申晨	浙江理工大学	青年基金项目	经济学	17YJC790123
53	全球价值链嵌入对中国服务业出口技术复杂度的影响机制及对策研究	王佳	浙江万里学院	青年基金项目	经济学	17YJC790147
54	京津冀地区产业部门能源消费关联分析及区域协同节能政策研究	杨谨	中国地质大学（北京）	青年基金项目	经济学	17YJC790187
55	情境嵌入对中国海洋产业集群生态合作绩效的作用机制研究	秦曼	中国海洋大学	青年基金项目	经济学	17YJC790120
56	高新技术企业研发激励政策扭曲：形成机理、经济后果及其治理策略	杨国超	中南财经政法大学	青年基金项目	经济学	17YJC790186
57	中国工业及其污染的空间分布研究：基于城市层面的理论与实证	吴姗姗	中南财经政法大学	青年基金项目	经济学	17YJC790166
58	基于演化博弈的我国养老地产产业链升级模式与路径研究：路径构造框架的视角	傅沂	中南大学	青年基金项目	经济学	17YJC790035
59	基础设施供给对"中国制造"的影响：准公共品、投入产出关联与效率质量	欧阳艳艳	中山大学	青年基金项目	经济学	17YJC790112
60	政策工具对发展中国家可再生能源技术创新能力影响比较研究	李凡	北京第二外国语学院	规划基金项目	管理学	17YJA630042
61	基于产业生态系统的东北国有林区林业产业转型模式及路径研究	万志芳	东北林业大学	规划基金项目	管理学	17YJA630094
62	中国制造企业转型升级动力机制研究	曾萍	华南理工大学	规划基金项目	管理学	17YJA630006
63	生产性服务业与制造业协同集聚的形成机理及空间效应研究：以长三角城市群为例	陈晓峰	南通大学	规划基金项目	管理学	17YJA630009
64	中国高端装备制造业价值链跃迁路径与制度环境优化研究：多重嵌入视角	胡峰	浙江工商大学	规划基金项目	管理学	17YJA630028
65	制造业企业与互联网融合发展的水平测度、影响因素和提升路径研究	吉峰	中国矿业大学	规划基金项目	管理学	17YJA630033
66	价值网视角下我国制造业区域差异与升级路径研究	周敏	上海工程技术大学	青年基金项目	管理学	17YJC630234
67	环境规制、异质性战略选择与中国制造企业转型升级	李俊	浙江东方职业技术学院	青年基金项目	管理学	17YJC630060

续表

序号	项目名称	申请人	学校名称	项目类别	学科门类	项目批准号
68	"一带一路"下中国境外投资促进过剩产能转移的效应评估研究	章志华	广东财经大学	青年基金项目	统计学	17YJC910010
69	全球生产网络动态演进下两岸产业合作的转型升级	周小柯	北京联合大学	青年基金项目	港澳台问题研究	17YJCGAT006
70	中国能源安全与"一带一路"油气合作问题研究	朱雄关	云南大学	青年基金项目	国际问题研究	17YJCGJW012
71	考虑能源—水资源耦合关系的区域产业转移资源效应评估研究	林绿	中国石油大学（北京）	青年基金项目	交叉学科/综合研究	17YJCZH104

九 教育部人文社会科学研究西部和边疆地区项目立项

表6–28　　2019年度教育部人文社会科学研究新疆项目立项

序号	项目名称	申请人	学校名称	项目类别	学科	项目批准号
1	"一带一路"经济走廊陆路节点口岸的产业发展与辐射效应研究	穆沙江·努热吉	新疆财经大学	青年基金项目	经济学	19XJJC790001

表6–29　　2018年度教育部人文社会科学研究西部和边疆地区项目立项

序号	项目名称	申请人	学校名称	项目类别	学科	项目批准号
1	乡村振兴背景下壮族集中聚居区新型城镇化产业支撑的机制及路径研究	许春慧	广西师范学院	规划基金项目	经济学	18XJA790007
2	非对称竞争视角下我国工业企业过剩产能的形成机制与治理策略研究	匡慧姝	昆明理工大学	青年基金项目	经济学	18XJC790007
3	基于空间效应的农业碳排放区域协同减排政策研究	王雅楠	西北农林科技大学	青年基金项目	经济学	18XJC790014
4	中国县域农业绿色全要素生产率测算、收敛及其影响因素研究	尹朝静	西南大学	青年基金项目	经济学	18XJC790018
5	长江上游林业生态发展外溢效应评估及补偿机制研究	冉陆荣	长江师范学院	青年基金项目	经济学	18XJC790010
6	跨组织学习驱动高端装备制造企业绿色创新的机理及路径研究	王娟茹	西北工业大学	规划基金项目	管理学	18XJA630006
7	企业知识产权能力、嵌入RVC与西北地区网络文化产业集群升级的机理	袁丹	西安建筑科技大学	青年基金项目	管理学	18XJC630007
8	基于"一带一路"的中国制造业全球价值网络化系统演进研究	王珏	西北大学	规划基金项目	国际问题研究	18XJAGJW001

表 6-30　　2017年度教育部人文社会科学研究西部和边疆地区项目立项

序号	项目名称	申请人	学校名称	项目类别	学科门类	项目批准号
1	新能源、传统能源与相关金融市场价格波动及其交互行为的复杂非线性特征研究	胡杨	西南交通大学	规划基金项目	经济学	17XJA790002
2	"一带一路"沿线国家基础设施建设与我国制造业的全球价值链升级研究	唐丽淼	重庆工商大学	青年基金项目	经济学	17XJC790013
3	经济增长拉动就业的行业差异及行业结构优化的对策研究	王磊	延边大学	青年基金项目	经济学	17XJC790014
4	"一带一路"与长江经济带的联通：基于西南区域的价值链视角	全诗凡	云南财经大学	青年基金项目	经济学	17XJC790011

第七篇
学界活动

中国工业经济学会交通运输与基础设施专业委员会成立大会暨高铁经济与交通强国建设研讨会

　　2019年11月24日，中国工业经济学会交通运输与基础设施专业委员会成立大会暨"高铁经济与交通强国建设"研讨会在北京交通大学举行。此次会议由中国工业经济学会主办，北京交通大学经管学院承办，北京交通发展研究基地协办。会议邀请了中国社会科学院工业经济研究所、中国人民大学、南开大学、北京师范大学、中央财经大学、山东大学、东北财经大学、辽宁大学、中国传媒大学、国家电网能源研究院、交通运输部科学研究院、中移国投创新投资管理有限公司等10多所高校和研究机构的60余位专家学者及校内师生，围绕"高铁与经济融合发展　助力交通强国建设"进行了深入探讨。经中国工业经济学会批准，成立交通运输与基础设施专业委员会，挂靠北京交通大学。委员会主任由北京交通大学校长王稼琼教授担任。北京交通大学荣朝和教授和天津财经大学原副校长于立教授担任顾问委员。

　　中国国家铁路集团有限公司党组成员、副总经理黄民，中国社会科学院工业经济研究所所长、中国工业经济学会理事长史丹研究员，北京交通大学校长王稼琼教授，天津财经大学原副校长于立教授等出席会议。

　　会议中，关于新设交通运输与基础设施专业委员会，与会专家予以高度认可。经过40多年改革开放，铁路、公路、民航、高铁等交通基础设施发展迅速，对于国家经济总量增长和经济结构优化升级发挥了显著的支撑引领作用，正从交通大国迈向交通强国。面对新形势，中央布局了国家未来大批科技攻关任务，高校应以国家重大战略和行业发展需求为导引，积极与国家顶级科研团队搭建合作平台，促使高校教学科研水平提升。

　　关于新的历史时期推动高速铁路与经济社会融合发展，有学者认为，中国高速铁路经过十余年大规模快速投资建设，运营总里程已经占据全球高铁网络的60%以上，在显著提升综合交通运输效率的同时，依然存在着与出行需求和经济发展匹配差等问题，影响了高铁投资价值的更好实现。有学者认为，应更加重视高铁等交通基础设施行业服务于中国大都市区发展的理论和政策研究。有学者认为，中国高铁在国内市场和国际市场应发挥不同的作用，国内应立足于高铁城市或车站城市，优化城市空间资源配置，更好发挥吸引创新型企业在大都市区集聚的作用；国际市场则应重视技术特别是标准"走出去"，在高铁软实力和品牌建设上发力，有效带动战略性新兴产业的国际发展。

关于发挥高铁经济在交通强国建设中关键作用方面，有学者认为，高铁带动之下实现交通基础设施有效扩大市场规模、提高分工效率的作用，对于产业经济学科建设特别是适应数字技术进步等新形势下重点研究方向调整，具有重要的意义。有学者认为，高铁兼备传统基建和新基建多重属性，其技术经济综合优势尤其适应数字经济时代大都市区发展和产业结构升级的需要，这也是交通强国建设的重要目标。

（供稿：林晓言）

中国县域工业经济发展论坛
（2018、2019）

一　中国县域工业经济发展论坛2018

为贯彻落实制造强国战略，推动县域工业高质量发展，促进先进经验共享借鉴，2018年11月21日，由中国信息通信研究院主办的"中国县域工业经济发展论坛（2018）"在北京召开。中国信息通信研究院总工程师余晓晖主持论坛，中国信息通信研究院党委书记李勇出席并致辞，工业和信息化部运行监测协调局、规划司领导出席会议并致辞。

中国社会科学院工业经济研究所所长黄群慧、联合国工业发展组织驻华代表处副代表马健分别就制造业高质量发展、世界工业发展趋势进行了主题发言。中国石油和化学工业联合会、中国钢铁工业协会、中国有色金属工业协会、中国建筑材料联合会、中国汽车工业协会、中国机械工业联合会、中国纺织工业联合会、中国轻工业联合会、中国医药企业管理协会、中国电子信息行业联合会专家代表，三十多个省市区县领导、代表参会，部分企业代表、媒体代表列席。

会上集中发布了《中国工业百强县（市）、百强区发展报告（2018年）》《中国工业发展研究报告（2018年）》两个重要研究成果。《中国工业百强县（市）、百强区发展报告》已连续4年正式发布，中国信息通信研究院信息化与工业化融合研究所张洁对《中国工业百强县（市）、百强区发展报告》进行了解读，介绍了我国县域工业经济发展现状，县域工业竞争力评价理念以及百强县（市）、百强区竞争力情况。

会上，中国信息通信研究院信息化与工业化融合研究所董温彦对另一个重要研究成果——《中国工业发展研究报告（2018年）》白皮书进行了解读，该白皮书基于中国信息通信研究院建设的"制造强国产业基础大数据平台"，以数据为核心，全面展示了改革开放40年以来，尤其是2017—2018年以来工业发展全景，研判了当前工业发展面临的突出问题和形势，对2019年形势进行了预判。自2012年起，在工业和信息化部规划司指导下，中国信息通信研究院会同中国石油和化学工业联合会、中国钢铁工业协会、中国有色金属工业协会、中国建筑材料联合会、中国汽车工业协会、中国机械工业联合会、中国纺织工业联合会、中国轻工业联合会、中国医药企业管理协会、中国电子信息行业联合会共同编撰《中国工业发展报告》，至今已连续出版7年。会议宣布《2018年中国工业发展报告》近期即将出版，并请关心工业发展的各界人士予以关注。

会上，江阴市、准格尔旗、新郑市工业百强县（市）代表进行了主题发言，与大家分享了县（市）工业发展探索中取得的经验。论坛搭建了政产学研沟通的桥梁，中国信息通信研究院副总工程师陈金桥主持了高峰对话环节，中国人民大学教授孙久文，以及江阴、江山等县（市）代表就"新时期县域工业高质量发展"进行了热烈的讨论。

二　中国县域工业经济发展论坛 2019

2019年11月13日，第二届"中国县域工业经济发展论坛（2019）"在北京召开。该届论坛聚焦"创新""集群"两个关键词，汇聚政府、研究机构、行业协会、高校、企业、媒体等百余位代表，为促进县域工业发展献计献策。工业和信息化部规划司副司长何映昆、国家制造强国建设咨询委员会委员朱森第等多位领导和专家以及来自地方各县区的代表出席了会议。中国信息通信研究院党委书记李勇致欢迎辞，中国信息通信研究院副总工程师陈金桥主持论坛。

李勇在致辞中指出，中国信通院不断强化对县域工业发展的评价和研究，希望为县域工业高质量发展提供标杆和示范，致力于把"中国县域工业经济发展论坛"打造成关心县域发展、关心工业经济的各界人士交流合作的常态化平台。

何映昆在讲话中指出，县域经济为我国经济健康持续发展做出了很大贡献，下一步要适应新的发展形势和新的技术趋势，按照国家重大区域战略实施要求，推动县域工业高质量发展，一是要把制造业放在更为突出的位置，二是要坚持把创新作为发展的关键动力，三是要坚持特色化、集群化发展，四是要加快智能化发展和绿色化转型，五是要贯彻落实国家区域发展战略和相关政策。

中国机械工业联合会专家委员会名誉主任、国家制造强国建设咨询委员会委员朱森第，中国世界贸易组织研究会副会长霍建国，北京大学首都发展研究院院长李国平分别就先进制造业发展、国际形势新变化、县域经济创新发展进行了主题发言，对县域工业创新发展和制造业转型指明了方向。

论坛期间，中国信息通信研究院信息化与工业化融合研究所李媛恒副主任发布《中国县域工业竞争力地图》，揭晓了2019年"中国工业百强县""中国工业百强区"榜单，并首次公布县域工业创新排行榜。中国信息通信研究院信息化与工业化融合研究所张洁对2019年的百强县、百强区发展特点等进行了解读。海安、江阴、浏阳作为百强县（市）代表分享了发展经验。

论坛期间，中国信息通信研究院信息化与工业化融合研究所董温彦还宣布《中国工业发展研究报告（2019年）》即将出版，董温良表示，这是中国信息通信研究院会同有关行业协会连续第8年发布该报告。

在高端对话环节，国务院发展研究中心刘云中、国家发改委宏观经济研究院付保宗、江阴市副市长赵强、新密市副市长齐智慧就"提升创新能力，赋能县域工业发展"话题展开了讨论，与会嘉宾纷纷建言献策，力促县域工业发展迈上新台阶。

（王俊杰摘自搜狐网、电子信息产业网）

第二届应用经济学高端前沿论坛
暨"中国应用经济学发展70年"研讨会

应用经济学高端前沿论坛是自2009年开始举办的《中国工业经济》青年学者论坛的升级版。2019年恰逢中华人民共和国成立70周年，2019年11月9日上午，由北京大学经济学院、《中国工业经济》杂志社合作主办的第二届应用经济学高端前沿论坛暨"中国应用经济学发展70年"研讨会在北京大学经济学院东旭报告厅隆重举行。来自中国社会科学院、北京大学、清华大学、中国人民大学等海内外高校及科研院所的入选论文作者、在校师生以及校友等400余人出席了论坛。

会议主要围绕中国经济转型升级和应用经济学前沿问题展开讨论，目的在于用中国的发展实践推进经济学的理论创新，用新的经济学理论演绎中国的发展故事，更好发挥经济学服务中国特色社会主义新时代的使命。北京大学副校长王博教授、中国社会科学院工业经济研究所党委书记李雪松研究员先后为论坛的成功召开致辞。

论坛的主题演讲环节分为上、下半场，分别由北京大学经济学院副院长张辉教授、中国社会科学院工业经济研究所副所长张其仔研究员主持。中国社会科学院副院长蔡昉研究员作为上半场的首位演讲嘉宾，作了题为"更高质量发展与更多再分配"的主题演讲。他指出，中国的发展在理念上把提高人民福祉作为发展的目的本身，同时体现公平与效率的统一，因此能够摆脱"奥肯取舍"的束缚，进而破解百年之"穆勒难题"。他还提到当前中国经济更高质量发展过程中存在四个突出困难，并建议进一步完善劳动力市场制度、加强城乡统筹、提高劳动者的人力资本、通过多种措施保持社会流动性。

原国务院国有重点大型企业监事会主席季晓南发表了题为"市场经济理论的重大创新和伟大实践"的主题演讲。他指出，改革开放几十年来，我国在公有制与市场经济的有效结合方面进行了理论的重大创新和伟大实践。他从公有制与市场经济的关系和公有制的实现形式等对公有制与市场经济相结合的理论进行了阐述，认为对于公有制与市场经济的关系，现阶段国内研究尚不成熟，没有形成规范的理论体系，对产权理论研究不足，建议国内学者要注重对经济重大基础理论问题的钻研和探索。

中国人民大学副校长刘元春教授发表了题为"中国特色土地制度与快速工业化"的主题演讲。他认为土地制度是解释中国快速工业化、大规模工业化的核心变量，土地引资与官员晋升制度相容加速了经济增长，土地财政与财税制度相容扩充了地方政府收入，土地杠杆与金融制度相容放松了全社会融资约束，由此形成了"以地生企、以地生城、以地促农、以地谋发展"的演进模式。刘元春深入剖析了中国工业化进程规模大、速度快，后劲十足的特征事实。同时，他提出中央政府应加大对安全性金融资产的供给能力，缓解快速发展阶段的信用饥渴，推动税制改革由流量向存量转变，促进地方政府借助土地出让的级差地租，加强城市建设。

鞠建东教授作为下半场首位演讲嘉宾，发表了题为"国际贸易争端：理论与实践"的主题演讲。他认为基于李嘉图比较优势和国际分工的国际贸易模型已经不能很好解释当前国际贸易中存在的问题，特别是中美贸易争端。他基于三个原理提出理解国际贸易的新框架。一是在"李嘉图比较优势模型"上增加跨国垄断企业对市场和利润的争夺，考虑垄断利润重新配置问题。二是中国的劳动力和美国的资本技术相结合，使得双方优势扩大，而短板受损。三是富国愈富，穷国恒穷，资本回报在穷富国间均等，穷国丧失追赶机会。新的框架使得中美之间在国内劳动力抗议、关税和技术竞争等方面的表现得到解释。

平新乔教授发表了题为"探索国有经济与民营经济互动发展的内生机制"的主题演讲。首先，他从所有制、分配制度、资源配置机制角度，阐述了社会主义经济制度的基本特征，指出公有制经济不断发展壮大是一项不争的事实。其次，他用校准法估算了中国境内的国企、民企和外企的垄断性程度。平新乔指明国资、国企在上游产业主导，下游对于民营经济放开竞争，这是中国经济高速发展的奥秘，强调机制的三个核心要素分别为：国企民企上下游分工、"正外在性"以及上游重要国民经济产业必须保持公有制。最后，平新乔总结了我国发展所面临的新挑战，未来最终经济目标的实现还需要人民的共同持续努力。

李雪松研究员发表了题为"推动改革开放创新，促进经济转型升级"的主题演讲。他认为美国对中国的贸易措施主要针对中国高科技产品，并不能解决中美间贸易逆差问题。美国升级经贸摩擦对2019年全球贸易和工业生产的不利影响大于预期，而对中国就业的影响低于预期。主要原因归纳为中国劳动年龄人口从2012年开始下降、中国外贸依存度从2008年国际金融危机后持续显著下降、中国服务业占比不断提高。他认为中国未来更多要依靠改革开放创新，加快构建有助于支持经济高质量发展的财税体系和金融体系；积极扩大对内对外开放；充分发挥企业主体作用，更好发挥金融服务创新功能等。

本次论坛还在当天下午设置了十个平行分论坛，并召开了《中国工业经济》学术委员会闭门会议。《中国工业经济》学术委员会闭门会议决定增补北京大学董志勇教授、中国人民大学刘守英教授、中国人民大学郑新业教授为学术委员会委员，听取了《中国工业经济》编辑部工作汇报，并对2020年工作意见和建议进行了集中研讨。

论坛闭幕式由《中国工业经济》编辑部主任王燕梅编审主持。张其仔研究员和张辉教授分别作总结发言。

（李鹏摘自《中国工业经济》杂志社与北京大学新闻稿）

中国工业经济学会 2019 年学术年会
暨"中国工业 70 年（1949—2019）"研讨会

2019 年 11 月 2 日，"中国工业经济学会 2019 年学术年会暨中国工业 70 年（1949—2019）研讨会"在福州成功召开。此次会议由中国工业经济学会主办，福州大学承办，《中国工业经济》《管理世界》《当代财经》等 11 家单位协办。来自中国社会科学院、国务院发展研究中心、各大高校及科研单位、各大学术期刊等的 300 余位专家学者参会并围绕中国工业 70 年发展问题进行了深入探讨。

福州大学党委书记张天明研究员，中国社会科学院工业经济研究所所长、中国工业经济学会理事长史丹研究员分别在开幕式上致辞。随后，史丹研究员、华侨大学经济与金融学院院长郭克莎教授、江西财经大学校长卢福财教授、福州大学经济与管理学院周小亮教授分别作大会主题报告。分论坛上，与会人员就推动工业企业包容性绿色增长、工业企业创新的内在机理、新经济发展模式与市场治理机制等主题进行报告与交流。主要观点如下。

推动工业企业包容性绿色增长。韩超副研究员认为，外资开放能显著降低企业污染排放量，其关键机制在于，外资开放通过提升企业技术效率而非通过减排投资的增加降低企业污染排放。王班班副教授认为，河长制的污染治理效果得到了成功复制，在地方政府强执行动机的前提下，政策"平行扩散"地区可以达到政策首创地区相同的执行效果。马丽梅博士认为，政府的价格管制在很大程度上弱化了价格波动的传导效应，市场机制更利于面向可再生能源的能源转型。陈勇兵教授认为，"大包大揽"、化市场包袱为政府包袱的做法并非处置僵尸企业的有效途径。余东华教授认为，政府补贴提高了企业的存续概率，导致了僵尸企业的形成，同时对制造业全要素生产率增长率产生了显著的不利影响。

工业企业创新的内在机理。刘玉海副教授认为，服务贸易自由化改革显著提高了中国制造企业的出口国内附加值率。尹志锋副教授认为，高管激励有利于提升小微企业的创新投入、创新产出及创新绩效。孙元君博士认为，环境规制可以有效倒逼企业提高技术水平和创新能力，推动制造业高质量发展，使环境保护与制造业升级达到双赢。单德朋教授认为，降低人才落户门槛和破除劳动力流动壁垒，能够促进创新资源的合理配置，缓解老龄化对企业家精神激发的负面影响。李钢研究员认为，面临日益复杂严峻的人口形势，应该做到及时有效、动态多元地调整人口政策，使其始终保持与经济社会发展的协调性。吴一平教授认为，城市开通高速铁路能够通过发明家的空间集聚效应显著扩大城市发明家的规模。

新经济发展模式与市场治理机制。余文涛副教授认为，引入网络平台经济将有利于构建一种新的市场协调机制，既加剧了本地区中小企业间竞争，也有利于吸引外来大户企业的输入型竞争。曲创教授认为，互联网平台中的排序位置会造成商家定价策略异质性进而造成市场的非效率。孔晓旭博士认为，国有企业党组织与董事会"交叉任职"的治理模式，能够为党组织真正发挥作用提供职务保障，便于实现政治职能与经济职能的有机融合，在更大程度上发挥国有企业政治治理的优势。

（供稿：王俊杰）

第四届能源、环境和产业
经济与政策研讨会

  2019年10月26—27日,天津大学马寅初经济学院与国家能源、环境和产业经济研究院联合主办的第四届能源、环境和产业经济与政策研讨会在天津大学举行。天津大学党委书记李家俊教授、天津大学马寅初经济学院创院院长张中祥教授、上海财经大学黄振兴教授、南开大学李坤网教授、复旦大学陈硕教授等100多位专家学者和研究生参会。

  与会专家学者围绕"经济发展、转型升级、创新与城市化""能源与环境经济学"等专题展开深入研讨。主要观点如下。

  "经济发展、转型升级、创新与城市化"专题。国务院发展研究中心刘培林研究员在新古典增长模型中,研究引入一个反映后发经济体技术追赶特点的机制以更好地解释"追赶周期"几方面典型事实。刘培林强调说,发展中国家管理自身发展进程时所需要的政策工具,要比处于技术前沿的发达国家日常宏观经济所采用的财政货币政策等更多,而且在"追赶周期"不同阶段采取的政策措施的侧重点也应互有区别。浙江大学潘士远教授认为,在中国经济发展过程中,居民对服务业和制成品的需求是不平衡的,前者的增长速度远远快于后者。但由于政策扭曲和监管,服务品供给不足。因此,消费与生产的不匹配是导致两个行业贸易平衡出现分化的重要原因,消费和供给侧资源配置的结构变化有助于解释中美贸易不平衡加剧的原因。南开大学李坤望教授认为,转型升级政策降低了行业平均生产率并提高了行业内企业生产率的离散度,这意味着转型升级政策导致资源配置效率的下降。在企业层面,转型升级政策也不利于加工贸易企业。转型升级政策导致资源从效率高的企业向效率低的企业转移,导致福利损失。复旦大学陈硕认为,贸易冲击使城市化增速降低了0.44个百分点。

  "能源与环境经济学"专题研讨。香港中文大学助理教授连睟虹认为,投保人所在城市的空气污染状况会影响保险购买决策,持续污染的时间越长,越可能购买保险。对空气质量信息的感知和关注显著影响保险购买决策;空气污染导致搜索量增加,进而增加保险需求。个体的保险购买决策过程中不仅存在投射偏差,也存在逆向选择。上海交通大学尹海涛教授认为,规模控制和标准控制两种治理污染途径的效果存在差异。在规模控制下,存活企业的产出、全要素生产率、资本投入和资产回报率显著提高。这些影响在标准控制下要小很多。清华大学曹静副教授分析了中国农村煤改气项目的政策效果,她发现,该政策的参与者在两个博弈中表现得更加不亲社会,与非参与者相比,政策参与者向外人和公共物品分配的资源显著更少。她还发现,政策参与者附近的空气质量有明显改善,并且在两个博弈中反应最大的被调查者对于政策的满意程度相对更大。

上海财经大学林立国副教授考察了地表水水质考核政策对水污染、健康和经济的影响。他发现，水质考核政策显著提升了受考核的国控断面的水质质量；污染物指标的改善对是否纳入考核反应敏感；考核政策改善了上游地区居民的健康水平。具体而言，考核政策显著降低了上游地区居民消化系统疾病的死亡率。不过，水质考核政策抑制了上游地区的GDP。总体而言，地表水考核政策的收益大于成本。

（王俊杰摘自中国社会科学网，原文编辑为赵晖、陈舒依）

首届中国产业经济学者论坛

2019年10月12—13日，由《经济研究》编辑部主办，浙江大学经济学院和浙江大学民营经济研究中心承办的首届"中国产业经济学者论坛"在浙江大学召开。来自香港大学、香港岭南大学、清华大学、北京大学、中国人民大学、复旦大学、浙江大学、南京大学、山东大学、厦门大学、阿里巴巴集团等全国20余所高校和知名企业的专家学者100余人参加了此次论坛。

论坛围绕创新发展、绿色发展、产业发展与要素支撑、互联网背景下企业行为与政府管制等主题展开了系统深入的讨论。主要观点如下。

企业创新因素及其效应。浙江大学潘士远教授认为，在累积创新框架下，企业面临着创新速度和创新幅度的优化选择问题，大数据可能通过"利润效应"促进创新的同时也通过"壁垒效应"抑制创新。浙江大学徐蕙兰博士认为，在"赢者通吃"的激励模式下，研发部门会选择速度更快但是效率更低的创新行为，从而扭曲创新资源配置；而企业可以通过设置一个逐步增加的动态报酬结构，以改进整体创新效率。华中科技大学钱雪松教授认为，产业政策冲击降低了企业研发效率。上海财经大学王佳希博士认为，政府补贴对初创期和成长期企业的创新具有激励作用，但对衰退期企业的创新则有抑制作用。

产业绿色协调与可持续发展。上海财经大学范美婷博士认为，能源产业依赖会"诅咒"地区碳排放绩效的改善，能源红利弱化了地区基础创新能力和节能技术创新动力，挫伤了绿色技术创新能力，使地区低碳转型发展缺乏技术支持。东北财经大学于左教授认为，去产能政策以及经营者集中是造成中国煤炭高价的主要原因。去产能导致的供给减少和经营者集中两种效应均对煤炭企业市场势力具有显著正向作用，对企业效率具有负向作用。山东大学李长英教授认为，在处理僵尸企业的同时，必须正确处理地方政府因应对贸易政策不确定性而导致的继续输血和补助僵尸企业的问题。

产业发展中的要素支撑问题。中南财经政法大学龚强教授认为，沙盒监管能够通过有效的风险补偿和筛选机制提高对风险较大的创新活动的容忍度，但不同监管模式的效率不尽相同。复旦大学李志远教授认为，地区主导产业的发展有利于缓解上下游企业的融资约束问题，主导产业得到政策性扶持后会通过产业链金融的方式将政策福利外溢至当地的上下游企业。香港大学李晋教授认为，最优的动态职位晋升激励，是基于先到先得和随机晋升的组合。这种组合有助于通过减少先到者的过度激励，增加后来者晋升概率，从而达到更大程度调动员工努力在时间上的优化。

互联网背景下的企业行为与政府管制。清华大学高明助理教授认为，在多产品销售平台的接入定价策略方面，大的平台（或商家）倾向于补贴消费者，而小的平台（或商家）倾向于收费。中国财政科学研究院周孝博士认为，受网络外部性特征的影响，平台企业纵向一体化行为对市场竞争与社会福利的影响是不确定性的。阿里巴巴集团袁哲博士认为，资源打包拍卖有助于增加政府收益。而打包拍卖如何揭示竞拍者的信息则取决于资源打包的形式和规模。

（王俊杰摘自《经济研究》，原文作者为叶建亮等）

"新时代中国服务业发展与开放研究"成果发布会暨研讨会

中国特色社会主义进入新时代。作为现代化产业的重要组成部分，服务业的高质量发展和更大力度、更高水平的对外开放，是建设现代化经济体系的关键力量。2019 年 8 月 20 日，由中国社会科学院财经战略研究院（以下简称财经院）主办、倾山投资管理（北京）有限公司协办的"'新时代中国服务业发展与开放研究'成果发布会暨研讨会"在北京举行。会议推出了《中国现代服务业发展战略研究》和《扩大服务业对外开放的路径与战略研究》两部著作；政府官员、著名学者、业界翘楚等围绕会议主题，探讨了新时代中国服务业的发展战略、开放路径、发展趋势和新业态，发出了新时代服务业改革开放的最强音。

财经院党委书记闫坤、副院长杨志勇主持了会议，何德旭院长代表主办方致辞；财经院副院长夏杰长、服务经济研究室主任刘奕代表课题组作了成果汇报，倾山投资管理（北京）有限公司总裁邢西瑞女士作会议总结。中国社会科学院副院长、学部委员高培勇作主旨演讲，深刻阐释了服务业在建设现代化经济体系中的重要作用和实现路径，提出了推动现代服务业发展的战略思路和政策建议。中央政策研究室原副主任郑新立研究员、全国社保基金理事会原副理事长王忠民教授、国家发展和改革委员会对外经济研究所所长叶辅靖研究员、中国社会科学院经济研究所刘霞辉研究员、美团副总裁兼研究院院长来有为研究员等专家学者，围绕新时代服务业创新发展、转型升级、对外开放、"互联网+生活性服务业"等议题作重要演讲，并对会议推出的两部著作进行了精彩评议。北京 40 多家媒体记者，100 多名学界、业界代表出席会议，对服务业发展和开放等议题进行了探讨与交流。

两部著作全面系统地阐释了新时代服务业发展和开放问题，立足于高质量发展的基本定位，提出了现代服务业发展战略和政策促进体系，深刻剖析了扩大服务业对外开放的路径和战略举措，有以下创新发现或论断。第一，中国已进入"服务经济时代"。2018 年，服务业增加值占比 52.2%，服务业对 GDP 的贡献率达 59.7%，提升了 40.5 个百分点，服务业已成为我国国民经济的支柱产业。服务业就业显著增长，成为吸纳劳动就业的主渠道。2018 年，服务业就业占全社会就业的比重上升到 46.3%。第二，中国迈入"服务经济时代"，并不是要一味地提高服务业占比和追求服务业规模扩张，而是仍须坚持"中国服务"和"中国制造"并举发展，坚持走现代服务业和先进制造业双轮驱动之路。第三，2007—2016 年中国服务业全要素生产率整体呈现明显的递增态势，但西部地区呈下降趋势。第四，利用某出行平台提供的专车和快车开通时间数据，实证检验了汽车共乘对城市空气污染的效应及其作用机制,发现汽车共乘对于城市空气污染水平具有显著的抑制作用。第五,服务业开放质量越高,越有利于一国国民收入追赶。

(王俊杰摘自《财贸经济》)

《农村绿皮书：中国农村经济形势分析与预测（2018—2019）》发布会

　　《农村绿皮书：中国农村经济形势分析与预测》已连续发布多年，取得了良好的社会反响。2019年4月28日，中国社会科学院农村发展研究所、社会科学文献出版社及中国社会科学院城乡发展一体化智库共同发布了《农村绿皮书：中国农村经济形势分析与预测（2018—2019）》。

　　绿皮书关注中国农业农村经济发展中的重大和热点问题，在翔实数据分析的基础上，力求得出深刻且具有前瞻性和指导意义的观点和结论。全书包括总报告、专题篇和热点篇三个部分。总报告重点分析了2018年中国农业农村经济的运行特点、市场状况和重要进展，对2019年的发展趋势和主要指标进行了预测，并在此基础上提出了促进粮食生产及农业高质量发展的对策措施。专题篇共有7篇研究报告，着重对2018年农业农村经济重要领域的变化和2019年走势进行深入评价分析，其内容涵盖了农村居民收支与贫困人口状况、主要农产品生产和价格运行状况、种植业与林牧渔业经济的发展状况以及农业对外开放形势等。热点篇共有6篇研究报告，涉及农业绿色发展中化肥减量与有机肥替代、新型职业农民培育、农村土地制度三项改革试点、农村宅基地闲置及整治、农地与农房融资担保、乡村振兴多元投入保障机制等重大和热点问题。

　　绿皮书指出，2018年，中国采取一系列举措促进进口。虽然受到中美经贸摩擦影响，从美国进口的农产品减少，特别是自美国进口的大豆量减少，但是部分农产品进口同比增长速度明显快于出口增长速度，农产品国际贸易逆差进一步扩大。从来源看，工资性收入增加仍然是农民人均可支配收入增加的最大贡献因素。2018年中国农村和农民消费潜力进一步释放，乡村消费继续保持较快增长，农民消费结构升级加快，农民扩大消费倾向更高。在农民收入持续较快增长作用下，在农民迫切提高生活质量和追求更好发展推动下，农民消费支出除衣着外其他所有消费项目较上年名义增长速度都呈现加快态势；农民消费结构加快升级，农民居住、生活用品及服务、教育文化娱乐、医疗保健支出等所占比重进一步提高。中国森林旅游继续保持高速增长趋势。2018年，全国森林旅游和康养超过16亿人次，相比2017年增长超过15%，创造社会综合产值近1.5万亿元。森林公园建设在森林旅游发展中发挥了非常重要的作用。2010年以后森林公园建设进入质量提升阶段，更加注重以满足国民休闲需求为导向，行业管理能力得到不断提升，初步形成了"吃、住、行、游、购、娱"配套发展的服务体系。同时，绿皮书指出，当前中国渔业经济发展主要面临三方面挑战：渔业产业和产品结构有待协调，渔业生产受资源与生态环境约束趋紧，水产品国际贸易不确定性增加。另外，未来中国农业对外投资将形成"买全球卖全球"新格局,一方面,中国农业生产不仅存在资源性短缺,同样存在结构性短缺,中国市场对全球农业生产存在需求;另一方面,中国具备全球配置农业资源的能力,农业对外投资作为农产品贸易的一个延伸,必将独立发展壮大。

(李鹏摘自《农村绿皮书》发布会新闻稿)

中国工业经济学会中国工业史专业委员会成立暨新中国工业化历史经验研讨会

2019年是中华人民共和国成立70周年的喜庆之年。新中国的70年，也是中国工业取得辉煌成就的70年。新中国成立后，经过几代人的艰苦奋斗，形成了今天世界上门类最齐全的现代工业体系，创造出了举世惊叹的中国工业发展速度，并使中国成为世界第一制造业大国。为团结海内外有志于研究中国工业史的专家学者，为其提供一个相互学习、交流、协作的平台和机制，将中国工业史的研究推向深入，中国工业经济学会中国工业史专业委员会成立，并于2019年4月27日在科学出版社召开"中国工业经济学会中国工业史专业委员会成立暨新中国工业化历史经验研讨会"。

来自中国社会科学院经济研究所、工业经济研究所、当代中国研究所、历史研究院、世界经济与政治研究所，中国科学院自然科学史研究所、中央党史和文献研究院、北京大学、中国政法大学、中央财经大学、东南大学、内蒙古师范大学，中国工业经济联合会和机械、钢铁、煤炭、纺织、轻工业、核工业、船舶、电力等国家级工业协会、联合会，以及用友基金等企业代表共60余位专家、学者出席了此次会议。中国社会科学院学部委员张卓元、荣誉学部委员汪海波等经济学界前辈也亲自到会支持。

会上，中国工业经济学会理事长史丹宣布了中国工业史专业委员会登记备案结果和首批专业委员名单（主任委员由中国社会科学院当代中国研究所武力研究员担任）。中国社会科学院党组成员、当代中国研究所所长姜辉和中国工业经济学会会长江小涓分别发来贺信。中信基金会理事长孔丹、中国工业经济联合会执行副会长路耀华、中国工业经济学会理事长史丹、科学出版社副总经理兼副总编辑陈亮参加了揭牌仪式并分别致辞。他们对如何看待新中国前三十年和后四十年的关系、编撰中国工业史的意义及中国工业史研究应该关注的重要阶段和研究内容发表了看法，史丹理事长还介绍了中国工业经济学会的基本工作情况、表达了对中国工业史专业委员会研究工作的期望。

揭牌仪式后，与会专家还就中国工业史专业委员会成立的意义和如何开展研究工作进行了研讨。与会专家一致认为，《中国工业史》的编纂所急需的理论体系构建与学术创新，大量工业史的档案资料、当事人口述及文物亟待整理、抢救和保护等都要求加强中国工业史学科建设和人才培养。中国工业史专业委员会的成立恰逢其时。

中国工业史专业委员会的成立，将团结海内外有志于研究中国工业史的专家学者，并为其提供一个相互学习、交流、协作的平台和机制，将中国工业史的研究推向深入，为中国特色社会主义的工业建设提供学理支撑和历史借鉴，不仅有助于坚定"四个自信"，而且有助于在对外传播中讲好中国故事、建立中国在国际工业史研究中的话语权。该专业委员会主要研究领域包括：中国古代手工业史、近代工业史、当代工业史，中国工业史研究的理论与方法，中国工业发展史的国际比较。

（供稿：李春伶）

第六、七、八届中国政府管制论坛

中国政府管制论坛是由中国工业经济学会产业监管专业委员会、中国能源研究会能源监管专业委员会、中国城市科学研究会城市公用事业改革与监管专业委员会共同主办，浙江财经大学中国政府管制研究院、《中国工业经济》杂志社、浙江省政府管制与公共政策研究中心联合承办，浙江省高校人文社会科学重点研究基地"应用经济学"、浙江省2011协同创新中心"城市公用事业政府监管协同创新中心"、浙江财经大学经济学院、《财经论丛》编辑部等单位协办，自2012年起，每年4月在杭州召开，来自全国数十所高校和研究机构的100余名专家学者出席会议。

一 第六届中国政府管制论坛

第六届中国政府管制论坛于2017年4月22日召开。出席第六届中国政府管制论坛的专家主要有国务院参事、中国城市科学研究会理事长、国家住房和城乡建设部原副部长仇保兴博士，国家能源局原监管总监谭荣尧研究员，中国社会科学院工业经济研究所党委书记、副所长史丹研究员，浙江省社会科学界联合会党组书记盛世豪研究员，日本东洋大学经营学部教授、日本公益事业学会前会长石井晴夫教授，国家住房和城乡建设部政策研究中心主任秦虹研究员，国务院发展研究中心宏观经济研究部巡视员孟春研究员，中国社会科学院经济政策研究中心主任郭克莎研究员，浙江财经大学原校长、中国政府管制研究院院长、浙江省特级专家王俊豪教授，天津财经大学原副校长于立教授，东北财经大学产业组织与企业组织研究中心主任于左研究员，首都经济贸易大学工商管理学院院长柳学信教授。

在第六届中国政府管制论坛上，有学者建立了复杂适应理论（CAS）视角的特色小镇分析框架，提出从激励、减政、护航和评估4个方面推进以"一村一品"为特征的4.0版特色小镇建设的基本思路。有学者指出大数据是建立现代监管理念的必要选择。有学者指出公平竞争的市场环境，优化管理体制机制，创新型的融资支持，能够更好地激励民营资本参与PPP项目融资。也有学者提出在简政放权改革过程中，需要推进综合监管、实行审慎监管、加强依法监管、消除体制矛盾四个方面的政府监管改革基本取向。

二 第七届中国政府管制论坛

第七届中国政府管制论坛于2018年4月21日召开。出席第七届中国政府管制论坛的专家主要有国家能源局原副局长、国务院参事室特约研究员吴吟，中国社会科学院学部委员、工业经济研究所原所长金碚研究员,浙江财经大学校长钟晓敏教授,浙江省社会科学界联合会党组书记盛世豪研究员,中国社会科学院工业经济研究所党委书记、副所长、中国工业经济学会理事长史丹研究员,浙江财经大学原校长、中国政府管制研究院院长、浙江省特级专家王俊豪教授,哈尔滨商业大学原党委书记曲振涛教授,国家发展和改革委员会价格与市场研究所原所长刘树杰研究员,东北财经大学副校长肖兴志教授,山东大学经济学院于良春教授,北京师范大学经济与工商管理学院戚聿东教授,东南大学集团经济与产业组织研究中心主任胡汉辉教授,东北财经大学产业组织与企业组织研究中心主任于左研究员,首都经济贸易大学工商管理学院院长柳学信教授等。

在第七届中国政府管制论坛上,有学者指出要强化对能源风险问题的监测和定量分析,引入大数据技术对风险开展研究,重视能源对外依存度过高等问题,从而有效防止政策制定过程中的过度安全化和去安全化问题。有学者指出要充分考虑监管目标的设计、监管过程中监管手段的选择、监管者的权力设定、经济性监管与社会性监管关系的构建、应急性监管权力的大小、重视公平竞争审查与反垄断监管等重要问题,合理确定是否需要进行政府监管以及合理选择政府监管的程度,从而有效把握政府"放"与"管"的基本逻辑。有学者提出了加快油气管网公平开放的法规建设、推进油气管网独立运营、设立相对独立的油气管制机构、构建科学的管网接入定价方法等政策建议。有学者提出了新经济规制的基本取向,即方向上应从强化规制转向放松规制;内容上应从经济性规制转向社会性规制;方式上应从歧视性规制转向公平竞争规制;方法上应从正面清单制转向负面清单制;流程上应从前置审批转向后置监管;机构上应从专业型部门转向综合型部门;机制上应注重使用"规制沙盒"。

三 第八届中国政府管制论坛

第八届中国政府管制论坛于2019年4月20日召开。出席第八届中国政府管制论坛的专家主要有国务院参事、中国城市科学研究会理事长、住房和城乡建设部原副部长仇保兴,中国能源研究会常务副理事长、国家能源局原副局长(副部长级)史玉波,浙江财经大学党委书记李金昌教授,浙江省社会科学界联合会邵清巡视员,中国社会科学院工业经济研究所党委书记、副所长史丹研究员,浙江省特级专家、浙江财经大学原校长、中国政府监管研究院院长王俊豪教授,住房和城乡建设部政策研究中心主任秦虹研究员,天津财经大学原副校长于立教授,长沙理工大学副校长叶泽教授,中国社会科学院经济研究所剧锦文研究员,东北财经大学产业组织与企业组织研究中心主任于左研究员,辽宁大学东北振兴研究中心副主任和军教授,中共中央党校(国家行政学院)公共管理教研部胡仙芝研究员,浙江工商大学经济学院周小梅教授等。

在第八届中国政府管制论坛上,有学者指出为了加强和完善能源监管工作,需要落实能源监管的职责,进一步完善能源监管的法规体系,增强能源监管的力量,发挥一线监管的作用,切实增强能源的监管能力,加大监管行政执法力度,从而为推进能源监管体系建设和能源高质量发展提供政策支持。有学者针对地方政府在增量配电业务改革中面临的困境,指出要完善增量配电业务改革的相关法规政策,对国家电网和增量配电网施行强制性无歧视接入政策,理顺增量配电业务的交易方式与交易价格机制,对电网企业和增量配电企业实行不对称监管，更好发挥地方政府在增量配电业务改革中的重要作用。有学者从完善中国农药规制立法、改革农药规制机构设置、完善农药登记管理制度、加强农药经营使用规制、提高农药残留限量标准、禁止高剧毒农药生产流通、改革违法行为惩罚机制等方面提出中国农药规制改革的政策导向。

（供稿：王　岭）

中国发展高层论坛年会（2017—2019）

中国发展高层论坛由国务院发展研究中心主办、中国发展研究基金会承办，自2000年创办起，固定在每年全国"两会"后第一个周末举办。中国发展高层论坛坚持"与世界对话，谋共同发展"的宗旨，形成了专业化、高层次的鲜明特色，是中国政府高层领导、全球商界领袖、国际组织和中外学者之间重要的对话平台，每年吸引全球的数百名政、学、商界精英参加。2017—2019年论坛期间，中共中央政治局常委、国务院总理李克强按惯例会见境外主要代表。

一 2017年年会

2017年3月18—20日，"中国发展高层论坛2017年年会"在北京举行。此次论坛以"中国与世界：经济转型和结构调整"为主题。中共中央政治局常委、国务院副总理张高丽出席会议并发表主旨演讲，他指出，中国经济发展与世界经济息息相关、相互促进。中国愿与国际社会共同努力，推动世界经济走上强劲、可持续、平衡、包容的增长之路，共同打造人类命运共同体。要坚定不移推动经济全球化，反对各种形式的贸易投资保护主义，使全球化更好惠及各国人民。

学者们围绕供给侧结构性改革、中国制造2025、环境治理、对外开放、跨境资本流动、国际金融秩序重建等重大议题展开讨论。主要观点如下。

全球化本身不是问题，各方应共推新型全球化。美国哈佛大学教授埃里克·马斯金认为，全球化促进经济繁荣，特别是中国、印度等新兴经济体在全球化过程中获得快速增长；但是却没能缩小贫富差距，很多新兴经济体的贫富差距反而扩大了。美国哥伦比亚大学教授约瑟夫·斯蒂格利茨认为，全球化的好处被高估，其受益分布不均，受损者话语权丧失，全球化的成本则被低估，并且没有进行良好的风险管理。美国纽约大学教授迈克尔·斯宾塞指出，全球化推动了技术发展，同时也使传统的就业机会减少，收入两极分化加剧。英国伦敦政治经济学院教授克里斯托弗·皮萨里德斯认为，当年推行全球化时就知道会影响到缺乏技能的、低收入人群，但很多国家未采取相应措施；英国脱欧、特朗普当选这种"意外"事件的发生，都是因为没有处理好全球化的负面影响。尽管如此，这些世界顶尖学者均表示，不应将问题归咎于全球化本身，更不能否定和放弃全球化。他们认为，全球化不是问题，问题在于财富的分配；诉诸保护主义不是正确的解决办法。

世界经济的不确定性与中国的挑战。国务院发展研究中心主任李伟指出，在当前全球经济缓慢复苏的迷雾当中，似乎还潜伏着不少"黑天鹅"。无论国际政治经济形势如何变化，和平、发展、合作、共赢的时代潮流不可阻挡。作为全球最大的发展中国家，一方面中国要把国内经济的改革和发展搞好；另一方面中国也会积极参与构建互利共赢的国际经济合作新秩序，为世界的发展和繁荣作出贡献。中国社会科学院副院长李培林表示，中国要跨越中等收入陷阱，需要实施人力资本优先发展战略，实施促进大众消费的税收政策，完善以提高知识价值为导向的分配政策，让大学生和农民工能够成为扩大中等收入群体的主要部分。中国社会科学院副院长蔡昉表示，中国人口红利已经消失，无论是高技能劳动力，还是普通劳动者、非技能劳动者都十分短缺，且劳动力工资上涨很快。因此，中国需要进一步推进城镇化。要想解决当前劳动力短缺的问题，关键是要加快以人为本的城镇化。

二 2018年年会

中共中央政治局常委、国务院副总理韩正出席开幕式并致辞，他指出，新时代的中国，经济发展最鲜明的特征，就是已由高速增长阶段转向高质量发展阶段。对经济转向高质量发展阶段的认识，是理解并把握中国经济的一把"钥匙"。为推动高质量发展，中国将全面深化改革，打好防范化解风险攻坚战，坚持创新引领和城乡区域协调发展，坚持对外开放基本国策，在发展中保障和改善民生。

全球数百位政、学、商界精英围绕高质量发展、财税体制改革、供给侧结构性改革与金融政策、全面开放新格局、高质量发展阶段的中国制造、创新与未来等一系列重大议题展开探讨。

聚焦高质量发展。国务院发展研究中心主任李伟指出，推动高质量发展是当前和今后一个时期确定的发展思路，是制定经济政策、实施宏观调控的根本要求。中国必须以更大的决心、更强的力度、更实的措施，全面深化改革，扩大对外开放，化解现代化过程中出现的环境污染、生态退化、收入差距扩大等一系列问题，必须总结40年改革开放的经验，谋划好现代化新征程中的改革开放。哥伦比亚大学教授约瑟夫·斯蒂格利茨认为，高质量发展需要改善衡量指标，GDP指标的一个重要问题是无法衡量不平等。中国需要一系列综合性措施来解决不平等问题，中央政府和地方政府要共同行动，改革现有税收结构；从依靠出口转向依靠内需，从依靠债务转向依靠税收和股权融资等带动经济增长。

站在改革开放40年的起点上。纽约大学教授迈克尔·斯宾塞认为，中国是一个积极且能够帮助其他发展中国家朝着同样发展方向迈进的国家。他强调，现在人工智能、大数据等数字化技术在引领世界，中国是技术的创新者，未来要与发达国家齐头并进，必须要保持贸易和投资开放，并且要审慎地通过国际合作、国内规制进行更好的监管。北京大学林毅夫教授指出，中国不是从计划经济向市场经济转型的唯一国家，但却是转型中唯一没有出现经济停滞甚至崩溃的国家。这说明中国采用的务实、渐进的方法是符合中国国情的。中国的经验给很多发展中国家提供了启示。耶鲁大学高级研究员史蒂芬·罗奇表示，中国未来的着眼点在于解决调整结构，由注重出口和制造转向消费和服务。他同时对中美贸易关系表达了担忧。他说，最强大、最有活力的两大经济体之间关系的恶化，让世界经济存在极大的风险。

科技创新与新商业革命。伦敦政治经济学院教授克里斯托弗·皮萨里德斯表示，人工智能是新技术，它所带来的影响很大，但不会超过以往的技术革命。他表示，每一种新技术都有自身特点,必须了解新技术的出现会带来怎样的过渡,以便作出更快更有效的调整。北京大学周其仁教授表示,目前中国同质化产能仍然过剩,而科技创新是解决这一困局的主要手段。他认为眼下中国发展进入另一阶段,要从科学原理出发,将技术推向市场。

三 2019年年会

2019年3月23—25日,"中国发展高层论坛2019年年会"在北京举行。该届论坛以"坚持扩大开放,促进合作共赢"为主题,中共中央政治局常委、国务院副总理韩正出席开幕式并致辞。

全球数百位政、学、商界精英围绕供给侧结构性改革、积极财政政策新举措、金融业开放与金融稳定、推动全方位对外开放、制造业高质量发展、全球经济中的粤港澳大湾区等重大议题展开深入探讨。主要观点如下。

开放的、发展的中国,对世界来说是巨大机遇。国务院发展研究中心主任李伟在欢迎辞中表示,成就过去数十年中国发展奇迹的诸多因素中,最为关键的一点,是中国走了和平发展、改革开放和与世界合作共赢的道路。现在中国的发展越来越离不开世界,中国对现代化的追求、和平发展的愿景、追求合作共赢的诚意、改革开放的道路、对多边主义和现行国际体系的承诺均没有改变。他强调,一个开放的、发展的中国,对世界来说是巨大的机遇,而非负担和挑战。新加坡国立大学东亚研究所所长郑永年表示,如果将中国20世纪七八十年代的开放称为"开放1.0",本世纪初加入WTO定义为"开放2.0",十年前中国企业"走出去"定义为"开放3.0",那么目前中国正在进入"开放4.0"阶段。这一阶段要求中国进一步地开放,为此要真正地学习,而且是深度学习。

复杂国际环境中理性审慎决策,推动中美合作形成新共识。全国政协外事委员会主任楼继伟认为,贸易摩擦的方式无助于解决美国贸易逆差问题。他强调,中美要各自做好自己的事。除了做好逆周期、总需求管理外,中美两国的主要问题都在供给侧,都需要做好供给侧结构性改革。耶鲁大学高级研究员史蒂芬·罗奇给当前的中美关系提出了四点建议。一是急需双边投资协定,让中国和美国的企业能够更自由地进入对方市场。二是美国需要增加储蓄来解决双边多边贸易逆差,中国需要减少储蓄,更多促进消费。三是在网络空间,需要有引领者维护秩序。四是需要建设结构性对话机制。北京大学林毅夫教授认为,中美贸易不平衡是基于比较优势理论,随着中国经济发展,这个现象将逐渐减弱,而美国执意对中国加收关税的行为也有损自身利益。中国正在成为中高收入国家,在劳动密集行业的竞争优势将逐渐丧失。中国对美的贸易顺差也会转移到其他正在进行贸易升级的国家。到那时,中美贸易不平衡现象会逐渐得到扭转。

(王俊杰摘自《中国发展观察》,原文作者车海刚、杜悦英)

加快东北老工业基地全面振兴高端论坛

2019年1月10日,加快东北老工业基地全面振兴高端论坛暨东北振兴与东北亚区域合作发布会在北京举行。此次论坛由中国智库索引(CTTI)来源智库、首批辽宁省高等学校人文社会科学重点研究基地"辽宁大学东北振兴研究中心"、辽宁省2011协同创新中心"辽宁省东北地区面向东北亚区域开放协同创新中心"、辽宁大学经济学院、经济科学出版社和中国人民大学中国经济改革与发展研究院共同主办。

教育部社会科学委员会副主任委员顾海良教授、中央民族大学校长黄泰岩教授、中央编译局副局长季正聚研究员、中国社会科学院学部委员吕政研究员、中国社会科学院中国社会科学评价研究院院长荆林波研究员、辽宁大学东北振兴研究中心主任林木西教授等专家学者出席了论坛。

与会专家学者围绕国有企业改革、产业结构调整、民营经济发展,以及扩大对外开放等重点难点问题做了精彩发言和深入探讨。主要观点如下。

东北地区国有企业改革。有学者认为,东北国有企业要突破既得利益集团的阻挠,确定国有企业的市场主体地位。让企业按照市场规律而不是靠政府优惠政策来获得竞争优势,保障真正在资源配置中起决定性作用的是市场。有学者认为,应给予企业家足够的自主权,并减少东北地区政府在企业经营中的干预,更好地发挥企业家的作用。有学者认为,东北地区政府要积极鼓励民间资本参与国有企业改革,发展混合所有制经济和员工持股,推动国有企业股权多元化。有学者认为,要把优质企业做强,遵循优胜劣汰原则妥善处理东北地区大量的劣质企业和"僵尸企业",推进国有企业供给侧结构性改革。

东北地区产业结构调整。有学者认为,东北地区产业结构单一,重工业比例过高,过度依赖资源型产业,而服务业发展水平仍然不足。因此,需要大力发展第三产业,一方面有利于缓解就业的结构性矛盾,另一方面也可以在一定程度上解决国有企业改革过程中的再就业问题,从而有助于国有企业改革和加快产业结构调整。

东北地区民营经济发展。东北老工业基地民营经济发展薄弱,使得经济运行内生动力不足。有学者认为,东北地区发展民营企业,就是要摆脱对国有企业的依赖,更大程度地放宽市场准入,为民营资本进入让出一定的空间。除了安全类、公共服务类、命脉类和特定任务类等经营领域,其他领域可向社会和民营资本开放。有学者认为,应鼓励民营企业加大投资,在政策上让民营企业能够获得贷款等必要的资金支持,保持竞争中立原则;要加快政府职能的转变,积极简化各类繁杂手续,坚持为民营企业发展提供便利,积极调整政商关系。

东北地区扩大对外开放。有学者认为,应打破"东北地理位置偏远"的认识误区,推动东北加大开放式发展力度,以对外合作为新一轮东北振兴注入强大动力。

有学者认为，东北地区应致力于打造区域经济共同体，推动统一市场建设，清理阻碍要素流动的各种制度，促进生产要素充分流动，打造统一开放、高度融合的区域大市场，以加入"一带一路"建设为契机，深化与沿线国家特别是俄罗斯、日本、韩国等国的经贸往来，在东北六市通关一体化的基础上，进一步促进贸易便利化和贸易自由化。

（王俊杰摘自《中国工业经济》，原文作者为汤吉军、戚振宇）

首届人工智能与数字经济前沿研讨会

2018年12月23日,由南开大学经济与社会发展研究院、《中国工业经济》杂志社和中国新一代人工智能发展战略研究院共同主办的"《中国工业经济》首届人工智能与数字经济前沿研讨会"在南开大学举行。来自中国社会科学院、北京大学、浙江大学、北京师范大学、山东大学、中国信息通讯研究院、腾讯公司、天津市委研究室等国内外著名高校和研究机构的专家130余人参加了会议。

当前,人工智能与数字经济越来越成为国际竞争的新焦点、经济发展的新引擎,在为经济社会发展带来重大机遇和动力的同时,也带来诸多问题与挑战。此次会议的召开旨在深入探讨人工智能与数字经济发展动向、影响及应对战略。

大会由南开大学经济与社会发展研究院院长刘秉镰教授主持开幕式,《中国工业经济》杂志社社长张其仔研究员与南开大学学术委员会主任龚克教授分别致开幕词。在上午的大会报告中,中国新一代人工智能发展战略研究院执行院长、南开大学学术委员会主任、世界工程组织联合会主席龚克教授,中国社会科学院工业经济研究所副所长李海舰研究员等专家学者就人工智能与数字经济的发展方向及其对产业转型升级的影响等问题进行了深入的剖析与探讨。

下午,会议分人工智能与数字经济前沿研讨、数字经济专题研讨、人工智能专题研讨3个分论坛进行专题研讨,来自全国各地的数十位知名专家学者围绕人工智能与数字经济发展中的重点、热点问题进行了深入探讨,包括人工智能发展引起的法律、伦理、规制及人才培养问题等多个方面。

中国新一代人工智能发展战略研究院首席经济学家、南开大学经济研究所所长刘刚作了"中国智能经济的涌现机制"的主旨演讲。他认为新一代人工智能(AI 2.0)不再是简单用计算机模拟人的智能,而是基于网络空间发展的数据智能,即智能机器、人和网络相互融合的智能系统;智能经济是以数据和计算为"关键生产要素"的新经济形态;互联网,尤其是移动互联网发展中创造出的数据生态优势是中国人工智能科技产业发展的前提和基础。

南开大学法学院竞争法律与政策研究中心执行主任陈兵作了"经济法治下建构适宜数字经济发展的规制系统"的主旨演讲。他指出由于当前数据产权制度不明晰,基于数据资源产生的各种形式的竞争行为严重挑战了现行法律及其实施机制。为回应制度供给不足与实施乏力的困境,因应数字经济发展,应更新规制理念与方法,确立系统规制的逻辑,利用整体的、多层次的规制思维,改善实施机制,构建由政府主导的,经营者、消费者、社会组织参与的多维度、多元化、全方位的经济法治规制系统。

此次研讨会的召开在学术界引发了一场对于人工智能与数字经济发展的深入探讨，也吸引了更多学者对上述前沿问题的关注，这必将为我国实现经济发展的质量变革、效率变革和动力变革做出贡献。

（李鹏摘自《中国工业经济》杂志社与南开大学网站新闻稿）

2018年中国工业经济学会工业布局与区域经济发展专业委员会高峰论坛

2018年12月15日，2018年中国工业经济学会工业布局与区域经济发展专业委员会高峰论坛在湖南省湘潭市召开。此次会议由中国工业经济学会工业布局与区域经济发展专业委员会主办，湖南科技大学商学院承办，湖南创新发展研究院、产业发展大数据与智能决策湖南省工程研究中心协办。来自中国社会科学院经济政策研究中心、湖南大学、江西理工大学、湖南工商大学等科研单位与高校的300余位专家学者参会并围绕"'一带一路'国家间产业发展与区域经济高质量发展"进行了深入探讨。

此次论坛由湖南科技大学商学院院长潘爱民教授主持。湖南科技大学副校长胡石其教授致欢迎词，并介绍了学校的历史和发展现状，以及学校学科建设情况。中国社会科学院经济政策研究中心主任郭克莎教授、江西理工大学校长助理兼商学院院长何维达教授、湖南大学经济与贸易学院院长张亚斌教授、湖南创新发展研究院田银华教授、湖南科技大学副校长刘友金教授、湖南工商大学经济与贸易学院院长向国成教授作了主题报告。

关于"一带一路"国家间产业发展，何维达教授以"'一带一路'与西部产业发展"为题，就"一带一路"倡议的提出、机遇和"一带一路"促进西部地区产业发展三个方面发表了自己的观点。刘友金教授以"互惠共生、梯度差异与'一带一路'国家间产业转移"为题，提出合作共生是中国与"一带一路"国家产业转移的根本动力，梯度差异是中国与"一带一路"国家产业转移的现实基础，并就中国与"一带一路"国家产业方向选择进行了阐述。他认为，推进中国与"一带一路"国家间的产业转移是实现我国与沿线国家优势互补、资源共享的重要途径，"互惠共生"是我们设计中国与"一带一路"国家间产业转建移模式与路径的立策之本。此外，张亚斌教授以"中美贸易冲突的原因、性质及趋势分析"为题，对中美贸易冲突及其影响进行了深层次解读。

关于区域经济高质量发展，郭克莎教授以"如何促进区域经济高质量发展"为题，对高质量发展的含义、区域经济发展的不同阶段、如何促进高质量发展和稳定经济发展进行阐述。他强调，高质量发展的狭义理解分为三个方面：一是全要素生产力的提高；二是促进产业结构的优化升级；三是生态环境的改善。他提出，在此基础上，高质量发展的含义还应包括经济的适度增长和物价水平的稳定增长。田银华教授以湖南省为例，就"进一步发挥创新引领作用，推进区域高质量开放发展"进行了发言。他强调，要有针对性地找出经济社会发展中存在的问题，并通过指标体系来提高创新与开发的力度、深度和广度,从而推动区域更好地发展。此外,向国成教授以"分工、均势经济与共同富裕"为题,阐明分工发展是迈向共同富裕的必由之路。

(供稿:王 鹤)

中国工业经济学会现代服务业专业委员会暨现代服务业发展智库论坛会议

为庆祝改革开放40周年，更好地发挥现代服务业在"一带一路"倡议中的作用，2018年12月25日，由中国工业经济学会"现代服务业专业委员会"，天津商业大学现代服务业发展研究中心（高校智库）、经济学院、社会科学处联合举办，主题为"'一带一路'与现代服务业发展"的中国工业经济学会现代服务业专业委员会暨现代服务业发展智库论坛在天津商业大学举行。天津市社会科学界联合会专职副主席张博颖，天津商业大学副校长邱立成教授，天津商业大学原校长、工业经济学会现代服务业专业委员会会长刘书瀚教授，天津市教委科技处处长阮澎涛，天津市社会科学界联合会智库处副处长肖雅楠出席会议，会议邀请了国内外11名专家学者围绕"'一带一路'与现代服务业发展"进行了深入探讨。

邱立成代表天津商业大学对各位领导和专家的到来表示欢迎和感谢，介绍了学校发展建设的概况、现代服务业发展研究中心（高校智库）、中国工业经济学会现代服务业专业委员会、现代服务业优势特色学科群在科学研究和服务地方经济社会发展等方面的情况以及此次会议的主题和意义。张博颖对此次学术研讨会的召开表示祝贺，肯定了天津商业大学、现代服务业发展研究中心（高校智库）及社会科学处在科研方面所做出的贡献，并预祝会议取得圆满成功。

在为期一天的学术研讨中，南开大学刘秉镰教授结合我国的经济发展趋势，讲述了我国物流产业发展及天津现代服务业的发展机遇。英国哈德斯菲尔德大学刘志强教授从金融市场角度对全球密码货币市场动态连接与集成数据的分析入手，探讨了交易量和全球投资替代效应以及经济政策不确定性效应对确定密码货币之间溢出的重要影响。暨南大学顾乃华教授指出，要借力"一带一路"倡议和"粤港澳大湾区"建设机遇，推进广东服务贸易强省建设的具体对策。天津财经大学丛屹教授用实际案例分析了天津在"一带一路"建设中的战略地位以及未来的发展方向。浙江工业大学方建春教授从国际经济与政治的角度分析当前中美贸易摩擦的形势判断与因应策略。土耳其伊斯坦布尔文化大学Gozgor Giray教授结合世界能源价格波动对十个亚洲发展中国家总体经济活动的影响，分析了亚洲国家在"一带一路"发展中的路径。英国邓迪大学Reddy教授结合东盟10+3国家的股票市场发展和价格波动状况，分析了制度质量和宏观指标在股市发展和波动中的作用，探讨了国家在"一带一路"背景下的宏观经济政策。英国诺桑比亚大学的Ma Jie教授从社交媒体的角度分析了"一带一路"倡议的影响和启示。南开大学盛斌教授从地缘政治与地缘经济角度分析了我国"一带一路"倡议的发展现状及前景。南开大学杜传忠教授围绕新产业革命条件下制造业服务化，分析了我国产业国际价值链升级问题。天津商业大学陆洲教授以中国为例，阐释了降税预期对上市公司盈余的影响。

天津市教委智库处领导，天津市社会科学界联合会领导，天津商业大学党委宣传部、社会科学处、国际交流处、研究生部（学科办）、现代服务业相关学科群所在学院领导及师生 300 余人参加会议。

（供稿：李海伟）

"中国服务业改革开放 40 年"成果发布会暨研讨会

由中国社会科学院财经战略研究院、经济管理出版社主办的"中国服务业改革开放 40 年"成果发布会暨研讨会于 2018 年 10 月 25 日在北京举行。中国社会科学院财经战略研究院党委书记杜志雄、经济管理出版社社长兼总编杨世伟出席了这次会议并代表主办单位致辞。

中国社会科学院财经战略研究院副院长夏杰长、互联网经济研究室主任李勇坚代表课题组介绍了该成果的研究背景、写作框架、主要内容和创新之处。中国社会科学院财经战略研究院服务经济研究室主任刘奕、服务经济研究室副主任姚战琪作了专题发言。商务部研究院服务贸易研究所所长李俊、中国社会科学院世界经济与政治研究所全球宏观经济研究室主任张斌、南京大学长江产业经济研究院张月友研究员、京东集团大数据研究院院长刘晖、腾讯研究院数字经济研究部主任闫德利对中国服务业改革开放 40 年的经验、路径和实施策略提出了许多建设性意见。

专家认为,推进服务业发展战略关键要抓住"改革和开放"这个核心要义。发展、改革和开放,相辅相成,彼此促进。40 年来的实践经验表明,正是服务业领域不断深化改革和不断扩大对内对外开放,才成就了当今服务业的日益繁荣和快速成长。我国已成为全球第二大经济体,在全球经济的份额不断提升,这是改革开放 40 年的巨大成就。其中,服务业的贡献和成就尤其引人注目:服务业从小到大、从弱到强,从边缘到主角;服务业吸纳劳动就业从绝对配角到绝对主力军;服务贸易稳居世界第二,服务业利用外资比重快速上升;服务业全面开放新格局正在形成;服务业结构从单一的、单调的生活性服务业,到门类齐全的生活性服务业、生产性服务业和社会服务业并举发展,几乎应有尽有,业态丰富,质量显著提升。

学者进一步分析认为,服务业领域取得如此骄人的成就,固然有我国市场巨大这个得天独厚的优势,更得益于服务业改革开放举措推陈出新。改革是服务业发展的第一动力。服务业领域改革进入了深水区,亟待破冰。服务业改革的核心要义是发挥市场对服务资源和要素配置的决定性作用,打破垄断,充分竞争,完善监管,鼓励创新。放宽市场准入是服务业对外开放的重要趋势。但对外开放要与对内开放并举推进,同等对待。服务业开放要遵循积极有序原则,引入政府审批负面清单制度,取消不合理管制,释放服务业活力。要建设现代服务业强国,推进服务业高质量发展,必须牢牢抓住"改革"和"开放"这两条主线,在改革和开放中不断增强服务业功能,提升服务业竞争力。

此次成果发布会暨研讨会的与会专家、相关媒体和参会代表聚焦"中国服务业改革和开放40年"的主题,对中国服务业改革开放40年的经验和下一步推进服务业改革开放的时序、路径和战略思路等议题进行了热烈交流和讨论,取得了预期成果。

(王俊杰摘自《社科院专刊》和《财贸经济》)

第六、七、八届中国工业发展论坛

中国工业发展论坛是由中国社会科学院工业经济研究所主办的一年一度的重要的学术活动，旨在探讨中国工业发展的重大问题。

一 第六届中国工业发展论坛

2017年12月24日，中国社会科学院工业经济研究所主办了"第六届中国工业发展论坛暨面向新时代的中国实体经济学术研讨会"，并发布了《中国工业发展报告2017》。来自中国社会科学院、国务院政策研究室、国务院发展研究中心、北京大学、中国人民大学等单位的专家学者100余人出席会议，围绕实体经济的分类、现代化经济体系中的实体经济的地位、实体经济与虚拟经济的关系、新时代实体经济发展的政策、金融支持实体经济发展的具体政策等一系列问题进行了研讨。

中国社会科学院工业经济研究所党委书记兼副所长史丹主持开幕式，中国社会科学院经济学部主任李扬研究员发表致辞，中国社会科学院工业经济研究所所长黄群慧作了题为"面向新时代的中国实体经济"的主旨报告，经济管理出版社杨世伟社长发布了《中国工业发展报告2017》。

论坛第二部分由中国社会科学院工业经济研究所副所长崔民选主持，国有重点大型企业监事会原主席季晓南、国务院研究室信息研究司司长刘应杰、国务院发展研究中心产业经济部部长赵昌文、工业与信息化部规划司副司长李北光、中国人民大学一级教授杨瑞龙、北京大学经济与管理学部主任张国有教授、天津财经大学于立教授、中国社会科学院财经战略研究院副院长夏杰长先后作了精彩发言。中国社会科学院工业经济研究所副所长李海舰进行了大会总结。

二 第七届中国工业发展论坛

2018年12月24日，中国社会科学院工业经济研究所主办的第七届中国工业发展论坛暨改革开放40年中国产业发展与工业化进程学术研讨会在北京召开。该年度的主题是"改革开放40年中国工业化进程与产业发展"。在此次论坛上，发布了《中国工业发展报告2018》。来自国务院发展研究中心、工业和信息化部、中国社会科学院、多所大学和研究机构及多家地方社科院的100余位学者参加了此次研讨会。

中国社会科学院副院长、学部委员高培勇研究员出席论坛并致辞。全国政协经济委员会副主任朱宏任、中国社会科学院工业经济研究所所长黄群慧研究员分别作了主旨演讲，工业和信息化部规划司副司长李北光、中国社会科学院学部委员吕政、中国社会科学院学部委员金碚、中国人民大学副校长刘元春、南京大学洪银兴教授、安徽省社会科学院院长曾凡银、北京大学经济与管理学部主任张国有、江西财经大学校长卢福财、中国社会科学院城市发展与环境研究所所长潘家华等20余位专家学者分别作了主题发言。

《中国工业发展报告2018》是中国社会科学院工业经济研究所所长黄群慧主编、集工业经济研究所全所之力撰写的第23本年度《中国工业发展报告》，由经济管理出版社出版。为庆祝改革开放40周年，该年度报告主题定为"改革开放40年的中国工业"。《中国工业发展报告2018》由总论、综合篇、行业篇、区域篇和企业篇五大部分构成。全书全面系统回顾改革开放40年中国工业波澜壮阔的发展历程，讴歌改革开放40年中国工业发展辉煌成就，总结了中国工业化成功经验及世界历史意义，为全球可持续工业化发展贡献中国智慧和中国方案。该书主编黄群慧研究员在总论中对改革开放40年中国产业发展和工业化成就进行梳理，概括了工业化"中国方案"中的逻辑和经验，指出：改革开放40年，中国的基本经济国情已经从一个落后的农业大国转变为一个工业大国，"工业大国""大而不强"是中国的最基本经济国情；从工业化进程看，改革开放40年中国总体的工业化进程从初期阶段快速地发展到工业化后期阶段，到2020年中国将基本实现工业化、2035年全面实现工业化。工业化"中国方案"的核心经验：一是正确处理改革发展与稳定的关系，"稳中求进"保证产业持续成长和工业化进程持续深化；二是正确处理市场和政府的关系，不断提高产业效率和促进产业向高端化发展；三是正确处理中央政府与地方政府关系，促进产业合理布局和区域协调发展；四是正确处理市场化与工业化关系，培育全面持续的产业发展动力机制；五是正确处理全球化与工业化的关系，形成全面开放发展的现代化产业体系；六是正确处理城市化与工业化的关系，促进产业和人口集聚效率提升与社会民生协调发展。

三 第八届中国工业发展论坛

2019年10月20日，中国社会科学院工业经济研究所主办的第八届中国工业发展论坛暨"新中国工业70年"学术研讨会在北京召开。该年度的主题是"新中国工业70年"。

中国社会科学院副院长高翔出席论坛并致辞。全国政协经济委员会副主任刘世锦研究员，国务院参事刘燕华分别发表了主旨演讲；中国社会科学院学部委员吕政和金碚研究员分别作了主题发言；中国社会科学院工业经济研究所所长史丹研究员发布了《中国工业发展报告2019》。来自工业和信息化部、中国社会科学院等多个研究机构的100余位专家学者参加了此次研讨会。

工业和信息化部运行监测协调局副局长鲁成军，国家信息中心经济预测部副主任王远鸿，中国社会科学院工业经济研究所纪委书记、副所长张其仔，国务院国有资产监督管理委员会政策法规局局长林庆苗，中国社会科学院工业经济研究所副所长李海舰分别作了主题发言；中国社会科学院工业经济研究所刘勇研究员、杨丹辉研究员、李晓华研究员、周民良研究员、朱彤副研究员、叶振宇副研究员，经济管理出版社社长、总编辑杨世伟，中国社会科学院工业经济研究所刘湘丽研究员、赵剑波副研究员、胡文龙副研究员、江鸿副研究员，《中国经济学人》编辑部主任李钢研究员，《经济管理》编辑部主任刘建丽副研究员参加圆桌论坛并发言。

《中国工业发展报告2019》是中国社会科学院工业经济研究所所长史丹主编、集工业经济研究所全所之力撰写的第24本年度《中国工业发展报告》，由经济管理出版社出版。该报告以产业经济学的思维方法，从战略、结构、组织、技术、制度、要素、市场、投资、贸易、政策等方面，刻画新中国成立以来工业发展的阶段与不同时期的发展战略、发展质量、存在的主要问题和政策措施，总结了新中国成立以来工业发展取得的伟大成就和对国民经济、社会发展所做出的贡献，从不同侧面反映和分析了新中国工业取得伟大成就的学理和原因，凸显了研究机构行业报告的学术特色。该报告对新中国工业70年来的发展历程进行了理论概括和经验总结。梳理了中国工业发展战略、产业政策、产业结构、产业组织、管理体制等方面的演进和变革，对工业发展质量、工业劳动生产率、产业竞争力、生产要素与工业产出的供需关系，以及对外开放与贸易投资等进行了深入的分析，得出了"中国工业发展进入全面提升发展质量，再造国际竞争优势新阶段"的结论和判断。面对国际贸易与国际投资环境的深刻变化，建议中国产业政策进行调整与创新，进一步深化体制机制改革，坚定维护开放型世界经济，深化与"一带一路"国家经贸关系，尽快实现由要素驱动向创新驱动的转变，实现中国工业的绿色低碳发展等。

（供稿：王俊杰）

2018中国产业经济研究学术年会

2018年12月8—9日，由电子工业出版社华信研究院、中国电子信息行业联合会和中国社会科学院大学联合主办，中国社会科学院大学经济学院具体承办，《产业经济评论》杂志和《中国社会科学院研究生院学报》协办，香樟经济学术圈学术支持的"2018中国产业经济研究学术年会"在中国社会科学院大学举办。工业和信息化部政策法规司司长梁志锋、电子工业出版社总编辑兼华信研究院院长刘九如、中国社会科学评价研究院院长荆林波等来自全国工业和信息化领域科研机构及相关高校关注产业经济研究的专家学者200余人参加了会议。年会主题为"中国如何实现高质量发展"。

刘九如总编辑、中国社会科学院大学副校长林维先后在开幕式上致辞，梁志锋司长、华夏幸福基业股份有限公司副总裁顾强先后发表演讲。

荆林波院长围绕"智慧商务及其挑战"进行主题报告。荆林波结合中国社会发展现状与商业发展具体实例，指出中国从传统商务到智慧商务，面临几大挑战：一是融合化带来的挑战，即线上线下如何深度融合；二是创新带来的挑战，企业面临的线上线下营销模式、商业模式的创新压力日益增强；三是平台化的挑战，即产业界限的模糊和产业链融合的加速带来了巨大的平台效应；四是定制化带来的买卖关系之间的裂变；五是产业深度发展后带来的大型化甚至垄断化的挑战。

中国社会科学院王宏伟教授就"高质量发展指标体系及评价研究"进行主题报告，王宏伟认为：高质量是多维度、主观性、相对性和复杂性的一个概念，它包含了高效供给、高质量的需求、协调公平、绿色发展和经济稳定5个方面，基于对高质量内涵的理解，构建了涵盖5个维度29个子指标的指标体系，对中国31个省份高质量发展水平进行了量化分析。王宏伟指出，高质量发展的主要原因还是传统发展模式导致的结构性的失衡，建议一是要促进地方政府功能向公共服务型政府转型，二是健全收入分配的再分配的体制，三是提高劳动力的素质和人才供给，四是提升产品和服务质量，营造公平市场竞争环境等。

北京大学郑世林教授就"试点制"进行了主题报告。郑世林介绍了试点制的概念与产生背景，分析了试点制的两种模式与理论模型。以西汉屯田制与改革开放特区的建立为例，讨论了试点制成功的原因与问题，并且提出了中国改革的方向与思考。他同时还介绍，自己作为《产业经济评论》杂志的学术主编，对《产业经济评论》今年成功入选"中国人文社会科学核心期刊"感到非常高兴，希望产业经济领域的专家学者更好地利用这一学术研究阵地，定期在该刊发表能与世界对话的关注产业经济研究的重大发现，以及相关理论和实践性强的学术论文，推动《产业经济评论》杂志尽快发展成为国内产业经济领域的顶级期刊。

此次年会共设置四个分论坛，专家学者围绕"创新创业与企业理论、环境治理与工业、新业态发展、对外贸易与企业机遇、国家和地区产业政策"等话题进行了深入探讨。

（王俊杰摘自《产业经济评论》网站）

中国工业经济学会 2018 年会
暨中国经济高质量发展研讨会

  2018 年 11 月 3 日，在改革开放 40 年和中国工业经济学会成立 40 周年背景下，中国工业经济学会 2018 年会暨中国经济高质量发展研讨会在北京召开。此次会议由中国工业经济学会主办，对外经济贸易大学承办，《中国工业经济》《管理世界》等 11 家单位协办。来自中国社会科学院、国务院发展研究中心、中国企业联合会、中国国际交流中心、各大高校及科研单位、学术期刊等 100 余家机构的 400 余位专家学者参会并围绕"新时代如何实现我国经济高质量发展、有效推动产业转型升级"进行了深入探讨，并决定设立"马洪产业发展研究奖"，以纪念马洪先生对国家发展和改革事业所作出的突出贡献。

  此次会议开幕式暨马洪产业发展研究奖设立仪式由中国工业经济学会理事长史丹研究员主持，对外经济贸易大学校长王稼琼教授、中国工业经济学会原会长郑新立研究员、中国企业联合会常务副会长朱宏任研究员、中国工业经济学会会长江小涓研究员、中国社会科学院院长谢伏瞻教授先后致辞。

  会议中，关于推动新时代工业企业高质量发展，有学者认为，发展中国家工业发展水平的上升对其出口质量的作用机制是状态依存的，只有在吸收工业发展水平与人力资本的交互作用后才会发生。有学者认为，外商投资壁垒减弱引致的外商投资份额增长通过产业关联、产品转换以及本地集聚效应等促进产品质量及其增速的提升。有学者认为，企业自主创新意愿与能力不足导致高端制造业供给不足。有学者认为，战略性新兴产业政策总体而言促进了受政策支持企业的创新，但这种创新行为仅仅表现为一种"迎合性"创新，而非"实质性"创新。有学者认为，A 股市场在产业升级过程中有效促进了战略性新兴产业的发展，却未能较好地作用于传统产业的改造、淘汰。

  关于产业政策效果及新时代产业转型升级发展方向，有学者认为，重点产业政策能够显著降低企业募集资金投向变更的概率。有学者认为，"挑选赢家"的选择性产业政策并没有挑选出增长率高的行业，而且产业政策对行业全要素生产率无显著影响。有学者认为，政府诱致型产业结构变迁不仅导致地区在加速工业化阶段的不充分工业化，弱化了产业结构变迁对经济增长的促进作用，还造成劳动力流动的双重自我锁定效应，引起后工业化阶段经济增速的大幅下滑。有学者认为，一些不当的产业政策导致了产能过剩问题。多位学者指出，为了更好地推进供给侧结构性改革以实现高质量发展，需要将产业政策的实施往功能性产业政策方向转型。

关于提升我国工业国际竞争力的对策，有学者认为要积极有效利用信息技术革命带来的成果，将国际产能合作与全球产业链升级融合发展，避免出现产业空心化，以开放发展理念为基础，加强"引进来"和"走出去"相结合。有学者认为，面对中美贸易摩擦带来的影响，扩大国内市场的开放程度是最为积极有效的应对方式。

（供稿：王俊杰）

工业转型升级中的动能转换与竞争政策学术研讨会

2018年10月27日,首届"工业转型升级中的动能转换与竞争政策"学术研讨会在山东大学举行。此次会议由中国工业经济学会工业发展专业委员会、中国工业经济杂志社和山东省反垄断与规制经济学重点研究基地联合举办,山东大学经济学院承办。来自全国20余所高校和科研机构的专家学者80余人参加了会议。

中国工业经济学会理事长、中国社会科学院工业经济研究所党委书记史丹,山东大学副校长曹升元,中国工业经济学会副会长于立,中国工业经济学会副会长、上海市社会科学院副院长干春晖,中国工业经济学会常务副理事长兼秘书长高粮等出席会议并先后致辞。

在大会主题发言环节,史丹研究员作了题为"绿色发展与工业化新阶段"的学术报告。她系统分析了中国能源使用状况,测算了中国工业碳排放变化轨迹,并基于中国经济高质量发展的宏观背景提出了中国工业化新阶段的主要特征和工业绿色发展的重点任务。于立教授作了题为"从产业与市场的关系看待'转型升级'"的学术报告。他分析了经济学发展不同阶段中产业与市场的辩证关系,重新阐释了"转型升级"的科学内涵,提出了新常态下中国产业转型升级的主要方向。干春晖教授作了题为"产业转型升级与新旧动能转换"的学术报告。他剖析了产业转型升级与新旧动能转换之间的关系,提出了中国通过产业转型升级推动新旧动能转换的主要路径。

主题报告环节,杜传忠教授从新一代信息技术扩散的独特视角分析了新产业革命的特点及其可能带来的冲击,探讨了中国如何抓住新产业革命契机加快新旧动能转换。柳学信教授介绍了中国企业外部治理环境的变化轨迹,分析了外部治理环境影响国有企业内部收入分配的内在机制,实证检验了外部治理环境影响国有企业内部收入分配的主要途径。于左教授分析了中国竞争政策的演进历程,提出了竞争政策对工业转型升级的作用机制,提出了完善竞争政策推动工业转型升级的战略举措。余东华教授以山东省新旧动能转换综合试验区的建设为例,分析了新旧动能转换的背景、内容和成效,提出了新旧动能转换的主要路径。冯华教授结合中国经济发展新常态分析了中国制造业发展面临的国际国内环境变化情况,重点剖析了智能制造技术发展的新趋势,提出了中国制造业智能化、数字化、信息化发展的新路径。

吕明元教授量化分析了京津冀与长三角产业结构生态化的发展现状,研究了"互联网+"战略实施对京津冀与长三角产业结构生态化的异化影响。陈林教授从公平竞争审查制度的实施出发,梳理了经济学方法论的演进趋势,提出了强化竞争政策实施中经济分析的对策建议。余典范教授在投入产出分析的基础上,研究了中国经济发展的新特征，提出了推动中国经济新旧动能转换的战略与举措。范合君教授梳理了企业家精神的相关研究，分析了企业家精神的理论内涵与动态特征，提出了如何通过激发企业家精神推动新旧动能转换。

（供稿：余东华）

《中国工业经济》"结构性去杠杆与高质量发展"研讨会

2018年7月28日上午，《中国工业经济》杂志社联合中国人民大学经济学院共同主办的"结构性去杠杆与高质量发展"专题研讨会在中国人民大学明德主楼成功举行，来自全国高校和科研院所的50余位专家学者代表参加了此次专题研讨会。

会议开幕式上，《中国工业经济》杂志社社长、常务副主编张其仔研究员和中国人民大学经济学院副院长陈彦斌教授分别作了简短致辞。张其仔研究员和陈彦斌教授高度评价了此次研讨会鲜明的问题导向意识，尤其是在深入推进供给侧结构性改革的背景下召开此次研讨会具有重要的实践意义。出席此次会议的特邀嘉宾有：华侨大学郭克莎教授、武汉大学潘敏教授、对外经济贸易大学吴卫星教授、北京大学王勇副教授、中国人民大学李戎副教授。

论文研讨环节分两个平行论坛。平行论坛一由华侨大学郭克莎教授主持，来自中央财经大学等高校的5位学者分别汇报了各自的最新研究成果。中央财经大学彭俞超博士作题为"房价不确定性、货币政策与企业投资"的报告；中国人民大学石明明副教授作题为"房价上涨会抑制居民消费吗：来自中国家庭的微观证据"的报告；武汉大学胡昌生教授作题为"杠杆交易、情绪反馈与资产价格波动"的报告；同济大学钟宁桦教授作题为"'僵尸企业'炼成记——基于江西赛维与渤海钢铁的案例研究"的报告；南开大学博士研究生冯学良作题为"杠杆紧缩约束下的'脱实向虚'之谜"的报告。其间，中国人民大学陈彦斌教授和北京大学王勇副教授分别对几位学者的报告作精彩的点评。

平行论坛二由对外经济贸易大学吴卫星教授主持，来自中国人民大学等高校的5位学者汇报了各自的最新研究成果。对外经济贸易大学刘哲希博士作题为"结构性去杠杆进程中居民部门可以加杠杆吗"的报告；中央财经大学谭小芬教授作题为"金融结构与非金融企业'去杠杆'"的报告；浙江工商大学何靖副教授作题为"跷跷板效应和金融风险防控——兼论'一委一行两会'新监管格局创新的意义"的报告；对外经济贸易大学蒋灵多博士作题为"市场竞争、软预算约束与国有企业高杠杆"的报告；中国人民大学刘凯副教授作题为"土地供给模式与中国经济增长——基于高质量发展的视角"的报告。其间，武汉大学潘敏教授和中国人民大学李戎副教授作为点评嘉宾，从论文选题、模型设计、研究方法、理论逻辑以及写作规范等方面分别对报告作全面深入的点评。

（李鹏摘自《中国工业经济》杂志社和中国人民大学新闻稿）

新时代背景下创新与产业发展
——第二届创新与产业经济国际研讨会

  2018年6月8日，由南京大学经济学院、南京大学区域经济转型与管理变革协同创新中心、南京大学中国特色社会主义经济建设协同创新中心、南京大学现代经济学研究中心、南京大学中奥熊彼特研究中心联合举办的"创新与产业经济国际学术研讨会"在南京大学成功召开。来自布鲁塞尔大学、都灵大学、多伦多大学、宾夕法尼亚大学、早稻田大学、复旦大学、武汉大学、南京大学等海内外高校及科研院所的90余位专家学者参加了会议。专家学者们围绕"创新、产业经济理论与实证研究"的主题，进行了深入的学术探讨。

  南京大学商学院教育部长江学者特聘教授范从来出席开幕式并致辞。南京大学商学院经济学系洪银兴教授、比利时布鲁塞尔大学Patrick Legros教授、美国亚利桑那大学Gowrisankaran教授、韩国国立首尔大学Keun Lee教授、美国科罗拉多大学长江学者陈勇民教授、伦敦玛丽王后大学Sushanta Mallick教授、意大利都灵大学Cristiano Antonelli教授分别作了主题报告。

  会议主要围绕"构建创新驱动新时代经济发展的现代化经济体系""以企业为创新主体驱动经济发展"和"在全球价值链中寻求创新发展"展开。

  构建创新驱动新时代经济发展的现代化经济体系。洪银兴教授指出，产学研协同创新是科技和产业创新最有效的对接方式，通过建设实体经济、科技创新、现代金融、人力资源协同发展的产业体系，促进我国产业迈向全球价值链的中高端。国立首尔大学Keun Lee教授认为，对于发展中国家而言，重要的不是更多地参与全球价值链，而是在学习和借鉴全球价值链的基础上创造更多的国内增值，建设本地创新体系对于创造和升级国内附加值尤为重要。伦敦大学玛丽分校Sushanta Mallick教授认为，持续增长需要密集的R&D活动或知识在国内或国际上的渗透，行业自主研发活动以及知识溢出效应对于经济增长尤为重要，因此应该把知识溢出作为提高产业绩效的一种渠道。

  以企业为创新主体驱动经济发展。上海交通大学李斌认为，电子商务会在中小企业中引发更多的创新活动或创新产品。东南大学高彦彦认为，周边地区的高铁连接促进了制造业的创新，高铁连接还引起企业家对创新和产权保护重要性的认识，促进企业进入外部市场，开展创新合作。路易斯威尔大学Yong Chao认为，知识影响技术和产品创新的路径中都需要人力资本，人力资本通过影响企业的技术能力和知识存量来影响企业的创新绩效。布鲁塞尔大学Patrick Legros教授提出企业家精神对于创新的提升作用，并从企业学习或者外部学习的抉择角度探讨了劳动力市场摩擦与企业家精神的关系。武汉大学的崔静波博士认为，企业的股权所有者通过技术溢出提升了企业的创新能力。

在全球价值链中寻求创新发展。南京大学孟宁认为，在面临反倾销时，企业资源被重新分配到不同的产品上，并倾向于生产更高的质量、更低的价格或更接近企业核心竞争力的产品。东华大学王磊认为，沟通机制会影响本土供应商对海外知识的获取，具体影响取决于如何管理与合作海外买家的关系，基于技术的沟通机制和个人沟通机制都有利于海外知识获取；当焦点供应商扮演不同的角色（原始设备制造商和原始设计制造商）时，对知识获取的影响会变得更加明显。

（王俊杰摘自《经济学动态》，原文作者为郑江淮等）

庆祝中国社会科学院工业经济研究所建所40周年大会暨改革开放40年学术研讨会

2018年4月2日，庆祝中国社会科学院工业经济研究所建所40周年大会暨改革开放40年学术研讨会在北京召开。中国社会科学院院长、党组书记谢伏瞻出席并讲话。谢伏瞻深刻阐释了改革开放的重大意义，充分肯定了工业经济研究所40年来所取得的成绩，并对工业经济研究所的工作提出明确要求。中国社会科学院副院长、党组副书记王京清，中国社会科学院副院长、党组成员李培林，国务院副秘书长江小涓，中共中央政策研究室原副主任郑新立出席会议。中国社会科学院原副院长、经济学部主任李扬，中国社会科学院工业经济研究所所长黄群慧致辞。中国社会科学院工业经济研究所党委书记史丹主持会议。

谢伏瞻强调，实践发展永无止境，解放思想永无止境，改革开放也永无止境。改革开放40年特别是党的十八大以来，我们党把改革创新精神贯彻到治国理政各个环节，不断推进我国社会主义制度的自我完善和发展；我们党坚定不移高举中国特色社会主义伟大旗帜，坚持改革的正确方向，既不走封闭僵化的老路、也不走改旗易帜的邪路；我们党带领全国各族人民，以敢闯敢干的勇气和自我革新的担当，闯出了一条新路，实现了从"赶上时代"到"引领时代"的伟大跨越。改革开放是决定当代中国命运的关键一招，也是实现"两个一百年"奋斗目标、实现中华民族伟大复兴的关键一招；没有改革开放，就没有中国特色社会主义，就没有今天中国兴旺发达的大好局面。

谢伏瞻指出，党的十八以来，我国进入新时代，新时代面临新机遇、新挑战，作为哲学社会科学研究工作者，承担着新使命，也应该有新作为。谢伏瞻对工业经济研究所提出三点要求：第一，坚持以习近平新时代中国特色社会主义思想指导经济学研究，自觉将习近平新时代中国特色社会主义思想贯穿研究全过程，转化为清醒的理论自觉、坚定的政治信念、科学的思维方法，坚持习近平新时代中国特色社会主义思想基本原理和贯穿其中的立场、观点、方法，结合新的实践不断作出新的理论创造。要坚持以人民为中心的研究导向，多出经得起实践、人民、历史检验的研究成果。第二，深入学习研究阐释习近平新时代中国特色社会主义经济思想。习近平新时代中国特色社会主义经济思想是党的十八大以来推动我国经济发展伟大实践的理论结晶，是运用马克思主义基本原理对中国特色社会主义政治经济学的理性概括，是中国特色社会主义政治经济学的最新成果。这一重要思想着眼于观大势、谋全局、干实事，是做好我国经济工作、引领中国经济高质量发展的根本遵循。经济学研究要在深入阐释习近平新时代中国特色社会主义经济思想上下功夫，为新时代中国特色社会主义政治经济学的发展和中国经济的发展作出新的更大贡献。第三，深入研究中国经济社会发展面临的新情况和新问题。经济学研究要坚持问题导向，以我国发展和我们党执政面临的重大理论和实践问题为主攻方向。要聚焦党中央、国务院重大决策部署，提出解决问题的正确思路和有效办法，为推动中国经济高质量发展提供智力支持。

李扬高度肯定了工业经济研究所40年取得的成就，并指出一个著名的研究机构至少有五个要素。一是有能够传承的办所理念，二是有所专、所精的领域，三是有代表人物，四是有非常好的成果发布平台，五是有智库机构。

黄群慧指出，40年来，工业经济研究所以其丰硕的学术研究成果和决策咨询成果，雄厚的科研实力和精干的人才队伍，一直发挥着重要的决策影响力、学术影响力、社会影响力和国际影响力，积累形成了以求索、求实、求真精神为核心的四大研究理念：一是坚持问题导向、服务国家发展大局，二是鼓励创新导向、秉持实事求是精神，三是鼓励创新导向、秉持实事求是精神，四是崇尚合作导向，注重发挥集体智慧。

（王俊杰摘自《社科院专刊》2018年4月3日）

中国工业经济学会 2017 年学术年会
暨"中国产业发展新动力"研讨会

  2017 年 11 月 4 日，中国工业经济学会 2017 年学术年会暨"中国产业发展新动力"研讨会在南京财经大学成功举办。会议由中国工业经济学会主办，中国工业经济杂志社协办，南京财经大学承办。中国工业经济学会理事长、中国社会科学院工业经济研究所党委书记兼副所长史丹研究员，中国工业经济学会荣誉理事长吕政研究员，南京财经大学党委书记陈章龙教授，南京财经大学党委常委、副校长乔均教授等来自全国高校和科研院所的 300 余名专家学者参加了研讨会。

  陈章龙教授、史丹研究员分别在开幕式上致辞。开幕式后，吕政研究员、吴先满教授、史丹研究员和干春晖教授分别作主旨发言。随后，参会学者以"中国产业发展新动力"为主题，围绕产业新动力转换、供给侧与产业发展、产业转型升级、全球价值链、产业组织理论和产业经济学理论前沿问题进行了热烈的讨论。主要观点如下。

  在第一分会场，江西财经大学王自力教授认为，一体化城市对经济有显著作用。对外经济贸易大学张思雪博士讲述了如何避免出口时国外的民族中心主义对出口绩效以及品牌效应的影响。南京大学宋健博士发现，资本深化与全要素生产率之间存在 U 形的关系。辽宁大学陈阳博士认为，制造业集聚对于城市的绿色全要素生产率有显著的正向影响，但是竞争效应会使得更多的集聚对于生产率提升的速度降低。

  在第二分会场，中央财经大学尹志峰认为，伴随着中国经济发展，实用新型制度所带来的学习效应并不足以显著降低发明成本，导致实用新型数量持续过快增长的同时，中国有可能陷入实用新型的"制度使用陷阱"。湖南科技大学曾小明认为，在全国层面，人力资本外溢是新企业离开中心城市向外围地区扩散的力量；而在省城内部，人力资本的溢出促使新企业的空间分布向本省经济中心集聚。同济大学周华认为，2016 年关税调整明显改善了我国优势产业的关税设置，但不利于扶持我国劣势产业发展。

  在第三分会场，大连理工大学孙晓华提出了工业转型升级潜力的测算方法。中山大学李世刚认为，产品质量不仅取决于收入分配的影响，而且受人口规模和固定成本的影响，所以收入分配基尼系数对产品质量分布的影响方向存在一定程度的不确定性。安徽大学李静认为，在人力资本与产业结构错配的情境下，中国如果过多强调自主创新，而忽视产业结构升级，可能会导致既没有创新也没有产业升级的局面。

  在第四分会场，南京财经大学杨向阳教授认为，适度竞争有利于企业自主创新能力，国际化会抑制企业的自主创新，但是有利于协同创新能力的提升。中国海洋大学纪玉俊教授认为，作为大国，我国可以通过产业集聚与扩散的动态循环推进产业升级。南京大学段巍博士认为，企业的供给产品质量和技术落差呈现反比，与产品信息扩散速度呈现正比；要素品牌化缩小了对应性能的技术落差，拓展了产品性能信息扩散渠道。

在第五分会场，东北财经大学的李宏舟教授认为，实施收入上限规制大约可以节约企业总成本。复旦大学赵立昌博士认为，企业使用互联网会降低企业垂直一体化的程度。浙江工业大学刘淑春博士认为，技术标准化对中国装备制造业走出去的数量边际存在倒"U"形影响。

（供稿：王俊杰）

2017 中国工业经济学会第一届绿色发展专业委员会成立大会暨学术研讨会

2017年9月23—24日，由中国工业经济学会、中国工业经济杂志社主办，中国社会科学院工业经济研究所能源经济中心承办，中国社会科学院登峰战略产业经济学优势学科协办的中国工业经济学会第一届绿色发展专业委员会成立大会暨学术研讨会于北京国谊宾馆成功举办。

中国社会科学院学部委员、副院长蔡昉研究员，国家能源咨询专家委员会副主任杜祥琬院士，国务院参事、国家应对气候变化专家委员会主任刘燕华研究员，中国社会科学院工业经济研究所党委书记兼副所长、中国工业经济学会理事长史丹研究员，北京师范大学李晓西教授，对外经济贸易大学校长王稼琼教授，华侨大学郭克莎教授，中国矿业大学（北京）副校长姜耀东教授，南京财经大学副校长乔均教授，中国工业经济学会高粮秘书长，以及来自全国30多所高校和研究机构的70余位专家学者参加了此次会议。

9月23日下午，绿色发展专业委员会揭牌。中国工业经济学会理事长史丹研究员宣布了绿色发展专业委员会名单以及绿色发展专业委员会工作准则与研究建议。随后，蔡昉研究员、杜祥琬院士和刘燕华研究员分别作主题演讲。蔡昉研究员指出，绿色发展是一种理念，必须更好发挥政府作用。也必须立足市场配置资源，才能把理念变成经济活动，产业机会保证激励相容。杜祥琬院士指出，改善空气质量首先要大力节能、提效，同时要优化能源结构，逐步减少煤炭和石油的消耗，而应对气候变化也引导能源的低碳转型，两者在方向上有高度协同性。刘燕华研究员指出，绿色创新是中国结构转型的重要标志，矩阵式思维帮助我们把绿色创新落地，绿色产业是可持续发展的重要支柱。

9月24日，围绕"中国经济绿色发展"这一主题，与会专家针对绿色产业、节能减排、生态经济、绿色转型与低碳发展等问题作了精彩的学术报告。

李晓西教授指出，推进国家生态治理体系与生态治理能力现代化，需要进一步明确政府与执政党之间的关系，进一步明确政府与人民代表大会的关系，进一步明确政府与社会、民众的关系，进一步明确各级政府之间、同级政府各部门之间的关系。陈诗一教授实证研究发现，雾霾污染加剧显著降低了中国经济发展水平，而政府的环境治理能够有效降低雾霾污染，并促进经济发展。这意味着降低雾霾污染与发展经济并不矛盾。李政教授指出，解决我国社会经济动态发展过程中的节能问题，需要综合考虑采用制度节能、系统节能和技术节能三种实现途径。郑新业教授指出，电力市场改革应有序放开发用电计划，优先开放能效高、排放低、节水型的发电企业参与交易，超低排放的燃煤机组应优先参与直接交易；应推进燃煤自备电厂升级改造，淘汰落后机组。杨庆舟教授指出，中国煤炭开发的碳减排路径应从减少煤炭产量、依靠工程技术、优化开发结构、实施碳汇工程和实施系统减排五个方面入手。张奇教授对中国绿色证书交易效果的研究表明，可再生能源配额政策可以有效促进可再生能源的发展，提高补贴效率。可再生能源证书自由交易会导致可再生能源发电产业和碳减排等红利被锁定在可再生资源丰富的地区，而限制可再生能源证书交易可以缓解这种地区锁定效应。王俊杰博士以生态足迹方法为基础测算了中国各省份的生态环境压力，测度结果表明，东部发达地区的环境压力更大（福建和重庆比较例外），欠发达地区环境压力更小（宁夏和山西比较例外），这种分布格局与经济分布格局并不一致。

（供稿：王俊杰）

第一届大数据在经济学领域的应用学术研讨会

2018年8月5日，第一届大数据在经济学领域的应用学术研讨会在江西财经大学圆满落幕。会议由中国社会科学院工业经济研究所产业经济优势学科以及中国工业经济学会互联网经济与产业创新发展专业委员会共同主办，由《中国工业经济》杂志社、江西财经大学《当代财经》杂志社和产业经济研究院共同承办。江西财经大学校长、中国工业经济学会互联网经济与产业创新发展专业委员会主任卢福财教授，以及中国工业经济研究所党委书记、副所长史丹研究员出席会议并分别致辞。

卢福财校长指出，大数据时代的经济学研究要求研究人员广泛与政府、大数据拥有者、云计算服务商等合作，不光要有经济学家，还要有大数据维护专家、大数据建模专家。我们举办此次研讨会，就是想为推动大数据在经济学领域的研究提供一个跨界的交流与合作平台。卢福财向与会人员介绍，在大数据应用和研究方面，江西财经大学进行了积极探索，将大数据、互联网、人工智能与传统领域的研究深入融合已在江西财经大学形成了广泛共识和行动自觉。

史丹研究员认为，此次会议具有三个方面的意义：第一，有利于推动经济学研究方法的创新；第二，对大数据如何影响传统经济学研究模式的探讨，有利于促进学科融合发展；第三，为有兴趣利用大数据技术开展相关研究的学者搭建一个交流平台。

国家统计局原副局长、清华大学中国经济社会数据研究中心主任许宪春教授等全国20所高校和科研机构的专家学者，以及京东商城、上海最闻信息科技有限公司、北京金信网银金融信息服务有限公司的大数据专家共计80余人参加了此次会议。

5日上午在简短的开幕式之后是大会报告，清华大学许宪春教授、华中科技大学彭斌博士、中国社会科学院刘宽斌博士以及京东商城研发部产品总监马添先生分别作了精彩的报告。在下午的三个平行分论坛中，中国社会科学院工业经济研究所梁泳梅副研究员、中央财经大学霍达副教授、江西财经大学徐远彬博士等15位专家学者围绕"大数据与宏观经济监测""大数据与产业经济研究"等主题分别作了报告。平行分论坛之后，上海最闻信息科技有限公司董事长李常青先生和北京金信网银金融信息服务有限公司金融科技总监贾小婧女士分别介绍了两家企业在大数据方面的产品和案例。与会人员互动充分，专家点评精彩到位，提问视角新颖独特，会议气氛十分热烈。

史丹研究员对此次会议做总结发言，史丹研究员认为，此次论坛内容讨论的主题较为广泛，涉及宏观经济、环境经济、金融、市场、产业等等，是一场丰盛的学术大餐。跨界的学术交流和跨行业的讨论让人大开眼界、深受启发。会议体现了专业性和专业精神。演讲、点评、提问和参与，精彩纷呈、相得益彰，使此次论坛圆满成功，达到论坛的预期目的。

　　史丹研究员还指出，通过此次论坛可以发现，尽管大数据已成为一个热词，但在经济学研究领域还刚起步，与通用阶段还有较远的距离。作为经济研究学者，我们希望大数据技术能发展成像软件包那样方便，希望经济研究工作者能够为大数据提供分析的领域，并把已经完成的成果标准化、程序化、市场化，使我们的经济学研究成果能够持续发挥作用。

（供稿：王俊杰）

产业组织前沿问题系列研讨会

一 第八届产业组织前沿问题研讨会

2017年6月25日,"第八届产业组织前沿问题研讨会"在大连召开。此次会议由东北财经大学产业组织与企业组织研究中心主办,东北财经大学经济学院、中国工业经济学会竞争政策专业委员会、中国工业经济学会产业经济学学科建设专业委员会、财经问题研究杂志社、《产业组织评论》编辑部协办,来自国家工商总局、国家发改委反垄断局、商务部反垄断局、中国社会科学院工业经济研究所、美国科罗拉多大学、美国加州大学、香港岭南大学、山东大学、西南财经大学等20余家单位的60余位专家学者参会并围绕"竞争与反垄断政策研究"进行了深入探讨。学者们分别就竞争审查制度的国际比较、交通行业经营者集中执法经验、分行业反垄断执法实践等问题展开了演讲和广泛交流。

此次会议中,有学者以微软、瑞尔数码和苹果之间交叉持股为例,分析了交叉持股在重复古诺寡头垄断中与单一并购方的合谋效应。研究得出交叉持股减少了叛变的动机,但在更大程度上减轻了叛变的惩罚,因此交叉持股的存在阻碍而不是促进了默契合谋。有学者就如何在存在假冒产品或盗版产品的情形下进行反垄断相关市场界定发表了意见。他认为,只要假冒产品对正牌产品构成足够的竞争约束,使得正牌产品企业不能在有利可图的情形下提价,假冒产品就应该包括在相关市场之内。有学者报告了基于成本的垄断差别定价对消费者福利和总福利的促进作用,并探讨了竞争性差别定价的福利效应是什么。研究结果表明,与基于需求的差别定价——三级价格歧视相比,当满足充分条件,即垄断价格的边际成本增长不会太快时,基于成本的垄断差别定价通常会增加消费者福利和总福利。而垄断差别定价总是增加利润,竞争差别定价会降低企业利润。在寡头垄断的情况下,差别定价可能会加剧与统一定价相关的竞争。

会议前后,东北财经大学产业组织与企业组织研究中心还主办了反垄断专题研讨会、座谈会和产业组织前沿问题讲座,来自国家和地方反垄断执法机构代表及部分专家参加了专题研讨和座谈。

二 第九届产业组织前沿问题研讨会

2018年6月24日,"第九届产业组织前沿问题研讨会"在大连召开。此次会议由东北财经大学产业组织与企业组织研究中心主办,中国工业经济学会竞争政策专业委员会、中国工业经济学会产业经济学学科建设专业委员会、财经问题研究杂志社和《产业组织评论》编辑部协办,来自国家市场监督管理总局价格监督检查与反垄断局、国家市场监督管理总局反垄断与反不正当竞争执法局、国家市场监督管理总局反垄断局、美国科罗拉多大学、加拿大卡尔顿大学、美国路易斯维尔大学、香港岭南大学、上海交通大学、山东大学、浙江财经大学等20余家单位的60余位专家学者围绕"互联网领域的竞争政策"进行了深入探讨。学者们分别就竞争政策与互联网领域创新发展、加强竞争执法改善营商环境、互联网领域的经营者集中审查等主题进行了演讲和广泛交流。

会议中,有学者以数字音乐行业为例,对互联网经济学的基础理论与关键问题进行阐述。他认为,数字音乐属于共享品,版权保护很重要,版权人独家授权一般无可指责,要避免准公地悲剧。此外,数字音乐也属于信息品,具有边际成本为零的特点,公平竞争很重要,要避免反公地悲剧,政策需要保反兼顾,不能单纯一条思路。执法时要坚持三个原则:首先版权保护期限应当与创新程度成正比;其次网络传播权应该坚持竞争优先;最后对转售权竞价可以进行追究。有学者以互联网领域的经营者集中审查为主题进行主旨演讲。他总结了互联网领域的并购案件呈现的特点,并指出这些特点的存在也使得互联网领域的案件审查工作在申报标准的确定、交易的复杂性、相关市场界定和竞争影响的评估等方面面临着很大的挑战,进而提出互联网领域反垄断执法的新思路。有学者基于加拿大航空货运附加费涉嫌企业合谋的案件,通过实证解释为何会出现附加费的现象,并且解释航空附加费串谋到底有何后果。研究结果表明,在一定情况下附加费首先会起到作用,并且因为通过附加费串谋,企业能够获得更大利润。有学者以利乐涉嫌垄断行为的案件为例,报告了关于忠诚折扣的研究结果,指出当一家大企业和一家小企业在竞争的时候,大企业可以采用一种追述性的累计折扣,达到限制排除小的竞争对手,并且损害下游买家利益的目的。

三 第十届产业组织前沿问题研讨会

2019年6月28日,"第十届产业组织前沿问题研讨会"在大连召开。此次会议由东北财经大学产业组织与企业组织研究中心主办,中国工业经济学会竞争政策专业委员会、中国工业经济学会产业经济学学科建设专业委员会、《财经问题研究》杂志社、《产业组织评论》编辑部、《反垄断研究》编辑部协办,来自美国科罗拉多大学、美国路易斯维尔大学、香港岭南大学、中国社会科学院、中国人民大学、山东大学、中国政法大学等高校与科研机构的30余位专家学者围绕"竞争政策与产业政策"进行了深入探讨。学者们分别就高质量发展下的竞争政策与产业政策、反垄断后继诉讼的法理分析、关于铁路的行政垄断与事权划分等主题进行了演讲和广泛交流。

会上,有学者以纵向协议的三件反垄断案件判决为例,发现了在过程中存在消费者利益受损经营者却因举证责任不明没有得到处罚的事实,并为反垄断执法中后继诉讼领域提出了改进的政策建议。有学者针对消费者数据保护的几个经济学问题展开交流。他提出增强数据保护和企业创新并不冲突,二者可以互补;企业拥有成本差异定价的数据对消费者整体是好的事情,但拥有需求、弹性方面的信息多数情况对消费者不是好事情。另外如果企业能够取得更多的消费者信息,且该信息是企业间都能得到的,反而会减少企业之间产品的差异化,使竞争更为激烈。有学者发表了题为"中国反垄断执法授权体制下卡特尔侦破机制"的主题演讲。他指出,可采用以下几种手段发现卡特尔:

采用市场筛查；制造"囚徒困境"以瓦解卡特尔；建立卡特尔举报奖励制度。他还结合博弈论模型的经济分析，针对卡特尔的侦破机制提出了提高法定罚款额和制定宽大政策两个对策建议。

（供稿：何文韬）

第十一届产业经济理论与政策国际学术研讨会暨中国工业经济学会产业组织专业委员会成立揭牌

2017年6月22—23日,由山东大学产业经济研究所、山东大学消费与发展研究所、山东大学博弈论与经济行为研究中心、教育部"产业组织与企业成长"创新团队、中国工业经济学会产业组织专业委员会、《山东大学学报(哲学社会科学版)》编辑部、《产业经济评论》编辑部、经济科学出版社主办,山东大学经济学院和青岛科技大学经济与管理学院承办的"第十一届产业经济学与经济理论国际研讨会暨中国工业经济学会产业组织专业委员会成立揭牌仪式"在青岛举行。中国社会科学院学部委员、中国工业经济学会理事长吕政研究员宣布中国工业经济学会产业组织专业委员会正式成立并与刘兴云、吕萍、秦承忠为委员会揭牌,委员会主任、山东大学杨蕙馨教授向大会介绍了委员会的工作规划。

大会开幕式由山东大学产业经济研究所所长、《产业经济评论》主编臧旭恒教授主持。吕政研究员;中国财经传媒集团副总经理,经济科学出版社党委书记、社长、总编辑吕萍;山东大学青岛校区党工委书记孔令栋;青岛科技大学党委书记刘兴云分别在开幕式中致辞。吕政研究员以"提高现有产业效率也是新的经济增长点"为题作了大会主题报告,他认为,现阶段中国的产业升级,不可能像日本、韩国或者中国台湾那样,遇到劳动力成本上升时,很快就放弃劳动密集型产业或者转移出去,因为还有庞大的就业队伍需要考虑,因此要切实重视现有产业效率的提升。

近40名论文入选作者在5个分会场同时报告了各自的研究成果,并进行了热烈的交流讨论。有学者采用我国2007年和2012年制造业的投入产出数据,利用结构分解技术构建制造业的投入产出偏差模型,并与美国制造业进行对比研究。研究结果表明:我国制造业总体技术进步贡献度低,仅为0.22%;而技术密集型行业为-3.14%,远低于美国的10.06%(除化工及化工产品)。因此,有针对性地制定不同的制造业发展措施,提高技术密集型制造业的技术,有助于我国制造业的转型升级,实现"制造强国"的目标。有学者提出企业市场力量降低劳动收入份额的假说,因为企业通过市场力量获取的收益中,工人只能分成其中的一小部分,并使用1998—2007年的工业企业数据库,计算中国工业企业的劳动收入份额和加成系数,并以此研究市场力量对劳动收入份额的影响。实证研究发现,市场力量越强的企业,劳动收入份额越低,并且这一结论对于不同的变量、样本和模型设定都十分稳健。另有学者采用Malmquist指数法,测算1994—2014年制造业24个细分行业的产能利用率,并将其分解为技术变化和设备利用率,通过对其分解值的变化特征进行分析得出导致产能利用率波动的根本原因。最后,通过建立面板模型探究产能利用率的影响因素及其深层影响机制。研究发现：我国的产能利用率波动具有周期性特点，重工业比轻工业波动大。目前存在产能过剩的七大行业也体现了这一特征，且上下游产业会相互影响。国有资产占比和社会投资对制造业产能利用率存在显著影响，说明在产业结构调整升级的过程中，只有充分发挥政府和市场作用，才能减少产能过剩带来的资源错配，从根本上保证制造业稳健增长。

（供稿：王 军、杨蕙馨）

中国工业经济学会竞争政策专业委员会成立暨"竞争政策体系"研讨会

2017年5月6日,中国工业经济学会竞争政策专业委员会成立暨"竞争政策体系"研讨会在天津财经大学举行。中国工业经济学会副会长、中国社会科学院工业经济研究所党委书记史丹,国家发展和改革委员会价格监督检查与反垄断局副局长李青,国务院反垄断委员会专家咨询组专家、天津财经大学原副校长于立教授,首都经济贸易大学校长助理戚聿东教授,上海财经大学副校长蒋传海教授,山东大学于良春教授,香港竞争委员会顾问、香港岭南大学林平教授,国家工商总局反垄断法律处处长赵春雷等出席。参加此次研讨的还有来自中国人民大学、中国政法大学、东北财经大学、浙江财经大学、暨南大学、天津商业大学、腾讯研究院、《竞争政策研究》编辑部等机构的30余位专家和特邀嘉宾。

中国工业经济学会竞争政策专业委员会主任委员由于立教授担任,戚聿东教授、蒋传海教授、于良春教授任副主任委员。香港岭南大学林平教授和加拿大卡尔顿大学陈智琦教授为顾问,国家发展和改革委员会、商务部、工商总局等《反垄断法》执法机构人员为特邀嘉宾。秘书处分别设于天津财经大学法律经济分析与政策评价中心和东北财经大学产业组织与企业组织研究中心。

史丹、李青为中国工业经济学会竞争政策专业委员会揭牌。史丹在致辞中说,中国工业经济学会的学科基础是产业经济学或产业组织,而这也正是竞争政策研究和制定的学科基础。竞争政策专业委员会云集了这个领域的知名专家,期待为中国竞争政策的研究和实践做出更多贡献。

国家发展和改革委员会价格监督检查与反垄断局副局长李青主持报告会并点评。于立教授、戚聿东教授、蒋传海教授和林平教授分别作了题为"竞争政策的地位与体系""发挥竞争政策基础性地位的改革建议""互联网反垄断执法的难点和建议"和"香港竞争法实施最新进展"的主题报告。

专家们围绕"竞争政策体系"的会议主题,形成了多方面新的核心观点和政策建议。例如,第一,处理好政府与市场关系是中国经济改革与发展的核心问题和基本经验,充分发挥市场的决定性作用和更好发挥政府作用是最重要的基本国策。第二,市场的决定性作用不仅体现在配置资源方面,还包括激励主体方面,二者不可偏废。第三,市场的决定性作用决定了竞争政策的基础性地位。更好地发挥政府作用的主要途径是竞争政策,而不是其他政策。第四,解决好"国企垄断"和"行政垄断"是中国竞争政策的特色,也是难点。国企改革应走"特殊法人"之路,公平竞争审查制度则是"行政垄断"的克星。第五,产业政策与竞争政策长期看是此消彼长的替代关系,而构成竞争政策核心的反垄断政策与规制政策则是同生共长的互补关系。第六，竞争政策的法律依据是《反垄断法》，而《反不正当竞争法》一是与竞争政策关系不大，二是主体条款已经被《反垄断法》和知识产权法等其他法律所取代。第七，竞争状况评估以及各种行业分析都必须充分考虑"产业＝市场"的假设条件，尽量多用"市场研究"代替"行业分析"。第八，正在建立过程中的法理经济学是法律经济学（包括反垄断经济学和规制经济学）的根基，可为更好地"全面依法治国"提供理论基础。

（供稿：王　楠、徐洪海）

第八篇
学科建设

北京交通大学产业经济学学科建设

一 学科介绍

北京交通大学产业经济学学科是在运输经济学学科基础上发展起来的。运输经济学源自1909年的铁路商务管理专科。1981年北京交通大学运输经济学获得国家首批硕士学位授予权；1986年获得博士学位授予权，是中国理工科大学中最早设立的经济学博士点；1987年成为第一批国家重点学科，是国内唯一以运输经济为主要方向的国家重点学科。1997年运输经济学被并入产业经济学二级学科，2001年起正式设立博士后流动站。2002年北京交通大学产业经济学二级学科被评为国家重点学科，2007年再次被评估为国家重点学科。2012年以产业经济学为核心的应用经济学增补为北京市重点一级学科，并在全国第三轮学科评估中并列第12；2017年在全国第四轮学科评估中，应用经济学学科排名前20%。目前，该学科点建设单位北京交通大学经济管理学院拥有北京市哲学社会科学重点研究基地"北京交通发展研究基地"和"北京产业安全研究基地"、北京市社会科学与自然科学协同创新研究基地"北京人文交通、科技交通、绿色交通研究基地"以及首都高端智库"北京综合交通发展研究院"。

该学科点现有教师43名，其中教授13人；国家级教学名师1名，国务院学科评议组成员1名，国家自然科学基金优秀青年基金项目获得者1名。首任学术带头人为国家级教学名师、原国务院学位委员会学科评议组成员荣朝和教授。现任学术带头人为中国工业经济学会副理事长、北京交通大学应用经济学科责任教授林晓言。该学科点为中国工业经济学会交通运输与基础设施专业委员会主任委员单位，北京交通大学党委副书记、校长王稼琼教授担任主任委员。

该学科点出版了《论运输化》《现代运输经济学丛书》《网络型基础产业经济学丛书》《经济时空分析——基础框架及其应用》等学科定位著作，出版了《运输经济学导论》《西方运输经济学》《轨道交通运输经济学》《高铁经济学导论》《交通运输工程经济学》等示范性教材。近4年来，出版了《综合运输体系研究——认知与构建》《引入空间维度的经济学分析及我国铁路问题研究》《中国铁路改革重组与高铁问题研究》《高速铁路与经济社会发展新格局》《中国交通运输发展（1978—2018）》《高速铁路服务质量与市场竞争》等著作32部。

近10年来，该学科点承担国家社会科学基金重大项目3项，重点项目3项，其他项目11项；国家自然科学基金优秀青年基金项目1项，面上项目和青年基金项目12项；省部级项目100余项。近5年来，在《经济研究》《管理世界》《数量经济技术经济研究》《中国工业经济》和 Transport Research Part A~F 等学术期刊上发表论文200余篇；通过《智库建言》《人民日报内参》《要情》《成果要报》等渠道建言献策，37份专家建议入选北京市社会科学基金成果要报、国家社会科学基金成果要报、教育部高校智库专刊或《人民日报》内参等，其中17篇获中央或地方领导人批示。

二 学科特色

北京交通大学是行业特色研究型大学，该学科点长期以来以交通运输经济学为核心，以网络型基础产业经济学为重点进行学科建设和人才培养。

主要研究方向：（1）运输经济理论与政策。围绕运输经济学本身发展中的一系列重大理论问题以及中国综合运输发展与体制改革中的重大课题，在运输经济学科体系重构、运输业组织分析、综合运输体系研究以及综合交通规划理论与方法等方面取得了重要进展，在中国运输经济学研究领域的拓展和学科体系的创新与完善方面处于领跑地位。（2）网络型基础产业改革与发展。着重围绕网络型基础产业的建设、运营和管理等，研究以铁路、公路、民航、电力、城市基础设施、电信等网络型基础产业转型、市场竞争、管制等问题。（3）产业经济理论与政策。围绕产业经济学的一般命题，重点研究市场竞争、效率与管制、企业理论与新业态新组织，产业安全与发展、科技服务业与新兴产业等理论和政策。

每年主办"运输与时空经济论坛"国际会议，至2019年已主办7届，是国内外知名运输经济学者的学术交流平台，已成为运输经济领域颇有知名度的国际会议。每年主办中国铁道学会经济学委员会学术年会，已成为铁道运输经济产学研学术交流的重要平台。每年主办IEEE产业经济系统与产业安全工程国际学术会议，至2019年已主办7届。每年主办"创新产业论坛"，至2019年已主办6届。

三 课程设置

该学科点为研究生设置学科专业核心课程（中级微观经济学、中级宏观经济学、中级计量经济学、中级运输经济学、中级产业经济学、产业经济学经典与现代英文文献阅读、高铁技术经济分析、博弈论、基础设施项目可行性研究等12门）和专业拓展课程（综合交通规划理论与政策、交通地理与区位、transportation economics 等22门）。为博士研究生设置了专业基础课（高级微观经济学、高级宏观经济学、产业组织理论、高级经济学专题、经济学研究方法）、专业课（高级运输经济学专题、高铁经济分析、高级计量经济学、经济学经典与现代英文文献研读等8门）以及专业拓展课程（博弈论与信息经济学等12门）。

四 研究生培养

该学科设立硕士点和博士点，硕士研究生学习年限3—5年。要求最低修40学分；参加课题研究、专业实习和撰写学术论文。博士研究生学习年限为4—6年。要求最低修32学分；参加国家级或省部级重大或重点课题研究，参与科研项目申请、论证、答辩、招投标等工作，普通博士生实际参加科研时间不应少于2.5年，直博生参加科研时间不应少于3年；参与国家或省部级科研平台及实验室的申报和建设；在科研训练中辅助导师对硕士研究生的培养；至少参加两次国际学术会议或其他高水平的国际国内学术交流，包括相关国际学术会议、中国工业经济学会年会、中国经济学年会等，并有论文入选；海外进修不少于 4 个月；在学期间一般要用至少 2 年的时间完成学位论文。

（撰稿：吴　昊）

东北财经大学产业经济学学科建设

一　学科介绍

东北财经大学产业经济学学科起始于1981年创建的工业经济学，1982年获得硕士学位授予权，1986年获得博士学位授予权，1997年被评为财政部重点学科，2002年被评为国家重点学科，2007年再次以优异的成绩被评为国家重点学科。2010年被列入教育部、财政部"国家级特色重点学科"。该学科点建设单位东北财经大学产业组织与企业组织研究中心2004年获批教育部人文社会科学重点研究基地，2016年被授予"国家发改委反垄断研究及人才培养培训基地"，2019年入选"辽宁省首批省级重点新型智库"。

该学科点现有教师26人，其中，教授7人，副教授13人。有国务院学科评议组成员1人，国家"万人计划"哲学社会科学领军人才1人，教育部"长江学者"讲座教授1人，新世纪百千万人才工程国家级人选1人，中宣部宣传思想文化青年英才1人。首任学科带头人为中国工业学会副会长于立教授。现任学科带头人为中国工业学会副会长肖兴志教授。该学科点为中国工业经济学会产业经济学学科建设专业委员会主任委员单位，东北财经大学党委常委、副校长肖兴志教授担任主任委员。该学科点为中国工业经济学会竞争政策专业委员会秘书长单位。

该学科点出版了《产业经济学的学科定位与理论应用》《规制经济学的学科定位与理论应用》等学科定位著作，出版了《当代西方产业组织学》《产业经济学》等研究生示范教材，主编出版了《产业组织与政府规制》《现代规制经济分析》《产业组织与反垄断法》等著作，主编出版了由中国工业经济学会组织、全国产业经济学博士点单位多有参加的《产业经济前沿问题研究丛书》（丛书共10部），翻译出版了《反垄断经济学与政策前沿》丛书（共6本）。

近些年来该学科点承担国家社会科学基金重大项目3项，一般项目8项，国家自然科学基金项目23项，教育部规划基金项目20项，教育部人文社会科学重点研究基地重大项目29项，国家发展和改革委员会公开招标项目4项，国家工商行政管理总局项目4项，国家商务部项目1项，国家市场监督管理总局项目1项，国家知识产权局项目1项，其他省部级科研项目100余项。在《经济研究》《管理世界》《中国工业经济》《经济学（季刊）》和 *International Journal of Industrial Organization* 等学术期刊发表论文300余篇。获蒋一苇企业改革与发展学术基金优秀论文奖2项，高等学校人文社会科学优秀研究成果奖4项，国家发展和改革委员会优秀研究成果奖1项，辽宁省哲学社会科学优秀研究成果奖17项，其他科研成果奖100余项。

二 学科特色

该学科点坚持"不求规模，但求特色"，按照国际公认的产业组织学（产业经济学）进行学科建设及人才培养。

主要研究方向有：(1) 产业组织理论。包括纵向产业组织、企业间部分所有权的合谋理论、寡头市场中的策略性行为等。(2) 规制经济学。包括标尺竞争规制、价格上限规制、环境规制、安全规制、健康规制和规制改革等。(3) 反垄断经济学与竞争政策。包括忠诚折扣等滥用市场支配地位行为、经营者集中的反竞争效应、招投标市场的竞争政策、公平竞争审查等。(4) 互联网经济学与竞争政策。包括双边市场与相关市场界定、互联网平台的排他性交易、竞价排名、大数据与反垄断等。(5) 知识产权与竞争政策。包括标准必要专利、回授、专利池、独家交易、拒绝交易和专利主张实体（PAE）引发的知识产权保护与竞争政策等。

主办"产业组织前沿问题研讨会"，至2019年已主办10届，成为国内外产业组织学者的学术交流平台。主办"全国产业经济学高级研修班"。主办《产业组织评论》和《反垄断研究》学术期刊。所培养的硕士研究生中有较大比例攻读博士学位，培养的博士生大部分成为高校重要的教学与科研力量。

三 课程设置

研究生课程设置除了按国家规定和学校要求设定相关课程外，该学科点还为硕士研究生开设中级微观经济学、中级宏观经济学、中级经济计量学、数理经济学等专业基础课，开设产业组织理论、博弈论、新实证产业组织等专业必修课，开设反垄断经济学、规制经济学、反垄断案例研究等专业选修课。为博士生开设高级微观经济学、高级宏观经济学、高级经济计量学、数理经济学等专业基础课，开设产业组织理论、博弈论、新实证产业组织、产业组织前沿问题等专业必修课，开设反垄断经济学、规制经济学、竞争政策、知识产权与竞争政策、国际竞争政策等专业选修课。

四 研究生培养

东北财经大学设立产业经济学硕士点，产业经济学、产业组织学和规制经济学博士点。硕士生的学习年限为3年，博士生学习年限为3—5年。要求硕士生参与课题研究和撰写学术论文。要求博士生参与课题研究，撰写并发表学术论文。坚持主办每周至少一次的学术研讨会（seminar）。为研究生创造到中央和地方政府部门实习锻炼机会。该学科点重视研究生科研创新能力的培养，通过专门的课程设置和专题选取并邀请国内外专家来讲授产业组织前沿理论与方法；在调查研究、数据挖掘或案例研究等方式深入研究国内外产业经济实践基础上进行理论研究、实证研究或政策研究；带领研究生深度参与实际科研工作，通过"干中学"培养研究生"发现、分析和解决"现实产业经济问题的研究与创新能力。

（撰稿：陈长石）

东南大学产业经济学学科建设

一 学科介绍

东南大学坐落于六朝古都南京，是享誉海内外的著名高等学府，也是国家"985工程"和"211工程"重点建设大学之一。2017年，东南大学入选世界一流大学建设A类高校名单。东南大学商科历史可以追溯到1917年成立的南高师商业专修科，产业经济学学科起始于1981年创建的工业经济学，1982年获得硕士学位授予权，1997年建立产业经济学专业硕士点并招生，2011年获得博士学位授予权，2013年获批博士后流动站（应用经济学），2016年被评为江苏省重点学科。

该学科点现有教师11人，其中，教授6人，副教授5人。学科带头人为周勤教授，作为产业组织与产业投融资领域国内知名学者，出版了《企业纵向关系论——纵向关系的产业组织分析》（获第九届江苏省人文与社会科学二等奖）等产生较大学术影响的学科专著，出版了《管理经济学》等研究生示范教材。近期研究兴趣集中于平台经济与平台企业，区块链、企业治理与转型等前沿领域，主持翻译了《平台经济学：多边平台产业论文集》等著作，促进了国内相关领域的研究。学科方向带头人胡汉辉教授长期从事产业融合、产业集群和政府规制研究。自2001年出版译作《电信竞争》（原作者拉丰、梯若尔）获得"中国图书奖"（2002年）以后，陆续出版了《产业经济学译丛》7本（包括译著《产业组织导论》《产业竞争博弈》《领先之源》《网络型产业的重组与规制》《现代产业组织》），对推动国内产业经济学的教学和普及发挥了积极的作用。该学科还出版了《产业聚集形成的源泉》《互联网经济时代的中国产业升级问题研究》等学术专著。近些年来该学科点承担国家社会科学基金重点项目2项，一般项目6项，国家自然科学基金项目10项，教育部规划基金和其他省部级科研项目30余项。在《经济研究》《管理世界》和《中国工业经济》等国内期刊，*Research Policy*、*World Development* 和 *Telecommunications Policy* 等国际学术期刊发表论文200余篇。获江苏省哲学社会科学优秀研究成果奖5项，其他科研成果奖十余项。

二 学科特色

该学科点坚持"交叉融合，锚定前沿"，以国际公认的产业组织学为基础，以中国产业转型的现实问题研究为抓手进行学科建设及人才培养。主要研究方向有：（1）产业组织与产业投融资。这是现代经济学最具挑战性的方向之一，融合了产业组织论、公司金融、企业理论和微观经济学等学科研究前沿问题。随着产业组织的变迁和经济全球化的不断深化，围绕产业组织与产业投融资的研究对于转型时期中国经济的稳定发展具有重要的理论价值和实践意义。研究重点是市场化改革条件下中国产业组织的变迁、创新与企业成长模式问题。(2) 产业融合、产业集群和政府规制研究。近期该方向的研究主要集中在电信市场网络融合背景下的商业模式创新和动态规制的变化，以及电信网、有线电视网、互联网"三网融合"背景下的有线电视产业的竞争、市场创新、规制改革和对文化产业发展的贡献方面。进一步将产业融合的研究引申到产业集群领域，主要研究产业集群的发展、规划与知识治理问题。(3) 平台经济与平台企业。包括平台的定价策略研究、平台开放度的测度及其相关策略研究、平台的设计与开放。近期研究重点是中国数字平台企业的实证研究，在此基础上对数字平台的垄断势力进行测度，并对相关的管制政策进行探讨。(4) 区块链、信息确权和交易。研究区块链作为新型平台对未来产业经济学的基础性影响，特别是对公司治理结构的变革，其中信息的确权和交易将是未来这一领域中最具有潜质的研究领域，现在已经形成对国内外研究的跟踪研究，现有问题研究也有了基本构架。(5) 高铁的经济效应研究。包括高铁对地区经济发展、高铁对企业创新、高铁对城市消费和高铁对产业结构影响等系列研究。

三　课程设置

研究生课程设置除了按国家规定和学校要求设定相关课程外，该学科点为硕士研究生开设高级微观经济学、高级宏观经济学和高级经济计量学等专业基础课，开设高级产业经济学、管制与反垄断专题研究和网络经济学等专业必修课，开设实证产业组织、博弈论和 R 软件等专业选修课。为博士生开设微观经济学前沿、宏观经济学前沿和计量经济学前沿等专业基础课，开设高级产业经济学专题研究、产业融合专题研究和网络产业的企业策略与管制专题研究等专业必修课，开设高级博弈论、动态规划和计量软件等专业选修课。同时，该学科点会定期聘请海内外知名学者开设系列前沿讲座。

四　研究生培养

东南大学经济管理学院设立产业经济学硕士点和产业经济学博士点。硕士生的学习年限为 3 年，博士生学习年限为 3—5 年。硕博连读的学习年限为 5—6 年。该学科点要求硕士生参与课题研究，撰写学术论文并要求发表。要求博士生参与课题研究，撰写并发表较高学术水平的论文。该学科点重视研究生科研创新能力的培养，坚持主办系列学术研讨会（seminar），在加强内部交流的同时，通过邀请国内外学者讲学的机会帮助研究生了解学科的研究前沿和发展动向，激发他们的研究兴趣和热情。该学科点购买了主流数据库，并在数据处理和量化研究方面对学生进行有针对性的培训。同时，和地方政府、金融机构和产业界建立了密切的合作关系，为研究生的实习和就业提供了平台。近年来，产业经济学硕士生就业前景较好，获得用人单位的广泛好评。产业经济学博士生主要进入高校，从事科学研究。

（撰稿：周　勤）

对外经济贸易大学产业经济学学科建设

一 学科介绍

对外经济贸易大学产业经济学学科发展始自20世纪50年代的运输经济。20世纪90年代以后，该学科点在理论与应用研究方面都得到了大力的发展，学科建设水平不断提升，科研成果丰富，部分成果达到了国际水平，发表在国际顶尖经济学期刊如 *Rand Journal of Economics*、*Games and Economic Behaviors*，近百篇论文发表在被SSCI和SCI收录的国际一流期刊上，40余篇成果发表在《中国社会科学》《经济研究》《管理世界》《中国工业经济》等国内权威期刊上，具有较强的学术影响力。同时，该学科点近5年来承担了数十项国家社会科学基金与自科基金项目、教育部及北京市项目以及多项国际合作课题，在电信经济学、运输物流、能源经济、电子商务、现代服务业等方向应用性研究成果突出、特色鲜明。受中央办公厅、发改委、商务部、国家统计局等政府部门委托，该学科点形成了一系列政策研究和对策研究成果，密切服务于中国经济建设和产业发展。学科专业服务和咨询深受政府部门和企业的欢迎，为政府和企业提供了有力的智力支持。学科点成果多次获得教育部全国高等学校科学研究优秀成果奖、全国商务发展研究优秀成果奖、北京市哲学社会科学优秀研究成果奖等省部级奖励。

对外经济贸易大学产业经济学学科点形成了一支结构合理，教学、科研能力较强的学术团队，共有专职研究人员37人，包括教授13人、副教授18人，其中包括海归博士16人，国际化优势明显；有教育部长江学者1人，"百千万人才工程"人选1人，万人计划青年拔尖人才1人。现任学科带头人洪俊杰教授担任中国工业经济学会副理事长。该学科点为中国工业经济学会国际市场与投资专业委员会秘书长单位。

二 学科特色

对外经济贸易大学产业经济学学科点的人才培养坚持复合型、国际化人才的标准，留学生教育独树一帜，拥有完整的全中文和全英文本科到博士的学位培养项目，学生中留学生比例接近20%，所培养的人才具有扎实的理论功底、较高的外语水平以及娴熟的专业技能，深受用人单位的好评，能够满足全球竞争市场对高端人才的需要。

以研究群的机制创新，建设学科平台，有力带动了学科的快速发展。通过借鉴国际先进经验，进行机制创新，以凝练的研究方向为核心，以研究群的形式开展学术研究，利用先进学科的示范和学科链效应，带动产业经济学重点学科整体水平的进一步提高，形成鲜明的特色。目前重点发展四个研究方向：产业升级与经济发展、运输经济学、能源经济学、产业组织。

按照国际标准建设跨国学术研究平台，招聘国际水准的青年学者加入团队，以灵活多样的方式与国际高水平学者进行学术合作，通过有效的合作机制与国外合作者共同开展学科建设。围绕国际化特征强化学科特色，在科研选题、人才培养和国际学术交流方面，有针对性地服务于国家产业升级和国际竞争力提升以及首都产业发展和国际化的战略目标，使学科建设直接服务于首都发展。

三 课程设置

对外经济贸易大学产业经济学学科点研究生课程设置除了国家和学校规定课程外，还为学生设置了中级宏观经济学、中级微观经济学、中级计量经济学、产业经济学、产业组织学、跨国公司经营管理、当代世界经济、国际经济学、企业物流管理、运输经济学、电子商务、国际贸易、经济学分析与应用等课程；为博士生开设高级宏观经济学、高级微观经济学、高级计量经济学、产业经济学、区域经济学、博弈论、能源经济学、一般均衡模型、经济学方法论、国际经济前沿、产业经济学、数理经济学等。

四 研究生培养

对外经济贸易大学拥有产业经济学硕士和博士点，硕士生学习年限为2—3年，博士生学习年限为3—6年。鼓励硕士生参与课题研究和社会实践，要求硕士生撰写学术毕业论文。要求博士生参与课题研究、开展社会调研，发表高水平学术论文，参加国内外学术会议，撰写文献综述，并以此作为博士生中期考核的一项制度。鼓励博士生导师给学生每周开展学术研讨会（seminar）。学科点积极为博士、硕士研究生创造利于其专业知识提升的实习和就业机会，注重博士、硕士研究生学术科研创新能力、实证分析能力和解决实际问题能力的培养。

（撰稿：蓝庆新）

复旦大学产业经济学学科介绍

一 学科介绍

复旦大学产业经济学学科发展至今已有 37 年的历史。产业经济硕士点建立于 1983 年，产业经济博士点于 1986 年经国务院学位委员会审定批准建立。继 1987 年成为首批国家重点学科后，于 2000 年和 2007 年再次被教育部评为国家重点学科，成为"三连冠"的国家重点学科。

该学科点现有教师 16 人，其中，教授 4 人，副教授 6 人；同时聘任海内外著名教授 6 人为学科特聘教授，形成 22 人的师资队伍。原学科带头人为著名经济管理学家苏东水教授，现任学科带头人为芮明杰教授，他于 2003 年接任复旦大学产业经济学学科带头人并成为复旦大学产业经济学系创始系主任。曾任校学术委员会委员、校学位委员会委员文学部副主任，管理学院学位评定委员会主席、管理学院副院长、复旦大学工商管理博士后流动站站长等职。现任复旦大学管理学院产业经济学系主任、企业管理与产业经济专业教授、博士生导师，复旦大学应用经济学博士后流动站站长，并兼任中国工业经济学会副理事长，上海市政府决策咨询研究基地芮明杰工作室领军人物等职。

复旦大学的产业经济学学科在国内外一直享有盛誉，长期以来发表了大量有重要影响的成果，如 20 世纪 80 年代苏东水教授的《国民经济管理学》《工业经济管理》出版发行 300 多万册，成为当时国家经济干部培养的重要教材，影响巨大，90 年代与香港大学经济与管理学院合著的《中国产业国际竞争力报告》为国内第一部产业竞争力研究报告。进入 21 世纪以来，芮明杰教授的《论产业链整合》《第三次工业革命与中国选择》获得教育部奖项，《产业创新战略——基于网络状产业链内知识创新平台的研究》2012 年 3 月入选国家新闻出版署"三个一百"原创出版工程。芮明杰教授主编的《产业发展与结构转型研究（5 卷本）》《中国产业发展年度分析报告》（2015—2018 年共 4 本）等都有很大影响。

在芮明杰教授率领下，近 10 年来，该学科承担国家社会科学基金重大项目 2 项、重点项目 1 项；国家自然科学基金项目 20 项，其中国家自然科学基金优秀青年项目 1 项；承担省部级科研项目 37 项。在 *Academy of Management Journal*、*Management Science*、*Rand Journal of Economics* 和《经济研究》《管理世界》《金融研究》《中国工业经济》《管理科学学报》等国内外顶级刊物上发表论文 60 余篇，在其他期刊发表论文近 300 篇。取得教育部高等学校科学研究优秀成果奖（人文社会科学）3 项，上海市哲学社会科学优秀成果奖 7 项，上海市决策咨询研究成果奖 4 项，其他各类奖励 40 余项。该学科的"产业经济发展系列研讨会"已成功举办 19 期，成为该学科的学术品牌活动。

二　学科特色

产业经济学学科经过30多年的建设与发展，始终坚持自己的学科发展目标，高起点建设学科研究方向，组建优秀的学科团队，积极引进人才，开展了一系列既符合中国经济发展需要又与国际产业经济理论界接轨的研究课题，取得突破性成果，形成了国内外有重要影响的、比较公认的产业经济学科研究特色。

该学科的建设目标是瞄准世界先进水平，把握学科国际发展前沿，进行原创性理论研究，出一流科研成果，发展巩固复旦大学特色；同时积极培养国家和社会经济发展需要的中高级产业经济专业人才，为国民经济建设与产业发展出谋划策，成为国内一流、国际有影响的产业经济学学科。

已经形成的学科特色有：

研究特色之一"价值模块与产业链整合"，主要研究动态模块化分工与产业链变化整合的相关理论与实践问题，具体开展对价值模块与创新、产业链知识整合方式、整合条件、整合的内在机制以及整合创新的方向，模块化条件下产业链的知识基础、知识创新机制的基础理论与方法，同时也对中国产业链知识整合及创新进行一些实证研究。

研究特色之二"策略行为与规制"，主要以针对产业组织、行为博弈与经济规制理论与实践问题开展研究。同时，针对中国经济中现实的产业与市场问题进行研究。在提炼中国产业与市场特性的基础上，构建理论模型，通过分析中国各主要产业的市场结构等对中国垄断行业的改革和一般的市场规制提供政策建议。

研究特色之三"产业创新与知识网络"，主要研究产业创新与知识共享的规律，创新的制度分析，技术创新、组织创新对产业发展的影响及过程机制，区域研究与发展的不同模式的比较，中国产业创新与企业战略问题的实证研究等。

研究特色之四"产业成长与竞争力"，主要研究产业成长的基本规律，探索产业发展与产业竞争力基本理论与方法，以及产业国际竞争力的理论基础、评价指标，国际竞争力提高的特点、途径和对策的研究，产业集群、个别产业发展演化；企业持续发展的理论与策略，企业成长的规律，企业核心竞争力形成等方面问题。

三　课程设置

研究生课程设置分为学位公共课、学位基础课、学位专业课和专业选修课四大类。博士课程设置两个专业方向：（1）产业组织与规制。主要专业课程有：规制经济学、产业组织理论、实证产业组织、契约理论等。（2）产业与企业发展。主要专业课程有：产业组织理论、企业理论、实证产业组织、产业发展与创新、价值网络与平台经济等。

四　研究生培养

该学科设有二级学科产业经济学博士点1个，二级学科产业经济学、计量经济学硕士点各1个，应用经济学博士后科研流动站1个。该学科所在的管理学院从2008年起全面实行研究生硕博连读培养方案，基本学习年限为5—6年。博士生学习年限为3—4

年。培养目标为：具有国际学术视野和开阔思维、又对中国产业经济问题有深刻的理解与思考，全面掌握科学研究方法、富有潜力且具有国际竞争力的研究型学者。培养方式：通过课程与实践、学术交流、参与科学研究等方式，提升学生学术研究能力；为硕博连读生提供海外交流机会，特别资助学生在第三、第四年期间赴海外院校进行为期半年至一年的联合培养和学术交流。

（撰稿：芮明杰）

哈尔滨商业大学产业经济学学科建设

一 学科介绍

哈尔滨商业大学产业经济学学科起始于1978年创建的商业经济学，1982年获得硕士学位授予权，2006年获得博士学位授予权。1996年被原国家国内贸易部确定为首批部级重点学科，1998年根据调整后的国家专业目录定名为产业经济学专业，2000年被确定为黑龙江省重点学科及黑龙江省人事厅重点资助学科，是黑龙江省应用经济学唯一的一个重点学科。2012年产业经济学获批黑龙江省省级领军人才梯队"535工程"第二层次，即建设国内领先的30个学科。该学科点建设单位哈尔滨商业大学经济学院现拥有黑龙江省高校人文社会科学重点研究基地3个，分别为现代商品流通研究中心、市场与流通研究中心、法经济学研究中心，拥有黑龙江省首批重点培育智库公共政策与现代服务业创新智库1个。

该学科点现有教师35人，其中博士学历教师29人，占82.86%；其中教授12人，副教授15人。现有国务院学科评议组成员1人，教育部高等学校经济学类专业教学指导委员会委员1人，享受国务院政府特殊津贴专家2人，享受省政府特殊津贴专家3人，省级优秀中青年专家2人，博士生导师12人。现任学科带头人为哈尔滨商业大学党委书记孙先民教授，后备带头人为哈尔滨商业大学经济学院院长韩平教授。梯队成员分别担任中国工业经济学会副会长、副理事长等职务。

该学科出版了《黑龙江冰雪经济研究》、《黑龙江省商业景气指数研究报告》（2016、2017、2018、2019），《第三产业思想史》、《服务经济学：现代观点》、《黑龙江省现代服务业研究报告》、《黑龙江省服务外包产业研究报告》等学科定位著作。哈尔滨商业大学产业经济学学科建设始终体现现代服务业特色，服务地方经济发展。

2014年至今，梯队共承担国家社会科学基金项目15项，国家软科学重大合作项目1项，教育部人文社会科学项目8项，黑龙江省自然科学基金项目1项，黑龙江省社会科学基金项目25项，黑龙江省经济社会发展重点研究项目6项，其他项目27项，总计科研经费620万元。2014年至今，梯队共发表CSSCI论文52篇，SCI检索、SSCI检索、EI检索论文21篇。2014年至今，梯队共出版科研著作（含教材）21部。2014年至今，共获得省部级科研奖励24项，其中黑龙江省社会科学优秀成果一等奖5项、二等奖3项、三等奖4项、其余奖项11项，黑龙江省教学成果奖特等奖1项。

二 学科特色

梯队现有稳定研究方向四个，具体包括现代商品流通、现代服务业、新制度经济学、区域产业发展与产业政策。

主要研究方向有：（1）现代商品流通。现代商品流通研究方向主要围绕以下领域展开研究：流通组织、流通渠道、零售业态等，在网络信息技术变革背景下，重点研究网络信息技术对流通组织、流通渠道与零售业态演化的作用机理，形成一批前沿理论研究成果。（2）现代服务业。立足于现代服务业前沿理论研究，通过对全球价值链（GVC）与产业融合趋势的关注，重点研究生产性服务业与服务外包领域问题。（3）新制度经济学。立足经济与法律问题的交叉研究，在借鉴国外研究的基础上，奠定了中国法经济学研究的学科基础，确立了法经济学的价值观，构建了全新的中国特色的法经济学研究思路与体系。（4）区域产业发展与产业政策。坚持立足区域产业发展实际，从产业组织政策、产业技术政策、产业结构政策与产业布局政策，打破路径依赖，实现东北老工业基地产业振兴。

梯队在坚持商业研究的同时，注重诚信文化与商业历史的挖掘，梯队拥有商业文化馆，商业文化馆始建于1996年，由货币金融博物馆、哈尔滨商业票证馆、"文革"票证馆构成，总面积1500平方米，展品15000余件。其中，"日伪货币和票证"系统全面地展示了日本侵华期间进行经济侵略与掠夺的金融物证，特色鲜明，为该馆独有。哈尔滨商业票证馆包括民国及伪满洲国时期哈尔滨各种老商业票证及相关珍贵图片等，分为"哈尔滨商圈的历史定位""中华老字号的昔日风采""民族工商业的往日旧影""外商洋行的旧日风光""绚丽多彩的票证文化"及"在哈埠发行和流通的老纸币"等六个部分，内容的独特性和系统性在全国首屈一指。

三 课程设置

研究生课程除了按国家规定和学校要求设定相关课程外，还为硕士研究生开设了中级微观经济学、中级宏观经济学、中级计量经济学等专业基础课，开设产业经济学前沿、博弈论与信息经济学、产业组织理论等专业必修课，开设现代商品流通理论、服务业经济学前沿、网络产业组织理论等专业选修课。为博士研究生开设高级微观经济学、高级宏观经济学、高级计量经济学等专业基础课，开设产业经济学前沿、产业组织与政府规制、产业组织与数字经济等专业必修课，开设制度经济学前沿、流通经济学前沿等专业选修课。

四 研究生培养

产业经济学梯队是东北首批产业经济学博士点，2006年获批与东北财经大学联合招生、培养产业经济学博士研究生，2009年获批应用经济学一级学科博士点，开始独立招收产业经济学博士研究生。2014年至今，招收产业经济学博士研究生28人，毕业27人（详见表1）；招收产业经济学硕士研究生62人，毕业63人。同时梯队设有产业经济学博士后科研流动站，在站博士后科研人员30名。

表 1 　　　　2014—2019 年产业经济学博士研究生招生毕业情况

年份	2014	2015	2016	2017	2018	2019	合计
招生（人）	3	4	6	7	6	2	28
毕业（人）	3	3	11	3	4	3	27

在产业经济学研究生培养方面，要求研究生参与课题研究，研究生导师选聘过程中是否有充足课题支撑是先决条件之一。除了要求学生参与纵向课题的研究，也创造条件使研究生参与实际问题的解决。产业经济学梯队近年来承担国家、省市政府产业发展战略规划、产业地图、产业链图谱等项目 30 余项，通过实际参与横向课题，研究生更加深入理解产业经济理论与政策，通过"干中学"提高发现、分析和解决"现实产业经济问题的能力"。

（撰稿：韩朝亮）

湖南大学产业经济学学科建设

一 学科介绍

湖南大学产业经济学学科学脉绵长，历史悠久，早在1903年岳麓书院改制为湖南高等学堂起，就开始了经济学相关教育。1926年湖南大学正式定名之际，经济系成立，并逐渐发展成为彼时国内具有较大影响的经济学教学研究重镇，产业经济学也随之不断发展。1982年，湖南大学在全国率先创办了工业外贸（本科）专业，1990年获工业外贸首批硕士点；1996年成为原机械工业部重点学科、湖南省重点建设专业。原湖南财经学院经济学科源于1960年，在40多年的发展历史中也形成了独特的品牌优势，汇聚了任凯南、周德伟、丁洪范、潘源来、向绍轩、李达、罗章龙、曹廷藩、朱剑农、萧杰五、胡代光、樊弘、武堉干等一大批优秀的经济学家，培养了尹世杰、汪澍白等一批杰出学子。湖南大学经济与贸易学院成立于2002年，由原湖南大学与原湖南财经学院的相关学科整合而成，2005年获得应用经济学一级学科博士学位授予权，拥有产业经济研究所、财税与产业发展研究中心、湖南省服务业研究中心、湖南省民营经济研究基地、物流信息与仿真技术湖南省重点实验室等研究平台。在学校"双一流"建设的重点学科群"经济与商学"中，产业经济学是重要的支撑学科。

该学科点拥有一支学术造诣高、科研能力强、教学经验丰富的师资队伍。现有全职专任教师28人，其中，教授12人，副教授11人，助理教授5人。有教育部长江学者特聘教授、国家杰出青年科学基金获得者、国家教学名师、国家"万人计划"哲学社会科学领军人才、中宣部"四个一批"人才暨文化名家、教育部"新世纪百千万人才工程"国家级人选、"新世纪优秀人才支持计划"人选、湖南省"芙蓉学者计划"特聘教授、湖南省自然科学杰出青年基金获得者、湖南省优秀社会科学专家和优秀青年社会科学专家、"湖湘青年英才"支持计划人选和湖南大学"岳麓学者"。

该学科点出版了《制度安排、产业集聚与地区收入差距》《制度创新与产业发展——我国矿产资源产业科学发展的体制机制问题研究》《公共信用信息采集技术及其应用研究》《当第三方物流协同服务系统设计与实现》等著作，出版的《开放型经济研究丛书》（6本，国家出版基金资助）获得湖南省社会科学成果一等奖，《困境与期盼：农民幸福路在何方？——基于全国东中西部17个乡镇的调查》获得湖南省挑战杯特等奖、全国挑战杯一等奖等。

该学科点近些年承担了国家社会科学基金重大和重点项目、国家自然科学基金国际（地区）合作与交流项目、教育部哲学社会科学重大攻关项目、国家软科学研究计划重大项目共15项，主持国家社会科学基金项目、国家自然科学基金项目、教育部人文社会科学规划基金项目等国家级项目60余项，在《中国社会科学》《经济研究》《管理世界》《中国工业经济》等重要中文期刊及 Journal of Urban Economics、European Journal of Operational Research、International Journal of Production Economics 等SSCI/SCI源刊上发表高水平学术论文200余篇，获国家科技进步奖、教育部人文社会科学成果奖及其他省部级奖励30余项。

二　学科特色

该学科点坚持"文理工渗透、多学科交叉"的办学特色，按照国际公认的产业经济学范式进行学科建设及人才培养。主要研究方向有：（1）产业经济理论与政策。包括产业竞争与公共政策、市场结构与绩效、产业布局与资源配置等。（2）产业结构与现代服务业发展。包括产业结构升级、现代服务业转型发展、数据要素市场与规制等。（3）产业组织与信息经济学。包括企业及市场构造、拍卖市场的竞争政策、企业价格歧视、机制设计等。（4）双边市场与行为经济学。包括双边市场外部性、消费者有限理性行为、互联网平台服务模式创新及设计优化等。（5）标准化与治理。包括标准化与产业创新、全球网络中的知识产权保护与竞争政策、标准化改革与社会治理等。

主办"标准化与治理"国际研讨会，至2019年已连续主办4届，成为国内外产业组织学者的学术交流平台。

三　课程设置

该学科点设有国家级精品资源共享课程西方经济学等、教育部来华留学生英语授课品牌课程中级微观经济学、国家级精品在线开放课程标准与我们的生活等。研究生课程设置除了按国家规定和学校要求设定相关课程外，该学科点还为硕士研究生开设中级微观经济学、中级宏观经济学、中级计量经济学、博弈论与信息经济学、学术与职业素养等学科基础课，开设中级产业经济学、规制经济学、经济预测与决策等专业必修课，开设一般均衡理论、当代中国经济、互联网经济学、供应链管理、全球价值链理论与应用、大数据分析与应用等专业选修课；为博士生开设高级微观经济学、高级宏观经济学、高级计量经济学、学术与职业素养等学科基础课，开设应用经济学前沿专题（产业经济学）、《资本论》专题、大数据分析与应用、动态最优化理论、空间经济学、中国经济改革与发展等学科方向课程。

四　研究生培养

湖南大学设立产业经济学硕士点和产业经济学博士点，全日制硕士研究生基本学制为3年，博士研究生学习年限为4—8年。要求硕士生和博士生都参与学术活动、课题研究、社会实践和撰写学术论文；要求博士生在学期间应定期参加课题组的学术讨论会，每学期参加至少2次学术活动（每参加一次学术报告，须填写学术活动情况表），在学期间参加至少1次产业经济学领域的全国或国际学术会议并宣读论文，撰写并在国内外重要期刊发表学术论文；原则上要求每位博士生在学期间应积极进行出国学术交流和学习，学院及导师给予适当支持；要求博士生发表相关学术论文。该学科点注重研究生创新能力培养，构筑了研究生创新能力培养的"双螺旋"模式，通过系列课程讲授、专题讲座、学术活动、国际交流等环节推动研究生创新能力培养。

（撰稿：曹二保、祝树金、许和连等）

华中科技大学产业经济学学科建设

一 学科介绍

华中科技大学经济学科研究生培养起始于1981年创建的华中工学院经济研究所。相继开设西方经济学、数量经济学、工业外贸、金融学、投资经济学、世界经济等学位点，并在相关学位点设立产业经济学研究方向。2011年学校拥有理论经济学和应用经济学博士和硕士学位点授予权，开始单独设立产业经济学二级学科硕士点、博士点，并在应用经济学博士后流动站设立产业经济学方向。

该学科点现有教师12人，其中，教授4人，副教授6人。有新世纪优秀人才1人、中宣部社科名家暨"四个一批"人才1人。现任学科带头人为经济学院院长张建华教授。

该学科点出版了《中国工业结构转型升级的原理、路径与政策》《基于新型工业化道路的工业结构优化升级研究》《中国企业创新与产业转型升级研究》《产业组织演化及其对中国产业发展的影响研究——基于模块化分工》《区域创新系统与中国产业结构转型升级》《创新资源再配置与中国工业发展》《产品内国际分工与中国产业发展》《外资并购、产业安全与政府规制》《中国光电子产业竞争力评价和分析》等著作。

近些年来该学科点承担国家社会科学基金重大项目3项，一般项目3项，国家自然科学基金项目5项，其他省部级科研项目10余项。在《中国社会科学》《经济研究》《管理世界》《中国工业经济》《经济学（季刊）》等学术期刊发表论文100余篇。获高等学校人文社会科学优秀研究成果奖1项，湖北省哲学社会科学优秀研究成果奖3项，其他科研成果奖10余项。

二 学科特色

该学科点坚持"明德厚学，求是创新"，按照国际公认的产业组织学（产业经济学）进行学科建设及人才培养。

主要研究方向有：（1）产业组织理论。包括纵向产业组织、企业间部分所有权的合谋理论、寡头市场中的策略性行为等。（2）规制经济学。包括标尺竞争规制、价格上限规制、环境规制、安全规制、健康规制和规制改革等。（3）反垄断经济学与竞争政策。包括忠诚折扣等滥用市场支配地位行为、经营者集中的反竞争效应、招投标市场的竞争政策、公平竞争审查等。（4）互联网经济学与竞争政策。包括双边市场与相关市场界定、互联网平台的排他性交易、竞价排名、大数据与反垄断等。（5）产业发展与产业政策研究。包括现代产业体系建构、产业结构演进、农业与农村经济和产业政策等。

主办产业经济学研讨班,成为国内外产业经济学学者的学术交流平台。所培养的硕士研究生中有较大比例攻读博士学位,培养的博士生大部分成为高校重要的教学与科研力量。

三 课程设置

研究生课程设置除了按国家规定和学校要求设定相关课程外,该学科点还为硕士研究生开设高级微观经济学Ⅰ、高级宏观经济学Ⅰ、高级计量经济学Ⅰ、发展经济学专题等专业基础课,开设产业组织理论、实用博弈论等专业必修课。为博士生开设高级微观经济学Ⅱ、高级宏观经济学Ⅱ、高级计量经济学Ⅱ、微观经济学专题研讨、宏观经济学专题研讨、中国经济专题研讨、经济学方法与前沿专题研讨等专业基础课,开设产业经济学专题研讨等专业必修课。

四 研究生培养

华中科技大学设立产业经济学硕士点、产业经济学博士点,包括产业组织理论、产业发展与政策、农业与农村经济、互联网经济四个研究方向。硕士生的学习年限为3年,博士生的学习年限为3—5年。要求硕士生参与课题研究和撰写学术论文。要求博士生参与课题研究,撰写并发表学术论文。坚持主办每周至少1次的学术研讨会。该学科点重视研究生科研创新能力的培养,通过专门的课程设置和专题选取并邀请国内外专家来讲授产业经济学前沿理论与方法;通过调查研究、数据挖掘或案例研究等方式,在深入研究国内外产业经济实践基础上进行理论研究、实证研究或政策研究;带领研究生深度参与实际科研工作,通过实践培养学生对现实产业经济问题的研究与创新能力。

(撰稿:程 文)

暨南大学产业经济学学科建设

一 学科介绍

暨南大学产业经济学学科起始于 1963 年由经济学家黄德鸿教授领衔建立的工业经济专业，后停办并于 1978 年复办，同年作为骨干单位参与了马洪同志牵头的"中国工业经济研究与开发促进会"创建工作，为当时"工业经济学"的学科、专业、教材等复建作出了一定贡献。1981 年工业经济学专业获全国第一批硕士学位授予权，1986 年获全国第二批博士学位授予权，是华南地区第一个经济学门类博士点，为学术界与实务界培养了大量杰出工作者。1996 年，产业经济学学科成为广东省 A 类重点学科和"211 工程"重点建设项目。2002 年，暨南大学与北京交通大学、东北财经大学、复旦大学、山东大学、西安交通大学等六家单位的产业经济学学科获批为首批"国家重点建设学科"。2006 年 4 月，学校成立建制单位"产业经济研究院"作为学科点建设单位。

近年来，暨南大学产业经济学学科一直是教育部"双一流学科""211 工程"、广东省高水平大学建设项目等的重点支持对象，并拥有广东省首批国家级"2011 计划"协同创新中心"广东产业转型升级协同创新中心"，广东省哲学社会科学重点研究基地"广东产业发展与粤港澳区域合作研究中心"，广东省哲学社会科学重点实验室"产业大数据应用与经济决策研究实验室"，"广东省战略性新兴产业知识产权研究中心"，广州市人文社会科学重点研究基地"广州市现代产业体系研究基地"等有财政经费资助的研究平台。

该学科点现有教师 20 人，其中教授（研究员）11 人，副教授（副研究员）3 人。有被列入"影响新中国 60 年经济建设的 100 位经济学家"1 人，国家"万人计划"教学名师 1 人，广东省"珠江学者"特聘教授 1 人，广东省优秀青年教师（青年珠江学者前身）2 人，"千百十人才培养工程"省级培养对象 1 人，"广东特支计划"青年文化英才 1 人，广东省宣传文化人才 1 人，多人获得国务院政府特殊津贴和二级教授职级。现任学科带头人为中国工业经济学会副会长、中国企业管理研究会副理事长胡军教授。

该学科点承办产业经济类学术期刊《产经评论》，先后入选 CSSCI 扩展版、北大核心、人大复印报刊资料重要转载来源刊、中国社会科学院 AMI 来源刊，还出版了《全球化背景下中国制造业空间演进与转型发展研究》《推动广东企业走出去的战略研究》《高科技产业风险投资与公共政策研究》《互联网＋公益产业链发展报告》《产业转型升级的普适理论与广东经验》等 5 部具鲜明时代特色的产业转型升级专著以及《国际知识溢出、吸收能力与创新绩效》等博士文库丛书 10 多本，《广东工业产业发展报告》

《广东省创业投资行业发展报告》《构建现代产业体系研究》等多部蓝皮书获得各界好评,中共广东省委组织部、宣传部委托出版的"广东省加快转变经济发展方式干部培训系列读本丛书""现代产业知识干部培训丛书"多次再版。

近年来该学科点承担国家自然科学基金重点项目、教育部重大攻关项目、国家社会科学基金重大项目和重点项目7项,一般(面上)项目近20项,部委直接委托项目多项,其他省部级科研项目100余项。相关研究成果以第一署名单位发表在《中国社会科学》《中国工业经济》《经济研究》《管理世界》等国内重要学术期刊,以及 Journal of Economic Behavior and Organization、Journal of Regulatory Economics 等产业经济学领域的国际重要学术期刊。多项国家自然科学基金重点、面上、青年项目以"优秀"等级验收结项,获教育部人文社会科学研究优秀成果二等奖1项,获安子介国际贸易研究奖优秀论文二等奖和三等奖各1项,获广东省哲学社会科学优秀成果奖7项。

二 学科特色

该学科秉承"顶天立地"的学术传统,坚持"学科交叉研究、产业精英培养、新型智库建设"三位一体,致力成为全国产业经济领域顶尖学术单位和卓越智库。

主要研究方向:(1)产业结构与产业政策;(2)产业升级与技术创新管理;(3)产业组织与政府规制;(4)产业布局与区域价值链;(5)创新理论与数字经济。该学科已基本形成"老中青"结合、知名学者带队、中青年骨干蓬勃成长的研究局面,重大课题屡有斩获,青年教师实现国家级课题全覆盖,近10人为各类国家级课题的会议评审、通讯评审专家。

学院全面对接国家重大战略,深度服务广东产业转型升级。在产业竞争力、产业发展规划、产业政策与企业发展战略等领域承担各类横向课题150多项。胡军、朱卫平承担完成的《广东省工业产业竞争力研究总报告》获得广东省委、省政府主要领导的高度评价,并获广东省人文社会科学研究成果一等奖和教育部人文社会科学优秀成果二等奖。

三 课程设置

研究生课程设置除了按国家规定和学校要求设定相关课程外,该学科点还为博硕士研究生开设高级微观经济学、高级宏观经济学、高级产业经济学、高级经济计量学、微观计量经济分析等专业基础课,开设博弈论、产业组织理论、产业分析与投融资管理、区域经济学、创新经济学、新制度经济学等专业选修课。

四 研究生培养

暨南大学设立产业经济学科学学位硕士点和博士点。科学学位硕士生学习年限为3年,博士生学习年限为3—5年。要求硕士生参与课题研究,撰写并发表学术论文,并为研究生创造到中央和地方政府部门实习锻炼的机会。该学科点重视研究生科研创新能力的培养,通过专门的课程设置和专题选取并邀请国内外专家来讲授产业经济前沿理论与方法；在调查研究、数据挖掘或实证研究等方式深入研究国内外产业经济实践基础上进行理论研究、实证研究或政策研究。根据《中国研究生教育及学科专业评价报告》，暨南大学产业经济学被评为5星级专业，研究生教育竞争力在全国198个高校中排名第9位。

（撰稿：陶　锋、陈　林、王晓蕾、毛婧贤）

江西财经大学产业经济学学科建设

一 学科介绍

江西财经大学产业经济学学科是 1996 年由原江西财经大学工业经济学和商业经济学合并而成的，是江西省第一批省级重点学科。产业经济学学科是江西财经大学最早取得硕士、博士学位授权的学科，并在江西省最早设有博士后流动站。1998 年获批产业经济学博士点（江西省首个文科博士点），2007 年该学科被确定为国家重点（培育）学科。2009 年，江西财经大学成立产业经济研究院（独立建制），集中力量重点建设产业经济学，现共有专、兼职研究人员近 40 人。该学科现有高级职称研究人员 28 人，其中博士生导师 12 人；省部级学科带头人 10 余人，江西省教学名师 2 人，江西省"百千万人才工程"一二层次人选 2 人，享受国务院和省政府特殊津贴人员 7 人。

二 学科特色

经过多年的积累和凝练，产业经济学学科已形成了产业组织与产业集群、产业结构调整与国企改革、政府规制与公用事业改革研究、现代新型服务业四个研究方向，并形成了鲜明的特色。已形成包含硕士研究生、博士研究生和博士后流动站在内的完整人才培养体系，主要设置三个专业方向：产业组织理论与实践、战略性新兴产业、互联网与产业创新。

该学科依托两个江西省高校人文社会科学重点研究基地——江西财经大学规制与竞争研究中心和江西财经大学产业集群与企业发展研究中心，加强学科建设。自 2001 年以来，共出版学术专著 42 部，出版教材 26 种，在《经济研究》《管理世界》《中国工业经济》等重要刊物上发表论文近 300 篇，承担国家社会科学基金重大招标项目 2 项，国家社会科学和国家自科基金项目数十项，获省部级优秀科研成果奖 30 余项。

江西财经大学产业经济学聚焦江西省战略性新兴产业研究，构建监测预警平台，通过建立江西省战略性新兴产业数据库、产业发展监测系统、产业发展预警系统和产业政策模拟决策系统，为国家有关部门和江西省委省政府推动战略性新兴产业发展决策提供智力支持，并产生了一批重要成果，在促进江西战略性新兴产业健康快速发展中发挥了积极作用，成为服务地方经济建设的重要智库，2016 年入选中国智库索引（CTTI）首批来源智库。相关研究成果获江西省主要领导批示 100 余次。

江西财经大学产业经济研究院积极拓展国内外学术交流，与中国工业经济学会、中国社会科学院工业经济研究所等国内产业经济学主要学术团体和机构建立了密切的交流与合作关系。以该学科为依托，连续 8 年举办"全国产业经济学研究生论坛"，在国内产业经济学界具有广泛影响。与著名学术机构 CRESSE 每两年举办一次"竞争政策前沿国际论坛",成为在竞争政策领域与国际学术同行交流的重要平台。2014 年 6 月,江西财经大学产业经济研究院主办了"机制设计与产业组织国际研讨会",两位诺贝尔经济学奖获得者——哈佛大学教授埃里克·马斯金和法国图卢兹大学教授让·梯若尔作了专场报告,在中国经济学界产生了强烈反响。

三 课程设置

除按国家规定和学校要求设定相关课程外,该学科点还为硕士研究生开设中级微观经济学、中级宏观经济学、中级计量经济学、博弈论等专业基础课,开设产业组织理论、博弈论、规制经济理论与政策、统计分析软件应用、专业外语(经典文献导读)等专业必修课,开设产业经济理论前沿专题、反垄断经济学、契约论、产业政策评估理论与方法等专业选修课。为博士研究生开设高级微观经济学、高级宏观经济学、高级计量经济学等专业基础课,开设产业组织理论、博弈论、产业经济前沿专题等专业必修课,开设中国流通经济学前沿专题、产业竞争与政府规制理论、工业经济与企业管理前沿、城市公用事业政府规制研究、产业分析与投融资、经济学论文写作等专业选修课。

四 研究生培养

江西财经大学产业经济学硕士生的学习年限为 3 年,博士生学习年限为 3—6 年。产业经济学学科将浸润式教育理念贯彻于研究生培养之中。通过"名刊入寝""论文分享""学术沙龙""每周研讨会(seminar)""文献综述大赛""产业分析大赛""全国产业经济学研究生论坛"等一系列活动,实现从知识积累到创新输出全过程不断线的创新实践,促进研究生的自主学习能力、理论创新能力和学术自信的全面提升。改革传统的创新能力培养激励机制,实行以创新能力培养为中心的阶段性考核,提升研究生创新能力评价有效性。尊重学术能力建构的过程性特点,从读懂一流经典文献到做好一流团队分享,再到汲取一流学者指导,打造一流学术成果,实现了与国内顶级青年经济学家和潜力学术达人的面对面交流,研究生既获取了宝贵的指导意见,也收获了属于自己的学术自信。一批博士生、硕士生在《管理世界》、*Economic Letters* 等国内外高水平学术期刊发表论文。

(撰稿:王自力、邢小明)

辽宁大学产业经济学学科建设

一 学科介绍

辽宁大学产业经济学学科始创于 1954 年，由原东北财经学院陶银彪教授、戴伯勋教授等主持建立了工业经济学系。恢复高考后，于 1978 年在全国招收首批工业经济专业本科学生，1982 年获得硕士学位授予权，1990 年获得博士学位授予权，1999 年获批建立博士后流动站。2017 年，以产业经济学学科为重要支撑的应用经济学入选国家"双一流"建设学科。2018 年成立"辽宁大学先进制造业研究中心"，2019 年成立辽宁大学"中国国有企业改革与发展研究院"。

该学科现有教师 14 人，其中教授 5 人、副教授 5 人、讲师 4 人，拥有博士学位 13 人。教育部新世纪优秀人才 1 人，辽宁省兴辽英才（攀登学者）领军创新人才 1 人，辽宁省兴辽英才哲学社会科学领军人才 1 人。辽宁省普通高等学校本科教学名师 1 人。首任学科带头人为原中国工业经济学会副会长戴伯勋教授，现任学科带头人为中国工业经济学会副理事长唐晓华教授。该学科为中国工业经济学会副理事长单位。

该学科主持国家哲学社会科学基金重大项目 2 项，国家教育部哲学社会科学研究课题重大攻关项目 1 项，国家自然科学基金项目 5 项，国家软科学计划项目 4 项，国家哲学社会科学基金一般项目 6 项，国家教育部哲学社会科学基金项目 8 项；主持省级哲学社会科学重大项目、一般项目等 50 多项。曾获得高等学校人文社会科学优秀研究成果奖一等奖 1 项、三等奖 1 项；辽宁省哲学社会科学优秀成果奖（政府奖）一等奖 3 项，其他奖项 40 多项。

该学科在《经济研究》《管理世界》《中国工业经济》《经济学动态》《数量经济技术经济研究》等 CSSCI 来源期刊以及 Sustainability 等 SCI 检索期刊发表高水平学术论文 200 余篇，其中，被《新华文摘》《中国社会科学文摘》《高等学校学术文摘》和人大复印报刊资料全文转载 40 余篇。

二 学科特色

该学科以"传承创新，特色发展"为办学理念，在理论上积极追踪学科前沿，在实践上注重现实重大关切。基于此，确立了 5 个学科研究方向：产业组织理论与应用、中国先进制造业研究、产业创新与政策、国有企业改革与发展、东北振兴研究。

该学科始终坚持以教学与科研密切结合和以学生为本的办学理念，特别注重发挥该学科教师研究团队的科研力量，积极培养研究生科学研究能力。在 2008 年主持召开了

"东北三省博士研究生学术论坛";2010年举办了"现代产业组织理论视角下大企业竞争力"国际学术论坛,并在经济管理出版社出版了10本系列丛书;2011年主办《产业组织论丛》学术刊物。

该学科培养的博士90%以上在高等学校任教,并在各自的工作岗位上崭露头角,成为学科建设与发展的中坚。培养的硕士有一部分攻读博士学位,其他主要在研究咨询机构、银行、政府部门或企业工作,成长迅速。

三 课程设置

该学科依据国家教育部要求为研究生开设了公共基础课。为博士研究生开设高级微观经济学、高级宏观经济学、产业组织理论、高级计量经济学,并结合产业经济学(产业组织理论)发展开设相应的前沿理论专题课程:产业组织理论前沿、中国产业技术创新政策、制造业与生产性服务业融合发展专题等。为硕士研究生开设中级宏观经济学、中级微观经济学、中级计量经济学、发展经济学以及拓展性课程:先进制造业研究专题、产业经济学分析方法及应用、产业集群研究专题、产业创新发展研究等。

博士研究生应修课程总学分不低于23学分,其中必修课不低于18学分,选修课不低于5学分。同等学力和跨学科报考的博士研究生须补修2门该学科的硕士研究生基础课。社会实践或科学研究不少于20周。

硕士研究生应修课程总学分不低于31学分,其中必修课不低于23学分,选修课程不低于8学分,同等学力或跨专业入学至少补修2门该学科本科主干课程。硕士研究生教学实践不少于36学时,社会实践不少于12周。

四 研究生培养

(一)博士研究生

该学科重点培养博士研究生独立从事学术研究的工作能力和创新能力。通过完成一定学分的课程学习和自学以及社会实践,系统掌握该学科领域的理论和方法,提高分析问题和解决问题的能力。实行导师负责和集体培养相结合的办法。

非定向就业博士研究生基本学制3年,定向就业博士研究生基本学制4年。经学校批准可适当缩短或延长学习年限,最长不超过7年。

博士学位论文应在导师和指导小组的指导下独立完成,应对所研究的课题在科学或专门技术上做出创造性的贡献,在理论或应用方面对社会发展或该学科发展具有较大意义,并符合学术行为规范。博士研究生在学期间应在校定核心期刊上发表署名单位为辽宁大学且与学位论文相关的学术论文2篇,并撰写2篇专题研究报告或咨询报告。

(二)硕士研究生

该学科硕士研究生培养要求具有扎实的微观经济学理论基础,掌握产业经济学经典理论和研究方法,并能应用于社会实践之中,具有独立从事科学研究的能力。

学术学位硕士研究生基本学制为 3 年,专业学位硕士研究生基本学制为 2—3 年。

硕士学位论文应在导师和指导小组的指导下独立完成,论文选题明确、分析视角清晰、论文结构合理,数据充分翔实、研究方法科学,具有一定的创新性以及学术价值或应用价值。

(撰稿:唐晓华)

南京大学产业经济学学科建设

一 学科介绍

南京大学产业经济学学科起源于 20 世纪 80 年代，1993 年获得硕士学位授予权，2002 年获得博士学位授予权。2007 年成立产业经济学系，并开始本科招生，形成涵盖本科、硕士和博士、博士后的完整人才培养体系。南京大学应用经济学科以产业经济学科为主体，2017 年入选江苏省一级学科重点学科。该学科点依托理论经济学和应用经济学两个一级学科点，以教育部人文社会科学重点研究基地长三角研究中心、国家高端智库建设培育单位长江产业经济研究院、文化部南京大学国家文化产业研究中心、南京大学城市与不动产研究中心为平台，共同发展产业经济学科。

该学科点现有教师 15 名，其中教授 7 名（博士生导师 7 名），副教授 4 名，讲师 1 名，助理教授 2 名，专职科研岗研究员 1 名。该学科点拥有国家教育部社会科学委员 1 人，长江学者特聘教授 1 人，教育部跨世纪/新世纪优秀人才培养计划 4 人，德国洪堡学者 1 人，江苏省"333 高层次人才培养工程"培养对象 5 人。

该学科点出版本科教材《产业经济学》（第 1、2 版），《发展经济学》（马工程重点教材），《现代房地产金融学》（第 1、2 版），《现代房地产经济学》，《现代产业经济分析》（第 1、2、3 版），《文化产业经济学》，《文化遗产经济学》；出版研究生教材《现代产业经济学》；翻译出版《产业组织：现代理论与实践》（第 4 版）。长三角研究的系列著作产生重大影响，《服务业驱动长三角》先后获得教育部社会科学优秀成果二等奖、江苏省哲学社会科学优秀成果一等奖；3 本著作分别获得商务部 2012/2013 全国商务发展研究优秀成果三等奖，第 16、18 届安子介国际贸易研究奖优秀著作奖二等奖。

该学科点还出版 CSSCI 辑刊《文化产业研究》，部分负责出版 CSSCI 辑刊《南大商学评论》，组织南京大学产业经济学系讨论稿系列。该学科点还主办南京大学创新与产业经济国际学术研讨会，部分承担斯密论坛、青年经济学者论坛等学术交流平台。

二 学科特色

该学科坚持以产业经济学为堡垒，聚焦全国及长三角经济发展，积极向区域经济学、国际贸易学、发展经济学、环境经济学等多学科拓展，充分实现学科交叉与融合。目前，该学科已经凝练出下列主要的学科方向，并由此组成精干的研究团队。

第一，全球化与中国产业发展研究。该团队由刘志彪教授牵头，巫强教授、李晓蓉副教授等老师组成。第二，创新、产业结构与经济增长研究。该团队由郑江淮教授牵头，魏守华教授、卜茂亮副教授等老师组成。第三，区域经济与长三角研究。该团队由吴福象教授牵头，杨柳副教授、段巍等老师组成。第四，经济发展与房地产研究。该团队由高波教授牵头，王宇副教授、郑东雅等老师组成。第五，文化产业与文化金融研究。该团队由顾江教授牵头，潘丽君、朱明英等老师组成。该学科点还将继续积极引进国内外高水平师资，充实现有学科方向的研究团队。

三　课程设置

1. 本科生课程

落实南京大学"三三制"本科生课程改革成果，区分通修通识课程、专业准入课程和准出课程。课程中既包括经济学基础课程，例如产业经济学、发展经济学、博弈论等，微观经济学、宏观经济学和计量经济学均开设初级和中级课程；也包括产业经济学方向课程，例如反垄断经济学、文化产业商业模式与运作、房地产金融、投资项目评估和财务管理等。

2. 硕士生课程

落实南京大学"二三三"硕士研究生改革成果，区分学校公共课程、学院学位课程、专业学位课程和专业选修课程。课程中既包括经济学基础课程，例如高级宏观经济学、高级微观经济学和高级计量经济学；也包括产业经济学的基础课程，例如高级产业经济学；还有关注当代中国现实问题的课程，比如当代中国经济问题研究。还设置多门专业选修课程供学生选择，比如动态产业经济学、区域经济学、经济发展研究、房地产经济与金融研究、投资项目经济评价、网络产业经济学、文化产业专题研究、环境经济学前沿、证券投资学、产业组织前沿方法、产业经济学文献与写作等。

3. 博士生课程

课程主要包括两种类型，必修课和导师方向课。必修课包括微观经济研究、宏观经济研究、中国经济研究和产业经济研究，可以为博士研究生在读期间打下扎实的理论基础，使其能够熟练掌握经济学的分析工具。导师方向课包括中国经济发展、动态产业经济研究、房地产金融与投资研究、一般均衡理论与应用、空间经济学专题研究以及实证产业组织与政策评估，结合各位博士生导师的研究专长，向博士生介绍各领域的最新研究成果，为博士生开展自己的研究课题提供方向性指导以及工具和方法训练。

四　研究生培养

南京大学设立产业经济学硕士点、产业经济学博士点和博士后流动站，从国内高水平高校中遴选优秀学生进入硕士和博士项目。硕士学制3年，博士学制4年。硕士生和博士生均要求以高水平学术研究为导向，每年有多人获得国家奖学金在内的各种奖励。同时该学科点还为硕士生提供充足的实习机会，为博士生提供大量的国内外会议参会交流机会。

本科毕业生中三分之一到二分之一继续深造，在国内外知名高校攻读硕士和博士学位；其他毕业生到发改、经信等政府职能部门、国内外大中型企业战略部门、商业银行等金融行业、互联网科技公司就业。

硕士毕业生大多数在基金公司、证券公司和银行等金融行业以及发改、证交所等政府职能部门就业，大多数在北京、上海、深圳和南京等城市就业。

博士毕业生中约三分之二前往全国各大高校的经济管理专业，从事科研和教学工作，还有部分学生前往政府和智库部门，从事相关的经济研究和政策制定工作。还有约三分之一的博士毕业生在国内外大中型企业战略部门、商业银行等金融行业、互联网科技公司就业。

该学科拥有全国优秀博士论文指导教师1人，在博士生中，培养全国优秀博士学位论文获得者1人，提名奖获得者1人；历年培养江苏省优秀硕士学位论文和博士学位论文获得者多人。

（撰稿：郑江淮、吴福象、巫 强、王 宇、郑东雅）

南开大学产业经济学学科建设

一 学科介绍

南开大学产业经济研究历史悠久。早在1923年创立经济学科，1931年成立经济学院，即有部分学者将产业经济作为重点方向进行研究。改革开放后，南开大学产业经济学科获得新的发展。许多学者围绕工业经济、服务业经济、农业经济及产业结构调整展开研究，其中王述英教授是国内较早对服务业进行系统研究的学者之一，是该学科点学术带头人。

目前，南开大学产业经济学是国家重点学科，也是"2011计划"中国特色社会主义经济建设协同创新中心的重要组成部分。学科点现有教师25人，其中，教授10人，副教授8人，并聘任多名国内外知名学者担任兼职教授。学科带头人是南开大学经济与社会发展研究院副院长白雪洁教授、产业经济研究所所长杜传忠教授。该学科点为中国工业经济学会副理事长单位，产业经济学学科建设专业委员会主任委员单位，南开大学产业经济研究所所长杜传忠教授担任中国工业经济学会工业发展专业委员会主任委员。

近些年来，该学科点承担国家社会科学基金重大项目、教育部重大攻关项目共7项；国家社会科学基金重点项目、一般项目、国家自然科学基金项目共10余项；教育部、科技部、天津社会科学规划项目等省部级项目共20余项。另外，还承担了国家发展和改革委员会、商务部、科技部及多个政府部门委托的研究课题100余项。在《经济研究》《管理世界》《世界经济》《中国工业经济》、*Omega*、*China Economic Review* 等国内外重要学术期刊发表论文200余篇。出版著作20多部。获高等学校人文社会科学优秀成果奖4项；获天津市社会科学优秀成果奖10余项。

二 学科特色

目前，该学科设有硕士点、博士点和博士后流动站、博士后工作站。硕士点主要研究方向有：产业结构与产业发展、产业组织、产业效率与政策、交通经济、全球价值链等。博士点主要研究方向有：产业发展与政策、产业组织、政府管制、产业效率、数字经济条件下的产业经济等。

该学科点主要研究特色：

1. 把握学科发展动向，促进与其他学科的交叉融合

一是与区域经济进行融合，开辟区域产业分析、区域政策评估等方向。加强南开大学国家级重点学科区域经济学的学科优势和研究力量，出版了《区域产业经济概论》等区域产业经济分析系列丛书共9本。围绕京津冀协同发展中的产业协同等相关产业问

题，承担国家发展和改革委员会、天津市、河北省等中央和地方政府的重要应用性课题研究 10 余项，多项成果获得相关政府部门采纳。二是与交通、物流经济学协同研究。南开大学物流学在国内居于领先地位，该学科与交通、物流学科之间围绕交通产业、物流产业发展等进行大量交叉性研究，取得了丰硕的研究成果。其中连续 17 年代表中央政府向海内外发布中国物流产业发展年度报告——《中国现代物流发展报告》，总字数近 600 万字，发行 4 万余册，引用达 1.5 万次，成果多次被国家发展和改革委员会等部门采纳，成为中央政府出台物流政策的重要决策依据。连续 10 年的英文版发行，更提升了中国物流发展的国际影响力。三是与教育经济协同的智库作用发挥。该学科点依托教育部与南开大学共建的教育部南开大学教育与产业、区域发展研究中心，围绕产业发展与教育发展之间关系，提高教育服务国家产业转型升级能力等展开大量研究，向教育部及有关政府部门提交 30 余篇研究报告，多篇被教育部领导批示。

2. 跟踪产业发展的现实需求，培育新兴学科方向

一是产业效率研究。以中国经济社会发展和产业转型升级中的经济运行效率、资源利用效率以及经济资源社会和谐共生效率评估与政策设计为主攻方向，追踪运用国际前沿的评估方法，发现解决中国现实问题。以国际学术合作撬动学科建设的策略在短时间内取得丰硕成果。已有多篇论文发表在 *Omega*、*China Economic Review*、*Transportation Policy*、*Energy Policy* 等高级别学术期刊上，并于 2018 年由世界知名出版公司 Springer 出版英文专著 *Energy, Environment and Transitional Green Growth in China*。在《经济研究》《管理世界》《世界经济》《中国工业经济》等国内权威和重要期刊发表论文数十篇。2016 年首次在中国大陆举办 APPC（亚太效率与生产率）高水平国际研讨会。研究团队与台湾交通大学，美国纽约大学、莱斯大学，澳大利亚昆士兰大学等学者构建了广泛的合作研究网络，并逐步扩大到日本、韩国、新西兰等国家，现已成为国际效率与生产率研究网络中的重要一员。

二是新产业革命研究。近年来，学科点部分研究人员将研究重点转向新产业革命条件下的产业转型升级研究，并依托中国工程院与天津市政府共建的中国新一代人工智能发展战略研究院（该研究院挂靠南开大学），围绕数字经济、人工智能产业发展等问题进行专题研究，先后完成包括国家社会科学基金重大课题"新产业革命的发展动向、影响与中国的应对战略研究"、天津市科技计划项目"人工智能科技产业标准和规范体系研究"、科技部"人工智能对国家经济安全的影响及对策研究"等多项国家级及政府部门委托的课题。

3. 创新体制机制，加强服务社会的智库功能建设

搭建开放式的学术交流平台，与国家发改委、教育部、科技部等建立长期稳定的战略合作关系，整合专兼职研究人员，保持可进可退的动态调整和人员激励政策，多年持续为中央有关部委和多个地方政府提供应用性课题研究，在京津冀协同、新技术与新产业革命、战略性新兴产业发展、产业转型、地区产业规划、企业发展战略等领域完成应用性课题数十项。

三 课程设置

宽口径、厚基础、深专业是学科点课程设置的特色。研究生课程设置除了按国家规

定和学校要求设定相关课程外，南开大学产业经济学学科点还为硕士研究生开设了中级微观经济学、中级宏观经济学、中级计量经济学、数理经济学等基础课，开设了产业组织理论、产业结构与发展、博弈论与信息经济学、产业效率等专业必修课，并开设了区域产业经济分析、交通产业经济、国际产业价值链、产业竞争力分析等专业选修课。为博士生开设高级微观经济学、高级宏观经济学、高级计量经济学、数理经济学等专业基础课，开设产业组织理论与政策、产业竞争力分析、产业经济学前言专题、产业经济学科研方法论、产业经济学著作选读等专业必修课，并开设10余门专业选修课。

四 研究生培养

南开大学产业经济学硕士生学习年限为3年，博士生学习年限为4—6年。要求硕士生参与课题研究和撰写学术论文。要求博士生参与课题研究，撰写并发表学术论文。经常举办学术研讨会，就产业经济发展的热点问题进行研讨。

该学科点重视研究生科研创新能力的培养，通过专门的课程设置和专题邀请国内外知名专家来讲授计量与产业效率前沿方法、产业组织前沿理论等。通过必要的实践教学培养研究生认识、分析和解决现实产业经济问题的能力，体现理论与实践的紧密结合。

（撰稿：杜传忠）

厦门大学经济学院产业经济学学科建设

一 学科介绍

厦门大学经济学院产业经济学（以下简称"该学科"）起始于1983年建立的商业经济学，于20世纪90年代因应国务院学科调整而延续建立，在国内具有一定影响力。该学科1983年获得硕士学位授予权，1998年以一级学科应用经济学获得博士学位授予权，并于2000年开始招收博士研究生。2005年该学科被评为福建省重点学科，2007年以一级学科应用经济学被评为国家重点学科。该学科师资力量齐备、学术梯队健全，现有教师10人，其中教授2人、副教授3人、助理教授5人，全部拥有博士学位，大部分教师具有海外学习或访学经历，其中博士生导师2人。陈其林教授为该学科学术带头人。

该学科出版了《中国地区间市场封锁问题研究》《外商投资与中国产业结构的调整》《中国城市化：实证分析与对策研究》《科学发展观与中国新型工业化：理论、问题与对策》《现代物流管理概论》《降低成本的途径对产品创新速度的影响》等一批编著，出版了译著《反垄断与管制经济学》，出版的编著和译著在学术界和社会层面产生了较大的影响。2015年以来，该学科在《中国工业经济》《经济研究》《经济学季刊》《管理世界》等国内外期刊上发表论文50余篇，主持包括国家社会科学基金项目、教育部人文规划项目在内各项纵向课题近20项，并长期为地方政府部门承担产业政策规划课题和经济咨询活动，取得了良好的社会效益。

该学科把培养高素质人才作为重要目标，牢固树立质量第一的意识，为高校、政府机构、金融机构及企事业单位输送了大批高质量人才。自2000年至今，该学科培养博士研究生20余名，硕士研究生近300名。

二 学科特色

该学科立足中国经济和产业发展现实，吸收国际产业组织学（产业经济学）发展成果，进行学科建设及人才培养。研究方向主要有：（1）产业结构理论与工业化实践：围绕现阶段中国工业化发展所面临的基本的、主要的问题，如结构调整、就业、可持续发展、全球化进程对中国经济发展的作用和影响等，将产业结构的相关理论与中国经济发展实践相结合，拓宽产业结构理论的研究领域及其适应性，并为各级政府的决策提供理论依据。（2）产业结构与政策：主要通过对产业结构演进一般规律的研究，分析不同发展阶段产业结构演进特点，重点研究产业政策对资源配置和产业发展的实际影响，构造能够更有效促进资源合理配置和加快产业结构优化的结构政策和经济政策。

（3）产业分析与地方治理：主要关于产业与行业分析的理论与方法，地方公共经济、地区竞争与城市治理，从地方治理的角度研究产业发展，探求产业发展的经济研究。
（4）物流产业与物流管理研究：物流产业是第三产业的重要组成部分，是新兴产业，着重研究物流产业的组织、结构和产业政策及产业发展方向；物流管理是一种先进的企业组织方式和管理技术，着重结合物流的各项功能要素开展研究；将二者结合研究现代物流的发展及其对促进经济发展的影响和作用。（5）企业组织和竞争力研究：主要关注企业组织理论和企业效率研究，规模经济、范围经济与竞争力研究，产业集群与企业竞争力关系研究，竞争优势理论与企业战略管理等问题研究，从产业发展与微观企业层面相结合角度，探讨企业组织和竞争力对经济发展的重要作用。

该学科在建设与发展过程中，还多方面开展学术活动，广泛进行国内外学术交流，积极参加国际性和全国性学术专题会议，努力提高该学科的整体科研水平和为政府、企业提供决策参考的能力，促进中国产业经济学的发展。

三 课程设置

研究生课程设置除了按国家规定和学校要求设定相关课程以外，该学科还为硕士、博士研究生开设高级计量经济学、高级宏观经济学、高级微观经济学、数理经济学、高级金融经济学等专业基础课程，开设产业组织理论与实践、产业结构理论与实践等专业必修课，开设现代企业管理与经营分析、所有制，产权理论与社会主义产权关系研究、社会主义市场经济理论等一系列专业选修课。每学期还开设大量学术讲座让研究生参加学习，为学生提供良好的学术研究条件。

四 研究生培养

该学科拥有硕士点和博士点。硕士生学制3年，在校年限最长不超过5年；博士生学制4年，直博生学制5年，在校年限最长不超过8年。要求硕士生参加学术讲座和撰写学术论文，并于二年级秋季学期完成学位论文开题，于二年级夏季学期提交学位论文初稿，于三年级春季学期完成学位论文定稿、评审和答辩。要求博士生参与课题研究、参加学术讲座、撰写学术简报、参与社会与教学实践、撰写并发表学术论文，并按学生申请分批次开展学位论文开题及答辩工作。各教师定期开放办公时间（office hour）和茶会时间（teatime），并定期组织开展研讨会（seminar），给学生创造更多交流沟通与学习的机会。该学科点重视研究生科研创新能力和社会实践能力的培养。通过专门的课程设置和专题选取，并邀请各个领域的国内外专家、学者，为学生讲授分享产业前沿动态、理论与应用；通过寒、暑期实践调研为学生创造到政府、企业学习与考察的机会，学以致用，实现理论与实践的密切结合。为提高学生综合素质，硕士生在学期间须完成一定的"学生工作与活动"以及"学院学术与教学服务"的服务工时，博士生需要撰写一定的学术简报，使学生真正参与教学服务，通过全程参与，拓展学生的学术视野，提高学生的观察、分析能力与综合素质。

（撰稿：柏培文）

山东财经大学产业经济学学科建设

一 学科介绍

  山东财经大学应用经济学学科历史悠久，最早可追溯到1952年，是学校最早设立的主干学科之一。具有财政学、金融学、经济学、国际贸易学4个教育部特色专业；具有财政学、金融学、国际贸易学、产业经济学、数量经济学5个"十二五"省级重点学科（其中财政学、金融学、国际贸易学为省级特色重点学科）；拥有国家级实验教学示范中心1个，省部共建重点实验室3个，以及山东省地方财政政策研究基地、山东省服务业创新与发展研究基地等一批省级研究基地。该学科是中国财政发展2011协同创新中心理事单位；与中国社会科学院财经战略研究院合作成立齐鲁财经战略研究院，与上海证券交易所合作建立山东资本市场人才培训基地和泰山资本市场研究中心；与美国加州大学圣巴巴拉分校、英国埃塞克斯大学、加拿大达尔豪斯大学、日本东京经济大学、中国台湾铭传大学等42家海外高校签署校际合作协议，搭建学科建设平台。

  该学科点现有专任教师168人，其中，"泰山学者"4人，享受国务院政府特殊津贴专家5人，教育部"新世纪优秀人才支持计划"入选者3人，山东省有突出贡献的中青年专家等省级高层次人才5人，具有国际学术背景的中青年教师47人，博士生导师21人；具有高级职称的教师占80.36%，具有博士学位的教师占81%，45岁以下的教师占58.33%，形成了一支高层次人才领衔、梯队合理、具有较大发展潜力的师资队伍，在学术研究和人才培养方面具有丰富的经验，为学科建设提供了有力支撑。

  近年来，该学科点承担国家社会科学基金重大项目1项，国家社会科学基金重点项目3项，其他国家级课题80余项；在《中国社会科学》《经济研究》等期刊发表学术论文6篇，出版专著100余部；获得教育部人文社会科学优秀成果二等奖1项，山东省社会科学优秀成果一等奖10项、二等奖19项、三等奖37项，科研能力不断提升，学科影响持续扩大。

二 学科特色

  该学科坚持"注重基础，服务社会"。主要研究方向包括国民经济学、区域经济学、财政学、金融学、产业经济学、国际贸易学、劳动经济学、数量经济学等。其中，国民经济学主要研究需求管理与供给管理、总量平衡与结构优化、经济运行与环境保护等问题。财政学主要围绕公共产品供需、地方财税制度、地方政府服务能力、社会救助和社会养老保险制度等问题进行研究。金融学主要围绕金融资源配置、金融工程、金融数学、风险管理与保险、国际金融等问题展开研究。产业经济学主要研究区域产业结构调整、产业政策实施效果、产业组织与政府规制等问题。国际贸易学侧重研究国家产业安全政策、国际直接投资、跨国公司发展以及国际经济与贸易可持续发展等问题。

聘请中国社会科学院财经战略研究院以及IMF财政事务部等国内外知名学者来校讲学40余人次，派遣30余位学术骨干到美国普渡大学、加拿大达尔豪斯大学、澳大利亚迪肯大学、捷克布拉格经济大学等国外高校及科研机构任教、访学和研修。主办"泰山学术论坛"、数量经济学科暨金融数学专业建设研讨会等10次国际性与全国性学术会议，搭建多样化对外学术交流平台。山东财经大学是由13所中国高校、13所俄罗斯高校联合组成的中俄大学联盟发起人之一，该学科积极履行相关职责，增进国内外学术交流。

三 课程设置

研究生课程设置除了按国家规定和学校要求设定相关课程外，该学科点还为硕士研究生开设中级微观经济学、中级宏观经济学、中级计量经济学等学位基础课，开设经济思想史专题、中国经济改革与发展、博弈论与信息经济学等学位专业课，开设国民经济研究、区域经济研究、产业经济研究、劳动经济研究、经济学研究方法、中国经济史、制度经济研究等选修课。为博士生开设高级微观经济学、高级宏观经济学、高级计量经济学等学位基础课，开设经济学与管理学前沿研究学位专业课。以及马克思主义经典原著选读、国民经济学前沿专题、规制经济前沿专题、博弈论、中国经济问题研究、产业经济学前沿专题、经济学研究方法论等选修课。

四 研究生培养

山东财经大学应用经济学是一级学科博士点，下设5个二级学科博士点，以及10个二级学科硕士点。硕士生的学习年限为3年，博士生学习年限为4—6年。要求硕士生参与课题研究和撰写学术论文。要求博士生参与课题研究，撰写并发表学术论文。该学科点重视研究生科研创新能力的培养，注重社会实践。每年组织师生积极参加"调研山东""三千计划"等公益服务活动，提交调研报告280余份，195人次获得先进个人和先进指导教师称号。学生培养目标为具备扎实的经济学基础，掌握财政学、金融学和国际贸易学等经济学原理和方法，了解国内外研究动态和学术前沿，具有创新能力、解决实际问题能力以及向相关领域扩展渗透的能力，在综合经济管理部门、政策研究部门、金融机构和企事业单位从事经济分析、预测和管理工作的应用型复合人才。

（撰稿：彭留英）

山东大学产业经济学学科建设

一 学科概况与简介

山东大学经济学院以应用经济学见长,其中产业经济学是重要支撑,研究力量雄厚,科研成果突出,社会贡献显著。山东大学产业经济学是国家重点学科,是山东省"泰山学者特聘教授"设岗学科,学科点建立了消费与发展研究所、规制理论与政策研究中心、企业制度与产业组织研究所、博弈论与经济行为研究中心、规划与战略研究中心等科研机构;拥有"反垄断与规制经济学"山东省人文社会科学重点研究基地。产业经济学学术团队的学缘结构布局合理、年龄梯队分布均匀、薪火相传、井然有序。现有成员中,有教育部"万人计划"教学名师1人,国家级教学名师1人,"泰山学者"特聘教授2人,国家社会科学基金学科规划评审组专家2人,教育部新世纪优秀人才3人,山东省社会科学名家3人,山东大学特聘教授3人。于良春教授、臧旭恒教授、杨蕙馨教授、李长英教授、余东华教授、曲创教授等学者在各自研究领域都有所建树,在国内学术界具有一定的学术辨识度。

在学科建设方面,山东大学产业经济学于1985年获得硕士学位授予权,2001年获得博士学位授予权。近20年来,学科建设连年跃上新台阶,先后取得国家重点学科、一级学科博士点授予权、设立博士后流动站等标志性学科建设成果。人才培养质量不断提高,标志性成果不断涌现,服务国家及地方的能力显著增强,学科影响力显著提升。近年来,学院着力推进国际化建设,制定了师资队伍国际化、研究成果国际化、学生培养国际化的目标,国际化进程迅速加快,一批具有较强学术潜力的年轻学者脱颖而出,国内外高端学术期刊上的研究成果持续增加,学生培养的国际化程度与培养质量稳步提高。在国内权威期刊《经济研究》《中国工业经济》《世界经济》《经济学季刊》等发表论文100多篇,在国际重要期刊 Review of Industrial Organization、Journal of Institutional and Theoretical Economics 等发表论文50多篇。

二 学科特色与研究团队

山东大学产业经济学围绕消费需求、博弈论与产业组织理论、反垄断与规制政策、制造业转型升级与高质量发展等领域开展了一系列研究工作,主要学术带头人和团队成员正在承担包括国家社会科学基金重大项目、教育部人文社会科学重大攻关项目、国家自然科学基金、国家社会科学基金项目在内的数十项科研项目。臧旭恒教授是国内较早系统研究消费者行为与消费函数理论的学者,2003年获第十届孙冶方经济科学著作奖,2015年获教育部第七届高等学校科研优秀成果奖一等奖。秦承忠教授领衔的博弈论与产业组织理论研究团队已经在 European Economic Review、Journal of Economic Behavior and Organization、International Journal of Game Theory、Economic Inquiry 等国际主要经济学期刊（SCI，SSCI）上发表（接受）10 多篇论文。于良春教授领导的学术团队在反垄断与规制经济学领域的研究处于国内领先位置，在《经济研究》《中国工业经济》等发表学术论文 50 多篇。杨蕙馨教授领衔的"产业组织与企业成长"团队入选教育部创新团队发展计划，先后获得孙冶方经济科学奖、教育部高等学校科研优秀成果奖等重要奖励。余东华教授带领的制造业转型升级与高质量发展团队的研究成果先后获得山东省人文社会科学优秀成果奖励 7 次，中国工业经济学会优秀论文一等奖 2 次。曲创教授的数字经济与平台经济研究成果先后 2 次获得中国工业经济学会优秀论文奖。

近年来，山东大学产业经济学科点成功举办了"产业经济与规制理论及政策国际学术研讨会""产业集群与区域发展国际学术研讨会""产业经济理论与政策国际研讨会""产业经济学与经济理论研讨会""反垄断与规制经济学理论研讨会""产业组织理论学术研讨会""中美经济学家经济全球化与山东经济发展论坛"等国际国内学术会议，扩大了该学科点在国内外学术界的影响和知名度。

三 研究生课程设置

产业经济学的研究生课程除了开设国家规定的公共课程以外，硕士研究生的专业课程中还开设了中级微观经济学、中级宏观经济学、中级计量经济学、经济研究与论文写作、产业组织理论、产业规划与战略理论、反垄断与规制经济学、数理经济学、博弈论与经济建模等；博士生的专业课程中还开设了高级微观经济学、高级宏观经济学、高级计量经济学、产业组织理论专题、竞争政策专题、前沿经济研究专题、博弈论专题等。

四 人才培养

山东大学产业经济学硕士生的学制为 3 年，博士生学制 4—6 年，硕博连读研究生学制为 5—7 年，博士后流动站工作期限为 2—3 年。近年来，山东大学产业经济学科引入海外博士 20 多名，课程设置和人才培养的国际化程度较高。近 5 年来，产业经济学科点共培养学术型硕士 156 人、博士 63 人，分布在科研院所和宏观经济管理部门。产业经济学毕业生中获得省级优秀硕士学位论文奖励 7 次，省级优秀博士学位论文奖励 3 次。

（撰稿：张鑫宇）

上海财经大学产业经济学学科建设

一 学科介绍

上海财经大学产业经济系具有悠久历史和厚实的学科基础，其前身为"工业经济系"。早在20世纪50年代初，上海财经大学就已设立了与产业经济学相关的学科如工业经济、贸易经济等。拥有一批在学术界和教育界有名望的教授学者，如孙怀仁、马家骅、梅汝和、杨公朴、程兆汾、夏大慰、孙海鸣、干春晖、蒋传海，等等。这些知名教授以他们渊博的学识和人格的魅力，为上海财经大学产业经济学科打下了坚实基础。1980年，工业经济和贸易经济学科相继建立了硕士点；1990年，工业经济学科设立了博士点（于1998年改称为产业经济博士点）；1996年，工业经济学科成为财政部重点学科（于1998年改称为产业经济重点学科），并设立了博士后流动站。2001年，产业经济学被批准为上海市重点学科，2005年顺利通过上海市重点学科建设的评审。2013年入选上海市首批高校智库（培育）项目。

上海财经大学产业经济系现有教师12人，其中教授1名，副教授7名，教师中有11位拥有博士学位，其中8位拥有海外知名学府的经济学博士学位。海归博士主要毕业于加拿大UBC大学，美国马里兰大学、俄亥俄州立大学、南加州大学、宾州州立大学，日本一桥大学等。学科带头人为中国工业经济学会副会长、上海财经大学校长蒋传海教授。该学科点出版了《产业经济学教程与案例（第二版）》《产业经济学教程（第四版）》等在全国具有较大影响和采用率的教材；连续10多年出版了年度的《中国产业发展报告》，在学术界、政府部门、研究部门广受好评；翻译出版了《产业组织导论》等。

近年来该学科点承担国家社会科学基金重大课题2项，一般项目5项，自然科学基金10余项，教育部规划课题3项，国家市场监督管理总局课题5项，商务部课题1项，财政部课题2项。上海市政府重大决策咨询课题20多项。在论文发表方面，近几年产业经济系聚焦产业组织与产业结构，不仅在国际权威期刊如 *Economic Journal*、*Journal of Comparative Economics*、*International Economic Review*、*Review of Economics and Statistics*、*Games and Economic Behavior*、*Journal of Economic Theory*、*Journal of Economics & Management Strategy*、*Journal of Mathematical Economics* 等发表了10多篇论文，在国内权威期刊如《经济研究》《管理世界》《管理科学学报》《经济学（季刊）》《中国工业经济》等刊物发表论文100余篇。研究成果获教育部人文社会科学二等奖、上海市哲学社会科学优秀成果一等奖、上海市决策咨询成果一等奖等多项国家及省部级奖励。

二 学科特色

该学科坚持做顶天立地的研究,一方面坚持理论创新的"顶天"研究,通过聘任大量海外毕业老师从事前沿的理论研究,在国际顶尖期刊上发表高质量论文;另一方面积极对接国家以及社会的需求,针对中国产业转型升级中的重大现实问题展开具有学术深度思考与实践价值的决策咨询研究。

依托中国产业发展研究院、反垄断与竞争经济学研究中心等智库平台,积极为国家以及地方的产业发展建言献策。近几年提交了决策咨询报告100余篇,获得了包括国家主要领导人、上海市委市政府主要领导的肯定性批示。并在《光明日报》《解放日报》《文汇报》《中国社会科学报》等主流媒体发表了大量评论性文章,多篇被学习强国等平台转载。迄今为止,该学科教师为国家市场监管总局(原国家工商行政管理总局)反垄断局、商务部反垄断局、上海市工商局、上海市物价局等行政执法部门提供多个案件的经济学分析报告。参与多个反垄断诉讼案件,其中"利乐案件""强生案件"与"伊士曼案件"形成了较大的社会影响力,并提升了中国执法部门的国际影响力。

该学科的主要方向有产业组织理论与政策(包括反垄断、竞争政策、实证产业组织等)、产业结构理论与政策(包括产业结构与升级、产业政策等)。

该学科通过主办反垄断法与竞争政策论坛、产经高端论坛的方式创办了产经领域高端学术会议品牌。为了深入推进产经的学术交流,每年坚持举办暑期产业经济学前沿培训,邀请海外相关领域的著名专家为全国的优秀教师、学生提供学术讲座,搭建交流平台,受到社会的一致好评。

三 课程设置

研究生课程注重基础理论、方法论的教授,不仅开设富有特色的"三高",即高级宏观经济学(Ⅰ、Ⅱ)、高级微观经济学(Ⅰ、Ⅱ)、高级计量经济学(Ⅰ、Ⅱ),还有产业组织研究方法、产业组织前沿专题、竞争政策、产业组织理论专题、规制经济学专题、产业结构与政策等课程。并且有海外知名的特聘教授为研究生开设理论前沿与实证方法的课程。此外,还开设了世界经济前沿、区域经济学、战略管理、思想文化选读等交叉学科的课程。

四 研究生培养

该专业旨在培养具有国际视野和创新意识、专业基础扎实、综合素质优异、能够深入剖析产业经济理论与现实问题的高层次研究人才。上海财经大学产业经济学目前只招收硕博连读生和博士研究生。硕博连读生通过推免和参加全国研究生统一考试招生,学习年限为5年,博士研究生实行申请考核制,学习年限为4年。整个研究生的培养实行严进严出的管理。该专业博士研究生在攻读博士学位期间必须参加学院举办的本专业或本方向的学术讲座(包括国际研讨会)。该专业博士研究生应参加综合考试与中期测评。综合考试以笔试的形式举行,主要考察基础理论、专业知识及专业外语的水平,综合考试合格者,方可进入博士学位论文开题阶段。中期测评采用论文汇报的方式进行,聘请国内外知名专家进行答辩考核,考核小组在学生论文汇报的基础之上,对学生的基础理论、专业知识、研究能力等进行综合评定,优秀者获颁证书、发放奖金。该专业鼓励并资助研究生积极申请到高水平国外大学进行联合培养,每年均有学生赴国外访问研究,并在国际权威期刊合作发表论文。

(撰稿:余典范)

上海社会科学院产业经济学学科建设

一　学科介绍

上海社会科学院产业经济学学科起始于 20 世纪 60 年代的部门经济学研究，1979 年，上海社会科学院应用经济研究所（前身为部门经济研究所）开始招收产业经济学研究生，1981 年获批产业经济学硕士点，1998 年获批产业经济学二级学科博士点，2001 年设立应用经济学博士后流动站，2005 年获批应用经济学一级学科硕士点，2018 年获应用经济学一级学科博士点。上海社会科学院应用经济研究所产业经济学科一直是上海市、上海市委宣传部和上海社会科学院的重点建设学科，在长期的产业经济学理论和产业发展战略政策研究中，逐步形成了现实前沿和理论前沿相结合、充分体现智库特色的学科发展模式。2015 年上海社会科学院成为首批 25 家国家级高端智库之一，产业经济学作为上海社会科学院高端智库建设的骨干学科，聚焦国家和上海重大战略研究，积极推动现实问题导向的产业经济学前沿理论研究，在智库导向型产业经济学学科建设方面不断取得新突破。

该学科点现有教师 60 人，其中，研究员 28 人、副研究员 25 人，30% 以上教师拥有 3 个月以上在海外高校和科研单位学习与工作的经历。现任学科带头人为中国工业经济学会副会长、上海市经济学会副会长、上海社会科学院副院长兼应用经济所所长干春晖教授。

在产业经济学理论方面，完成了一系列重要研究成果，20 世纪 80 年代曾经有两个研究成果分别获得第一届和第二届孙冶方经济科学奖，在学科领域有较大的影响力。学科团队研究人员出版了《上海改革开放 40 年大事研究卷六·产业升级》《产业经济学》《新产业革命与上海的转型发展》《劳动力流动、产业集聚和工资"俱乐部"：来自中国的理论和经验研究》等体现学科体系框架和应用经济理论的专著 50 余部。

近些年来该学科点承担国家社会科学基金重大项目 2 项、重点项目 5 项、一般项目 10 项，国家自然科学基金项目 2 项、国家软科学基金项目 1 项、国家高端智库课题 30 余项，其他省部级科研项目 100 余项。在《经济研究》《世界经济》《中国工业经济》《数量经济技术经济研究》《学术月刊》《统计研究》、*Land Use policy* 等国内外顶级学术期刊发表论文 100 余篇。近两年的论文和专著获得上海市哲学社会科学优秀论文奖 6 项、上海市决策咨询成果奖 6 项、上海市邓小平理论研究成果奖 1 项，以及其他科研成果奖若干项。

二 学科特色

在长期的产业经济学学科建设过程中，上海社会科学院应用经济研究所始终坚持理论前沿和现实前沿相结合，突出问题导向、理论支撑、现实应用为目标的学科定位，始终聚焦现实问题的产业经济学研究。在"六五"时期的上海产业结构调整战略、20世纪90年代的浦东开发、上海"四个中心"和社会主义现代化国际大都市建设中等一系列上海重大战略研究和实施过程中，都包含着上海社会科学院应用经济所产业经济学科的重要贡献。

该学科点以产业经济学前沿理论和中国上海产业发展重大战略研究为引领，重点聚焦4个研究方向：一是新产业革命和新全球化背景下的产业结构和产业发展理论研究；二是互联网、大数据、人工智能与实体经济深度融合研究；三是高质量发展中的中国和上海产业升级战略政策研究；四是产业政策与竞争政策研究。

产业经济学科与韩国产业研究院联合，连续多年主办"中韩产业发展论坛"，成为中韩产业经济学者的重要学术交流平台。主办《上海经济》学术期刊，不断强化学科平台建设。近40年来，该学科点培养的博士研究生超过200名，培养质量受到用人单位与社会各界的好评，为高校、科研院所、政府机关提供了坚实的科研力量。所培养的硕士研究生中有一定比例的学生选择继续攻读国内或国外的博士研究生，其余的毕业生在各大银行、券商机构、政府机关就业。

三 课程设置

研究生课程设置除了按国家规定和学校要求设定相关课程外，该学科点还为硕士研究生开设中级微观经济学、中级宏观经济学、中级经济计量学、统计学等专业基础课，开设产业经济学、发展经济学、城市经济学等专业必修课，开设产业经济学专题讲座、产业经济学论文导读课等专业选修课。为博士生开设高级微观经济学、高级宏观经济学、高级经济计量学等专业基础课，开设高级产业经济学、区域经济学、发展经济学等专业必修课，开设产业经济学专题讲座课等专业选修课。

四 研究生培养

应用经济研究所设立应用经济学一级学科博士点，下设产业经济学、国民经济学、区域经济学、金融学4个二级学科博士点；设立应用经济学一级学科硕士点，下设产业经济学、国民经济学、区域经济学、财政学、金融学等若干二级学科硕士点。硕士生的学习年限为3年，博士生学习年限为3—5年。博士研究生在课程学习结束之后、学位论文撰写之前，须参加学科综合考核。要求硕士生参与课题研究和撰写学术论文。要求博士生参与课题研究，撰写并发表学术论文。博士研究生参加讲座和学术报告每学期不少于5次，总计不少于30次，且总计至少公开作1次学术报告。要求研究生参与社会实践。应用经济研究所根据建设国家高端智库的要求，在国内省、市、县和园区等各个层面，建立了合作研究基地。同时，与相关高校还建立了各种形式的合作研究平台，这些都为研究生培养提供良好的教学科研支持。该学科与日本立命馆大学、韩国现代产业研究院、以色列希伯来大学及中国台湾政治大学等高校和研究机构签订了学术交流合作计划，经常保持人员的交流互访。该学科点培养的研究生应该具有坚实宽厚的现代经济学基础理论和系统深入的产业经济学专门知识；能够全面地了解国外产业经济学理论研究前沿，准确把握国内产业经济学研究状况，并能够站在学术前沿运用先进的研究方法进行创造性的研究；视野广阔，善于理论联系实际，具有较强的对重大现实经济问题的把握能力和分析能力；较好掌握现代经济学的规范研究方法，具备较强的进行经济学研究和撰写经济学论文的能力。

（撰稿：李　伟）

首都经济贸易大学产业经济学学科建设

一 学科介绍

首都经济贸易大学产业经济学学科为北京市重点学科,始建于1962年。1982年获硕士学位授予权,2006年获博士学位授予权。

在近60年的发展历程中,先后经历了曹厚昌教授、邹昭晞教授、刘英骥教授、王稼琼教授、祝合良教授、张弘教授等多位业内知名、成果斐然的学科带头人。目前在岗专职教师13人,学源结构分散,年龄梯度合理,拥有中国商业经济学会副会长2人,商务部内贸专家1人,北京市拔尖创新人才1人,北京市长城学者1人,所有中青年教师100%具有博士学位和海外研学经历。

该学科建立了一系列政策咨询机构和开放研究平台。2004年成立北京CBD发展研究中心,已被北京市规划办和北京市教委确立为北京市八大重点科研基地之一。2005年成立中国品牌研究中心,出版国内第一部品牌发展报告《中国品牌发展报告》(2006年首发),制定《全国品牌管理师职业资格技术条件》(2012年商务部颁布执行),发布国内第一份"中国软件与信息技术服务业品牌价值"排行榜(2013年首发)。2010年成立中国黄金研究中心,是国内第一个黄金产业开放研究平台,主持编撰的《黄金投资分析师培训教材(2013修订版)》2014年获得科技部与中国黄金协会颁发的科技进步一等奖。2014年与中国商业经济学会、中国市场学会、中国商业史学会、中国社会科学院财经战略研究院、中国流通三十人论坛(G30)联合成立中国流通研究院,是国内目前影响力最大的商贸流通开放式研究平台之一,每年发布《京津冀发展报告》,曾获第十届全国"优秀皮书奖"一等奖,《中国城市流通竞争力报告》已成为国内流通领域权威的年度报告;不定期发布的"政策建议"曾先后获得习近平总书记、张高丽副总理、汪洋副总理、马凯副总理、蔡奇书记等党和国家领导人的重要批示。

近10年来出版《现代商业经济学(第四版)》《高级商业经济理论》《流通产业技术装备》等一系列学科定位著作,出版《中国商品流通的规范与发展》《中国期货市场的规范与发展》《外资商业竞争行为研究》等一系列学科前沿著作,出版《中央商务区(CBD)产业布局与发展研究》《战略品牌管理》《黄金市场投资精要》等一系列学科特色著作,出版《中国品牌发展报告》《京津冀发展报告》《中国城市流通竞争力报告》等一系列学科年度报告以及40多部其他专著、译著和教材。

近年来承担国家社会科学基金重大项目2项,重点项目3项,一般项目5项,国家自然科学基金项目2项,教育部人文社会科学规划项目2项,科技部国家软科学项目1项,国家商务部公开招标项目8项,国家财政部项目1项,国家工信部项目2项,以及其他各类省部级科研项目100多项。

近年来在《经济研究》《管理世界》《财贸经济》《中国软科学》《新华文摘》等国内、国际学术期刊发表论文300余篇，获中国高校人文社会科学优秀成果奖、北京市哲学社会科学优秀成果奖、商务部全国商务优秀研究成果奖、中国商业联合会全国商业科技进步奖、中国黄金协会科技进步奖、全国优秀皮书奖。

二 学科特色

1. 聚焦流通问题研究

坚持既研究产业一般规律，又突出特色重点的学科发展战略：按照国际公认的产业组织学构建课程体系和学科基础，同时面向商贸流通、品牌经济、期货市场和黄金产业形成了四个独具特色的研究方向和建设重点。

2. 坚持走国际化道路

已建成研究生中外联合培养基地1个，与20多个国家的近100所大学开展全英文课程交换生项目、联合培养项目以及学者互访项目。

3. 社会服务顶天立地

通过打造科研基地与智库平台，形成了一系列具有重大政策意义的研究成果。如《关于"十三五"加快实施中国黄金战略的建议》得到习近平总书记的批示，《开展全面、科学的产业评估，指导我国制造业合理有序升级》得到中央政治局常委张高丽同志的批示，《引领高端消费回流的政策建议》得到国务院副总理汪洋同志的批示，《用文化软实力提升北京城市治理水平》得到中共中央政治局委员、北京市委书记蔡奇同志的批示。

三 课程设置

产业经济学专业硕士研究生开设中级微观经济学、中级宏观经济学、中级计量经济学、产业经济学、流通经济学、消费经济学、零售学、期货与期权市场研究、物流研究、品牌研究、黄金产业研究等课程。

产业经济学专业博士研究生除基础理论外，还开设了高级产业经济学、高级商业经济学、产业组织前沿、流通经济前沿等专业特色课程。

四 研究生培养

产业经济学科硕士研究生学制3年，博士研究生学制3—6年。研究生必须参与课题研究并撰写学术论文方可毕业。

研究生培养采取课程教学、科学研究结合学术研讨的方式进行。近年来组织学术交流活动200多场次；主办国内学术交流12场；组织和参与国际学术会议27场，其中海外参会人员超过30人的学术会议7场；共有35人次在国内外著名大学或重要国际会议上作报告或发表演讲。

截至目前，培养了700多名硕士、博士毕业生，目前在校硕士、博士研究生共计80余名。毕业生就业面广，就业层次高，一次就业率始终保持在100%，主要就业去向包括制造企业、流通企业、外贸企业、商业银行、政府部门、教学科研机构等。涌现出了像包克辛（贵州省原副省长）、程红（北京市原副市长）、卢东涛（歌华有线总经理）、郑万河（王府井百货原董事长）、刘冰（中国黄金集团副总经理）等一大批杰出的毕业生代表。

（撰稿：李　智）

天津财经大学产业经济学学科建设

一 学科介绍

天津财经大学产业经济学学科起始于1958年创建的商业经济，1983年与企业管理联合招收硕士研究生（企业管理、商业经济），1993年经国务院学位委员会批准独立招生，1999年获授权调整为产业经济学，2005年获得博士学位授予权，2013年全国首个自主设立法律经济学博士点。作为该学科建设单位之一的天津财经大学法律经济分析与政策评价中心2013年入选"教育部人文社会科学重点研究基地"（与东北财经大学共建）和"天津市人文社会科学重点研究基地"，2015年入选天津财经大学协同创新研究中心，2017年设为中国工业经济学会竞争政策专业委员会秘书处，2018年入选"中国CTTI智库"。该学科点为中国工业经济学会竞争政策专业委员会主任单位。

该学科现有专职教师20人，其中教授7人、副教授5人。现任科学带头人于立教授，任天津财经大学法律经济分析与政策评价中心主任、中国工业经济学会副会长（兼任竞争政策专业委员会主任）、教育部人文社会科学重点研究基地"产业组织与企业组织研究中心"学术委员会主任，曾任产业经济学学科建设委员会（第一、二届副主任，第三届主任）委员、国务院学位委员会学科评议组（第五届）成员、国务院反垄断委员会专家咨询组（第一、二届）成员、天津财经大学副校长。原学科建设负责人温孝卿教授，现任中国市场学会常务理事、中国工业经济学会理事、中国经济规律研究会理事。

近年来，该学科承担国家自然科学基金项目、国家社会科学基金项目、教育部人文社会科学规划基金项目、国家发展和改革委员会公开招标项目20余项；其他省部级科研项目30余项。在《经济研究》《中国工业经济学》《财经研究》《财经问题研究》等学术期刊发表论文近100篇。出版《法律经济学学科定位与理论应用》《跳单问题的法律经济学研究》等10余部著作，为青年教师培养和研究生教育出版了《天津财经大学优青班讲义》（1—6辑）示范教材，主编出版《互联网经济学与竞争政策》等产业经济学前沿问题相关著作。获蒋一苇企业改革与发展学术基金优秀论文奖1项，高等学校人文社会科学优秀研究成果奖1项，天津市哲学社会科学优秀研究成果奖4项，天津市高等学校教学成果一等奖1项。

二 学科特色

该学科坚持"问题导向、协同发展"的整体思路，以"学科前沿引领、中国经济问题国际化"为方向，致力于产业组织理论、产业经济学的前沿问题研究，应用产业经济学国际通用的分析框架与分析方法，研究国内产业组织与产业经济问题，整合多学科、跨专业、国内外的优质资源，形成学科专业协同、多院校协同与国际协同的科学研究、人才培养与社会服务模式。

主要研究方向有：（1）产业组织理论与产业发展。产业组织理论主要包括寡头垄断理论、产品差异化与技术进步、厂商理论与内部组织和竞争政策；产业发展与政策，主要包括产业演化与新兴产业形成、特定行业分析、产业结构升级与产业转移、产业政策评价等。（2）法律经济学。在反垄断经济学和规制经济学两个分支领域，研究政府与市场的关系，如何确立竞争政策的基础性地位以此更好发挥政府作用，重点利用国际经济学、劳动经济学、发展经济学、法学与产业经济学的交叉，进行契合产业经济学理论的理论与案例的研究。（3）互联网经济学与竞争政策。包括关注国际产业经济学理论前沿的重点领域"网络与平台经济学"和"行为产业组织"。（4）法理经济学。目前国内尚无此学科，但有非常好的发展前景，属于法律经济学的哲学层次，有望列入中国工业经济学会的发展规划，也是中国经济学领域创新发展的重要方向。主要研究问题包括"成本最小规避原则""市场失灵""政府失灵"与"法律失灵"的三位一体、最优处罚结构原理等。（5）知识产权与竞争政策。数字经济下，知识产权、知识产品与知识的关系的界限日益模糊，共享品的"准公地悲剧""反公地悲剧"与"公地喜剧"理论已成为知识产权保护与反对滥用知识产权的重要理论基础。

连续3年主办"互联网经济学研讨会"（2017—2019），成为国内产业经济学、法律经济学等国内外学者的重要交流平台，承办"中国第十五届法经济学年会""法经济学冬令营"等，成为发掘和培育中国法律经济学学科人才的重要基地。在学术带头人于立教授带领下，该学科点作为高端智库，近年来为国务院反垄断委员会、国家发展和改革委员会等多个省部级以上政府机构及天津市委市政府提供咨政建议、立法建议，并获得国家领导专项批示，国务院反垄断委员会两次致信感谢。

该学科所培养的硕士研究生中较大比例进入大型企业、银行和政府部门工作，部分研究生攻读博士学位，培养的博士生大部分进入高校从事教学和科学研究工作。

三　课程设置

研究生课程除国家规定课程外，还为硕士生开设中级微观经济学、中级宏观经济学、中级计量经济学、法律经济学、反垄断经济学、规制经济学等专业基础课，开设市场与产业组织理论研究、价格理论研究、法律经济学理论基础与应用等专业课程，为博士生开设高级微观经济学、高级宏观经济学、高级计量经济学、法律经济学等专业基础课，开设产业组织研究、市场战略研究、产业组织理论与政策研究、博弈论、法理经济学等专业课程。

四　研究生培养

天津财经大学设立产业经济学和法律经济学硕士、博士点。硕士研究生的学习年限为3年，博士研究生学习年限为3—6年。除完成规定教学和科研任务外，"优青班"培训课程作为"优秀青年学者培育计划"核心课程,已成为该学科点培育产业经济学青年教师和研究生科研创新能力的重要创新模式。2019年"优青班"模式获得天津市教学成果一等奖。此外,该学科实施硕士研究生双导师制度,一方面提高学生的理论水平和科研能力,另一方面以学促研、以研促产,形成"产学研"三位一体的人才培养体系。

(撰稿:刘玉斌、徐志伟、郭树龙、杨 童)

武汉大学产业经济学学科建设

一 学科介绍

　　武汉大学产业经济学学科起始于1979年建立的发展经济学和工商企业管理学，1998年获得产业经济学硕士学位授权，2005年获得产业经济学博士学位授权。2007年获批应用经济学博士后流动站。2008年以来多次被评为湖北省重点学科。该学科点参与建设的"武汉大学经济发展研究中心"2001年获批为教育部人文社会科学重点研究基地，并多次在教育部人文社会科学重点研究基地的考评中获得"优秀"；主持建设的"武汉大学人口·资源·环境经济研究中心"2005年获批为湖北省人文社会科学重点研究基地，并多次在湖北省人文社会科学重点研究基地的考评中获得"优秀"。该学科参与建设的学术机构还有武汉大学科研机构"武汉大学国家发展战略研究院""武汉大学全球战略研究中心""武汉大学两型社会研究院""武汉大学中国中部发展研究院产业发展与区域竞争力研究所"以及湖北省人文社会科学重点研究基地"武汉大学中国产学研合作问题研究中心"、湖北省软科学研究基地"湖北省战略性新兴产业研究中心"。

　　该学科点现有教师9人，其中教授7人（辜胜阻教授、杨艳琳教授、刘传江教授、成德宁教授、刘林青教授、陈立敏教授、黄永明教授）、副教授2人，聘任的产业经济学专业博士生导师3人（辜胜阻教授、杨艳琳教授、刘传江教授）、硕士生导师3人（成德宁教授、余江副教授、胡晖副教授）。有国家"百千万人才工程"人选1人、"国家有突出贡献中青年专家"1人、"国家有突出贡献留学回国人员"1人，享受国务院政府特殊津贴专家2人，入选教育部"跨世纪人才工程"1人，入选教育部"新世纪优秀人才支持计划"1人。首任和现任学科负责人为杨艳琳教授。该学科点为中国工业经济学会产业经济学学科建设专业委员会委员单位，简新华教授和陈立敏教授先后任中国工业经济学会副理事长。该学科点为湖北省工业经济学会会长单位，简新华教授任会长（2011—2021年）、杨艳琳教授任副会长兼秘书长（2011—2021年）。

　　该学科点出版了《产业经济学》（武汉大学出版社2001年、2009年）、《新编产业经济学》（高等教育出版社2009年）等研究生教材，近年出版《开放条件下金融与产业发展研究》（人民出版社2012年）等学术著作10多部。

　　该学科点主持国家社会科学基金重大项目5项、重点项目3项、一般项目11项；主持国家自然科学基金项目13项；主持教育部人文社会科学重点研究基地重大项目7项、教育部一般规划项目9项、其他省部级科研项目40多项；主持世界银行、亚洲开发银行咨询项目20多项。在 *China Economic Review* 等SSCI期刊、《中国社会科学》《求是》《经济研究》《管理世界》《数量经济技术经济研究》《中国工业经济》等 CSSCI 期刊发表学术论文 400 多篇。科研成果获得包括中共中央宣传部"五个一工程"奖 1 项、孙冶方经济科学奖 1 项、教育部高校人文社会科学优秀成果奖 8 项、教育部全国高校出版社优秀学术著作特等奖 1 项、湖北省社会科学优秀成果奖 9 项等在内的省部级奖励 30 多项，其他奖励 60 多项。提供研究咨询报告 90 多份，70 次获得联合国、世界银行、亚洲开发银行、中共中央、国务院及其有关部委、全国政协、民建中央、湖北省政府、湖北省政协的高度评价。

二 学科特色

该学科点借助武汉大学经济学管理学多学科的综合优势以及理论经济学"双一流"学科建设机遇，按照师资队伍精干、学科特色明显的思路来进行学科建设和人才培养。

主要研究方向有：（1）产业发展理论与政策。（2）产业组织理论与政策。（3）产业结构理论与政策。（4）创新与高技术产业经济研究。（5）产业布局与集群研究。（6）产业竞争力与全球价值链研究。

该专业培养的硕士毕业生和博士毕业生主要进入中央企业、上市公司、国家"双一流"高校和科研机构、地方重点高校和科研机构、国家部委和省市政府管理部门任职。

三 课程设置

该学科点研究生培养方案的课程设置除了按照武汉大学规定的公共必修课之外，为硕士生开设高级微观经济学、高级宏观经济学、高级计量经济学等专业基础课，开设现代产业经济学、产业组织与企业理论等专业必修课，开设产业发展理论与政策、产业结构理论与政策、产业分析理论与方法、产业规制理论等专业选修课。为博士生开设高级宏微观经济学专题、高级计量经济学专题等专业基础课，开设产业组织理论前沿专题研究等专业必修课，开设产业分析理论与方法专题研究、产业发展理论前沿专题研究、创新与高技术产业研究等专业选修课。

四 研究生培养

武汉大学设立产业经济学硕士点、博士点。研究生培养实行弹性学制，硕士生的学习年限为 3—4 年，其间实行中期分流考核（不合格结业、继续攻读硕士学位、提前硕博连读、毕业后硕博连读）；博士生的学习年限为 3—6 年，逾期给予结业或者退学处理。要求硕士生参与课题研究和学术活动，从 2017 级硕士生开始，必须发表 CSSCI 期刊论文 1 篇；要求博士生参与课题研究和学术活动，从 2019 级博士生开始，必须按照武汉大学经济与管理学院期刊分级目录的规定发表 B$^+$ 级期刊论文 2 篇（3 年毕业），或者 B 级期刊论文 2 篇（4—5 年毕业），或者 B$^-$ 级期刊论文 1 篇和一般 CSSCI 期刊论文 2 篇（6 年毕业）。该学科点重视研究生科研创新能力培养，着力提高研究生发现问题、分析问题和解决问题的综合能力，要求研究生掌握产业经济学基本理论和研究前沿，并能够熟练地运用数理方法、计量工具进行理论研究、实证研究和政策研究以及产业分析，突出提高思想创新能力和科研表达能力。

（撰稿：杨艳琳）

西安交通大学产业经济学学科建设

一 学科概况

西安交通大学产业经济学学科发展历史悠久，最早可追溯到 20 世纪 60 年代由著名工业经济学家段文燕、刘世爵与贸易经济学家闵宗陶、文启湘等教授领衔创建的原陕西财经学院工业经济本科专业和贸易经济本科专业。该学科点于 1981 年获得工业经济专业硕士学位授予权，1984 年获得贸易经济专业和物资经济专业硕士学位授予权，1992 年获得贸易经济学博士学位授予权，1998 年经国务院学位办批准建立了西北地区首家应用经济学博士后流动站。2000 年 4 月，西安交通大学、西安医科大学与陕西财经学院三校合并。2003 年学校获得应用经济学一级学科博士学位授予权，2007 年"产业经济学"学科被评为国家重点学科。该学科点拥有两个省部级哲学社会科学重点研究基地：陕西省创新驱动与产业升级研究中心；陕西省西部文化创意产业协同创新中心。2019 年与北京大学新结构经济学研究院合作设立西安交通大学新结构经济学研究中心。

该学科点现有教师 24 人，其中教授 10 人、副教授 5 人、讲师 9 人。全职引进海外博士毕业教师 3 人。有国家突出贡献专家和享受国务院政府特殊津贴专家 1 人、国务院第七届学位委员会应用经济学学科评议组成员 1 人、"教育部新世纪优秀人才" 3 人、长江讲座教授 1 人、悉尼大学商学院荣誉教授 1 人、西安交通大学青年拔尖人才 3 人、香港王宽诚育才奖 4 人。现任学科建设负责人和学术带头人为著名学者冯根福教授，主要学科带头人有知名学者孙早教授、杨秀云教授、温军教授、宋林教授、李锃教授等，该学科点拥有一支实力很强的在国内享有一定声誉的老中青结合的教学和科研队伍。

近 5 年来，该学科点承担国家社会科学基金项目 9 项、国家自然科学基金项目 11 项、省部级项目 50 余项。在《经济研究》《管理世界》《中国工业经济》、Research Policy、Journal of Banking & Finance、Energy Economics、European Journal of Finance 等重要国内外期刊发表论文 100 余篇，出版了一批有重要影响的专著和教材。获陕西省和教育部哲学社会科学优秀成果奖一等奖 4 项、二等奖 8 项，获省级"研究生教育成果奖" 1 项。

二 学科特色

长期以来，该学科点始终以马克思主义为指导，坚持"扎根西部、服务全国、面向世界"的学科建设和发展定位，本科生注重宽口径、厚基础、重实践教育，研究生注重科研兴趣和科研能力培养，教学、科研、人才培养三者并重。该学科点定期举办高端论坛，广邀海内外名家进行学术交流与合作，不断提升国际化交流与合作水平。

该学科点紧密追踪国内外经济学和产业经济学理论研究前沿，努力面向国家重大战略需求和经济社会发展需要开展经济学、产业经济学相关问题研究，积极为国家特别是地方政府和企业提供咨询服务。该学科点在现代公司治理与企业技术创新、公司战略与现代产业演进、文化创意产业发展与产业结构转型升级等方面的研究在国内处于领先地位。

该学科点目前主要围绕人工智能、大数据、量子信息、生物技术等新一轮科技革命和产业变革催生的"新产业经济学发展问题"进行深入研究，已开展和拟开展的主要研究方向有：（1）第四次工业革命与世界产业变革新趋势；（2）推动制造业升级和新兴产业发展；（3）工业互联网、智能制造与培育新兴产业集群；（4）电商网购、在线服务与流通产业发展；（5）产业技术创新、产业发展政策与产业绩效；（6）第四次工业革命、新型公司治理与企业成长新特征。

三 课程设置

该学科点研究生课程设置除了按国家规定和学校要求设定相关课程外，还为硕士和博士研究生开设了高级微观经济学Ⅰ、高级宏观经济学Ⅰ、高级计量经济学Ⅰ、高级微观经济学Ⅱ、高级宏观经济学Ⅱ、高级计量经济学Ⅱ、中国重大理论与现实问题讲座、应用统计学、产业组织理论与实践等学位课，开设了中级产业经济学、产业分析方法与应用、现代企业管理理论与方法、中级财务管理学、金融市场理论、公司治理理论与实务、公司战略管理、公司价值评估方法与应用、公司并购理论与实务、现代公司投融资理论与实务等专业选修课。

四 研究生培养

该学科点设有产业经济学硕士点和博士点。普通硕士生的学习年限为3年，普通博士生学习年限为3—6年，硕博贯通研究生学习年限为4—7年。其中，硕博贯通研究生前两学期按硕士阶段培养方案学习，在第三学期进行博士资格考试并经过审核通过后方可取得博士学籍，并在第四学期可进入博士阶段的课程学习。要求硕士生参与课题研究，要求博士生参与课题研究，撰写并发表学术论文。该学科点还根据学校要求，定期选拔优秀在校硕士生和博士生到国外一流大学进修学习。该学科点自2017年设立"产业纵横讲坛"，每月邀请学术与实务界中青年教师及知名企业家与研究生交流，为研究生创造到实践中实习的机会。该学科点重视研究生科研创新能力的培养，带领研究生深度参与实际科研工作，培养研究生面向产业经济领域"发现、分析和解决"现实问题的研究与创新能力。

（撰稿：杨秀云、李双燕）

西北大学产业经济学学科建设

一 学科介绍

西北大学产业经济学学科创建于1995年，2004年获硕士学位授予权和博士学位授予权。学科点建设单位西北大学经济管理学院拥有应用经济学博士后科研流动站，设有产业经济学方向博士后。该学科点现有专职教师12人，其中，教授7人、副教授5人。拥有文化名家暨"四个一批"人才1人、陕西省教学名师2人。现任学科带头人为西北大学校长郭立宏教授，形成了以惠宁教授、卢山冰教授、高煜教授为骨干力量的教学科研团队。该学科点为中国工业经济学会副理事长单位。

该学科点出版了《丝绸之路经济带上的经济发展》《国内价值链构建中的产业升级机理研究》《发展战略，产权结构和长期经济增长》《劳动力投资、产业结构优化与生态产业发展研究》《产业集群的区域经济效应研究》《科技园区的创新发展战略》《企业产权制度研究》《企业相互持股：内生性·效率·管制》等著作，出版了《产业经济学》《组织行为学》等教材，主编出版了《国家新区研究报告》《"一带一路"国家新区发展报告》《中国金融制度创新报告》等系列研究报告，翻译出版了《经济周期的规律与原因》等译著。

近年来，学科承担国家社会科学基金一般项目、国家自然科学基金面上项目、教育部人文社会科学研究规划基金项目、教育部人文社会科学重点研究基地重大项目、国家各部委公开招标项目、其他省部级科研项目30余项，此外，完成了多项企事业单位委托的横向课题。在《求是》、《管理世界》、《中国工业经济》、《数量经济技术经济研究》、《经济学动态》、*Social Choice and Welfare* 等学术期刊发表论文100余篇，完成多项陕西省决策咨询报告。获陕西省教学成果特等奖、陕西省哲学社会科学优秀成果奖、西安市人文社会科学优秀成果奖、陕西高校人文社会科学奖等奖励10余项。

二 学科特色

该学科点厚植于西北大学经济管理学院悠久的办学历史，坚持立德树人，牢记人才培养的根本任务，聚合力量为学生成长成才创造一流条件；坚持"不唯上，不唯师，只唯实"的科研氛围，关注大问题科研，注重服务社会；坚持国际国内融合发展，按照国际公认的产业组织学进行学科建设和人才培养。

主要研究方向围绕产业理论与西部特色产业发展研究展开，主要研究产业理论在西部特色产业发展中的应用实践问题。其一是以高质量发展为背景，研究西部产业的高质量发展；其二是以"西部大开发"与"一带一路"倡议为契机，应用产业理论，研究西部特色产业资源的空间布局与开发；其三是结合产业组织理论，研究特色产业组织的融合和带动效应，系统地规划与开发特色产业的产品体系。培养的硕士研究生一部分成为西部地方政府和企事业单位的中坚力量，一部分继续攻读博士学位，所培养的博士研究生大部分成为西部高校重要的教学科研骨干。

三 课程设置

硕士研究生课程设置除了按照国家规定和学校相关要求设定相关课程外，该学科点还为硕士研究生开设中级微观经济学、中级宏观经济学、中级计量经济学等平台课程，开设中国市场经济前沿理论、国民经济研究、产业组织理论与政策、区域经济学、经济博弈论、中级金融理论、中级财税理论等专业方向课程。为博士研究生开设高级微观经济学、高级宏观经济学、高级计量经济学等平台课程，开设国民经济学前沿专题、空间经济学、产业经济学前沿专题、高级金融理论、高级财税理论、博弈论、国际贸易前沿专题等专业方向课程。

四 研究生培养

西北大学经济管理学院设立产业经济学硕士点和博士点。硕士研究生基本学制为3年，博士研究生学习年限为3—7年。硕士研究生总学分不低于31学分，博士研究生总学分不低于18学分，其中硕士研究生课程学习不低于28学分，博士研究生课程学习不低于15学分，硕博士研究生科研活动、学术活动和实践活动各1学分。要求硕士研究生在获取学位时，在核心期刊上撰写并发表1篇学术论文；博士研究生在获取学位时，需要在权威期刊发表至少1篇或核心期刊上发表至少3篇学术论文。学校开设"侯外庐讲坛""社科名家讲坛"等高端学术讲座平台，学院开设关中大讲堂、现代经济学方法与创新论坛、教师学术沙龙等学术平台。此外，学院每年举办研究生学术活动月，系列科研平台的搭建，为研究生科研交流创建了良好的学术氛围，为研究生创造到地方政府部门和企事业单位实习锻炼机会。

（撰稿：岳利萍）

西南财经大学产业经济学学科建设

一 学科介绍

西南财经大学产业经济学学科为四川省省级重点学科,办学历史悠久,其前身为工业经济系,是学校办学历史最长、师资力量最强的学科之一。学科创建于 1952 年,1981 年取得硕士学位授予权,1987 年取得博士学位授予权,是西南地区最早的产业经济学博士点。

该学科点建设单位为西南财经大学工商管理学院产业经济研究所。产业经济所名师辈出,赵国良教授等具有重大社会影响的经济学家曾在该所工作。现有教师 11 人,其中教授 5 人、副教授 6 人。近年来,学科点加大人才引进力度。目前师资年龄结构合理。教师获取博士学位单位包括中国大陆、中国台湾、英国、美国、加拿大、德国的著名高校。

学科点教师致力于产业经济重大理论与实践问题的研究,为地方社会经济发展、企业成长做出了重大贡献。先后承担国家级与省部级课题 60 余项、大型企业集团和地方政府部门课题 140 多项。在《中国社会科学》《经济研究》《管理世界》《中国工业经济》《数量经济技术经济研究》《财贸经济》《南开管理评论》《中国人口·资源与环境》《统计研究》《经济学家》和 Journal of Economic Behavior & Organization、Communications of the Association for Information Systems、Journal of International Money and Finance、Energy Economics、Energy Policy、Energy、European Review of Agricultural Economics、Journal of Agricultural and Resource Economics、Canadian Journal of Agricultural Economics、Agribusiness: An International Journal、Contemporary Economic Policy、Economic Modeling、Mathematical and Computer Modeling、Empirical Economics、International Journal of Environmental Research and Public Health、Journal of Travel Research、Emerging Markets Finance and Trade、Sustainability 等国内外重要期刊上发表论文 400 多篇。集体撰写的《新中国工业企业制度变迁》为"十三五"国家重点图书出版规划项目。获得全国"五个一工程奖"一项、四川省"五个一工程奖"三项、四川省级哲学社会科学优秀科研成果奖和省部级学会论文奖 20 余项。多名教师长期担任四川省委、省政府、省政协、省人大、成都市政府等部门的经济顾问、咨询专家、参事等职务,所提出的多项政策建议获得了中央和四川省领导的批示和采纳。

二 学科特色

该学科旨在培养具有宽阔的人文视野、深厚的理论基础,能洞悉现实产业经济运行规律，为社会、政府、企业解决重大经济问题的高层次专业人才。该学科的主要研究方向有：(1) 产业结构与产业发展；(2) 产业组织、企业成长与管制政策；(3) 产业投融资和企业投融资决策；(4) 数据科学与产业分析。目前正在集聚资源，进行两个重点和一个交叉研究方向建设：重点建设方向之一为因果识别和产业政策评估，运用项目评估和因果推断的新方法和新技术，识别产业政策的有效性；重点建设方向之二为能源与环境经济学关键问题评估。针对中国面临的重要的能源与环境问题，运用因果推断新方法对诸如新能源产业政策、环境规制政策进行有效的量化评价；交叉学科方向为研究并应用机器学习方法，在大数据背景下开展产业风险识别和预警、产业投融资战略和产业政策评估等研究。

迄今为止，该学科已培养硕士研究生 420 余名，博士研究生 160 余名。毕业生主要在政府经济管理部门、政策研究机构、金融机构、大型企业集团及高等院校从事管理或创新研究工作，其中涌现出数十位对国家、地方以及高校的建设和发展做出突出贡献的校友。自 2010 年来，75% 以上的硕士毕业生从事与金融有关的工作，其中多数在政府投资平台、投资银行、投资公司、基金公司、担保公司、小额贷款公司就业。硕士毕业生平均每人获得工作录用函 3 封以上，起薪中值维持在 14 万元以上。

学科主办"年度产业经济学论文大赛"，2014—2019 年已主办 6 届。产业经济研究所持续邀请国内外学者（如 Jerry Hausman）和实业家进行学术演讲和经验分享。

三　课程设置

除了按国家规定和学校要求开设的课程外，学科点为硕士研究生开设中级微观经济学、中级宏观经济学、中级计量经济学等学科基础课，按报考方向开设产业结构学、中国产业结构调整与升级、产业组织理论、市场结构与竞争分析、产业投融资学、产业投融资分析与实务等专业必修课，开设行业分析、产业关联分析、规制经济学、反垄断经济学、公司理论与实务、投资项目评估和需求、生产与市场结构实证分析等 12 门专业选修课。

该学科点为博士生开设高级微观经济学、高级宏观经济学、高级计量经济学等学科基础课，开设产业组织前沿问题、产业结构理论等专业必修课，以及产业关联分析与区域产业发展规划方法、投融资理论研究、离散选择模型及其应用、资源产业经济分析、经济增长理论与实证、数理经济学理论与应用等专业选修课。

四　研究生培养

西南财经大学设立产业经济学硕士点和产业经济学博士点。学科实行弹性学制，硕士生的学习年限为 3—5 年，博士生学习年限为 4—6 年。

硕士招生包括统考和推免。硕士生最低须获取 37 个课程学分，要求硕士生参加学术研讨会至少 12 次和参与社会实习。教师将根据课程的需要为学生提供接触了解现实经济运行的机会，通过让学生参与课题研究、撰写论文、社会实践、参观学习等形式提升学生的综合能力。

除通过统考和申请考核制招收博士生外，还接收直博生、硕博贯通生和硕博连读生。博士生最低须获取29个课程学分。此外，要求博士生定期参与该学科点组织的博士研究生论文讨论会，撰写学期论文4篇，参与课题研究，撰写并发表学术论文。博士生的培养采取导师负责和集体指导相结合的方式。导师负责博士学位论文的具体指导；博士指导小组协助导师工作，主要参与博士生的中期考评、开题报告评审和预答辩等。

（撰稿：刘　忠）

浙江财经大学产业经济学学科建设

一 学科介绍

产业经济学学科是浙江财经大学一个发展迅速、实力雄厚的重点优势学科。20世纪90年代中期开设产业经济学课程，2003年获得硕士学位授予权，2012年获得服务国家特殊需求的"城市公用事业政府监管"博士人才培养项目，2014年获批"应用经济学"博士后流动站，2018年获得应用经济学博士学位授予权。2001年被评为校级重点学科，2003年被评为浙江省重点学科，2005年被评为浙江省高校人文社会科学重点研究基地，2016年被评为浙江省一流学科A类，2017年被评为浙江省优势特色学科。该学科点重点建设单位为浙江财经大学中国政府管制研究院和经济学院，建设单位的科研平台政府管制与公共政策研究中心2006年获批浙江省哲学社会科学重点研究基地，城市公用事业政府监管协同创新中心2015年获批浙江省"2011协同创新中心"，中国政府监管与公共政策研究院2018年获批浙江省首批新型重点专业智库。2006年"产业经济学"被评为国家级精品课程，2013年被评为国家精品资源共享课程，2018年被评为国家精品在线开放课程。

该学科点现有教师30人，其中正高级职称教师5人，副高级职称教师10人。有国家"万人计划"领军人才1人，国家"百千万人才工程"国家级人选1人，浙江省特级专家1人。浙江省有突出贡献中青年专家1人，浙江省宣传文化系统"五个一批"人才1人，浙江省"新世纪151人才工程"重点资助人才1人，浙江省"新世纪151人才工程"第二层次人才2人。产业经济学系列课程教学团队2008年被评为浙江省级教学团队；"管制理论与政策研究团队"2009年被评为浙江省重点创新团队；"产业发展与财政金融政策研究"2009年被评为浙江省高校创新团队。学科带头人为中国工业经济学会副会长王俊豪教授。该学科点为中国工业经济学会产业监管专业委员会、中国城市科学研究会城市公用事业改革与监管专业委员会、中国能源研究会能源监管专业委员会的牵头单位，浙江财经大学王俊豪教授担任主任委员或执行主任委员。

近年来该学科点先后承担了国家社会科学重大招标项目3项；国家社会科学基金重点项目4项；国家自然科学基金重点项目1项；国家社会科学基金和国家自然科学基金项目一般项目、国家科技重大专项子课题等国家级项目20余项，国家教育部、国家住房和城乡建设部、国家能源局、浙江省政府等省部级项目50余项。研究成果曾获得"孙冶方经济学奖""教育部高等学校科学研究优秀成果奖"等高层次奖项，以及省部级奖项20多项。在《经济研究》、《管理世界》、《中国工业经济》、*International Economic Review*等学术期刊发表学术论文300余篇，出版学术专著30余部。40余项政策建议获得国家领导人和省部级领导批示。

二 学科特色

主要研究方向有：（1）垄断性产业管制理论与政策；（2）激励性产业管制理论与政策；（3）城市治理与管制政策；（4）环境管制理论与政策；（5）食品与药品管制理论与政策；（6）产业组织理论与政策；（7）产业结构理论与政策。

主要特色有：（1）在垄断性产业政府管制理论与政策应用方面的研究居于国内领先地位。系统构建了中国管制经济学的理论体系和学科体系，对中国垄断性产业管制体制改革提出了系统的政策思路，对促进中国垄断性产业管制体制改革与监管体系构建以及有效监管发挥了重要作用。（2）在产业组织理论和政策方面具有较深入的研究。在反垄断经济学理论基础和反垄断政策设计等方面均取得了一定的学术成果，对中国反垄断法的配套法规的制定和政策完善提供了支持。（3）注重浙江产业经济发展的重大理论和政策问题研究，服务地方经济建设。对浙江民营经济发展、浙江经济转型升级等问题持续进行研究，提出了一些有针对性的政策建议。

主办"中国政府管制论坛"，至2019年已主办8届，成为国内外政府管制学者的重要学术交流平台；主办"中国公用事业改革与政府监管论坛"，至2019年已主办6届；主办"中国能源行业改革与政府监管论坛"，至2019年已主办4届，成为国内外能源监管学者的学术交流平台。主办《政府管制评论》和《政府管制动态》等学术刊物。所培养的硕士研究生不仅就业率高，而且就业去向良好，一部分攻读博士学位，一部分进入政府部门、事业单位、金融机构等。

三 课程设置

研究生课程设置除了按国家规定和学校要求设定相关课程外，该学科点还为硕士生开设了中级微观经济学、中级宏观经济学、中级计量经济学、管制经济学等学位基础课，开设产业组织理论、博弈论与信息经济学、反垄断经济学、高级计量经济学、高等数理统计、产业经济学前沿专题、公用事业管制理论与政策、社会性管制理论与政策等专业选修课。为博士生开设高级微观经济学、高级宏观经济学、高级计量经济学、产业组织理论、管制经济学前沿专题等学位基础课，开设了产业结构理论与应用、反垄断经济学、产业经济学前沿专题、产业分析方法与应用、社会性管制前沿专题等专业选修课。

四 研究生培养

浙江财经大学设立产业经济学、管制经济学硕士点、博士点。硕士生学习年限为2年半，博士生学习年限为3—6年。要求硕士生参与课题研究并撰写学术论文。要求博士生参与课题研究，撰写并发表学术论文。坚持研究生进项目的培养模式，专门设立研究生科研项目；坚持开展"双周学术论坛""管制沙龙""管制前沿论坛"等定期学术活动；搭建人才培养、学科建设、科学研究"三位一体"的协同创新平台，为研究生创造到政府部门实习锻炼的机会，大力提升研究生解决产业经济现实问题的能力。

（撰稿：王　岭）

浙江大学产业经济学学科建设

一 学科介绍

浙江大学产业经济学学科于 1998 年获得硕士学位授予权，2005 年获得博士学位授予权。作为该学科点建设单位之一的浙江大学民营经济研究中心于 2004 年成为第五批教育部人文社会科学重点研究基地，并于同年底成为国家哲学社会科学创新基地。该中心于 2009 年初被权威媒体《瞭望》新闻周刊评选为 43 家 "中国主要决策咨询研究机构" 之一。

该学科点现有教师 20 人，其中，教授 7 人（博导 5 人）、副教授 6 人（博导 1 人）。现有国家 "万人计划" 哲学社会科学领军人才 1 人，教育部 "长江学者" 讲座教授 2 人，"新世纪百千万人才工程" 国家级人选 1 人。现任学科带头人为王汝渠教授、朱希伟教授。

该学科点出版了《中国民营经济发展报告》、《制度变迁与经济发展：温州模式研究》、《中国经济结构再平衡与长期增长》、《中国中小企业融资机制与创新》、《信息技术、组织设计和组织绩效》、《企业知识联盟理论与实证研究》、《知识产权保护、国际技术溢出与经济增长》、《东亚工业化浪潮中的产业结构研究》、《国际区域产业结构分析导论》、《全球化浪潮中当代产业结构的国际化研究》、Private Sector Development and Urbanization in China 等著作 40 余部。

近 5 年来，该学科点承担国家社会科学基金重大（重点）项目 2 项，教育部哲学社会科学研究重大课题攻关项目 2 项，教育部哲学社会科学重点研究基地重大项目 2 项，国家社会科学基金、国家自然科学基金面上及青年项目 15 项。在《中国社会科学》、《经济研究》、《管理世界》、《中国工业经济》、《经济学（季刊）》、International Economic Review、Games and Economic Behavior、International Journal of Industrial Organization 等学术期刊发表论文 100 余篇。获高等学校人文社会科学优秀研究成果奖 3 项，浙江省哲学社会科学优秀研究成果奖 8 项。

二 学科特色

该学科点践行理论和应用俱佳、本土化和国际化兼备的人才培养理念，全面提升学生的综合素质、科学精神、创新意识、社会责任，培养具有较强的批判性思维和创新性思维，能独立从事产业经济学领域的科学研究工作，具有宽广国际视野、扎实理论功底、出色专业能力的高层次研究型人才。

该学科点主要研究方向包括：民营经济与企业发展、产业组织理论与政策、产业集聚理论与政策、发展中国家产业转型升级理论与政策等。目前，该学科点在中国民营经济研究、产业集聚理论与政策两个研究领域取得了一批具有"中国特色、国际水准、顶天立地"的高水平研究成果，学科特色鲜明，国内外学术影响不断提升。该学科点通过与国外高校建立稳定的学术交流机制，与政府经济管理部门及一批大型民营企业建立长期合作关系，形成国际国内、政产学相互融合的学科发展优势。

主办"产业经济学国际研讨会"（International Conference on Industrial Economics），至2019年成功主办9届，已成为国内外产业经济学者对话与交流的重要平台，取得了较好的国内外学术影响。

三 课程设置

研究生课程设置除了按国家规定和学校要求设定相关课程外，该学科点还为硕士研究生开设中级微观经济学、中级宏观经济学、中级经济计量学等专业基础课，开设产业组织理论、新实证产业组织等专业必修课，开设产业经济理论与政策、博弈论、契约理论、激励理论、空间经济学等专业选修课。为博士生开设高级微观经济学、高级宏观经济学、高级经济计量学、产业经济学前沿专题等专业基础课和专业必修课，开设经济学量化分析方法及应用、截面和面板数据分析等专业选修课。

四 研究生培养

该学科点硕士生的学习年限为2年，博士生学习年限为3.5—5年。要求硕士生参与课题研究和撰写学位论文。要求博士生参与课题研究和撰写学位论文，并在浙江大学认定的国内一级学术期刊发表论文1篇以上。为了让研究生有更多的机会与国内外学者进行学术交流，该学科点坚持每两周至少邀请一位校外学者作学术报告。该学科点要求博士生每年至少在学院组织的论文报告会作一次论文汇报，并且鼓励和资助他们积极参加产业经济学领域的国内外学术会议。该学科点与美国哥伦比亚大学、美国科罗拉多大学、加拿大皇后大学、法国图卢兹一大、比利时法语鲁汶大学、日本东京大学、日本东北大学等国外高校相关学科建立稳定的学术交流与合作机制，并与政府经济管理部门及一批大型民营企业集团建立长期稳定的合作关系，使研究生的培养既能与国际学术前沿接轨，又能与政府、企业的实践活动紧密联系，着力培养具有宽广国际视野、扎实理论功底、出色专业能力的高层次研究型人才。该学科点所培养的硕士研究生中有较高比例在国内外高水平大学继续攻读博士学位，培养的博士生大部分成为高校以及科研机构的教学与科研骨干。

（撰稿：叶 兵）

中国人民大学产业经济学学科建设

一　学科介绍

中国人民大学产业经济学学科由原工业经济和贸易经济专业发展而来。两专业均是中华人民共和国建立的第一批学科专业；是中国第一批硕士、博士学位授予点和第一批国家级重点学科点；并第一批建立了博士后流动站。

产业经济学是应用经济学（一级学科）下的重要二级学科。在教育部组织的 2004 年、2008 年、2012 年和 2016 年连续四轮国家重点一级学科评估中，中国人民大学应用经济学名列全国第一。2017 年，应用经济学学科入选国务院批准下发的"双一流"建设学科名单。

学科点现有教师 9 人，其中，教授 2 人、副教授 6 人，具有海外留学背景的教师占 90% 以上。多名教师先后入选中宣部文化名家暨"四个一批"人才，中宣部马克思主义理论研究和建设工程重大项目首席专家，以及获得国家自然科学基金"优秀青年基金"等国家级人才项目支持。学科点与国际能源署、美国劳伦斯伯克利国家实验室、英国苏赛克斯大学、沙特国王石油研究中心等国际知名研究团队开展广泛深入的合作研究，联合培养学生，同时聘任来自国家发展和改革委员会、国家能源局、知名电力企业大唐集团等多名具有丰富实践经验的政界、业界专家任兼职教授。现任学科带头人为中国人民大学应用经济学院院长、党委副书记郑新业教授。

近年来学科点坚持以问题为导向进行科学研究，将科学、前沿的研究方法应用于中国能源市场改革、垄断监管、数字经济、新产业经济等领域面临的实际问题上，强调理论研究的前沿性、科学性与国际化，取得了较为丰硕的科研成果，在《中国社会科学》《经济研究》《管理世界》《世界经济》《中国工业经济》等优秀中文期刊及 *Nature Energy*、*Nature Communications*、*Energy Economics* 等重要国际期刊发表论文近 200 篇，获得国家自然科学基金 4 项、教育部人文社会科学基金 1 项，省部级以上课题 20 余项，研究成果多次获得重要批示。

二　学科特色

本着"扎根中国大地，办教育、搞研究，推动国家进步，助力世界发展，做中国应用经济学'旗舰'"的愿景，该学科点按照"国际一流，中国特色"的标准进行学科建设及人才培养。主要研究方向有：（1）能源产业组织。包括石油零售市场的寡头竞争、电力市场化改革、清洁能源的技术扩散等。（2）网络与数字经济。包括双边市场、大数据与价格歧视、数字企业的市场策略等。（3）产业组织理论及政策。包括寡头市场上的竞争与合谋、纵向关系、自然垄断监管等。

学科点坚持以微观数据、大数据、多源数据为驱动。在大力推进原创性数据调查平台的基础上，整合其他来源的数据库资源，建立开放型的数据库平台。结合大数据方法，拓展数据来源，完善统计分析方法。以数据驱动方法，以方法支撑理论，以理论服务政策，搭建一套完备的科研体系。

学科点于 2020 年 10 月承办第二届"中国产业经济学者论坛"。"中国产业经济学者论坛"由经济研究杂志社、浙江大学经济学院、山东大学经济学院、厦门大学经济学院与王亚南经济研究院、南京大学商学院、复旦大学经济学院、中南财经政法大学文澜学院、宁波大学商学院、中央财经大学经济学院、中国人民大学应用经济学院、东北财经大学产业组织与企业组织研究中心、江西财经大学产业经济研究院共同发起，旨在搭建产业经济学领域学者的学术交流与合作平台，推动产业经济学学科建设走向更高水平。

三　课程设置

除了国家规定和学校要求的相关课程外，该学科点还为硕士和博士研究生开设高级微观经济学、高级宏观经济学、高级经济计量学、高级数理经济学等专业基础课，开设产业经济理论与政策、产业经济学重大问题研究、实证产业组织、产业组织前沿等专业必修课，开设产业结构与政策分析、数字技术与创新经济学、网络与数字经济学等专业选修课，系统全面地向学生教授产业经济学的核心基本概念、理论框架和研究前沿，指导学生运用产业组织等分析方法研究中国电力体制改革、油气体制改革等重大议题。

近年来，学院积极推进产业经济学学科与人工智能、大数据等学科的深度合作，将人工智能、大数据等课程融入培养体系，引导学生参与交叉学科科研项目，熟悉新科技、新产业、新业态的发展。

四　研究生培养

为培养有专业本领、有健康身心、有品格觉悟的国家栋梁，中国人民大学应用经济学院设立产业经济学硕士点和博士点。硕士生的学习年限为 2—3 年，博士生学习年限为 3—5 年。要求硕士生完成学分修读、参与科学研究、撰写学术论文。要求博士生完成学分修读、参与课题研究、撰写并发表学术论文。定期主办产业经济学学术研讨会并鼓励研究生参加，提高研究生的学习和科研能力。注重培养学生的独立研究能力，鼓励学生参加学院、学校提供的研究生科研基金项目和拔尖创新计划项目，要求每个研究生都选取具体的课题开展研究并撰写成稿，鼓励学生积极参加国内外学术会议并作报告，不断完善、提升研究能力和工作水平。

组织学生深入基层参与社会实践，积极参加国情调研，提高自身在当代经济中认知社会、理解社会、帮助社会的能力。积极鼓励和支持学生参与国际交流，在学习和科研方面力求做到与国际接轨，培养自身的国际化视野。与美国劳伦斯伯克利国家实验室、英国苏赛克斯大学、瑞典哥德堡大学等院校开展博士联合培养项目，与日本九州大学、英国曼彻斯特大学、美国伊利诺伊大学香槟分校、美国威斯康星大学麦迪逊分校等国际知名院校开展硕士双学位项目。学科点所培养的硕士研究生中，有较大比例攻读博士学位，培养的博士生已经为成为高等院校、国家部委等单位重要的教学与科研力量。

(撰稿：郑新业、张晓兵、郑　璐)

中国社会科学院大学（研究生院）产业经济学学科建设

一 学科介绍

中国社会科学院大学（研究生院）成立于1978年，是经邓小平、叶剑英同志亲自批准设立的、直属于中国人文社会科学研究最高学术机构和综合研究中心——中国社会科学院的研究生培养基地，也是中国最早成立的研究生院。其主要任务是培养人文和哲学社会科学各学科博士研究生和硕士研究生。经过30余年的建设与发展，中国社会科学院大学（研究生院）已初步形成了从招生录取到研究生教育和培养、学位授予等一整套研究生教育和培养体制机制，建立起了适合于中国社会科学院特点的"按所设系、分片教学、集中办院、统一管理"的办学模式。

产业经济学学科成立时间早，研究基础雄厚，人才团队实力强，结构较为合理，研究成果丰富，学术影响力、决策影响力和社会影响力都十分突出，产业经济学在很多领域内的研究都处于国内一流水平。分别在工业经济系和财经系设立产业经济学硕士点及博士点。工业经济系主任为史丹研究员，财经系系主任为何德旭研究员。

从人才构成来看，该学科点现有中国社会科学院学部委员1人，文化名家暨"四个一批"人才1人，国家"万人计划"哲学科学领军人才1人，"百千万人才工程"国家级人选2人，"有突出贡献中青年专家"2人。现有研究员16人、副研究员15人、助理研究员12人。

从学科研究成果方面来看，该学科点成果一直保持高质量、高产出的发展态势，近年来完成了众多高质量的科研成果，向上级部门保送了数百篇政策建议，其中数十篇获得国家领导人的批示，在中国经济建设中发挥了重要作用。承担国家社会科学基金、自科基金项目60余项；承担中央和国家各部委交办和委托课题100余项。

从学科获奖方面来看，该学科点已有100余项成果获全国"五个一工程"奖、国家科技进步奖、中国社会科学院优秀成果奖、省部级以上科研优秀成果奖；10余部论著先后获中国经济学最高奖——孙冶方经济学奖。

工业经济系所在单位中国社会科学院工业经济研究所代管全国性学术社团——中国工业经济学会。中国工业经济学会现任会长为江小涓研究员，现任理事长、法定代表人为史丹研究员。中国工业经济学会现有会员单位120家，其中包括高等院校、研究机构和大型企业，目前设有11个专业委员会。每年举办高层次论坛，组织会员单位申请国家重大科研项目，学界与企业界对接，开展中外学术交流、互访等。学会会刊为《中国工业经济》（工业经济研究所主办），学会内刊为《产业论丛》（中国工业经济学会主办)。

二 学科特色

该学科点研究实力雄厚,影响力大,汇聚了一大批优秀硕士、博士生导师,具有丰富的指导研究经验。特色可以概括为:"前沿、务实、开放、融合"。"前沿"指总结中国产业发展经验,推动中国产业经济学学科建设,占据产业经济学前沿地位;"务实"指围绕党中央决策部署,服务大局,持续开展重大实践性问题研究;"开放"指与国内外研究机构、高校、学会、期刊、中心实现互动、开放式发展;"融合"指开展多学科、跨领域的融合研究,形成一些特色研究方向。

主要研究方向有:(1)产业经济学相关理论与政策、新型工业化、产业政策与竞争政策、工业投资、工业发展与体制改革、技术创新、产业集群、数字经济、新工业革命、工业经济史、战略性新兴产业、产业融合。(2)工业基础设施与基础产业、战略性矿产资源、能源经济、低碳绿色发展、能源安全、绿色制造、国家能源战略与政策、能源转型、能源国际合作、节能减排。(3)流通产业理论与政策、市场理论与流通创新。(4)服务经济、互联网经济、城市与房地产经济、旅游与休闲。(5)市场组织与价格制度、价格理论与应用、产业规制。

主办"中国社会科学院大学(研究生院)产业经济学高级课程班"。有关产业经济学的期刊包括《中国工业经济》(月刊,工业经济研究所主办),《财贸经济》(月刊,财经战略研究院主办),《中国经济学人》(中英文,双月刊,工业经济研究所主办),《财经智库》(财经战略研究院主办)和《问题与对策(内刊)》(工业经济研究所主办)。工业经济研究所承办"中国工业发展论坛",至2019年已主办9届,成为国内外产业经济学者的学术交流平台。

三 课程设置

研究生课程设置除了按国家规定和学校要求设定相关课程外,该学科点还为硕士、博士研究生开设产业研究方法、高级产业竞争力分析、国内外垄断产业改革与发展、高级产业经济学、产业组织经济学、产业组织与国际经济学、产业技术创新理论、产业政策与创新政策、产业政策理论前沿、产业区域布局、全球生产网络与工业发展、工业化理论与政策、工业投资学、工业经济运行分析方法、工业与可持续发展等专业必修及选修课。

四 研究生培养

工业经济系现有博士生导师10人,硕士生导师12人。每年招收约8名博士生,约6名硕士生。财经系现有博士生导师5名,硕士生导师5名。每年招收4—5名博士生,2名硕士生。硕士生学制为3年,博士生学制为3—4年。学生在校期间需要完成中国社会科学院大学(研究生院)安排的公共课、专业课以及选修课,并参与课题研究、撰写发表学术论文和实践锻炼。该学科点为培养研究生的科研能力和创新能力，定期举办中小型讲座，邀请国内外知名专家、学者讲授产业经济学学科前沿问题、最新研究方法等，通过学术交流与讨论，不断提升学生的综合科研素质。

（撰稿：赵静怡）

中南财经政法大学产业经济学学科建设

一 学科介绍

中南财经政法大学产业经济学学科的前身为工业经济学科，发端于学校1949年成立的工厂管理系，迄今已有70余年持续不间断的发展历史。该学科在李贤沛、邬义钧等老教授的引领下，获得了卓越的发展。1978年获批硕士学位授予点，1985年获批博士学位授予点，1995年获准建立应用经济学博士后流动站。自1998年该学科被确定为省级重点学科以来，2003年、2008年、2013年至今连续被评定为省级重点学科。2017年，该学科成功进入国家"双一流"学科建设计划，为未来的强势发展奠定了坚实的学科平台。

该学科点现有教师15人，其中教授9人、副教授3人，拥有出国留学、访学经历的教师有7人。老一辈学科带头人有中国工业经济管理研究会（中国工业经济学会前身）副会长李贤沛教授、邬义钧教授等，现学科带头人为中国工业经济学会常务副理事长胡立君教授。胡立君教授现任学校党委委员、研究生院院长、数字经济研究院院长，曾担任MBA学院副院长、现代产业经济研究中心主任、MBA学院院长等职。

自成立起，该学科围绕国家经济建设的重要需求，务实创新求发展，为国民经济发展做出了历史性的贡献。20世纪50年代，该学科点根据国家工业化的需求，为156项工程培养了大批工业经济方面的干部，学校成为中南地区的工业经济等学科教育培训中心。60年代，该学科点编著了《工业经济学》一书，为工业经济学科的发展起到了很大的促进作用。70年代，学校名称更改为湖北财经高等专科学校，作为国内少有的财经院校保留了下来。1977年，该学科点开始恢复招收本科生。20世纪80—90年代，该学科出版了《行业经济管理学》《中国工业经济管理》《体育产业经济学》等著作和教材，在全国高校经济管理专业得到广泛采用；1981年，受原国家经济委员会委托，该学科点举办了面向全国的首届"经济管理培训班"，获得广泛好评。此后连续举办3届，为改革开放初期的国家经济建设培养了一大批经济管理人才。1990年，受原国家国有资产管理局委托，该学科点举办了面向全国的首届"国有资产管理培训班"，此后连续举办两届，其间还举办三次面向全国的"国有资产管理高级研讨会"，被理论界和实践界誉为"国有资产管理的黄埔军校"。进入21世纪以来，该学科点先后出版了《现代产业经济学》《产业经济学》等面向本科生与研究生的系列教材，出版了《21世纪中国的产业政策》等学术著作20余部。

近年来，该学科点承担国家工业和信息化部产业政策研究重大项目1项，国家社会科学基金项目6项，国家自然科学基金项目8项，省部级科研项目32项。在《经济研究》《中国工业经济》等学术期刊发表论文200余篇，获得湖北省社会科学优秀成果奖励 8 项，省部级科研奖励 5 项，其他奖励 10 余项。

二　学科特色

该学科的总体发展战略为"塑造特色、整合创新、提升实力、争创一流"，学科建设目标是瞄准世界一流学科发展前沿，立足中国经济建设实践，聚集英才，力求务实创新的原创性研究，培养服务国家和社会发展需要的产业经济研究高级专门人才，成为特色鲜明、国内一流、国际知名的产业经济学科。

该学科点在博士研究生、硕士研究生的培养方面，目前形成了如下三个主要的培养方向：

一是产业结构理论与政策方向。该方向围绕结构转型与产业升级这一中心，在结构转型与工业强国、中国的工业化战略、产业结构与产业组织之间的互动关系、中国工业结构转型等领域形成了自己的人才培养特色。

二是产业组织理论与政策方向。该方向围绕反垄断与反不当竞争这一中心，重点研究企业策略性竞争行为、反知识产权垄断、平台企业与双边市场、互联网时代的产业规制政策等内容。

三是技术创新与企业竞争策略方向。该方向围绕创新与经济发展这一中心，在产业政策与技术创新、创新与企业价值、国有企业改革、创新与知识产权等领域形成了自己较为独特的人才培养特色。

该学科创办的"产业前沿讲座"，到 2019 年已经连续成功举办 81 期，成为该学科的学术品牌活动与重要的学术交流平台。

三　课程设置

研究生课程由公共必修课、学科基础课、专业课与任意选修课四大模块构成。该学科点为硕士研究生开设的课程包括中级微观经济学、产业组织理论（双语）、企业理论、计量经济分析、中级投资学、市场与流通理论、反垄断与规制经济学、区域经济理论与政策、产业经济学前沿问题（双语）、中国产业经济分析专题等，鼓励学生选修博弈论及其在经济学的应用、中级宏观经济学等课程。为博士研究生开设的课程包括高级宏观经济学、高级微观经济学、高级计量经济学、研究方法、应用经济学一级学科经典文献、产业组织理论与政策（高级）、产业结构理论与政策（高级）、企业理论（高级）、产业经济学专业经典文献等。

四　研究生培养

该学科点设有二级学科产业经济学博士点 1 个，二级学科产业经济学硕士点 1 个，应用经济学博士后科研流动站 1 个。硕士生学习年限为 3 年，博士生的基本学习年限为 3—5 年，参加硕博连读培养方案的博士生，学习年限为 5—6 年。硕士研究生要求积极参加课题研究和社会实践调研，博士生要求紧盯学科发展前沿，掌握该学科坚实宽厚的基础理论、系统精深的专门知识，掌握相应的技能和方法，能够独立从事产业经济学领域的高水平科学研究工作。博士生和硕士生都需要积极参加该学科点内部的"产业经济学双周讨论会",对经典或前沿文献进行学术讨论与交流。坚持每学期开展8—10场知名专家学者讲授的学术讲座,扩展学生的视野广度与知识深度。坚持带领学生参加实际科研项目,使学生能够"发现问题、创新思考、锻炼能力、完善人格",不断提升学生的综合素质。该学科点资助研究生参加国内外各类学术会议,同时资助优秀学生赴国外院校进行访学和学术交流。

(撰稿:石军伟)

中央财经大学产业经济学学科建设

一 学科介绍

中央财经大学产业经济学学科建设的主体单位是经济学院，该学科在人才培养、科学研究、社会服务等方面成绩显著，在全国产业经济学专业的地位和影响力与日俱增。2007年中央财经大学产业经济学学科成为国家重点学科，2017年第四轮学科评估中，中央财经大学包括产业经济学在内的应用经济学一级学科评估获得"A+"的优异成绩，与北京大学、中国人民大学并列全国第一。同年，中央财经大学应用经济学学科入列国家"双一流"建设学科名单，标志着中央财经大学产业经济学学科建设进入了发展新阶段。

中央财经大学产业经济学学科带头人为齐兰教授，该学科师资团队共有10人，包括教授齐兰、金哲松、戴宏伟、蒋选、史宇鹏，副教授尹振东、张琥、尹志锋，讲师龚雅娴和李艳。其中，齐兰教授为中央财经大学校学术委员会副主任委员、中国工业经济学会副理事长，史宇鹏教授为中央财经大学中国互联网经济研究院副院长、中国工业经济学会常务理事，尹振东、尹志锋为中国工业经济学会理事。该学科教师与国内外学术界交流活跃，经常受邀参加高水平学术会议，在全国经济学界已经具有了良好的学术声誉和学术影响。

该学科近年来出版了《垄断资本全球化问题研究》《市场国际化与市场结构优化问题研究》《中国经济安全：融入WTO和全球化战略思考》《国际产业转移与中国制造业发展》《区域产业转移研究》《城乡统筹与县域经济发展》等学术著作，主持承担了国家社会科学基金重点项目、一般项目和国家自然科学基金项目在内的一大批国家级科研课题，在《中国社会科学》、《中国工业经济》、《经济研究》、《管理世界》、《世界经济》、*China Economic Review*、*Asian Economic Journal* 等学术期刊发表论文100余篇，多项研究成果获得教育部高等学校科学研究优秀成果奖、北京市哲学社会科学优秀成果奖，其政策建议被选入全国哲学社会科学规划办公室的《成果要报》，受到国家及有关部门领导的重视和批示，成为制定国家有关经济政策法规的参考依据。

二 学科特色

中央财经大学产业经济学学科坚持"国际标准的中国研究"，即研究方法向国际前沿标准看齐，研究主题立足于中国产业发展的实践，研究宗旨是为未来中国的产业发展和学科建设培养人才、提供学术支撑。

该学科主要研究方向有：（1）市场结构与竞争政策。该研究方向重点研究经济全球化条件下中国的市场结构及竞争政策选择问题。一是从宏观层面分析经济全球化对中国总体市场结构的影响，进而提出中国宏观竞争政策的目标和重点指向；二是研究国际跨国集团对中国主要行业的市场结构的影响，进而针对不同行业提出该行业竞争政策的具体实施措施；三是从同一产业（行业）内部分析经济全球化对中国企业组织行为的影响，进而提出竞争政策在微观领域中的具体实施建议。（2）产业结构与经济发展。该研究方向着力研究产业结构演进的一般动因及其规律，通过全面、深刻地对产业结构演进的一般动因及其规律进行分析，为制订正确的产业政策提供学术支撑。（3）政府规制理论与政策。该研究方向主要研究中国垄断性行业包括自然垄断性行业和行政垄断行业中政府如何对市场进入、价格、投资、服务质量等实行管制，以激励企业提高生产效率，保护消费者利益。

三　课程设置

中央财经大学产业经济学学科的研究生课程设置，除了按照国家规定和学校要求设定相关课程外，专门为硕士研究生开设高级微观经济学、高级宏观经济学、高级经济计量学、高级政治经济学等专业基础课，并开设产业组织理论、实证研究方法等专业必修课，还开设应用计量经济学、博弈论与信息经济学、企业经济学研究、高等数理统计学、金融经济学与资本市场理论、制度经济学研究、运筹学等专业选修课。同时，专门为博士研究生开设高级微观经济学、高级宏观经济学、高级经济计量学、高级政治经济学等专业基础课，并开设产业发展与产业组织研究、产业经济学前沿专题、实证研究方法等专业必修课，还开设产业结构理论与产业结构政策、企业理论与产权理论、资本全球化问题研究、宏观经济理论与政策、制度经济学与中国经济发展、劳动经济学研究前沿问题、中国就业问题研究、区域经济专题、国际金融理论与政策、中国经济问题研究等专业选修课。

四　研究生培养

中央财经大学产业经济学硕士生的基本学制为3年，产业经济学博士生基本学制为4年。产业经济学研究生培养特别注重对理论基础和科研能力的训练。产业经济学的硕士生和博士生都需要进行一学年的高级微观经济学、高级宏观经济学课程学习，并要求硕士生参与课题研究和撰写学术论文，要求博士生参与课题研究，参加学院组织的工作坊（workshop），撰写学年论文、毕业论文，并发表学术论文。学科点定期举办研讨会（seminar），邀请校内外学者进行学术交流，还通过借助校友资源、聘请校外导师等方式，多渠道多口径培养研究生。迄今为止，学科点研究生中多人在学期间已在高水平学术期刊发表论文，多人获得国家奖学金和被评为北京市优秀毕业生。同时，已毕业的研究生中大多成为高校及科研机构、政府部门、企业公司的学术负责人、业务骨干和中高层管理者，该学科为国家和社会培养输送大批人才做出了积极贡献。

（撰稿：史宇鹏）